Zu jedem Rezept finden Sie Angaben über

– die **Personenzahl,** für die die Rezepte bestimmt sind
– die **Zubereitungszeit:** sie setzt sich zusammen aus der Arbeits- und Koch- bzw. Backzeit
– die **Nährwerte** pro Portion

Folgende Zeichen und Abkürzungen werden verwendet:

■ = ganz einfach
■ ■ = etwas aufwendiger (komplizierter)
■ ■ ■ = anspruchsvoll

kcal = Kilokalorien (1 kcal = 4.184 kJ)
E = Eiweiß
F = Fett
K = Kohlenhydrate

Übrigens: 1 g Eiweiß enthält etwa 4 kcal
1 g Fett enthält etwa 9 kcal
1 g Kohlenhydrate enthält etwa 4 kcal

g = Gramm
l = Liter
cl = Zentiliter (ca. 10 g)
EL = Eßlöffel (ca. 15 g)
TL = Teelöffel (ca. 5 g)
Msp = Messerspitze (ca. 1 g)

Alle Temperaturen beziehen sich auf den konventionellen Elektroherd mit Ober- und Unterhitze.

Beim Gasherd entsprechen die Temperaturen folgenden Stufen:

175°–200° = Gasstufe 1–2
200°–225° = Gasstufe 3–4
225°–250° = Gasstufe 4–5

– Bei Umluftherden müssen die Backofentemperaturen um 30° niedriger eingestellt werden als angegeben.

– Zeit- und Leistungsangaben für Mikrowellengeräte finden Sie speziell in allen »Rezepten für die Mikrowelle«.

Das große
Mosaik
Kochbuch

Das große Mosaik Kochbuch

Der Klassiker mit rund 700 Rezepten
und über 1000 Farbfotos

Mosaik

INHALT

GEMÜSE

INHALT

INHALT

SAUCEN

DESSERTS

SALATE

Abbildung rechts:
Dreierlei Rohkost
(Rezept Seite 19).

Abbildung rechts:
Apfelsalat mit Mungobohnen-
Keimlingen
(Rezept Seite 24).

Abbildung unten:
Radicchio-Rucola-Salat
mit Parmesan
(Rezept Seite 16).

Abbildung oben:
Exotischer Chicoréesalat
(Rezept Seite 20).

Abbildung oben:
Rotkrautsalat mit Entenleber
(Rezept Seite 33).

Abbildung links:
Zucchini-Möhren-Rohkost
(Rezept Seite 28).

BLATTSALATE VORBEREITEN

Blattsalate sind empfindliche Pflänzchen, die sorgsam geputzt und verlesen werden müssen: Waschen und anschließendes Trocknen in Küchentüchern oder Schleuder deshalb behutsam vornehmen. Je nach Belieben anschließend die Blätter mit einem scharfen Messer schneiden oder grob zerpflücken. Marinaden und Dressings immer erst kurz vor dem Anrichten über den Salat gießen und vorsichtig unterheben.

Von Blattsalaten immer zuerst die äußeren welken Blätter entfernen. Von lockeren Salatköpfen wie Kopfsalat oder Lollo Rosso die restlichen Blätter auseinandertrennen und in stehendem kaltem Wasser ein- bis zweimal waschen.

Die Salatblätter entweder in ein Küchentuch gehüllt oder mit Hilfe einer Salatschleuder trockenschleudern. Salatblätter sollten trockengeschleudert werden, damit das Dressing nicht verwässert.

Wer keine spezielle Salatschleuder besitzt, kann die Salatblätter auch in einem herkömmlichen Salatsieb trockenschleudern.

Längliche Salatstauden wie Romanasalat (Romanesco) oder Chinakohl nach dem Putzen waschen, trocknen und dann erst quer zum Strunk in Streifen schneiden. So geht das Zerkleinern am schnellsten.

Feste Salatköpfe wie zum Beispiel Radicchio oder Eisbergsalat sollten in Streifen geschnitten werden. Zuerst den Kopf halbieren, dann vierteln und quer in Streifen schneiden.

Wer möchte kann feste Salatköpfe auch in Schiffchen schneiden. Dazu den Kopf (hier ein Radicchio) halbieren, vierteln und die Viertel in Spalten schneiden. Den harten Strunk dabei flachschneiden.

So zerkleinert man am besten Endiviensalat: Den Salatkopf quer auf ein Brett legen und mit einem scharfen Messer in feine Streifen schneiden.

Von gewaschenen Rucolablättern die groben Stiele abzupfen und, falls nötig, gelbe Stellen entfernen.

Brunnenkresseblättchen verlesen, waschen und die groben Stiele so abknipsen, daß die Blättchen nicht auseinander fallen.

Von den zarten Feldsalatpflänzchen nach dem Waschen und Trocknen die Wurzelenden abknipsen.

Chicoréestauden je nach Verwendungszweck vorbereiten: Die geputzen Stauden halbieren, den bitteren Kern mit einem spitzen Messer keilförmig herausschneiden und die Chicoréeblätter auseinanderpflücken.

SALATSAUCE MIT ESSIG UND ÖL ZUBEREITEN

GRUNDREZEPT
½ Knoblauchzehe
1 Teil Essig
Salz
weißer Pfeffer aus
der Mühle
Zucker
2 Teile Salatöl
1 EL Kräuter (Petersilie,
Kerbel), gehackt

1. Eine Schüssel mit Knoblauch ausreiben. Essig hineingießen, Gewürze hinzufügen. So lange rühren, bis Salz und Zucker aufgelöst sind.

2. Das Öl tropfenweise kräftig unterrühren, bis es mit dem Essig verbunden ist.

3. Die gehackten Kräuter zufügen.

EIN SALAT-DRESSING ZUBEREITEN

THOUSAND-ISLAND-DRESSING
3 EL Mayonnaise
3 EL Chilisauce
(oder Tomatenketchup)
2 EL Saure Sahne
(oder Joghurt)
1 EL Orangensaft
1 EL Zitronensaft
Cayennepfeffer
Salz
Pfefferschoten

1. Die Mayonnaise, Chilisauce und saure Sahne mit einem Schneebesen glattrühren.

2. Mit dem Orangen- und Zitronensaft, Cayennepfeffer und Salz abschmecken.

3. Die Schotenwürfel unter die fertige Sauce ziehen.

SALATSAUCEN MIT MILCHPRODUKTEN

Grundlage für 4 Personen sind jeweils 125 g Joghurt oder Crème fraîche oder Buttermilch oder Dickmilch oder saure Sahne.

SAUCE ZU BLATT- UND GEMÜSE-SALATEN

Zubereitungszeit:
5 Minuten ■
Pro Portion: 75 kcal
5 g E, 5 g F, 2 g K

125 g Milchprodukte nach Wahl
2 TL milder Senf
2 EL Sonnenblumenöl
2 EL Limonenessig
1 gehackte Schalotte
Salz
weißer Pfeffer aus der Mühle
2 EL Senfsprossen

Alles gründlich miteinander verrühren.

SAUCE ZU GERICHTEN MIT FISCH ODER EIERN

Zubereitungszeit:
5 Minuten ■
Pro Portion: 105 kcal
0 g E, 10 g F, 0 g K

125 g Milchprodukte nach Wahl
2 cl Noilly Prat (trockener französischer Wermut)
1 TL scharfer Senf
4 EL Traubenkernöl
2 EL Champagneressig
100 g gehackte gemischte Kräuter wie Basilikum, Dill, Kerbel, Petersilie
1 gehackte Schalotte
Salz
weißer Pfeffer aus der Mühle

Alles gründlich miteinander vermischen.

Avocados sind exotische Früchte, die einen hohen Anteil wertvoller Fette aufweisen.

SAUCE ZU KARTOFFEL- ODER AVOCADOSALATEN

Zubereitungszeit:
10 Minuten ■
Pro Portion: 125 kcal
5 g E, 10 g F, 3 g K

125 g Milchprodukte nach Wahl
1 TL Tomatenmark
4 EL Olivenöl
2 EL Weißweinessig
1 gehackte Schalotte
Salz
weißer Pfeffer aus der Mühle
4 EL Kressesprossen
2 gehäutete Tomaten, in Würfel geschnitten

Alles gründlich miteinander vermischen, zum Schluß Kressesprossen und Tomatenwürfel untermischen.

ASIATISCHES DRESSING

FÜR 4 PERSONEN ■
Zubereitungszeit:
20 Minuten
Pro Portion: 140 kcal
1 g E, 13 g F, 3 g K

1 Gemüsezwiebel
1 Knoblauchzehe
je ¼ Paprikaschote in rot,
grün und gelb
4 EL Kokossahne aus der
Dose
2 EL Sojasauce
1 TL frischgeriebene
Ingwerwurzel
1 TL gehackter Koriander
Salz
schwarzer Pfeffer aus der
Mühle
etwas frischgemahlenes
Piment
2 EL Sherryessig
4 EL Sesamöl

1. Gemüsezwiebel und Knoblauch schälen und fein hacken. Die Paprika-

Gemüsezwiebeln und Paprikaschoten sind die Hauptzutaten für dieses Dressing.

schoten in winzige Würfel schneiden.
2. Die übrigen Zutaten in eine Schüssel geben und mit einem Schneebesen gründlich verquirlen. Zum Schluß die Zwiebeln, den Knoblauch und die Paprikawürfel untermischen. Das Ganze etwas durchziehen lassen.
Zu rohem Fisch, den man am besten auf grünen Salatblättern anrichtet, oder zu gebratenem kaltem Geflügel oder als Dip zu rohem gemischtem Gemüse reichen.

AVOCADO-OLIVEN-CREME

FÜR 4 PERSONEN ■
Zubereitungszeit:
20 Minuten
Pro Portion: 500 kcal
3 g E, 53 g F, 2 g K

2 Eigelb
⅛ l Olivenöl
Saft von 1 Zitrone
150 g entsteinte schwarze
Oliven
1 Bund Basilikum
2 Knoblauchzehen
1 vollreife Avocado
Salz
weißer Pfeffer aus der
Mühle

1. Die Eigelbe in eine Schüssel geben und unter Rühren mit einem Schneebesen das Öl und den Zitronensaft hinzufügen.
2. Oliven, die geschälten Knoblauchzehen und die abgezupften Basilikumblätter fein hacken. Die Avocado schälen, halbieren, den Kern entfernen und das Fruchtfleisch pürieren. Alles unter die schaumige Eiersauce mischen und mit Salz und Pfeffer würzen.

VARIATION EIERSAUCE

1 Eigelb
½ TL feinwürzigen Senf
4 EL Rotweinessig
5 EL Olivenöl
2 EL Tomatenwürfel
2 EL Kapern
1 EL gehackte Petersilie

Wie die Avocado-Oliven-Sauce zubereiten.
Beide Saucen passen als Dip zu rohem Gemüse und Fondue.

Frische Basilikumblätter geben Salatsaucen eine würzige Note.

Das Eigelb kräftig mit einem Schneebesen schlagen, dabei das Olivenöl langsam einlaufen lassen.

Das Fleisch reifer Avocadofrüchte läßt sich leicht von Kern und Schale befreien.

Für die Eiersauce Eigelb, Senf, Essig und Olivenöl mit dem Stabmixer verrühren.

MANGO-KORIANDER-VINAIGRETTE

FÜR 4 PERSONEN ■
Zubereitungszeit:
20 Minuten
Pro Portion: 125 kcal
0 g E, 10 g F, 8 g K

1 mittelgroße, vollreife
Mango
1 Bund Koriander
1 gelbe Chilischote
Salz
2 EL Weißweinessig
4 EL Sonnenblumenöl
weißer Pfeffer aus der
Mühle

1. Die Mango schälen, das Fruchtfleisch in Spalten vom Kern lösen und in kleine Würfel schneiden. Das Koriandergrün fein hacken. Die Chilischote halbieren, Stengelansatz und Samenkerne entfernen und die Hälften fein hacken.

Das Fruchtfleisch der Mango haftet sehr fest am Kern, spaltenweise läßt es sich am besten lösen.

2. Salz und Essig in einer Schüssel mit einem kleinen Schneebesen so lange verrühren, bis sich das Salz vollständig aufgelöst hat. Dann unter ständigem Weiterrühren langsam das Öl dazugießen. Mango, Koriander und Chili dazugeben, alles gründlich vermischen und mit Pfeffer würzen.
Die Mango-Koriander-Vinaigrette am besten zu kaltem Hühnerfleisch oder zartem Kalbsbraten reichen.

SOMMERLICHER KRABBEN-GURKEN-SALAT

FÜR 4 PERSONEN ■
Zubereitungszeit:
15 Minuten
Pro Portion:
100 kcal
8 g E, 6 g F, 3 g K

1 mittelgroße Salatgurke
150 g ausgelöste
Nordseekrabben

VINAIGRETTE
1 EL Weißweinessig
1 El Zitronensaft
Salz
2 EL Öl
schwarzer Pfeffer
aus der Mühle

AUSSERDEM
1 Bund Dill

1. Die Gurke schälen, die Enden abschneiden und auf dem Gurkenhobel in feine Scheibchen schneiden. Mit den Krabben in eine Schüssel geben.

> **TIP** Das beste Aroma haben natürlich frische Freiland-Salatgurken.
> An heißen Sommertagen ist dieser Salat eine köstlich erfrischende und leichte Mahlzeit für 2 Personen – für 4 Personen eine Vorspeise.

2. Für die Vinaigrette Essig, Zitronensaft und Salz so lange verrühren, bis sich das Salz gelöst hat. Unter Rühren das Öl hinzugießen und mit Pfeffer würzen. Die Vinaigrette mit den Salatzutaten gründlich vermischen. Zum Schluß den feingeschnittenen Dill dazugeben und den Salat kurz durchziehen lassen.

RADICCHIO-RUCOLA-SALAT MIT PARMESAN

FÜR 4 PERSONEN ■
Zubereitungszeit:
15 Minuten
Pro Portion:
100 kcal
5 g E, 8 g F, 1 g K

1 Bund Rucola (Rauke)
1 kleiner Kopf Radicchio

VINAIGRETTE
Salz
1 EL Rotweinessig
1 TL Aceto Balsamico
1 Msp. scharfer Senf
schwarzer Pfeffer
aus der Mühle
1 EL Olivenöl
1 EL Walnußöl

AUSSERDEM
50 g junger Parmesan

1. Die Rucolablätter verlesen, dabei die dickeren Stiele entfernen. Von dem Radicchio den Strunk abschneiden, die Blätter ablösen und wie die Rucolablätter in kleine Stücke zerpflücken. Beide Salatsorten waschen und in einem Salatsieb trockenschleudern.

> **TIP** Rucola, auch bekannt unter Rauke, Ruca, Roquette, ist ursprünglich ein Wildkraut, das nun, der starken Nachfrage wegen, angebaut wird. Importe kommen hauptsächlich aus Frankreich und Italien.

2. Für die Vinaigrette das Salz mit den beiden Essigsorten, Senf und Pfeffer so lange verrühren, bis sich das Salz völlig gelöst hat. Unter weiterem Rühren mit einem kleinen Schneebesen die Öle dazugießen.

3. Die Vinaigrette über die Salatzutaten gießen und gründlich miteinander vermischen. Den Salat auf 4 Teller verteilen und mit dem in kleine Stückchen gebrochenen oder fein gehobelten Parmesan bestreuen.

Jedes Salatblatt vom Strunk befreien und danach in kleine Stücke zerpflücken.

Nach dem Waschen die Salatblätter gut trockenschleudern.

Mit einer Gabel kleine Stückchen vom Parmesan abbrechen.

SAUERKRAUT-SALAT MIT TRAUBEN

FÜR 4 PERSONEN ■
Zubereitungszeit:
20 Minuten
Ruhezeit: 30 Minuten
Pro Portion:
175 kcal
2 g E, 10 g F, 16 g K

300 g rohes Sauerkraut
1 mittelgroßer, rotbackiger
Apfel (z. B. Jonathan)
200 g blaue Trauben

MARINADE
Salz
1–2 EL Weißweinessig
1 EL Ahornsirup
4 EL Weißwein
2 EL Öl
schwarzer Pfeffer
aus der Mühle

1. Das Sauerkraut kleinschneiden. Den Apfel waschen, vierteln, das Kerngehäuse entfernen und die Apfelviertel mit der Schale quer in dünne Scheibchen

> **TIP** Sauerkraut enthält viele Ballaststoffe, ist reich an Vitamin C und das alles bei nur 25 kcal pro 100 g.

schneiden. Die Trauben waschen, halbieren und, falls nötig, entkernen. Alle Zutaten in einer Schüssel vermischen.
2. Für die Marinade, Salz, Essig, Ahornsirup und Weißwein miteinander verrühren und nach und nach unter weiterem Rühren das Öl hinzugießen. Mit Pfeffer würzen und mit den Salatzutaten gründlich vermischen. Mindestens 30 Minuten durchziehen lassen.

FELDSALAT MIT BÜNDNERFLEISCH UND PARMESAN- SPÄNEN

FÜR 4 PERSONEN ■
Zubereitungszeit:
20 Minuten
Pro Portion:
265 kcal
16 g E, 21 g F, 1 g K

150 g Feldsalat
100 g Bündnerfleisch

MARINADE
3 EL Weißweinessig
Salz
schwarzer Pfeffer
aus der Mühle
5 EL Walnußöl
2 Schalotten, fein gehackt

AUSSERDEM
1 EL Sesam
50 g Parmesan am Stück

1. Den Feldsalat putzen, mehrmals waschen, da sich oft Sand zwischen den Blättern versteckt, und in einer Salatschleuder trokkenschleudern.
2. Das Bündnerfleisch in schmale Streifen schneiden.
3. Den Weißweinessig mit Salz und Pfeffer verrühren, bis sich das Salz aufgelöst hat. Dann erst das Walnußöl in feinem Strahl dazufließen lassen und dabei ständig mit dem Schneebesen schlagen, bis die Sauce cremig geworden ist. Die Schalottenwürfel einstreuen.
4. Den Sesam in einer trockenen, beschichteten Pfanne goldgelb rösten, in die Salatsauce streuen. Den Feldsalat gründlich in der Sauce wenden. Das Bündnerfleisch untermischen.
5. Den Salat auf 4 Teller verteilen und den Parmesan mit dem Gurkenhobel (oder Trüffelhobel) über dem Salat in Spänen abhobeln.
Beilage: getoastetes Bauernbrot und Butter
Getränkeempfehlung: Apfelcidre, herb

Frisch gewaschener, knackiger Feldsalat.

DREIERLEI ROHKOST MIT CURRYSAUCE

FÜR 4 PERSONEN ■
Zubereitungszeit:
30 Minuten
Pro Portion:
190 kcal
9 g E, 12 g F, 10 g K

1 Kohlrabi (ca. 220 g)
1 Rote Bete (ca. 220 g)
1 Bund Radieschen

CURRYSAUCE
1 Schalotte, fein gehackt
250 g Sahnequark
Saft von ½ Zitrone
2 EL Distelöl
2 EL Curry
1 TL Honig
Salz
weißer Pfeffer
aus der Mühle
50 g Alfalfasprossen
(aus dem Reformhaus)

1. Kohlrabi und die Rote Bete schälen und mit der Gemüsereibe mittelfein raspeln.
2. Die Radieschen samt Blättern gründlich waschen. Einige schöne Blätter aussuchen und in schmale Streifen schneiden. Die Radieschen in dünne Scheiben hobeln oder schneiden und mit den Blattstreifen mischen.
3. Für die Currysauce die Schalottenwürfel und den Sahnequark mit dem Zitronensaft und dem Distelöl gründlich verrühren. Curry und Honig untermischen und mit Salz und Pfeffer

Die Blätter der Radieschen werden geschnitten und mitverarbeitet.

abschmecken. Falls die Sauce zu dickflüssig ist, noch etwas Zitronensaft unterrühren. Die Hälfte der Alfalfasprossen unter die Currysauce rühren.
4. Kohlrabi, Rote Bete und Radieschen als Häufchen auf 4 Teller setzen. In die Mitte als Klacks die Currysauce geben und mit den übrigen Alfalfasprossen bestreuen.
Beilage: Vollkornbrot und Butter oder kleine, frische Pellkartöffelchen
Getränkeempfehlung: Apfelsaftschorle oder trockener Cidre

TIP *Die Gemüsesorten können je nach Saison variiert werden. So schmecken Zucchini, Möhren, roher Spargel, Staudensellerie, Zukkerschoten oder andere Gemüsesorten. Immer daran denken, daß auch das Auge mitißt, deshalb ist es gut, wenn man verschiedenfarbige Gemüsesorten auswählt. Die Sauce läßt sich auch beliebig ändern, beispielsweise mit Kräutern, Roquefort oder anderem Käse, sowie Nüssen, Mandeln und Sonnenblumenkernen.*

EGERLINGSALAT MIT KRÄUTERN

FÜR 4 PERSONEN ■
Zubereitungszeit:
25 Minuten
Pro Portion:
145 kcal
3 g E, 13 g F, 4 g K

1 mittelgroße Möhre
Saft von 2 Zitronen
300 g Egerlinge
1 TL Meerrettich
(aus dem Glas)
Salz
weißer Pfeffer
aus der Mühle
1 Msp. Cayennepfeffer
5 EL Walnußöl
je 1 Bund Petersilie, Dill und
Schnittlauch, fein gehackt

1. Die Möhre schälen und auf der Gemüsereibe grob raspeln. Mit etwas Zitronensaft beträufeln, damit die leuchtende Farbe erhalten bleibt.
2. Die Egerlinge kurz abbrausen oder nur mit Küchenkrepp abreiben. Die Enden abschneiden. Pilze feinblättrig schneiden. Das geht ganz schnell und gleichmäßig mit dem Eierschneider. Die Pilzscheiben ebenfalls mit Zitronensaft beträufeln.
3. Den restlichen Zitronensaft mit dem Meerrettich mischen, salzen, pfeffern, mit Cayennepfeffer abschmecken und das Walnußöl unterrühren. Die feingehackten Kräuter zufügen.
4. Die Egerlinge und die Möhrenraspeln vorsichtig in der Sauce wenden. Auf 4 Tellern anrichten.
Beilage: Roggenbaguette und Frischkäse
Getränkeempfehlung: leichter, trockener Weißwein

FENCHELROHKOST MIT MANGO

FÜR 4 PERSONEN ■
Zubereitungszeit:
20 Minuten
Pro Portion:
120 kcal
4 g E, 3 g F, 17 g K

2 kleine Fenchelknollen
1 kleine, vollreife Mango
1 Orange

MARINADE
1 EL Crème fraîche
2 EL Magerjoghurt
1 EL Zitronensaft
2 EL Orangensaft
Salz
1 Prise Cayennepfeffer
20 g geröstete Kürbiskerne
zum Bestreuen

Das Blattgrün von der Fenchelknolle abtrennen und fein hakken.

1. Die Fenchelknollen waschen, das Blattgrün ab-
schneiden und fein hacken.
Die Knollen halbieren und
jede Hälfte in hauchdünne
Streifen schneiden.
2. Die Mango schälen,
das Fruchtfleisch in Spalten vom Kern lösen und in
Würfel schneiden. Die
Orange so dick schälen,
daß die weiße Haut völlig
entfernt ist. Das Frucht-
fleisch von den Zwischen-
häuten lösen. Die Oran-
genspalten mit dem Fen-
chel und der Mango in eine
Schüssel geben.
3. Aus Crème fraîche,
Joghurt, Zitrussäften, Salz
und Cayennepfeffer eine
glatte Salatsauce rühren.
Über die Salatzutaten gießen, das kleingehackte
Fenchelkraut hinzufügen
und alles locker vermi-
schen. Zum Schluß mit
Kürbiskernen bestreuen.

> **TIP** *Anstelle der
> Kürbiskerne können
> Sie auch Pinienkerne
> verwenden.*

Die Fenchelknolle halbieren
und in hauchdünne Scheiben
schneiden.

Die ganze Mango mit einem
scharfen Messer schälen.

Das Fruchtfleisch in Spalten
vom Kern ablösen.

EXOTISCHER CHICOREESALAT

FÜR 4 PERSONEN ■ ■
Zubereitungszeit:
30 Minuten
Pro Portion:
150 kcal
3 g E, 4 g F, 24 g K

2 große Chicoree
1 Orange
1 Kiwi
1 kleine Banane
½ vollreife Mango
4 frische Datteln

DRESSING
2 EL Salatmayonnaise (50%)
100 g Magerjoghurt
1 TL milder Curry
1 Spritzer Tabasco
Saft von 1 Zitrone
1 Msp. gemahlenes
Zitronengras oder
abgeriebene Schale von ½
unbehandelten Zitrone
½ TL gehackter roter Pfeffer

1. Die Chicoree wa-
schen, halbieren und den
Keil am unteren Ende her-
ausschneiden, in Streifen
schneiden. Die Orange so
dick schälen, daß die weiße Haut völlig entfernt ist.
Das Fruchtfleisch heraus-
filetieren. Kiwi und Banane
schälen und in Scheiben,
das Fruchtfleisch der ge-
schälten Mangohälfte in
Würfel schneiden. Von den
frischen Datteln mit einem
spitzen Messer die Haut
abziehen. Früchte halbie-
ren, entkernen und in Viertel teilen. Die vorbereiteten
Zutaten in eine große
Schüssel geben.
2. Für das Dressing Salatmayonnaise, Joghurt
und Curry verrühren und
mit Tabasco, Zitronensaft
und Zitronengras oder Zi-
tronenschale würzig ab-
schmecken und über die
Salatzutaten gießen. Vor-
sichtig vermischen und mit
gehacktem rotem Pfeffer
bestreuen.

BROCCOLISALAT MIT KRABBEN

FÜR 4 PERSONEN ■ ■
Zubereitungszeit:
40 Minuten
Pro Portion:
80 kcal
9 g E, 3 g F, 4 g K

500 g Broccoli
Salz
100 g ausgelöste
Nordseekrabben
Saft von ½ Zitrone

DRESSING
2 EL Crème fraîche
100 g Magerjoghurt
2 EL Zitronensaft
Salz
1 Msp. Cayennepfeffer
abgeriebene Schale von ½
unbehandelten Zitrone
1 EL feingeschnittener
Schnittlauch

1. Broccoli waschen, die
Blätter entfernen, den dik-
ken Stiel in Stücke schneiden und das Gemüse in
kleine Röschen zerteilen.
Wenig Salzwasser in einem
halbhohen Topf zum Ko-
chen bringen und das Ge-
müse darin in etwa 12–15
Minuten al dente kochen.
2. Die Krabben in eine
Schüssel geben, mit Zitronensaft marinieren und zugedeckt in den Kühl-
schrank stellen.
3. Das gegarte Gemü-
se auf einen Durchschlag
schütten, sofort in eine
Schüssel mit eiskaltem
Wasser tauchen und gut
abtropfen lassen.
4. Für das Dressing Crème fraîche und Magerjo-
ghurt miteinander verrüh-
ren und mit Zitronensaft,
Salz, Cayennepfeffer und
Zitronenschale würzig ab-
schmecken. Zum Schluß
den Schnittlauch untermi-
schen.
5. Das Gemüse auf einer
Platte anrichten, gleich-
mäßig mit dem Dressing
begießen und mit den
Krabben bestreuen.

WINTERSALAT MIT CHICORÉE, ÄPFELN UND ENTENBRUST

FÜR 4 PERSONEN ■ ■
Zubereitungszeit:
40 Minuten
Pro Portion:
315 kcal
13 g E, 23 g F, 5 g K

1 große Entenbrust
(300–350 g)
Salz
weißer Pfeffer
aus der Mühle
1 EL Calvados

SALAT
1 kleiner, säuerlicher Apfel
1 EL Zitronensaft
2–3 Chicorée
1 kleine, rote Zwiebel
3 EL Walnußkerne,
gehackt
Salz
weißer Pfeffer
aus der Mühle
1½ EL Sherryessig
Salz
schwarzer Pfeffer
aus der Mühle
4 EL Walnußöl
½ Knoblauchzehe

1. Die Entenbrust auf der Hautseite gitterartig einschneiden. Mit Salz und Pfeffer einreiben.
2. Eine schwere Pfanne erhitzen. Die Entenbrust mit der Hautseite nach unten hineinlegen. Im eigenen Fett in 2–3 Minuten goldgelb braten, dann wenden. Nochmals 2–3 Minuten braten. Die Pfanne halb zudecken und die Brust bei schwacher Hitze 10 Minuten weiterbraten. Das Fleisch aus der Pfanne nehmen und auf ein Gitter setzen (Teller unterlegen). Das Fett aus der Pfanne abgießen. Den Calvados hineingießen und den Bratensatz damit lösen.
3. Für den Salat den Apfel waschen, ungeschält vierteln und das Kerngehäuse ausschneiden. Die Viertel zuerst längs in sehr dünne Scheiben, dann

Die Blattspitzen der Chicoréeblätter für die Garnitur aufheben. Den Rest der Blätter sehr fein schneiden.

quer in Stäbchen schneiden. Sofort in einer Schüssel mit dem Zitronensaft mischen.
4. Den Chicorée putzen. 20 Blattspitzen zum Garnieren beiseite legen und dann die restlichen Blätter in ca. 3 cm lange Stücke schneiden. Danach ebenfalls längs in sehr feine Streifen schneiden. Die Zwiebel halbieren und in feine Ringe schneiden. Alle Salatzutaten mischen und mit wenig Salz und Pfeffer würzen. Den Sherryessig mit wenig Salz und Pfeffer verrühren. Das Öl darunterschlagen, den Knoblauch schälen, durchpressen und zugeben.
5. Je 5 Chicoréeblättchen kreuzweise auf 4 großen Tellern anrichten. Den Salat auf die Mitte verteilen und mit der Sauce beträufeln. Die Entenbrust leicht schräg in dünne Scheiben schneiden, zwischen den Salatblättern anordnen und mit dem Bratenfond beträufeln.
Beilage: Toast oder knuspriges Schwarzbrot mit Butter
Getränkeempfehlung: weißer Bordeaux, z. B. Graves, Barsac, oder leichter Rotwein

CHINAKOHLSALAT MIT SCAMPI UND SESAM

FÜR 4 PERSONEN ■ ■
Zubereitungszeit:
35 Minuten
Pro Portion:
170 kcal
7 g E, 14 g F, 2 g K

1 kleiner Chinakohl
8 mittelgroße Minzeblätter
50 g Gartenkresse
4 große Scampi
1 TL Erdnußöl
Szetschuanpfeffer
aus der Mühle
1 EL Sesamsamen

SAUCE
1 EL Sojasauce
1 EL Hühnerbrühe
1 EL Sherryessig
1 EL Sherry
4 EL Erdnußöl
1–2 Tropfen Sesamöl
wenig Salz
Szetschuanpfeffer
aus der Mühle

1. Die Blätter des Chinakohls vom Strunk lösen, die Rippen entfernen und die Blätter in ca. 1 cm breite Streifen schneiden. Gut waschen und trockenschleudern. Die Minzeblätter und die Kresse waschen und gut abtropfen lassen.
2. Für die Sauce die Sojasauce mit der Brühe verrühren. Den Essig und den Sherry zufügen und zuletzt das Öl daruntermischen. Mit wenig Salz, Szetschuanpfeffer und Sesamöl abschmecken.
3. Die Krusten der Scampi auf der Bauchseite seitlich aufschneiden. Das Fleisch sorgfältig herauslösen, dabei das letzte Glied des Panzers mit dem Schwanzende stehenlassen. Die Scampi am oberen Ende leicht einschneiden und den Darm herausziehen.
4. Die Scampi in Erdnußöl bei schwacher Hitze anziehen lassen, bis sie milchig weiß werden. Das dauert, je nach Größe, ungefähr 3–4 Minuten. Mit

Den Panzer der Scampi an der Bauchseite aufritzen und das Fleisch herausschälen.

Szetschuanpfeffer bestreuen.
5. Die Sesamsamen in einer trockenen Pfanne bei mittlerer Hitze kurz rösten.
6. Den Chinakohl mit den Minzeblättern und der Hälfte der Sauce vermischen. Auf Tellern anrichten. Mit der Kresse und den lauwarmen Scampi garnieren. Mit den Sesamsamen bestreuen.
Beilage: Kroepoeck (Fladen aus Crevettenmehl, die aufgebacken werden) oder frisches Brot
Getränkeempfehlung: Roséwein

TIP *Bei der Verwendung von tiefgekühlten Scampi diese vor dem Garen auftauen lassen.*
– Man kann diesen Salat auch mit kleinen, leicht gebratenen Fischstücken oder gekochter, in Scheiben geschnittener Hähnchenbrust garnieren.

APFELSALAT MIT MUNGOBOHNENKEIMLINGEN

FÜR 4 PERSONEN ■
Zubereitungszeit:
30 Minuten
Pro Portion:
130 kcal
2 g E, 6 g F, 17 g K

500 g säuerliche, rotbackige Äpfel (z. B. Elster oder Jonathan)
100 g Mungobohnenkeimlinge
1 Kästchen Kresse

MARINADE
1 TL Honig
1 TL Sojasauce
½ TL geriebener Meerrettich
Salz
1 EL Apfelessig
2 EL neutrales Öl
schwarzer Pfeffer aus der Mühle

1. Die Äpfel waschen, vierteln und die Kerngehäuse entfernen. Mit der Schale feinblättrig schneiden. Mit den Mungobohnenkeimlingen in einer Schüssel vermischen und mit der abgeschnittenen, kurz gewaschenen Kresse bestreuen.

TIP *Mungobohnen gibt es gekeimt zu kaufen, man kann sie aber auch unproblematisch selbst zum Keimen bringen.*

2. Für die Marinade den Honig mit Sojasauce, Meerrettich, Salz und Essig verrühren und unter Rühren mit einem Schneebesen das Öl hinzufügen. Die Marinade mit Pfeffer würzen und über die Salatzutaten verteilen.

FELDSALAT MIT ROSA GRAPEFRUIT UND GERÖSTETEN SONNENBLUMENKERNEN

FÜR 4 PERSONEN ■
Zubereitungszeit:
30 Minuten
Pro Portion:
150 kcal
4 g E, 9 g F, 13 g K

200 g Feldsalat
2 rosa Grapefruits
30 g geschälte Sonnenblumenkerne

MARINADE
1 TL Ahornsirup
Salz
1 TL Aceto Balsamico
1 EL Walnußöl
1 EL neutrales Öl
schwarzer Pfeffer aus der Mühle
1 Prise Cayennepfeffer

1. Vom Feldsalat die Wurzelenden so abschneiden, daß die Pflänzchen noch zusammenhalten. Gründlich in einer Schüssel mit reichlich kaltem Wasser waschen, dabei das Wasser so lange erneuern, bis alle Sandteilchen entfernt sind. Salat in einer Salatschleuder trockenschleudern.
2. Die Grapefruits über einer Schüssel so dick schälen, daß die weiße Haut völlig entfernt ist. Mit einem scharfen Messer das Fruchtfleisch aus den Zwischenhäuten schneiden. Die Fruchtspalten mit dem Feldsalat vermischt in eine flache Schüssel geben.
3. Die Sonnenblumenkerne trocken in einer Pfanne rösten.
4. Für die Marinade den Ahornsirup in die Schüssel mit dem abgetropften Grapefruitsaft geben, Salz und Essig hinzufügen und so lange mit einem kleinen Schneebesen rühren, bis sich das Salz gelöst hat. Unter weiterem Rühren die Öle dazugießen und pfeffern.

5. Die Salatsauce über den Feldsalat mit den Grapefruitfilets verteilen, locker vermischen und mit den gerösteten Sonnenblumenkernen bestreut servieren.

Den Feldsalat nach dem gründlichen Waschen gut trockenschleudern.

Beim Schälen der Grapefruit die dicke weiße Haut mitentfernen.

Mit einem scharfen Messer das Fruchtfleisch aus den Zwischenhäuten lösen.

RETTICHSALAT ROT-WEISS-GRÜN

FÜR 4 PERSONEN ■
Zubereitungszeit:
20 Minuten
Pro Portion:
40 kcal
1 g E, 3 g F, 3 g K

1 junger weißer Rettich
1 Bund Radieschen
1 kleine Salatgurke

MARINADE
Salz
2 EL Weißweinessig
1 EL neutrales Öl
weißer Pfeffer aus der Mühle
1 Bund Schnittlauch

1. Rettich und Radieschen von den Blätter befreien und wie die Salatgurke gründlich waschen. Den Rettich, falls nötig, schaben.
2. Von der Gurke die beiden Enden abschneiden. Ungeschält wie den Rettich mit einem Gurkenhobel, die Radieschen mit einem Messer in feine Scheibchen schneiden und alles in eine große Schüssel geben.
3. Für die Marinade das Salz mit dem Essig in einer kleinen Schüssel so lange mit einem kleinen Schneebesen verrühren, bis sich das Salz gelöst hat. Dann unter Rühren das Öl dazugießen und die Vinaigrette über die Salatzutaten gießen. Mit Pfeffer und feingeschnittenem Schnittlauch bestreuen und alles locker vermischen.

TIP *Ein erfrischender Salat zu Gegrilltem oder Kurzgebratenem oder solo zu einem Vollkornbrot mit Butter.*

LÖWENZAHNSALAT MIT KNOBLAUCH-CROÛTONS

FÜR 4 PERSONEN ■
Zubereitungszeit:
15 Minuten
Pro Portion:
210 kcal
3 g E, 15 g F, 13 g K

4 Löwenzahnpflanzen
oder 4 Handvoll junge
Löwenzahnblätter
1 Schalotte

VINAIGRETTE
2 EL Weinessig
Salz
schwarzer Pfeffer
aus der Mühle
2 EL Olivenöl
2 EL Maiskeimöl

CROUTONS
2 Scheiben Weißbrot
2 Knoblauchzehen
2 EL Öl zum Braten

1. Die Löwenzahnpflanzen am unteren Ende abschneiden und die welken Außenblätter entfernen, Löwenzahnblätter verlesen. Unter fließendem Wasser gründlich waschen, in einem Salatsieb trockenschleudern und in Viertel zerschneiden.
2. Die geschälte Schalotte in kleine Würfel schneiden und mit dem Salat in eine Schüssel geben.
3. Für die Vinaigrette den Essig mit Salz und Pfeffer verrühren, bis sich das Salz aufgelöst hat. Unter Rühren nach und nach die beiden Ölsorten hinzufügen.
4. Für die Croûtons das Brot entrinden, mit dem Saft der geschälten, durchgeschnittenen Knoblauchzehen einreiben und anschließend in kleine Würfel schneiden. In einer Pfanne das Öl erhitzen und die Brotwürfel darin goldbraun rösten.
5. Die Salatsauce erst am Tisch mit dem Salat vermischen und die heißen Brotwürfel hinzufügen.

FRISÉESALAT MIT KNOBLAUCH-KRABBEN

FÜR 4 PERSONEN ■
Zubereitungszeit:
20 Minuten
Pro Portion:
195 kcal
5 g E, 18 g F, 3 g K

1 kleiner Friséesalat
2 Schalotten, fein gehackt

MARINADE
Saft von 1½ Zitronen
1 TL scharfer Senf
Salz
weißer Pfeffer
aus der Mühle
7 EL Sojaöl

AUSSERDEM
1 Bund Zitronenmelisse,
abgezupft
4–5 Knoblauchzehen
200 Krabben
(Tiefseegarnelen)

1. Den Friséesalat von den äußeren Blättern befreien, zerteilen und große Blätter zerzupfen. Den Salat waschen und in einer Salatschleuder trockenschleudern. Den Salat mit den Schalotten in eine Schüssel füllen.

> **TIP** Anstelle der Krabben kann man 250 g gekochten, kleingewürfelten Schinken verwenden.

2. Für die Marinade den Zitronensaft mit dem Senf, Salz und Pfeffer, in einer Schüssel gut verrühren. Die Hälfte des Sojaöls in sehr feinem Strahl dazufließen lassen und ständig mit dem Schneebesen schlagen, bis eine cremige Sauce entstanden ist.
3. Die Marinade über den Salat gießen. Die Hälfte der Zitronenmelisse zufügen und alles mischen. Auf 4 Teller verteilen.
4. Das restliche Öl in ei-

Den Friséesalat zusammen mit den Schalotten in eine Schüssel füllen.

Das Sojaöl unter kräftigem Schlagen unter die Marinade rühren bis eine cremige Sauce entsteht.

Die gebratenen Krabben mit gehackter Zitronenmelisse bestreuen.

ner Pfanne erhitzen. Die geschälten Knoblauchzehen durch die Presse dazudrücken und goldgelb braten. Die Krabben zufügen und bei mittlerer Hitze 6–7 Minuten braten.
5. Die restliche Zitronenmelisse fein hacken und unter die Krabben mischen. Die Krabben auf dem Friséesalat verteilen.
Beilage: getoastetes Graubrot mit Butter
Getränkeempfehlung: trockener Weißwein, z. B. Riesling aus Württemberg

AVOCADOSALAT MIT EIERSAUCE

FÜR 4 PERSONEN ■
Zubereitungszeit:
25 Minuten
Pro Portion:
400 kcal
5 g E, 39 g F, 3 g K

2 Eier
2 reife Avocados
Saft von 1 Zitrone
1 TL scharfer Senf
2 EL Weißweinessig
Salz
weißer Pfeffer
aus der Mühle
1 Msp. Cayennepfeffer
4 EL Distelöl
1 Kästchen Kresse

1. Die Eier in 10 Minuten hart kochen, kalt abschrecken, pellen und abkühlen lassen.
2. Inzwischen die Avocados vorsichtig schälen, dann längs halbieren und den Stein vorsichtig mit einer Messerspitze herauslösen. Die Avocadohälften sofort mit Zitronensaft beträufeln, damit sie ihre Farbe behalten.
3. Die Eier längs halbieren und die Dotter vorsichtig herauslösen. In einer Schüssel mit einer Gabel zerdrücken, den Senf untermischen. Weißweinessig, Salz, Pfeffer, Cayennepfeffer und Distelöl zufügen und gut verrühren.
4. Das Eiweiß sehr fein hacken und zufügen.
5. Die Kresse unter fließendem Wasser abbrausen und die Blättchen über der Schüssel mit einer Küchenschere abschneiden und untermischen.
6. Die Avocadohälften quer in schmale Scheiben schneiden und auf 4 Teller verteilen. Jeweils einen Klacks der Eiersauce davorsetzen.
Beilage: Toast und Butter
Getränkeempfehlung: Sekt oder Champagner

BRUNNENKRESSE MIT KOHLRABI-APFEL-ROHKOST

FÜR 4 PERSONEN ■ ■
Zubereitungszeit:
40 Minuten
Pro Portion:
300 kcal
5 g E, 25 g F, 12 g K

2 junge Kohlrabi mit Grün
2 kleine, säuerliche Äpfel
2 Bund Brunnenkresse
50 g Erdnüsse mit Schale

DRESSING
Salz
schwarzer Pfeffer
2 EL Apfelessig
5 EL Erdnußöl
1 kleine Schalotte, gehackt

KRESSEJOGHURT
150 g Joghurt
½ TL milder Senf
Saft von 1 Zitrone
Salz
schwarzer Pfeffer

1. Kohlrabi putzen, die inneren Blätter fein hacken und für das Dressing beiseite legen. Das Gemüse schälen, erst in dünne Scheiben, dann in feine Streifen schneiden. Die Äpfel schälen und grob raspeln. Die Kresse waschen, in einem Salatsieb trockenschleudern und die kleinen Blättchen für den Salat zupfen. Die größeren für den Kressejoghurt aufbewahren. Die Nüsse schälen und halbieren.
2. Salz, Pfeffer, Essig und Öl verrühren, die Schalottenwürfel und die Kohlrabiblätter hinzufügen und die Salatzutaten damit marinieren.
3. Für den Kressejoghurt alle Zutaten und die Kresse in den Mixer geben.
4. Jeweils etwas Kressejoghurt auf 4 Teller verteilen, den Salat locker darüberstreuen und in die Mitte je einen Klecks des restlichen Joghurts geben. Mit Erdnüssen bestreuen.
Getränkeempfehlung: gespritzter Apfelwein oder Mineralwasser

ZUCCHINI-MÖHREN-ROHKOST MIT ORANGEN-VINAIGRETTE

FÜR 4 PERSONEN ■
Zubereitungszeit:
20 Minuten
Pro Portion:
105 kcal
2 g E, 6 g F, 11 g K

3 kleine Zucchini
3 junge Möhren
1 unbehandelte Orange

VINAIGRETTE
Salz
1 TL feiner Dijonsenf
1 TL Honig
3 EL frischgepreßter
Orangensaft
1 EL frischgepreßter
Zitronensaft
2 EL Olivenöl extra vergine
schwarzer Pfeffer
aus der Mühle

ZUM BESTREUEN
etwas geraspelte
Orangenschale
5–6 feingeschnittene
Basilikumblätter

1. Die Zucchini waschen und an beiden Enden abschneiden, die Möhren waschen und bei Bedarf schaben. Beide Gemüse der Länge nach in dünne Scheiben, dann quer in schmale Streifen schneiden.

> **TIP** *Unbedingt kleine Zucchini und junge Möhren verwenden!*

2. Die Orange so dick schälen, daß die weiße Haut völlig entfernt ist, dann das Fruchtfleisch aus den Zwischenhäuten lösen. Die Orangenspalten in kleine Stücke teilen und zum Gemüse geben.
3. Für die Vinaigrette Salz, Senf und Honig verrühren und nach und nach die Zitrussäfte und das Öl hinzufügen. Pfeffern und so lange rühren, bis die Sauce eine cremige Konsistenz hat.
4. Die Orangenvinaigrette über die Salatzutaten gießen, gründlich vermischen und den Salat mit der frischgeraspelten Orangenschale und den Basilikumstreifen bestreuen.

Möhren und Zucchini nach dem Waschen in schmale Streifen schneiden.

Mit einem Julienne-Messer von der Orangenhaut feine Raspeln abtrennen.

Die Vinaigrette mit einem Schneebesen gut durchschlagen.

GRIECHISCHER HIRTENSALAT
Choriatiki salata

FÜR 4 PERSONEN ■
Zubereitungszeit:
20 Minuten
Pro Portion:
345 kcal
12 g E, 28 g F, 17 g K

1 Kopf grüner Salat
2 rote oder grüne
Paprikaschoten
100 g schwarze Oliven
6 kleine Tomaten (ca. 500 g)
200 g Feta
(griechischer Schafskäse)
2 kleine Zwiebeln
1 Salatgurke

SAUCE
1 EL Weinessig
Salz
schwarzer Pfeffer
aus der Mühle
4 EL Olivenöl

1. Die gewaschenen Salatblätter im Salatsieb trockenschleudern und in mundgerechte Stücke zerteilen. Die gewaschenen Paprikaschoten entkernen und in Streifen schneiden, die Tomaten vierteln. Den Käse in große Würfel schneiden. Die Oliven entsteinen. Die geschälten Zwiebeln in Scheiben, die gewaschene Gurke der Länge nach in Streifen schneiden.
2. Alle Salatzutaten in einer Schüssel miteinander vermischen.
3. Für die Sauce erst den Essig mit Salz und Pfeffer verrühren, bis sich das Salz aufgelöst hat. Dann das Öl unterschlagen. Die Sauce kurz vor dem Auftragen über dem Salat verteilen.
Beilage: ofenfrisches Stangenweißbrot
Getränkeempfehlung: trockener Landwein

HERBSTSALAT

FÜR 4 PERSONEN ■
Zubereitungszeit:
40 Minuten
Pro Portion:
240 kcal
8 g E, 19 g F, 6 g K

200 g Blattsalat (Lollo Rosso,
Batavia, Kresse, Eichblatt
etc.)
100 g frische Pilze (Pfifferlinge, Steinpilze)
100 g Rehfleisch,
ohne Knochen
2 Scheiben Toastbrot
2 EL Butterschmalz
2 EL Butter
4 Wachteleier

SAUCE
3 EL Haselnußöl
½ TL scharfer Senf
1 EL Sherryessig
1 EL Fleischbrühe
1 Knoblauchzehe
1 Prise Thymian, getrocknet
1 EL Oregano, getrocknet
Salz
schwarzer Pfeffer
aus der Mühle

1. Den Salat und die Pilze
putzen und waschen. Die
Salate trockenschleudern,
die Pilze abtupfen und in
Scheiben schneiden. Das
Rehfleisch in feine Streifen
schneiden.
2. Für die Sauce das Haselnußöl und den Senf verrühren. Mit dem Essig, der
Brühe, dem geschälten,
durchgepreßten Knob-
lauch, dem Thymian, ½
Eßlöffel Oregano, Salz und
Pfeffer mischen.
3. Das Toastbrot in sehr
kleine Würfelchen schnei-
den, in 1 Eßlöffel Butterschmalz in einer Pfanne
hellgelb braten und her-
ausnehmen. Die Bratpfan-
ne ausreiben, 1 Eßlöffel
Butter hineingeben und
die Pilze ganz kurz darin
anziehen lassen. Aus der
Pfanne nehmen und bei-
seite stellen. Die Pfanne
trockenreiben, das restliche Butterschmalz hinein-
geben, das Fleisch darin
ganz kurz anbraten. Es soll
innen hellrosa bleiben.
4. Die Salatblätter auf

Tellern verteilen. Die Pilze
darauflegen und mit der
Sauce beträufeln. Mit den
Buttercroûtons und dem
restlichen Oregano be-
streuen.
5. Die Wachteleier aufschlagen und in der in der
Pfanne verbliebenen But-
ter zu Spiegeleiern braten.
Auf dem Salat anrichten.
Beilage: frisches Brot
Getränkeempfehlung: ge-
haltvoller Weißwein oder
Roséwein aus der Pro-
vence, z. B. Tavel

LÖWENZAHNSALAT MIT GEFLÜGEL-LEBER UND WACHTELEIERN

FÜR 4 PERSONEN ■ ■
Zubereitungszeit:
40 Minuten
Pro Portion:
335 kcal
16 g E, 23 g F, 11 g K

300 g zarter Löwenzahn
100 g Feldsalat
2 Scheiben Weißbrot
ohne Kruste
2½ EL Butterschmalz
1 Knoblauchzehe
200 g Geflügelleber
Salz
weißer Pfeffer
aus der Mühle
½ TL Thymian, gehackt
4 Wachteleier
1 EL Butter

SAUCE
1 Knoblauchzehe
1 EL Sherryessig
1 EL Weißwein
Salz
½ TL scharfer Dijonsenf
4 EL Walnußöl
Pfeffer aus der Mühle

1. Den Salat putzen, 5 Minuten in kaltes Salzwasser
legen, dann kalt abspülen
und trockenschleudern.
2. Das Brot in sehr kleine
Würfel schneiden. In 1½
Eßlöffel Butterschmalz
goldgelb backen. Den ge-
schälten Knoblauch
durchpressen und darüber
verteilen.

3. Für die Sauce den geschälten Knoblauch an-
schneiden, an eine Gabel
stecken und die Schüssel
damit ausreiben. Den Es-
sig mit dem Weißwein und
Salz gut verrühren. Den
Senf untermischen, dann
das Öl nach und nach zu-
fügen. Mit Pfeffer ab-
schmecken.
4. 10 Minuten vor dem
Servieren den Salat mit der
Sauce gut vermischen.
2–3 Minuten weiterrühren,
damit die Blätter ganz von
Sauce bedeckt sind.
5. Die Geflügelleber putzen, waschen und in kleine
Stücke schneiden. Im restlichen Butterschmalz sehr
rasch anbraten. Sobald sie
nicht mehr rot sind, mit
Salz, Pfeffer und Thymian
bestreuen und noch warm
über den Salat verteilen.
6. Die Wachteleier in der
Butter zu Spiegeleiern braten und leicht salzen.
7. Den Salat in Suppen-
tellern anrichten, mit den
Spiegeleiern garnieren
und mit den Brotcroûtons
bestreuen.
Beilage: Bauernbrot
Getränkeempfehlung:
Beaujolais, Gamay oder
leichter, hellroter Land-
wein

> **TIP** Anstelle von
> Löwenzahn kann man
> auch Feldsalat oder
> Portulak verwenden.
> Die Wachteleier
> sehen besonders
> hübsch aus. Man
> kann aber auch hart-
> gekochte Eier vierteln
> oder hacken und
> über den Salat
> streuen.

ZITRUSSALAT MIT OLIVENTOAST

FÜR 4 PERSONEN ■ ■ ■
Zubereitungszeit:
35 Minuten
Pro Portion:
370 kcal
5 g E, 23 g F, 35 g K

2 Grapefruits
2 rosa Grapefruits
1 rote Zwiebel
½ TL scharfer Dijonsenf
Salz
schwarzer Pfeffer

OLIVENTOASTS
150 g schwarze Oliven
2 Sardellenfilets
1 EL Kapern
3 EL kaltgepreßtes Olivenöl
schwarzer Pfeffer
1 Prise Thymian
1 EL Zitronensaft
4 Scheiben Toastbrot

1. Von den Grapefruits einen Deckel so abschnei-
den, daß das Fruchtfleisch
zum Vorschein kommt. Mit
einem scharfen Messer die
Schale von oben nach un-
ten so abschaben, daß alle
weißen Häutchen ebenfalls
entfernt werden. Mit dem
Messer die Filets aus den
Trennhäuten herauslösen.
Den Saft auffangen.
2. Die Zwiebel schälen,
halbieren und in feine
Streifen schneiden.
3. Den Saft mit dem Senf
verrühren und mit Salz und
Pfeffer abschmecken. Mit
den Grapefruitfilets und
den Zwiebeln mischen und
kalt stellen.
4. Die Oliven entsteinen
und das Fruchtfleisch
kleinschneiden. Die Oliven
mit den Sardellen, den Kapern und dem Olivenöl im
Mixer pürieren. Mit Pfeffer,
Thymian und Zitronensaft
abschmecken.
5. Das Brot toasten, zu
Dreiecken halbieren und
das Olivenpüree darauf
verteilen.
6. Den Salat in Schüsselchen anrichten und mit Oli-
ventoast servieren.
Getränkeempfehlung:
Roséwein

AVOCADOSALAT MIT KÜRBIS

FÜR 4 PERSONEN ■
Zubereitungszeit:
30 Minuten
Pro Portion:
745 kcal
6 g E, 72 g F, 8 g K

200 g frisches Kürbisfleisch
100 g kleine Perlzwiebeln
Salz
50 g Pinienkerne
2 vollreife Avocados
1 Bund Brunnenkresse oder
1 Kästchen Gartenkresse

DRESSING
50 g Crème fraîche
50 g Mascarpone
1 TL milder Dijon-Senf
Salz
weißer Pfeffer
aus der Mühle
½ TL gemahlener Kurkuma
(Gelbwurz)
4 cl Sherryessig
2 cl Sake (Reiswein)
oder Sherry Fino
12 cl Olivenöl

1. Den Kürbis würfeln, die Perlzwiebeln schälen und beides in kochendem Salzwasser etwa 1 Minute blanchieren. Auf einem Sieb abtropfen lassen.
2. Die Pinienkerne in einer trockenen Pfanne rösten. Die Avocados schälen, halbieren, den Kern entfernen und das Fruchtfleisch in Spalten schneiden. Die Kresse abschneiden, von der Brunnenkresse die Blätter abzupfen.
3. Für das Dressing Crème fraîche mit Mascarpone cremig rühren. Senf, Gewürze, Essig und den Reiswein bzw. Sherry dazugeben und unter Rühren das Öl zugießen.
4. Die Salatzutaten ohne Avocados in eine Schüssel geben, mit dem Dressing begießen und alles locker miteinander vermischen. Avocados fächerförmig auf Tellern anrichten und den Salat danebengeben.
Beilage: gebutterte Sechskornbrötchen, mit Schnittlauch bestreut

CHINAKOHLSALAT MIT MUNGOBOHNEN-SPROSSEN

FÜR 4 PERSONEN ■
Zubereitungszeit:
30 Minuten
Marinierzeit:
1 Stunde
Pro Portion:
325 kcal
5 g E, 27 g F, 14 g K

1 Kopf Chinakohl (ca. 500 g)
1 vollreife Mango
50 g gehackte Walnüsse
150 g Mungobohnen-
sprossen, frisch gekeimt
50 g frischer Ingwer

DRESSING
1 Knoblauchzehe
Salz
schwarzer Pfeffer
aus der Mühle
2 EL Sojasauce
2 EL Weißweinessig
Saft von 2 Orangen
6 EL Sesamöl

1. Vom Chinakohl die äußeren Blätter entfernen, halbieren, den harten Keil in der Mitte herausschneiden und das Gemüse in feine Streifen schneiden.
2. Die Mango schälen, das Fruchtfleisch vom Kern lösen und in dünne Scheiben schneiden. Die Walnüsse in einer trockenen Pfanne rösten. Die Sprossen verlesen, den Ingwer schälen und reiben. Alle Salatzutaten in einer großen Schüssel locker vermischen.

TIP *Dieser Kohlsalat ist leicht verdaulich und wird auch von denen vertragen, die sonst kohlempfindlich sind.*

3. Für das Dressing Knoblauch fein hacken und mit Salz, Pfeffer, Sojasauce, Essig und frischgepreßtem Orangensaft verrühren. Unter weiterem Rühren mit einem Schneebesen das Öl hinzugießen.
4. Die Salatzutaten mit der Marinade begießen, alles gründlich vermischen und den Salat etwa 1 Stunde durchziehen lassen.
Beilage: Weizenvollkornbrioche

Eine reife Mango erkennt man an ihrem Duft. Am besten läßt sie sich mit einem Sparschäler schälen.

Das Fruchtfleisch vom flachen Kern der Mango schneiden.

Walnüsse in einer gußeisernen Pfanne rösten.

ROTKRAUTSALAT MIT ENTENLEBER

FÜR 4 PERSONEN ■
Zubereitungszeit:
30 Minuten
Marinierzeit: 1 Stunde
Pro Portion:
410 kcal
19 g E, 31 g F, 10 g K

½ Kopf Rotkraut (ca. 400 g)
50 g Preiselbeeren
2 EL frischgeriebener
Meerrettich

DRESSING
Salz
weißer Pfeffer
aus der Mühle
1–2 EL Rotweinessig
5 EL Olivenöl
2 rote Zwiebeln, gehackt

AUSSERDEM
8 kleine Entenlebern
Salz
weißer Pfeffer
aus der Mühle
40 g Butter

1. Vom Rotkohl die äußeren Blätter entfernen. Den Kohl vierteln und den Strunk entfernen. Die Viertel in feine Streifen (Juliennes) schneiden. Kohlstreifen mit den Preiselbeeren und dem Meerrettich in eine Schüssel geben.
2. Für das Dressing Salz, Pfeffer und Essig verrühren. Öl und Zwiebelwürfel dazugeben und die Marinade über die Salatzutaten gießen. Gründlich vermischen und etwa 1 Stunde marinieren lassen.
3. Kurz vor dem Servieren des Salates die Entenlebern von anhaftenden Fett- und Hautteilen befreien und mit Salz und Pfeffer würzen. Die Butter in einer Pfanne erhitzen und die Lebern darin bei starker Hitze auf jeder Seite 1 Minute braten.
4. Den Rotkohlsalat auf vier Teller verteilen. Die gebratenen Entenlebern darauf anrichten.
Getränkeempfehlung: fruchtiger Rotwein, z. B. Lemberger (Württemberg)

VORSPEISEN

**Abbildung oben:
Geflügelsalat
(Rezept Seite 68).**

**Abbildung oben:
Schwedische Heringshappen
(Rezept Seite 62).**

**Abbildung rechts:
Fischcocktail
(Rezept Seite 56).**

**Abbildung oben:
Gratinierte Kräutertomaten
(Rezept Seite 59).**

**Abbildung oben:
Krabbencreme auf Toast
(Rezept Seite 52).**

**Abbildung links:
Chinesische Krabbenhäppchen
(Rezept Seite 46).**

EIN FLEISCHGELEE HERSTELLEN

FLEISCHGELEE
100 g Gemüse
(Sellerie, Karotte)
125 g Klärfleisch
(fettfreie Rinderwade)
10 zerdrückte weiße
Pfefferkörner
1 kleine zerquetschte
Knoblauchzehe
2 Eiweiß
¾ l Rinder- oder
Geflügelbrühe
0,15 l Wein (Weißwein,
Madeira oder Sherry)
20 g gemahlene Gelatine
75 cl Wasser zum Quellen
Salz

1. Das geputzte, gewaschene, kleingeschnittene Gemüse mit dem Klärfleisch, den 10 zerdrückten weißen Pfefferkörnern, dem Knoblauch und dem Eiweiß in einen passenden Topf geben. 3–4 Eßlöffel Wasser hinzufügen und alles zu einer kompakten Masse zusammenarbeiten.

2. Die Brühe auf die Gemüse-Fleisch-Masse gießen.

3. Unter ständigem Rühren zum Kochen bringen.

4. Bei schwacher Hitze halb zugedeckt mindestens 30 Minuten ziehen lassen.

5. Die Gelatine mehrere Minuten in kaltem Wasser quellen lassen.

6. Die geklärte, heiße Flüssigkeit mit Salz abschmecken und auf die gequollene Gelatine passieren (Kaffeefilter oder Passiertuch), gut verrühren.

EINEN PASTETENTEIG ZUBEREITEN

PASTETENTEIG
400 g Weizenmehl
175 g Butter oder
Schweineschmalz
1 TL Salz
1 Ei
4–6 EL kaltes Wasser

1. Das Mehl auf eine glatte Fläche sieben. Die eiskalte Butter in Flocken darübergeben.

1.

2.

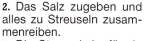

3.

4.

2. Das Salz zugeben und alles zu Streuseln zusammenreiben.

3. Die Streusel ringförmig aufhäufen und das Ei in die Mitte geben.

4. Das kalte Wasser löffelweise zugeben. Von der Mitte aus das Ei und das Wasser mit dem Butter-Mehl-Gemisch schnell zusammenkneten.

5. Den Teig zu einer Kugel formen und in Klarsichtfolie einschlagen. Etwa 1 Stunde im Kühlschrank ruhen lassen.

5.

EINE KLASSISCHE PASTETENFARCE UND PASTETEN-EINLAGE ZUBEREITEN

HASENPASTETE MIT HASELNÜSSEN

Für eine Pastetenform von 1,5 Liter Inhalt

FARCE

550 g Hasenfleisch
(ohne Knochen)
200 g Schweinesattel
(ohne Knochen)
250 g fetter, frischer Speck
schwarzer Pfeffer
Pastetensalzmischung
6 zerdrückte
Wacholderbeeren
Schale von ½ Orange und
½ Zitrone (unbehandelt)

EINLAGE

450 g Hasenrückenfilet
100 g Pökelrinderzunge,
gekocht
100 g gekochter Schinken
Salz
weißer Pfeffer aus
der Mühle
1 TL Butterschmalz
1 TL Butter
½ EL Schalottenwürfel
6 zerdrückte
Wacholderbeeren
1 TL abgeriebene Orangen-
und Zitronenschale
4 cl Wacholderbranntwein
0,1 l Wildjus (vom Hasen)
150 g geschälte Haselnüsse

Für die Farce:
1. Das gutgekühlte Fleisch und den Speck in Streifen schneiden, mit Pfeffer, Pastetenschmalz und Wacholderbeeren würzen, Orangen- und Zitronenschalen darüberreiben.

2. Die gewürzten Fleischstreifen in der Küchenmaschine fein pürieren.

3. Danach die Speckstreifen kurz in der Küchenmaschine zerkleinern.

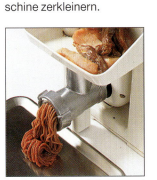

4. Oder Hasenfleisch und den Schweinesattel zweimal durch die feinste Scheibe des Fleischwolfes drehen, den Speck einmal.

5. Den Speck auf Eis in kleinsten Mengen sorgfältig unter die Farce mischen.

6. Die Farce durch ein feines Holzrahmensieb streichen.

7. Für die Einlage:
Das Filet passend für die Form zuschneiden.

8. Das Hasenfilet salzen und pfeffern. Im Butterschmalz von allen Seiten schnell goldbraun anbraten und dann aus der Pfanne nehmen.

9. Das Butterschmalz aus der Pfanne gießen. Die Butter darin erhitzen, die Schalottenwürfel zufügen und glasig braten. Die Würzzutaten zugießen und mit dem Alkohol mehrmals ablöschen.

10. Das Jus in die Pfanne geben, sirupartig einkochen und durch ein feines Sieb über die Filets passieren. Beiseitestellen und abkühlen lassen.

11. Die in Würfel geschnittene Einlage und die Haselnüsse unter die zubereitete Farce arbeiten.

EINE PASTETEN-FORM MIT TEIG AUSLEGEN

12. Den Teig rechteckig 4–5 mm dick ausrollen.

13. Die Pastetenform mit allen Seiten auf den ausgerollten Pastetenteig drücken und mit dem Teigrädchen den überstehenden Teig vorsichtig abschneiden.

14. Den Teig mit wenig Mehl bestäuben und dreimal übereinanderlegen, so daß er so breit wie der Boden der Form ist. In die Form legen und so auseinanderklappen, daß die Teigkanten über den Formenrand hängen.

15. Einen Teigrest zu einer Kugel formen, diesen bemehlen und damit den Teig fest an die Wände der Pastetenform drücken, damit der Teig überall gleichmäßig aufliegt.

16. Damit der Pastetenteig an allen Stellen gleichmäßig backt, den Teig in den Ecken mit dem Daumen soweit herausdrücken, bis er überall die gleiche Stärke hat.

17. Die Teigränder soweit abschneiden, daß sie etwa 1 cm über den Formenrand reichen.

EINE PASTETE FÜLLEN

18. Zunächst einen Teil der Farce in die Pastetenform lückenlos einfüllen.

19. Die gebratenen Hasenfilets so in die Form legen, daß zwischen ihnen und dem Teig Farce ist. Den Fond darüber verteilen und mit der restlichen Farce zustreichen.

20. Die Pastetenform mehrmals kräftig auf ein feuchtes Tuch stoßen, damit die Luft wirklich vollständig entweicht.

EINE PASTETE VERSCHLIESSEN

21. Die überhängenden Teigränder über die Farce klappen. Die Teigstreifen mit einer Eigelb-Sahne-Mischung bestreichen. Mit einem sehr dünnen Teigstreifen abdecken und mit Ei bepinseln.

22. Den Teigdeckel auflegen und gut andrücken.

23. Mit einer kleinen Palette die überstehenden Deckelränder an den Teigmantel drücken.

24. Die mit Teig vollständig abgedeckte und verschlossene Pastete zum Schluß mit einem Messerrücken glatt streichen.

25. Öffnungen für Kamine ausstechen. Ränder mit Ei bestreichen und mit Teigringen versehen.

26. In die Teigöffnungen Kamine aus Alufolie setzen.

27. Durch die Kaminöffnungen das kalte Gelee langsam einfüllen.

SCHINKEN-PASTETE IN ASPIK

FÜR 12 PERSONEN ■
Zubereitungszeit:
2 Stunden
Kühlzeit:
12–24 Stunden
Pro Portion:
305 kcal
17 g E, 20 g F, 1 g K

500 g saftiger gekochter Schinken, in fingerdicke Scheiben geschnitten
250 g Kalbsschulter
200 g Geflügelleber
200 g fetter roher Speck
3 Schalotten
einige Stengel Petersilie
1 Ei
0,2 l Portwein
2 cl Cognac
Salz
schwarzer Pfeffer aus der Mühle
1 zerkrümeltes Lorbeerblatt
je 1 Msp. Nelken, Ingwer, Thymian, gemahlen
Butter für die Form
⅛ l Weißwein
¼ Lorbeerblatt
1 Nelke
4 Blatt Gelatine

1. 300 g gekochten Schinken in Würfel schneiden. Den restlichen Schinken mit dem Kalbfleisch, der Geflügelleber, dem Speck, den geschälten Schalotten und der Petersilie in einer Küchenmaschine zerkleinern und zu einer Farce vermischen. Das Ei leicht verschlagen und mit der Hälfte des Portweins und des Cognacs zu der Fleischmasse geben. Alles gründlich miteinander vermischen und herzhaft mit Salz, Pfeffer und den Gewürzen abschmecken. Die Schinkenwürfel hinzufügen.
2. Eine irdene Pastetenform von 1½ l Fassungsvermögen mit Butter ausstreichen. Den Backofen auf 200 °C vorheizen.
3. Die Farce gleichmäßig in die Form füllen, glattstreichen und festdrücken. Die Form mit einem Stück Alufolie abdecken

und mit einem Deckel verschließen. Die Pastete soll hermetisch verschlossen sein.
4. Die Form in einen länglichen Schmortopf stellen und heißes Wasser bis zwei Finger breit unter den Rand der Form füllen. Auf den Rost auf die mittlere Schiene des Backofens schieben. In 1½ Stunden garen lassen.
5. Die Pastete etwas abkühlen lassen und den Saft, der sich gebildet hat, vorsichtig abgießen. Die Pastete mit einem Holzbrett bedecken und mit einem Gewicht beschwert erkalten lassen.

TIP *Man kann die Pastete vor oder nach dem Backen mit einigen Zitronenscheiben und frischen Lorbeerblättern belegen – dies sieht vor allem unter dem Aspik sehr appetitlich und dekorativ aus.*

6. Den abgegossenen Fleischsaft entfetten. Restlichen Portwein, Cognac und den Weißwein, Lorbeerblatt und Nelke hinzufügen und 5 Minuten kochen lassen. Mit der kalt eingeweichten Gelatine binden und durch ein Sieb über die Schinkenpastete gießen.
7. Die Pastete vor dem Aufschneiden zugedeckt 12–24 Stunden in den Kühlschrank geben.
Beilage: Senffrüchte und knusprige Baguette
Getränkeempfehlung: kräftiger Burgunder, z. B. von der Ahr

Schinken mit dem Kalbfleisch, Geflügelleber, Speck, Schalotten und Petersilie zu einer Farce verarbeiten.

Die Schinkenwürfel zu der herzhaft abgeschmeckten Fleischmasse geben.

Die Farce gleichmäßig in eine Pastetenform streichen.

Den mit Gelatine gebundenen Fleischsaft über die gegarte Pastete gießen.

EINE TERRINE HERSTELLEN

Terrinen sind eigentlich Pasteten ohne Teig, die im Wasserbad gekocht werden und anschließend erstarren. Die folgende Lachsterrine bildet eine feine Vorspeise für ein festliches Menü.

LACHSTERRINE
Für 1 Terrine von
0,5 Liter Inhalt

EINLAGE
250 g Pfifferlinge
1 TL Butter
Salz
weißer Pfeffer aus der
Mühle
1 EL Schnittlauchröllchen

FARCE
200 g Lachsfleisch
Salz
weißer Pfeffer aus
der Mühle
½ Eiweiß
200 g Sahne, angefroren
Außerdem
8–10 Porreeblätter
Salz

1. Für die Einlage die geputzten, gewaschenen und gut abgetropften Pfifferlinge würzen. In der Butter kurz anbraten und die Flüssigkeit einkochen lassen. Zum Abkühlen beiseite stellen.

2. Für die Farce das gut gekühlte Lachsfleisch in kleine Stücke schneiden. Die Fischstückchen mit Salz und Pfeffer würzen.

3. Das Lachsfleisch im Mixer fein zerkleinern oder mit dem Messer hacken. Dann das Eiweiß hinzufügen.

4. Nach und nach löffelweise die angefrorene Sahne untermischen.

5. Die Farce durch ein feines Holzrahmensieb streichen.

6. Den Porree in kochendem Salzwasser blanchieren und abschrecken. Auf Küchenpapier sorgfältig abtropfen lassen.

7. Eine hitzebeständige Klarsichtfolie über eine Schablone ausbreiten, die dem Boden der Form entspricht. Dünn mit einer Schicht Lachsfarce bestreichen und mit den Lauchblättern auslegen.

8. Die Einlage unter die übrige Lachsfarce mischen und diese als Längsstreifen auf den Porreeblättern aufhäufen.

9. Mit der Folie in die Form heben und die überhängenden Teile über die Farce klappen.

10. Die Form so auf ein feuchtes Tuch stoßen, daß keine Luftlöcher mehr in der Farce zurückbleiben. Mit dem Deckel verschließen.

11. Die rohe Lachspastete im Wasserbad im vorgeheizten Ofen bei 120°C in 30 Minuten garen.

KRÄUTER-KÄSE-MOUSSE MIT KIRSCHTOMATEN UND BASILIKUM

FÜR 4 PERSONEN ■

Zubereitungszeit:
20 Minuten
Ruhezeit:
ca. 1 Stunde
Pro Portion:
440 kcal
12 g E, 41 g F, 2 g K

MOUSSE
100 g Gorgonzola
200 g Mascarpone
50 g gehackte Kräuter
(Petersilie, Kerbel,
Basilikum)
Salz
weißer Pfeffer
aus der Mühle
1 Prise Cayennepfeffer
125 g Sahne

SALAT
20 Kirschtomaten
1 Schalotte, gewürfelt
Salz
weißer Pfeffer
aus der Mühle
1 TL Weinessig
2 EL Olivenöl
30–40 Basilikumblätter

1. Für die Mousse den Gorgonzola und Mascarpone, die Kräuter und Gewürze gründlich mit dem Stabmixer vermischen. Die Sahne steif schlagen und unter die Käsecreme ziehen. Etwa 1 Stunde kaltstellen.
2. Für den Salat die Tomaten waschen, halbieren und mit den Schalottenwürfeln vermischen.
3. Salz, Pfeffer und Essig verrühren, das Öl hinzufügen und die Tomaten damit marinieren.
4. Mit zwei nassen Eßlöffeln Eier aus der Käsemasse formen und auf vier Tellern anordnen. Mit dem Tomatensalat umkränzen und die Basilikumblätter darüberstreuen.

PASTETEN MIT RAGOUT FIN

FÜR 6 PERSONEN ■ ■

Zubereitungszeit:
2 Stunden
Wässern des Brieses:
2–3 Stunden
Pro Portion:
510 kcal
26 g E, 31 g F, 20 g K

1 Kalbsbries
300 g Kalbfleisch oder
1 kleine Kalbszunge
½ Bund Suppengrün
¼ l Weißwein
Salz
1 Stück unbehandelte
Zitronenschale
½ Lorbeerblatt
3 weiße Pfefferkörner
100 g Champignons
1 TL Zitronensaft
1 EL Butter
4 EL Crème double
2 Eigelb
weißer Pfeffer
aus der Mühle
frischgeriebene Muskatnuß
6 Blätterteigpasteten
(fertig gekauft)
Worcestershiresauce

1. Das Kalbsbries einige Stunden in kaltem Wasser wässern und das Wasser hin und wieder erneuern, bis es nicht mehr blutig ist. Das Bries in einen Topf geben, mit kaltem Wasser bedecken und bei leichter Hitze bis zum Kochen bringen. 5 Minuten sanft kochen lassen. Das Bries mit einem Schaumlöffel herausnehmen und in eine Schüssel mit kaltem Wasser geben.
2. Das Kalbfleisch oder die geputzte Kalbszunge mit ½ l Wasser, dem Wein, dem Suppengrün, Salz und den Gewürzen in 1 Stunde gar kochen lassen.
3. Inzwischen die Champignons putzen, in Streifen schneiden und mit Zitronensaft beträufeln. In der Butter 5 Minuten durchschwenken. Leicht salzen.
4. Das Kalbsbries von anhaftenden Adern und Hautfetzen befreien. In die einzelnen Segmente und

Das Kalbfleisch mit Wein, Suppengrün und Gewürzen eine Stunde garkochen.

Das Kalbsbries nach dem Kochen von den anhaftenden Adern und den Hautfetzen befreien.

Kalbfleisch und Kalbsbries in Würfel oder Streifen schneiden.

Nach dem Legieren mit Eigelb darf das Ragout keinesfalls mehr kochen.

dann in Würfel oder in Streifen schneiden, das gekochte Kalbfleisch oder die Zunge ebenfalls.
5. Die Kalbsbrühe in einem Topf offen auf einen knappen ¼ l Flüssigkeit einkochen lassen und durch ein Sieb zurück in einen Topf gießen. Die Crème double hinzufügen und erneut einkochen lassen. Das gewürfelte Fleisch und die Champignons in die Sauce geben und kurz aufkochen lassen. Die beiden Eigelb mit etwas Sauce verrühren und das Ragout damit legieren. Nicht mehr kochen lassen. Mit Salz, Pfeffer und Muskat abschmecken.
6. Die Blätterteigpasteten vor dem Auftragen im Backofen erwärmen und dann mit dem Ragout füllen. Das Ragout darf dabei ruhig auf der einen Seite über den Rand hinwegfließen. Heiß auftragen und Worcestershiresauce mit anrichten.

Getränkeempfehlung: reifer Riesling, z. B. aus der Rheinpfalz

TIP *Noch feiner wird das Ragout, wenn man anstelle der Champignons getrocknete, in Stückchen geschnittene Morcheln verwendet; und festlich sieht es aus, wenn es in einer großen Blätterteigpastete mit Deckel aufgetragen wird.*

LEBERPASTETE

FÜR 10 PERSONEN ■
Zubereitungszeit:
3 Stunden
Kühlzeit: 12 Stunden oder
über Nacht
Pro Portion:
665 kcal
15 g E, 63 g F, 1 g K

500 g Schweinenacken
250 g Schweineleber
500 g fetter roher Speck
2 Zwiebeln
je 1 Stengel Petersilie,
Estragon, Thymian
1 Lorbeerblatt
2 cl Cognac
2 Eier
Salz
50 g eingelegter grüner
Pfeffer
einige breite Streifen fetter
roher Speck für die Form
1 Schweinenetz

1. Schweinefleisch, Leber und Speck möglichst gleich beim Einkauf durch die grobe Scheibe der Fleischmaschine treiben lassen.
2. Die geschälten Zwiebeln und Kräuter im Mixer mit dem Cognac kurz vermischen, die Zwiebelstücke sollen zerhackt, aber nicht püriert sein.
3. Fleisch, Zwiebelgemisch, Eier und grünen Pfeffer in einer Schüssel gründlich vermischen. Herzhaft mit Salz und 1 Eßlöffel Pfeffersaft (von dem grünen Pfeffer) würzen.
4. Den Backofen auf 200 °C vorheizen.
5. Eine Terrine von 1½ l Fassungsvermögen mit Speckscheiben auslegen. Je nach Form der Terrine einen runden oder länglichen Laib aus dem Fleischteig formen. Das Schweinenetz gründlich waschen und den Fleischlaib darin einhüllen. Mit der glatten Seite nach oben in die Form legen.
6. Die Form mit einem Deckel oder Alufolie verschließen und den Deckel daraufgeben. In einen runden oder länglichen Schmortopf setzen und

Aus dem Fleischteig einen Laib formen und mit dem Netz umwickeln. Falls kein Schweinenetz vorhanden ist, die Oberfläche mit dem Speck abdecken.

Die Pastetenform in einen mit heißem Wasser gefüllten Schmortopf stellen.

zweifingerbreit bis unter den Rand der Form mit heißem Wasser füllen. Auf die untere Schiene in den Backofen geben. In 2½ Stunden garen lassen.
7. Den Deckel entfernen und die Leberpastete über Nacht abkühlen lassen. In Scheiben geschnitten anrichten.
Beilage: kleine Gewürzgurken oder eine Cumberlandsauce, Landbrot oder Vollkornbrot und Butter
Getränkeempfehlung: Bier

FENCHELTERRINE MIT SCAMPI UND COCKTAILSAUCE

1 TERRINE FÜR
8 PERSONEN ■ ■ ■
Zubereitungszeit:
45 Minuten
Pro Portion:
190 kcal
14 g E, 10 g F, 7 g K

100 g Fenchel,
fein gewürfelt
Salz
200 g rohes, ausgelöstes
Scampifleisch, gewürfelt
Salz
weißer Pfeffer
aus der Mühle
Cayennepfeffer
etwas Fenchelgrün,
fein gehackt

FARCE
450 g Fenchel
180 g rohes, ausgelöstes
Scampifleisch
1 Eiweiß
75 g angefrorene Sahne
Salz
weißer Pfeffer
aus der Mühle
Cayennepfeffer

COCKTAILSAUCE
180 g saure Sahne
150 g Sahnequark
1 EL Tomatenpüree
1 Prise Cayennepfeffer
Salz
weißer Pfeffer
aus der Mühle
1 EL Cognac (nach Belieben)

1. Die Fenchelwürfel in gesalzenem Wasser bißfest garen und darin abkühlen lassen.
2. Den Backofen auf 120 °C vorheizen.
3. Für die Farce den Fenchel putzen, in Stücke schneiden und in wenig Wasser weich kochen. Pürieren und abkühlen lassen. Das kalte, in Stücke geschnittene Scampifleisch würzen und im Cutter zerkleinern. Zuerst das Eiweiß, dann das kalte Fenchelpüree und schließlich die angefrorene Sahne unterarbeiten, mit Salz, Pfeffer und Cayennepfef-

fer würzen und die Masse durch ein feines Sieb streichen.
4. Die Fenchelwürfel abtropfen lassen und trockentupfen. Die Scampiwürfel würzen und zusammen mit dem Fenchelgrün und den -würfeln unter die Farce ziehen. Eine lange, schmale Terrinenform (1 l Inhalt) mit Klarsichtfolie auslegen. Die Masse einfüllen.
5. Die Form mehrmals kräftig auf ein feuchtes Tuch stoßen und verschließen. Die Form in ein Wasserbad auf die mittlere Schiene des vorgeheizten Ofens stellen, die Terrine in 30 Minuten garen. Die fertige Terrine herausnehmen und im Wasserbad auskühlen lassen.
6. Für die Cocktailsauce die saure Sahne mit dem Quark und dem Tomatenpüree gut verrühren. Mit Cayennepfeffer, Salz und Pfeffer abschmecken. Den Cognac darunterziehen.
Beilage: Baguette oder Toast mit Butter
Getränkeempfehlung: Johannisberger (Silvaner aus dem Wallis), Fendant, weißer Bordeaux (Graves)

TIP *Man kann die Hälfte des Quarks auch durch Mayonnaise ersetzen. Dadurch wird die Sauce allerdings etwas schwerer.*

WINDBEUTELKRANZ
MIT LACHSCREME

WINDBEUTEL-KRANZ MIT LACHSCREME

FÜR 6–8 PERSONEN ■ ■

Zubereitungszeit:
1 Stunde
Kühlzeit:
1 Stunde
Pro Portion bei 6 Personen:
560 kcal
21 g E, 41 g F, 21 K

TEIG
⅛ l Milch
⅛ l Wasser
½ TL Salz
75 g Butter
150 g Mehl
5 Eier

CREME
300 g Räucherlachs
100 g Crème fraîche
Salz
schwarzer Pfeffer
aus der Mühle
1 EL gehackter Dill
4 Blatt Gelatine
6 EL Fleischbrühe
(aus Extrakt)
250 g Sahne

1. Das Backblech mit Backpapier auslegen und in die Mitte mit Hilfe eines umgedrehten Eßtellers einen Kreis zeichnen.
2. Für den Teig Milch und Wasser mit Salz und Butter in einem Topf aufkochen. Das gesamte Mehl auf einmal in die kochende Flüssigkeit schütten. Bei schwacher Hitze rühren, bis sich der Teigkloß vom Topfboden löst. Vom Herd nehmen und unter Rühren ein Ei nach dem anderen hinzufügen. Der Teig muß ganz glatt sein.
3. Den Backofen auf 200 °C vorheizen.
4. Den Brandteig in einen Spritzbeutel mit breiter Tülle füllen. Den gekennzeichneten Kreis auf dem Backpapier mit 2 nebeneinanderliegenden Teigkränzen nachspritzen und auf die beiden Ringe dicht nebeneinander dicke Teigtupfer setzen.
5. Das Blech auf die mittlere Schiene des Back-

Die Teigkränze auf den vorgezeichneten Kreis spritzen.

ofens schieben und den Kranz in etwa 40 Minuten goldgelb backen. Zum Abkühlen auf ein Tortengitter geben.
6. Für die Creme den Lachs mit der Crème fraîche im Mixer oder in der Küchenmaschine pürieren. Herzhaft mit Salz und Pfeffer abschmecken und den Dill untermischen.
7. Die Gelatine kalt einweichen und in der heißen Fleischbrühe auflösen. Unter die Lachscreme rühren. Die Sahne sehr steif schlagen und zuletzt unter die Lachscreme ziehen.
8. Den abgekühlten Windbeutelkranz einmal quer durchschneiden.
9. Die Lachscreme in einen Spritzbeutel füllen und die untere Hälfte des Kranzes damit füllen. Die obere Hälfte darübersetzen. Den Kranz 1 Stunde in den Kühlschrank stellen.
10. Vor dem Auftragen mit einem scharfen Messer in 6–8 Portionsstücke zerteilen und den Kranz wieder zusammensetzen.
Getränkeempfehlung:
Champagner

WINDBEUTEL MIT PAPRIKACREME

FÜR 6–8 PERSONEN ■ ■
Zubereitungszeit:
1 Stunde
Kühlzeit: 30 Minuten
Pro Portion bei 6 Personen:
425 kcal
12 g E, 29 g F, 24 g K

TEIG
⅛ l Milch
⅛ l Wasser
½ TL Salz
75 g Butter
150 g Mehl
5 Eier

CREME
4 rote Paprikaschoten
¼ l Hühnerbrühe
(aus Extrakt)
Salz
4 Blatt Gelatine
250 g Sahne

1. Das Backblech mit Backpapier auslegen.
2. Für den Teig Milch und Wasser mit Salz und Butter in einem Topf aufkochen. Das gesamte Mehl auf einmal in die kochende Flüssigkeit schütten. Bei schwacher Hitze rühren, bis sich der Teigkloß vom Topfboden löst. Vom Herd nehmen und unter Rühren ein Ei nach dem anderen hinzufügen. Der Teig muß ganz glatt sein.
3. Den Backofen auf 200 °C vorheizen.
4. Mit 2 Eßlöffeln 8 eigroße Teighäufchen auf das Backpapier setzen (von dem restlichen Teig nußgroße Teighäufchen backen, die mit süßer Schlagsahne gefüllt werden können), dabei genügend Zwischenraum lassen, da der Teig beim Backen aufgeht.
5. Das Blech auf die mittlere Schiene in den Backofen schieben. Die Windbeutel in etwa 25 Minuten goldgelb backen. Noch warm aufschneiden, so daß sie sich aufklappen lassen, aber noch zusammenhalten. Abkühlen lassen.
6. Für die Creme die ge-

Die Paprikacreme mit einem Spritzbeutel auf die unteren Hälften der Windbeutel spritzen.

waschenen Paprika im heißen Backofen (250 °C) grillen, bis die Haut zu platzen beginnt. Die Haut abziehen, den Deckel der Früchte mit den anhängenden weißen Samen abschneiden, und die Paprika in Stückchen schneiden. Diese mit der Brühe bedeckt ganz weich kochen.
7. Paprikastücke mit der Brühe kurz im Mixer pürieren. Herzhaft mit Salz abschmecken. Die Gelatine kalt einweichen, in etwas warmem Wasser auflösen und unter das Paprikapüree mischen. Völlig erkalten, aber nicht fest werden lassen. Die Sahne steif schlagen, mit dem Püree vermischen und leicht erstarren lassen. Dabei mit einem Schneebesen durchrühren.
8. Die Paprikacreme in einen Spritzbeutel füllen oder mit einem Löffel die unteren Hälften der Windbeutel mit der Paprikacreme füllen. Den Teigdeckel daraufsetzen und die Windbeutel 30 Minuten in den Kühlschrank stellen.
Getränkeempfehlung: Spritziger Weißwein

RUSSISCHE KOHLPIROGGEN

FÜR 8–10 PERSONEN ■
Zubereitungszeit:
45 Minuten
Pro Portion bei 8 Personen:
470 kcal
6 g E, 37 g F, 24 g K

2 Pakete tiefgekühlter
Blätterteig (à 300 g)
½ kleiner Kopf Weißkohl
50 g geräucherter
durchwachsener Speck
2 EL Schmalz
½ TL Kümmel
Salz
schwarzer Pfeffer
aus der Mühle
frischgeriebene Muskatnuß
3 EL saure Sahne
2 hartgekochte Eier
Mehl zum Ausrollen
1 Eigelb zum Bestreichen

1. Den Blätterteig 20 Minuten auftauen lassen.
2. Den Kohl von den harten Rippen befreien und in sehr feine Streifen schneiden, den Speck in kleine Würfel.
3. In einer Pfanne das Schmalz erhitzen und die Speckwürfel darin glasig braten. Den Kümmel hinzufügen.

> **TIP** *Kohlpiroggen lassen sich auch gut mit einem salzigen Hefeteig zubereiten.*

4. Die Kohlstreifen waschen und tropfnaß in die Pfanne mit dem Speck geben. Bei schwacher Hitze unter ständigem Rühren weich dünsten.
5. Den Kohl herzhaft mit Salz, Pfeffer und Muskat würzen und die saure Sahne untermischen. Weiterkochen lassen, bis die Flüssigkeit verdampft ist. Die Eier schälen, klein hacken und mit dem Kohl vermischen. Die Füllung abkühlen lassen.
6. Den Backofen auf

Auf eine Hälfte der Blätterteigplätzchen etwas Füllung geben. Mit der anderen Hälfte den Belag abdecken und die Piroggen leicht in Halbmondform biegen.

Die Ränder der Teigtaschen mit einer Gabel gut aneinander drücken. So entsteht gleich ein dekorativer Saum.

225 °C vorheizen. Das Backblech kalt abspülen.
7. Den Blätterteig auf einem bemehlten Brett ausrollen und mit einem Glas Kreise von 8 cm Durchmesser ausstechen. In die Mitte der Plätzchen mit einem Löffel etwas Füllung geben und die Teigkreise halbmondförmig zusammenschlagen. Die Ränder mit einer Gabel gut festdrücken.
8. Die Teigtaschen auf das Blech setzen. Mit dem mit etwas Wasser verquirlten Eigelb bestreichen. Das Blech auf die mittlere Schiene des Backofens schieben und die Piroggen in 20 Minuten goldgelb backen.

CHINESISCHE KRABBEN-HÄPPCHEN MIT SESAM
Fried shrimps on croûtons

FÜR 4 PERSONEN ■
Zubereitungszeit:
20 Minuten
Pro Portion:
380 kcal
19 g E, 20 g F, 28 g K

200 g ausgelöste Krabben
½ TL Salz
2 TL Speisestärke
1 EL Wasser
2 Eiweiß
3 Baguettebrötchen
vom Vortag
70 g Sesamkörner
Öl zum Ausbacken

1. Das Krabbenfleisch in einer Küchenmaschine nicht zu fein pürieren. Mit Salz, Speisestärke und Wasser vermischen. Die Eiweiße steif schlagen und gründlich unter das Krabbenpüree rühren.
2. Die Brötchen in dünne Scheiben schneiden. Jede Scheibe dick mit der Krabbenpaste bestreichen und von allen Seiten in den Sesamkörnern wenden.

> **TIP** *Anstelle von Krabben kann man auch Garnelen für dieses Rezept verwenden.*

3. Reichlich Öl in einer Pfanne erhitzen. Die Krabbenhäppchen in dem Öl – mit der Brotseite nach oben – 1 Minute ausbakken, wenden und eine weitere Minute backen. Aus dem Fett nehmen und abtropfen lassen. Heiß auftragen.

FRANZÖSISCHE SCHINKEN-BEIGNETS
Beignets au jambon

FÜR 4 PERSONEN ■
Zubereitungszeit:
30 Minuten
Pro Portion:
575 kcal
26 g E, 37 g F, 28 g K

¼ l Wasser
50 g Butter
1 Prise Salz
150 g Mehl
5 Eier
200 g magerer gekochter
Schinken
50 g frischgeriebener
Parmesan
weißer Pfeffer
aus der Mühle
frischgeriebene Muskatnuß
Fett zum Ausbacken

1. Das Wasser mit der Butter und dem Salz in einem Topf aufkochen. Das Mehl auf einmal in die kochende Flüssigkeit schütten. Bei schwacher Hitze mit einem hölzernen Kochlöffel rühren, bis sich der Teigkloß vom Topfboden löst. Vom Herd nehmen und unter Rühren sofort ein Ei nach dem anderen hinzufügen.
2. Den Schinken in kleine Würfel schneiden. Die Schinkenwürfel und den Parmesan gründlich mit dem Teig verrühren und mit Pfeffer und Muskat würzen.
3. Das Ausbackfett in einer Friteuse oder in einem Eisentopf auf 175 °C erhitzen.
4. Mit zwei feuchten Löffeln aus dem Teig kleine Klößchen abstechen und nach und nach in dem heißen Fett goldbraun ausbacken. Gut abtropfen lassen und sofort servieren.

SCHOTTISCHE EIER
Scotch eggs

FÜR 4 PERSONEN	■
Zubereitungszeit:	
20 Minuten	
Pro Portion:	
510 kcal	
19 g E, 41 g F, 9 g K	

4 hartgekochte Eier
300 g feine Bratwurstfülle
1 Ei
Salz
4 EL Semmelbrösel
Öl oder Butterschmalz
zum Ausbacken

Die hartgekochten Eier abkühlen lassen, danach mit der Bratwurstfülle ummanteln.

1. Die abgekühlten Eier schälen. Die Bratwurstfülle zu vier flachen Plätzchen formen. In die Mitte die Eier legen und die Bratwurstfülle so über die Eier drücken, daß sie ganz umhüllt sind.
2. In einem Teller das Ei mit etwas Salz verquirlen und die Fleischeier darin wenden. Dann in den Semmelbröseln wenden.
3. In einer hochwandigen Pfanne oder in einer Friteuse das Ausbackfett erhitzen. Die Eier darin von allen Seiten knusprig braun braten. Warm oder kalt servieren.
Beilage: scharfer Senf und Brötchen
Getränkeempfehlung: In Großbritannien wird Bier oder Gin-Tonic serviert.

BLÄTTERTEIG-SCHNITTEN MIT ROQUEFORT-CREME
Millefeuille au Roquefort

FÜR 4 PERSONEN	■
Zubereitungszeit:	
30 Minuten	
Pro Portion:	
660 kcal	
13 g E, 54 g F, 25 g K	

1 Paket tiefgekühlter
Blätterteig (300 g)
Mehl zum Ausrollen
100 g Roquefort
100 g Quark
1 TL Armagnac
250 g Sahne
Salz
schwarzer Pfeffer
aus der Mühle
1 EL Schnittlauchröllchen

1. Den Blätterteig 20 Minuten auftauen lassen.
2. Den Backofen auf 225°C vorheizen.
3. Ein Backblech mit kaltem Wasser abspülen.
4. Den Blätterteig auf einem leicht bemehlten Brett zu einem Rechteck von 20×45 cm ausrollen, in drei 20×15 cm große Streifen schneiden. Auf das Backblech legen und mit einer Gabel mehrmals einstechen.

> **TIP** *Für dieses Rezept sollten Sie Blätterteig verwenden, der nicht in Portionsstücke geteilt, sondern im Ganzen eingefroren ist.*

5. Im Backofen auf der mittleren Schiene in 20 Minuten goldbraun backen. Auf einem Kuchengitter abkühlen lassen.
6. Während der Backzeit des Blätterteigs die Creme zubereiten. Dafür den Roquefort fein zerbröckeln und mit Quark und Armagnac verrühren. Die Sahne

Aus dem ausgewellten Teig ein großes Rechteck radeln. Dieses dann in drei gleich große Streifen schneiden.

Die dritte Teigschicht auf einem Brett in Streifen teilen. Die einzelnen Teigblätter auf die letzte Cremeschicht legen und entlang der Schnittstellen mit einem scharfen Messer alle Schichten durchschneiden.

steif schlagen. Ein Viertel davon zum Verzieren beiseite stellen, den Rest vorsichtig unter die Käsemasse heben. Mit Salz und Pfeffer würzen. Die Creme in den Kühlschrank stellen.
7. Einen Blätterteigstreifen mit der Hälfte der Käse-Sahne-Creme bestreichen. Den zweiten Streifen daraufsetzen und mit der restlichen Masse bestreichen. Mit dem Schnittlauch bestreuen. Das dritte Teigblatt in 8 Streifen schneiden und auf die Creme legen. Mit einem scharfen Messer durch alle Schichten schneiden, so daß 8 Schnitten entstehen. Auf Teller anrichten.
Getränkeempfehlung: französischer Weißwein, vorzugsweise Tokay oder Gewürztraminer aus dem Elsaß

CARPACCIO VON RINDERFILET

FÜR 4 PERSONEN	■ ■
Zubereitungszeit:	
20 Minuten	
Anfrieren des Rinderfilets:	
30 Minuten	
Pro Portion:	
320 kcal	
29 g E, 21 g F, 0 g K	

400 g zartes, gut
abgehangenes Rinderfilet
4 EL Olivenöl
2–3 kleine Steinpilze oder
150 g frische, kleine
Champignons
etwas Zitronensaft
100 g Parmesan
Salz
schwarzer Pfeffer
aus der Mühle

1. Das Rinderfilet im Tiefkühlfach etwas anfrieren lassen.
2. Das Filet mit einem scharfen Messer oder auf der Brotschneidemaschine in hauchdünn kleine Scheiben schneiden. Jedes Scheibchen noch mit einem Fleischklopfer breitschlagen, so daß es papierdünn ist. Auf einer Platte ausbreiten. Mit dem Olivenöl übergießen und kurz in den Kühlschrank stellen.
3. Inzwischen die Pilze sorgfältig putzen und in dünne Scheiben schneiden. Sofort mit etwas Zitronensaft beträufeln.
4. Auf vier Tellern die Fleisch- und Pilzscheiben anrichten. Den Parmesan dünn darüberhobeln. Leicht salzen und mit etwas Pfeffer bestäuben.
Beilage: Baguette
Getränkeempfehlung: italienischer Weißwein, am besten Soave Classico

BLÄTTERTEIG-KRAPFEN MIT SPARGEL UND GÄNSELEBER-PARFAIT

FÜR 6–8 PERSONEN ALS
APERITIFBEILAGE ■ ■
Zubereitungszeit:
50 Minuten
Pro Portion bei 6 Personen
505 kcal
9 g E, 39 g F, 26 g K

Salz
10 g Butter
1 TL Zucker
500 g grüner oder
weißer Spargel
500 g tiefgekühlter
Blätterteig
100 g Gänseleberparfait
(vom Feinkosthändler)
1 Eiweiß
2 Eigelb
2 EL Sahne

1. 1½ l Wasser mit Salz, Butter und Zucker in einem hohen Topf aufkochen. Den Spargel nach Bedarf schälen und die holzigen Teile wegschneiden. In 15–20 Minuten garen. Etwas abkühlen lassen, dann abgießen.
2. Den Backofen auf 220 °C vorheizen.
3. Den Blätterteig 3 mm dick zu einem Rechteck von 12 cm Breite ausrollen. In Quadrate von 6 cm Seitenlänge schneiden. Alle Teigstücke mit etwas Gänseleberparfait bestreichen. Dabei einen Rand von 1 cm frei lassen.
4. Die abgetropften Spargelstangen in kleine Stücke schneiden und auf die Hälfte der Teigquadrate verteilen. Die Teigränder mit dem leicht verquirlten Eiweiß bestreichen. Die restlichen Teigplätzchen darauflegen und ringsum gut andrücken. Mit Hilfe einer klassischen Gabel eine Dekoration auf den Teigrändern anbringen.
5. Ein Backblech mit Backfolie auslegen. Die Krapfen daraufsetzen. Das Eigelb mit der Sahne mischen. Die Krapfen mit ei-

Den Blätterteig nach dem Auswellen in Quadrate schneiden.

In die Mitte jedes Teigstücks etwas Gänseleberparfait streichen.

Kleine Spargelstückchen auf die Hälfte der Quadrate legen. Die andere Hälfte darauf klappen. Die Ränder gut andrücken.

Vor dem Backen mit einer Gabel kleine Muster in die Plätzchen stechen.

ner Gabel mehrmals einstechen und mit der Eiersahne bestreichen.
6. Das Blech auf die mittlere Schiene des Backofens schieben. Die Krapfen ca. 15 Minuten backen und dann lauwarm servieren.
Beilage: zusammen mit anderen Snacks servieren
Getränkeempfehlung: Champagner, Sekt oder trockener Weißwein, z. B. Chablis, Meursault oder Chassagne Montrachet (weiße Burgunderweine)

> **TIP** – Ziemlich schnell ist diese feine Vorspeise zubereitet, wenn man tiefgefrorenen Blätterteig, der bereits zu Platten ausgerollt ist, verwendet.

SPARGELSALAT MIT KALBSBRIES

FÜR 4 PERSONEN ■ ■
Zubereitungszeit:
35 Minuten
Zeit zum Wässern:
2 Stunden
Pro Portion:
205 kcal
15 g E, 14 g F, 3 g K

250 g Kalbsbries
1 Ei
8 Stangen grüner Spargel
4 Stangen weißer Spargel
Salz
1 TL Zucker
25 g Butter
½ l Fleischbrühe
1 mittelgroße Zwiebel
½ Lorbeerblatt
1 Gewürznelke
1 EL Kerbel, gehackt
1 TL Petersilie, gehackt

VINAIGRETTE
1 EL Honigessig
2 EL Haselnußöl
Salz
weißer Pfeffer
aus der Mühle

1. Das Kalbsbries in kaltes Wasser legen und mindestens 2 Stunden wässern.
2. Das Ei 9 Minuten kochen, anschließend abschrecken. Die Spargelstangen schälen und die holzigen Enden großzügig abschneiden. Inzwischen 1 l Salzwasser erhitzen und Zucker, 10 g Butter und den Spargel hinzugeben. 15–20 Minuten kochen. Der Spargel soll noch Biß haben.
3. Die Fleischbrühe inzwischen in einem kleinen Topf aufkochen. Die Zwiebel schälen und mit dem Lorbeerblatt und der Nelke spicken. Mit dem Bries in die kochende Brühe geben und 6 Minuten bei schwacher Hitze ziehen lassen. Im Sud erkalten lassen.
4. Den Spargel abgießen. Die Spitzen abschneiden und die Stangen in 2 cm lange Stücke schneiden.
5. Für die Vinaigrette den Honigessig mit dem Haselnußöl gut verrühren. Mit Salz und Pfeffer abschmecken.
Die Spargelstücke mit ⅔ der Vinaigrette mischen. Auf 4 Tellern anrichten und die Spargelspitzen darüberlegen. Die restliche Vinaigrette darüberträufeln. Das Ei schälen und hacken.
6. Das Kalbsbries aus dem Sud nehmen, häuten und von allen Unreinheiten befreien. Mit Küchenpapier trockentupfen. Das Bries in 3–4 cm dicke Scheiben schneiden. Die restliche Butter erhitzen und die Briesscheiben darin auf beiden Seiten etwas anziehen lassen. Noch warm mit dem Salat anrichten. Das Ganze mit Kräutern und gehacktem Ei bestreuen.
Beilage: knuspriges Bauern- oder Roggenbrot
Getränkeempfehlung: Riesling oder Johannisberger (Silvaner aus dem Wallis)

KARTOFFEL-CHAMPIGNON-TORTILLA

FÜR 4 PERSONEN ■ ■
Zubereitungszeit:
30 Minuten
Pro Portion bei 2 Personen:
710 kcal
22 g E, 54 g F, 28 g K

400 g Kartoffeln
(mehlige Sorte)
8 EL Olivenöl
1 große Zwiebel,
fein gehackt
200 g Champignons
1 Bund Schnittlauch,
kleingeschnitten
Salz
schwarzer Pfeffer
aus der Mühle
frischgeriebene Muskatnuß
5 Eier
Schnittlauch zum Bestreuen

1. Die Kartoffeln schälen und waschen.
2. Die Hälfte des Öls in einer Pfanne von 22 cm Durchmesser erhitzen und die Kartoffeln mit dem Gurkenhobel direkt über der Pfanne schneiden.
3. Die Zwiebelwürfel untermischen und unter Wenden bei milder Hitze 1 Minute braten.

<big>TIP</big> *Wer es deftiger mag, kann noch ca. 100 g kleine Schinkenwürfel untermischen. Dann ergibt die Tortilla mit einem kleinen Tomatensalat ein wunderbares Abendessen für zwei Personen.*

4. Die Champignons putzen, kurz abbrausen oder mit Küchenkrepp abreiben. Blättrig schneiden, unter die Kartoffeln mischen und mitbraten. Den Schnittlauch zufügen und mit Salz, Pfeffer und Muskat kräftig würzen. Etwas abkühlen lassen.

Die rohen Kartoffeln mit einem Gurkenhobel in die Pfanne hobeln.

Mit Hilfe eines Tellers die Tortilla wenden und die andere Seite fertig braten.

5. Die Eier in einer Schüssel aufschlagen, gut verquirlen und danach die Kartoffel-Champignon-Mischung zufügen.
6. Das restliche Olivenöl in die Pfanne geben und heiß werden lassen. Die Mischung einfüllen und 10 Minuten braten. Mit Hilfe eines Tellers wenden und in weiteren 10 Minuten fertiggaren.
7. Die Tortilla auf einen Teller gleiten lassen und mit kleingeschnittenem Schnittlauch bestreuen. In Tortenstücke schneiden und servieren.
Getränkeempfehlung: trockener Sherry (Fino)

KRABBENCREME AUF TOAST

FÜR 4 PERSONEN ■
Zubereitungszeit:
20 Minuten
Pro Portion:
340 kcal
10 g E, 18 g F, 33 g K

200 g Krabben
(Tiefseegarnelen)
3 EL Sahnequark
Salz
weißer Pfeffer
aus der Mühle
1 Msp. Cayennepfeffer
1 EL Zitronensaft
2 Bund Dill, davon 1½ Bund
fein gehackt
1 kleines Stangenweißbrot
60 g Butter

1. Von den Krabben 12 schöne Exemplare aussuchen und beiseite legen.
2. Die restlichen Krabben mit dem Sahnequark im Mixer zu einer geschmeidigen Creme verarbeiten. Mit Salz, Pfeffer, Cayennepfeffer und Zitronensaft kräftig abschmecken und den feingehackten Dill gleichmäßig unterheben. Kaltstellen.
3. Das Weißbrot in 12 etwa 1½ cm dicke Scheiben schneiden und im Toaster rösten.
4. Das Weißbrot mit Butter, dann mit der Krabbencreme bestreichen. Jeweils ein Dillzweiglein und eine Krabbe in die Mitte setzen. Auf Teller oder einer Platte anrichten.
Getränkeempfehlung: Sekt oder Prosecco

<big>TIP</big> *Diese Creme läßt sich auch gut in etwa 5 cm lange Stücke von Staudensellerie streichen.*

MARINIERTER MOZZARELLA AUF RADICCHIO

FÜR 4 PERSONEN ■
Zubereitungszeit:
20 Minuten
Pro Portion:
335 kcal
16 g E, 27 g F, 2 g K

2 Kugeln Mozzarella
(je ca. 150 g)

MARINADE
1 EL rosa Pfeffer
2 Knoblauchzehen
4 EL Weißweinessig
6 EL Olivenöl, extra vergine
1 TL frische Thymian-
blättchen
1 TL frische Oregano-
blättchen

AUSSERDEM
½ Salatgurke
1 kleiner Kopf Radicchio

1. Die Mozzarellakugeln in Würfel von ½ cm Kantenlänge schneiden und in eine Schüssel füllen.
2. Für die Marinade den rosa Pfeffer in einem Mörser grob zerstoßen. Den geschälten Knoblauch durch die Presse dazudrücken. Weißweinessig, Olivenöl, Thymian und Oregano untermischen. Die Sauce über die Mozzarellawürfel gießen und 10 Minuten ziehen lassen, mehrmals vorsichtig wenden.
3. Die Gurke schälen und mit einem Eßlöffel entkernen. Das Fruchtfleisch ebenso groß wie die Käsewürfel schneiden und untermischen.
4. Den Radicchio putzen, waschen, trockentupfen und die äußeren großen Blätter als Bett auf 4 Teller legen. Die kleinen Blätter in feine Streifen schneiden und mit den Mozzarella-Gurkenwürfeln mischen. Nochmals abschmecken und auf den Blättern verteilen.
Beilage: Vollkornbrötchen
Getränkeempfehlung: Bier

GEFÜLLTE WEINBLÄTTER
Yaprak Dolmasi

FÜR 4 PERSONEN	■
Zubereitungszeit:	
1 Stunde 45 Minuten	
Kühlzeit:	
über Nacht	
Pro Portion:	
395 kcal	
3 g E, 25 g F, 37 g K	

50 Weinblätter
(frisch oder aus der Dose)
150 g Reis
4 kleine Zwiebeln
10 EL Olivenöl
3 EL gehackte Kräuter
(Minze, Petersilie, Dill)
2 EL Korinthen
Salz
Saft von 1 Zitrone

Jeweils einen gehäuften Teelöffel Reisfüllung auf ein Weinblatt geben. Erst die beiden Seiten des Blatts einschlagen, dann das gefüllte Blatt zu einem Päckchen rollen.

Mit einer Mischung aus Öl, Wasser, Zitronensaft und Salz werden die Weinblätter gekocht.

1. Die gewaschenen Weinblätter kurz mit kochendem Wasser überbrühen. Den Reis waschen, die Zwiebeln schälen und in kleine Würfel schneiden.
2. 8 Eßlöffel Öl in einem Topf erhitzen und die Zwiebelwürfel darin glasig braten. Den Reis hinzufügen, mit ½ l Wasser aufgießen und bei kleiner Hitze zugedeckt 20 Minuten ausquellen lassen. Dann die Kräuter und die Korinthen hinzufügen und mit Salz abschmecken.

TIP *Besonders kernig und leicht nussig schmeckt das Gericht mit Naturreis. Die Quellzeit verlängert sich dann um 15 Minuten.*

3. Die glatte Seite der Weinblätter nach außen legen, bei kleinen Weinblättern immer zwei zusammenlegen. In die Mitte der Blätter je einen gehäuften Teelöffel Reisfüllung legen, die Blätter wie ein Kuvert zusammenfalten und aufrollen, evtl. mit einem Baumwollfaden umwickeln.
4. Einen Topf mit den restlichen Weinblättern auslegen, die Blätterpäckchen eng neben- und übereinander hineinlegen. Mit einer Mischung aus dem restlichen Öl, ½ l Wasser, Salz und Zitronensaft übergießen. Die Blätter mit einem Teller bedecken und den Topf mit einem Deckel verschließen.
5. Die Weinblätter bei leichter Hitze etwa 45 Minuten kochen lassen, bis sämtliche Flüssigkeit aufgesogen ist. Über Nacht kühl stellen.
Beilage: Stangenweißbrot
Getränkeempfehlung: gut gekühlter Retsina

BLINIS MIT LACHSTATAR

FÜR 4 PERSONEN	■ ■
Zubereitungszeit:	
45 Minuten	
Ruhezeit: über Nacht	
Pro Portion:	
705 kcal	
23 g E, 50 g F, 33 g K	

BLINIS
100 g Buchweizenmehl
50 g Weizenmehl
Salz
¼ l Milch
10 g frische Hefe
3 EL flüssige Butter
2 Eier, getrennt
Fett zum Braten

LACHSTATAR
300 g frischer Wildlachs,
in Scheiben geschnitten
2 große Frühlingszwiebeln
1 TL rosa oder schwarze
Pfefferkörner
3 EL Traubenkernöl
oder Olivenöl
1 EL Aceto Balsamico
oder Zitronensaft

AUSSERDEM
flüssige Butter

1. Für die Blinis das Buchweizenmehl mit dem Weizenmehl und dem Salz in einer Schüssel vermischen. Die Hefe in einer Tasse lauwarmer Milch ganz auflösen. Mit der restlichen lauwarmen Milch, der flüssigen Butter und den Eigelb zu dem Mehlgemisch geben und gut miteinander verrühren. Zugedeckt an einem kühlen Ort über Nacht gehen lassen.
2. Am nächsten Tag den Teig nochmals kräftig durchschlagen. Die Eiweiß steif schlagen und unter den Teig ziehen.
3. In einer kleinen Pfanne das Fett erhitzen und mit einem Schöpflöffel je eine kleine Menge Teig in die Pfanne gießen. Goldgelb backen, wenden und die zweite Seite ebenso backen.
4. Die fertigen Blinis zwischen zwei Tellern warmhalten und auf einen Topf mit kochendem Wasser stellen. Dann weiterbakken, bis der Teig aufgebraucht ist.
5. Für das Tatar die Fischscheiben waschen, trockentupfen und von allen Gräten befreien. Mit einem schweren Küchen-

TIP *Anstelle von frischem Lachs kann man auch ein Tatar aus Räucherlachs oder ein Heringstatar zu den Blinis geben. Blini lassen sich auch auf Vorrat backen und einfrieren. Bei Bedarf werden sie in wenigen Minuten im Backofen aufgebakken und schmecken wie frische.*

messer fein hacken. Den weißen Teil der Frühlingszwiebeln würfeln, den grünen Teil in Ringe schneiden. Die Pfefferkörner im Mörser zerstoßen. Alle Zutaten, bis auf die grünen Zwiebelringe, gründlich zu einem Tatar vermischen. Blini, Tatar und die Zwiebelringe anrichten.
6. Am Tisch werden die Blini mit etwas flüssiger Butter bepinselt, dann mit einem Häufchen Lachstatar belegt und mit den Zwiebelringen garniert.
Beilage: Crème fraîche
Getränkeempfehlung: eisgekühlter Wodka

GEFÜLLTE ARTISCHOCKEN MIT MORCHELN

FÜR 4 PERSONEN ■ ■ ■
Zubereitungszeit:
1 Stunde 20 Minuten
Pro Portion:
530 kcal
13 g E, 39 g F, 26 g K

100 g gekochter Schinken
30 g getrocknete Morcheln
0,2 l Hühnerbrühe
150 g tiefgekühlter
Blätterteig
4 große Artischocken
1 Zitrone
Salz
1 Eigelb
1 EL Sesamsamen
200 g Sahne
2 EL Butter
4 EL trockener Sherry
weißer Pfeffer
aus der Mühle
½ TL Majoran, gehackt
1 Prise Cayennepfeffer

1. Den Schinken in feine Streifen schneiden. Die Morcheln mehrmals gründlich unter fließendem Wasser waschen, in eine Schüssel legen und mit der Hühnerbrühe begießen.
2. Den Backofen auf 220 °C vorheizen. Den Blätterteig auftauen.
3. Die Stiele der Artischocken knapp unter dem Artischockenboden abbrechen. Den Rest der Stiele so abschneiden, daß die Artischocken gut stehen. Die äußeren, zähen Blätter mit einer Schere wegschneiden. Das obere Viertel der Artischockenblätter mit einem scharfen Messer entfernen. Alle Schnittflächen mit der halbierten Zitrone einreiben.
4. 3 Liter Salzwasser aufkochen. Die Artischocken mit den Blättern nach unten hineingeben. 30–35 Minuten bei mittlerer Hitze zugedeckt kochen. (Die Kochzeit hängt von der Größe und Qualität der Artischocken ab. Wenn sie gar sind, läßt sich ein Blatt zur Probe leicht heraus-

zupfen.) Die Artischocken im Sud etwas abkühlen lassen.
5. Inzwischen den Blätterteig 2,5 mm dick ausrollen. 4 Herzen, Sterne oder andere Formen ausstechen. Mit verquirltem Eigelb bestreichen, auf ein kalt abgespültes Backblech legen, nach Belieben mit dem Sesamsamen bestreuen und 10–15 Minuten auf der mittleren Schiene des Backofens goldgelb backen.
6. Von den Artischockenböden die Blätter, das »Heu« und auch die kleinen, lilafarbenen Blätter abzupfen. Die Artischockenböden bis zur weiteren Verwendung in den Sud zurücklegen.
7. Von drei Vierteln der Artischockenblätter das Fleisch mit der stumpfen Seite eines Messers ausschaben. Mit der Sahne in den Mixer geben und zu einem glatten Püree verarbeiten.
8. Die Schalotten in 1 Eßlöffel erhitzter Butter anziehen lassen. Das Einweichwasser der Morcheln durch einen Papierfilter gießen, zu den Scha-

Mit einer Schere oder einem Messer das obere Viertel der Artischockenblätter abschneiden. Die Schnittflächen sofort mit Zitronensaft benetzen.

Die Artischockenböden mit dem Morchelragout füllen und mit den restlichen Blättern sowie den Blätterteigformen servieren.

Die Schinkenstreifen unterziehen und die Sauce mit Salz, Pfeffer, Majoran und Cayennepfeffer gut abschmecken.
10. Die Artischockenböden und die restlichen Blätter im Kochwasser kurz erwärmen, sehr gut abtropfen lassen, die Böden auf vorgewärmte Teller verteilen und mit dem Morchelragout füllen. Mit je einem Blätterteigfleuron belegen. Die restlichen Artischockenblätter als Dekoration dazulegen.
Beilage: Als Vorspeise nur knuspriges Brot. Als Hauptgericht oder kleine Mahlzeit Reis.
Getränkeempfehlung:
Côtes-du-Rhône (z. B. Gigondas), Châteauneuf-du-Pape oder Spätburgunder

> **TIP** – *Die Schnittflächen der Artischocken werden mit Zitronensaft eingerieben, damit sie sich nicht verfärben.*

lotten gießen und diese 5 Minuten kochen lassen. Die Flüssigkeit durch ein Sieb gießen, die Schalotten gut ausdrücken. Die Morcheln in diesem Sud 10–15 Minuten kochen.
9. Die Schinkenstreifen in der restlichen Butter anziehen lassen. Den Sherry zu den Morcheln geben und die Flüssigkeit bis auf 3 Eßlöffel einkochen. Die Sahnemischung zufügen und nochmals aufkochen, bis die Sauce sämig wird.

FISCHCOCKTAIL

FÜR 4 PERSONEN ■
Zubereitungszeit:
25 Minuten
Pro Portion:
225 kcal
15 g E, 16 g F, 2 g K

100 g Gartenkresse
300 g Fischfilets
(z. B. Renken, Seeteufel,
St. Petersfisch)
1 TL Olivenöl
4 EL Mayonnaise
(selbst gerührt)
1 EL Tomatenpüree
2 EL Sahnequark
1 EL Cognac
½ TL frische Dillspitzen
Salz
weißer Pfeffer
aus der Mühle
1 Prise Cayennepfeffer

1. Die Kresse waschen und trockenschwenken.
2. Die Fischfilets quer in 1 cm breite Streifen schneiden. Auf den mit Olivenöl bestrichenen Siebeinsatz des Dampftopfs legen und in 2–3 Minuten über Dampf garen.
3. Hohe Gläser oder Schalen mit der Kresse auslegen. Ein wenig Kresse zurückbehalten.

> **TIP** – *Etwas grünen oder rosa Pfeffer zugeben (in diesem Fall den Dill weglassen).*

4. Mayonnaise mit Tomatenpüree, Quark, Cognac und Dill mischen. Mit Salz, Pfeffer und Cayennepfeffer abschmecken.
5. Die Fischstreifen auf der Kresse verteilen. Die Sauce darübergießen. Die restliche Kresse fein hacken. Die Cocktails damit bestreuen und bis zum Servieren kühlstellen.
Beilage: Toast und Butter
Getränkeempfehlung:
trockener Frankenwein, weißer Graves (Bordeaux)

SPECKDATTELN MIT SCHARFER SAUCE

FÜR 4 PERSONEN ■
Zubereitungszeit:
30 Minuten
Pro Portion:
565 kcal
2 g E, 35 g F, 56 g K

1 große rote Paprikaschote
3 EL Olivenöl
1 Zwiebel, fein gehackt
1 TL Paprika, edelsüß
1 Prise Cayennepfeffer
2 EL Tomatenmark
Salz
schwarzer Pfeffer
aus der Mühle
15 Scheiben durchwach-
sener geräucherter Speck
(ca. 150 g)
24 frische Datteln
24 Holzspießchen

1. Die Paprikaschote waschen, halbieren und vom
Kernhaus befreien. Die
Hälften nochmals längs teilen, dann quer in schmale
Streifen schneiden.
2. Das Olivenöl in einem
Topf erhitzen. Paprika-
streifen und Zwiebelwürfel
5 Minuten dünsten. Papri-
ka und Cayennepfeffer un-
terrühren und anschwit-
zen. Das Tomatenmark zu-
fügen, salzen, pfeffern und
mit ⅛ l Wasser aufgießen.
Zugedeckt 15 Minuten kö-
cheln lassen.

> **TIP** *Anstelle der*
> *Datteln kann man*
> *auch getrocknete*
> *Aprikosen oder Fei-*
> *gen nehmen. Wer es*
> *etwas schlanker ha-*
> *ben möchte, nimmt*
> *statt des Specks ma-*
> *geren rohen Schin-*
> *ken. Die Bratzeit ver-*
> *kürzt sich dann.*

3. Inzwischen die Speckscheiben von der Schwar-
te befreien und einmal
quer halbieren. Die Datteln

Die Datteln mit einem spitzen
Messer aufschlitzen und entsteinen.

**Eine halbe Speckscheibe um
die Datteln wickeln und mit einem Holzspieß feststecken.**

entsteinen und jede mit einer halben Speckscheibe
umwickeln. Mit Holzspieß-
chen feststecken. Eine beschichtete Pfanne erhitzen
und die Speckdatteln bei
mittlerer Hitze 8–10 Minuten knusprig braten, dabei
wenden.
4. Die Paprikasauce
nochmals abschmecken
und so – oder im Mixer püriert – in eine kleine Schüssel füllen.
5. Die Speckdatteln auf
einer Platte anrichten,
eventuell auf Salatblättern,
das sieht sehr frisch aus,
und die Paprikasauce da-
zu reichen.
Beilage: Landbrot oder
Baguette
Getränkeempfehlung: Bier
oder Rotwein, z. B. Teroldego aus dem Trentino

GRATINIERTE KRÄUTERTOMATEN

FÜR 4 PERSONEN ■
Zubereitungszeit:
30 Minuten
Pro Portion:
170 kcal
4 g E, 10 g F, 15 g K

4 große Fleischtomaten
(ca. 750 g)
4 Knoblauchzehen
2 Bund Petersilie,
fein gehackt
4 EL Semmelbrösel
1 Eigelb
3 EL Olivenöl, extra vergine
Salz
schwarzer Pfeffer
aus der Mühle
je 1 TL Thymian und
Oregano, frisch oder
getrocknet

1. Die Tomaten waschen
und in der Mitte quer
durchschneiden.
2. Den Backofen auf
220 °C vorheizen.
3. Die geschälten Knoblauchzehen durch die
Presse in eine Schüssel
drücken. Die Petersilie und
die Semmelbrösel zufü-
gen. Das Eigelb und das
Olivenöl unterrühren, so
daß eine homogene Mas-
se entsteht. Falls nötig,
noch etwas mehr Öl zufü-
gen. Mit Salz und Pfeffer,
Thymian und Oregano
kräftig abschmecken und
gleichmäßig auf den To-
matenhälften verteilen.
4. Die Tomaten in eine
Auflaufform setzen und im
Backofen 15–20 Minuten
gratinieren.
Beilage: Baguette
Getränkeempfehlung:
leichter Rotwein, am be-
sten Landwein aus Italien
oder Frankreich

LAUWARMER SPARGEL MIT KERBELCREME

FÜR 4 PERSONEN ■ ■
Zubereitungszeit:
30 Minuten
Pro Portion:
200 kcal
5 g E, 17 g F, 5 g K

750 g grüner Spargel
Salz
1 TL Butter
1 Prise Zucker
100 g Kerbel
5 EL Sojaöl
2 Eigelb
Saft von ½ Zitrone
weißer Pfeffer
aus der Mühle
1 Msp. Cayennepfeffer
frischgeriebene Muskatnuß
8 Kirschtomaten

1. Das untere Drittel des
Spargels schälen, dabei
die Enden abschneiden.
Reichlich Salzwasser mit
Butter und Zucker aufko-
chen. Den Spargel einlegen
und 15–20 Minuten darin
mehr ziehen als kochen
lassen, bis er knackig gar
ist.
2. In der Zwischenzeit
den Kerbel abbrausen und
die Stiele abknipsen. Von
dem Kerbel einige Blätt-
chen beiseite legen, die
restlichen zusammen mit
dem Sojaöl, dem Eigelb
und dem Zitronensaft in
den Mixer geben und zu
einer Sauce verarbeiten.
Mit Salz, Pfeffer, Cayen-
nepfeffer und Muskat de-
zent abschmecken.
3. Den Spargel aus dem
Sud nehmen, abtropfen
lassen und auf 4 Teller verteilen. Die Kerbelsauce als
Band darübergießen. Das
köstliche kleine Gericht
mit den restlichen Kerbelblättchen und den Kirsch-
tomaten garnieren.
Beilage: kleine, neue Kartöffelchen oder getoaste-
tes Weißbrot
Getränkeempfehlung:
leichter, trockener Weiß-
wein, z. B. Orvieto oder
Riesling aus Baden oder
Franken.

SMØRREBRØD MIT RÄUCHERAAL AUF RÜHREI
Nyrøget aal med røraeg

FÜR 4 PERSONEN ■

Zubereitungszeit:	
10 Minuten	
Pro Portion:	
610 kcal	
29 g E, 44 g F, 17 g K	

4 Scheiben Roggenbrot
50 g Butter
8 Eier
Salz
weißer Pfeffer
aus der Mühle
1 kleiner Räucheraal (400 g)
Dill oder Schnittlauch
zum Garnieren

1. Die Brote mit der Hälfte der Butter bestreichen. Die Eier mit etwas Salz und Pfeffer verquirlen.
2. Die Haut von dem Aal abziehen, in 4 Portionsstücke teilen und die Gräten herauslösen.
3. Die restliche Butter in einer Pfanne zerlassen, die Eimasse hineingeben und unter ständigem Rühren mit einem Holzlöffel ein lockeres Rührei zubereiten.
4. Das Rührei auf den Brotscheiben verteilen und den Aal diagonal darüberlegen. Mit frischem Dill oder Schnittlauch garnieren.

Getränkeempfehlung: klarer Schnaps oder Bier

> **TIP** *Nach dem gleichen Rezept wird Smørrebrød mit Krabben zubereitet. Sie werden kurz in Butter geschwenkt, bevor man sie auf das Rührei häuft.*

SUSHI
Snacks von Reis und gebeizten Fischen

FÜR 6 PERSONEN ■ ■ ■

Zubereitungszeit:	
2 Stunden	
Pro Portion:	
185 kcal	
15 g E, 5 g F, 17 g K	

400 g gekochter
Rundkorn- oder Klebereis
2 EL Essig (am besten
Reisessig)
1 TL Zucker

BELAG
je 100 g ganz frischer
Wolfsbarsch oder Dorade,
Thunfisch, Makrele und
Lachs, in hauchdünne
Scheiben
geschnitten
1 Ingwerwurzel
Meersalz
2 EL Essig
6 EL Sojasauce
1 EL Zucker
100 g Scampischwänze
100 g kleine
Tintenfischbeutel

AUSSERDEM
3 Noriblätter
(japanischer Seetang),
30 g Lachskaviar

1. Den noch warmen Reis in eine Schüssel geben. Essig und Zucker miteinander verrühren und kurz erwärmen, bis sich der Zucker aufgelöst hat. Mit dem Reis vermischen und diesen dann mit einem Tuch bedeckt völlig abkühlen lassen.
2. Die rohen Fischscheiben in Faserrichtung in dreifingerbreite Streifen schneiden. Die Ingwerwurzel schälen, einen Teil in Scheiben schneiden, den anderen raspeln. Salz, Essig und Ingwerscheiben vermischen und über die Fischstreifen geben. 1 Stunde im Kühlschrank beizen lassen.
3. Aus Sojasauce, Zucker, der geraspelter Ingwerwurzel und 4 Eßlöffeln Wasser bei milder Hitze eine leicht sirupartige Marinade kochen.

Auf einer Bastrolle wird die mit Fischstreifen belegte Reisrolle auf ein Noriblatt gelegt.

Das Noriblatt wird durch Aufrollen der Bastmatte fest um die Reisrolle gewickelt.

Die gekühlte Noriblatt-Reisrolle mit einem scharfen Messer in Scheiben schneiden.

4. Von den Scampischwänzen den schwarzen Darm an der Oberseite auslösen und die Scampi von unten her aufschneiden, so daß man sie auseinanderklappen kann. Die gründlich gewaschenen Tintenfischbeutel in Salzwasser knapp weichkochen, die Scampischwänze 3 Minuten in kochendem Salzwasser garen. Dann noch kurz in der Sojamarinade ziehen lassen. Die Scampi kann man auch – damit sie schön rosa bleiben – nur mit leicht

gesüßtem Reisessig marinieren.
5. Aus einem Teil des Reises mit den Händen daumengroße Rollen formen und jede Rolle entweder mit einem Streifen Fisch an der Oberseite und den Seitenteilen einhüllen oder die Scampischwänze so in die Reisrolle drücken, daß der Reis ganz bedeckt ist. Die Tintenfische mit dem Reis füllen.
6. Je ein Noriblatt auf eine Bastmatte (notfalls tut es auch ein Küchentuch) legen, den restlichen Reis darauf ausbreiten, die restlichen Fischstreifen in die Mitte legen und aufrollen. Kaltstellen und wieder aus der Umhüllung herausrollen. Mit einem scharfen Messer in 3 dicke Scheiben schneiden, auf eine Platte mit der Schnittseite nach oben setzen, den Reis etwas zusammendrücken und den Lachskaviar darauf verteilen.
7. Die fertigen Sushi nach Farben geordnet in ein Lackkästchen oder auf eine runde Platte mit Rand setzen, mit ein paar spitz zurechtgeschnittenen dekorativen Blättern garnieren.

Beilage: eisgekühlte Sojasauce, die mit geraspelter Ingwerwurzel und nach Geschmack auch mit etwas Wasser vermischt werden kann.

Getränkeempfehlung: vor dem Essen der Sushi leicht angewärmter Reiswein, zu den Sushi Tee oder ein Bier

AMERIKANISCHER CLUB-SANDWICH

FÜR 1 PERSON ■
Zubereitungszeit:
15 Minuten
Pro Portion:
780 kcal
29 g E, 61 g F, 20 g K

150 g gebratene
Hühnerbrust
2 Salatblätter
2 dünne Scheiben
durchwachsener
geräucherter Speck
2 Scheiben Toastbrot
1 EL Mayonnaise
(selbstgemacht)
1 Tomate oder
1 Stück Salatgurke
Salz
schwarzer Pfeffer
aus der Mühle

1. Die Hühnerbrust von den Knochen lösen, nach Belieben häuten und quer zur Faser in Scheiben schneiden. Die Salatblätter waschen und mit einem Tuch trockentupfen. Die Speckscheiben in einer trockenen Pfanne knusprig braten.

> **TIP** *Anstelle von Hühnerfleisch kann auch Putenbrust verwendet werden.*

2. Brot toasten und etwas abkühlen lassen. Eine Toastscheibe mit etwas Mayonnaise bestreichen und das Hühnerfleisch darauf anrichten. Die Salatblätter durch die restliche, glattgerührte Mayonnaise ziehen und das Hühnerfleisch damit bedecken. Tomaten- oder Gurkenscheiben darauflegen und mit Salz und Pfeffer bestreuen.
3. Das Sandwich mit den Speckscheiben und einer Scheibe Toast bedecken. Diagonal durchschneiden und mit Cocktailspießchen zusammenhalten.

VORSPEISE MIT MELONE, FEIGEN, SCHINKEN UND SALAMI

FÜR 4 PERSONEN ■
Zubereitungszeit:
20 Minuten
Kühlzeit:
2 Stunden
Pro Portion:
445 kcal
13 g E, 24 g F, 41 g K

1 große, reife Honig-
oder Netzmelone
12 blaue oder grüne Feigen
150 g Parmaschinken,
hauchdünn geschnitten
schwarzer Pfeffer
aus der Mühle
100 g Mailänder Salami,
hauchdünn geschnitten

1. Die Melone und die Feigen im Kühlschrank vorkühlen.
2. Danach die Melone halbieren, die Kerne mit einem Löffel herausholen und die Frucht in Achtel schneiden. Das Fleisch der Melone vorsichtig mit einem scharfen Messer von der unteren Schale lösen und wieder auf die Schale setzen.
3. Die Melonen- und Schinkenscheiben auf einer Platte anrichten. Die Pfeffermühle dazu stellen.
4. Die Feigen über Kreuz oben einschneiden und die Haut vorsichtig ein Stückchen herunterziehen. Eine runde Platte mit einem Kranz von Salamischeiben auslegen und die Feigen in die Mitte geben.
Beilage: frisches Weißbrot
Getränkeempfehlung: Prosecco di Conegliano, am besten ein Superiore di Cartizze

SCHWEDISCHE HERINGSHAPPEN
Glasmästarsill

FÜR 4 PERSONEN ■
Zubereitungszeit:
30 Minuten
Marinierzeit:
2–3 Tage
Pro Portion:
280 kcal
14 g E, 10 g F, 25 g K

4 Matjesfilets oder Salz-
heringe
1 Ingwerwurzel
1 Stückchen Meerrettich
4 rote, mittelgroße Zwiebeln
1 Möhre
2 TL Senfkörner
3 Lorbeerblätter
¼ l guter Weinessig
⅛ l Wasser
80 g Zucker

1. Die Matjesfilets kurz abspülen. Auf saugfähigem Papier abtropfen lassen und in fingerbreite Streifen schneiden. Bei Verwendung von Salzheringen, diese waschen, enthäuten und über Nacht in kaltem Wasser wässern.
2. Ingwerwurzel, Meerrettich, Zwiebeln und Möhre schälen und in Scheiben schneiden.
3. Abwechselnd Hering, Gemüse und Gewürze schichtweise in einen hohen Steinguttopf oder ein entsprechend hohes Glas geben.
4. Essig, Wasser und Zucker aufkochen und die Marinade erkalten lassen. Über die Heringe in den Steintopf gießen. Den Topf zudecken und die Heringe mindestens zwei Tage an einem kühlen Ort ziehen lassen.
Beilage: Bauernbrot oder Roggenbrötchen
Getränkeempfehlung: eisgekühlter Aquavit

ARABISCHE KICHERERBSEN-CREME
Hummus bi tahina

FÜR 4 PERSONEN ■
Zubereitungszeit:
1 Stunde 30 Minuten
Einweichzeit:
8 Stunden oder über Nacht
Pro Portion:
305 kcal
14 g E, 14 g F, 29 g K

200 g Kichererbsen
4 Knoblauchzehen
4 EL Tahin (Sesampaste
aus dem Reformhaus)
Saft von 1–2 Zitronen
(je nach Geschmack)
Salz
2 EL Olivenöl

1. Die Kichererbsen 8 Stunden oder über Nacht einweichen.
2. Auf ein Sieb geben und abtropfen lassen. Einweichwasser wegschütten. Dann in einem Topf mit frischem Wasser bedeckt etwa 1 Stunde bei mittlerer Hitze auf dem Herd kochen, bis sie weich sind.
3. Die Kichererbsen und die abgezogenen Knob-

> **TIP** *Die Vorspeise sollten Sie erst kurz vor dem Servieren anrichten, da das Püree an der Oberfläche schnell austrocknet.*

lauchzehen mit etwas Kochwasser in der Küchenmaschine zu einer dicken Paste pürieren. Tahin, Zitronensaft und Salz hinzufügen. Zu einer leichten Creme vermischen. Eventuell etwas Kochwasser darunterrühren, wenn die Creme zu dick ist.
4. Die Creme auf eine flache Platte streichen oder in eine niedrige Schüssel füllen und mit dem Olivenöl beträufeln.
Beilage: Pittabrot (arabisches Flachbrot)

TOMATEN MIT THUNFISCH-FÜLLUNG

FÜR 4 PERSONEN ■
Zubereitungszeit:
20 Minuten
Pro Portion:
165 kcal
11 g E, 10 g F, 5 g K

4 mittelgroße Fleisch-
tomaten (ca. 600 g)
2 Dosen Thunfisch naturell
(je ca. 140 g Abtropfgewicht)
3 EL Crème fraîche
Saft von ½ Zitrone
2 Kästchen Kresse
Salz
weißer Pfeffer
aus der Mühle
1 TL Meerrettich
(aus dem Glas)

1. Die Tomaten waschen, dann einen Deckel abschneiden, davon den Stengelansatz entfernen. Die Kerne mit einem Teelöffel herausnehmen, dann das weiche Fruchtfleisch. Die Deckel und das Fruchtfleisch kleinschneiden.
2. Den Thunfisch in einem Sieb kurz abtropfen lassen, dann in einer Schüssel mit einer Gabel zerdrücken. Die Tomatenstückchen zufügen und mit der Crème fraîche und dem Zitronensaft zu einer geschmeidigen Masse verrühren.
3. Die Kresse abbrausen und die Blättchen mit einer Schere über der Schüssel abschneiden und unterheben. Die Mischung mit Salz, Pfeffer und Meerrettich kräftig abschmecken.
4. Die Tomaten innen salzen, pfeffern und mit der Thunfischcreme füllen.
Beilage: Landbrot und Butter
Getränkeempfehlung: Sekt oder leichter Weißwein

Von den gewaschenen Tomaten jeweils einen Deckel abschneiden.

Die Tomaten vorsichtig mit einem Löffel aushöhlen.

Aus Thunfisch, Tomatenfruchtfleisch, Zitronensaft, Crème fraîche und Kräutern wird eine geschmeidige Füllung bereitet.

Die Thunfischcreme in die Tomaten füllen und mit etwas Kresse bestreuen.

MATJESTATAR MIT KARTÖFFELCHEN

FÜR 4 PERSONEN ■
Zubereitungszeit:
25 Minuten
Pro Portion:
265 kcal
13 g E, 18 g F, 8 g K

250 g kleine, möglichst
gleich große Kartoffeln
1 TL Kümmel
300 g Matjesfilet, küchen-
fertig (ca. 6 Stück)
1 kleine Knoblauchzehe
1 Bund Schnittlauch,
kleingeschnitten
1 TL Kapern (Non pareilles)
1 TL Zitronensaft
1 EL Crème fraîche
Salz
weißer Pfeffer
aus der Mühle

1. Die Kartoffeln knapp mit Wasser bedeckt, in einem kleinen Topf, in 20 Minuten garen, den Kümmel zufügen und mitkochen.
2. Die Matjesfilets zunächst in schmale Längsstreifen schneiden, dann quer in winzige Würfel. In eine Schüssel füllen und die geschälte Knoblauchzehe durch die Presse dazudrücken. Die Hälfte des Schnittlauchs einstreuen.
3. Die Kapern fein hacken und mit dem Zitronensaft und der Crème fraîche zufügen. Alles gut mischen und mit Salz und Pfeffer kräftig würzen.
4. Die Kartoffeln schälen, auf 4 Teller verteilen und das Matjestatar daneben setzen. Mit dem restlichen Schnittlauch bestreuen.
Beilage: Butter für die Kartoffeln, Salz und Pfeffer
Getränkeempfehlung: Bier

LACHS MIT ZITRONEN-DILL-SAUCE

FÜR 4 PERSONEN ■
Zubereitungszeit:
15 Minuten
Pro Portion:
255 kcal
15 g E, 18 g F, 3 g K

1 EL scharfer Senf
3 Eigelb
Salz
weißer Pfeffer
aus der Mühle
Saft von 2 Zitronen
2 EL Sojaöl
1 Schalotte, fein gehackt
2–3 Bund Dill (je nach
Größe), fein gehackt
250 g Räucherlachs
in dünnen Scheiben

1. Den Senf mit dem Eigelb in eine Rührschüssel füllen und verrühren. Die Mischung salzen, pfeffern und den Zitronensaft zufügen. Mit dem Handrührer oder dem Schneebesen kräftig durchschlagen, dabei das Sojaöl langsam einfließen lassen.
2. Die Schalotte und den Dill unter die Sauce heben und nochmals abschmecken.
3. Die Lachsscheiben locker auf 4 Teller verteilen und mit der Sauce übergießen.
Beilage: Vollkorntoast und Butter
Getränkeempfehlung: Sekt oder Champagner

TIP *Preisgünstiger als der Lachs ist geräuchertes Forellenfilet, auch dazu paßt die Sauce hervorragend. Wer lieber Fleisch mag, kann zu der Sauce einen dünn aufgeschnittenen Rindersaftschinken reichen.*

GEBRATENE AUSTERNPILZE MIT TOMATEN-VINAIGRETTE

FÜR 4 PERSONEN ■
Zubereitungszeit:
30 Minuten
Pro Portion:
220 kcal
5 g E, 20 g F, 3 g K

2 Fleischtomaten (ca. 250 g)
3 EL Rotweinessig
Salz
schwarzer Pfeffer
aus der Mühle
8 EL Olivenöl
1 Bund Basilikum, abgezupft
600 g Austernpilze
4–5 Knoblauchzehen

1. Die Fleischtomaten blanchieren, häuten, entkernen und in kleine Würfel schneiden.
2. Für die Vinaigrette den Rotweinessig so lange mit dem Salz verrühren, bis es sich aufgelöst hat. Pfeffer zufügen und die Hälfte des Olivenöls mit dem Schneebesen kräftig unterschlagen, bis die Marinade cremig ist. Die Tomatenwürfel unterheben. Das Basilikum in feine Streifen schneiden und einstreuen.
3. Die Austernpilze von den harten Stellen befreien, kurz abbrausen, trockentupfen und, falls nötig, zerteilen.
4. Das restliche Olivenöl in einer großen Pfanne erhitzen und die Austernpilze im ganzen darin beidseitig kräftig anbraten, dabei die Pilze mit einem Löffel flachdrücken. Die geschälten Knoblauchzehen durch die Presse auf die Austernpilze drücken, salzen und pfeffern.
5. Die Austernpilze mit je einem Klacks der Tomatenvinaigrette auf 4 Teller verteilen.
Beilage: Baguette
Getränkeempfehlung: leichter Rotwein, z. B. Beaujolais Village

Die Fleischtomaten nach dem Blanchieren mit einem scharfen Messer häuten.

Mit einem Löffel die Kerne aus den Tomaten entfernen. Die Zwischenwände der Tomaten können stehen bleiben.

Die Tomaten würfeln.

Die Austernpilze in einer Pfanne von beiden Seiten kräftig anbraten.

ROTE BOHNEN MIT SCHAFSKÄSE

FÜR 4 PERSONEN ■
Zubereitungszeit:
15 Minuten
Pro Portion:
615 kcal
37 g E, 22 g F, 70 g K

2 Dosen rote Bohnen
(Kidney beans,
Abtropfgewicht je ca. 250 g)

MARINADE
3 EL Aceto Balsamico
oder Rotweinessig
Salz
schwarzer Pfeffer
aus der Mühle
4 EL Olivenöl
3 Knoblauchzehen

AUSSERDEM
4 schöne, große Salatblätter
(Romana, Lollo Rosso
oder Kopfsalat)
250 g griechischer
Schafskäse (Feta)
2 TL frischer Oregano
oder 1 TL getrockneter

1. Die Bohnen aus den Dosen in ein Sieb schütten, kalt abbrausen und sehr gut abtropfen lassen.
2. Für die Marinade den Essig mit Salz, Pfeffer und Olivenöl mischen. Die geschälten Knoblauchzehen durch die Knoblauchpresse drücken. Mit den Bohnen gut vermischen.
3. Die Salatblätter waschen, trockentupfen und auf 4 Teller verteilen. Die Bohnen in die Blätter füllen.
4. Den Schafskäse vierteln und jeweils über den Bohnen zwischen den Fingern zerbröseln. Aus der Mühle pfeffern und mit dem Oregano bestreuen.
Beilage: frisches Landbrot
Getränkeempfehlung: kräftiger roter Landwein

KASSELER-MOUSSE MIT SPINATSALAT

FÜR 4 PERSONEN ■
Zubereitungszeit:
25 Minuten
Pro Portion:
305 kcal
15 g E, 24 g F, 1 g K

200 g Kasseleraufschnitt
2 EL Sahne
100 g Kräuterfrischkäse
Salz
weißer Pfeffer
aus der Mühle
frischgeriebene Muskatnuß
1 Msp. Paprika, scharf
2–3 EL trockener Sherry
(Fino)
2 Frühlingszwiebeln
80 g Blattspinat
2 EL Sherryessig
3 EL Öl

1. Das Kasseler grob zerschneiden und mit der Sahne im Mixer pürieren.
2. Den Frischkäse zum Püree geben, mit Salz, Pfeffer, Muskat und Paprika würzen und gut durchmischen. Dabei so viel Sherry zufügen, daß eine cremige Masse entsteht. Nochmals abschmecken, kaltstellen.
3. Die Frühlingszwiebeln putzen, waschen und das Grün in sehr feine Ringe schneiden. Die Zwiebelringe unter das Püree mischen und kaltstellen.
4. Blattspinat gründlich waschen, abtropfen lassen und Stiele abknipsen.
5. Aus Sherryessig, Salz, Pfeffer und Öl eine Marinade rühren. Den weißen Teil der Frühlingszwiebeln in ganz feine Ringe schneiden und mit dem Spinat mehrmals in der Marinade wenden.
6. Vom Mousse mit einem angefeuchteten Eßlöffel Nocken abstechen und auf 4 Teller setzen. Den Spinatsalat dekorativ danebenlegen.
Beilage: Roggenbrötchen
Getränkeempfehlung: frischer Weißwein, z. B. Grüner Veltliner

GEFLÜGELSALAT

FÜR 4 PERSONEN ■
Zubereitungszeit:
20 Minuten
Pro Portion:
250 kcal
19 g E, 8 g F, 21 g K

**300 g gekochtes Geflügel-
fleisch (Brust von Huhn oder
Puter)**
(am besten Brust)
2 Kiwis
1 Mango
1 rosa Grapefruit

MARINADE
1 TL Zucker
Saft von 1 Zitrone
Saft von 1 Orange
6 EL Crème fraîche
2 EL Rum
schwarzer Pfeffer
aus der Mühle
einige frische Minzeblätter

1. Das Geflügelfleisch in
feine Streifen schneiden.
Die Kiwis und die Mango
schälen, das Fruchtfleisch
der Mango um den flachen
Kern herum abschneiden.
Die Früchte in Scheiben
schneiden, den heraustre-
tenden Saft auffangen. Die
Grapefruit dick abschälen,
so daß die weiße Haut mit
entfernt wird, dann in Würfel schneiden und den Saft
ebenfalls auffangen.
2. Alle Zutaten in einer
Schüssel vermischen.

TIP *Exotische
Früchte sind die idea-
len Geflügelbegleiter.
So können Sie die
Mango auch durch
eine frische Ananas
ersetzen.
Reife Mangos er-
kennt man an ihrem
Duft!*

Die Kiwis enthäuten und in
schmale Scheiben schneiden.

Beim Schälen der Grapefruit die
weiße Haut mit entfernen, da
sie bitter schmeckt.

3. Für die Marinade den
Zucker in dem Zitronen-
und Orangensaft auflösen
und diesen Saft unter Rühren an die Crème fraîche
geben. Den Rum und den
aufgefangenen Saft von
Kiwi, Mango und Grape-
fruit hinzufügen. Mit Pfeffer und streifig geschnittener Minze würzen.
4. Die Marinade über die
Salatzutaten gießen und
alles vermischen. Mit ei-
nem Minzezweiglein gar-
nieren.
Beilage: frische Baguette
Getränkeempfehlung: junger, fruchtiger Weißwein
oder ein Roséwein aus der
Provence

WILDSALAT MIT BIRNEN

FÜR 4 PERSONEN ■
Zubereitungszeit:
20 Minuten
Pro Portion:
300 kcal
13 g E, 21 g F, 13 g K

**200 g Reste von Wildfleisch
(in Scheiben geschnitten)**
2 reife Birnen
1 TL Zitronensaft
½ kleine Sellerieknolle
Salz
2 Kiwis
2 EL gehackte Walnüsse

SAUCE
**6 EL Mayonnaise
(möglichst selbstgemacht)**
1 TL scharfer Senf
3 EL Sahne

AUSSERDEM
6–8 Blätter Lollo Rosso
**grobgemahlener
schwarzer Pfeffer**

1. Das Wildfleisch und die
geschälten Birnen in Streifen schneiden, die Birnen-
streifen sofort mit Zitronensaft beträufeln.
2. Den Sellerie schälen
und in feine Streifen
schneiden. In kochendem
Wasser in etwa 2 Minuten
blanchieren und auf einem
Sieb gut abtropfen lassen.
3. Die Kiwis schälen und
in Scheiben schneiden, die
Hälfte der Kiwischeiben in
Würfel. Die Kiwiwürfel mit
dem Fleisch, den Birnen,
den Selleriestreifen und
den gehackten Walnüssen
in einer Schüssel ver-
mischen.
4. Für die Sauce die
Mayonnaise mit Senf und
Sahne verrühren, über die
Salatzutaten gießen und
unterheben. Den Salat auf
den Lollo-Rosso-Blättern
anrichten und mit den Ki-
wischeiben garnieren. Mit
Pfeffer bestreuen.
Beilage: Französisches
Weißbrot
Getränkeempfehlung: ein
leichter, fruchtiger Rot-
wein; z. B. ein Chianti oder
ein Beaujolais

TINTENFISCH SALAT MIT GEMÜSE

FÜR 4–6 PERSONEN ■
Zubereitungszeit:
30 Minuten
Bei 4 Personen pro Portion:
150 kcal
21 g E, 5 g F, 4 g K

**je 250 g grüner Blumenkohl
und Brokkoli**
Salzwasser
**½ kg geputzte kleine Tinten-
fische (seppie, calamari)**
1 EL Olivenöl
Salz
Pfeffer aus der Mühle
1 weiße Zwiebel
3 EL Weißweinessig
1–2 Fleischtomaten
2 Knoblauchzehen
2 EL gehackte Petersilie

1. Den grünen Blumen-
kohl und Brokkoli in kleine
Röschen teilen. In siedendem Salzwasser bißfest
garen. Herausnehmen,
kalt abschrecken und gut
abtropfen lassen.
2. Tintenfische unter fließendem Wasser waschen
(eventuell müssen noch
Rückenplatten und »Schna-
bel« entfernt werden). Die
Körper in Ringe schneiden.
Im mittelheißen Öl (nicht zu
heiß, sonst werden sie zäh)
knapp weich braten. Mit
Salz, Pfeffer und Zitronensaft würzen. Zwiebelringe
zufügen, kurz mitbraten,
bis sie zusammenfallen.
Essig dazugießen, dann
Topf von der heißen Koch-
stelle ziehen.
3. Blumenkohl und Brokkoli beigeben und alles zugedeckt durchziehen las-
sen.
4. Die Tomaten kurz mit
heißem Wasser überbrü-
hen, kalt abschrecken,
enthäuten und halbieren.
Entkernen, würfeln und
unter die Tintenfische
mischen. Mit Salz, Pfeffer
und gepreßtem Knoblauch
abschmecken. 2 Stunden
zugedeckt durchziehen
lassen. Vor dem Servieren
mit gehackter Petersilie
bestreuen.

SUPPEN UND EINTÖPFE

Abbildung oben: Rindfleisch-
suppe mit Kräuterflädle (Rezept
Seite 73).

Abbildung rechts: Klare Fisch-
Safran-Suppe mit Kräuterbrot
(Rezept Seite 76).

Abbildung rechts:
Hühnersuppe mit Grießnockerln
(Rezept Seite 75).

Abbildung oben: Sauerampfer-
suppe mit Wachtelei (Rezept
Seite 79).

Abbildung oben: Kartoffelsuppe
mit Krabben (Rezept Seite 78).

Abbildung links: Ochsen-
schwanzsuppe
(Rezept Seite 76).

SUPPEN UND BRÜHEN

Suppen haben eine wohlbedachte Aufgabe: Sie stimmen den Magen auf die nachfolgenden Gerichte ein, stillen den ersten Hunger und wirken gleichzeitig appetitanregend, aber nicht sättigend.

Für Kranke sind sie oft das einzige kräftigende und bekömmliche Nahrungsmittel (Magenkranke sollten dabei Rahm- und Püreesuppen bevorzugen).

In einer Speisenfolge steht die Suppe normalerweise an erster Stelle. Wird eine kalte Vorspeise serviert, folgt die Suppe danach.

SUPPE IST NICHT GLEICH SUPPE

Je nach Zubereitungsmethode teilt man Suppen in verschiedene Gruppen ein:

Brühen, die mit Klärfleisch und Gemüsen angereichert und geklärt werden, bezeichnet man als Kraftbrühen (doppelte Brühe). Einfache Brühen (Bouillon) sind klare Suppen, die nicht geklärt werden.

Gebundene Suppen unterscheiden sich in ihrer Zubereitung voneinander. Rahmsuppen werden mit Mehl, Reis oder Reismehl gebunden und mit Sahne vollendet. Samtsuppen werden mit Eigelb und Sahne legiert und dadurch samtig. Püreesuppen werden mit Kartoffeln, Gemüse nach Hülsenfrüchten gebunden und oft mit Sahne verfeinert.

Kaltschalen bestehen vorwiegend aus Früchten oder Milchprodukten. Fruchtkaltschalen werden entweder mit Stärkemehl, Sago oder Tapioka gebunden, Kaltschalen aus Milchprodukten mit Eigelb oder ungebunden (Buttermilch- oder Joghurtkaltschalen) serviert.

SUPPENGRUNDLAGEN

Die Grundlagen aller Suppen sind Brühen, die aus Fleisch, Geflügel, Wild, Gemüse, Fisch und Krustentieren oder deren Knochen, Gräten und Krusten zubereitet werden.

Knochen
Rinderknochen. Es sollten möglichst Keulenknochen, Roastbeef-, Gelenk- und Röhrenknochen verwendet werden.
Kalbsknochen besitzen von allen Knochenarten den höchsten Knorpelanteil. Deshalb geliert diese Brühe besonders gut.
Knochen von anderen Tieren wie Lamm, Schwein, Wild, Kaninchen und Geflügel sind zur Zubereitung von Brühen, Saucen und Suppen gut geeignet.

Suppenhühner
Sie geben Brühen einen besonders kräftigen Geschmack. Ältere Hühner, deren Legeleistung nachläßt und deren Fleisch trocken ist, werden meist als Suppenhühner verarbeitet.

Krustentiere
Hummer, Krebse, Langusten, Scampi und Taschenkrebse werden für Brühen bevorzugt. Dafür müssen nicht unbedingt die ganzen Tiere verarbeitet werden. Hierfür reichen im allgemeinen die Krusten, ob roh oder gekocht, nur frisch müssen sie sein. Fragen Sie Ihren Händler nach Hummer- oder Langustenbruch. Das sind roh eingefrorene Hummer oder Langusten, die nicht rechtzeitig verkauft werden konnten. Diese roh eingefrorenen Krustentiere werden meistens billiger angeboten und sind sehr ergiebig, deshalb eignen sie sich gut als Grundlage für eine kräftige Brühe.

KLÄRFLEISCH

Grobgeschrotetes, mageres, sehnenreiches Rindfleisch, vorzugsweise aus der Rinderhesse, oder einfach Tatar, wird zum Klären von Brühen verwendet. Klärfleisch in Verbindung mit rohem Eiweiß umschließt die Trübstoffe in der Brühe, so daß eine klare Bouillon entsteht. Damit die Bouillon ihren kräftigen Geschmack nicht einbüßt, muß neben Klärfleisch und Eiweiß noch kleingehacktes Gemüse zugesetzt werden. Alternativ zu Rindfleisch kann man auch Wildklärfleisch, fettarme Wildfleischreste und Sehnen, oder Fischklärfleisch, magere Fischreste (also auf keinen Fall Reste von Aal oder Lachs), verwenden.

SUPPENEINLAGEN

Der Phantasie sind hier keine Grenzen gesetzt:
Klößchen können aus Fleisch, Geflügel, Leber, Fisch, Meeresfrüchten und Wild, aus Rindermark oder Getreide zubereitet werden.
Die unterschiedlichsten **Nudeln** oder **Reis** und Pfannkuchenstreifen (Flädle), oder einfach **Fleischstreifen** geben jeder Bouillon ein anderes Aussehen.
Gemüse kann in Würfel, Streifen oder Blättchen geschnitten werden.
Eier können als Eierstich oder Eiereinlauf verwendet werden.
In Schal- und Krustentiersuppen sollte man das Fleisch von Austern, Muscheln und Krustentieren geben.

BINDEMITTEL

Stärkemehl wird zum Binden von Saucen, Suppen, Kaltschalen und Süßspeisen verwendet. Bei richtiger Anwendung und entsprechender Kochzeit wird Stärkemehl – im Gegensatz zu Mehl – ganz klar. Stärkemehl bindet Suppen aufgrund seines hohen Stärkegehalts.
Sago wird aus dem Mark der asiatischen Sagopalme gewonnen. Es sind kleine weiße Kugeln, die beim Kochen durchsichtig und gallertartig werden. Sago wird zum Binden von Kraftbrühen, Kaltschalen und für Süßspeisen verwendet.
Tapioka ist ein aus Südamerika stammendes Produkt. Tapioka wird aus der Maniokpflanze gewonnen und wird wie Sago verarbeitet.
Reismehl ist schneeweiß und bietet sich vor allem zum Binden von Samtsuppen an. Reismehl enthält reichlich Stärke, aber sehr wenig Kleber. Zum Backen ist es darum nicht geeignet. Nur sehr begrenzt lagerfähig.

BRÜHEN SELBERMACHEN

Auf den ersten Blick mag es zwar aufwendig erscheinen, Brühen selber zu machen, doch tatsächlich ist der Aufwand nicht so groß und das Ergebnis unschlagbar. Geschmack und Zusammensetzung einer selbstgemachten Brühe übertreffen in der Regel die Fertigprodukte, wie Brühwürfel, gekörnte Brühe und Brühe aus dem Glas.

Brühen von guter Qualität gelieren im kalten Zustand und können einige Wochen kühl aufbewahrt werden, wenn sie kochendheiß in Gläser gefüllt und sofort verschlossen werden. Wäßrige Brühen sind dagegen von minderer Qualität, ihnen fehlt Kraft und Aroma, ihre Haltbarkeit ist begrenzt.

Beim Einfrieren verlieren Brühen oft an Aroma.

RINDERBRÜHE ZUBEREITEN

Diese Grundbrühe wird für die Zubereitung von Kraftbrühen, Suppen und Eintöpfen verwendet.

1. Rinderknochen und ein Stück Rindfleisch in einem großen Topf, mit kaltem Wasser bedeckt, schnell zum Kochen bringen.

2. Die Hitzezufuhr drosseln und unter dem Siedepunkt halten. Ab und zu den Schaum von der Oberfläche entfernen.

3. Das Suppengrün (Porree, Möhre, Sellerie) und Gewürze (Knoblauch, Thymian, Pfefferkörner und Petersilienstiele) zufügen.

4. Nach 1½–2 Stunden ist das Fleisch gar und kann aus der Brühe genommen werden. Wenn das Rindfleisch nicht als Einlage verwendet wird, sollte man es anderweitig verwenden.

5. Die Brühe nach 2–3 Stunden durch ein feines Sieb gießen.

6. Nachdem die Brühe abgekühlt ist, das Fett mit der Schöpfkelle oder einem Suppenlöffel von der Oberfläche abschöpfen. Wenn die Brühe während der Kochzeit regelmäßig abgeschäumt und die Temperatur immer unter dem Siedepunkt gehalten wird, bleibt sie schön klar. Man kann die Flüssigkeit, die durch das Abschöpfen verlorengeht, immer wieder durch Wasser ersetzen.

2.

3.

4.

5.

1.

(image with "6." label)

6.

RINDFLEISCH-SUPPE MIT KRÄUTERFLÄDLE

FÜR 4 PERSONEN ■
Zubereitungszeit: 1 Stunde
Pro Portion: 215 kcal
13 g E, 12 g F, 13 g K

1½ l klare Rindfleischbrühe (selbstgemacht oder aus Extrakt)

KRÄUTERFLÄDLE
60 g Mehl
1 Prise Salz
4 Eier
⅛ l Milch
1 EL zerlassene Butter
2 EL feingewiegte Kräuter (Dill, Kerbel, Petersilie, einige Blättchen Estragon)
Butter und Öl zum Braten

1. Die Fleischbrühe erhitzen und zur Seite stellen.
2. Für die Flädle Mehl und Salz in eine Schüssel geben und mit den Eiern verrühren. Die Milch unter

Die Milch langsam und gleichmäßig unter die Mehl-Eier-Masse rühren.

In einer beschichteten Pfanne sehr wenig von dem Kräuterteig verteilen.

TIP *Die Flädle werden besonders zart, wenn man den Teig 1 Stunde ausquellen läßt, bevor die Flädle gebacken werden.*

Weiterrühren hinzufügen und zum Schluß die flüssige Butter zugeben. Den Teig mindestens 20 Minuten stehen lassen. Die Kräuter erst vor dem Braten der Flädle wiegen und an den Teig geben.
3. In einer beschichteten Pfanne Fett erhitzen und wenig Teig hineingießen. Den Teig unter Schwenken der Pfanne nach allen Seiten verteilen und von beiden Seiten goldgelb braten. Aufrollen und in Streifen schneiden.
4. Die Rindfleischbrühe erneut erhitzen und die Flädle kurz vor dem Servieren einige Minuten zum Aufwärmen hineingeben.

Den hauchdünnen Pfannkuchen in der Pfanne schwenken, damit er nicht anhaftet.

Den gebackenen Fladen aufrollen und in Streifen schneiden.

SUPPEN KLÄREN

Neben Klärfleisch benötigt man Gemüse wie Möhren, Porree und Sellerie. Pfefferkörner, Wacholderbeeren, Estragon, Salbei, Rosmarin, Thymian und Knoblauch sollten nicht fehlen, denn sie unterstreichen den Charakter und den Geschmack jeder Kraftbrühe, dürfen ihn aber nicht übertönen. Das Aroma von Geflügel- und Wildkraftbrühen wird durch die Zugabe angerösteter, abgetropfter, erkalteter Geflügel- oder Wildknochen unterstrichen.

Zum Klären von 1,5 l Brühe benötigt man:

● 200 g grobgeschrotetes Klärfleisch vom Rind, Wild oder Fisch, je nach Art der Kraftbrühe.

● 80–100 g Gemüsewürfel (Möhren, Porree und Sellerie).

● 1 Hühnereiweiß genügt vollkommen. Zuviel Eiweiß beeinträchtigt den Geschmack der Kraftbrühe.

● Für den Kläransatz braucht man 4–6 Eßlöffel Wasser, zum Auffüllen ca. 1,5 l Brühe.

● Bei Geflügel- oder Wildkraftbrühe gibt man noch ca. 400 g angeröstete Geflügel- oder Wildknochen hinzu.

Darauf kommt es bei der Zubereitung einer Kraftbrühe an:

● Das verwendete Geschirr und das Klärfleisch müssen fettfrei sein. Fett beeinträchtigt den Klärvorgang.

● Die zum Auffüllen verwendeten Brühen dürfen nicht milchig sein.

● Die Kraftbrühe nur bis kurz vor dem Kochen ständig mit einem Metallspachtel umrühren, damit das Eiweiß nicht so schnell bindet und am Boden anbrennen kann.

● Nach dem Aufkochen unbedingt die Hitze reduzieren. Die Kraftbrühe unter dem Siedepunkt halten, auf keinen Fall mehr umrühren.

● Den Schaum ständig von der Oberfläche entfernen. Er enthält Fett- und Schmutzteilchen.

Wird die Brühe nicht klar, dann sollten Sie die Brühe passieren und abkühlen lassen. Einen neuen Kläransatz vorbereiten und die Brühe nochmals klären. Den Anteil an Hühnereiweiß auf keinen Fall erhöhen, denn auch Eiweiß kann trüben. Nicht fettfreies Geschirr oder nicht ganz einwandfreie Zutaten können dazu führen, daß die Kraftbrühe nicht klar wird.

RINDERKRAFT-BRÜHE ZUBEREITEN

1. Das fettfreie Rindfleisch durch die gröbste Scheibe des Fleischwolfes treiben oder Tatar kaufen.

2. Möhre, Porree und Sellerie putzen, sorgfältig waschen und in etwa ½ cm große Würfel schneiden.

3. Klärfleisch und Gemüse mit einigen zerdrückten Pfefferkörnern, Knoblauchzehe, Petersilienstiele und wenig Hühnereiweiß zufügen.

4. Diese Zutaten unter Zugabe von einigen Eßlöffeln kaltem Wasser zu einer kompakten Masse verkneten.

5. Mit der kalten Brühe auffüllen und unter ständigem Rühren mit einem Metallspachtel zum Kochen bringen.

6. Die Hitze drosseln, den Schaum von der Oberfläche sorgfältig entfernen. Die Kraftbrühe etwa 2 Stunden ziehen lassen, nicht mehr rühren. Verdunstet zuviel Flüssigkeit, etwas kaltes Wasser zufügen.

7. Die Kraftbrühe sorgfältig durch ein feines Tuch passieren.

8. Das Fett auf der Oberfläche mit einer Filtertüte oder einem Löschblatt entfernen und die Kraft-brühe mit Salz, Pfeffer und Muskatnuß abschmecken. Die doppelte Kraftbrühe ist der normalen Kraftbrühe sehr ähnlich. Bei ihr wird lediglich der Anteil an Klärfleisch verdoppelt. Oft braucht die doppelte Kraftbrühe nicht einmal gewürzt zu werden, da sie durch das Klärfleisch sehr aromatisch wird. Eine Kraftbrühe schmeckt daher nicht nur warm, sondern vor allem im Sommer auch kalt. Dafür sollte sie allerdings leicht gelieren. Dies erreicht man, indem man den Klärfleischanteil erhöht und Fleisch aus der Rinderhesse verwendet. Dieses Fleisch enthält viel Knorpel, die in kaltem Zustand die Kraftbrühe gelieren lassen.

4.

5.

1.

6.

2.

7.

3.

8.

GEFLÜGELBRÜHE ZUBEREITEN

Eine Grundbrühe für Kraftbrühen, Suppen, Saucen und Eintöpfe.

1. Geflügelklein und ein großes Suppenhuhn mit warmem Wasser bedecken und zugedeckt schnell zum Kochen bringen.
2. Die Temperatur der Geflügelbrühe immer unter dem Siedepunkt halten, damit sie nicht trüb wird. Die Oberfläche ab und zu abschäumen und entfetten.
3. Erst nach ca. 2 Stunden Kochzeit das Gemüse (Porree, Möhren, Sellerie), die Gewürze und Kräuter (Knoblauchzehe, weiße Pfefferkörner, Thymianzweig, Petersilienstiele) zufügen.
4. Die Brühe noch etwa 1 weitere Stunde am Siedepunkt halten.
5. Das weiche Huhn rechtzeitig, am besten mit einer Schaumkelle, aus der Brühe nehmen und kalt abschrecken. Das Geflügelklein ebenfalls aus der Brühe nehmen.
6. Die Geflügelbrühe durch ein feines Tuch passieren. Anschließend sorgfältig entfetten und abkühlen lassen.
Wird das Hühnerfleisch und das Hühnerklein nicht als Einlage für die Suppe benötigt, kann es für andere Zubereitungen verwendet werden. Zum Beispiel für Ragout oder einen Geflügelsalat.

1.

2.

3.

4.

5.

6.

HÜHNERSUPPE MIT GRIESS-NOCKERLN

FÜR 4 PERSONEN ■ ■
Zubereitungszeit:
3 Stunden
Pro Portion: 835 kcal
52 g E, 60 g F, 22 g K

1 Suppenhuhn mit Hühnerklein
2 l Wasser
Salz
2 Möhren
1 Petersilienwurzel
1 Stange Porree
1 Stück Sellerieknolle
1 kleine Zwiebel
etwas frischgeriebene Muskatnuß

GRIESSNOCKERLN
40 g weiche Butter
Salz
frischgeriebene Muskatnuß
2 Eier
100 g Hartweizengrieß
2 EL feingehackte Petersilie

1. Das Huhn und das Hühnerklein waschen. In einen großen Topf (ohne die Leber) geben, mit dem kalten Wasser und Salz sowie dem geputzten Gemüse zum Kochen bringen. Das Huhn in 2–3 Stunden bei leichter Hitze langsam weich kochen. Kurz vor Ende der Garzeit die Leber hinzugeben.
2. Das Huhn aus der Brühe nehmen, das Fleisch von den Knochen lösen, enthäuten und in Streifen schneiden. Die Brühe durch ein Sieb gießen und eventuell entfetten.
3. Für die Grießnockerln die weiche Butter schaumig rühren, Salz und Muskat hinzufügen. Nacheinander die Eier mit der Butter verrühren. Zum Schluß den Grieß langsam unterrühren. Den Nockerlteig etwa 15 Minuten ruhen lassen.
4. Die Hühnerbrühe zum Kochen bringen. Mit zwei nassen Löffeln ein Probenockerl von dem Teig abstechen und in die Suppe geben. Wenn das Nockerl

Das ganze Huhn mit dem geputzten Gemüse und dem Hühnerklein weich kochen.

Den Grieß unter die schaumig geschlagene Butter-Eier-Masse rühren.

Mit zwei feuchten Löffeln die Nockerln formen und in die kochende Hühnerbrühe geben.

zu hart wird, noch etwas Wasser an den Teig geben. Ist es dagegen zu weich, noch etwas Grieß hinzufügen. Die Nockerln abstechen, portionsweise in die kochende Brühe geben und in 15–20 Minuten bei leichter Hitze gar ziehen lassen. Die Nockerln nehmen an Umfang sehr zu, also nicht zu dicht nebeneinander legen.
5. Das Hühnerfleisch wieder in die Brühe geben und kurz durchwärmen. Die Petersilie einstreuen und die Suppe servieren.

OCHSEN-SCHWANZSUPPE

FÜR 4 PERSONEN ■ ■
Zubereitungszeit:
3 Stunden 30 Minuten
Pro Portion: 565 kcal
44 g E, 31 g F, 5 g K

ca. 1 kg Ochsenschwanz in
dicken Scheiben
Salz
schwarzer Pfeffer aus der
Mühle
1 Stange Porree
2 Möhren
2 Zwiebeln
3 EL Öl
1 Kräutersträußchen
(½ Lorbeerblatt, 2 Zweige
Thymian, 2 Stengel Peter-
silie)
1½ l Fleischbrühe (aus
Extrakt) oder Wasser
0,4 l Rotwein
4 cl Sherry oder Madeira

Frisches Gemüse und Ochsen-
schwanzstücke sind die Hauptzutaten dieser Suppe.

Nachdem die Fleischstücke an-
gebraten sind, das kleingeschnittene Gemüse zufügen.

Sago ist ein Pflanzenprodukt,
das aus dem Mark der Sagopalme gewonnen wird.

1. Die Ochsenschwanz-
stücke von allem anhän-
genden Fett befreien,
dann waschen, trocken-
tupfen und mit Salz und
Pfeffer einreiben. Das Gemüse putzen und in Strei-
fen schneiden.
2. Das Öl in einem gro-
ßen Topf erhitzen und die
Fleischstücke darin von allen Seiten anbraten. Das
Gemüse hinzufügen und
kurz mit durchschmoren.
Mit Brühe oder Wasser
und dem Wein aufgießen
und das Kräutersträuß-
chen hinzufügen.
3. Den Topf fest mit ei-
nem Deckel verschließen
und das Fleisch langsam
zugedeckt auf dem Herd

> ## TIP
> Man kann et-
> was Sago mitkochen,
> damit die Suppe
> leicht sämig wird.

oder im vorgeheizten
Backofen bei 190°C in et-
wa 3 Stunden gar schmo-
ren. Dann den Sherry oder
Madeira unter die Ochsen-
schwanzsuppe rühren.

4. Die Brühe durch ein
Sieb gießen und gründlich
entfetten. Das Fleisch von
den Knochen lösen und in
die Brühe geben. Wenn
nötig, mit Salz und Pfeffer
abschmecken und in einer
Terrine anrichten.

KLARE FISCH-SAFRAN-SUPPE MIT KRÄUTERBROT

FÜR 4 PERSONEN ■ ■
Zubereitungszeit:
1 Stunde 30 Minuten
Pro Portion: 570 kcal
6 g E, 40 g F, 31 g K

SUPPE
500 g Fischabfälle von
Mittelmeerfischen (Köpfe,
Gräten, Flossen)
1 Zwiebel
1 Knoblauchzehe
3 EL Olivenöl
4 vollreife Tomaten
1 Zweig Thymian
½ TL Fenchelsamen
weißer Pfeffer aus der
Mühle
Meersalz in ganzen Körnern
¼ l trockener Weißwein
4 cl Noilly Prat (trockener
französischer Wermut)
1 l Wasser
2 g Safranfäden

KRÄUTERBROT
250 g Vollkornbrot am Stück
1 rote Chilischote
1 rote Paprikaschote
2 Knoblauchzehen
⅛ l Olivenöl
1 EL gehackte Basilikum-
blätter
1 EL gehackte Petersilie
Salz
weißer Pfeffer aus der
Mühle

1. Für die Suppe die
Fischabfälle waschen und
in einem Sieb abtropfen
lassen.
2. Zwiebel und Knob-
lauch schälen und fein
hacken. In einem großen
Kochtopf das Olivenöl er-
hitzen und die Zwiebel-
und Knoblauchwürfel so-
wie die Fischabfälle darin
anschwitzen. Die gewa-
schenen, kleingeschnitte-
nen Tomaten dazugeben
und kurz mit andünsten.
Die Kräuter und Gewürze
dazugeben und mit Wein,
Wermut und Wasser auf-
gießen. Zum Kochen brin-
gen und bei schwacher
Hitze 1 Stunde köcheln
lassen.
3. Das Vollkornbrot ent-

Die Fischsuppe aufkochen, da-
nach bei schwacher Hitze garen.

Die Paprika-Chili-Paste nach
dem Pürieren durch ein Haarsieb streichen und würzen.

rinden und dann in dün-
ne, gleichmäßige Schei-
ben schneiden.
4. Für die Kräuterpaste
Chili und Paprika wa-
schen, halbieren und von
Stengelansätzen und Sa-
menkernen befreien. Die
Schotenhälften wie die geschälten Knoblauchzehen
in kleine Stücke schneiden
und zusammen mit dem
Olivenöl mit dem Stabmi-
xer fein pürieren. Dann die
Paste durch ein Sieb streichen, die Kräuter untermischen und mit Salz und
Pfeffer würzen.
5. Die Fischsuppe vor-
sichtig durch ein mit
Mulltuch ausgelegtes Sieb
gießen. Die Brühe erneut
zum Kochen bringen, den
Safran dazugeben und die
Fisch-Safran-Suppe ca. 5
Minuten bei schwacher
Hitze ziehen lassen.
6. Inzwischen die Brot-
scheiben toasten und mit
der Paste bestreichen.
Die Brühe in vorgewärmte
Suppenteller oder in Sup-
pentassen füllen und die
Kräuterbrote dazu reichen.

LINSENSUPPE MIT KASSELER

FÜR 4 PERSONEN ■
Zubereitungszeit:
1 Stunde 30 Minuten
Pro Portion: 545 kcal
37 g E, 29 g F, 32 g K

1 Zwiebel
1 Petersilienwurzel
50 g durchwachsener Speck
1 Bund Suppengrün
1 EL Öl
250 g Linsen
2 l Wasser
8 cl Rotwein
1 Lorbeerblatt
1 Stengel Thymian
500 g Kasseler mit Knochen
Salz
schwarzer Pfeffer aus der
Mühle

Zwiebel, Petersilienwurzel, Suppengrün und Speck geben der Suppe das kräftige Aroma.

Das Gemüse nacheinander in kleine Würfel oder Streifen schneiden.

1. Die Zwiebel und die Petersilienwurzel schälen und wie den Speck in Würfel schneiden. Das Suppengrün putzen und in Streifen schneiden.

TIP *Nur Linsen aus frischer Ernte können direkt gekocht werden, ältere Linsen weicht man besser am Vorabend ein. Man kann die Suppe noch mit etwas Sahne verfeinern.*

Das Gemüse zusammen mit dem Speck und den Linsen weich garen.

2. Das Öl in einem Schmortopf erhitzen und die Speckwürfel darin glasig braten. Zwiebel- und Petersilienwurzelwürfel und das Suppengrün hinzufügen und in dem Fett kurz anrösten. Die Linsen, das Wasser, den Rotwein, die Gewürze und das Kasseler hinzufügen und bei leichter Hitze zugedeckt in 45–60 Minuten gar kochen lassen. Die Linsen sollen innen weich sein, dürfen aber nicht platzen.
3. Das Kasseler herausnehmen, vom Knochen lösen und das Fleisch in 4 Scheiben oder in Würfel schneiden. Die Suppe mit Salz und Pfeffer abschmecken, auf Teller füllen und in jeden Teller eine Scheibe oder Würfel vom Kasseler geben.

PICHELSTEINER EINTOPF

FÜR 4 PERSONEN ■ ■
Zubereitungszeit:
ca. 2 Stunden 30 Minuten
Pro Portion: 375 kcal
47 g E, 9 g F, 26 g K

250 g Rindfleisch (Brust)
250 g Kalbfleisch (Brust)
250 g Schweinefleisch (Halsgrat)
2 große Markknochen
400 g Kartoffeln
1 kleine Sellerieknolle
2 große Zwiebeln
4 Möhren
2 Petersilienwurzeln
1 Stange Porree
1 kleiner Wirsing (300 g)
2 EL Öl
Salz
schwarzer Pfeffer aus der
Mühle
1 TL Kümmel
½ l Fleischbrühe (aus Extrakt)
2 EL gehackte Petersilie

Mehrere Fleisch- und Gemüsesorten verleihen dem Eintopf den typischen Geschmack.

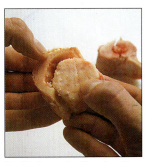
Das Mark aus den Knochen lösen und vorsichtig in Scheiben schneiden.

1. Fleisch in große Würfel schneiden. Das Mark auslösen und in Scheiben schneiden. Kartoffeln, Sellerie und Zwiebeln schälen und in Würfel schneiden. Die Möhren und die Petersilienwurzel schaben und in Scheiben schneiden, den Porree waschen und gleichfalls in Scheiben schneiden. Den Wirsing

Fleisch, Gemüse und Gewürze in einen Topf schichten, die Markscheiben darauf legen.

TIP *Nach Geschmack kann man das Kalbfleisch durch Lammfleisch ersetzen, dann wird der Eintopf kräftiger im Geschmack.*

vierteln, den Strunk keilförmig herausschneiden und den Kohl in nicht zu feine Streifen schneiden.
2. Das Öl in einem großen Topf erhitzen und die Fleischwürfel darin braun anbraten. Herausnehmen und warmstellen. Die Hälfte der Markscheiben auf den Topfboden legen. Schichtweise abwechselnd darauf Fleisch, Kartoffeln und Gemüse geben. Jede Lage mit Salz, Pfeffer und Kümmel würzen. Als Abschluß die restlichen Markscheiben daraufsetzen. Die Fleischbrühe darübergießen und den Topf gut verschließen. Den Pichelsteiner Eintopf auf dem Herd oder in der Mitte des Backofens bei 180°C in 1½–2 Stunden gar dünsten. Mit Petersilie bestreut auftragen.
Getränkeempfehlung: Bier

PÜREESUPPE ZUBEREITEN

Für Püreesuppen können sehr gut die in der Küche anfallenden rohen oder gekochten Reste von Gemüsen, Kartoffeln, gekochtem Reis bzw. Getreide und Hülsenfrüchten verwendet werden. Mit reichlich gehackten Kräutern gewürzt braucht man weniger Salz.

Nicht alle Püreesuppen müssen mit Mehl oder Getreideflocken gebunden werden. Bei Püreesuppen aus Gemüse oder Kartoffeln sollte man darauf allerdings nicht verzichten, da sich die Flüssigkeit vom Püree trennen könnte. Als Einlage verwendet man die Gemüse, die in der Suppe vorhanden sind oder geröstete Brotwürfel.

Für 1 Liter Gemüsepüreesuppe benötigt man:
1 geschälte, mittelgroße Zwiebel
1 geschälte Möhre
1 kleine Porreestange
1 kleines Stück Knollensellerie
30 g Butter
1 EL Mehl oder Getreideflocken (nach Belieben)
ca. 1 l Brühe (von Gemüse, Geflügel, Kalb oder Rind)
100 g Sahne
½ Knoblauchzehe
Salz und Pfeffer
Muskatnuß

1. Die Zwiebel und die Gemüse kleinschneiden.
2. Die Butter so lange erhitzen, bis die Molke verdampft ist. Die Butter sollte keine Farbe annehmen.
3. Das Gemüse zufügen und farblos dünsten. Mit dem Mehl bestäuben und kurz mitschwitzen lassen.
4. Mit der Brühe auffüllen, glattrühren und zum Kochen bringen. Bei schwacher Hitze ca. 20–25 Minuten leise köcheln lassen. Sahne zugeben.
5. Die Sauce mit einem Stabmixer oder im Mixer pürieren.

1.

2.

3.

4.

5.

KARTOFFELSUPPE MIT KRABBEN

FÜR 4 PERSONEN ■ ■
Zubereitungszeit: 1 Stunde
Pro Portion: 195 kcal
12 g E, 9 g F, 16 g K

1 Portion (250 g) Hühnerklein (Flügel, Hals, Magen, Herz)
1 Bund Suppengrün
1½ l Wasser
Salz
500 g Kartoffeln
2 Eigelb
1 EL Butter
1 knapper EL frische, feingehackte Ingwerwurzel
4 EL Sahne
100–150 g ausgelöste Nordseekrabben
gehackter Dill und Petersilie zum Bestreuen

1. Das Hühnerklein waschen, das Suppengrün putzen und kleinschneiden. Beides in einen Topf geben, mit dem Wasser aufgießen, salzen und zum Kochen bringen. Eine Stunde kochen lassen. Die erhaltene Hühnerbrühe durch ein Sieb gießen und wieder in den Topf geben.
2. Die Kartoffeln schälen, in Würfel schneiden und in die Brühe geben. In 25 Minuten gar kochen. Die Suppe durch ein Sieb streichen oder mit dem Stabmixer pürieren. Aufkochen lassen, dann vom Herd nehmen und mit den Eigelben legieren.
3. Die Butter in einer kleinen Pfanne erhitzen und den Ingwer kurz darin andünsten. Mit der Sahne aufgießen und durchkochen lassen. Die Krabben in der Sahne nur erwärmen, aber nicht kochen lassen.
4. Die Suppe in Suppentassen füllen, jeweils 2 Eßlöffel Krabbensahne in die Mitte geben und mit Dill und Petersilie bestreuen.

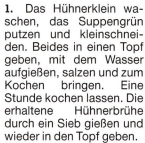

Hühnerklein zusammen mit Suppengrün eine Stunde in Wasser kochen.

Frische Nordseekrabben eignen sich am besten für die Krabbensahne.

Die Krabben in der mit Ingwer gewürzten Sahne nur kurz erwärmen.

Jeweils zwei Eßlöffel von der Krabbensahne auf jeder Portion verteilen.

SAUERAMPFERSUPPE MIT WACHTELEI

FÜR 4 PERSONEN ∎
Zubereitungszeit:
25 Minuten
Pro Portion: 125 kcal
4 g E, 11 g F, 3 g K

2 EL Butter
2 Schalotten, fein gehackt
250 g Sauerampfer
¾ l Hühnerbrühe (aus
Extrakt)
Salz
weißer Pfeffer aus der
Mühle
4 EL Crème fraîche
1 TL Worcestersauce
4 Wachteleier

1. Die Hälfte der Butter in einem Topf erhitzen und die Schalottenwürfel darin glasig dünsten.
2. Den Sauerampfer von den Stielen befreien, waschen, abtropfen lassen und 8 kleine Blättchen bei-

Die groben Mittelspitzen herzförmig aus den Sauerampferblättern ausschneiden.

Sauerampferblätter grob hakken und zu den glasig gedünsteten Zwiebeln geben.

Mit einem Schneebesen Crème fraîche unter die pürierte Suppe rühren.

Butter in einer beschichteten Pfanne zerlassen und die Wachteleier darin braten.

> **TIP** *Anstelle des Sauerampfers können Sie Blattspinat verwenden.*

seite legen. Die restlichen kurz in Salzwasser blanchieren, eiskalt abschrekken und gut ausdrücken. Grob hacken und zu den Schalotten geben.
3. Mit der Hühnerbrühe aufgießen, salzen, pfeffern und 10 Minuten köcheln lassen. Anschließend im Mixer oder mit einem Stabmixer pürieren, die Crème fraîche unterrühren, aufkochen und dann mit Worcestersauce abschmecken.
4. Die restliche Butter in einer beschichteten Pfanne erhitzen, die Wachteleier aufschlagen und darin braten.
5. Die Suppe auf Teller verteilen, je 2 Sauerampferblättchen und ein Spiegelei in die Mitte geben.

SUPPE MIT BLÄTTERTEIGHAUBE ÜBERBACKEN

Vor allem mit tiefgefrorenem Blätterteig läßt sich schnell eine Brühe mit einer Haube überbacken. Für 6 Suppentassen rechnet man etwa 500 g Blätterteig.
1. Die klare Brühe in feuerfeste Suppentassen füllen. 2 Eigelbe mit etwas Milch verquirlen und beiseite stellen.
2. Den Blätterteig etwa 3 mm dick ausrollen und 6 Kreise ausschneiden, die 4 cm größer als die Suppentassen sein sollten.
3. Den oberen Rand jeder Suppentasse mit Eiermilch einpinseln.
4. Auf jede Tasse einen Teigdeckel setzen, aber nicht zu straff. Rundherum gut andrücken.
5. Die Oberfläche mit der Eiermilch einpinseln.
6. Wer möchte, kann den Teigdeckel nach Belieben verzieren.
7. Die Tassen mit dem Blätterteig im Backofen auf mittlerer Schiene ca. 15 Minuten überbacken.

3.

4.

5.

1.

2.

6.

7.

ITALIENISCHE MINESTRONE
Minestrone di verdura

FÜR 4 PERSONEN ■ ■ ■

Zubereitungszeit:
ca. 3 Stunden
Einweichzeit: über Nacht
Pro Portion: 665 kcal
25 g E, 29 g F, 76 g K

150 g weiße oder rote
Trockenbohnen
100 g durchwachsener
Räucherspeck oder frischer
Bauchspeck
2 Stengel Staudensellerie
2 Möhren
2 kleine Zucchini
3 mehligkochende
Kartoffeln
1 mittelgroße Zwiebel
250 g Tomaten
5 Stengel Petersilie
1 Knoblauchzehe
¼ Kopf Wirsingkohl
einige Blättchen Basilikum
und Salbei
100 g kleine, zarte Brechbohnen
300 g frische, junge Erbsen
oder 1 Fenchelknolle
4 EL Olivenöl
150 g Spaghetti, Hörnchen-
nudeln oder Reis
Salz
frischgeriebener Parmesan
zum Bestreuen

1. Die Trockenbohnen
am Vortag in kaltem Was-
ser einweichen und am
nächsten Tag mit Wasser
bedeckt gar kochen. Dann
abgießen.
2. Den Speck in Würfel,
geschälten Sellerie und
Möhren in Streifen schneiden. Zucchini, geschälte
Kartoffeln und Zwiebel
ebenfalls in Würfel schneiden. Die Tomaten über-
brühen, häuten und in
Stücke schneiden, dabei
das harte gelbe Mark zu-
rücklassen. Petersilie und
geschälte Knoblauchzehe
fein hacken. Wirsingkohl
und große Basilikumblät-
ter und Salbei in Streifen
schneiden. Die Brechboh-
nen putzen, ein- bis zweimal brechen, Erbsen ent-
hülsen oder Fenchel in feine Streifen schneiden.

Die Bohnen über Nacht in
kaltem Wasser einweichen.

Möhren, Brechbohnen, Toma-
ten, Zucchini, Staudensellerie
und Knoblauch sind wichtige
Zutaten für die Minestrone.

3. Das Olivenöl in einem
hohen Topf mit Speckwür-
feln, Zwiebeln, Knoblauch
und Petersilie erhitzen.
Basilikum und Salbei hin-
zufügen und 5 Minuten rö-
sten lassen. Das Gemüse,
ohne Tomaten, Brechboh-
nen und Erbsen, in das
Öl geben, mit 2½ l Was-
ser aufgießen und salzen.
Die gekochten Bohnen
hinzufügen und zugedeckt
1½ Stunden kochen las-
sen. Tomatenstücke und
Brechbohnen hinzufügen
und eine weitere halbe
Stunde kochen lassen.
Dann Nudeln oder Reis so-
wie die jungen Erbsen an
die Suppe geben. Nach
weiteren 20 Minuten Koch-
zeit die Suppe mit Salz abschmecken. In Suppentel-
lern servieren und mit geriebenem Parmesan be-
streuen.

FRANZÖSISCHE GEMÜSEPÜREE-SUPPE
Potage crème de légumes

FÜR 4 PERSONEN ■

Zubereitungszeit:
50 Minuten
Pro Portion: 320 kcal
7 g E, 23 g F, 21 g K

3 Möhren
3 Kartoffeln
1 junger Kohlrabi
2 Stangen Porree
100 g Butter
1 Stengel Selleriekraut
1½ l Fleischbrühe
(aus Extrakt)
150 g ausgepalte junge
Erbsen
gehackter Kerbel zum
Bestreuen

1. Möhren, Kartoffeln
und Kohlrabi schälen und
in große Würfel oder Streifen schneiden. 2 Eßlöffel
Butter in einem Topf zer-
lassen und die Gemüse
darin anschmoren.
2. Das Selleriekraut und
die Fleischbrühe hinzufü-
gen und 30 Minuten ko-

> **TIP** *Sofern der
> Kohlrabi mit zarten
> Blättern versehen ist,
> diese hacken und
> mitverwenden. Die
> Erbsen können im
> Winter auch durch
> tiefgekühlte ersetzt
> werden.*

chen lassen. Die gewa-
schenen Erbsen hinzuge-
ben und noch 10 Minuten
weiterkochen.
3. Die Suppe durch ein
Sieb streichen oder mit
dem Stabmixer pürieren.
Die restliche Butter vor
dem Auftragen in Flöck-
chen unterrühren und die
cremige Suppe mit feinge-
hacktem Kerbel bestreuen.
Sofort in Teller füllen und
servieren.

KARTOFFEL-PORREE-SUPPE
Potage aux poireaux et aux pommes de terre

FÜR 4 PERSONEN ■

Zubereitungszeit: 1 Stunde
Pro Portion: 310 kcal
6 g E, 22 g F, 22 g K

4 mittelgroße Stangen
Porree
5 mittelgroße Kartoffeln
50 g Butter
1½ l Fleischbrühe
(aus Extrakt)
125 g Sahne
Salz
weißer Pfeffer aus der Mühle

1. Den Porree gründlich
waschen und in fingerbreite Stücke schneiden, die
Kartoffeln schälen und in
Würfel schneiden.

> **TIP** *Mit Zusatz
> von einer kleinen
> Handvoll Saueramp-
> fer, in Streifen ge-
> schnitten und in But-
> ter gedünstet, erhält
> man eine Potage san-
> té – eine weitere vor-
> zügliche Suppe.*

2. Die Butter in einem
Schmortopf zerlassen und
den Porree darin leicht anrösten, bis er beginnt, glasig zu werden. Die Kartoffeln hinzugeben und wei-
tere 5 Minuten unter Rüh-
ren andünsten. Mit der
Fleischbrühe aufgießen. 40
Minuten kochen lassen.
3. Die Suppe durch ein
Sieb passieren oder mit einem kleinen Teil der Flüssigkeit in der Küchenma-
schine pürieren. Dabei
aufpassen, daß der Porree
nicht streifig bleibt.
4. Die Suppe zurück in
den Topf geben, mit der
Sahne verrühren und auf-
kochen lassen. Herzhaft
abschmecken.
Beilage: geröstete Baguette

KARTOFFELSUPPE MIT BRUNNENKRESSE

FÜR 2 PERSONEN ■
Zubereitungszeit:
30 Minuten
Pro Portion: 155 kcal
3 g E, 9 g F, 15 g K

200 g mehligkochende Kartoffeln
1 Bund Brunnenkresse
1 Schalotte
20 g Butter
weißer Pfeffer aus der Mühle
0,4 l Hühnerbrühe (selbstgemacht oder aus Extrakt)

1. Die Kartoffeln schälen, waschen und würfeln.
2. Die Brunnenkresse waschen, putzen, dabei dicke Stiele entfernen. Einige Blattkrönchen, evtl. mit Blüte, beiseite legen. Die restlichen Blätter grob hacken.
3. Die Schalotte schälen

Die Brunnenkresse waschen, putzen und die Blättchen kleinhacken.

und in Würfel schneiden.
4. Die Butter in einem Topf erhitzen und die Schalottenwürfel darin anschwitzen. Die Kartoffeln und die Hälfte der Kresse hinzufügen, anbraten, salzen und pfeffern.
5. Die Hühnerbrühe aufgießen und etwa 15 Minuten kochen lassen. Die restliche Kresse dazugeben und in weiteren 5 Minuten fertigkochen.
6. Die Suppe mit dem Stabmixer oder im Mixer fein pürieren und mit den Kresseblättern bestreuen.

KOHLRABISUPPE MIT BRATSPÄTZLE

FÜR 4 PERSONEN ■ ■
Zubereitungszeit:
45 Minuten
Pro Portion: 245 kcal
8 g E, 16 g F, 7 g K

2 mittelgroße Kohlrabi (ca. 300 g)
1 Zwiebel
20 g Butter
Salz
weißer Pfeffer aus der Mühle
frischgeriebene Muskatnuß
¾ l Kalbsbrühe (selbstgemacht oder aus Extrakt)
¼ l Wein

BRATSPÄTZLE
150 g Kalbsbrät
1 kleines Ei
1 TL Semmelbrösel
Salz
weißer Pfeffer aus der Mühle
1 TL gehackte Petersilie
etwas abgeriebene Schale von ½ unbehandelten Zitrone

1. Die Kohlrabiknollen schälen, dabei die inneren zarten Blätter aufbewahren. Die Kohlrabi erst in Scheiben, dann in schmale Stifte schneiden.
2. Die Zwiebel schälen und fein hacken. Die Butter in einem Kochtopf erhitzen und die Zwiebelwürfel darin glasig braten.
3. Die Kohlrabistifte dazugeben und kurz anschwitzen. Mit Salz, Pfeffer und Muskat würzen und mit Brühe und Wein aufgießen. Zugedeckt in etwa 15 Minuten weichkochen.
4. Für die Bratspätzle das Brät mit dem Ei verrühren, die Semmelbrösel hinzufügen und alles zu einem weichen, glatten Teig verrühren. Mit Salz und Pfeffer würzen und die Petersilie sowie die Zitronenschale hinzufügen.
5. Die Hälfte der Kohlrabisuppe mit einem Stabmixer oder im Mixer fein pürieren. Wieder mit der

Kohlrabi gehört zur großen Kohlfamilie. Man verzehrt den dicken Strunk.

Die Kohlrabiknollen schälen, in Scheiben schneiden und diese in Streifen teilen.

Die Hälfte der Kohlrabisuppe mit einem Stabmixer fein pürieren.

übrigen Suppe vermischen und erneut erhitzen.
6. Die Brätmasse durch ein Spätzlesieb in die heiße Suppe streichen und in wenigen Minuten gar ziehen lassen. Mit den feingehackten Kohlrabiblättern bestreut servieren.
Wenn es würziger und kalorienreicher sein kann, nehmen Sie gewürztes Bratwurstbrät für die Spätzlemasse.

SPINATSUPPE MIT KÄSECROÛTONS

FÜR 4 PERSONEN ■
Zubereitungszeit:
35 Minuten
Pro Portion: 180 kcal
8 g E, 12 g F, 10 g K

500 g frischer, junger Spinat
1 kleine Zwiebel
1 Knoblauchzehe
20 g Butter oder Margarine
Salz
weißer Pfeffer aus der Mühle
frischgeriebene Muskatnuß
½ l Kalbfleischbrühe (aus Extrakt)
¼ l fettarme Milch
2 Scheiben Toastbrot
20 g Butter
2 EL geriebener Parmesan

1. Die Spinatblätter sorgfältig verlesen, gründlich waschen und auf einem Durchschlag gut abtropfen lassen. Zwiebel und Knoblauch schälen und fein hacken.
2. Das Fett in einem großen Kochtopf erhitzen und die Zwiebel- und Knoblauchwürfel darin glasig braten. Die Spinatblätter hinzufügen und anschwitzen lassen.
3. Mit Salz, Pfeffer und Muskat würzen und mit Brühe und Milch aufgießen. Zugedeckt etwa 15 bis 20 Minuten köcheln lassen.
4. Die Spinatsuppe mit einem Stabmixer oder im Mixer fein pürieren, durch ein Sieb streichen und erneut zum Kochen bringen.
5. Die Toastbrotscheiben in kleine Würfel schneiden. Die Butter in einer beschichteten Pfanne erhitzen und die Brotwürfel darin von allen Seiten bei mittlerer Hitze goldgelb rösten. Mit Käse bestreuen und noch kurz unter ständigem Rühren mit einem Holzlöffel weiterrösten.
6. Die Suppe auf vorgewärmte Suppentassen oder Teller verteilen und mit den Käsecroûtons bestreuen.

FORELLENCREME-SUPPE

FÜR 4 PERSONEN ■
Zubereitungszeit:
20 Minuten
Pro Portion: 300 kcal
31 g E, 18 g F, 2 g K

1 EL Butter
1 mittelgroße Zwiebel, fein gehackt
6 geräucherte Forellenfilets
200 g Sahne
¾ l Fischfond (aus dem Glas)
Salz
weißer Pfeffer aus der Mühle
Zitronensaft
2 Eigelb
1 Bund Dill, gehackt

Das geschlagene Eigelb unter die nicht mehr kochende Forellencremesuppe rühren.

1. Die Butter in einem Topf erhitzen und die Zwiebelwürfel bei schwacher Hitze weich dünsten.
2. Die Forellenfilets in Stücke teilen und mit der Sahne im Mixer oder mit einem Stabmixer pürieren.
3. Das Forellenpüree mit dem Fischfond in den Topf zu den Zwiebelwürfeln geben und langsam aufkochen. Bei schwacher Hitze 5 Minuten köcheln lassen. Mit Salz, Pfeffer und Zitronensaft würzen.
4. Die Eigelbe verquirlen und in die nicht mehr kochende Suppe rühren.
5. Die Suppe mit dem Stabmixer nochmals kurz aufschäumen, den Dill einstreuen und in Tassen oder in Suppenteller füllen. Nach Belieben ein Stück Forellenfilet als Garnitur in die Suppe legen.

MEERRETTICH-CREMESUPPE MIT LACHSSTREIFEN

FÜR 4 PERSONEN ■
Zubereitungszeit:
20 Minuten
Pro Portion: 280 kcal
16 g E, 22 g F, 4 g K

1 EL Butter
1 kleine Zwiebel, fein gehackt
5 EL Meerrettich (aus dem Glas)
200 g Doppelrahmfrischkäse
1 l Gemüsebrühe (aus Extrakt)
Salz
weißer Pfeffer aus der Mühle
Zitronensaft
150 g Räucherlachs in Scheiben
1 Kästchen Kresse

1. Die Butter in einem Topf schmelzen. Die Zwiebelwürfel darin weich dünsten.
2. Den Meerrettich und den Frischkäse zufügen. Bei milder Hitze rühren, bis der Frischkäse zu schmelzen beginnt.
3. Die Gemüsebrühe dazugießen, aufkochen und alles im offenen Topf 10 Minuten köcheln lassen, dabei immer wieder mit dem Schneebesen durchrühren. Die Suppe mit Salz, Pfeffer und Zitronensaft würzen.
4. Den Räucherlachs in sehr feine Streifen schneiden.
5. Die Kresse abbrausen, die Blättchen mit der Küchenschere abschneiden und, bis auf einige Blättchen, unter die Suppe mischen.
6. Die Suppe auf Teller oder Tassen verteilen, mit den Lachsstreifen bestreuen und mit der restlichen Kresse garnieren.

SCHARFE BOHNENSUPPE MIT ZUCCHINI

FÜR 4 PERSONEN ■
Zubereitungszeit:
30 Minuten
Pro Portion: 440 kcal
29 g E, 8 g F, 63 g K

2 EL Olivenöl
1 große Zwiebel, gehackt
2 kleine Dosen rote Bohnen (Kidney beans, à 400 g)
3 EL Tomatenmark
½ TL Chiligewürz
Salz
schwarzer Pfeffer aus der Mühle
1 Msp. Cayennepfeffer
¾ l Fleischbrühe (aus Extrakt)
250 g möglichst kleine Zucchini

1. Das Olivenöl in einem Suppentopf erhitzen. Die Zwiebelwürfel zufügen und bei schwacher Hitze glasig dünsten.
2. Die Bohnen in ein Sieb gießen, mit kaltem Wasser abbrausen und abtropfen lassen.
3. Das Tomatenmark unter die gedünsteten Zwiebelwürfel rühren, kurz anschwitzen lassen, dann die Bohnen untermischen. Mit Chiligewürz, Salz, Pfeffer und Cayennepfeffer würzen.
4. Mit der Fleischbrühe aufgießen und langsam zum Kochen bringen.
5. Die Zucchini waschen, vom Stengelansatz befreien und auf der Gemüsereibe grob raspeln. Die Zucchiniraspel unter die Bohnen mischen und alles zusammen weitere 10 Minuten köcheln lassen.
6. Die scharfe Bohnensuppe nochmals kräftig abschmecken.
Beilage: Baguette
Getränkeempfehlung: kräftiger Rotwein, z.B. Burgunder

BASILIKUMCREME-SUPPE MIT KIRSCHTOMATEN

FÜR 4 PERSONEN ■
Zubereitungszeit:
20 Minuten
Pro Portion: 115 kcal
4 g E, 8 g F, 8 g K

1 EL Butter
1 Schalotte, fein gehackt
2 große, mehligkochende Kartoffeln (ca. 250 g)
4 Bund Basilikum oder 2 Töpfchen
¾ l Gemüsebrühe (aus Extrakt)
Salz
weißer Pfeffer aus der Mühle
3 EL Mascarpone (italienischer Frischkäse)
Zitronensaft
100 g Kirschtomaten

1. Die Butter in einem Suppentopf erhitzen und die Schalottenwürfel darin glasig dünsten.
2. Die Kartoffeln schälen, waschen, dann die Kartoffeln in kleine Würfel schneiden und mit der Schalotte kurz andünsten.
3. Das Basilikum abbrausen und einige schöne Blättchen zum Garnieren beiseite legen. Die übrigen Basilikumzweige grob zerschneiden und in den Topf zu den Kartoffeln geben. Mit der Gemüsebrühe aufgießen, langsam aufkochen und 15 Minuten köcheln lassen.
4. Die Suppe im Mixer oder mit einem Stabmixer pürieren, durch ein feines Sieb gießen und den Mascarpone unterrühren. Die Suppe mit Salz und Pfeffer würzen und erhitzen. Mit Zitronensaft abschmekken.
5. Die Kirschtomaten abbrausen und halbieren. Die Basilikumcremesuppe auf Teller verteilen, die Tomaten hineinlegen und mit den Basilikumblättchen garnieren.
Anstelle des Basilikums eignet sich auch Kerbel sehr gut.

ROTE PAPRIKA-SUPPE MIT JAKOBS-MUSCHELN

FÜR 4 PERSONEN ■ ■ ■
Zubereitungszeit:
50 Minuten
Pro Portion: 210 kcal
3 g E, 18 g F, 9 g K

4 Jakobsmuscheln
2 EL Olivenöl
1 EL Zitronensaft
1 TL gehackter Dill
Salz
Pfeffer aus der Mühle
4 große rote Paprikaschoten
1 EL Butter
2 EL feingehackte Schalotten
1 EL Zucker
1 EL Tomatenpüree
1 EL edelsüßes Paprikapulver
Saft von 1 Zitrone
¼ l Geflügelbouillon
125 g Sahne
je 1 Zweig Rosmarin und Petersilie
Salz
weißer Pfeffer aus der Mühle
4 Dillzweige für die Garnitur

Das Fleisch der Jakobsmuscheln zwei Stunden in der Öl-Zitronen-Sauce marinieren.

Paprikaschoten halbieren, von den Kernen befreien und in schmale Streifen schneiden.

1. Die Muscheln öffnen. Dazu nimmt man sie einzeln mit einem Handtuch in die Hand, mit der flachen Schalenhälfte nach oben. Mit einem spitzen, großen Messer zwischen die Schalen fahren und den Muskel an der flachen Innenseite durchtrennen. Die flache Schale abheben, dabei die untere Schale festhalten. Mit dem Messer am Rand des Fleisches entlangfahren und die Muschel vorsichtig herauslösen. Den grauen Bartrand abschneiden.
2. Den Rogen und den Rest des Schließmuskels entfernen und das Muschelfleisch quer in sehr dünne Scheiben schneiden. Aus Olivenöl, Zitronensaft und gehacktem Dill eine Marinade herstellen. Das Muschelfleisch damit bestreichen und 1–2 Stunden kaltstellen.
3. Die Paprikaschoten waschen, putzen und der Länge nach halbieren, vierteln, entkernen und in feine Streifen schneiden.
4. Die Butter in einem Topf erhitzen und die Schalotten darin andünsten. Den Zucker hineinstreuen und unter Rühren leicht karamelisieren lassen. Das Tomatenpüree zufügen. Die Paprikastreifen und das Paprikapulver zugeben und mit dem Zitronensaft ablöschen. Mit der Geflügelbouillon und der Sahne auffüllen, zum Kochen bringen und alles 8–10 Minuten bei geringer Hitze kochen lassen. Die Kräuter dazugeben, 2 Minuten ziehen lassen und wieder herausnehmen.
5. Die Suppe im Mixer fein pürieren und durch ein Sieb passieren. Mit Salz und Pfeffer abschmecken und in Tassen verteilen.
6. Die Jakobsmuscheln salzen, pfeffern, auf die Suppe legen und mit Dill garnieren.
Beilage: Weißbrot
Getränkeempfehlung: Rosé

DELIKATE MUSCHELSUPPE

FÜR 6 PERSONEN ■ ■
Zubereitungszeit:
1 Stunde 10 Minuten
Pro Portion: 195 kcal
10 g E, 12 g F, 9 g K

2 EL gehackte Schalotten
1 EL Butter
1 kg Vongole (Teppich-muscheln, Sandklaffmuscheln oder eine Mischung verschiedener Muscheln)
0,1 l Weißwein
½ l Hühnerbrühe
1 kleine Zwiebel
100 g weißer Teil vom Porree
1 EL feingehackter Magerspeck
1 EL Öl
1 kleine Kartoffel
½ l Milch
Salz
Pfeffer aus der Mühle
Muskatnuß
1 EL trockener Wermut (z. B. Noilly Prat)
100 g steifgeschlagene Sahne
2 EL gehackter Schnittlauch

Für die Muschelsuppe können Herz-, Teppich- und Sandklaffmuscheln verwendet werden.

Die Muschelschalen öffnen sich beim Kochen. Geschlossene Muscheln aussortieren.

Muschelfleisch aus der Schale lösen und auf Teller verteilen.

1. Die Schalotten in Butter andünsten. Die geschlossenen Muscheln zufügen (bereits geöffnete wegwerfen!) und mit Weißwein ablöschen. Kurz aufkochen, bis sich die Schalen der Muscheln öffnen. Ungefähr ⅓ der Muscheln herausnehmen und aufheben. Die Brühe zu den restlichen Muscheln geben und 30 Minuten weiterkochen.
2. Zwiebel und Porree in Würfel schneiden und mit dem Magerspeck in Öl kurz dünsten.
3. Die Kartoffel schälen, würfeln und in ⅛ l Muschelbrühe garen. Zwiebeln, Porree, Speck und Kartoffel mit etwas Brühe mit einem Stabmixer pürieren. Die heiße Milch dazugießen und unter Rühren das Ganze nicht ganz bis zum Kochen bringen.
4. Die Muscheln abgießen, den Sud in die Suppe geben. Die Muscheln wegwerfen.
5. Die zurückbehaltenen Muscheln aus der Schale lösen und in Teller verteilen. Mit Salz, Pfeffer, Muskatnuß und Wermut abschmecken. Ist die Suppe zu dick, mit etwas Hühnerbrühe verdünnen. Die Suppe auf die Muscheln in den Tellern verteilen, mit Sahnetupfern garnieren und mit Schnittlauch bestreut servieren.
Beilage: Baguette
Getränkeempfehlung: Trockener Weißwein (Chardonnay)

CHINESISCHE FLEISCHBRÜHE MIT GEFÜLLTEN TEIGTASCHEN
Wonton-Soup

FÜR 4 PERSONEN ■■
Zubereitungszeit:
2 Stunden
Pro Portion: 395 kcal
22 g E, 20 g F, 32 g K

WONTONFÜLLUNG
200 g Schweinehack
50 g ausgelöste Krabben
1 TL Salz
½ TL Zucker
1 EL dünne Sojasauce
1 TL dicke Sojasauce
schwarzer Pfeffer
aus der Mühle
1½ TL trockener Sherry
1 TL Kartoffel- oder
Stärkemehl
3–4 EL Wasser
3 Frühlingszwiebeln
30–40 g Bambussprossen
(aus der Dose)
2 TL Sesamöl
1 Eigelb

WONTONS
150–200 g Weizenmehl
1 TL Salz
1 Ei
2–3 EL kaltes Wasser
Mehl zum Ausrollen

BRÜHE
3–4 Blätter Chinakohl
Salz
1½ l Fleischbrühe
(aus Extrakt)
8 TL Erdnuß- oder Maisöl

ZUM SERVIEREN
schwarzer Pfeffer
aus der Mühle
Sesamöl
dünne Sojasauce

1. Für die Füllung das Schweinehack in eine Schüssel geben. Die Krabben in erbsengroße Stücke schneiden und untermischen.
2. Die weiteren Zutaten bis auf Wasser dazugeben und vermischen. Das Wasser löffelweise unter Rühren in immer derselben Richtung an die Füllung geben. Die Füllung mit den Händen durchkneten.

3. Die Frühlingszwiebeln putzen und in sehr feine Scheiben schneiden, die Bambussprossen abtropfen lassen und fein hakken. Die Hälfte der Zwiebeln (den Rest zum Garnieren beiseite legen) und die Sprossen gründlich mit dem Fleisch vermischen. 20–30 Minuten stehen lassen, dann das Öl hinzufügen.
4. Kurz vor dem Füllen das Eigelb unter die Fleischmasse rühren.
5. Für die Wontons Mehl und Salz in eine Schüssel sieben und in die Mitte eine Vertiefung drücken. Das Ei in die Vertiefung schlagen, das Wasser darüberträufeln und alles gründlich zu einem glatten Teig verkneten, bis er sich vom Schüsselboden löst. Den Teig bedeckt 30 Minuten, besser 1 Stunde, im Kühlschrank ruhen lassen. Die Arbeitsfläche mit etwas Mehl bestäuben und den Teig in 5–7 cm breite Streifen schneiden, leicht mit Mehl bepudern, aufeinanderlegen und dann zu Quadraten schneiden.
6. Zum Füllen eine Wontonhülle in die Handfläche legen und einen Teelöffel Füllung in die Mitte der Hülle geben. Die Ecken mit der anderen Hand zusammenfassen und fest zusammendrehen, so daß ein fest verschlossener Beutel entsteht. Auf diese Weise alle Hüllen und die Füllung verarbeiten.
7. Für die Brühe die Kohlblätter in breite Streifen schneiden. Einen großen Topf mit Salzwasser zum Kochen bringen und den Kohl 1 Minute darin blanchieren. Mit einem Schaumlöffel herausnehmen.
8. Die Fleischbrühe in einem anderen Topf langsam zum Kochen bringen.
9. Das Blanchierwasser erneut zum Kochen bringen, bis zu 20 Wontons auf einmal hineingeben und das Wasser wieder zum Kochen bringen. Umrüh-

Hackfleisch, Bambussprossen, Krabben, Frühlingszwiebel und Eigelb sind die Hauptzutaten der Füllung.

Je 1 Teelöffel Füllung in die Mitte der Wontonhüllen setzen.

Die zerkleinerten Chinakohlblätter kurz in Wasser kochen, danach mit dem Schaumlöffel herausheben.

ren, damit die Wontons nicht aneinanderkleben. Ungefähr 3 Minuten kochen lassen, bis die Wontons gar sind und an der Oberfläche schwimmen.
10. Mit einem Schaumlöffel herausfischen und auf Portionsschüsselchen verteilen. Einige der restlichen Zwiebelringe, ein paar Stückchen Kohl und 2 Teelöffel Öl in jede Schüssel geben, mit Brühe auffüllen. Jeder bedient sich selbst mit Pfeffer, Sesamöl und Sojasauce.

THAILÄNDISCHE HÜHNERSUPPE MIT GLASNUDELN
Gääng Jyyd wun Sen

FÜR 4 PERSONEN ■
Zubereitungszeit:
1 Stunde 30 Minuten
Pro Portion: 320 kcal
38 g E, 10 g F, 18 g K

1 kleines, fleischiges Huhn
1 TL Stärkemehl
Salz
1 l Wasser
1 Bund Suppengrün
weißer Pfeffer
aus der Mühle
100 g Glasnudeln
1 große Frühlingszwiebel
100 g Sojabohnensprossen
1 EL gehackte Korianderblätter

1. Das Hühnerfleisch von den Knochen lösen, enthäuten und fein hacken. Mit Stärkemehl und Salz vermischen und kleine Klößchen aus der Masse formen.
2. Hühnerhaut und -knochen mit Wasser, geputztem Suppengrün, Salz und Pfeffer in einen Topf geben, zum Kochen bringen und 1 Stunde kochen lassen. Die Brühe durch ein Sieb gießen, entfetten und erneut zum Kochen bringen. Die Klößchen in die Suppe geben und 5 Minuten in der leicht kochenden Brühe ziehen lassen. Aus der Brühe nehmen.
3. Die Glasnudeln mit der Schere in kleine Stücke schneiden und in die Suppe geben. Erneut aufkochen lassen. Die Frühlingszwiebel in dünne Scheiben schneiden und mit den Bohnensprossen hinzufügen. Einige Minuten kochen lassen, zum Schluß den Koriander und die Hühnerklößchen dazugeben und warm werden lassen. Sofort servieren.

FISCHSUPPE PROVENZALISCHE ART
Soupe de poisson à la provençale

FÜR 6 PERSONEN ■ ■
Zubereitungszeit:
1 Stunde 15 Minuten
Pro Portion: 375 kcal
23 g E, 25 g F, 13 g K

1 kg kleine gemischte
Mittelmeerfische (Knurrhahn, Merlan, Rotbarbe, Petersfisch), küchenfertig
2 große Fischköpfe
einige kleine Taschenkrebse
3 Knoblauchzehen
2 Stangen Porree
1 Möhre
2 Zwiebeln
2 Tomaten
⅛ l Olivenöl
1 EL Tomatenmark
2 l Wasser
1 Kräutersträußchen
(1 Lorbeerblatt, 2 Zweige
Thymian, 4 Stengel getrockneter Fenchel, einige
Stengel Petersilie, 1 Stückchen Schale von 1 unbehandelten Orange)
Meersalz
Cayennepfeffer
30 Safranfäden

AUSSERDEM
½ altbackene Baguette
1 Knoblauchzehe
etwas frischgeriebener
Gruyère

1. Die ausgenommenen Fische waschen und trockentupfen. Fangfrische Fische werden weder ausgenommen noch gewaschen.
2. Aus den Fischköpfen die Augen mit einem spitzen Messer herausholen und die Kiemen entfernen. Die Taschenkrebse unter fließendem Wasser waschen (noch lebende Krebse kurz in kochendes Wasser werfen) und im Mörser oder in der Küchenmaschine zerkleinern.
3. Die Knoblauchzehen ungeschält im Mörser zerdrücken. Porree, Möhren und Zwiebeln schälen und in Streifen schneiden, die Tomaten vierteln.

4. Das Olivenöl in einem großen Topf erhitzen und das Gemüse (ohne Tomaten) unter Rühren kurz anrösten. Fische, Fischköpfe, Taschenkrebsmus und Knoblauch hinzufügen und ebenfalls mit anrösten. Die Tomatenviertel und das Tomatenmark nach 5 Minuten zu dem Fisch geben und mit dem Wasser aufgießen. Das Kräutersträußchen, Salz, Pfeffer und Safran hinzufügen und alles

TIP *Die Brotscheiben können nach Geschmack auch mit Rouille (Safranmayonnaise) oder mit Aïoli (Knoblauchmayonnaise) bestrichen werden. Dann kann der geriebene Käse entfallen.*

15 Minuten bei starker Hitze offen kochen lassen.
5. Die Fischköpfe herausnehmen und die Fische mit den Gemüsen in der Küchenmaschine pürieren. Durch ein Sieb streichen (die Grätenreste müssen zurückbleiben, das Fischfleisch soll in die Suppe kommen) und wieder in den Topf geben. 30 Minuten weiterkochen lassen.
6. Baguette in dünne Scheiben schneiden und im heißen Backofen mehr trocknen als rösten. Mit der durchgeschnittenen Knoblauchzehe einreiben. Die Brotscheiben in Suppenteller geben und die Suppe darüberfüllen. Dann mit geriebenem Käse bestreuen.
Getränkeempfehlung: provenzalischer Rosé

Für die provenzalische Fischsuppe werden mehrere Fischarten benötigt.

Angeröstetes Gemüse, Fische, Kräuter und Gewürze bei starker Hitze kochen.

Den Topfinhalt, ohne die Fischköpfe, pürieren.

Das Fisch-Gemüse-Püree durch ein Sieb streichen. Die Gräten bleiben dabei im Sieb zurück.

UNGARISCHE GULASCHSUPPE
Bogrács gulyás

FÜR 4 PERSONEN ■
Zubereitungszeit:
2 Stunden
Pro Portion: 270 kcal
23 g E, 14 g F, 12 g K

400 g Rindfleisch (von
Schulter, Keule und Hachse)
2 mittelgroße Zwiebeln
1 Knoblauchzehe
50 g Schweineschmalz
1 EL Paprika, edelsüß oder
1 TL Rosenpaprika
1¼ l Wasser
Salz
1 EL Tomatenmark
3 große Kartoffeln

1. Das Rindfleisch trockentupfen und in kleine Würfel schneiden, die Zwiebeln schälen und ebenfalls würfeln. Die Knoblauchzehe schälen.
2. Das Schmalz in einem eisernen Schmortopf erhitzen und die Zwiebelwürfel darin glasig braten. Mit dem Paprikapulver überstreuen und sofort das Fleisch und die Knoblauchzehe hinzufügen. 15 Minuten schmoren lassen, bis der Fleischsaft verdunstet ist. Dann mit etwas Wasser aufgießen, salzen, das Tomatenmark hinzufügen und das Gulasch so lange schmoren lassen, bis die Flüssigkeit wieder verkocht ist. Das Fleisch soll in wenig Flüssigkeit knapp 2 Stunden mehr schmoren als kochen.
3. Die Kartoffeln schälen und in große Würfel schneiden, in Salzwasser fast gar kochen. Das Gulasch mit dem restlichen Wasser aufkochen, die Kartoffelwürfel hinzugeben und weitere 15 Minuten kochen lassen, bis die Kartoffeln fast zu zerfallen beginnen. Vor dem Servieren noch einmal mit etwas Salz abschmecken. Nach Geschmack kann man die Gulaschsuppe noch mit etwas Majoran und Kümmel würzen.

ANDALUSISCHE GURKENKALT-SCHALE
Gazpacho andaluz

FÜR 4 PERSONEN ■
Zubereitungszeit:
30 Minuten
Kühlzeit: 1–2 Stunden
Pro Portion: 210 kcal
5 g E, 9 g F, 27 g K

500 g Tomaten
1 große Salatgurke
1 grüne Paprikaschote
2 Knoblauchzehen
einige Kümmelkörner
1 große Zwiebel
3 Scheiben Weißbrot (vom Vortag) oder Toastbrot
1 EL Rotweinessig
3 EL Olivenöl
Salz

1. Zwei feste Tomaten beiseite legen. Den Rest der Tomaten überbrühen, häuten und in Stücke schneiden. Die Hälfte der Salatgurke schälen und in Stücke schneiden. Die Hälfte der Paprika ebenfalls in Stückchen schneiden, die Knoblauchzehen schälen. Die Zwiebel schälen und eine Hälfte grob hacken. Zwei Brotscheiben in dem Essig mit etwas Wasser einweichen.
2. Die Tomaten-, Gurken- und Paprikastückchen mit Knoblauchzehen und Zwiebel sowie dem Olivenöl mit dem Stabmixer pürieren, dann das eingeweichte Weißbrot und ¼ l Wasser langsam hinzufügen. Der Gazpacho soll cremig wie eine dünne Mayonnaise sein. Mit Salz abschmecken und mindestens 1–2 Stunden in den Kühlschrank stellen.
3. Die restlichen Tomaten, die Gurken-, Paprika- und Zwiebelhälften sowie das verbliebene Weißbrot in Würfel schneiden. Auf kleinen Tellern zu der Andalusischen Gurkenkaltschale reichen. Jeder Essensteilnehmer streut sich je einen Löffel der Gemüse- und Brotwürfel auf den ausgefüllten Gazpacho.

INDISCHE MANGO-KALTSCHALE
Mango Koyamboo

FÜR 4 PERSONEN ■
Zubereitungszeit:
45 Minuten
Kühlzeit: über Nacht
Pro Portion: 245 kcal
6 g E, 18 g F, 15 g K

1 reife Mango
1 TL Salz
1–2 EL scharfes Curry-pulver
½ Kokosnuß
⅛ l heißes Wasser
1 EL Sonnenblumenöl
1 TL schwarze Senfkörner
1 kleine, scharfe rote Pfefferschote, in Streifen geschnitten
500 g Joghurt

1. Die Mango gründlich waschen, in Stücke schneiden und mit dem Kern in ¼ l Wasser mit Salz und Gewürzen so lange kochen, bis sich die Schale der Mango leicht ablösen läßt. Das Fleisch der Frucht soll fest bleiben. Auf ein Sieb geben, den Kochsud aufheben.
2. Das Fleisch der Kokosnuß auslösen und mit dem heißen Wasser fein pürieren.
3. Das Öl in einer kleinen Pfanne erhitzen und die Senfkörner und die Pfefferschote darin anbraten.
4. Den Joghurt mit einem Schneebesen glattrühren und mit dem Kochwasser der Mango, den gebratenen Gewürzen und der Kokosnußmilch gründlich vermischen. Zum Schluß das feingehackte Fruchtfleisch der Mango mit der Kaltschale vermischen. Eine Nacht im Kühlschrank durchziehen lassen.

Bei diesem Gericht muß die Mango nicht geschält werden. Gründliches Waschen genügt.

Kokosfleisch aus der Schale lösen, in kleine Stücke schneiden und mit heißem Wasser pürieren.

Öl erhitzen und schwarze Pfefferkörner sowie kleingeschnittene rote Pfefferschoten darin braten.

Alle vorbereiteten Zutaten können nun vermischt werden. Die Kaltschale sollte eine Nacht durchziehen.

EISGEKÜHLTE DOPPELTE KRAFT-BRÜHE
Consommé froid

FÜR 4 PERSONEN ■ ■
Zubereitungszeit: 1 Stunde
Kühlzeit: 2 Stunden
Pro Portion: 150 kcal
19 g E, 4 g F, 3 g K

1½ l Fleischbrühe (selbstgemacht)
1 Kalbsfuß, in 4 Teile gehackt
300 g Rinderhackfleisch
1 Möhre
2 Stangen Staudensellerie
½ kleine grüne Paprika-schote
1 mittelgroße Tomate
4 EL trockener Sherry
1 EL gehackter Kerbel

1. Die kalte Fleischbrühe mit den Kalbsfußteilen und dem Hackfleisch aufsetzen. 45 Minuten kochen lassen.
2. Inzwischen Möhre, Sellerie und Paprikascho-

TIP *Wenn Sie keine hausgemachte Fleischbrühe zur Verfügung haben, können Sie auch eine aus vorgefertigtem Extrakt verwenden.*

te putzen und in feine Streifen schneiden. Die Tomate überbrühen, häuten und in Würfel schneiden.
3. Die Fleischbrühe durch ein Haarsieb gießen, erneut aufkochen, die Gemüsestreifen hinzufügen und knapp 10 Minuten kochen lassen. Zum Schluß die Tomatenwürfel und den Sherry an die Suppe geben. Dann zum Abkühlen ca. 2 Stunden in den Kühlschrank stellen.
4. Wenn die Suppe leicht zu gelieren beginnt, in Tassen füllen, in jede Tasse etwas Kerbel streuen und auftragen.

WIRSINGEINTOPF MIT LAMMFLEISCH

FÜR 4 PERSONEN ■
Zubereitungszeit:
1 Stunde 20 Minuten
Pro Portion: 435 kcal
27 g E, 24 g F, 27 g K

1 kg junger Wirsing
6 mittelgroße Kartoffeln
1 EL Öl
1 EL Butter
500 g Lammfleisch (Nacken)
je 1 Msp. grobgemahlener
Kümmel und Koriander
Salz
schwarzer Pfeffer aus der
Mühle
½ l Fleischbrühe (aus
Extrakt)
2 EL Crème fraîche

1. Den Wirsingkohl vierteln, den Strunk herausschneiden, waschen und in Streifen schneiden. Die Kartoffeln schälen, waschen und halbieren.
2. Öl und Butter in einem

Den Wirsingkopf vierteln, waschen und in ca. 1 cm breite Streifen schneiden.

Den Lammnacken in einem Schmortopf von allen Seiten gut anbraten.

> **TIP** *Wenn man das Lammfleisch vor dem Aufschneiden noch kurz in etwas Butter anbrät, bekommt es einen besonders feinen Geschmack.*

Crème fraîche unter das Gemüse rühren, danach den Wirsing etwas einkochen.

Schmortopf erhitzen und das Lammfleisch darin von allen Seiten anbraten. Mit den Gewürzen und Salz und Pfeffer abschmecken.
3. Die Wirsingstreifen und Kartoffeln zum Fleisch geben, mit Fleischbrühe aufgießen, zugedeckt 1 Stunde köcheln lassen.
4. Das Fleisch herausnehmen und warmhalten. Die Crème fraîche an das Gemüse geben und kurz einkochen. Das Fleisch in Scheiben schneiden und auf dem Wirsinggemüse servieren.
Getränkeempfehlung: Bier oder leichter Landwein

BREMER LABSKAUS

FÜR 4 PERSONEN ■ ■
Zubereitungszeit:
2 Stunden
Pro Portion: 655 kcal
65 g E, 28 g F, 36 g K

750 g gepökeltes Rindfleisch
(am besten Rinderbrust)
1 Lorbeerblatt
3 geschälte Zwiebeln, mit je
1 Nelke gespickt
10 Pfefferkörner
1 kg Kartoffeln
1 große Salzgurke
Salz
schwarzer Pfeffer aus der
Mühle
4 Eier
Butter zum Braten
4–8 Matjesfilets
1 Glas Rote-Bete-Salat

1. Das Pökelfleisch in 1 l Wasser mit den Zwiebeln und den Pfefferkörnern 1½ Stunden kochen lassen. Die Kartoffeln schälen, in Würfel schneiden und getrennt, ohne Salz, sehr weich kochen. Abgießen.
2. Die Kartoffeln mit dem Kartoffelstampfer mit etwas Fleischbrühe zerstampfen. Das Fleisch mit den Zwiebeln (Nelken vorher entfernen) durch den Fleischwolf drehen oder in der Küchenmaschine nicht zu fein hacken. Das gehackte Fleisch mit dem Kartoffelbrei vermischen und so viel Fleischbrühe hinzufügen, daß ein kompakter Brei entsteht.
3. Die geschälte Salzgurke in kleine Würfel schneiden und unter den Labskaus geben. Vorsichtig mit Salz und kräftig mit Pfeffer abschmecken.
4. Die Eier in zerlassener Butter zu Spiegeleiern braten.
5. Den Labskaus auf Teller verteilen, auf jede Portion ein Spiegelei setzen und ein oder zwei Matjesfilets danebenlegen. Dazu Rote-Bete Salat servieren.
Getränkeempfehlung: frisches Bier und ein Klarer

BÄCKER-KARTOFFELN

FÜR 4 PERSONEN ■ ■
Zubereitungszeit:
3 Stunden 45 Minuten
Marinierzeit: über Nacht
Pro Portion: 775 kcal
46 g E, 39 g F, 40 g K

300 g Schweinenacken
300 g Hammelschulter
300 g Rinderschulter
1 Möhre
1 geschälte Zwiebel,
mit 2 Nelken gespickt
1 Lorbeerblatt
1 Knoblauchzehe
Salz
schwarzer Pfeffer aus der
Mühle
½ l trockener Weißwein
oder Apfelwein
250 g Zwiebeln
1 kg Kartoffeln
40 g Schweineschmalz

1. Die Fleischsorten in Würfel und die geschälte Möhre in Scheiben schneiden. Mit Zwiebel und geschälter Knoblauchzehe sowie Lorbeerblatt in einen Steinguttopf legen. Salzen und pfeffern und mit Wein übergießen. Zugedeckt eine Nacht marinieren lassen.
2. Den Backofen auf 200°C vorheizen.
3. Die Zwiebeln und die Kartoffeln schälen und in Scheiben schneiden. Einen feuerfesten Steinguttopf dick mit dem Schmalz ausstreichen und die Hälfte der Kartoffel- und Zwiebelscheiben hineingeben. Mit Salz und Pfeffer bestreuen. Das Fleisch darüberfüllen und mit den restlichen Kartoffel- und Zwiebelscheiben bedecken. Noch einmal würzen.
4. Die Weinmarinade durch ein Sieb über die Kartoffeln gießen. Den Topf fest verschließen.
5. Den Topf auf die mittlere Schiene in den Backofen geben und das Gericht in etwa 3 Stunden bei 200°C gar backen lassen.
Getränkeempfehlung: Apfelwein

MEXIKANISCHE BOHNEN MIT HACKFLEISCH
Chili con carne

FÜR 4 PERSONEN ■
Zubereitungszeit:
3 Stunden
Einweichzeit: über Nacht
Pro Portion: 460 kcal
39 g E, 18 g F, 36 g K

250 g rote Bohnen
(Kidneybeans)
3 Zwiebeln
2 EL Öl
400 g Rinderhackfleisch
1–4 kleine rote getrocknete
Pfefferschoten (je nach
Geschmack)
0,3 l Hühnerbrühe
(aus Extrakt)
1 Dose grüne mexikanische
Tomaten, ersatzweise rote
Tomaten aus der Dose
(ca. 400 g)
1 rote Paprikaschote
2 Knoblauchzehen
½ TL getrockneter Oregano
½ TL Kurkuma
(Kreuzkümmel)
½ TL Salz
½ TL Chilipulver

1. Die Bohnen über Nacht in 1 l Wasser einweichen. Am nächsten Tag im Einweichwasser aufsetzen und fast weich kochen.
2. Die Zwiebeln schälen und in Würfel schneiden. Das Öl in einer Pfanne erhitzen und das Hackfleisch mit den Zwiebelwürfeln darin anbraten.
3. Die getrockneten Pfefferschoten in Streifen schneiden und in der Hühnerbrühe einweichen.
4. Die Tomaten abtropfen lassen, in Stücke schneiden und zu der Hackfleischmasse geben. Dann alle weiteren Zutaten wie Pfefferschoten, die in Streifen geschnittene Paprikaschote, die geschälten, in Würfel geschnittenen Knoblauchzehen, Oregano, Kurkuma, Salz, Chilipulver und zuletzt die Hühnerbrühe zu dem Fleisch geben.
5. Den Chili con carne ca. 2 Stunden bei geringer Hit-

Die Paprikaschote halbieren, säubern und in Streifen schneiden.

Zwei geschälte Knoblauchzehen hacken und zu der Hackfleischmasse fügen.

ze im offenen Topf einkochen lassen. Dann die abgetropften Bohnen hinzugeben und noch weitere 30 Minuten köcheln lassen.
Getränkeempfehlung: einfacher roter Landwein oder Bier und Tequila

TIP *Das Rezept ist scharf gewürzt, für empfindliche Gaumen genügt eine Pfefferschote. Man kann die Pfefferschoten auch im ganzen an den Chili geben und vor dem Servieren herausfischen. Chili con carne kann man auch in aufgebackene Tacoshells, das sind mexikanische Tortillas aus Maisschrot, die man fertig in Dosen kaufen kann, füllen.*

FRANZÖSISCHER SUPPENTOPF
Pot-au-feu

FÜR 8–10 PERSONEN ■ ■
Zubereitungszeit:
4 Stunden 30 Minuten
Pro Portion bei 8 Personen:
680 kcal
51 g E, 33 g F, 35 g K

750 g Ochsenbeinscheiben
2 Suppenknochen
1 kg Ochsenbrust oder Oberschale oder Hüfte
einige Pfefferkörner
1 Kräutersträußchen
(1 Zweig Thymian,
1 Lorbeerblatt,
3 Stengel Petersilie)
2 Zwiebeln
2 Nelken
1 Tomate
1 Knoblauchzehe
40 g Meersalz
1 junges Suppenhuhn
(ca. 1,5 kg)
4 Stangen Porree
6 große Möhren oder
3 Möhren und 3 weiße
Rübchen (Navets)
1 kleine Sellerieknolle
1 kleiner Wirsing
6 mittelgroße Kartoffeln
3 Markknochen (in je 3 Teile
zersägt)
8–10 dünne Scheiben
Weißbrot

1. In einen großen Topf (von 8 l Fassungsvermögen) die gewaschenen Beinscheiben und Suppenknochen geben und 4 l Wasser dazugießen. Die Pfefferkörner und das Kräutersträußchen hinzufügen.
2. Eine ungeschälte Zwiebel im Backofen rösten, bis die Schale dunkelbraun ist. Die andere Zwiebel schälen und mit den Nelken spicken. Die Zwiebeln, die Tomate und die ungeschälte Knoblauchzehe in den Topf geben und die Suppe zum Kochen bringen.
3. Den Schaum, der sich beim Kochen bildet, abschöpfen. Wenn kein Schaum mehr entsteht, die Suppe salzen, das gewaschene Rindfleisch in

die Suppe geben und den Deckel so auf den Topf setzen, daß ein kleiner Spalt offen bleibt. Nach 2 Stunden Kochzeit das gewaschene Huhn hinzufügen.
4. Vom Porree das untere Ende und die grünen Blätter abschneiden, gründlich waschen und die Stangen mit einem Baumwollfaden zusammenbinden. Die Möhren und ggf. weißen Rübchen schälen und in größere Stückchen, die Sellerieknolle in Viertel schneiden. Nach drei Stunden Kochzeit in die Suppe geben.
5. Etwas Brühe mit viel Fett abschöpfen und in einen zweiten Topf geben. Die äußeren welken Blätter des Wirsingkohls entfernen und den Strunk herausschneiden. Den Kohl in der Brühe in ca. 30 Minuten gar kochen. Die geschälten Kartoffeln halbieren und ebenfalls in etwas Brühe in ca. 20 Minuten gar kochen.
6. Die Markknochen in ein Mulltuch binden und die letzten 20 Minuten in der Brühe mitkochen. Fleisch und Gemüse mit einem Schaumlöffel herausnehmen und warmstellen. Die Brühe durch ein Sieb geben, entfetten und noch etwas einkochen lassen.
7. Der Pot-au-feu wird in zwei Gängen serviert:
Man röstet die entsprechende Menge Weißbrotscheiben im Backofen hellbraun. Sie werden noch heiß mit dem herausgelösten Mark aus den Markknochen bestrichen und mit Meersalz bestreut. Mit der heißen Bouillon zusammen servieren.
Das Rindfleisch wird quer zur Faser in Scheiben geschnitten, das Huhn in Portionsstücke zerlegt. Auf eine große, vorgewärmte Platte legen und das Gemüse rund um das Fleisch garnieren.
Getränkeempfehlung: junger Beaujolais

FISCHTOPF MIT GEMÜSE UND SAFRAN

FÜR 4 PERSONEN ■
Zubereitungszeit:
30 Minuten
Pro Portion: 295 kcal
36 g E, 7 g F, 8 g K

2 EL Butter
1 mittelgroße Zwiebel, fein gehackt
200 g Möhren
2 mittelgroße Porreestangen
5 Stangen Staudensellerie
1 Döschen Safran, gemahlen
¼ l trockener Weißwein
¾ l Fischfond (aus dem Glas)
Salz
weißer Pfeffer aus der Mühle
Saft von ½ Zitrone
600 g Fischfilet (z. B. Kabeljau, Goldbarsch, Dorsch oder andere Sorten)
150 g Krabben

Möhren schälen, waschen und mit einem Gurkenhobel in feine Scheiben schneiden.

Den Fischfond zu dem Gemüse gießen und mit Salz, Pfeffer und Zitronensaft abschmecken.

1. Die Butter in einem großen Topf erhitzen und die Zwiebelwürfel darin bei schwacher Hitze dünsten.
2. Die Möhren schälen, waschen und direkt über dem Topf auf dem Gemüsehobel in dünne Scheiben schneiden, kurz mit den Zwiebelwürfeln dünsten.
3. Den Porree putzen, aufschlitzen, gründlich ausspülen und schräg in 1 cm lange Stücke schneiden.
4. Den Staudensellerie

> **TIP** *Anstelle des Fischfonds können Sie auch Gemüsebrühe verwenden und den Safran durch Curry ersetzen.*

waschen und in schmale Scheiben schneiden, falls Blätter dran sind, grob hacken. Alles mit dem Porree in den Topf geben und kurz andünsten.
5. Den Safran über das Gemüse streuen, kurz anschwitzen und mit dem

Fischwürfel mit Zitronensaft, Salz und Pfeffer würzen, danach zu dem Gemüse geben.

Weißwein ablöschen. Mit dem Fischfond aufgießen und mit Salz, Pfeffer und etwas Zitronensaft würzen. Zugedeckt 15 Minuten bei mittlerer Hitze köcheln lassen.
6. Den Fisch waschen, trockentupfen und dann in mundgerechte Würfel schneiden. Mit Zitronensaft beträufeln, salzen und pfeffern. Zusammen mit den Krabben in den Topf geben und bei schwacher Hitze in 5 Minuten gar ziehen lassen. Den Fischtopf abschmecken.

LAUCHEINTOPF MIT KASSELER

FÜR 4 PERSONEN ■
Zubereitungszeit:
30 Minuten
Pro Portion: 400 kcal
26 g E, 24 g F, 20 g K

500 g Kartoffeln
500 g Porree
2 EL Öl
1 l Fleischbrühe (aus Extrakt)
400 g Kasseler ohne Knochen (gekocht)
1 TL Majoran, gerebelt
Salz
schwarzer Pfeffer aus der Mühle
1 EL Rotweinessig

1. Die Kartoffeln schälen, waschen und in 1 cm große Würfel schneiden.
2. Den Porree putzen, längs aufschlitzen, gründlich ausspülen und in ½ cm dicke Ringe schneiden.
3. Das Öl in einem Topf

> **TIP** *Anstelle von Kasseler schmeckt auch Räucherwurst sehr gut in diesem Eintopf.*

erhitzen. Kartoffelwürfel und Porreeringe kurz darin andünsten. Mit der Fleischbrühe aufgießen und aufkochen. Zugedeckt 10 Minuten köcheln lassen.
4. Inzwischen das Kasseler auch in 1 cm große Würfel schneiden und unter das Gemüse mischen.
5. Den Eintopf mit Majoran, Salz und Pfeffer würzen und weitere 10 Minuten köcheln lassen. Zum Schluß mit dem Rotweinessig abschmecken.

LAMMTOPF MIT TOMATEN UND ZUCCHINI

FÜR 4 PERSONEN ■
Zubereitungszeit:
30 Minuten
Pro Portion: 435 kcal
29 g E, 33 g F, 6 g K

600 g Lammschulter
2 EL Olivenöl
Salz
1 EL Curry
1 große Zwiebel, fein gehackt
¼ l Fleischbrühe (aus Extrakt)
1 große Dose geschälte Tomaten (850 g)
350 g Zucchini
3 Knoblauchzehen
schwarzer Pfeffer aus der Mühle
½ TL Kreuzkümmel
1 Zweig Thymian

1. Das Fleisch waschen, trockentupfen und in 1 cm große Würfel schneiden.
2. Das Olivenöl in einem Topf erhitzen und das Fleisch portionsweise sehr kräftig anbraten. Salzen und mit Curry bestäuben.
3. Die Zwiebelwürfel untermischen, mit Brühe aufgießen und die Tomaten samt Saft zufügen. Aufkochen und 25 Minuten bei mittlerer Hitze garen.
4. Inzwischen die Zucchini waschen, vom Stengelansatz befreien und in

> **TIP** *Noch gehaltvoller wird der Eintopf, wenn Sie Kartoffelwürfel oder Reis mitgaren.*

feine Scheiben schneiden.
5. Den Knoblauch schälen und in den Eintopf drücken. Mit Salz, Pfeffer und Kreuzkümmel würzen, Thymian zufügen.
6. Die Zucchinischeiben 8 Minuten vor Garzeitende untermischen. Abschmecken, falls nötig, würzen.

KREOLISCHER GEMÜSETOPF MIT OKRA
Gombos à la créole

FÜR 4 PERSONEN
Zubereitungszeit:
1 Stunde 30 Minuten
Pro Portion: 435 kcal
17 g E, 16 g F, 56 g K

500 g junge, frische Okra
(Gombos)
2 mittelgroße Zwiebeln
2–3 Knoblauchzehen
3 große Fleischtomaten
4 EL Olivenöl oder Erdnußöl
1 TL Korianderkörner
Salz
schwarzer Pfeffer
aus der Mühle
Saft von ½ Zitrone
250 g Langkornreis
20 Safranfäden
1 Nelke
2 EL Butter
200 g ausgelöste Garnelen

Zwiebel, Knoblauch, Okraschoten und Tomaten in Öl anbraten.

Das Gemüse nach dem Würzen gut mischen und bei geschlossenem Deckel eine Stunde schmoren.

Die Garnelen auslösen und in Butter schwenken. Dann unter Reis und Gemüse mischen.

1. Die Okra waschen, sorgfältig abtrocknen und das Stielende abschneiden. Die Zwiebeln schälen und in Würfeln, die Knoblauchzehen in feine Scheiben schneiden. Die Tomaten überbrühen, häuten, entkernen und in Würfel schneiden.
2. Das Öl in einem Schmortopf erhitzen und Zwiebeln und Knoblauch darin glasig braten. Mit dem Koriander bestreuen und noch einmal unter Rühren kurz anrösten.
3. Die Okra hinzufügen und braten, bis sie leicht weich zu werden begin-

TIP *Okra gibt es auch als Konserven, aber junge frische Okra sind besser im Geschmack.*

nen. Die Tomatenwürfel unter die Okra mischen und mit Salz und grobgemahlenem Pfeffer vermischen. Den Topf schließen und das Gemüse bei leich-

ter Hitze in einer halben Stunde weich schmoren. Zitronensaft dazugeben.
4. Inzwischen Reis in reichlich Salzwasser mit Safran und Nelke in 20 Minuten weich kochen. Auf ein Sieb geben und abtropfen lassen.
5. Die Butter zerlassen und die Garnelen kurz in der Butter schwenken.
6. In einem großen Topf Reis, Okra und Garnelen vermischen und 5 Minuten bei geschlossenem Deckel durchziehen lassen. Heiß servieren.

BÉARNAISER SUPPENTOPF
Garbure béarnaise

FÜR 4 PERSONEN ■ ■
Zubereitungszeit:
3 Stunden
Pro Portion: 540 kcal
50 g E, 19 g F, 42 g K

2 Gänsekeulen
Salz
2 l Wasser
4 große Möhren
1 Sellerieknolle
4 Kartoffeln
1 kleiner Weißkohl
2 Stangen Porree
1 große Zwiebel
schwarzer Pfeffer
aus der Mühle
4 geröstete Brotscheiben
4 EL frischgeriebener
Gruyère
50 g Butter

1. Die Gänsekeulen waschen und mit etwas Salz in dem Wasser 1½ Stunden kochen lassen.
2. Möhren, Sellerie und Kartoffeln schälen und zusammen mit dem geputzten Kohl auf der groben Seite der Rohkostreibe raspeln. Porree und Zwiebeln putzen und in dünne Scheiben schneiden.
3. Das Gemüse zu den Gänsekeulen in den Topf geben und eine weitere Stunde kochen lassen. Das Gemüse durch ein Sieb streichen oder mit dem Stabmixer pürieren. Das Fleisch von den Gänsekeulen ablösen, in kleine Stücke schneiden und zu dem Gemüsepüree geben.
4. Den Backofen auf 250°C vorheizen.
5. Den Eintopf in einen feuerfesten Topf gießen und mit den Brotscheiben bedecken. Die Brotscheiben mit dem Käse bestreuen und mit der geschmolzenen Butter übergießen. Den Topf auf die mittlere Schiene in den Backofen geben und das Gericht überbacken, bis sich eine goldbraune Kruste gebildet hat. In der Form anrichten.

IRISCHER HAMMELEINTOPF
Irish stew

FÜR 4 PERSONEN
Zubereitungszeit:
2 Stunden
Pro Portion: 455 kcal
28 g E, 23 g F, 34 g K

750 g–1 kg Hammelfleisch
(Nacken oder Keule)
6 große Zwiebeln
1 kg mittelgroße Kartoffeln
Salz
schwarzer Pfeffer
aus der Mühle
½ l Fleischbrühe
(aus Extrakt) oder Wasser
1 Lorbeerblatt
etwas Butter

1. Das Fleisch waschen, trockentupfen und in Würfel schneiden. Die Kartoffeln und Zwiebeln schälen und in Scheiben schneiden.
2. Die Hälfte der Kartoffelscheiben in einen hohen Schmortopf geben, mit

TIP *An ein echtes Irish Stew gehört, auch wenn er immer wieder in Rezepten auftaucht, eigentlich kein Kohl.*

den Zwiebelscheiben belegen und das Fleisch darübergeben. Herzhaft mit Salz und Pfeffer würzen und mit den restlichen Kartoffelscheiben bedecken. Noch einmal würzen, das Lorbeerblatt hinzufügen und mit Fleischbrühe oder dem Wasser übergießen.
3. Einen Bogen Alufolie oder Butterbrotpapier auf einer Seite reichlich mit Butter bestreichen und das Gericht damit bedecken. Den Topf mit einem gut schließenden Deckel verschließen und auf dem Herd bei mittlerer Hitze in etwa 1½ Stunden langsam gar schmoren. In tiefen Tellern servieren.

Abbildung rechts: Gefüllte Chicorée (Rezept Seite 109).

Abbildung rechts: Fagottini mit Mangold (Rezept Seite 109).

Abbildung unten: Champignons mit Spinatfüllung (Rezept Seite 108).

SPARGEL KOCHEN

1. Zum Schälen den Kopf des Spargels auf der gestreckten Hand zwischen Zeigefinger, Daumen und Mittelfinger halten.
Mit dem Spargelschäler vom Kopf zum Ende der Stange hin schälen.

2. Den Spargel waschen und in Portionen teilen. Jede Portion so mit einem Faden locker zusammenbinden, daß die Köpfe alle in gleicher Höhe liegen.

3. Die Spargelstangen am unteren Ende gleich lang abschneiden.

4. In 1 Liter Wasser 1 Eßlöffel Salz und 1 Teelöffel Zucker geben. Den Spargel etwa 15–18 Minuten darin garen.

2.

3.

1.

4.

Gekochter Spargel

BROCCOLI BLANCHIEREN

1. Vom Broccoli die Blätter entfernen, den Blütenkopf in Röschen teilen und die Röschen unter fließendem Wasser waschen.

2. Die Broccolistiele vorsichtig dünn schälen und in schmale Scheiben schneiden.

3. Die Broccoliröschen und -stiele für ca. 8–10 Minuten in kochendes Salzwasser geben.

4. Den Broccoli aus dem kochendem Wasser nehmen und in kaltem Wasser (kein Eis verwenden) abschrecken.

5. Den Broccoli zum Abtropfen auf einen Durchschlag geben.

3.

4.

1.

5.

2.

Angerichteter Broccoli

ARTISCHOCKEN ZUM FÜLLEN VORBEREITEN

1. Den Stiel immer direkt am Artischockenboden abbrechen, so daß die Fasern, die im Boden sitzen, am Stiel verbleiben.
2. Von der Artischocke mit einem Sägemesser die Blattspitzen um circa 3–4 cm abschneiden.
3. Die unteren kleinen Blätter entfernen und mit einem Messer Blattreste vom Boden abschneiden.
4. Von den restlichen Blättern mit der Küchenschere die Spitzen entfernen. Die kochfertige Artischocke in leicht gesalzenes Zitronenwasser legen.
5. Die Artischocke in leicht gesalzenem, kochendem Wasser, dem man einige Tropfen Zitronensaft zugefügt hat, garen.
6. Die Herzblätter lassen sich durch eine Drehbewegung von der garen Artischocke entfernen.
7. Mit einem Löffel oder Kartoffelausstecher das Heu vom Artischockenboden entfernen.

3.

4.

5.

1.

6.

2.

7.

GEFÜLLTE ARTISCHOCKEN

FÜR 4 PERSONEN ■ ■ ■
Zubereitungszeit:
70 Minuten
Pro Portion: 410 kcal
12 g E, 35 g F, 9 g K

4 große Artischocken (ca. 600 g)
½ Zitrone
80 g Butter
150 g Räucherlachs
2 EL Sahne
½ TL Zitronenpfeffer
4 EL Weißwein
1 EL feingehackte Schalotten
weißer Pfeffer aus der Mühle
3 Eigelb
Salz
etwas Zitronensaft

1. Das obere Drittel der Artischocken abschneiden und den Stiel abbrechen. Die Schnittfläche sofort mit der halbierten Zitrone einreiben.
2. Die Artischocken in ganz schwach gesalzenem Wasser 30–40 Minuten (je nach Größe) kochen. Mit einem Schaumlöffel aus dem Wasser nehmen und abkühlen lassen. Die inneren Herzblätter mit einer Drehbewegung lösen und das »Heu« aus dem Boden entfernen.
3. Die Artischockenböden in kleine feuerfeste, gut ausgebutterte (ca. 1 EL Butter dafür verwenden!) Portionsförmchen legen.
4. Den Räucherlachs fein hacken. Das Artischockenfleisch mit Hilfe eines Löffelrückens aus den Blättern drücken und mit dem Lachs, der Sahne und dem Zitronenpfeffer mischen.
5. Den Weißwein mit den Schalotten und Pfeffer aufkochen. So lange kochen lassen, bis nur noch ungefähr 1 Teelöffel Flüssigkeit vorhanden ist.
6. Die Eigelbe in ein Wasserbadpfännchen geben. Den eingekochten Weißwein durch ein Sieb streichen und zu den Eigelben geben. Ein kleines Stück Butter zufügen und bei mittlerer Hitze (die Temperatur des Wasserbades soll beim Eintauchen der Fingerspitzen noch zu ertragen sein) so lange schlagen, bis die Sauce cremig am Schneebesen haftenbleibt.
7. Das kleine Pfännchen aus dem Wasserbad nehmen und den Rest der But-

> **TIP** *Beim Einkauf der Artischocken darauf achten, daß die Knospen fest geschlossen sind und keine schwarzen Stellen aufweisen. Eine Artischocke soll möglichst schwer in der Hand liegen und darf nicht trocken aussehen.*

ter flockenweise unter die Sauce rühren. Das Pfännchen von Zeit zu Zeit ganz kurz wieder ins heiße Wasser tauchen, damit die Sauce nicht abkühlt und die Butterstückchen gut schmelzen. Sobald alle Butter verarbeitet ist, die Sauce mit Salz und Zitronensaft würzen.
8. Die oben vorbereitete Lachsmischung in die Artischockenböden verteilen. Mit Sauce überziehen und nur ganz kurz (1–2 Minuten) bei Oberhitze (ca. 240°C) gratinieren.
9. Als Vorspeise servieren.

Getränkeempfehlung: weißer Bordeaux

AUBERGINEN FÜLLEN

1. Die Auberginen der Länge nach halbieren, mit einem Küchenmesser das Fleisch mehrfach über Kreuz einschneiden.

2. Die Hälften mit den Schnittflächen auf ein dünn mit Öl bestrichenes Blech setzen und im vorgeheizten Ofen anbraten.

3. Wenn das Auberginenfleisch weich ist, mit einem scharfen Löffel oder Parisermesser herausnehmen.

4. Das zerkleinerte Fruchtfleisch mit 250 g Hackfleisch, einer feingewürfelten roten Paprikaschote, 3 Eßlöffeln gekochtem Reis und 2 durchgepreßten Knoblauchzehen mischen. Mit Salz, Pfeffer sowie Paprikapulver würzen und das Ganze in die Auberginenhälften füllen.

5. Die gefüllten Auberginen in eine ausgefettete, feuerfeste Form setzen, mit Tomatenscheiben belegen, mit geriebenem Käse bestreuen und mit Öl beträufeln.

6. Im Backofen garen und überbacken.

3.

4.

5.

1.

6.

2.

Gefüllte Aubergine

GURKEN FÜLLEN

1. Die Gurken dünn schälen, die Spitze und den Stielansatz abschneiden.

2. Quer halbieren und mit einem dünnen Holzlöffelstiel das Kerngehäuse lockern und vorsichtig mit einem dickeren Stiel herausdrücken. Dabei mit einer Hand die Gurken fest umschließen, damit das Fleisch nicht aufplatzt.

3. Für die Füllung 200 g Hackfleisch mit 4 Eßlöffeln roter und grüner Paprikawürfel sowie 1 Eßlöffel gehacktem Dill mischen.

4. Die Füllung in einen Spritzbeutel mit großer Lochtülle geben und in die Gurken füllen.

5. Ein flaches, feuerfestes Geschirr mit Butter ausstreichen und den Boden mit Karotten- und Zwiebelscheiben belegen, die Gurken daraufsetzen.

6. Die Gurken mit Salz, Pfeffer und 1 Prise Zucker würzen, knapp mit Brühe bedecken und das Gefäß mit einem Deckel oder Alufolie verschließen.

7. Aufkochen und anschließend im vorgeheizten Ofen etwa 25 Minuten garen.

3.

4.

5.

1.

6.

2.

7.

ZUCCHINI MIT HÜHNER-KRABBEN-FÜLLUNG

Für 4 Personen	■
Zubereitungszeit: 1 Stunde	
Pro Portion:	
230 kcal	
25 g E, 9 g F, 11 g K	

**4 mittelgroße Zucchini
(je ca. 200 g)**
1 EL Öl
2 EL gehackte Zwiebel
300 g Hühnerbrustfleisch
1 EL feingeschnittener Dill
1 Ei
1 EL Semmelbrösel
100 g ausgepulte Nordsee-krabben
Salz
weißer Pfeffer aus der Mühle
1 TL Currypulver
etwas frischgeriebene Ingwerwurzel
Cayennepfeffer
10 g Butter
**⅛ l Hühnerfond
(aus dem Glas)**

1. Die Zucchini waschen, längs halbieren und mit einem Löffel aushöhlen, dabei einen schmalen Rand lassen. Das Innere fein hacken.
2. Das Öl in einer beschichteten Pfanne erhitzen und die Zwiebelwürfel und das gehackte Zucchinifleisch darin anbraten.
3. Den Backofen auf 200°C vorheizen.
4. Das Hühnerfleisch im Mixer fein pürieren. Mit der angedünsteten Gemüsemischung, Dill, Ei und Semmelbröseln zu einem geschmeidigen Fleischteig verkneten. Die Krabben untermischen und mit Salz und den Gewürzen herzhaft abschmecken. Die Masse in die ausgehöhlten Zucchini füllen.
5. Die gefüllten Hälften nebeneinander in eine gefettete Auflaufform legen, auf die Füllung Butterflöckchen setzen und in etwa 30 Minuten gar backen. Nach 15 Minuten mit dem Hühnerfond begießen.

Die Zucchini längs halbieren, aushöhlen und das Innere fein hacken.

Püriertes Hühnerfleisch, gedünstete Gemüsemischung, Dill, Ei und Semmelbrösel gut verkneten.

Die Krabben unter den Fleischteig mischen.

Die Hühner-Krabben-Mischung in die ausgehöhlten Zucchini füllen.

CHAMPIGNONS MIT SPINAT-FÜLLUNG

FÜR 4 PERSONEN	■ ■
Zubereitungszeit:	
50 Minuten	
Pro Portion: 210 kcal	
6 g E, 17 g F, 4 g K	

25 sehr große, frische Champignons
100 g Champignons
100 g junger Spinat
1 Bund Petersilie
2 feingehackte Schalotten
1 EL Butter
1 TL Oregano
Salz
schwarzer Pfeffer aus der Mühle
125 g Sahne
1 Ei
6 EL Weißwein
Butter für die Form

1. Die großen Champignons putzen, entstielen und dann mit der Höhlung nach oben in eine gut ausgebutterte feuerfeste Form setzen.
2. Die übrigen Champignons putzen, den Spinat und die Petersilie waschen.
3. Die Champignons, die Champignonstiele, den Spinat und die Petersilie hacken.
4. Die feingehackten Schalotten in der Butter andünsten. Die Champignons, den Spinat, die Petersilie, den Oregano, Salz und Pfeffer hinzufügen, kurz mitdünsten und anschließend das Ganze vom Herd nehmen.
5. Die Sahne und das Ei unter die gewürzte Masse ziehen und die vorbereiteten Champignons damit füllen.
6. Den Weißwein dazugießen und die Form mit Alufolie abdecken. Im Backofen bei 220°C etwa 20 Minuten dünsten.
7. Als Vorspeise servieren.
Getränkeempfehlung: würziger Müller-Thurgau aus dem Badischen oder aus der Pfalz

Die Champignons mit einem Pinsel putzen

Die Stiele vorsichtig von der Kappe abtrennen.

Die Champignons in eine gebutterte feuerfeste Form setzen.

Mit einem kleinen Löffel die Spinatmasse auf den Pilzen verteilen.

FAGOTTINI MIT MANGOLD

FÜR 4 PERSONEN ■ ■ ■
Zubereitungszeit:
30 Minuten
Pro Portion: 395 kcal
24 g E, 30 g F, 8 g K

4 Mangoldblätter
Salz
2 feingewürfelte Schalotten
2 EL Butter
200 g Geflügelfleisch ohne
Haut und Knochen
Pfeffer aus der Mühle
150 g Sahne
80 g gekochter Reis
2 EL gehackte Kräuter
(Kerbel, Petersilie)
2 EL Essig
4 Eier
Butter für die Form
0,15 l Brühe
2–3 EL geriebener
Parmesan

Jeweils die mittlere harte Rippe aus den Mangoldblättern herausschneiden.

Jedes Mangoldblatt mit der Geflügelmasse bestreichen und ein pochiertes Ei obenauf legen.

Die Blattränder so über der Füllung zusammenklappen, daß geschlossene Päckchen entstehen.

1. Die Mangoldblätter in kochendem Salzwasser 30 Sekunden blanchieren, mit der Schaumkelle herausheben und in eiskaltem Wasser abschrecken. Sorgfältig auf ein Tuch ausbreiten.
2. Die Schalotten in 1 Eßlöffel Butter andünsten und erkalten lassen.
3. Das Geflügelfleisch in kleine Stücke schneiden, salzen und pfeffern und im Mixer pürieren. Nach und nach die Sahne darunterziehen. Das Fleisch aus dem Mixer nehmen und die Schalotten, den Reis und die Kräuter daruntermischen. Mit Salz und Pfeffer abschmecken.
4. In einem möglichst hohen Topf reichlich Wasser zum Kochen bringen. Den Essig hinzufügen. Die Eier einzeln in eine Tasse aufschlagen und vorsichtig ins Wasser gleiten lassen. Die Hitze reduzieren, das Wasser darf nicht kochen. Die Eier 3–4 Minuten pochieren, mit einer Schaumkelle herausnehmen und sofort in kaltem Salzwasser abschrecken.
5. Jeweils ein Mangoldblatt mit der Geflügelmasse bestreichen und je ein Ei darauflegen. Die Ränder umschlagen, so daß geschlossene Päckchen entstehen. Mit dem Verschluß nach unten nebeneinander in eine mit Butter bestrichene Form legen.
6. Brühe dazugießen. Fagottini mit Parmesan bestreuen und mit der restlichen Butter belegen. Im Backofen bei 180°C 30 Minuten überbacken.
Beilage: Bratkartoffeln
Getränkeempfehlung: Chianti

GEFÜLLTE CHICORÉE

FÜR 4 PERSONEN ■ ■ ■
Zubereitungszeit:
55–60 Minuten
Pro Portion: 640 kcal
52 g E, 34 g F, 30 g K

8 große Chicorée
8 große Scheiben gekochter
Schinken

FÜLLUNG
1 Brötchen
1 Zwiebel
1 EL frischgehackte
Kräuter
½ EL Butter
400 g gehacktes Geflügel-
fleisch
Salz
Pfeffer aus der Mühle
1 Eiweiß

SAUCE
2 EL Butter
2 EL Mehl
1,2 l Milch
Salz
Pfeffer aus der Mühle
Muskatnuß
1 Eigelb
4 EL Sahne
3 EL geriebener Käse
Butter für die Form

Aus geschmolzener Butter und Mehl eine Mehlschwitze herstellen.

Die Sauce wieder erwärmen und Eigelb und Sahne unter die Sauce schlagen.

Die Sauce über die gefüllten Chicorée verteilen und bei 200° überbacken.

1. Für die Sauce die Butter schmelzen und das Mehl darin dünsten. Vom Herd nehmen und mit der Milch ablöschen. Bei sehr kleiner Hitze 10–15 Minuten köcheln. Mit Salz, Pfeffer und Muskatnuß abschmecken.
2. Die Chicorée der Länge nach halbieren. Das Brötchen in kaltem Wasser einweichen.
3. Die Zwiebel fein hacken und mit den Kräutern in der Butter dünsten. Das Brötchen ausdrücken und zusammen mit der Zwiebel und den Kräutern mit einer Gabel unter das Hackfleisch mischen. Mit Salz und Pfeffer würzen und das Eiweiß unter die Füllung mischen.
4. Die Füllung auf 8 Chicoréehälften verteilen und die übrigen Hälften daraufsetzen. Jede zusammengesetzte Chicorée mit einer Schinkentranche umwickeln. Die Chicorée nebeneinander in eine mit Butter ausgestrichene Form legen.
5. Die Sauce erwärmen und das Eigelb mit der Sahne daruntermischen. Nicht aufkochen lassen, den Käse hinzufügen und über die Chicorée verteilen. Im vorgeheizten Backofen 20 Minuten bei 200°C überbacken.
Beilage: Salzkartoffeln
Getränkeempfehlung: Rot- oder Weißwein

AUSGEBACKENE AUBERGINEN-SCHEIBEN
Melanzane fritte

FÜR 4 PERSONEN ■
Zubereitungszeit:
40 Minuten
Pro Portion:
320 kcal
6 g E, 16 g F, 28 g K

4 längliche, junge
Auberginen (ca. 700 g)
Salz
100 g Mehl
¼ l Weißwein
2 EL Olivenöl
1 Eiweiß
Olivenöl zum Ausbacken
Saft von 1 Zitrone

Die Auberginenscheiben mit Salz bestreuen und 30 Minuten ziehen lassen.

Den Eischnee vorsichtig unter den Teig ziehen.

Die Auberginenscheiben in den Teig tauchen und sofort ausbacken.

1. Die Auberginen in Scheiben schneiden. Auf einen Teller legen, leicht salzen und mit einem zweiten Teller zudecken. 30 Minuten ziehen lassen.
2. Inzwischen Mehl und Salz in eine Schüssel geben, den Wein und das Olivenöl hinzufügen und alles mit einem Schneebesen glattrühren. Das Eiweiß zu sehr steifem Eischnee schlagen und unter den Teig ziehen.
3. In einer hochwandigen Pfanne reichlich Olivenöl erhitzen.
4. Das bittere Wasser von den Auberginenscheiben abgießen und das Gemüse mit Küchenpapier gut trockentupfen.
5. Die Auberginenscheiben in den Teig tauchen und von beiden Seiten in dem Öl goldbraun backen. Mit einem Schaumlöffel herausheben und auf Küchenpapier abtropfen lassen. Mit Zitronensaft beträufeln und sofort servieren.
Getränkeempfehlung:
Aperitif

ZUCCHINIFRITTATA MIT SONNEN-BLUMENKERNEN

FÜR 4 PERSONEN ■ ■
Zubereitungszeit:
30 Minuten
Pro Portion:
240 kcal
10 g E, 19 g F, 4 g K

400 g Zucchini,
möglichst klein
4 EL Olivenöl
2 EL Sonnenblumenkerne
2 Knoblauchzehen
1 große Zwiebel,
fein gehackt
Salz
schwarzer Pfeffer
aus der Mühle
4 Eier

Die Zucchini mit Knoblauch, Zwiebeln und Sonnenblumenkernen anbraten.

Das gebratene Zucchinigemüse unter die verquirlten Eier mischen.

1. Die Zucchini waschen, vom Stengelansatz befreien und in dünne Scheiben schneiden oder auf der Gemüsereibe grob raspeln.
2. Die Hälfte des Olivenöls in einer breiten Pfanne erhitzen. Die Sonnenblumenkerne darin kurz anrösten. Den geschälten Knoblauch durch die Presse dazudrücken, die Zwiebelwürfel und die Zucchinischeiben oder -raspeln untermischen und bei mittlerer Hitze 7–8 Minuten dünsten, dabei öfters umrühren. Anschließend salzen, pfeffern und etwas abkühlen lassen.
3. Die Eier in einer Schüssel verquirlen. Die gedünsteten Zucchini untermischen.

> **TIP** *Sehr würzig schmeckt die Frittata, wenn man statt der Sonnenblumenkerne kleine Salamiwürfel ausbrät, etwa 100 g. Mit einem knackigen Blattsalat hat man ein schönes Abendessen für zwei Personen.*

4. Das restliche Olivenöl wieder in der Pfanne erhitzen und die Mischung hineingeben. Bei milder Hitze stocken lassen, dabei leicht an der Pfanne rütteln, damit nichts ansetzt. Die Frittata vorsichtig mit Hilfe eines Tellers wenden und in weiterer 5 Minuten fertigbraten.
5. Die Zucchinifrittata aus der Pfanne auf einen Teller gleiten lassen und in Viertel oder Achtel schneiden. Heiß, lauwarm oder kalt servieren.
Beilage: frisches Brot
Getränkeempfehlung:
leichter, trockener Weißwein, vorzugsweise Verdicchio

ÜBERBACKENES KARTOFFELPÜREE MIT KÄSE

Für 4 Personen ■ ■
Zubereitungszeit:
50 Minuten
Pro Portion: 685 kcal
35 g E, 45 g F, 34 g K

1 kg mehligkochende
Kartoffeln
Salz
¼ l Milch
4 EL Butter
frischgeriebene Muskatnuß
3 Eier
2 EL Meerrettich
300 g Emmentaler oder
Gouda, frisch gerieben
Butter für die Form

1. Die Kartoffeln schälen und in kleine Würfel schneiden. Die Kartoffelwürfel in einen Topf geben, knapp mit Wasser bedecken, salzen und in 15 Minuten weich kochen.
2. Das Kochwasser abgießen und bei weiterer Hitzezufuhr den Topf schütteln, bis die Kartoffeln ganz trocken sind.
3. Die Milch in einem großen Topf erhitzen und die Kartoffelwürfel durch die Kartoffelpresse in die heiße Milch drücken. Mit einem Schneebesen schlagen, bis eine sahnige Masse entsteht. Die Butter in Flöckchen unter das Püree rühren. Mit Salz und Muskatnuß abschmecken.
4. Die Eier, den Meerrettich und 250 g Käse mit dem Kartoffelpüree vermischen.
5. Eine Auflaufform einfetten. Den Backofen auf 200°C vorheizen.
6. Die Kartoffelmasse in einen Spritzbeutel füllen und in die Auflaufform spritzen. Mit dem restlichen Käse bestreuen.
7. Auf der mittleren Schiene des Backofens in 20 Minuten goldbraun backen.
Beilage zu gebratenen Fisch- oder Fleischgerichten oder als vegetarisches Gericht mit Salat.

FEINE KARTOFFELPLÄTZCHEN

Für 4 Personen ■
Zubereitungszeit:
45 Minuten
Pro Portion: 240 kcal
7 g E, 13 g F, 25 g K

500 g mehligkochende
Kartoffeln
Salz
50 g Mehl
2 Eier (getrennt)
2 EL Sahne
frischgeriebene Muskatnuß
Öl und Butter zum Braten

1. Die Kartoffeln schälen, in Viertel schneiden und knapp mit Salzwasser bedeckt gar kochen. Das Kochwasser abgießen und die Kartoffeln im Topf so lange schütteln, bis sie ganz trocken sind.
2. Die Kartoffeln sofort durch die Kartoffelpresse in eine Schüssel drücken.

TIP *Man kann den Kartoffelteig durch Hinzugabe von feingehackten Kräutern oder in Butter glasig gebratenen Zwiebelwürfeln geschmacklich verändern.*

Das Mehl, die Eigelbe, die Sahne sowie Salz nach Geschmack und Muskatnuß hinzufügen. Die Eiweiße steif schlagen und darunterziehen.
3. Je einen Eßlöffel Öl und Butter in einer Pfanne erhitzen. Mit einem Löffel kleine Teighäufchen in die Pfanne setzen und flachdrücken. Hellbraun braten, vorsichtig wenden und die andere Seite ebenfalls goldgelb braten.
Beilage zu Fleisch- und Wildgerichten oder zu fleischlosen Gemüsegerichten, z. B. grünen Bohnen als Hauptmahlzeit.

Die gekochten Kartoffeln durch eine Kartoffelpresse drücken.

Den Eischnee unter die gewürzte Kartoffelmasse mischen.

Die Kartoffelplätzchen von beiden Seiten goldgelb braten.

FOLIENKARTOFFELN MIT GORGONZOLACREME

Pommes de terre farçies au roquefort

FÜR 4 PERSONEN ■
Zubereitungszeit: 1 Stunde
Pro Portion: 540 kcal
14 g E, 38 g F, 34 g K

8 große, mehligkochende
Kartoffeln
2 reife Avocados
4 EL Crème fraîche
100 g Quark
60 g Gorgonzola
Saft von ½ Zitrone
40 g Lachskaviar

1. Den Backofen auf 220°C vorheizen.
2. Die Kartoffeln sehr gründlich waschen. Mit Küchenpapier abtrocknen und jede Kartoffel auf ein quadratisches Stück Alufolie legen. Die 4 Ecken nach oben biegen und über den Kartoffeln fest zusammendrücken.
3. Die Päckchen auf den Backrost legen und auf der mittleren Schiene 50–60 Minuten garen.
4. In der Zwischenzeit die Avocados der Länge nach halbieren, den Kern entfernen und die Haut abziehen. Das Fruchtfleisch in Stücke schneiden und im Mixer pürieren.
5. Die Crème fraîche mit dem Quark verrühren. Den Gorgonzola mit einer Gabel zerdrücken und mit der Quarkmasse vermischen. Das Avocadomus unter die Masse rühren. Mit Zitronensaft abschmecken.
6. Die fertigen Kartoffeln aus dem Backofen nehmen und die Folie öffnen. Die Kartoffeln mit einem Messer über Kreuz einschneiden und leicht auseinanderdrücken. In diese Vertiefung 1–2 Löffel Gorgonzolacreme geben und mit Lachskaviar garnieren.
Beilage: gemischter Salat
Getränkeempfehlung: trockener, frischer Weißwein, z. B. Chablis

KARTOFFELKNÖDEL AUS ROHEN KARTOFFELN
Thüringische Klöße

FÜR 4 PERSONEN ■ ■
Zubereitungszeit:
1 Stunde 30 Minuten
Pro Portion:
380 kcal
11 g E, 6 g F, 70 g K

KARTOFFELTEIG
1,5 kg rohe Kartoffeln
500 g gekochte Kartoffeln vom Vortag
¼ l Milch
1 EL Salz

FÜLLUNG
1 Brötchen vom Vortag
1 EL Butter

AUSSERDEM
Salz
evtl. 1 EL feingeschnittener Schnittlauch

Die rohe Kartoffelmasse in ein Leintuch geben und das Wasser herauspressen.

In jeden Knödel eine Vertiefung drücken, die gerösteten Brötchenwürfel hineinlegen und den Teig darüber wieder zusammendrücken.

1. Für den Kartoffelteig die rohen Kartoffeln waschen, schälen und auf einem Reibeisen in eine Schüssel mit kaltem Wasser reiben.
2. Die Kartoffelmasse in ein Leinentuch oder ein Stoffsäckchen geben und gründlich auspressen. Das Wasser aufheben. Wenn sich die darin enthaltene Kartoffelstärke abgesetzt hat, das Wasser abgießen.
3. Die gekochten, geschälten Kartoffeln ebenfalls reiben. Die Milch erhitzen, über die gekochten Kartoffeln gießen und glattrühren.
4. Die rohe Kartoffelmasse, die gekochte Kartoffelmasse, die abgesetzte Stärke und das Salz mit den Händen zu einem glatten, weichen Teig verkneten.
5. Für die Füllung das Brötchen in kleine Würfel schneiden und in der Butter goldbraun rösten.
6. Aus dem Kartoffelteig mit nassen Händen Knödel in der gewünschten Größe drehen und in die Mitte jeweils einige Semmelwürfel geben. Die Knödel nachformen.
7. In einem großen, breiten Topf reichlich Wasser zum Kochen bringen, salzen (1 l Wasser = 10 g Salz) und die Knödel vorsichtig mit einer Schaumkelle einlegen. Im offenen Topf in 15–20 Minuten gar ziehen lassen, das Wasser darf auf keinen Fall sprudelnd kochen.
8. Die fertigen Kartoffelknödel mit der Schaumkelle herausheben, gut abtropfen lassen und in eine vorgewärmte Schüssel geben.
Man kann die fertigen Knödel mit feingeschnittenem Schnittlauch bestreuen.
Beilage zu Schweinebraten, Schmorbraten, Gänsebraten.

KARTOFFELKLÖSSE AUS GEKOCHTEN KARTOFFELN
Schlesische Klöße

FÜR 4 PERSONEN ■ ■
Zubereitungszeit:
1 Stunde
Pro Portion:
520 kcal
12 g E, 19 g F, 72 g K

KARTOFFELTEIG
1 kg gekochte Kartoffeln vom Vortag
75 g Weizenmehl
75 g Grieß
Salz
frischgeriebene Muskatnuß
1 Ei
Mehl zum Formen

FÜLLUNG
50 g durchwachsener geräucherter Speck
2 Brötchen vom Vortag
2 EL Butter

AUSSERDEM
Salz
evtl. in Butter geröstete Semmelbrösel

Die geschälten Kartoffeln durch die Kartoffelpresse drücken.

Speck- und Brötchenwürfel in der Butter goldbraun rösten.

Die Teigrolle in Scheiben schneiden, diese mit der Füllung belegen und aus jedem Teigstück einen Knödel formen.

1. Für den Kartoffelteig die Kartoffeln schälen und durch die Kartoffelpresse drücken. Mit den übrigen Zutaten zu einem glatten Teig verkneten. Aus dem Kartoffelteig auf einem leicht bemehlten Brett eine etwa 6 cm dicke Rolle formen.
2. Für die Füllung den Speck in kleine, die Brötchen in etwas größere Würfel schneiden. Die Butter in einer Pfanne erhitzen und die Speckwürfel darin glasig braten. Die Brotwürfel hinzufügen und unter gelegentlichem Umrühren mit einem Holzlöffel goldbraun rösten. Etwas abkühlen lassen.
3. Die Teigrolle in zweifingerdicke Scheiben schneiden. In die Mitte der Teigstücke je einige geröstete Speck- und Semmelwürfel geben und den Teig mit leicht bemehlten Händen zu Knödeln formen.
4. In einem großen, breiten Topf reichlich Wasser zum Kochen bringen, salzen (1 l Wasser = 10 g Salz) und die Knödel nacheinander in das kochende Salzwasser legen. Im offenen Topf in etwa 20 Minuten gar ziehen lassen.
5. Die fertigen Kartoffelklöße mit einer Schaumkelle herausheben, gut abtropfen lassen und in eine Schüssel geben.
Man kann die fertigen Klöße mit gerösteten Semmelbröseln übergießen.
Beilage zu Schmorbraten, Sauerbraten, Backobst.

RADIESCHEN-GEMÜSE

Für 4 Personen	■
Zubereitungszeit:	
20 Minuten	
Pro Portion: 70 kcal	
1 g E, 6 g F, 2 g K	

**3–4 Bund Radieschen,
je nach Größe**
2 EL Butter
Salz
**schwarzer Pfeffer aus der
Mühle**
Saft von ½ Zitrone

1. Die Radieschen von den Blättern befreien, waschen und das Wurzelende entfernen. Von den Radieschenblättern einige schöne heraussuchen, gründlich waschen und trockentupfen. Die Radieschen, je nach Größe, halbieren oder vierteln.
2. Die Butter in einer Pfanne mit hohem Rand schmelzen. Die Radieschen hinzufügen, salzen,

> **TIP** *Wenn's ganz schnell gehen soll, können Sie die Radieschen auch in Scheiben schneiden, dann reduziert sich die Garzeit um gut die Hälfte.*

pfeffern und zugedeckt bei mittlerer Hitze 10 Minuten dünsten. Nach 5 Minuten den Zitronensaft zugießen.
3. Die Radieschenblätter in sehr schmale Streifen schneiden und kurz vor Garzeitende unter die Radieschen mischen.
Die Radieschen können Sie gut mit Champignons mischen, dann die Radieschenmenge reduzieren.
Beilage zu Kurzgebratenem wie Schweinefilet, Lammkoteletts, aber auch zu gedünsteter Hühnerbrust oder zu gebratenem Fisch.

Die Radieschen von Blättern und Wurzelenden befreien, anschließend gründlich waschen.

Die schönsten Radieschenblätter beiseite legen und gründlich unter fließendem Wasser waschen.

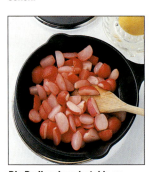

Die Radieschenviertel in geschmolzener Butter bei mittlerer Hitze dünsten. Nach 10 Minuten mit Zitronensaft begießen.

Kurz vor Ende der Garzeit die kleingeschnittenen Radieschenblätter zufügen.

GURKENGEMÜSE MIT MINZE UND OLIVEN

Für 4 Personen	■
Zubereitungszeit:	
25 Minuten	
Pro Portion: 345 kcal	
4 g E, 32 g F, 11 g K	

2 Schalotten
2 EL Butter
3 Salatgurken
200 g Sahne
Salz
**weißer Pfeffer aus der
Mühle**
2 EL Zitronensaft
1 Bund frische Minze
**100 g schwarze, entsteinte
Oliven**

1. Die Schalotten schälen, fein hacken und in einem breiten Topf in der Butter glasig dünsten.
2. Die Gurken schälen, einmal quer, dann längs halbieren. Die Kerne mit einem Löffel herausschaben und die Gurke schräg in 3 cm lange Stücke schneiden. Zu den Schalotten in den Topf geben und unter Rühren kurz anschmoren.
3. Die Sahne dazugießen, salzen, pfeffern, mit Zitronensaft würzen und zugedeckt bei schwacher Hitze 15 Minuten schmoren.
4. Inzwischen die Minze abbrausen, trockentupfen und die Blättchen von den Stengeln zupfen und in Streifen schneiden.
5. Die Oliven 5 Minuten vor Garzeitende unter die Gurken mischen. Die Minze erst kurz vor dem Servieren einstreuen.
Beilage: Pellkartoffeln. Als Beilage reicht die Menge für 8 Personen und paßt gut zu Frikadellen aus Fisch oder Putenfleisch.
Getränkeempfehlung: leichter Weißwein, z. B. Orvieto

TOMATENGEMÜSE MIT RUCOLA

Für 4 Personen	■
Zubereitungszeit:	
20 Minuten	
Pro Portion: 130 kcal	
2 g E, 12 g F, 5 g K	

750 g Fleischtomaten
3 EL Olivenöl
Salz
**schwarzer Pfeffer aus der
Mühle**
**1 EL Aceto Balsamico oder
Rotweinessig**
1 Bund Rucola (Rauke)

1. Die Tomaten blanchieren, häuten und achteln. Die Stengelansätze entfernen.
2. Das Olivenöl in einer breiten Pfanne mit hohem Rand erhitzen. Die Tomatenachtel hineingeben und bei mittlerer Hitze 8 Minuten zugedeckt dünsten.
3. Mit Salz und Pfeffer würzen und mit dem Essig gleichmäßig beträufeln.

> **TIP** *Wenn Sie die Tomaten entkernen, grob hacken und ca. ¼ l Tomatensaft zufügen, haben Sie eine wunderbare Nudelsauce, in die Sie noch gehackte schwarze Oliven streuen können.*

4. Rucola abbrausen, dicke Stiele entfernen. Kleine Blättchen ganz lassen, größere grob zerschneiden. Nach Ende der Kochzeit in die Tomaten streuen. Gleich servieren. Beilage zu Lammkoteletts, pochierten Eiern oder Hackfleischbällchen.

CHAMPIGNONS IN SAHNESAUCE

Für 4 Personen	■
Zubereitungszeit:	
30 Minuten	
Pro Portion: 450 kcal	
9 g E, 41 g F, 6 K	

1 kg kleine Champignons
2 Schalotten
100 g Butter
Saft von ½ Zitrone
250 g Sahne
Salz
schwarzer Pfeffer aus der Mühle
2 EL Cognac
1 EL gehackter Kerbel

Die Stielenden abschneiden, danach die Champignons putzen.

Die kleingeschnittenen Champignons zusammen mit den gewürfelten Schalotten in Butter schmoren.

Den größten Teil der Sahne erhitzen, über das Gemüse gießen und einkochen lassen.

1. Die Champignons putzen, die Stielenden abschneiden und schnell unter fließendem Wasser gründlich waschen. Mit Küchenpapier abtrocknen. Die Champignons in Scheiben, die geschälten Schalotten in kleine Würfel schneiden.
2. Die Butter in einer Pfanne erhitzen und die Schalottenwürfel darin glasig braten. Die Champignons hinzufügen und bei starker Hitze schmoren, bis alle Flüssigkeit verdampft ist und die Pilze beginnen, Farbe anzunehmen. Den Zitronensaft darübergießen.
3. Die Sahne in einen Topf geben und zum Kochen bringen. Bis auf einen kleinen Rest zu den Champignons geben und einkochen lassen. Die Pilze mit Salz und Pfeffer abschmecken.
4. Den Cognac mit der restlichen Sahne vermischen und über die Champignons gießen. Noch einmal kurz aufkochen lassen. Dann sofort mit Kerbel bestreut servieren.
Beilage: Kartoffelplätzchen oder als Vorspeise auf 4 Toastscheiben anrichten

GROSSE BOHNEN

Für 4 Personen	■
Zubereitungszeit:	
1 Stunde	
Pro Portion: 1425 kcal	
88 g E, 37 g F, 184 g K	

2,5 kg frische große Bohnen
150 g frischgeräucherter Schinkenspeck
20 Frühlingszwiebeln (ohne Grün)
1 große Zwiebel
1 Bund Suppengrün
1 EL Schweineschmalz oder Öl
⅜ l Fleischbrühe (aus Extrakt)
2 Stengel Bohnenkraut
Salz
schwarzer Pfeffer aus der Mühle
2 EL Crème fraîche
2 EL gehackte Petersilie

1. Die Bohnenkerne aus den Hülsen lösen und waschen. Den Schinkenspeck in kleine Würfel schneiden.
2. Die Frühlingszwiebeln waschen. Die große Zwiebel schälen und ebenso wie das Suppengrün in Würfel schneiden.
3. Das Fett in einem Schmortopf zerlassen und den Speck darin glasig braten. Die Gemüse zu dem Speck geben und kurz durchrösten. Die Bohnenkerne hinzufügen und ebenfalls leicht anschmoren.
4. Das Gemüse mit der Brühe aufgießen, das Bohnenkraut, Salz und Pfeffer dazugeben und die Bohnen bei mittlerer Hitze in ca. 40 Minuten gar kochen.
5. 10 Minuten vor Ende der Kochzeit den Deckel abnehmen, damit die Flüssigkeit ganz einkocht.
6. Die Crème fraîche an das Gemüse geben und aufkochen lassen. Mit der Petersilie bestreut servieren.
Beilage: neue Kartoffeln

KOHLRABIGEMÜSE

Für 4 Personen	■
Zubereitungszeit:	
25 Minuten	
Pro Portion: 115 kcal	
4 g E, 6 g F, 10 g K	

6 junge Kohlrabi mit frischem Grün
¼ l Wasser
Salz
2 EL Butter
1 EL Mehl
frischgeriebene Muskatnuß

Erst die grünen Blätter vom Kohlrabi entfernen, dann schälen. Die jungen, zarten Kohlrabiblätter aufbewahren und zum Schluß fein geschnitten zum Gemüse geben.

1. Die Kohlrabi schälen und in feine Scheiben oder bleistiftstarke Stifte schneiden, die jungen Kohlrabiblätter waschen, aufrollen und in Streifen schneiden.
2. Die Kohlrabischeibchen mit dem Wasser und etwas Salz in einem Topf aufsetzen und zugedeckt in etwa 15 Minuten bei mittlerer Hitze gar kochen. Das Grün erst kurz vor Ende der Kochzeit hinzufügen.
3. In der Zwischenzeit Butter und Mehl mit einer Gabel gründlich verkneten. Den Butterkloß in kleinen Flöckchen an das Gemüse geben und aufkochen lassen. Mit Muskatnuß abschmecken.
Beilage zu Fleischgerichten aus der Pfanne.

BLUMENKOHL AUF INDISCHE ART
Cauliflower curry

FÜR 4 PERSONEN	■
Zubereitungszeit:	
30 Minuten	
Pro Portion: 255 kcal	
4 g E, 23 g F, 8 g K	

1 großer oder 2 kleine
Blumenkohl
2 kleine Zwiebeln
4 Knoblauchzehen
1 Stückchen Ingwerwurzel
6 EL Pflanzenöl
einige Senfkörner
1 kleine, scharfe rote
Pfefferschote
je 1 Msp. gemahlener
Kümmel und Kurkuma
(Gelbwurz)
1 EL Curry
Salz
Saft von 1 Zitrone
2 EL gehackter, frischer
Koriander

1. Den Blumenkohl in Röschen zerteilen, gründlich waschen und abtropfen lassen. Die geschälten Zwiebeln in kleine Würfel schneiden. Die Knoblauchzehen ganz fein hacken. Die Ingwerwurzel schälen und in feine Würfel schneiden.
2. Das Öl in einem Schmortopf erhitzen und die Senfkörner darin kurz anrösten. Die Zwiebel- und Ingwerwürfel hinzufügen und glasig braten. Dann den Knoblauch, die feingehackte, entkernte Pfefferschote, die Gewürze und den Blumenkohl in den Topf geben. Salzen.
3. Im geschlossenen Topf unter gelegentlichem Rühren oder Schütteln des Topfes in 15 Minuten gar schmoren. Das Gemüse vor dem Servieren mit Zitronensaft beträufeln und mit Koriander bestreuen. Wenn Sie keinen frischen Koriander bekommen, können Sie auch Petersilie verwenden.
Beilage: körnig gekochter Reis
Getränkeempfehlung: Mineralwasser

Die geschälten, halbierten und eingeschnittenen Zwiebeln in Würfel schneiden.

Die Ingwerwurzel schälen und ebenfalls in Würfel schneiden.

TIP *Die Gewürzmischung macht diesen Blumenkohl so exotisch. Das benötigte Currypulver kann man notfalls auch selber mischen. Dazu benötigt man mindestens 12 feingemahlene Gewürze. Cayennepfeffer, Ingwer, Kardamom, Koriander, Kurkuma und Piment sollten unbedingt dabei sein.*

MÖHREN IN MARSALA
Carote al marsala

FÜR 4 PERSONEN	■
Zubereitungszeit:	
30 Minuten	
Pro Portion: 135 kcal	
2 g E, 7 g F, 12 g K	

750 g junge Bundmöhren
2 EL Butter
10 cl Marsalawein
Salz

1. Die Möhren gründlich abbürsten, putzen und in dünne Scheiben schneiden.
2. Die Butter in einer Pfanne oder Kasserolle zerlassen und die Möhrenscheiben darin 5 Minuten unter Schütteln des Topfes anschmoren. Den Marsalawein hinzufügen und salzen.
3. Die Möhren zugedeckt in 15–20 Minuten bei leichter Hitze gar schmoren lassen. Während der

Die Möhren mit der Küchenmaschine in Scheiben schneiden.

Schmorzeit den Topf hin und wieder schütteln, damit die Möhren nicht ansetzen.
Beilage zu gebratener Leber und Schweineschnitzel.

TIP *Die Garzeit von Möhren ist sehr unterschiedlich – darum von Zeit zu Zeit prüfen, ob die Möhrenscheiben schon weich sind.*

RADICCHIO-GEMÜSE MIT SPECK
Radicchio rosso con pancetta

FÜR 4 PERSONEN	■
Zubereitungszeit:	
40 Minuten	
Pro Portion: 245 kcal	
4 g E, 25 g F, 2 g K	

1 kg festgeschlossene
Radicchioköpfe
1 kleine Zwiebel
80 g geräucherter Speck
3 EL Olivenöl
Salz
schwarzer Pfeffer aus der
Mühle

1. Den Radicchio von allen welken Blättern befreien und den Strunk am unteren Ende etwas abschneiden. Gut waschen und sorgfältig abtrocknen.
2. Die Radicchioköpfe halbieren. Die geschälte Zwiebel und den Speck in kleine Würfel schneiden.

TIP *Das leicht bittere Radicchiogemüse schmeckt auch gut, wenn man es mit reichlich Olivenöl bestrichen auf dem Grill knusprig brät.*

3. Das Öl in einen Schmortopf oder in eine tiefe Pfanne geben und die Zwiebel- und Speckwürfel darin glasig braten. Die Radicchioköpfe hinzufügen, salzen und im offenen Topf bei leichter Hitze in 20 Minuten weich schmoren, dabei hin und wieder umrühren. Wenn Sie das Gemüse ohne Deckel garen, bekommt es eine appetitliche Knusprigkeit, lassen Sie den Deckel drauf, so wird es weich.
4. Vor dem Auftragen mit Pfeffer bestreuen.
Beilage zu kurz gebratenem Fleisch oder gegrilltem Fisch.

AUBERGINEN-PFANNE MIT KNOBLAUCH

Für 4 Personen ■
Zubereitungszeit:
30 Minuten
Pro Portion: 225 kcal
3 g E, 19 g F, 10 g K

600 g Auberginen
5 EL Olivenöl
4 Knoblauchzehen
500 g Tomatenstückchen aus der Dose
Salz
schwarzer Pfeffer aus der Mühle
2 TL Thymian, frisch oder getrocknet

1. Die Auberginen waschen und vom Stengelansatz befreien. Erst längs vierteln, dann in ca. 1 cm dicke Scheiben schneiden. In einer großen Pfanne in heißem Olivenöl braten. Herausheben und abtropfen lassen.
2. Den Knoblauch schälen und ins verbliebene

TIP *Auch kalt schmeckt dieses Gemüse hervorragend. Es kann dann noch mit etwas Rotweinessig oder Zitronensaft abgeschmeckt werden.*

Bratfett pressen, goldgelb werden lassen.
3. Die Tomatenstückchen zufügen und bei starker Hitze um ein Drittel einköcheln lassen.
4. Die Auberginen wieder zufügen. Mit Salz, Pfeffer und Thymian würzen und noch 10 Minuten köcheln lassen.
Beilage zu Lammkeule oder Hähnchen.
Sie können auch 500 g gemischtes Hackfleisch mitbraten, dann ergibt es ein komplettes Gericht, zu dem Kartoffeln oder gekochter Reis passen.

BLUMENKOHL MIT HASELNUSS-BUTTER

Für 4 Personen ■
Zubereitungszeit:
30 Minuten
Pro Portion: 385 kcal
6 g E, 38 g F, 6 g K

1 mittelgroßer Blumenkohl (ca. 800 g)
Salz
Saft von ½ Zitrone
125 g Butter
5 EL gemahlene Haselnüsse
schwarzer Pfeffer aus der Mühle
frischgeriebene Muskatnuß

1. Den Blumenkohl, falls nötig, von den Blättern befreien. Dann in möglichst kleine Röschen teilen und waschen.
2. Reichlich Wasser mit Salz und Zitronensaft aufkochen. Die Blumenkohlröschen zufügen und bei schwacher Hitze in 8 Minuten bißfest garen.
3. Die Butter in einer Kasserolle schmelzen und die gemahlenen Haselnüsse einstreuen und aufschäumen lassen. Mit Salz, Pfeffer und Muskat würzen.
4. Den Blumenkohl mit einem Schaumlöffel aus dem Sud nehmen und dabei sehr gut abtropfen lassen. Auf einer Platte anordnen und mit der heißen Haselnußbutter übergießen. Gleich servieren.
Anstelle von Haselnüssen können Sie auch Mandeln, Walnüsse oder Pistazien verwenden.
Anstelle der Nußbutter schmeckt auch Gorgonzola-Sahne-Sauce sehr gut zum Blumenkohl. Dann passen als Beilage Rühreier mit Schinken.
Beilage zu Wild.

CHINAKOHLCURRY MIT MANDELN

Für 4 Personen ■
Zubereitungszeit:
25 Minuten
Pro Portion: 195 kcal
6 g E, 14 g F, 11 g K

1 große Zwiebel
2 EL Öl
1 Chinakohl (ca. 1000 g)
3 Knoblauchzehen
Salz
schwarzer Pfeffer aus der Mühle
2 EL Curry
1 große Dose geschälte Tomaten (750 g Einwaage)
2 EL Mandelblättchen
1 EL Butter
1 Bund Koriandergrün oder glatte Petersilie

1. Die Zwiebel schälen, mittelfein hacken und in einem großen Topf in heißem Öl glasig dünsten.
2. Inzwischen den Chinakohl längs vierteln, vom Strunk befreien und quer in etwa ½ cm breite Streifen schneiden. Waschen und gut abtropfen lassen.
3. Den Knoblauch schälen, durch die Knoblauchpresse zu den Zwiebelwürfeln drücken und kurz mitdünsten. Den Chinakohl zufügen. Zugedeckt 3 Minuten garen.
4. Das Gemüse mit Salz und Pfeffer würzen und mit dem Curry bestäuben. Die Tomaten samt Saft zufügen und alles im geschlossenen Topf 10 Minuten bei schwacher Hitze garen.
5. Die Mandelblättchen in einer beschichteten Pfanne in heißer Butter unter Rühren goldgelb rösten.
6. Den Koriander oder die Petersilie abbrausen und die Blättchen abzupfen. Kurz vor dem Servieren mit den Mandelblättchen auf das Chinakohlcurry streuen.
Beilage: Reis. Am besten eine Mischung aus Langkorn- und Wildreis
Getränkeempfehlung: Kräuterbuttermilch

BROCCOLI MIT KASSELER

Für 4 Personen ■
Zubereitungszeit:
25 Minuten
Pro Portion: 175 kcal
14 g E, 12 g F, 2 g K

600 g Broccoli, frisch oder tiefgekühlt
Salz
1 EL Öl
1 mittelgroße Zwiebel, fein gehackt
200 g Kasseleraufschnitt in dickeren Scheiben
schwarzer Pfeffer aus der Mühle
frischgeriebene Muskatnuß

1. Frischen Broccoli putzen, in Röschen teilen und waschen. Die Stengel schälen und in Scheiben schneiden. Tiefgekühlten und aufgetauten Broccoli ebenfalls in kleine Röschen schneiden.
2. Salzwasser aufkochen und den Broccoli darin 7 Minuten bißfest ga-

TIP *Ohne das Kasseler paßt der Broccoli auch als Beilage zu Fisch und Geflügel. Das Kasseler läßt sich gut durch Krabben ersetzen. Das Gemüse dann bevorzugt zu Fischgerichten reichen.*

ren, eiskalt abschrecken und gut abtropfen lassen.
3. Inzwischen das Öl in einer breiten Pfanne mit hohem Rand erhitzen und die Zwiebel darin glasig dünsten.
4. Das Kasseler in kleine Würfel schneiden und mit dem Broccoli in die Pfanne geben, salzen, pfeffern und mit Muskat würzen. Zugedeckt weitere 7 Minuten dünsten.
Beilage zu Fleischküchlein oder Kartoffelpuffer.

ROTKOHL
Blaukraut

Für 4 Personen	■
Zubereitungszeit:	
1 Stunde 10 Minuten	
Pro Portion: 235 kcal	
3 g E, 13 g F, 20 g K	

1 kg Rotkohl
2 säuerliche Äpfel
50 g Schweine- oder Gänse-schmalz
1 kleine, geschälte Zwiebel, mit 2 Nelken gespickt
¼ l Wasser
⅛ l Rotwein
3 Stück Würfelzucker
2 EL Essig
2 EL Preiselbeeren (aus dem Glas)

1. Die äußeren harten Blätter des Rotkohls entfernen, den Kohl halbieren und den Strunk heraus-schneiden. Den Kohl ho-beln oder in feine Streifen schneiden.
2. Die Äpfel vierteln, das

TIP *Man kann Rotkohl fast immer frisch kaufen, weil es Früh- und Spätsorten gibt. Rotkohl enthält viel Vitamin C und ist reich an Eisen.*

Kerngehäuse entfernen, schälen und in Stücke schneiden.
3. Das Schmalz in einem Topf erhitzen und die Ap-felstücke darin andünsten. Den Kohl und die Zwiebel hinzufügen. Mit Wasser und Rotwein aufgießen.
4. Die Zuckerstücke in einer Pfanne erwärmen, bis sie karamelisieren. Den Essig hinzufügen und auf-kochen lassen. Zu dem Rotkohl geben.
5. Den Topf gut ver-schließen und den Rotkohl in ca. 45 Minuten gar dün-sten. Zum Schluß mit den Preiselbeeren vermischen. Beilage zu Schweinebra-ten, Gänse- und Entenbra-ten oder Wildgerichten.

ROTE-BETE-GEMÜSE

Für 4 Personen	■
Zubereitungszeit:	
1 Stunde	
Pro Portion: 555 kcal	
8 g E, 51 g F, 17 g K	

750 g Rote Bete
Salz
200 g durchwachsener Schinkenspeck
¼ Stange Meerrettich
40 g Butter
125 g Sahne
1 EL Rotweinessig
1 TL Zucker

1. Von den Roten-Beten-Knollen den Strunk ab-schneiden und sie gründ-lich unter fließendem Was-ser abbürsten. In reichlich Salzwasser in 30 Minuten halb gar kochen. Mit kal-tem Wasser abschrecken und die Schale abziehen.
2. Die Roten Beten durch den Fleischwolf drehen oder in der Küchenma-schine nicht zu fein zerklei-nern. Den Schinkenspeck in kleine Würfel schneiden. Die Meerrettichstange auf der feinen Seite der Roh-kostreibe raffeln.
3. Die Butter in einem Topf zerlassen und die Speckwürfel darin anbra-ten. Die Roten Beten hin-zufügen und bei mittlerer Hitze unter gelegentlichem Umrühren gar kochen.
4. Meerrettich, Sahne und Salz hinzufügen und nochmals aufkochen las-sen. Mit Essig und Zucker abschmecken. Nach Be-lieben mit einem Klacks Crème fraîche oder saurer Sahne garnieren.
Beilage zu gekochtem Rindfleisch, Schweinebra-ten, Fisch.

Von den gekochten Roten Beten die Schale abziehen.

Die Roten Beten am besten in einer Küchenmaschine zer-kleinern.

Meerrettich, Sahne und Salz zum fertiggegarten Gemüse geben und kurz aufkochen.

PORREE MIT SCHINKEN

Für 4 Personen	■
Zubereitungszeit:	
40 Minuten	
Pro Portion: 280 kcal	
13 g E, 16 g F, 22 g K	

12 Stangen Porree
Salz
4 Scheiben gekochter Schinken
Butter für die Form

BÉCHAMELSAUCE

30 g Butter
30 g Mehl
½ l Milch
1 Eigelb
weißer Pfeffer aus der Mühle
frischgeriebene Muskatnuß

1. Die Wurzeln und das grüne Ende der Porree-stangen abschneiden, so daß nur noch die weißen Stangen übrigbleiben. Die-se sehr gründlich waschen.
2. Wasser mit Salz in ei-nem länglichen Topf zum Kochen bringen. Die Por-reestangen einlegen und in 10 Minuten fast gar ko-chen. Auf einem Sieb ab-tropfen lassen.
3. Für die Béchamelsau-ce die Butter in einem Topf zerlassen, das Mehl hinzu-fügen und hellgelb rösten. Nach und nach unter stän-digem Rühren mit einem Schneebesen die Milch hinzufügen. Die Sauce weiter einkochen lassen, dann vom Herd nehmen und mit dem Eigelb legie-ren. Mit Salz, Pfeffer und Muskatnuß abschmecken.
4. Den Backofen auf 200 °C vorheizen.
5. Eine flache, feuerfeste Form einfetten. Je 3 Por-reestangen mit einer Scheibe Schinken umwik-keln und nebeneinander in die Form legen. Die Sauce darübergießen.
6. Die Porreestangen im Backofen auf der mittleren Schiene in ca. 15 Minuten gratinieren, bis eine gold-braune Kruste entsteht.
Beilage: Kartoffelpüree

WIRSING MIT SESAM UND SOJASPROSSEN

Für 4 Personen ■
Zubereitungszeit:
30 Minuten
Pro Portion: 180 kcal
6 g E, 16 g F, 4 g K

1 kleiner Wirsing oder
½ Kopf (ca. 300 g)
250 g Champignons
3 EL Sojaöl
2 Knoblauchzehen
2 EL Sesam
150 g Sojasprossen, frisch
oder aus dem Glas
Salz
schwarzer Pfeffer aus der
Mühle
1 Msp. Cayennepfeffer
4 cl trockener Sherry (Fino)
3 EL Sojasauce

1. Den Wirsing von den äußeren dicken Blättern befreien, dann vierteln und dabei den Strunk herausschneiden. Die Wirsingviertel quer in ½ cm breite Streifen schneiden, waschen, abtropfen lassen.
2. Champignons kurz abbrausen, putzen und mit dem Eierschneider in feine Scheiben schneiden.
3. Das Sojaöl in einem Wok oder einer großen Pfanne mit hohem Rand erhitzen. Die Champignons darin kurz anbraten. Den Knoblauch schälen und dazudrücken. Die Wirsingstreifen untermischen. Den Sesam einstreuen.
4. Frische Sojasprossen kurz abbrausen, Sprossen aus dem Glas in einem Sieb abtropfen lassen. Unter den Wirsing mischen.
5. Das Gemüse mit Salz, Pfeffer und Cayennepfeffer würzen. Sherry und Sojasauce dazugießen und zugedeckt bei mittlerer Hitze 10 Minuten dünsten. Üppiger wird das Gericht, wenn Sie zusammen mit den Champignons Hackfleisch anbraten, pro Person etwa 100 g.
Beilage: Reis
Getränkeempfehlung:
trockener Sherry

SPINAT MIT SCHAFSKÄSE UND PINIENKERNEN

Für 4 Personen ■
Zubereitungszeit:
30 Minuten
Pro Portion: 445 kcal
14 g E, 41 g F, 6 g K

600 g Blattspinat, frisch oder
tiefgekühlt
1 kleine Zwiebel
2 EL Olivenöl
3 Knoblauchzehen
4 EL Pinienkerne
Salz
schwarzer Pfeffer aus der
Mühle
1 TL Oregano
300 g griechischer Schafskäse

1. Den frischen Spinat waschen und die Stiele abknipsen. Tiefgekühlten aus der Packung nehmen.
2. Die Zwiebel schälen, fein hacken und in einem breiten Topf in heißem Olivenöl glasig dünsten.
3. Die Knoblauchzehen schälen und durch die Knoblauchpresse dazudrücken. Den Spinat zufügen und 10 Minuten dünsten.
4. Die Pinienkerne einstreuen. Mit Salz, Pfeffer und Oregano würzen.
5. Den Schafskäse, je nach Konsistenz, in kleine Würfel schneiden oder zwischen den Fingern zerbröckeln. Auf den Spinat streuen und bei ganz geringer Hitze 5 Minuten mitgaren.
Anstelle des Spinats können Sie auch Mangold verwenden. Die Pinienkerne lassen sich durch Mandelstifte ersetzen.
Beilage zu gegrillten Lammkoteletts.

ZUCKERSCHOTEN MIT ZITRONENSAUCE

Für 4 Personen ■
Zubereitungszeit:
20 Minuten
Pro Portion: 325 kcal
9 g E, 24 g F, 17 g K

600 g Zuckerschoten
Salz
1 kleine Zwiebel
1 EL Butter
2 cl trockener Sherry (Fino)
200 g Crème fraîche
Saft von ½ Zitrone
weißer Pfeffer aus der
Mühle

1. Die Zuckerschoten waschen und an den Enden abknipsen. In kochendem Salzwasser 1 Minute blanchieren, eiskalt abschrecken und gut abtropfen lassen.
2. Die Zwiebel schälen, fein hacken und in einem breiten Topf in heißer But-

> **TIP** *Wenn Sie die Zuckerschoten als Vorspeise servieren, können Sie noch 200 g Krabben untermischen. Dann reicht die Menge für 8 Personen.*

ter glasig dünsten. Den Sherry dazugießen und fast ganz einkochen lassen.
3. Die Crème fraîche und den Zitronensaft dazugeben und 3 Minuten köcheln lassen. Mit Salz und Pfeffer abschmecken.
4. Die Zuckerschoten in die Sauce geben und 5 Minuten darin erhitzen.
5. Nach Belieben kurz vor dem Ende der Garzeit 2 Frühlingszwiebeln, in Ringe geschnitten, unter die Zuckerschoten und Sauce mischen.
Beilage: Butterreis
Getränkeempfehlung:
Schillerwein aus Württemberg oder Rosé

SPITZKOHL IN SHERRYSAHNE

Für 4 Personen ■
Zubereitungszeit:
25 Minuten
Pro Portion: 410 kcal
5 g E, 35 g F, 8 g K

1 kleiner Spitzkohl (600 g)
4 Frühlingszwiebeln
2 EL Butter
8 cl trockener Sherry (Fino)
250 g Crème double
1 EL Worcestersauce
Salz
weißer Pfeffer aus der
Mühle
2 EL Sonnenblumenkerne

1. Den Spitzkohl putzen, vierteln und den Strunk entfernen. Die Spitzkohlviertel quer in sehr schmale Streifen schneiden, waschen und sehr gut abtropfen lassen.
2. Die Frühlingszwiebeln putzen, waschen und in schmale Ringe schneiden.
3. Die Butter in einem breiten Topf erhitzen und die Frühlingszwiebeln kurz darin andünsten. Den Spitzkohl zufügen und 5 Minuten dünsten, dabei umrühren.
4. Den Sherry dazugießen und die Crème double einrühren. Mit Worcestersauce, Salz und Pfeffer würzen und zugedeckt bei mittlerer Hitze 10 Minuten dünsten.
5. Inzwischen die Sonnenblumenkerne in einer beschichteten Pfanne ohne Fett goldgelb anrösten. Das Gemüse abschmekken, falls nötig, nachwürzen und zum Schluß die Sonnenblumenkerne einstreuen.
Den Sherry können Sie auch durch Weißwein oder Sekt ersetzen. Statt der Sonnenblumenkerne können Sie geschälte Kürbiskerne verwenden.
Beilage zu Kalbsfilet oder gedünstetem Schellfisch sowie Scampi.

ÜBERBACKENE AUBERGINEN
Mussaká

FÜR 4 PERSONEN ■ ■
Zubereitungszeit:
2 Stunden
Pro Portion: 605 kcal
36 g E, 45 g F, 14 g K

6 Auberginen (ca. 1 kg)
Salz
Mehl
⅛ l Olivenöl
500 g Lammfleisch, frisch durchgedreht
2 kleine Zwiebeln
schwarzer Pfeffer aus der Mühle
500 g Tomaten
200 g Joghurt
3 Eier
Butter für die Form

Während die mit Salz bestreuten Auberginenscheiben ruhen, das Hackfleisch im heißen Öl anbraten, die Zwiebelwürfel zufügen und glasig dünsten.

In eine gefettete Auflaufform zweimal nacheinander Auberginen, Tomaten und Hackfleisch schichten. Den Abschluß bildet eine Schicht Auberginen. Vor dem Überbacken den Auflauf mit der Joghurt-Ei-Sauce übergießen.

1. Die Auberginen der Länge nach in Scheiben schneiden. Auf die Schnittflächen Salz streuen und eine halbe Stunde lang ruhen lassen, damit der bittere Saft heraustreten kann.
2. Den Saft abgießen, die Auberginenscheiben waschen, abtrocknen und in Mehl wenden. Die Hälfte des Olivenöls in einer Pfanne erhitzen und die Auberginenscheiben darin nacheinander hellbraun braten.
3. Das Hackfleisch in Flöckchen zerteilen, die geschälten Zwiebeln in Würfel schneiden. Das restliche Öl erhitzen, zuerst das Fleisch darin anrösten, dann die Zwiebelwürfel zugeben und glasig braten. Mit Salz und Pfeffer abschmecken.
4. Die Tomaten mit kochendem Wasser überbrühen, abziehen und in dünne Scheiben schneiden.
5. Den Backofen auf 200 °C vorheizen.
6. Eine Auflaufform einfetten und den Boden mit einem Drittel der Auberginenscheiben belegen. Darüber Tomatenscheiben und die Hälfte des Hackfleisches füllen. Dann wieder Auberginenscheiben, Tomaten, Hackfleisch und die restlichen Auberginenscheiben schichten. Auf die mittlere Schiene des Backofens schieben und etwa 30 Minuten backen lassen.
7. Joghurt, Eier, 1 Eßlöffel Mehl und Salz miteinander vermischen und über die Auberginen gießen. Noch einmal 15 Minuten backen, bis eine goldbraune Kruste entsteht.
Getränkeempfehlung: einfacher, kräftiger Rotwein, z. B. Corbières, Côtes de Provence oder Chianti

PROVENZALISCHER GEMÜSETOPF
Ratatouille

FÜR 10 PERSONEN ■ ■ ■
Zubereitungszeit:
3 Stunden
Pro Portion: 575 kcal
6 g E, 51 g F, 18 g K

3 große, spanische Gemüsezwiebeln
3 Knoblauchzehen
½ l Olivenöl
1 kg Fleischtomaten
¼ l Weißwein
¼ l Tomatensaft
1 Gewürzsträußchen (2 Lorbeerblätter, je ein Zweig Rosmarin, Thymian, 3 Stengel Petersilie)
Salz
schwarzer Pfeffer aus der Mühle
4 rote oder gelbe Paprikaschoten (ca. 800 g)
1½ kg Auberginen
1½ kg Zucchini

1. Die Zwiebeln und die Knoblauchzehen schälen, die Zwiebeln in Scheiben schneiden. Die Tomaten mit kochendem Wasser überbrühen, abziehen und in Stücke schneiden, dabei das harte gelbe Mark zurücklassen.
2. Vom Öl 8 Eßlöffel in einem großen Steinguttopf oder einem Schmortopf erhitzen und die Zwiebeln darin glasig braten. Die Tomatenstücke und die Knoblauchzehen zu den Zwiebeln geben und mit der Hälfte des Weißweins und dem Tomatensaft aufgießen. Das Gewürzsträußchen sowie Salz und Pfeffer hinzufügen und alles bei leichter Hitze 10 Minuten schmoren lassen.
3. Inzwischen die Paprikaschoten halbieren, entkernen und in Streifen schneiden.
4. Die Auberginen und die Zucchini waschen, schälen und in Scheiben schneiden. In einem Topf weitere 8 Eßlöffel Öl erhitzen und das Gemüse darin bei starker Hitze un-ter gelegentlichem Rühren schmoren, bis es eine gelbe Farbe hat.
5. Den Backofen auf 190 °C vorheizen.
6. Das restliche Öl in einem weiteren Topf erhitzen und die Paprikastreifen darin anbraten.
7. Sämtliche Gemüse in den Topf zu der Zwiebel-Tomaten-Mischung geben, den restlichen Wein dazugießen und den Topf mit einem Deckel verschließen.
8. In den Backofen auf die mittlere Schiene geben und 2 Stunden schmoren lassen. Das Gemüse mit einem Schaumlöffel herausheben, kurz abtropfen lassen (es soll aber noch ganz von dem Olivenöl durchzogen sein) und in eine Schüssel füllen. Das aromatische, abgetropfte Öl zum Kochen verwenden.
Die Ratatouille schmeckt warm und kalt gleich gut.
Beilage: frische Baguette
Getränkeempfehlung: roter Landwein oder ein leichter französischer Rosé

TIP *Die langwierige Zubereitung der echten provenzalischen Ratatouille lohnt sich nur, wenn Sie einen großen Kreis bewirten. Da jedes Gemüse extra für sich geschmort wird, macht die Zubereitung viel Arbeit und erfordert Zeit. Aber das lohnt sich, denn für einen warmen Sommerabend ist diese Ratatouille ein köstliches Gericht.*

GEFÜLLTE TOMATEN

Für 4 Personen　■ ■
Zubereitungszeit:
1 Stunde
Pro Portion: 395 kcal
6 g E, 28 g F, 30 g K

8 feste Fleischtomaten
Salz
8 EL Reis
4 EL Olivenöl
1 Knoblauchzehe
3 Sardellen
einige Stengel Petersilie
einige Blätter Minze oder Basilikum
schwarzer Pfeffer aus der Mühle
3 EL Olivenöl für die Form und zum Bestreichen

1. Die Tomaten waschen, einen Deckel abschneiden und die Tomaten vorsichtig mit einem Teelöffel aushöhlen. Innen leicht salzen.
2. Den Reis in leicht gesalzenem Wasser 10–15 Minuten kochen, auf ein Sieb geben und gut abtropfen lassen.
3. Das ausgehöhlte Tomatenmark durch ein Sieb streichen und mit Reis und Olivenöl vermischen.
4. Geschälte Knoblauchzehe, Sardellen und Petersilie fein hacken, Minze oder Basilikum in feine Streifen schneiden. Zusammen mit Salz und Pfeffer unter den Reis mischen.
5. Den Backofen auf 200 °C vorheizen.
6. Den Reis in die Tomaten füllen und die abgeschnittenen Tomatendeckel auf die Früchte setzen.
7. Eine feuerfeste Form mit 1 Eßlöffel Öl auspinseln und die Tomaten hineinsetzen. Die Tomaten mit dem restlichen Öl bestreichen. Im Backofen auf der mittleren Schiene in ca. 40 Minuten gar bakken.
Beilage zu Fisch oder Fleischgerichten oder kalt als Vorspeise mit Weißbrot.

Tomaten lassen sich mit einem Teelöffel leicht aushöhlen.

Aus kleingehackten Kräutern, Sardellen, Gewürzen und Reis wird die Füllung kreiert.

Den gewürzten Reis gleichmäßig in die Tomaten füllen.

WIRSING IN RAHM

Für 4 Personen　■
Zubereitungszeit:
30 Minuten
Pro Portion: 460 kcal
9 g E, 43 g F, 9 g K

1 großer oder 2 kleine Wirsing (ca. 1 kg)
Salz
100 g geräucherter Schinkenspeck
2 EL Butter
200 g Crème fraîche
schwarzer Pfeffer aus der Mühle
frischgeriebene Muskatnuß

1. Die äußeren welken Blätter des Wirsings entfernen, den Strunk abschneiden, den Kohl vierteln und waschen. In kochendem Salzwasser wenige Minuten blanchieren. Auf einem Sieb abtropfen lassen und die Wirsingblätter in Streifen schneiden.
2. Den Schinkenspeck in kleine Würfel schneiden. Die Butter in einer weiten Pfanne erhitzen und die Speckwürfel darin glasig braten.
3. Die Wirsingstreifen zu den Speckwürfeln geben und etwas schmoren lassen. Mit der Crème fraîche übergießen, die Pfanne zudecken und den Kohl 10 Minuten bei mittlerer Hitze dünsten.
4. Mit Salz, Pfeffer und Muskatnuß abschmecken. Beilage zu gebratenem und gegrilltem Fleisch.

> **TIP** *Wirsingkohl ist besonders zart in den Monaten Mai und Juni, wenn die neue Ernte auf den Markt kommt.*

BOUILLON-KARTOFFELN

Für 4 Personen　■
Zubereitungszeit:
40 Minuten
Pro Portion: 160 kcal
6 g E, 3 g F, 27 g K

750 g festkochende Kartoffeln
¼ Sellerieknolle
1 Stange Porree
2 große Möhren
1 l Rindfleischbrühe (selbstgemacht oder aus Extrakt)
Majoran (nach Geschmack)
¼ Lorbeerblatt
Salz
1 EL gehackte Petersilie
1 EL Butter

1. Alle Gemüse gründlich waschen. Kartoffeln und Sellerie schälen, die Möhren schaben und alles in Würfel schneiden. Die Wurzel und das grüne Ende der Porreestange ab-

> **TIP** *Anstelle von Petersilie kann man auch abgezupften Kerbel oder Majoran sowie Schnittlauchringe unter die Bouillonkartoffeln mischen.*

schneiden, das restliche weiße Stück in Scheiben schneiden.
2. Das Gemüse in einen Topf geben, mit der Fleischbrühe übergießen, Majoran und Lorbeerblatt hinzufügen. Zugedeckt 20 Minuten kochen lassen. Die Kartoffeln sollen die Brühe ganz aufgesogen haben und gerade zu zerfallen beginnen.
3. Die Bouillonkartoffeln vor dem Servieren mit Petersilie und Butter vermischen.
Beilage zu gekochtem Rindfleisch mit Meerrettich oder Saftwürstchen oder solo als kleine vegetarische Mahlzeit.

GESCHMORTER SPARGEL MIT KERBELSAUCE

Für 2 Personen ■
Zubereitungszeit:
30 Minuten
Pro Portion: 380 kcal
15 g E, 30 g F, 18 g K

1000 g weißer Spargel
3 EL Butter
Salz
weißer Pfeffer aus der Mühle
Saft von 1 Zitrone
2 TL Ahornsirup
100 g Kerbel
2 Eigelb
300 g Joghurt

1. Den Spargel sorgfältig von der Spitze aus schälen und an den Enden abschneiden. Die Spargelstangen schräg in ca. 4 cm lange Stücke schneiden. Die Spargelköpfe beiseite legen.
2. Die Butter in einer großen Pfanne erhitzen. Den Spargel, ohne die Köpfe, darin 15 Minuten zugedeckt bei mittlerer Hitze dünsten. Nach 5 Minuten salzen, pfeffern, mit Zitronensaft und Ahornsirup beträufeln.
3. In der Zwischenzeit den Kerbel abbrausen, trockentupfen und die Stiele abknipsen. Einige Zweige zum Garnieren beiseite legen, restlichen Kerbel mit dem Eigelb und dem Joghurt im Mixer zu einer gleichmäßigen Sauce verarbeiten und mit Salz und Pfeffer abschmecken.
5. Die Spargelköpfe 5 Minuten vor Garzeitende in die Pfanne geben.
6. Das Spargelgemüse auf 4 vorgewärmte Teller verteilen und die Sauce als Klacks in die Mitte geben. Mit Kerbelblättchen garnieren.
Beilage: neue Kartoffeln. Als Beilage reicht die Menge für 4 Personen und paßt zu gedünstetem Lachs.
Getränkeempfehlung: Badischer Grauburgunder

GRÜNER SPARGEL IM WOK

Für 4 Personen ■
Zubereitungszeit:
30 Minuten
Pro Portion: 315 kcal
7 g E, 28 g F, 8 g K

500 g grüner Spargel
250 g Zuckerschoten
Salz
3 EL Öl
3 EL Sesam
3 EL Sojasauce
2 cl trockener Sherry (Fino)
1 Kästchen Kresse

1. Vom Spargel nur das untere Drittel schälen. Die Spargelstangen an den Enden abschneiden, kurz waschen und in 3 cm lange Stücke schneiden. Die Zuckerschoten waschen und an den Enden abknipsen.
2. Erst den Spargel für 3 Minuten in kochendes Salzwasser geben, eiskalt abschrecken und abtropfen lassen, dann mit den Zuckerschoten ebenso verfahren, aber nur 1 Minute blanchieren.
3. Das Öl in einem Wok oder einer breiten Pfanne erhitzen. Den Sesam darin goldgelb anrösten, dabei immer wieder umrühren.
4. Den Spargel und die Zuckerschoten zufügen und bei milder Hitze 5 Minuten garen. Die Sojasauce und den Sherry darüberträufeln.
5. Die Kresse unter fließendem Wasser abbrausen. Die Blättchen über dem Gemüse mit der Küchenschere abschneiden und untermischen.
Beilage zu Kalbsfilet oder gegrilltem Lachs oder als vegetarisches Hauptgericht für 2 Personen mit Naturreis oder neuen Kartoffeln.

KOHLRABI IN GORGONZOLASAUCE

Für 4 Personen ■
Zubereitungszeit:
25 Minuten
Pro Portion: 520 kcal
23 g E, 44 g F, 8 g K

6 Kohlrabi (ca. 800 g)
Salz
1 EL Butter
250 g Sahne
300 g Sahnegorgonzola
schwarzer Pfeffer aus der Mühle
frischgeriebene Muskatnuß
Zitronensaft
1 Handvoll Kerbel

1. Die Kohlrabi schälen, je nach Größe halbieren und auf einem Gemüsehobel in feine Scheiben schneiden. Die Kohlrabischeiben in einen Topf mit kochendem Salzwasser geben und 3 Minuten garen. Mit einem Schaumlöffel herausnehmen und sehr gut abtropfen lassen.
2. Den Backofen auf 220°C vorheizen.
3. Eine feuerfeste Form einfetten und die Kohlrabischeiben dachziegelartig hineinlegen.
4. Die Sahne in einem kleinen Tropf aufkochen. Den Sahnegorgonzola zufügen und unter Rühren schmelzen. Die Sauce mit Salz, Pfeffer, Muskat und Zitronensaft abschmecken.
5. Kerbel abbrausen und trockentupfen. Die Blättchen von den Stielen zupfen und bis auf einige auf die Kohlrabischeiben streuen. Mit der Sauce übergießen und im Backofen auf der mittleren Schiene 10 Minuten goldbraun überbacken.
6. Vor dem Servieren mit den restlichen Kerbelblättchen bestreuen.
Beilage zu Kalbsmedaillons oder verlorenen Eiern oder mit Kartoffeln oder Reis mit Sesam als vegetarisches Hauptgericht für 2 Personen.

MÖHREN SÜSS-SAUER

Für 4 Personen ■
Zubereitungszeit:
30 Minuten
Pro Portion: 150 kcal
2 g E, 10 g F, 14 g K

750 g Möhren
Salz
3 EL Butter
3 EL Ahornsirup
Saft von 1 Zitrone
schwarzer Pfeffer aus der Mühle
1 Prise Kreuzkümmel
1 Kästchen Kresse

1. Die Möhren schälen und schräg in ca. 1 cm dicke Scheiben schneiden. In einen Topf geben, knapp

> **TIP** *Die Hälfte der Möhren kann durch Zucchini ersetzt werden. Statt der Kresse schmeckt auch frische Minze sehr apart.*

mit Wasser bedecken, salzen, aufkochen, dann 8 Minuten bei schwacher Hitze kochen lassen.
2. Die Möhren in ein Sieb schütten und gut abtropfen lassen.
3. In einer großen Pfanne die Butter erhitzen. Ahornsirup zufügen und einmal aufwallen lassen. Die Möhren hineingeben und 5 Minuten dünsten. Mit dem Zitronensaft beträufeln und mit Salz, Pfeffer und Kreuzkümmel würzen.
4. Zum Schluß die Kresse unter fließendem Wasser abbrausen und die Blättchen direkt über der Pfanne abschneiden. Etwas abkühlen lassen.
Beilage zu kaltem Roastbeef oder zu gebratenen Hühnerschenkeln. Oder als Vorspeise auf einem Bett von frischen Spinatblättern und mit geröstetem Sesam bestreut servieren.

GEMÜSEZWIEBELN MIT ASIATISCHER FÜLLUNG

Für 4 Personen ■ ■
Zubereitungszeit:
1 Stunde 30 Minuten
Pro Portion: 300 kcal
5 g E, 14 g F, 34 g K

4 Gemüsezwiebeln
1 mittelgroße Möhre
100 g Staudensellerie
40 g Butter oder Margarine
Salz
weißer Pfeffer aus der Mühle
150 g Shiitakepilze (Tongkupilze)
¼ l Rinderfond (selbstgemacht)
1 EL gehackte Ingwerwurzel
4 cl Reiswein (Sake)
1 cl Sojasauce
2 cl Sherryessig
100 g gekochter Basmatireis
Fett für die Form

1. Die Zwiebeln schälen, einen Deckel abschneiden und das Innere mit einem Messer kreuzweise einschneiden, dabei darauf achten, daß die äußeren beiden Zwiebelschichten

TIP *Basmatireis kommt aus Indien und hat ein besonders feines Aroma. Seine Kochzeit beträgt ca. 20 Minuten. Selbstverständlich kann man auch normalen Langkornreis für die Füllung verwenden.*

nicht verletzt werden. Das Innere mit einem Kugelausstecher herauslösen und kleinhacken.
2. Möhre schälen, Selleriestangen putzen, waschen und in kleine Würfel schneiden.
3. 20 g Fett in einer Kasserolle erhitzen und die Zwiebel-, Möhren- und Selleriewürfel darin an-

Mit einem Kugelmesser lassen sich die Zwiebeln am leichtesten aushöhlen.

Möhre schälen, waschen und in kleine Würfel schneiden.

schwitzen. Mit Salz und Pfeffer würzen.
4. Die Shiitakepilze in kleine Stücke schneiden, in dem restlichen Fett ebenfalls anschwitzen und würzen.
5. Den Rinderfond mit Ingwer, Reiswein, Sojasauce und Sherryessig zum Kochen bringen und einmal aufkochen lassen.
6. Den Backofen auf 200°C vorheizen.
7. Reis, Gemüse, Pilze und Sauce gründlich miteinander vermischen und noch einmal mit Salz und Pfeffer abschmecken.
8. Die ausgehöhlten Zwiebeln nebeneinander in eine gefettete Auflaufform stellen und mit der Reismischung füllen. Zugedeckt in 45 Minuten gar backen, dabei nach 30 Minuten den Deckel abnehmen und offen fertiggaren.

SPINATNOCKEN, MIT KÄSE GRATINIERT

Für 4 Personen ■ ■
Zubereitungszeit:
45 Minuten
Pro Portion: 415 kcal
29 g E, 29 g F, 9 g K

750 g junge Spinatblätter
Salz
250 g trockener Quark
3 Eigelb
2–3 EL feines Weizenvollkornmehl, frisch gemahlen
Salz
weißer Pfeffer aus der Mühle
frischgeriebene Muskatnuß
200 g Emmentaler, frisch gerieben
Fett für die Form

1. Den Spinat sorgfältig verlesen und gründlich waschen. Reichlich Salzwasser zum Kochen bringen, den Spinat darin 1 Minute blanchieren und auf einem Durchschlag abtropfen lassen. Dann gut ausdrücken und kleinhakken.
2. Den Quark in eine Schüssel geben und mit Spinat, Eigelben und Mehl zu einer formbaren Masse verarbeiten. Mit Salz, Pfeffer und Muskat würzig abschmecken.
3. Reichlich Salzwasser in einem großen Kochtopf zum Kochen bringen und den Grill vorheizen.
4. Mit einem Eßlöffel aus der Spinatmasse Nocken formen und im leicht siedenden Salzwasser in 2–3 Minuten gar ziehen lassen. Mit einem Schaumlöffel herausheben, abtropfen lassen und nebeneinander in eine feuerfeste, gefettete Form legen. Die Nocken mit Käse bestreuen und unter dem Grill kurz gratinieren.
Beilage zu Fleischgerichten oder mit einer Käsesauce als warmes Zwischengericht.

ÜBERBACKENE KÄSE-AUBERGINEN

Für 4 Personen ■
Zubereitungszeit:
45 Minuten
Pro Portion: 485 kcal
22 g E, 38 g F, 11 g K

2 mittelgroße Auberginen (ca. 800 g)
Salz
6 EL Olivenöl
4 Fleischtomaten (ca. 600 g)
weißer Pfeffer aus der Mühle
2 EL gehackte Basilikumblätter
1 EL gehackte Oreganoblätter
400 g Büffelmozzarella

1. Die Auberginen waschen, Stielansätze entfernen und der Länge nach in etwa 1 cm dicke Scheiben schneiden. Salzen und 15 Minuten stehen lassen.
2. Die Tomaten blanchieren, häuten und in dikke Scheiben schneiden.
3. Den Backofen auf 200°C vorheizen.
4. Die Auberginenscheiben gut ausdrücken und abtrocknen. 4 Eßlöffel Olivenöl in einer beschichteten Pfanne erhitzen und die Gemüsescheiben darin von beiden Seiten kurz anbraten. Nebeneinander auf ein Backblech legen.
5. Die Auberginenscheiben mit den Tomatenscheiben belegen, salzen und pfeffern, mit den Kräutern bestreuen und mit der in dünne Scheiben geschnittenen Mozzarella belegen. Mit dem restlichen Olivenöl beträufeln und im Backofen auf der mittleren Schiene 15 Minuten backen lassen. Dann den Grill zuschalten und die Auberginen noch kurz gratinieren.
Beilage zu Fleischgerichten oder als warme Vorspeise.
Getränkeempfehlung: leichter, aromatischer Rotwein, z. B. Chianti Classico oder Dolcetto

PAPRIKAPFANNE

Für 4 Personen ■
Zubereitungszeit:
25 Minuten
Pro Portion: 805 kcal
32 g E, 55 g F, 44 g K

1 große Zwiebel
2 EL Olivenöl
750 g Paprikaschoten, rot,
grün, gelb
⅛ l Tomatensaft
Salz
schwarzer Pfeffer aus der
Mühle
1 TL Paprikapulver, edelsüß
1 Msp. Cayennepfeffer
350 g Kabanossi
1 Bund Petersilie

1. Die Zwiebel schälen
und auf dem Gemüseho-
bel in feine Ringe schneiden.
2. Das Olivenöl in einer
breiten Pfanne erhitzen
und die Zwiebelringe darin
glasig dünsten.
3. Die Paprikaschoten
längs halbieren, vom Kernhaus befreien und wa-
schen. Dann quer in
schmale Streifen schnei-
den und in die Pfanne ge-
ben. Mit dem Tomatensaft
übergießen, salzen, pfef-
fern, mit Paprika und
Cayennepfeffer würzen
und 15 Minuten köcheln
lassen.
4. Die Kabanossi pellen
und in nicht zu dicke
Scheiben schneiden. Un-
ter das Gemüse mischen
und 5 Minuten mitgaren.
5. Die Petersilie abbrau-
sen, trockentupfen und
grob hacken. Kurz vor dem
Servieren untermischen.
Anstelle der Kabanossi
können Sie auch gekoch-
ten Schinken, in Strei-
fen geschnitten, untermi-
schen.
Beilage: Kartoffelpüree
Getränkempfehlung:
leichter Rotwein, z. B.
Chianti oder Beaujolais
Villages

Die Schoten der Länge nach
halbieren, die Kerne und die
weißen Häutchen entfernen,
anschließend waschen.

Paprikahälften in schmale
Streifen schneiden.

Die Paprikastreifen mit Toma-
tensaft übergießen, würzen und
anschließend 15 Minuten garen.

Die Kabanossi pellen und in
Scheiben schneiden. Zum Gemüse geben und zusammen mit
dem Gemüse weitere 5 Minuten
erhitzen.

ZUCCHINIPFANNE MIT PUTEN-STREIFEN

Für 2 Personen ■
Zubereitungszeit:
30 Minuten
Pro Portion: 420 kcal
55 g E, 18 g F, 9 g K

400 g Putenschnitzel
2 EL Butterschmalz
Salz
weißer Pfeffer aus der
Mühle
frischgeriebene Muskatnuß
600 g Zucchini
3 Knoblauchzehen
¼ l Fleischbrühe
(aus Extrakt)
1 Bund glatte Petersilie

1. Die Putenschnitzel in
schmale Streifen schnei-
den.
2. Das Butterschmalz in
einer breiten Pfanne erhitzen. Die Putenstreifen darin portionsweise kräftig
anbraten, salzen, pfeffern,
mit Muskat bestreuen und
beiseite stellen.
3. Die Zucchini vom
Stengelansatz befreien,
waschen und mit dem Kü-
chenhobel direkt in die
Pfanne in das verbliebene
Bratfett hobeln. Kurz an-
dünsten.
4. Die Knoblauchzehen
schälen und durch die
Knoblauchpresse über die
Zucchinischeiben drük-
ken.
5. Mit der Fleischbrühe
begießen, aufkochen, sal-
zen, pfeffern und zuge-
deckt 5 Minuten köcheln
lassen.
6. Inzwischen die Peter-
silie abbrausen, trocken-
tupfen und grob hacken.
Die Putenstreifen unter die
Zucchinischeiben heben,
den ausgetretenen Fleischsaft zufügen und kurz mit-
schmoren.
7. Ganz zum Schluß die
Petersilie unterheben.
Anstelle der Putenschnit-
zel können Sie auch ande-
res Fleisch verwenden.
Beilage: Kartoffelpüree
Getränkempfehlung:
trockener Apfelcidre

AUSTERNPILZ-FRITTATA

Für 4 Personen ■ ■
Zubereitungszeit:
30 Minuten
Pro Portion: 250 kcal
13 g E, 20 g F, 4 g K

1 mittelgroße Zwiebel
3 EL Olivenöl
750 g Austernpilze
2 Knoblauchzehen
Salz
schwarzer Pfeffer aus der
Mühle
1 Bund Schnittlauch, kleingeschnitten
5 Eier

1. Die Zwiebel schälen
und fein hacken. Das Oli-
venöl in einer mittelgroßen
Pfanne mit höherem Rand
erhitzen und die Zwiebel-
würfel darin bei schwacher
Hitze glasig dünsten.
2. Inzwischen die Au-
sternpilze kurz abbrausen,
vom Wuchsansatz befrei-
en und in schmale Streifen
schneiden. Die Austern-
pilzstreifen in die Pfanne
geben und bei mittlerer
Hitze 10 Minuten dünsten.
Den Knoblauch schälen
und durch die Knob-
lauchpresse dazudrücken.
Salzen und pfeffern.
3. Den Schnittlauch mit
den Eiern in einer Schüssel
gut verquirlen und über die
Pilze gießen. Bei schwa-
cher Hitze stocken lassen.
Dabei ab und zu an der
Pfanne rütteln, damit
nichts ansetzt.
4. Die Frittata nach etwa
7 Minuten auf einen Deckel
oder Teller gleiten lassen,
dann umgedreht wieder in
die Pfanne rutschen las-
sen und in weiterer 10 Minuten fertigbraten.
Es sieht schön aus, wenn
man die Frittata wie Ku-
chenstücke aufschneidet.
Die Austernpilzfrittata können Sie auch kalt als Vorspeise servieren.
Beilage: Tomatensalat mit
Frühlingszwiebeln
Getränkempfehlung:
leichter Rotwein, z. B.
Beaujolais oder Chianti

FENCHEL-BIRNEN-GEMÜSE

Für 2 Personen ■
Zubereitungszeit:
35 Minuten
Pro Portion: 260 kcal
6 g E, 9 g E, 28 g K

2 kleine Fenchelknollen
(ca. 300 g)
2 mittelgroße, aromatische
Birnen (z. B. Williams
Christ)
Saft von ½ Zitrone
20 g Butter oder Margarine
Salz
weißer Pfeffer aus der
Mühle
Cayennepfeffer
⅛ l trockener Weißwein
50 g frische, enthülste
Erbsen

1. Die Fenchelknollen
waschen, putzen, dabei
die zarten, grünen Blätter
abschneiden und beiseite

Das Fenchelkraut sollte bei der
Zubereitung mit verwendet
werden.

Fenchelknollen und Birnen in
dünne Scheiben schneiden.

> TIP *Die Birnen
> dürfen für dieses Ge-
> richt nicht zu weich
> sein.*

legen. Die Knollen halbieren und in dünne Streifen
schneiden. Die Birnen
schälen, halbieren und die
Kerngehäuse entfernen.
Die Fruchthälften in längliche Streifen schneiden
und mit Zitronensaft be-
träufeln.
2. Das Fett in einem
Schmortopf erhitzen und
die Fenchelstreifen darin
anbraten. Mit Salz, Pfeffer
und Cayennepfeffer wür-
zen und mit Weißwein auf-
gießen. Zugedeckt etwa
15 Minuten dünsten.
3. Dann die Birnen und
die Erbsen dazugeben und
zugedeckt in wenigen Mi-
nuten fertiggaren.
4. Das zurückgelassene
Fenchelgrün fein hacken
und vor dem Servieren
darüberstreuen.
Beilage zu geschmortem
Kalbfleisch italienische Art.

Birnen und Erbsen zu den ge-
schmorten Fenchelstreifen
geben.

STAUDENSELLERIE MIT MOZZARELLA

Für 4 Personen ■
Zubereitungszeit: 1 Stunde
Pro Portion: 245 kcal
5 g E, 9 g F, 16 g K

2 Staudensellerie
(je ca. 400 g)
30 g Butter
Salz
weißer Pfeffer aus der
Mühle
⅛ l trockener Weißwein
4 Fleischtomaten
10 schwarze, entkernte
Oliven
6–8 Basilikumblätter
100 g Büffelmozzarella

1. Von den Selleriestau-
den das untere Ende sowie
die grünen Blätter ab-
schneiden und das Gemü-
se der Länge nach halbie-
ren.
2. Die Butter in einer
Kasserolle erhitzen und
die Gemüsehälften darin
wenden, mit Salz und Pfeffer würzen und mit Weiß-
wein aufgießen. Zuge-
deckt bei schwacher Hitze
etwa 20 Minuten dünsten.
3. In dieser Zeit die Tomaten blanchieren, häu-
ten, entkernen und in kleine Würfel schneiden. Oli-
ven in Scheiben und Basi-
likumblätter in feine Streifen schneiden. Mit den Tomatenwürfeln vermischen
und mit Salz und Pfeffer
würzen. Mozzarella in dünne Scheiben schneiden.
4. Den Grill vorheizen.
5. Die Selleriestangen so
wenden, daß die Schnitt-
fläche oben ist. Mit der To-
matenmischung bedek-
ken, mit Käse belegen und
10 Minuten unter dem Grill
überbacken.
Beilage zu Filetsteaks oder
Frikadellen. Wenn Sie Kartoffelpüree dazu reichen,
ist dieses Gericht eine vegetarische Hauptmahlzeit
für 2 Personen.

BLATTSPINAT MIT JOGHURT

Für 4 Personen ■
Zubereitungszeit:
35 Minuten
Pro Portion: 90 kcal
3 g E, 8 g F, 2 g K

500 g junger Blattspinat
1 Zwiebel
1 Knoblauchzehe
2 EL Öl
1 Stückchen getrocknete
Pfefferschote
etwas frischgeraspelte
Ingwerknolle
1 TL Currypulver
Salz
weißer Pfeffer aus der
Mühle
1–2 Knoblauchzehen
175 g Vollmilchjoghurt

1. Den Spinat putzen,
dickere Blattstiele entfernen. Die Blätter mehrmals
gründlich waschen und
abtropfen lassen.
2. Zwiebel und Knob-
lauch schälen und in Wür-
fel schneiden. Das Öl in einem Wok oder einer hoch-
wandigen Pfanne erhitzen.
Zwiebel und Knoblauch
darin glasig braten.
3. Die zerbröselte Pfefferschote, Ingwer und Curry hinzufügen und bei mittlerer Hitze anrösten. Die
Spinatblätter dazugeben
und mit der Zwiebel-Ge-
würz-Mischung vermen-
gen. Den Wok bzw. die
Pfanne mit einem Deckel
verschließen und den Spi-
nat in wenigen Minuten zusammenfallen lassen.
4. Währenddessen die
Knoblauchzehen schälen
und zum Joghurt pressen,
gründlich vermischen. Mit
Salz und Pfeffer herzhaft
abschmecken.
5. Den Spinat auf einer
vorgewärmten Platte an-
richten und in die Mitte den
Knoblauchjoghurt geben.
Nach Belieben mit etwas
Curry, gerösteten Man-
deln oder Pistazien be-
streuen und mit feinen To-
matenstreifen garnieren.
Beilage zu gegrillten
Fleischspießen.

GEFÜLLTE ZUCCHINI

FÜR 4 PERSONEN ■ ■
Zubereitungszeit:
40–45 Minuten
Pro Portion: 410 kcal
37 g E, 25 g F, 10 g K

4 Zucchini von ca. 15 cm
Länge
½ l Gemüsebrühe

LAMMFÜLLUNG
400 g gehacktes
Lammfleisch
4 Knoblauchzehen
2 Eigelb
Salz
Pfeffer aus der Mühle
2 EL Paniermehl
10 g Butter

RICOTTAFÜLLUNG
400 g Ricotta oder Speise-
quark
2 EL Basilikumstreifchen
2 Eigelb
Salz
Pfeffer aus der Mühle
10 g Butter

Die Zucchini der Länge nach halbieren und mit einem Löffel aushöhlen.

Die Ricottafüllung auf vier Zucchinihälften spritzen.

1. Von den Zucchini Blüten- und Stielansatz abschneiden. Die Früchte der Länge nach halbieren und mit einem Löffel etwas aushöhlen. Die Zucchinihälften in der Gemüsebrühe ca. 5 Minuten vorkochen, mit einem Schaum-

TIP *Zum Aushöhlen der Zucchini kann man ein Pariser Messer verwenden, ein sehr praktisches kleines Instrument.*

löffel herausnehmen und abtropfen lassen. Die Kochflüssigkeit aufheben.
2. Das Lammhackfleisch mit den durchgepreßten Knoblauchzehen, den Eigelben, Salz und Pfeffer sowie 1 Eßlöffel Paniermehl gut mischen.
3. Vier Zucchinihälften mit der Lammfüllung füllen. Mit dem restlichen Panier-

mehl bestreuen und mit ganz kleinen Butterflokken und eventuell Knoblauchscheiben belegen.
4. Ricotta mit dem Basilikum und den Eigelben pürieren. Mit Salz und Pfeffer abschmecken. Die restlichen Zucchinihälften mit der Ricottamischung füllen. Mit der restlichen, in Flöckchen geschnittenen Butter belegen.
5. Die Zucchini in eine ofenfeste Form setzen. Die zurückbehaltene Kochflüssigkeit dazugießen und im vorgeheizten Ofen bei 200°C 20–25 Minuten überbacken.
Beilage: Kartoffeln oder Reis
Getränkeempfehlung: Barbaresco oder Barbera aus dem Piemont

CHICORÉE MIT RINDERMARK UND PORTWEINSAUCE

FÜR 4 PERSONEN ■ ■ ■
Zubereitungszeit:
70 Minuten
Pro Portion: 210 kcal
6 g E, 15 g F, 4 g K

8 Chicorée
150 g Champignons
1 EL Zitronensaft
0,2 l Portwein
1 EL Butterschmalz
Salz
Pfeffer
1 TL Stärkemehl
125 g Sahne
Butter für die Form
4–6 Markbeine vom Rind

1. Den bitteren Kern am Stielansatz der Chicorée herausschneiden.
2. Champignons putzen, in Scheiben schneiden und mit dem Zitronensaft vermischen. 0,1 l Portwein erhitzen und die Champignons darin 5 Minuten vorkochen.
3. Das Butterschmalz in einer großen Pfanne erhitzen, Chicorée hineinlegen, salzen, pfeffern und mit dem Portwein (Kochflüssigkeit der Champignons) begießen. Zugedeckt 20 Minuten dünsten.
4. Den restlichen Portwein mit Stärkemehl verrühren und aufkochen. Die Kochflüssigkeit des Chicorée und die Sahne dazugießen, in 10 Minuten zu einer sämigen Sauce kochen, salzen und pfeffern.
5. Eine Form mit Butter ausstreichen und die abgetropften Chicorée (am besten vorher auf Haushaltspapier legen) darin anordnen. Die Pilze darüber verteilen und die Sauce dazugießen. 15 Minuten im vorgeheizten Ofen bei 200°C überbacken.
6. 5 Minuten vor Ende der Backzeit das aus den Knochen herausgedrückte und in Scheiben geschnittene Mark darauflegen.
7. Als Vorspeise oder zu Geflügel servieren.

ERBSEN MIT LATTICH

FÜR 4 PERSONEN ■
Zubereitungszeit:
30 Minuten
Pro Portion: 180 kcal
7 g E, 11 g F, 14 g K

4 Schalotten
50 g Butter
1 Lattich oder Kopfsalat
400 g grüne, enthülste
Erbsen
½ TL gehackter Kerbel
1 Prise Zucker
Salz
Pfeffer aus der Mühle

1. Die Schalotten schälen, vierteln und in 1 Eßlöffel Butter glasig werden lassen.
2. Den Lattich oder den Kopfsalat gut waschen, abtropfen und in ganz feine Streifen schneiden. Zusammen mit den Erbsen und dem Kerbel 5 Minuten in 1 Eßlöffel Butter dünsten.
3. Die Erbsen mit den Schalotten mischen und den Zucker, 1 Eßlöffel Erbsensud und die restliche Butter hinzufügen. Mit Salz und Pfeffer würzen.
4. Sobald die Butter zerlaufen ist, das Gemüse als Beilage, zum Beispiel zu Lammfleisch, servieren.

TIP *Tiefgekühlte Erbsen sollten etwas länger gedünstet werden.*
Durch das Glasieren mit Zucker und Butter werden die Erbsen besonders aromatisch und glänzend.

SCHWARZ-WURZELN IN BLÄTTERTEIG

FÜR 6 PERSONEN ■ ■ ■
Zubereitungszeit:
1 Stunde 20 Minuten
Pro Portion: 500 kcal
13 g E, 35 g F, 32 g K

500 g tiefgefrorener
Blätterteig
Butter für die Form
Mehl für die Form
1 kg Schwarzwurzeln
1 EL Zitronensaft
150 g gekochter Schinken
150 g Broccoli
Salz
1 Eigelb
4 EL Weißwein
125 g Crème fraîche
Pfeffer aus der Mühle

1. Etwa ⅔ des Teiges 3 mm dick ausrollen. Eine gebutterte und mit Mehl bestäubte Springform mit einem Durchmesser von

> **TIP** *Die Schwarzwurzeln mit einer Bürste unter fließendem Wasser reinigen und mit einem Kartoffel- oder Spargelschäler schälen. Beim Schälen von Schwarzwurzeln sollten Sie immer Plastik- oder Gummihandschuhe benutzen, denn die Milch dieses Gemüses färbt die Hände dunkel.*

23 cm damit auskleiden. Dabei den Rand bis nach oben ziehen. Kühl stellen.
2. Die Schwarzwurzeln schälen und sofort in Wasser mit einem Schuß Zitronensaft legen.
3. Den Schinken in Würfel schneiden und den Broccoli in kleine Röschen zerpflücken.
4. Die Schwarzwurzeln in 3–4 cm lange Stücke

schneiden und in Salzwasser 15–20 Minuten knapp weich kochen. Anschließend die Schwarzwurzeln abgießen, den Sud auffangen und beiseite stellen. Den Backofen auf 220 °C vorheizen.
5. Den Teigboden mit einer Gabel einstechen und mit Backpapier belegen. Die Form mit weißen Bohnen füllen und in die Mitte des Backofens schieben. Nach 10 Minuten die Hitze auf 190 °C reduzieren. Nach weiteren 5 Minuten die Bohnen und das Backpapier entfernen und die Form wieder in den Ofen schieben. Aus dem restlichen Teig einen Deckel ausrollen (½ cm größer als die Springform), mit Teigresten garnieren und mit Eigelb bestreichen. Den Deckel zu der Form in den Ofen schieben und mitbacken, bis er Farbe bekommt. Der Teig soll nicht dunkel werden.
6. Die Broccoliröschen in wenig Salzwasser einige Minuten kochen. Herausnehmen und in Eiswasser abschrecken, damit sie ihre Farbe behalten.
7. Für die Sauce 0,5 l Schwarzwurzelsud auf die Hälfte einkochen. Mit dem Wein und einigen Schwarzwurzelstücken pürieren. Mit der Crème fraîche in einem Topf erwärmen, aber nicht kochen lassen! Mit Salz und Pfeffer abschmecken.
8. Die sehr gut abgetropften Schwarzwurzeln und Broccoliröschen sowie den Schinken zu der Sauce geben. Nochmals erhitzen und in die Blätterteigform füllen. Den Deckel aufsetzen und sofort servieren.

Getränkeempfehlung: Johannisberger Riesling oder ein halbtrockener Müller-Thurgau

Eine Springform buttern und mit Mehl bestäuben.

Den Blätterteig ausrollen und die Springform damit auskleiden.

Auf den Teigboden eine Lage Backpapier legen, danach die Form mit Bohnen auffüllen.

Aus dem restlichen Teig einen Deckel ausrollen und mit Teigresten verzieren.

SCHWARZWUR-ZELKRAPFEN

FÜR 6 PERSONEN ■ ■ ■
Zubereitungszeit:
1 Stunde 10 Minuten
Pro Portion: 330 kcal
9 g E, 19 g F, 25 g K

TEIG
150 g Weizenmehl
0,2 l Apfelwein
2 Eiweiß
Salz
1 kg Schwarzwurzeln
1 EL Zitronensaft

SAUCE
2 Eigelb
2 EL Zitronensaft
½ TL Dijonsenf
1 EL Öl
4 EL gehackte Kräuter
100 g Quark
Pfeffer aus der Mühle
Worcestersauce
Öl für die Friteuse

1. Mehl sieben, mit dem Wein zu einem glatten Teig verrühren und 1 Stunde ruhen lassen.
2. Schwarzwurzeln waschen, schälen, in 5 cm lange Stücke schneiden und in Salzwasser mit 1 EL Zitronensaft in 15 Minuten knapp weich kochen. Im Sud erkalten lassen.
3. Die Eigelbe mit dem Zitronensaft und dem Senf am besten im Mixer verrühren. Das Öl nach und nach hinzufügen. Kräuter und Quark dazugeben, mit Salz, Pfeffer und Worcestersauce abschmecken.
4. Die Eiweiße mit 1 Prise Salz steif schlagen und unter den Teig ziehen.
5. Öl in einer Friteuse auf 180 °C erhitzen.
6. Wurzeln abtropfen lassen, durch den Teig ziehen und im heißen Öl schwimmend nicht zu dunkel ausbacken. Gut abtropfen und auf Küchenkrepp legen.
7. Auf einer flachen Platte anrichten, mit Zitronenvierteln garnieren und mit der Sauce servieren.

Getränkeempfehlung: Pinot noir

MANGOLDGEMÜSE MIT ACETO BALSAMICO

Für 4 Personen ■
Zubereitungszeit:
25 Minuten
Pro Portion: 155 kcal
4 g E, 13 g F, 6 g K

750 g Mangold
2 EL Butter
3 Knoblauchzehen
Salz
schwarzer Pfeffer aus der Mühle
1 Msp. Cayennepfeffer
4 EL Crème fraîche
2 EL Aceto Balsamico oder
1 EL Rotweinessig

1. Den Mangold waschen und an den Enden abschneiden. Die Blätter großzügig von den Stengeln schneiden oder zupfen. Die Stengel in 1 cm breite Streifen schneiden.

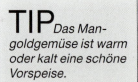

> **TIP** *Das Mangoldgemüse ist warm oder kalt eine schöne Vorspeise.*

2. Die Butter in einer breiten Pfanne erhitzen. Die Stengelstreifen zufügen und zugedeckt 8 Minuten bei schwacher Hitze dünsten.
3. Den Knoblauch schälen und durch die Presse auf die Stengel drücken. Die Blätter untermischen, salzen, pfeffern und mit Cayennepfeffer würzen.
4. Die Crème fraîche und Essig zufügen, umrühren und einmal aufwallen lassen.
Das Gemüse können Sie noch mit goldgelb gerösteten Pinienkernen oder mit geriebenem Parmesan bestreuen.
Beilage zu verlorenen Eiern, dazu Kartoffelpüree mit viel Schnittlauch. Auch zu Parmaschinken oder kaltem Roastbeef.

Das Ende der Mangoldstiele großzügig abschneiden.

Die harte Blattspitze ausschneiden.

Die Mangoldstengel in ca. 1 cm breite Streifen schneiden.

Zuerst die zarten Stengelstreifen bei schwacher Hitze in Butter dünsten, anschließend die grünen Blätter daruntermischen.

ZUCCHINIPÜFFERCHEN MIT KÄSE
Omelettes de courgettes

FÜR 4 PERSONEN ■
Zubereitungszeit:
40 Minuten
Pro Portion: 475 kcal
27 g E, 33 g F, 19 g K

6 kleine Zucchini (ca. 800 g)
1 TL Salz
4 Eier
4 Knoblauchzehen
1 Sträußchen Petersilie
6–8 EL Mehl
½ P. Backpulver
200 g würziger Käse (z. B. Cantal oder Emmentaler), frisch gerieben
Öl zum Braten

1. Die Zucchini waschen und auf der groben Seite der Rohkostreibe raffeln. In eine Schüssel geben und mit Salz und Eiern vermischen.
2. Die geschälten Knoblauchzehen und die gewaschene Petersilie fein

> **TIP** *Die delikaten Zucchinipüfferchen sind durch den sättigenden Käsezusatz ein vegetarisches Hauptgericht.*

hacken. Gemeinsam mit dem gesiebten Mehl, dem Backpulver und dem Käse an die Zucchinimasse geben und sämtliche Zutaten gut miteinander vermischen.
3. In einer Pfanne reichlich Öl erhitzen. Mit einem Löffel kleine Häufchen Zucchiniteig in das Öl setzen und flachdrücken. Auf beiden Seiten knusprig braun braten und die Püfferchen sofort servieren.
Beilage: Tomatensalat oder gemischter Salat. Als Beilage reicht das Rezept für 6–8 Personen.
Getränkeempfehlung: leichter, weißer Landwein

KARTOFFELPUFFER

Für 4 Personen ■
Zubereitungszeit:
40 Minuten
Pro Portion: 335 kcal
9 g E, 16 g F, 39 g K

1 kg Kartoffeln
1 TL Salz
2 Eier
4 EL Mehl
1 kleine Zwiebel
Schmalz oder Öl zum Braten

1. Die Kartoffeln schälen, waschen und auf der Rohkostraffel oder mit der Küchenmaschine grob reiben. Die geriebenen Kartoffeln auf ein Sieb zum Abtropfen geben, dabei die Flüssigkeit in einer Schüssel auffangen. Die im Kartoffelwasser abgesetzte Stärke mit den geriebenen Kartoffeln, Salz, Eiern und Mehl in einer Schüssel zu einem Teig verrühren.

Die Kartoffeln lassen sich auch sehr gut mit der Küchenmaschine reiben.

2. Die Zwiebel schälen, fein hacken und an den Teig geben.
3. In einer Pfanne reichlich Bratfett erhitzen und, je nach Größe der Pfanne, einen oder mehrere Löffel Teig nebeneinander in die Pfanne geben und glattstreichen. Die Puffer sollen ganz dünn sein. Von beiden Seiten knusprig braun braten. Sofort servieren oder nebeneinandergelegt auf einer Platte im Backofen warmhalten.
Beilage: Apfelmus, Zuckersirup, Preiselbeeren

SPARGEL MIT FEINER SAUCE

Für 4 Personen ■
Zubereitungszeit:
45 Minuten
Pro Portion: 65 kcal
7 g E, 5 g F, 6 g K

2 kg mittelstarker Spargel
4 l Wasser
40 g Salz
1 Stück Würfelzucker
20 g Butter

SAUCE
5 EL Crème fraîche
80 g eiskalte Butter
5 Stengel Kerbel

Die Spargelstangen mit einem Spargelschäler gründlich schälen.

1. Die Spargelstangen gründlich waschen und mit einem scharfen Küchenmesser oder Spargelschäler, am Kopfende beginnend, sorgfältig schälen. Das untere holzige Ende der Spargelstangen abschneiden. Die Spargelstangen in ein nasses Tuch hüllen.
2. Die Spargelschalen und -abfälle waschen, mit dem Wasser in einen Topf geben und in 15 Minuten auskochen. Auf ein Sieb gießen und das Spargelwasser in einen hohen oder einen länglichen Topf, in dem der Spargel Platz hat, geben. Salz, Zucker und Butter hinzufügen.
3. Die Spargelstangen mit einem Baumwollfaden zu zwei Bündeln zusammenbinden und in das kochende Wasser, je nach verwendetem Topf, stellen oder legen. Den Spargel je nach Dicke in 10–15 Minuten kernig weich kochen. Die gekochten Spargelstangen sollen noch fest sein.
4. Die Spargelbündel vorsichtig aus dem Wasser nehmen, abtropfen lassen und die Fäden lösen. Die Spargelstangen in eine Serviette hüllen.
5. Für die Sauce 8 Spargelstangen im Mixer pürieren. 6 cl Spargelsud mit der Crème fraîche in einem Topf 5 Minuten einkochen

Die Spargelstangen zu zwei Bündeln zusammenbinden und in einem Siebeinsatz in kochendem Wasser garen.

Mit einem Schneebesen eisgekühlte Butterflöckchen unter die Spargelsauce rühren.

lassen und das Spargelpüree hinzufügen.
6. Vom Herd nehmen und die eiskalte Butter in kleinen Flöckchen unter kräftigem Schlagen mit einem Schneebesen unterrühren. Zum Schluß die Kerbelblätter von den Stengeln zupfen und unter die Sauce geben. Die Sauce getrennt zu dem Spargel reichen.
Beilage: roher oder gekochter Schinken oder Räucherlachs und neue Kartoffeln

AUSGEBACKENER STAUDENSELLERIE

Für 4 Personen ■
Zubereitungszeit:
30 Minuten
Pro Portion: 305 kcal
12 g E, 19 g F, 21 g K

1 große Staude
Stangensellerie (ca. 1 kg)
3 EL Mehl
Salz
2 Eier
80 g Semmelbrösel
40 g frischgeriebener
Parmesan
Öl zum Ausbacken

1. Die harten äußeren Stangen vom Sellerie entfernen. Die übrigen Stangen voneinander lösen, gründlich waschen, eventuell vorhandene Fäden (wie bei Rhabarber) abziehen und in Stücke schneiden. Mit Küchenpapier gründlich abtrocknen.
2. Die Selleriestücke zunächst in Mehl, dann in

> **TIP** Die knusprigen Selleriestangen sind, heiß serviert, auch eine kleine, delikate Vorspeise zu einem als Aperitif gereichten Glas Wein.

den mit Salz verquirlten Eiern und zum Schluß in einer Mischung aus Semmelbröseln und Parmesan wenden.
3. Reichlich Öl in einer tiefen Pfanne erhitzen, die panierten Selleriestücke nacheinander in das heiße Öl geben und goldbraun ausbacken. Sofort auftragen.
Beilage zu Braten, gedämpftem Fisch oder Kartoffelpüree.

SPECKLINSEN

Für 4 Personen
Zubereitungszeit:
1 Stunde
Einweichzeit:
3–4 Stunden
Pro Portion: 625 kcal
27 g E, 32 g F, 51 g K

400 g Linsen
1 geschälte Zwiebel,
mit 2 Nelken gespickt
1 Lorbeerblatt
Thymian
Salz
⅛ l Rotwein
150 g durchwachsener
Speck
2 EL Butter
2 EL gehackte Petersilie

1. Die Linsen einige Stunden in kaltem Wasser einweichen, dann abgießen, abtropfen lassen und in einen Kochtopf geben.
2. Die Linsen mit 1 l Wasser bedecken, Zwiebel, Gewürze und Salz hinzufügen und bei leichter Hitze 45 Minuten zugedeckt ko-

> **TIP** Die Kochzeit von Linsen ist unterschiedlich, je nachdem, ob sie von der letzten Ernte stammen oder älter sind – daher von Zeit zu Zeit kosten, ob die Linsen kernig weich sind.

chen lassen. Den Rotwein hinzufügen und weitere 15 Minuten kochen lassen; die Linsen sollen weich sein, dürfen aber nicht platzen.
3. Den Speck in kleine Würfel schneiden. Die Butter in einer Pfanne erhitzen und die Speckwürfel darin glasig braten.
4. Die Linsen mit den Speckwürfeln vermischen und mit Petersilie bestreut servieren.
Beilage: Kartoffelpüree, Bratwürstchen oder Backpflaumen

AUBERGINEN-KRAPFEN MIT LACHS

FÜR 6 PERSONEN ■ ■ ■
Zubereitungszeit:
50 Minuten
Pro Portion: 290 kcal
12 g E, 13 g F, 24 g K

TEIG
150 g Mehl
1 Prise Salz
1 EL Zucker
¼ l Weißwein
2 Eigelb
3 Eiweiß

2 kleine Auberginen
Salz
2 Schalotten
100 g Räucherlachs
2 EL Basilikumstreifen
2 EL Butterschmalz

SAUCE
180 g saure Sahne
2 EL feingehacktes
Basilikum
1 EL roter Kaviar (nach
Belieben)
Salz
Pfeffer aus der Mühle
Öl zum Fritieren

Je eine Lachsscheibe mit Kräutern bestreuen und in jeweils eine Auberginentasche stecken.

Die gebackenen Krapfen auf Küchenkrepp abtropfen lassen.

1. Für den Teig das Mehl in eine Schüssel sieben und mit dem Salz und dem Zucker vermischen. Den Weißwein und die verquirlten Eigelbe zugeben und alles zu einem glatten Teig verrühren. Mindestens 30 Minuten stehen lassen.
2. Inzwischen die Auberginen waschen und in etwa 2 cm dicke Scheiben schneiden. Beidseitig mit etwas Salz bestreuen, auf Küchenpapier legen und 10–20 Minuten ziehen lassen.
3. Die Schalotten schälen und fein hacken. Den Lachs in gleich große Scheiben schneiden.
4. Die Auberginenscheiben mit Küchenpapier trockentupfen und in jede Scheibe seitlich eine Tasche schneiden. Die gehackten Schalotten und das Basilikum in die Mitte der Räucherlachsscheiben geben. Die Scheiben zusammenfalten und in die Auberginenscheiben hineinschieben.
5. Das Butterschmalz in einer großen Bratpfanne erhitzen. Die gefüllten Auberginen von beiden Seiten darin halbgar dünsten.
6. Inzwischen die Eiweiße steif schlagen und unter den Weinteig ziehen. Die Auberginenscheiben portionsweise durch den Teig ziehen und in der Friteuse in etwa 3 Minuten goldgelb ausbacken. Auf Küchenpapier abtropfen lassen und im Backofen warmhalten. Die Krapfen heiß servieren.
7. Für die Sauce die saure Sahne, Basilikum und nach Belieben Kaviar mischen und mit Salz und Pfeffer abschmecken. In einer Saucière zu den Auberginen reichen.
Getränkeempfehlung: trockener Weißwein, z. B. Chardonnay

GEMÜSESTRUDEL

FÜR 6 PERSONEN ■ ■ ■
Zubereitungszeit:
1 Stunde 30 Minuten
Pro Portion: 840 kcal
21 g E, 62 g F, 48 g K

FÜLLUNG
160 g Knollensellerie
Salz
50 g Putenschnitzel
½ Eiweiß
2 EL leicht angefrorene
Sahne
150 g Möhrenstreifen
150 g Zucchettistreifen
120 g Porreestreifen
1 EL Butter
0,3 l Sahne
Pfeffer aus der Mühle
Muskatnuß

250 g tiefgefrorener
Blätterteig
1 Eigelb
2 EL Sahne

SAUCE
je 40 g Porree, Zucchetti,
Möhren
25 g Butter
½ l Hühnerbrühe
300 g Sahne
1 EL gehackter Kerbel
1 EL gehackte Petersilie
Salz
Pfeffer aus der Mühle

1. Den Sellerie in Stücke schneiden und in 0,1 l leicht gesalzenem Wasser gar kochen und abgießen. Die Flüssigkeit auffangen und beiseite stellen. Den weichen Sellerie pürieren und kaltstellen.
2. Das Putenfleisch würfeln, salzen, pfeffern und mit dem Eiweiß im Cutter pürieren. Das Selleriepüree und die leicht angefrorene Sahne einarbeiten. Alle Zutaten müssen die gleiche (kalte) Temperatur haben!
3. Zuerst die Möhren-, dann nach 5 Minuten die Zucchetti- und Porreestreifen in der Butter andünsten. Die Sahne zugeben, mit Salz, frischgemahlenem Pfeffer und Muskatnuß abschmecken und weiterkochen, bis die Sauce von cremiger Konsistenz ist. Das gedünstete Sahnegemüse auskühlen lassen und beiseite stellen.
4. Eine Klarsichtfolie von ca. 25×40 cm auf dem Tisch ausbreiten. Die Selleriemasse als dünne Fläche daraufstreichen. Die kalten Gemüsestreifen mit der Sahne gleichmäßig darauf verteilen. Straff in der Folie zu einer Rolle formen und so lange in das Tiefkühlfach legen, bis die Oberfläche fest ist. Die Klarsichtfolie entfernen.
5. Den Blätterteig zu einem 25×42 cm großen Rechteck ausrollen. Die Gemüsefüllung darauflegen und einrollen. Mit der Verschlußseite nach unten auf ein kalt abgespültes Blech setzen.
6. Die Oberfläche des Strudels nach Belieben mit Teigabschnitten verzieren. Das Eigelb mit der Sahne gut mischen und den Strudel damit bestreichen. 5–6 Minuten bei 250°C und 19 Minuten bei 200°C backen. Vor dem Aufschneiden 15 Minuten ruhen lassen.
7. Für die Sauce das Gemüse klein würfeln und in 15 g Butter anziehen lassen. Mit der Hühnerbrühe ablöschen und auf die Hälfte einkochen. Die Sahne in einer zweiten Pfanne ebenfalls auf die Hälfte reduzieren. Zu dem Gemüse geben und pürieren. Zum Schluß die restliche Butter kurz mitpürieren und die gehackten Kräuter zugeben. Mit Salz und Pfeffer abschmecken.
Getränkeempfehlung: Rosé oder leichter roter Landwein

KOHLROULADEN AUS WIRSING

Krautwickel

Für 4 Personen ■ ■
Zubereitungszeit:
1 Stunde 45 Minuten
Pro Portion: 705 kcal
33 g E, 52 g F, 25 g K

1 großer Wirsing
Salz
1 Brötchen vom Vortag
ca. ⅛ l Milch
10 g getrocknete Steinpilze
1 kleine Zwiebel
100 g durchwachsener Schinkenspeck
2 EL Butter
350 g gemischtes Hackfleisch
1 Ei
1 EL gehackte Petersilie
1 Msp. Thymian
abgeriebene Schale von ½ unbehandelten Zitrone
schwarzer Pfeffer aus der Mühle
1 Bund Suppengrün
1 EL Öl
1 Zwiebel, mit 2 Nelken gespickt
½ l Fleischbrühe (aus Extrakt)
3 EL Crème fraîche

1. Die welken Außenblätter vom Wirsing entfernen und den Strunk abschneiden. Den Kohl waschen und in einen Topf mit kochendem Salzwasser legen. 5 Minuten kochen lassen, bis die äußeren Blätter weich sind. Auf einem Sieb abtropfen lassen.
2. Das Brötchen in der Milch, die Steinpilze in wenig kaltem Wasser einweichen.
3. Die geschälte Zwiebel in kleine Würfel schneiden und den Schinkenspeck fein wiegen. 1 Eßlöffel Butter in einer Pfanne erhitzen und die Zwiebelwürfel darin glasig anbraten.
4. Das Hackfleisch mit dem Ei, den Zwiebelwürfeln, dem Schinkenspeck, dem ausgedrückten Brötchen und den Gewürzen vermischen. Mit Salz und Pfeffer herzhaft abschmecken.

Das Wirsingblatt seitlich über der Hackfleischmasse zusammenschlagen und aufrollen.

5. Vom Wirsing 4 große oder 8 kleine Blätter ablösen, dicke Rippen flachschneiden. Den Fleischteig auf den Wirsingblättern verteilen, die Blätter über der Füllung seitlich zusammenschlagen und aufrollen. Mit einem Baumwollfaden umwickeln.
6. Den Backofen auf 200°C vorheizen.
7. Das Suppengrün waschen und kleinschneiden. Die restliche Butter und das Öl in einem Schmortopf erhitzen und die Wirsingrouladen darin von allen Seiten anbraten. Das Suppengrün hinzufügen und kurz anschmoren.
8. Die Steinpilze mit dem Einweichwasser sowie die gespickte Zwiebel zu den Rouladen geben. Mit der Fleischbrühe aufgießen, den Topf mit einem Deckel verschließen und die Rouladen im Backofen auf der mittleren Schiene in ca. 1 Stunde gar schmoren lassen.
9. Die Wirsingrouladen herausnehmen und warmstellen. Den Topf mit der Sauce auf den Herd stellen, die Crème fraîche hinzufügen und einkochen lassen, bis eine cremige Sauce entsteht. Die Kohlrouladen mit der Sauce übergossen anrichten.
Beilage: Pellkartoffeln oder Kartoffelpüree

PILZPFANNE

Für 4 Personen ■
Zubereitungszeit:
1 Stunde
Pro Portion: 190 kcal
6 g E, 11 g F, 14 g K

1 kg gemischte Pilze (z. B. Maronen, Wiesenchampignons, Reizker, Rotkappen, Pfifferlinge, Steinpilze)
1 große, reife Tomate
1 kleine Zwiebel
125 g Sahne
2 cl Portwein
40 g Semmelbrösel
Salz
weißer Pfeffer aus der Mühle
2 EL feingehackte Petersilie

1. Die Pilze einzeln unter fließendem Wasser gründlich waschen und gut abtrocknen. Die Stielenden abschneiden und die Pilze so in Stücke schneiden, daß sie ungefähr alle die gleiche Größe haben. Kleine Pilze bleiben ganz. Die Pilze in einen Schmortopf geben.
2. Die Tomate mit kochendem Wasser überbrühen, abziehen und in kleine Stücke schneiden, dabei das harte gelbe Mark entfernen. Die geschälte Zwiebel in kleine Würfel schneiden. Beides zu den Pilzen geben.
3. Sahne, Portwein und Semmelbrösel ebenfalls in den Topf geben und alles mit Salz und Pfeffer würzen.
4. Den Topf mit einem Deckel schließen und die Pilze bei starker Hitze 5 Minuten brodelnd kochen lassen. Die Hitze reduzieren und das Gemüse weitere 20 Minuten schmoren lassen. Vor dem Auftragen mit der Petersilie vermischen.
Beilage: Semmelknödel

PORREE AUF SPARGELART

Für 4 Personen ■
Zubereitungszeit:
20 Minuten
Pro Portion: 180 kcal
9 g E, 10 g F, 14 g K

12 mittelgroße Stangen Porree
Salz
2 EL Butter
2 EL Semmelbrösel
4 EL frischgeriebener Parmesan

1. Die Wurzeln und das grüne Ende der Porreestangen abschneiden, so daß nur noch die weißen Stangen übrigbleiben. Sehr

> **TIP** *Wenn die Porreestangen sehr sandig sind, sollte man sie am oberen Ende kreuzweise einschneiden, damit sie sich besser waschen lassen.*

gründlich waschen, damit der Sand zwischen den einzelnen Blättern entfernt wird.
2. In einem länglichen Topf Wasser mit Salz zum Kochen bringen. Die Porreestangen hineingeben und bei leichter Hitze in 15 Minuten gar kochen.
3. In der Zwischenzeit die Butter in einer Pfanne zerlassen. Semmelbrösel und Parmesan hinzufügen und hellgelb anrösten.
4. Die Porreestangen auf einem Sieb gut abtropfen lassen und auf eine Platte geben. Mit der Semmelbrösel-Parmesan-Butter übergießen. Anstelle der Brösel-Käse-Mischung können Sie gedünstete Porreestangen auch mit einer Holländischen Sauce übergießen.
Beilage zu Pfannengerichten mit Sauce oder zu Fisch.

MÖHRENFLAN MIT GEMÜSERAGOUT

Für 4 Personen ■ ■
Zubereitungszeit:
1 Stunde
Pro Portion: 445 kcal
8 g E, 42 g F, 8 g K

FLAN
400 g Möhren
50 g geklärte Butter
100 g Sahne
3 Eier
Salz
weißer Pfeffer aus der Mühle
Fett für die Förmchen

RAGOUT
je 50 g Möhren, Knollensellerie, Zucchini und Steckrübe
1 Gemüsezwiebel
40 g Butter oder Margarine
¼ l Gemüsebrühe
Salz
50 g kalte Butter

Die Möhren im Mixer oder mit dem Stabmixer pürieren.

Die Förmchen zu zwei Dritteln mit der Möhrencreme füllen.

1. Für den Flan die Möhren gut waschen oder abschrubben und mit der Schale in Stücke schneiden. Die geklärte Butter in einem Schmortopf erhitzen und die Möhrenwürfel darin bei mittlerer Hitze anschwitzen. Mit der Sahne aufgießen und zugedeckt weich kochen.
2. Die Möhren mitsamt der eingekochten Sahne im Mixer pürieren, dann durch ein Sieb passieren und etwas abkühlen lassen.
3. Den Backofen auf 200°C vorheizen und einen großen, flachen Topf, zwei Finger breit mit Wasser gefüllt, hineinstellen.
4. Die Eier nach und nach unter Rühren mit der Möhrencreme vermischen und mit Salz und Pfeffer würzen. Die Masse auf vier eingefettete Timbaleförmchen verteilen (sie dürfen nur ¾ voll sein), in das heiße Wasser stellen und die Möhrencreme im Backofen 15–20 Minuten garen.
5. Inzwischen die verschiedenen Gemüsesorten putzen, waschen und mit einem kleinen Kugelausstecher zu Perlen formen. Die Gemüsezwiebel schälen und in kleine Würfel schneiden.
6. Die Butter oder Margarine in einem Schmortopf erhitzen und die Zwiebelwürfel darin glasig werden lassen. Die Gemüseperlen, außer den Zucchini, zufügen und kurz bei mittlerer Hitze anschwitzen. Das Gemüse darf aber keinesfalls Farbe bekommen. Mit der Brühe aufgießen und zugedeckt 5 Minuten köcheln lassen, nach 2 Minuten die Zucchiniperlen dazugeben. Das Ragout nach Geschmack mit etwas Salz würzen.
7. Die kalte Butter in kleinen Flöckchen unter das Gemüseragout ziehen und dann gleich auf vier tiefe Teller verteilen. Die Förmchen stürzen, jeweils einen Möhrenflan in die Mitte der Teller setzen und diesen mit einigen Gemüseperlen belegen.
Getränkeempfehlung: z. B. halbtrockener Riesling von der Mosel

GEMÜSE-PLÄTZCHEN

Für 4 Personen ■ ■
Zubereitungszeit:
1 Stunde
Pro Portion: 350 kcal
9 g E, 26 g F, 20 g K

je 100 g Möhren, Knollensellerie, Kohlrabi, Zucchini, Gemüsezwiebel
Salz
30 g Butter oder Margarine
weißer Pfeffer aus der Mühle
100 g gekochte Weizenkörner
2–3 Eier
1 EL feingeschnittene Basilikumblätter
5–6 EL Öl zum Braten

1. Die Gemüse putzen, waschen, schälen und in schmale Streifen schneiden. Reichlich Salzwasser zum Kochen bringen und Möhren-, Sellerie- und Kohlrabistreifen darin blanchieren.
2. Das Fett in einer Pfanne erhitzen, die Zucchini- und Zwiebelstreifen darin anschwitzen, das blanchierte Gemüse untermischen und mit Salz und Pfeffer würzen. In eine Schüssel geben und abkühlen lassen.
3. Die Weizenkörner und nach und nach die Eier sowie das Basilikum hinzufügen und alles zu einer formbaren Masse verarbeiten. Bei Bedarf noch nachwürzen und kleine Plätzchen aus der Gemüsemasse formen.
4. In einer beschichteten Pfanne das Öl erhitzen und die Plätzchen darin von jeder Seite jeweils 3–4 Minuten bei mittlerer Hitze braten.
Beilage zu Fleischgerichten oder mit einer Kräuter-Crème-Fraîche als Vorspeise.

WARME GEMÜSETERRINE

Für 4 Personen ■ ■
Zubereitungszeit:
1 Stunde 30 Minuten
Pro Portion: 290 kcal
11 g E, 23 g F, 10 g K

½ Gemüsezwiebel
200 g Möhren
30 g Butter oder Margarine
100 g Sahne
Salz
weißer Pfeffer aus der Mühle
frischgeriebene Muskatnuß
je 100 g Blumenkohl, Broccoli, Möhren, Knollensellerie, Erbsen
4 Eier
Fett für die Form

1. Zwiebel und Möhren schälen und beides in Würfel schneiden. Das Fett in einer Kasserolle erhitzen und das Gemüse darin anschwitzen. Mit der Sahne ablöschen und mit Salz, Pfeffer und Muskat würzen. Im Mixer pürieren, dann durch ein Sieb streichen und langsam erkalten lassen.
2. Die übrigen Gemüse putzen und waschen. Blumenkohl und Broccoli in kleine Röschen zerteilen, aus Möhre und Sellerie mit einem Kugelausstecher Perlen formen und die Erbsen aus der Schale lösen. Salzwasser zum Kochen bringen und das Gemüse darin vorgaren, es soll nur ¾ durch sein. Auf einem Sieb abtropfen lassen, dann in eiskaltem Wasser abschrecken.
3. Den Backofen auf 200°C vorheizen.
4. Die Eier nach und nach unter die Möhrencreme rühren, die gut abgetropften Gemüse dazugeben, alles in eine gefettete oder mit Alufolie ausgelegte Terrinenform füllen und zugedeckt auf der mittleren Schiene 45 Minuten garen.
Als Vorspeise servieren.
Beilage: Vinaigrette oder Gemüse-Sahne-Sauce

FISCHE UND MEERESFRÜCHTE

Abbildung rechts: Gefüllte
Tintenfische in Estragonsauce
(Rezept Seite 163).

Abbildung unten:
Lachskoteletts auf Porree
(Rezept Seite 156).

Abbildung rechts: Muscheln im
Kräutersud (Rezept Seite 162).

Abbildung links: Pfannen-
gerührte Garnelen chinesische
Art (Rezept Seite 161).

Abbildung oben: Gegrillte
Langusten mit Estragonbutter
(Rezept Seite 159).

Abbildung links: Eingelegte
Forellen Trientiner Art (Rezept
Seite 157).

FISCH RICHTIG VORBEREITEN UND GAREN

Grundsätzlich gilt: Der zarte und eiweißreiche Fisch braucht nur kurze Zeit zum Garen, ganz gleich auf welche Art er zubereitet wird. Wird Fisch zu lange erhitzt, flockt das Eiweiß aus und kann keine Flüssigkeit mehr binden. Das Ergebnis: Das Fischfleisch wird trocken und hart und ist kein Genuß mehr. Für welche Garmethode man sich entscheidet, hängt von der Fischsorte und der Zubereitungsart ab.
Die richtige Vor- und Zubereitung des Fisches garantiert, daß sich das Aroma voll entfalten kann, daß Nähr- und Wirkstoffe erhalten bleiben und daß der Fisch saftig und appetitlich serviert werden kann.

Das 3-S-System
Egal auf welche Weise Fisch zubereitet wird, Säubern – Säuern – Salzen sind für das Gelingen jedes Fischgerichts Voraussetzung.
Säubern: den Fisch gut mit Wasser abspülen und mit Küchenkrepp trockentupfen.
Säuern: den Fisch von innen und außen mit Zitronensaft beträufeln und etwa 15 Minuten im Kühlschrank ziehen lassen. Dadurch wird das Fischfleisch fest und weiß.
Salzen: kurz vor dem Zubereiten erst den Fisch salzen, damit er beim Garen nicht austrocknet.

Braten
Die bekannteste Zubereitungsart heißt »Müllerin« oder »à la meunière«. Dafür werden bratfertige Scheiben, Filets oder kleine Fische bis ca. 300 g gewürzt, in Mehl gewendet und in heißem Fett auf beiden Seiten goldgelb gebraten. Anschließend übergießt man den Fisch mit schäumender Butter.

Man kann auch die mit Mehl überzogenen Fische oder Fischstücke durch verquirltes Ei ziehen, mit Semmelbröseln panieren und ausbraten. Fische können auch gut in Bier- oder Weinteig ausgebakken werden. Durch kurzes Braten in heißem Fett bleibt der Fisch schön saftig und bekommt eine wohlschmeckende Kruste.

Dämpfen
oder »à la vapeur« garen. Dafür ist ein Fischtopf mit einem Sieb- oder Locheinsatz und einem gutschließenden Deckel unbedingt nötig. Der Fisch soll nicht direkt mit dem Sud (der aus Fischfond, Wein, Kräutern und anderen Aromagebern bestehen kann) in Kontakt kommen, sondern nur mit dem daraus entstehenden Dampf. Diese Garweise ist für kleine Portionen oder besonders zarte Fischsorten sehr zu empfehlen, weil sie äußerst schonend ist. Aus dem Garsud wird dann meist durch Reduzieren und Verfeinern die Sauce zubereitet.

Dünsten
Dafür eignen sich Fischfilets oder Tranchen besonders gut, weil es sich um ein sehr schonendes Garverfahren handelt. Feingewürfeltes Gemüse (Möhren, Lauch, Sellerie) oder feingehackte Schalotten dünstet man in Butter, gibt Fischfond, Weißwein, Zitronensaft oder Champagner zu, setzt den vorbereiteten, gewürzten Fisch hinein und läßt ihn zugedeckt bei geringer Hitze garen. Aus der gewonnen Dünstflüssigkeit bereitet man anschließend meist mit Sahne oder Crème fraîche die Sauce zu.

Fritieren
Fritieren heißt ausbacken im schwimmenden Fett. Es eignen sich dazu kleine ganze Fische, Filets oder

Tranchen. Die Temperatur des Ausbackfetts sollte der Sorte und der Menge der Fische entsprechen. Fritieren kann man »au naturel«, das heißt, man würzt den abgetrockneten Fisch und wendet ihn kurz in Mehl. Am besten geschützt wird der zarte Fisch allerdings, wenn man ihn durch einen Ausbackteig zieht oder mit Semmelbröseln paniert.
Ist der Fisch gar, läßt man ihn kurz auf Küchenkrepp abtropfen und serviert ihn unverzüglich, denn ganz frisch und heiß schmeckt er am allerbesten.

Garen in der Folie
Hierfür kann Alufolie, spezielle Bratfolie oder ein Bratschlauch verwendet werden. Eine sehr praktische Zubereitungsart, weil man Beilagen wie Gemüse oder Kartoffeln gleich mitgaren kann. Der vorbereitete, gewürzte Fisch wird mit Zutaten, Gewürzen und wenig Flüssigkeit in die Folie gepackt und im Backofen im eigenen Saft gegart. Auf diese Weise können ganze Fische, aber auch Tranchen oder Filets zubereitet werden.

Im Backofen garen
Hierfür eignen sich am besten ganze Fische. Sie können gefüllt und/oder auf einem Gemüsebett mit Zusatz von Flüssigkeit und Aromagebern in einer feuerfesten Form gegart werden. Falls die Form nicht zugedeckt wird, sollte der Fisch zwischendurch mit Flüssigkeit beträufelt werden. Die Garzeit richtet sich auch hier nach Größe und Sorte des Fisches.

Gratinieren
Bereits gegarte Fischfilets oder Tranchen werden mit einer Sauce (z. B. Hollandaise) überzogen oder mit Käse bestreut, in feuerfeste Formen oder Teller gelegt und bei starker Oberhitze im Backofen oder unter dem Grill kurz

überbacken, bis sich eine goldbraune Kruste gebildet hat.

Grillen
Dafür eignen sich robuste Fische mit höherem Fettgehalt (z. B. Makrelen). Grillt man magere Fischsorten, müssen diese während des Grillens immer wieder mit Öl bepinselt werden.
Die abgetrockneten, gewürzten Fische kann man direkt auf den Rost legen und auf beiden Seiten grillen. Schonender ist es, wenn man sie in Alufolie einschlägt. Wird eine Grillpfanne benutzt, sollte man diese dünn mit Öl bepinseln, stark erhitzen und die Hitze reduzieren, sobald die Fische hineingelegt worden sind.

Pochieren
Die Fische garen in heißem, aber nicht kochendem Sud. Für den Sud wird meistens ein kräftiger Fischfond verwendet, aus dem man anschließend die Sauce zubereitet. Praktisch zum Pochieren sind spezielle Fischtöpfe, die mit einem Siebeinsatz versehen sind. Damit kann man die fertig gegarten Fische sehr gut aus dem Sud heben. Werden die pochierten Fische im Sud serviert, nennt man diese Zubereitungsart »à la nage«.

Kochen
Große Fische setzt man in kaltem Sud an, bringt ihn zum Kochen und läßt die Fische bei milder Hitze garen (nicht kochen!).
Bei Süßwasserfischen, deren Haut mit einer Schleimschicht umgeben ist (Karpfen, Forelle, Saibling, Hecht, Aal, Schleie), gibt man dem Sud Essig zu, der bewirkt, daß die Haut sich blau färbt (»Blaukochen«). Kleinere Fische kann man in heißem Sud garen. Hier ist wichtig, daß die Fische immer von Flüssigkeit umgeben sind.

EINE GEGARTE FORELLE FILETIEREN

1. Die Rückenflosse zwischen Fischgabel und -messer einklemmen und entfernen.
2. Die Haut mit dem Messer am Rücken entlang, vom Schwanz zum Kopf durchtrennen.
3. Die Haut dicht am Kopf lösen, um die Schneide des Fischmessers wickeln und entfernen.
4. Das Filet hinter dem Kopf und am Schwanz bis zur Rückengräte durchtrennen.
5. Das Filet mit dem Fischmesser vom Schwanz zum Kopf von den Gräten lösen und auf einen Teller legen.
6. Die Gräten vom unten liegenden Filet entfernen, indem man die Gräte am Schwanz mit der Gabel hält und sie mit dem Messer ablöst.
7. Gräte mit Kopf vom liegenden Filet wegheben.
8. Die Forellenbäckchen mit der Spitze des Fischmessers herauslösen.
9. Die ausgelösten Filets auf eine Platte legen.

3.

4.

5.

1.

2.

6.

7.

8.

9.

DIE HAUT VON PLATTFISCHEN ABZIEHEN

Die weiße Haut kleinerer Schollen, Rotzungen und Flundern braucht nicht entfernt zu werden, wenn sie geschuppt wird.
1. Die dunkle Hautseite des Fisches, zum Beispiel einer Scholle, direkt zwischen Kopf und Fleisch mit einem scharfen Messer flach einschneiden.
2. Die Fingerspitzen in Salz tauchen und die Haut vom Kopf zum Schwanz hin abziehen.
3. Mit der Fischschere die Flossensäume, die Innereien, die Hälfte der Schwanzflosse und den Kopf entfernen.

1.

2.

3.

RUNDFISCHE PORTIONIEREN

1. Von einem ausgenommenen, gut gesäuberten Rundfisch, zum Beispiel einem Lachs, die Bauch- und Rückenflossen entfernen, sowie den Kopf abschneiden.
2. Dann den jeweiligen Fisch bis zum Ende der Bauchhöhle mit einem kräftigen Messer in etwa 2,5–3,5 cm dicke Scheiben schneiden.
3. Die Bauchlappen mit einem Zahnstocher zusammenstecken.

Auf diese Weise verformen sich die Bauchlappen nicht beim Garen und können auch nicht abbrechen.

1.

2.

3.

LACHSKOTELETTS AUF PORREE
Saumon aux poireaux

FÜR 4 PERSONEN ■
Zubereitungszeit:
45 Minuten
Pro Portion: 515 kcal
43 g E, 35 g F, 4 g K

4 Lachskoteletts (à 250 g)
6 mittelgroße Stangen Porree
Meersalz
schwarzer Pfeffer aus der Mühle
¼ l Fischbrühe (aus dem Glas)
3 EL Crème double
3 EL trockener weißer Wermut
1 Prise Zucker
2 EL Butter

1. Die Lachskoteletts waschen und mit Küchenpapier trockentupfen. Den Porree putzen, gründlich waschen und in fingerbreite Stücke schneiden.
2. Den Backofen auf 200°C vorheizen.
3. Die Porreestücke in eine feuerfeste Form geben und salzen und pfeffern. Mit der Hälfte der Fischbrühe übergießen und mit dem Deckel oder Alufolie verschließen. Im Backofen auf der mittleren Schiene 10 Minuten vordünsten.
4. Die restliche Fischbrühe mit Crème double und dem Wermut sowie etwas Zucker und Pfeffer in einem kleinen Topf einkochen.
5. Die Butter in einer Pfanne erhitzen und die Lachskoteletts darin auf beiden Seiten anbraten. Auf den Porree legen, die Form wieder verschließen und noch 5 Minuten im Backofen dünsten.
6. Die Flüssigkeit vom Porree zu der Sauce in den Topf geben und einkochen lassen, bis die Sauce eine cremige Konsistenz hat. Den Fisch auf dem Gemüse anrichten und mit der Sauce übergießen.
Beilage: Kartoffelpüree
Getränkeempfehlung: Pino grigio aus Italien

ZANDER MIT SPARGEL UND RIESLINGSAUCE

FÜR 2 PERSONEN ■ ■
Zubereitungszeit:
50 Minuten
Pro Portion: 640 kcal
43 g E, 36 g F, 13 g K

1 küchenfertiger mittelgroßer Zander (ca. 700 g)
2 EL Zitronensaft
Salz
schwarzer Pfeffer aus der Mühle
1 EL gehackter Kerbel
2 EL Butterschmalz
4 Schalotten
1 grob gehackte Möhre
1 in Ringe geschnittene Porreestange
0,3 l Riesling
8 gekochte Spargel
80 g eiskalte Butter
2–3 EL Sahne (nach Belieben)

1. Den Fisch von beiden Seiten mehrmals leicht schräg einschneiden, damit die Kräuter und der Wein besser das Fischfleisch würzen. Den Zander außen und innen mit dem Zitronensaft beträufeln und mit Salz und Kerbel würzen.
2. Das Butterschmalz in einer länglichen Auflaufform erhitzen, die Schalotten, Möhren und Porree hinzufügen, kurz dünsten und mit der Hälfte des Rieslings ablöschen. Den Zander auf das Gemüsebett legen und im Backofen bei 225°C etwa 15–20 Minuten garen. Ab und zu mit dem Sud begießen. Den Fisch vorsichtig aus der Form nehmen, auf Alufolie legen und warmstellen.
3. Den Fond durch ein Sieb passieren. Von den Spargeln die Köpfe abschneiden und beiseite legen. Den übrigen Spargel mit dem Fischfond pürieren. Nun den restlichen Riesling dazugeben und die gesamte Flüssigkeit auf die Hälfte einkochen lassen.

Durch die Einschnitte können Zitronensaft und Gewürze besser in den Fisch eindringen.

Vom gegarten Fisch die Haut auf beiden Seiten vorsichtig abziehen.

Entlang der Mittelgräte die beiden Filetteile trennen und nacheinander vom Skelett lösen.

4. Die eiskalte Butter in Flocken schneiden und mit einem Schneebesen unter die Sauce ziehen. Die Sauce ist gebunden, sobald sie den Schneebesen umhüllt. Wer möchte, kann zum Schluß noch Sahne zur Sauce geben.
5. Den Fisch häuten, zerlegen und mit den Spargelspitzen garnieren. Die Sauce separat zum Fisch servieren.
Beilage: Reis
Getränkeempfehlung: Riesling, Sylvaner oder Fendant

KARPFEN IM SUD

FÜR 4 PERSONEN ■ ■

Zubereitungszeit:
50 Minuten
Pro Portion: 510 kcal
52 g E, 26 g F, 7 g K

1 küchenfertiger Karpfen
(etwa 2 kg)

SUD UND SAUCE
3 Möhren
¼ Sellerieknolle
1 kleine Porreestange
1 mit 1 Nelke gespickte
Zwiebel
½ Lorbeerblatt
einige Stengel Petersilie
Salz
Pfefferkörner
¼ l trockener fränkischer
Weißwein (z. B. Silvaner)
⅛ l Wasser
1 EL gehackte Schalotten
60 g Butter
Kerbelblätter

Diesem Karpfengericht geben die Kräuter und das Gemüse die besondere Note.

Die Karpfenfilets mindestens fünf Minuten in dem Weinsud ziehen lassen.

Butter mit einem Schneebesen unter den eingekochten Sud schlagen.

1. Den Karpfen beim Einkauf filetieren lassen, Kopf und Gräten mitnehmen. Kiemen entfernen.
2. Für den Sud den Kopf und die Gräten waschen. Die Möhren und den Sellerie schälen. Eine Möhre, ein Stück von dem Sellerie und den geputzten Porree klein schneiden. Zusammen mit der Zwiebel, den Fischabfällen und den Gewürzen in einen weiten Topf geben und mit ⅛ l Wein und dem Wasser übergießen. Im offenen Topf 20 Minuten kochen lassen. Den Sud durch ein Sieb streichen.
3. Die restlichen Möhren und den Sellerie in feine Streifen schneiden, zusammen mit den Schalotten in den Sud geben. 5 Minuten kochen lassen.
4. Den restlichen Wein sowie 20 g Butter hinzufügen und die Karpfenfilets in den Sud legen. Bei leichter Hitze 5 Minuten ziehen lassen. Die Filets herausnehmen und auf eine heiße Platte geben.
5. Den Fischsud auf die Hälfte einkochen lassen, vom Herd nehmen und die restliche Butter in Flöckchen unterrühren. Zum Schluß die Kerbelblätter an die Sauce geben und zum Fisch servieren.
Statt Kerbel kann man auch frische Basilikumblätter oder Estragon für die Sauce verwenden.
Beilage: Blattspinat und kleine Kartoffeln mit Petersilie
Getränkeempfehlung: der gleiche trockene Silvaner, der für die Zubereitung des Rezepts verwendet wurde

EINGELEGTE FORELLEN TRIENTINER ART
Trote alla trentina

FÜR 8 PERSONEN ■

Zubereitungszeit:
30 Minuten
Marinierzeit: 24 Stunden
Pro Portion: 365 kcal
37 g E, 15 g F, 20 g K

8 küchenfertige Forellen
(à 200 g)
Salz
Mehl
Olivenöl zum Braten
1 Zweig Rosmarin
einige Salbeiblätter

MARINADE
100 g Rosinen
1 Knoblauchzehe
1 kleine Zwiebel
4 EL Olivenöl
1 EL feingehackte Petersilie
2 unbehandelte Orangen
2 unbehandelte Zitronen
2 EL Aceto Balsamico
½ l Weinessig

1. Die Forellen gleich beim Einkauf ausnehmen lassen. Die Fische waschen und mit Küchenpapier trockentupfen. Innen und außen mit Salz einreiben und in Mehl wenden.
2. Reichlich Olivenöl mit Rosmarin und Salbei in zwei Pfannen erhitzen, die

> **TIP** *Forellen stammen heute in den meisten Fällen aus Teichwirtschaften, wo sie gemästet werden. Die Fische schmecken, wenn sie frisch geschlachtet sind, zwar recht gut, sind aber im Geschmack längst nicht so delikat wie Bachforellen.*

Kräuter herausnehmen und die Forellen in dem Öl auf beiden Seiten in 6–8 Minuten goldbraun braten.

Forellen in Kräuteröl auf beiden Seiten 6–8 Minuten goldbraun braten.

Zwiebelringe mit Orangen- und Zitronenschalen in dem Essig-Wasser-Gemisch kochen.

3. Für die Marinade die Rosinen in etwas lauwarmem Wasser quellen lassen. Die geschälte Knoblauchzehe fein hacken und die geschälte Zwiebel in Scheiben schneiden. 4 Eßlöffel Olivenöl erhitzen und die Zwiebelscheiben darin glasig braten. Den Knoblauch und die Petersilie hinzufügen. Eine Orange und eine Zitrone ganz dünn abschälen. Die Schale in feine Streifen schneiden und mit beiden Essigsorten und ¼ l Wasser zu den Zwiebeln geben. 5 Minuten kochen und dann abkühlen lassen.
4. Die zweite Orange und die zweite Zitrone in Scheiben schneiden. Die Forellen, die Rosinen und die Orangen- und Zitronenscheiben in eine längliche Schüssel schichten und mit der Zwiebel-Essig-Marinade übergießen. 24 Stunden marinieren lassen.
Beilage: knuspriges Weißbrot oder Bratkartoffeln
Getränkeempfehlung: Bier

EINEN GEKOCHTEN HUMMER ZERLEGEN

1. Die Scheren vom Hummerkörper so abbrechen, daß die Arme noch daran bleiben.

2. Die Schere festhalten und so auf ein Brett legen, daß man den Arm der Länge nach spalten kann. Nun den Arm von der Schere abtrennen.

3. Jetzt den beweglichen Teil der Schere abbrechen und samt der anhängenden Verhärtung aus Fleisch und Schere ziehen.

4. Von dem beweglichen Scherenteil das untere, offene Stück knapp nach der Öffnung abschlagen.

5. Das abgeschlagene Stück in die Hand nehmen und die Hand kräftig auf ein Brett oder einen Tisch schlagen, so fällt das Fleisch heraus.

6. Die Schere an der Spitze festhalten, hochkant auf ein Brett legen und an beiden Längsseiten direkt gegenüberliegend mit dem Messer einige Millimeter tief einschneiden.

7. Die Schere waagrecht auf das Brett legen und mit dem Messer auf Höhe der beiden Einschläge leicht anschlagen, ohne das Fleisch zu verletzen.

8. Den unteren Teil der Kruste abbrechen und wegziehen, so daß ein Teil des Scherenfleisches freiliegt.

9. Den Hummer mit gestrecktem Schwanz auf ein Brett legen. Mit einem kräftigen Messer den Brustkörper in der Mittellinie in Richtung Schwanz bis zu den Flossen mit kräftigem Druck durchtrennen. Jetzt den Hummerkörper in die entgegengesetzte Richtung drehen und den restlichen Teil des Hummerkörpers in Kopfrichtung spalten.

10. Den im Körper sitzenden Magen und den Darm im Schwanz entfernen.

1.

2.

3.

4.

5.

6.

7.

8.

9.

10.

HUMMERFOND

Zutaten für ca. 1,5 l
2 Karkassen von Hummer
4 EL Olivenöl
2 EL Tomatenmark
1 Dose Tomaten (ca. 500 g)
¾ l trockener Weißwein
10 cl Noilly Prat (trockener, französischer Wermut)
¾ l Wasser
je 100 g Möhren, Knollensellerie, Porree und Frühlingszwiebeln
Salz
weißer Pfeffer

1. Die Karkassen waschen, abtropfen lassen und kleinhacken.
Das Öl in einem großen Topf erhitzen und die Karkassen darin anschwitzen. Tomatenmark und Tomaten mitsamt Flüssigkeit hinzufügen, mit Wein, Wermut und Wasser ablöschen, aufkochen.

2. Die Gemüse waschen, putzen und kleingeschnitten in die kochende Brühe geben. Salzen und pfeffern und bei schwacher Hitze 30 Minuten köcheln lassen.
Dann den Fond durch ein mit einem Mulltuch ausgelegtes Sieb gießen.

1.

2.

HUMMER MIT KRÄUTERSAUCE

FÜR 2 PERSONEN	■ ■
Zubereitungszeit:	
30 Minuten	
Pro Portion:	
320 kcal	
25 g E, 21 g F, 4 g K	

1 Hummer (ca. 800 g)

SUD
1 Möhre
2 Schalotten
1 EL Olivenöl
1 Zweiglein Thymian
2–3 Petersilienstiele
½ Lorbeerblatt
1 kleine Knoblauchzehe
3 l Wasser
1 TL Salz

SAUCE
3 EL Crème double oder
Crème fraîche
3 EL saure Sahne
½ TL scharfer Dijonsenf
Salz
weißer Pfeffer
aus der Mühle
½ EL Kerbel, gehackt
½ TL Estragon, gehackt

1. Für den Sud die Möhre und die Schalotten schälen. Beides in Scheiben schneiden und im heißen Olivenöl leicht anbraten. Den Thymian, die Petersilienstiele, das Lorbeerblatt und die geschälte, halbierte Knoblauchzehe dazugeben, kurz mitbraten. Das Wasser angießen, das Salz zufügen und den Sud 10 Minuten kochen lassen.
2. Den Hummer mit dem Kopf voraus in den starkkochenden Sud geben. Bei großer Hitze 1 Minute weiterkochen, dann die Hitze auf die unterste Stufe reduzieren. Den Topf zudecken und von der Kochstelle ziehen. Den Hummer 10 Minuten im Sud ziehen lassen.
3. Für die Sauce alle aufgeführten Zutaten gut verrühren. Bis zum Servieren bei Raumtemperatur stehenlassen. Falls sie im voraus zubereitet wird, 10 Minuten vor dem Anrichten

aus dem Kühlschrank nehmen.
4. Den Hummer aus dem Sud nehmen. Mit einem spitzen Messer den Kopf zwischen den Augen einstechen, damit etwas Wasser ausläuft.
5. Den Hummer flach auf die Arbeitsfläche legen. Mit dem Messer vom Kopf bis zum Schwanz halbieren. Den Mageninhalt beim Kopf entfernen. Die Scheren mit einer Hummerzange aufbrechen oder mit einem schweren Gegenstand so öffnen, daß man am Tisch das darin enthaltene Hummerfleisch leicht herausnehmen kann.
6. Pro Person einen halben Hummer anrichten und die Sauce dazu servieren.

Beilage: nach Belieben etwas Blattsalat, frisches Weißbrot

Getränkeempfehlung: weißer Burgunder, z. B. Chablis, Meursault, Champagner oder Sekt

TIP – Der Hummer sollte nie eiskalt auf den Tisch kommen. Am besten kocht man ihn kurz vor dem Servieren, damit er noch lauwarm ist, oder man nimmt ihn rechtzeitig aus dem Kühlschrank.
– Langusten können auf dieselbe Art zubereitet werden, ebenso Rock Lobster, Langustinen und Scampi, die allerdings frisch sein müssen. Diese Krustentiere werden nicht lebend verkauft, deshalb nur in schwachsiedendes Wasser geben und 5 Minuten ziehen lassen.

GEGRILLTE LANGUSTEN MIT ESTRAGONBUTTER
Langoustes grillées au beurre d'estragon

FÜR 4 PERSONEN	■ ■
Zubereitungszeit:	
30 Minuten	
Pro Portion: 455 kcal	
19 g E, 20 g F, 8 g K	

4 kleine (à 400 g) oder
2 große Langusten (à 700 g)
Butter zum Bestreichen der
Langusten und für den Grill
Kresse zum Garnieren

KOCHBRÜHE
2 l Wasser
1 Flasche einfacher,
trockener Weißwein
50 g Meersalz
1 Kräutersträußchen
(½ Lorbeerblatt, 2 Zweige
Thymian, einige Stengel
Petersilie, 1 Stück
Orangenschale)

ESTRAGONBUTTER
80 g gesalzene Butter
10 feingehackte
Estragonblätter
einige Spritzer Zitronensaft

1. Für die Kochbrühe in einem hohen Topf Wasser, Wein, Salz und das Kräutersträußchen zum Kochen bringen und 5 Minuten kochen lassen. Den Grill vorheizen.
2. Die Langusten in 2 Portionen kochen. Mit dem Kopf voran in die kochende Weinbrühe geben und nur 30 Sekunden kochen lassen.
3. Die Langusten aus dem Wasser nehmen, abtropfen lassen und mit einem schweren Küchenmesser der Länge nach spalten. Eventuell vorhandenen Corail (orangenfarbener Rogen) und die Leber herausnehmen und beiseite stellen. Den Gallensack hinter dem Kopf mit dem daranhängenden Darm entfernen und wegwerfen.
4. Den Grillrost mit einer mit Butter bepinselten Alufolie auslegen. Die Lan-

Langusten in der Weinbrühe nur 30 Sekunden kochen lassen.

Die Langusten der Länge nach aufspalten und die Innereien entfernen.

gustenhälften mit der Schnittfläche nach unten 4 Minuten grillen. Wenden, mit etwas flüssiger Butter bestreichen und 3 weitere Minuten grillen, bis das Langustenfleisch leicht zu bräunen beginnt.
5. Für die Estragonbutter die weiche Butter in eine Schüssel geben und mit den Estragonblättern und dem Zitronensaft mit einer Gabel zu einer homogenen Masse verrühren. Man kann nun den zerdrückten Rogen und die zerdrückte Leber unter die Butter mischen.
6. Die gegrillten Langustenhälften mit der Schnittfläche nach oben auf 4 Tellern anrichten und mit der Estragonbutter bestreichen oder die Butter getrennt reichen. Mit Kresse garnieren.

Beilage: frisches Weißbrot
Getränkeempfehlung: erlesener Riesling oder Chablis

KREBSE AUSBRECHEN

1. Zuerst die Krebsscheren vom Körper abbrechen.

2. Dann den Schwanz durch eine drehende Bewegung abtrennen.

3. Den Arm und den beweglichen Teil der Schere entfernen.

4. Die Krebsschere in die Hand nehmen und mit einem scharfen, kleinen und kräftigem Messer den rechten und linken Rand abschneiden. Die Krusten abbrechen und das Fleisch herausnehmen.

5. Vom Schwanz durch kurze Rechts-Links-Drehungen zuerst den vordersten Krusten- und danach den letzten Krustenring mit den Schwanzflossen entfernen.

6. Dann das Schwanzfleisch, am dicken Ende fassend, aus den restlichen Ringen herausziehen.

7. Den Schwanz auf der gewölbten Seite längs in der Mitte leicht einschneiden und den Darm entfernen.

3.

4.

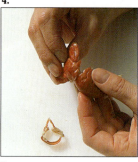
5.

1.

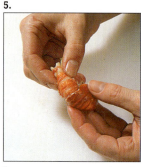
6.

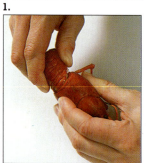
2.

7.

KREBSE IN DILLSAUCE

FÜR 4 PERSONEN	■ ■
Zubereitungszeit: 1 Stunde	
Pro Portion: 335 kcal	
31 g E, 1 g F, 9 g K	

36–48 lebende Krebse

KOCHSUD

1 l Wasser
1 l Weißwein (Riesling)
Salz
10 grobzerstoßene weiße Pfefferkörner
2 Nelken
1 Stück Schale von 1 unbehandelten Orange
1 Kräutersträußchen
(1 Lorbeerblatt, 1 Zweig Thymian, einige Stengel Petersilie)
1 Zwiebel
1 Möhre

DILLSAUCE

1 Schalotte
¼ l Krebssud
100 g Crème fraîche
1 EL Butter
3 EL gehackter Dill
Salz
schwarzer Pfeffer aus der Mühle
Saft von ½ Zitrone

1. Die Krebse unter fließendem Wasser gründlich waschen.

2. Für den Sud Wasser und Wein mit den Gewürzen in einem großen Topf zum Kochen bringen. Zwiebel und Möhre schälen und in Scheiben schneiden, zu dem Kochsud geben und alles 20 Minuten kochen lassen.

3. Die lebenden Krebse am Schwanz fassen und nacheinander jeweils 6–8 Stück in den Kochsud geben. Wenn das Wasser wieder kocht, die nächsten Krebse in den Topf geben. 5–6 Minuten kochen lassen. Die gekochten Krebse im Sud etwas abkühlen lassen.

4. Von den gekochten Krebsen die Schwänze vom Rumpf drehen, an der Bauchseite aufbrechen, auslösen und den Darm

Die Krebse befreit man von ihrer Schale, indem der Schwanz vom Rumpf abgedreht wird.

am unteren Ende der Schwänze herausziehen. Die Scheren mit einer Hummerzange aufknacken und das Fleisch herausziehen. Das Krebsfleisch warmstellen und den Sud etwas einkochen lassen.

5. Für die Sauce die Schalotte in kleine Würfel schneiden. Mit dem Sud in einen Topf geben und bei starker Hitze auf die Hälfte einkochen lassen. Die Crème fraîche hinzufügen und noch einmal einkochen lassen.

6. Den Topf vom Herd nehmen und die Butter in Flöckchen unter die Sauce rühren. Den Dill unter die Sauce mischen und mit Salz, Pfeffer und Zitronensaft abschmecken.
Mit den Krebsschwänzen vermischen und sofort servieren.

Beilage: körnig gekochter Langkornreis mit Wildreis gemischt

Getränkeempfehlung: Riesling von der Mosel

KRUSTEN UND DARM BEI GARNELENSCHWÄNZEN ENTFERNEN

Krusten und Darm werden bei allen Garnellen auf die gleiche Weise entfernt:

1. Die Krusten von rohen oder gekochten Garnelenschwänzen an der Innenkrümmung kräftig zusammendrücken.

2. Die Kruste der unteren Seite an den Ringfortsätzen fassen und auseinanderziehen. Das Garnelenfleisch aus den Krusten nehmen.

3. Die Garnelenschwänze an der gewölbten Seite leicht einschneiden und den Darm sorgfältig entfernen.

1.

2.

3.

PFANNEN-GERÜHRTE GARNELEN CHINESISCHE ART

Stir-fried prawns with ginger

FÜR 4 PERSONEN ■
Zubereitungszeit:
35 Minuten
Pro Portion: 205 kcal
20 g E, 11 g F, 5 g K

800 g große ungeschälte
Garnelenschwänze
(frisch oder tiefgekühlt)
oder 400 g ausgelöste
Garnelenschwänze
Meersalz
2 Knoblauchzehen
1 Stück (1 cm) frische
Ingwerwurzel
3 TL Sojasauce
1 EL Sherry
2 TL Zucker
schwarzer Pfeffer aus der
Mühle
1 TL Stärkemehl
3 EL Wasser
½ grüne Paprikaschote
4 EL Maiskeimöl oder
Erdnußöl
2 EL Ketchup
5 EL Fleisch- oder Fischbrühe (aus Extrakt)

1. Tiefgekühlte Garnelen auftauen lassen. Die Garnelen schälen, aber das Schwanzende (zum Anfassen beim Essen) möglichst daranlassen. Den kleinen dunklen Darm am Rücken mit einem spitzen Messer herauslösen. Die Garnelen mit Küchenpapier trockentupfen. In eine Schüssel geben, leicht salzen und 10 Minuten stehen lassen.
2. Inzwischen die Knoblauchzehen und die Ingwerwurzel schälen und fein hacken. Die Ingwerwürfel mit 2 Teelöffeln Sojasauce, dem Sherry, dem Zucker und dem Pfeffer verrühren. Das Stärkemehl mit Wasser und der restlichen Sojasauce glatt verrühren. Die Paprikaschote waschen, entkernen und in ganz feine Streifen schneiden.
3. Eine Pfanne oder den Wok trocken erhitzen. Das

Garnelen aus der Schale herauslösen, vom Darm am Rücken befreien und leicht salzen.

Ketchup, Paprikastreifen und Ingwer-Soja-Mischung zu den angerösteten Garnelen geben.

Öl hineingeben, etwas Salz und die Knoblauchzehen hinzufügen und ein paarmal umrühren. Die Garnelen in die Pfanne geben und unter Rühren und gelegentlichem Schwenken anrösten, bis alle rosa sind. Die Paprikastreifen und die Ingwer-Soja-Mischung hinzufügen. Gut umrühren, dann den Ketchup hineingeben und kurz (etwa ½ Minute) durchschmoren lassen. Die Brühe in die Pfanne gießen und alles zugedeckt bei mittlerer Hitze 2 Minuten kochen lassen. Zum Schluß die angerührte Stärke unter die Garnelen mischen und einmal kurz aufkochen. Sofort auftragen.
Beilage: körnig gekochter Reis
Getränkeempfehlung: Bier oder würziger Müller-Thurgau

LANGUSTINEN MIT PESTO

FÜR 4 PERSONEN ■ ■
Zubereitungszeit:
20 Minuten
Pro Portion: 665 kcal
36 g E, 56 g F, 3 g K

12 Langustinen (Scampi)
Salz
weißer Pfeffer aus der
Mühle
3 EL Olivenöl

PESTO
1 TL grobes Meersalz
3 Knoblauchzehen
60 g Pinienkerne
200 g Basilikum
40 g frischgeriebener Pecorino (harter Schafskäse)
80 g frischgeriebener
Parmesan
¼ l Olivenöl

1. Für den Pesto Salz, geschälte Knoblauchzehen, Pinienkerne und die abgezupften Basilikumblätter in der Küchenmaschine rasch zerhacken, dann die beiden Käsesorten untermischen.
2. Das Olivenöl erwärmen und die Pestomischung unter Rühren mit einem Kochlöffel dazugeben. Beiseite stellen.
3. Von den Langustinen die Köpfe ablösen und das Fleisch aus den Schalen brechen. Den dunklen Darm am Rücken mit einem spitzen Messer entfernen. Die Langustinen mit Salz und Pfeffer würzen. Das Olivenöl erhitzen und die Krustentiere bei starker Hitze auf beiden Seiten je eine Minute braten. Auf einer Platte anrichten und mit dem Pesto servieren.
Beilage: Gemüse wie Spinat, Zucchini oder Tomatensalat
Getränkeempfehlung:
kräftiger, trockener Weißwein, z.B. Chardonnay aus dem Piemont oder Trentino

AUSTERN ÖFFNEN

1. Die Schalen der Austern unter fließendem Wasser mit einer Bürste sorgfältig reinigen.
2. Die Auster in einem Küchentuch mit der gewölbten Seite nach unten in die Hand nehmen.
3. Das Austernmesser (-brecher) an der spitzen Seite (Scharnier) ansetzen, mit Druck zwischen die beiden Schalen schieben und die Halterungen durchschneiden.
4. Dann mit dem flach gegen die obere Schale gedrücktem Messer den Schließmuskel durchtrennen und die Schale abheben.
5. Beim Öffnen darauf achten, daß die Austernflüssigkeit nicht herausläuft. Sollten sich Schalensplitter in der Auster befinden, diese mit einem in Salzwasser getauchten Pinsel vorsichtig entfernen.
6. Die Austern gekühlt auf Eis servieren. Als Beilage reicht man Zitrone und Schwarzbrot, das noch zusätzlich mit Käse belegt werden kann.

1.

2.

3.

4.

5.

6.

AUSTERN IN SPINATHÜLLE
Huîtres en robe d'épinards

FÜR 4 PERSONEN ■
Zubereitungszeit:
30 Minuten
Pro Portion: 395 kcal
11 g E, 38 g F, 3 g K

24 große Spinatblätter
Salz
1 Stange Porree
1 junge Möhre (100 g)
175 g Butter
schwarzer Pfeffer
24 frische Austern
Saft von ½ Zitrone

1. Die Spinatstiele abschneiden und die Blätter gründlich waschen. Wasser mit Salz zum Kochen bringen und den Spinat ½ Minute blanchieren. Mit einem Schaumlöffel herausheben und in kaltes Wasser geben.
2. Gemüse putzen und in feine Streifen schneiden. In 25 g Butter 5 Minuten schwenken und mit Salz und Pfeffer abschmecken.
3. Den Backofen auf 200°C vorheizen.
4. Die Austern öffnen, das Austernwasser durch ein feines Tuch in eine Kasserolle gießen, Fleisch aus der Schale lösen, in das Wasser geben und bei leichter Hitze zum Kochen bringen.
5. Austern herausnehmen und jeweils in ein Spinatblatt schlagen. Eine feuerfeste Form dick mit Butter ausstreichen, die Päckchen hineinlegen, mit Gemüse bestreuen, im Ofen auf der mittleren Schiene 2 Minuten überbacken.
6. Austernwasser auf ⅓ einkochen. Die restliche Butter in Stückchen unter Schlagen in das Wasser geben. Mit Zitronensaft, Salz und Pfeffer abschmecken.
7. Die Austern mit der Sauce übergießen.
Beilage: Brot und Butter
Getränkeempfehlung: trockener Weißwein

MUSCHELN IM KRÄUTERSUD

FÜR 4 PERSONEN ■
Zubereitungszeit:
20 Minuten
Pro Portion: 115 kcal
9 g E, 5 g F, 2 g K

1 kg Miesmuscheln
4 Schalotten
2 EL Butter
⅛ l Weißwein
2 EL gehackte Petersilie
1 EL gemischte, gehackte
Kräuter (Dill, Rosmarin,
Salbei, Kerbel)
Salz
Pfeffer aus der Mühle

1. Die Muscheln unter fließendem Wasser gründlich abbürsten. Den Bart seitlich herauszupfen. Geöffnete Muscheln aussortieren und wegwerfen!
2. Die Schalotten hacken und in einem Topf in der Butter andünsten.
3. Die Muscheln mit allen

Die Muscheln waschen, danach den Bart seitlich aus dem Muscheln herauszupfen.

anderen Zutaten zu den Schalotten geben und zugedeckt aufkochen, bis sich die Schalen öffnen. Nicht geöffnete Muscheln wegwerfen.
4. Die Muscheln in vorgewärmte Suppenteller verteilen, mit etwas Sud begießen und sofort servieren.
Beilage: Frisches Weißbrot
Getränkeempfehlung: Weißer Bordeaux, z. B. Entre-deux-mers

EINEN FRISCHEN TINTENFISCH VORBEREITEN

1. Zunächst den Tintenfisch – im Bild ein Kalmar – unter fließend kaltem Wasser sorgfältig waschen. Anschließend die hauchdünne, schwärzliche Haut vom spitzen Ende zum Kopf hin stückchenweise abziehen oder abrubbeln.

2. Den Körper fest mit der einen Hand packen, mit der anderen Hand die Fangarme samt dem anhängenden Kopf und Innereien aus dem mantelförmigen Körper herausziehen.

3. Mit einem scharfen Messer die Arme (Tentakel) knapp oberhalb der Augen vom Kopf abschneiden. Unter den Eingeweiden befindet sich der dunkle Tintenbeutel. Soll sein Inhalt später mitverwendet werden, das Säckchen beiseite legen. Kopf und Innereien wegwerfen.

4. Die transparente Spelze, das sogenannte Fischbein aus dem Mantel herauslösen. Bei der Sepia muß auch der kalkige Rückenschulp entfernt werden.

5. Beim Kalmar beide Schwanzflossen mit einem Handgriff abziehen. Alle verwertbaren Teile – Rumpf, Arme, Flossen – nochmal gründlich abspülen, die innere Haut des Beutels dabei nach außen umstülpen – es darf kein Sandkörnchen mehr daran hängen!

Nun kann man zum Beispiel zum Fritieren in Bierteig den beutelartigen Körper in gleichmäßig starke Ringe schneiden, Flossen und Arme in Streifen. Zum Füllen bleibt der weiße Beutel ganz erhalten. Dafür werden die feingehackten Tentakel und Flossen in vielen Gerichten für die Füllung mit verwendet.

1.

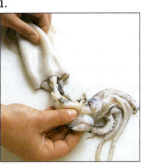

2.

3.

4.

5.

GEFÜLLTE TINTENFISCHE IN ESTRAGONSAUCE

FÜR 4 PERSONEN ■ ■
Zubereitungszeit:
45 Minuten
Pro Portion: 470 kcal
39 g E, 30 g F, 5 g K

4 große **Tintenfische**

FÜLLUNG
200 g Zanderfilet
2 Eier
100 g Sahne
2–3 Zweige Estragon
1 mittelgroße Möhre
Salz
weißer Pfeffer aus der Mühle

SAUCE
0,2 l Fischfond (selbstgemacht)
200 g Sahne
4 cl Noilly Prat (trockener französischer Wermut)
2 cl Estragonessig
1 mittelgroße Möhre
Salz
2–3 Zweige Estragon
2 EL geschlagene Sahne

1. Die Tintenfische säubern, dabei den Kopf mitsamt den Eingeweiden aus dem Sack ziehen und wegwerfen. Den Tintenbeutel und das Fischbein vorsichtig entfernen, die Fangarme abschneiden und ebenfalls wegwerfen. Die Körper gründlich unter fließend kaltem Wasser waschen.

2. Für die Füllung das Fischfilet durch den Fleischwolf drehen und mit den Eiern und der Sahne vermischen. Von den Estragonzweigen die Blätter abzupfen und fein hacken, die Möhre schälen und in winzigkleine Würfel schneiden. Beides mit der Fischfarce vermengen, mit Salz und Pfeffer würzen und die Masse in die Tintenfische füllen.

3. Jeden Tintenfisch einzeln fest mit Alufolie umhüllen und in leicht siedendem Wasser in 10 Minuten gar ziehen lassen.

Die Füllung in die gesäuberten Tintenfischkörper spritzen.

Jeden Tintenfisch fest in Alufolie wickeln und die Päckchen in siedendes Wasser geben.

4. Währenddessen für die Sauce den Fond mit Sahne, Wermut und Essig in einer Sauteuse oder einem hochwandigen Topf bei starker Hitze um ein Drittel einkochen lassen.

5. Die Möhre schälen und in kleine Würfel schneiden. In kochendem Salzwasser al dente kochen.

6. Die eingekochte Sauce mit den abgezupften Estragonblättern fein pürieren. Durch ein Sieb streichen und die gut abgetropften Möhrenwürfel sowie die geschlagene Sahne untermischen.

7. Die Tintenfische aus der Folie nehmen und z. B. mit Blattspinat anrichten. Mit der Sauce umgießen.

Getränkeempfehlung:
nicht zu kräftiger Chardonnay aus der Bourgogne, z. B. Chablis

HEILBUTT AUF BASILIKUM-TOMATEN

FÜR 4 PERSONEN ■ ■
Zubereitungszeit:
30 Minuten
Pro Portion: 265 kcal
38 g E, 11 g F, 4 g K

500 g mittelgroße Tomaten
1 EL Olivenöl
Salz
schwarzer Pfeffer aus der Mühle
1 Bund Basilikum
4 Heilbuttkoteletts (à 180 g)
Zitronensaft
Zitronenpfeffer
frischgeriebene Muskatnuß
¼ l Fischfond (aus dem Glas)
4 TL Butter als Flöckchen

Tomaten in Scheiben schneiden und die Kerne sowie Stengelansätze entfernen.

1. Die Tomaten blanchieren, häuten und in Scheiben schneiden, dabei Kerne und Stengelansatz entfernen.
2. Eine Auflaufform mit Olivenöl auspinseln, die Tomaten hineinlegen, salzen und pfeffern.
3. Das Basilikum abbrausen und 4 Zweige beiseite legen. Von den restlichen die Blättchen über den Tomaten abzupfen.
4. Den Backofen auf 200 °C vorheizen.

Tomatenscheiben in eine Auflaufform legen und mit Salz und Pfeffer würzen.

5. Die Heilbuttkoteletts waschen, trockentupfen, mit Zitronensaft beträufeln, salzen und mit Zitronenpfeffer und Muskat leicht würzen.

Heilbuttkoteletts mit Zitronensaft, Salz und Muskat würzen.

6. Den Fischfond in die Form gießen und die Heilbuttkoteletts nebeneinander auf die Tomatenscheiben legen. Die Butterflöckchen darauf verteilen und auf jedes Heilbuttkotelett einen Zweig Basilikum legen.

Den Fisch auf die Tomaten legen und mit Butterflöckchen besetzen.

7. Die Auflaufform auf die mittlere Schiene des Backofens stellen und den Fisch in 15 Minuten garen. Nach Belieben mit Basilikum bestreut servieren.
Beilage: Kartoffelpüree
Getränkeempfehlung: leichter, trockener Weißwein, z. B. Galestro

THUNFISCHKOTELETTS MIT KAPERN

FÜR 4 PERSONEN ■
Zubereitungszeit:
25 Minuten
Pro Portion: 190 kcal
28 g E, 9 g F, 0 g K

4 Thunfischkoteletts
(à 250 g)
3 EL Olivenöl
Saft von ½ Zitrone
Salz
schwarzer Pfeffer aus der Mühle
½ TL gemahlener Koriander
3 EL möglichst kleine Kapern (nonpareilles)

1. Die Fischscheiben waschen, trockentupfen und nebeneinander auf eine Arbeitsfläche legen.
2. Die Hälfte des Olivenöls mit dem Zitronensaft gut verrühren. Die Thunfischscheiben damit einpinseln, salzen, pfeffern und mit Koriander würzen. Zugedeckt 10 Minuten ziehen lassen.
3. Das restliche Olivenöl in einer großen Pfanne erhitzen und die Fischkoteletts nebeneinander hineinlegen und auf jeder Seite 4–5 Minuten braten. Herausnehmen und zugedeckt warmstellen.
4. Die Kapern im verbliebenen Bratfett 3 Minuten erhitzen. Die Thunfischscheiben mit den Kapern bestreuen und auf vorgewärmten Tellern servieren. Es schmeckt auch sehr gut, wenn Sie die Kapern durch grünen Pfeffer ersetzen. Auf diese Weise können Sie auch andere Fischkoteletts zubereiten.
Beilage: Baked potatoes mit Kräutersauerrahm
Getränkeempfehlung: Bier oder trockener Weißwein, z. B. Frascati

GRATINIERTES STEINBEISSERFILET AUF SPINAT

FÜR 4 PERSONEN ■
Zubereitungszeit:
30 Minuten
Pro Portion: 630 kcal
44 g E, 36 g F, 34 g K

2 EL Butter
1 mittelgroße Zwiebel, fein gehackt
2 Knoblauchzehen
600 g Blattspinat, tiefgekühlt und aufgetaut
Salz
weißer Pfeffer aus der Mühle
frischgeriebene Muskatnuß
½ TL Kreuzkümmel, gemahlen
750 g Steinbeißerfilets
Zitronensaft
Fett für die Form
2 Eier
200 g Sahne
100 g geriebener Knoblauchschnittkäse

1. Die Butter in einem Topf erhitzen. Die Zwiebelwürfel darin glasig dünsten. Den Knoblauch schälen und dazupressen. Den Spinat zufügen und 5 Minuten dünsten. Mit Salz, Pfeffer, Muskat und Kreuzkümmel würzen. In ein Sieb geben und ausdrücken.
2. Den Backofen auf 220 °C vorheizen.
3. Die Steinbeißerfilets waschen, trockentupfen, mit Zitronensaft beträufeln, salzen und pfeffern.
4. Eine Auflaufform einfetten und die Hälfte des Spinats darin verteilen. Die Steinbeißerfilets nebeneinander darauflegen und mit dem restlichen Spinat bedecken.
5. Eier, Sahne und Käse verrühren, salzen, pfeffern und über den Spinat gießen.
6. Die Form in die Mitte des Backofens stellen und den Fisch in 15–20 Minuten garen.
Beilage: Salzkartoffeln
Getränkeempfehlung: trockener Weißwein, z. B. Pinot bianco

BADISCHER HECHT

FÜR 4 PERSONEN ■■
Zubereitungszeit: 1 Stunde
Pro Portion: 605 kcal
49 g E, 39 g F, 11 g K

1 küchenfertiger Hecht
(ca. 1,5 kg)
Meersalz
Mehl
80 g Butter
1 kleine Zwiebel
Saft von ½ Zitrone
0,1 l säuerlicher Weißwein
(Riesling)
250 g Sahne
1 EL gehackte Petersilie

1. Den geschuppten und ausgenommenen Hecht waschen und mit Küchenpapier gut trockentupfen. Innen und außen salzen und in Mehl wenden. Überflüssiges Mehl abklopfen.
2. Den Backofen auf 200 °C vorheizen.
3. Die Butter in einem länglichen Schmortopf oder einer länglichen, feuerfesten Form auf dem Herd erhitzen. Den Hecht hineingeben, auf beiden Seiten kurz anbraten. Den Hecht auf die Saftpfanne legen und auf der unteren Schiene im Backofen etwa 15 Minuten garen lassen.
4. Die Zwiebel schälen und in Würfel schneiden. Die Pfanne aus dem Backofen nehmen. Die Zwiebelwürfel in das heiße Fett geben und im Backofen bei mittlerer Hitze glasig dünsten.
5. Zitronensaft über den Hecht gießen, dann den Wein und nach und nach die Sahne hinzufügen.
6. Die Sauce in der Fettpfanne vorsichtig unter Rühren vermischen und in etwa 30 Minuten mindestens um die Hälfte einkochen lassen. Dabei immer wieder den Hecht damit begießen.
7. Die Petersilie hinzufügen und noch einmal kurz durchkochen lassen. Den Hecht auf einer Platte anrichten. Die Sauce getrennt dazu reichen.

Der Hecht darf nur so groß sein, daß er in die Fettpfanne des Backofens paßt.

Den Hecht in flüssiger Butter von beiden Seiten anbraten, danach im Backofen schmoren.

Während des Schmorens den Hecht gelegentlich mit Sauce begießen.

Anstelle von Hecht kann man auch Zander für dieses Rezept verwenden.
Beilage: hausgemachte Nudeln und Gurkensalat
Getränkeempfehlung: badischer Riesling, der auch für die Zubereitung der Sauce verwendet wurde

RENKE FISCHER ART

FÜR 2 PERSONEN ■
Zubereitungszeit:
35 Minuten
Pro Portion: 395 kcal
36 g E, 27 g F, 1 g K

2 Renken (à 300 g)
Salz
Zitronensaft
50 g Butter
1 Bund Petersilie

1. Die ausgenommenen Renken waschen und mit Küchenpapier trockentupfen. Mit Zitronensaft beträufeln und innen und außen salzen.
2. Den Backofen auf 200 °C vorheizen.
3. Die Butter in einer flachen, feuerfesten Form mit Deckel erhitzen. Die Petersilienblätter abzupfen, fein hacken und in der Butter kurz andünsten.
4. Die Fische in die Pe-

Frische Renken, Salz, Zitronensaft, Butter und Petersilie benötigt man für dieses Gericht.

tersilienbutter legen, die Form zudecken und die Renken auf der mittleren Schiene im Backofen in ca. 15 Minuten gar dünsten. Hin und wieder mit der Butter begießen. Auf vorgewärmten Tellern anrichten.
Nach dem gleichen Rezept können alle frischen Seefische zubereitet werden.
Beilage: kleine neue Kartoffeln und Gurkensalat
Getränkeempfehlung: trockener weißer Landwein

FORELLE MIT MANDELN

FÜR 4 PERSONEN ■
Zubereitungszeit:
30 Minuten
Pro Portion: 555 kcal
53 g E, 34 g F, 10 g K

4 küchenfertige Forellen
(à 250 g)
⅛ l Milch
½ TL Salz
Mehl
100 g Butter
40 g abgezogene Mandeln

1. Die Forellen gleich beim Einkauf ausnehmen lassen. Unter fließendem Wasser waschen und mit Küchenpapier abtrocknen.
2. Die Milch mit dem Salz vermischen und in einen Teller geben. Die Forellen zunächst in der Milch und dann in dem Mehl wenden.
3. Die Hälfte der Butter in einer Pfanne erhitzen und

TIP *Forellen sollten Sie immer erst am Tag der Zubereitung einkaufen und schlachten lassen.*

die Forellen darin bei mittlerer Hitze in ca. 10 Minuten von beiden Seiten goldbraun braten.
4. In der Zwischenzeit die Mandeln blättrig schneiden. In einer zweiten Pfanne die restliche Butter erhitzen und die Mandelblätter darin hellbraun rösten, dann auf den Forellen verteilen. Die Fische sofort servieren.
Beilage: Kartoffelgratin und Kopfsalat mit Kräutern
Getränkeempfehlung: trockener Riesling von der Saar oder Ruwer

FISCHRAGOUT MIT BROCCOLI

FÜR 4 PERSONEN ■
Zubereitungszeit:
30 Minuten
Pro Portion: 425 kcal
39 g E, 21 g F, 14 g K

2 EL Butter
1 mittelgroße Zwiebel, gehackt
150 g Möhren
300 g Broccoli, tiefgekühlt und angetaut
250 g mehligkochende Kartoffeln (z. B. Primura)
½ l Gemüsebrühe (aus Extrakt)
Salz
schwarzer Pfeffer aus der Mühle
1 TL Thymian
⅛ l trockener Weißwein
200 g Sahne
750 g gemischtes Fischfilet (z. B. Kabeljau, Seelachs, Dorsch, Goldbarsch)
Saft von 1 Zitrone
1 Bund Dill

Den Fisch in Würfel schneiden und mit Salz, Pfeffer und Zitronensaft würzen.

Broccoli in kleine Stücke schneiden und zusammen mit dem anderen Gemüse garen.

1. Die Butter in einem großen Topf erhitzen und die Zwiebelwürfel darin glasig dünsten.
2. Inzwischen die Möhren schälen, waschen und über dem Topf auf dem

TIP Anstelle des Fisches können Sie auch feine Streifen von Hühnerbrust in die Suppe geben oder einfach die Gemüsemenge erhöhen, und mehr Brühe dazugeben, dann haben Sie einen schönen Gemüseeintopf.

Gemüsehobel in feine Scheiben schneiden.
3. Den Broccoli in mundgerechte Stücke schneiden, zufügen und kurz mitdünsten lassen.
4. Die Kartoffeln schälen, waschen und in kleine Würfel schneiden. In den

Topf geben, mit der Gemüsebrühe aufgießen und aufkochen.
5. Das Gemüse mit Salz, Pfeffer und Thymian würzen, den Weißwein und die Sahne zufügen und 15 Minuten köcheln lassen.
6. Inzwischen den Fisch waschen, trockentupfen und in mundgerechte Würfel schneiden. Mit Zitronensaft beträufeln, salzen und pfeffern.
7. Den Dill abbrausen, trockentupfen, ‹ abzupfen und fein schneiden.
8. Die Fischwürfel in das Ragout legen und bei milder Hitze in 6–8 Minuten gar ziehen lassen. Nochmals abschmecken und zum Schluß den Dill einstreuen.
Beilage: knuspriges Weißbrot
Getränkempfehlung: leichter Weißwein, z. B. Edelzwicker

GRATINIERTES ROTBARSCHFILET IN SENFRAHM

FÜR 4 PERSONEN ■
Zubereitungszeit:
30 Minuten
Pro Portion: 300 kcal
29 g E, 19 g F, 3 g K

600 g Rotbarschfilet
Zitronensaft
Salz
weißer Pfeffer aus der Mühle
Fett für die Form
150 g Crème fraîche
2 EL mittelscharfer Senf
⅛ l Fischfond (aus dem Glas)
1 TL Stärkemehl
1 Kästchen Kresse

Rotbarschfilet mit Salz, Pfeffer und frisch gepreßtem Zitronensaft würzen.

Eine Auflaufform mit Fett auspinseln und die Filets hineinlegen.

Crème fraîche, Senf und Fischfond in einen Topf füllen und gut verrühren.

Frische Kresse unter die Sauce heben.

1. Das Rotbarschfilet waschen, trockentupfen und in 4 Portionen teilen. Auf eine Platte legen, mit Zitronensaft beträufeln, salzen und pfeffern.
2. Eine Auflaufform einfetten und die Rotbarschfilets nebeneinander hineinlegen.
3. Den Backofen auf 200 °C vorheizen.
4. Für die Sauce die Crème fraîche mit dem Senf und dem Fischfond in einem kleinen Topf gut verrühren. Das Stärkemehl in etwas Wasser auflösen und zufügen. Alles aufkochen und kurz köcheln lassen. Mit Salz, Pfeffer und Zitronensaft würzen.
5. Die Kresse unter fließendem Wasser abbrausen und die Hälfte der Blättchen über dem Topf mit der Sauce abschneiden. Die Sauce über dem Fisch verteilen.
6. Die Auflaufform in die Mitte des Backofens stellen und den Fisch in 20 Minuten garen.
7. Die Form aus dem Ofen nehmen und die restliche Kresse direkt darüber abschneiden. Gleich in der Form servieren.
Beilage: Wildreismischung und Spinatsalat
Getränkempfehlung: leichter Rosé, z. B. Württemberger Schiller

LACHS AUF GURKEN-DILL-GEMÜSE

FÜR 2 PERSONEN ■ ■
Zubereitungszeit:
35 Minuten
Pro Portion: 510 kcal
38 g E, 36 g F, 7 g K

1 mittelgroße Schmor- oder
Salatgurke
1 kleine Zwiebel
20 g Butter
Salz
weißer Pfeffer aus der
Mühle
2 EL trockener Weißwein
2 EL gehackter, frischer Dill
2 Lachsfilets (à 200 g)
1 EL Zitronensaft
1 EL geschlagene Sahne
2 Dillzweige
2 Zitronenscheiben

1. Die Schmorgurke schälen, halbieren, falls nötig, entkernen und quer in schmale Streifen schneiden. Die Zwiebel schälen und fein hacken.
2. Die Butter in einer Kasserolle erhitzen und die Zwiebelwürfel darin anbraten. Die Gurkenstreifen dazugeben, kurz anschwitzen und mit Salz und Pfeffer würzen. Mit Wein aufgießen und einen Eßlöffel Dill untermischen. Zugedeckt 4–5 Minuten bei schwacher Hitze schmoren.
3. Die Lachsscheiben waschen, trockentupfen, salzen, pfeffern und mit Zitronensaft beträufeln.
4. Die Fischscheiben auf das Gurkengemüse legen und zugedeckt bei schwacher Hitze in 4–5 Minuten gar dämpfen. Herausnehmen und warmstellen.
5. Die Sahne und den restlichen Dill unter das Gemüse ziehen.
6. Das Gemüse auf zwei Teller verteilen, den Fisch dazu anrichten und mit einem Dillzweig und einer Zitronenscheibe garnieren.
Beilage: Kartoffelplätzchen
Getränkeempfehlung:
trockener, vollmundiger Riesling aus der Pfalz

GRIECHISCHES TINTENFISCH-RAGOUT

FÜR 2 PERSONEN ■ ■ ■
Zubereitungszeit: 1 Stunde
Ruhezeit: 30 Minuten
Pro Portion: 330 kcal
32 g E, 12 g F, 12 g K

300 g Okraschoten
1–2 EL Essig
Salz
500 g Tintenfische
500 g vollreife Tomaten
1 Knoblauchzehe
1 mittelgroße Zwiebel
2 EL Olivenöl
1 Zweig Oregano
⅛ l Rotwein
schwarzer Pfeffer aus der
Mühle
1 EL gehackte Petersilie

1. Okras waschen und mit einem scharfen Messer vorsichtig die Käppchen abschneiden. Darauf achten, daß das Fruchtfleisch nicht verletzt wird. Das Gemüse nebeneinan-

> **TIP** Bei der Zubereitung von Okragemüse muß man sehr sorgfältig vorgehen; die Haut der Schoten darf nicht verletzt werden, sonst wird das Gemüse glitschig. Essig und Salz machen die empfindlichen Okras, auch Ladyfinger genannt, widerstandsfähiger.

der auf eine Platte legen, mit Essig beträufeln und mit Salz bestreuen. 30 Minuten stehen lassen.
2. Nun die Tintenfische waschen und putzen. Fangarme oberhalb des Kopfes abschneiden und den Kopf und die Innereien wegwerfen. Den Beutel noch einmal innen und außen gründlich waschen und in Streifen schneiden, Fangarme ganz lassen.

Die Tintenfische putzen und kräftig waschen.

Die Okras als letzte Zutat vorsichtig in den Ragouttopf schichten.

3. Die Tomaten blanchieren, häuten und ohne Stengelansätze und Kerne in Stücke schneiden. Die Knoblauchzehe und Zwiebel schälen und fein hacken.
4. Das Öl in einem großen, halbhohen Topf erhitzen und die Zwiebel- und Knoblauchwürfel darin glasig braten. Die Tintenfische hinzugeben und darin anschwitzen. Tomaten und Oregano dazugeben, salzen und pfeffern und mit Wein aufgießen.
5. Die Okras vorsichtig nebeneinander in das Ragout schichten, etwas Tomatensauce darüberlöffeln und zugedeckt bei schwacher Hitze in etwa 30 Minuten gar schmoren.
6. Vor dem Servieren das Gericht einmal vorsichtig umrühren und dann mit Petersilie bestreut servieren.
Beilage: ofenfrisches Weißbrot
Getränkeempfehlung:
trockener einfacher Rotwein, am besten roter Demestica

THUNFISCH-STEAKS MIT GESCHMORTEN ÄPFELN

FÜR 4 PERSONEN ■ ■
Zubereitungszeit:
45 Minuten
Pro Portion: 355 kcal
40 g E, 11 g F, 21 g K

4 Thunfischsteaks (à 200 g)
Salz
weißer Pfeffer aus der
Mühle
Saft von 1 Zitrone
4 mittelgroße, aromatische
Äpfel (z. B. Cox Orange oder
Boskop)
20 g Butter
1 TL Zucker
1 Msp. Safran
1 Msp. Cayennepfeffer
schwarzer Pfeffer,
grob geschrotet
1 Zweig Thymian
⅛ l Cidre
2 EL Öl

1. Die Thunfischscheiben waschen, trockentupfen, mit Salz und Pfeffer würzen und mit Zitronensaft beträufeln.
2. Die Äpfel schälen, halbieren, entkernen und in Spalten schneiden.
3. Die Butter in einer Kasserolle erhitzen und den Zucker darin bei mittlerer Hitze karamelisieren lassen. Die Äpfel hinzufügen, mit Safran, Cayennepfeffer, Salz, Pfeffer und abgezupften Thymianblättchen würzen. Mit Cidre aufgießen und zugedeckt in 6–8 Minuten weich schmoren.
4. Währenddessen das Öl in einer beschichteten Pfanne erhitzen und die Fischscheiben bei starker Hitze von beiden Seiten in je 3–4 Minuten goldbraun braten.
5. Die gebratenen Thunfischscheiben auf eine vorgewärmte Platte legen. Die Schmoräpfel noch einmal würzig abschmecken und dazu anrichten.
Beilage: Vollkornnudeln
Getränkeempfehlung: Cidre oder Äppelwoi

STEINBUTTFILETS IM SUD

FÜR 4 PERSONEN ■
Zubereitungszeit:
30 Minuten
Pro Portion: 290 kcal
35 g E, 14 g F, 5 g K

1 kleine Zwiebel
250 g Seezungengräten
50 g frische Champignons
½ Lorbeerblatt
2 Möhren
2 weiße, junge Rüben z. B. Navets
1 zarter Porree
4 Steinbuttfilets (à 400 g)
1 EL trockener weißer Wermut
50 g Butter (nach Belieben)
Salz
Pfeffer aus der Mühle
1 Prise Cayennepfeffer
4 Zweiglein glatte Petersilie

Aus den grünen Teilen des Porrees kleine Vierecke schneiden.

Möhren putzen, waschen und in sehr kleine Würfel teilen.

1. Die Zwiebel grob schneiden und zusammen mit den abgespülten Seezungengräten, den in Scheiben geschnittenen

TIP *Dieses Gericht läßt sich mit frisch gekochten Garnelen bereichern. Seezungen- oder andere Meeresfischfilets können auf die gleiche Weise zubereitet werden.*

Champignons, dem Lorbeerblatt und ½ l Wasser 15 Minuten kochen (im Schnellkochtopf nur 5 Minuten). Den Sud durch ein Sieb gießen und aufheben.
2. Die Möhren und weißen Rüben in winzige Würfel schneiden. Aus dem grünen Teil des Porrees kleine Vierecke schneiden.
3. Den Fischsud auf 0,2 l einkochen lassen. Die Gemüsewürfelchen zugeben. Die Fischfilets zusammenfalten, hineinlegen und bei ganz kleiner Hitze halb zugedeckt 3–5 Minuten (je nach Dicke der Filets) garen.
4. Die Filets in vorgewärmte Suppenteller anrichten und warm stellen (evtl. zugedeckt im Backofen bei 60 °C).
5. Den Wermut zum Sud geben und aufkochen. Nach Belieben die eiskalte Butter in kleinen Stückchen mit einem Schneebesen unter den Sud rühren, bis eine leicht gebundene Sauce entstanden ist. Wird keine Butter verwendet, den Sud stärker einkochen lassen. Mit Salz, Pfeffer und Cayennepfeffer pikant abschmecken.
6. Die Fischfilets mit dem Sud umgießen, mit einem Petersilienblatt garnieren und als Vorspeise servieren.
Beilage: Knuspriges Weißbrot
Getränkeempfehlung: Chardonnay oder Riesling

AALQUAPPE MIT ROTWEINSAUCE

FÜR 4 PERSONEN ■ ■
Zubereitungszeit:
40 Minuten
Pro Portion: 405 kcal
27 g E, 23 g F, 2 g K

4 küchenfertige Aalquappen (in Portionsgröße)
Butter für die Form
Salz
Pfeffer aus der Mühle
5 EL Weißwein

SAUCE
50 g Schalotten
1 EL Butter
0,4 l guter Rotwein
1 Prise Thymian
¼ Lorbeerblatt
80 g eiskalte Butter
Salz
Pfeffer aus der Mühle

Aalquappe ausnehmen und filetieren.

1. Eine feuerfeste Form mit Butter ausstreichen. Die ausgenommenen Aalquappen hineinlegen. Mit etwas Salz und Pfeffer be-

TIP *Die Qualität der Sauce steht und fällt mit dem Wein. Man sollte einen körperreichen Wein aussuchen, der weder zu jung noch zu alt ist. Am besten eignen sich Burgunder, Bordeaux, Rioja oder Pinot noir. Der Fisch sollte nur in Weißwein pochiert werden, weil er durch den Rotwein eine unappetitliche Farbe erhalten würde.*

streuen, mit dem Weißwein begießen und beiseite stellen.
2. Für die Sauce die Schalotten hacken und in der Butter glasig dünsten. 0,3 l Rotwein, den Thymian und das Lorbeerblatt zugeben. Das Ganze bis zur Hälfte einkochen lassen. Den Sud durch ein feines Sieb in einen Topf gießen, dabei die Schalotten gut ausdrücken, den restlichen Rotwein dazugeben und die Flüssigkeit weiterkochen.
3. Inzwischen die Fische im Backofen bei 200 °C 5–8 Minuten pochieren.
4. Anschließend die Garflüssigkeit aus der Form durch ein feines Sieb zur Rotweinsauce gießen. Die Sauce bei starker Hitze nochmals auf die Hälfte einkochen.
5. Die eiskalte Butter in Stückchen schneiden und mit einem Schneebesen unter die heiße Sauce rühren. Die Sauce darf dabei nicht weiter erhitzt werden. Sobald die Butter vollständig von der Sauce aufgenommen ist, unter Rühren nochmals erwärmen und mit Salz und Pfeffer abschmecken.
6. Die Fische auf vorgewärmte Teller verteilen und die Sauce dazu gießen.
Beilage: Nudeln oder Reis
Getränkeempfehlung: Am besten der körperreiche Rotwein, der für die Sauce verwendet wurde

EINGELEGTE SARDINEN BRETONISCHE ART

Sardines marinées

FÜR 6 PERSONEN ■

Zubereitungszeit:	
30 Minuten	
Marinierzeit: 2–3 Tage	
Pro Portion: 190 kcal	
26 g E, 7 g F, 2 g K	

1 kg kleine, frische Sardinen
300 g grobes Meersalz
2 kleine Möhren
1 kleine Zwiebel
Pfefferkörner
Koriander
6 Lorbeerblätter
einige Zweige Thymian
1/8 l trockener Weißwein
1/4 l Essig

1. Die Köpfe der gewaschenen Sardinen abschneiden. Die Fische mit Küchenpapier vorsichtig schuppen, an der Bauchseite aufschlitzen, ausnehmen und waschen. Schichtweise Salz und Fische auf ein Sieb geben. Dieses über eine Schüssel hängen und an einem kühlen Ort über Nacht durchziehen lassen. Am nächsten Tag die Sardinen kurz unter fließendem Wasser waschen.
2. Die Möhren und die Zwiebel schälen und in sehr dünne Scheiben schneiden. In eine längliche Schüssel schichtweise Möhren-, Zwiebelscheiben und Sardinen geben. Zwischen jede Schicht einige Pfeffer- und Korianderkörner streuen sowie 1–2 Lorbeerblätter und Zweige Thymian legen.
3. Wein und Essig vermischen und über die Fische gießen. Die Schüssel mit dem Deckel verschließen und die Sardinen bis zum Verzehr an einem kühlen Ort ca. 48 Stunden marinieren lassen. Als Vorspeise servieren.
Beilage: frische Baguette
Getränkeempfehlung: wegen der Säure des Essigs am besten Bier oder Mineralwasser

KABELJAU SPANISCHE ART

Merluza al horno

FÜR 4 PERSONEN ■

Zubereitungszeit: 1 Stunde	
Pro Portion: 470 kcal	
39 g E, 21 g F, 27 g K	

1 kleiner Kabeljau ohne
Kopf oder das Schwanzende
von einem Kabeljau
(ca. 1,2–1,5 kg)
6 große Kartoffeln
4 mittelgroße Zwiebeln
1/2 TL getrockneter Majoran
oder Oregano
Meersalz
schwarzer Pfeffer aus der
Mühle
8 EL Olivenöl
0,1 l Weißwein
3 Knoblauchzehen
2 EL gehackte Petersilie
4 EL frischgeriebene
Semmelbrösel

1. Den Kabeljau waschen und mit Küchenpapier trockentupfen. Die Kartoffeln und Zwiebeln schälen und in sehr feine Streifen schneiden. Gewürze, Salz und Pfeffer hinzufügen und gründlich mit den Kartoffeln und den Zwiebeln vermischen.
2. Den Backofen auf 220°C vorheizen.
3. Eine runde oder längliche Auflaufform (am besten eine aus Steingut) mit

> **TIP** *Wenn das Schwanzende des Fisches beim Braten zu trocken wird, umwickelt man es nach der Hälfte der Backzeit am besten mit einem Stück Alufolie.*

4 Eßlöffeln Olivenöl ausgießen und das Kartoffel-Zwiebel-Gemisch gründlich darin wenden. Auf der mittleren Schiene im Backofen 30 Minuten unter gelegentlichem Wenden hellgelb braten.
4. Das Gemüse flach-

Kartoffeln und Zwiebeln nach dem Schälen in Streifen bzw. Ringe schneiden.

Aus Kräutern, Semmelbröseln und Öl eine Paste mischen und den Fisch damit bestreichen.

streichen und den mit Pfeffer und Salz gewürzten Fisch darauflegen. Mit etwas Öl beträufeln. Den Wein angießen und alles 15 Minuten bei 180°C garen.
5. Inzwischen die geschälten Knoblauchzehen fein wiegen und mit der Petersilie und den Semmelbröseln vermischen. So viel Öl unter Rühren hinzufügen, daß eine streichfähige Paste entsteht. Den Kabeljau gleichmäßig damit bestreichen und wieder in den Ofen geben. Bei 200°C weiterbacken, bis die Kruste braun und knusprig ist.
Getränkeempfehlung: trockener spanischer Weißwein, z. B. aus Penedés

PROVENZALISCHER KNOBLAUCHHECHT

Brochet à la provençale

FÜR 4 PERSONEN ■ ■

Zubereitungszeit:	
35 Minuten	
Pro Portion: 350 kcal	
37 g E, 23 g F, 0 g K	

1 küchenfertiger frischer
Hecht (1,5 kg)
Salz
schwarzer Pfeffer aus der
Mühle
2 Zweige Thymian
100 g Butter
32 ungeschälte junge, kleine
Knoblauchzehen
1/8 l Weinessig
1/8 l Wasser

1. Den Hecht gleich beim Einkauf schuppen und ausnehmen lassen. Die Flossen abschneiden, den Fisch waschen und trockentupfen. Innen und außen mit Salz und Pfeffer einreiben. Die Thymianzweige in das Innere des Fisches legen.
2. Den Backofen auf 200°C vorheizen.
3. Eine feuerfeste flache Auflaufform dick mit Butter einfetten. Die ungeschälten Knoblauchzehen darauf verteilen und den Hecht mit der Bauchseite nach unten in die Form geben. Die restliche Butter in Flöckchen auf den Fisch setzen. Auf der mittleren Schiene im Backofen 30 Minuten garen.
4. Den Fisch alle 5 Minuten mit dem Buttersaft aus der Form begießen. Den Essig und das Wasser vermischen. Nach 15 Minuten Backzeit ein Drittel des Essigwassers in die Form gießen und 5 Minuten später den Rest. Die Sauce soll dick und sirupartig werden. Den Hecht in der Form servieren.
Beilage: Weißbrot, mit dem mitgegarten Knoblauch bestrichen
Getränkeempfehlung: herzhafter Landwein

LIMANDEN
IN DER FOLIE

FÜR 4 PERSONEN ■ ■
Zubereitungszeit:
50 Minuten
Pro Portion: 535 kcal
37 g E, 41 g F, 3 g K

4 Limanden (Rotzungen à 400 g)
Meersalz
Zitronensaft
½ l Wasser
Salz
Pfefferkörner
1 mit 2 Nelken gespickte Zwiebel
1 Möhre
1 EL Butter
4 dünne Scheiben durchwachsener Speck
4 Scheiben Zitrone
2 Schalotten
6 EL Weißwein
2 EL Sahne
125 g Butter
2 Bund Schnittlauch

Limanden jeweils auf ein Stück gefettete Alufolie legen, Speck und Zitronenscheibe darauflegen.

Die eingekochten Weinschalotten, den Schnittlauch und die Butter im Mixer zu einer Paste verarbeiten.

1. Die Limanden gleich beim Einkauf bratfertig zubereiten lassen, Köpfe und Gräten mitnehmen. Die Limanden waschen und mit Küchenpapier trockentupfen. Innen und außen salzen und mit Zitronensaft beträufeln.
2. Die Fischköpfe und die Gräten mit dem Wasser, Salz, Gewürzen und der kleingeschnittenen Möhre 20 Minuten kochen lassen und durch ein Sieb geben. Den Sud auf ⅛ l Flüssigkeit einkochen.
3. Den Backofen auf 230 °C vorheizen.
4. Vier Stücke Alufolie in doppelter Größe der Limanden zurechtschneiden und mit der Butter einfetten. Die Fische in die Mitte der Folie legen und mit je einer Speckscheibe und einer Zitronenscheibe (eventuell vorher schälen) belegen. Die Folie fest über dem Fisch zusammendrücken.
5. Die Foliensäckchen auf die mittlere Schiene in den Backofen geben und die Fische ca. 10–15 Minuten garen.

6. Inzwischen die Schalotten schälen, dann die Schalotten in kleine Würfel schneiden und mit dem Weißwein einkochen, bis nur noch 1 Eßlöffel Flüssigkeit verbleibt.
7. Die Fischbrühe mit der Sahne etwas einkochen. Die Butter mit dem Schalottenwein und dem Schnittlauch im Mixer zu einer Paste verarbeiten.
8. Die Schnittlauchbutter stückchenweise unter ständigem Rühren mit dem Schneebesen bei ganz leichter Hitze in die Fischbrühe geben, so daß eine cremige Sauce entsteht.
9. Die Limanden aus der Folie auf eine Platte gleiten lassen und mit der Sauce umgießen. Dann die Fische mit den Speckstreifen und den Zitronenscheiben garnieren.
Beilage: Algengemüse und Kartoffelpüree
Getränkeempfehlung: Soave

PIKANTE HERINGS-
HAPPEN

FÜR 4 PERSONEN ■
Zubereitungszeit:
30 Minuten
Marinierzeit: 2 Tage
Pro Portion: 325 kcal
14 g E, 28 g F, 4 g K

4 Matjesheringe
4 kleine Zwiebeln
2 Essiggurken
⅛ l Essig
⅛ l Wasser
einige Pfefferkörner
1 Lorbeerblatt
125 g saure Sahne
½ TL Senf
1 EL gehackter Dill

1. Die Matjesheringe waschen. Die Heringsfilets von den Gräten lösen, die Haut abziehen und die Filets in Streifen schneiden. Die geschälten Zwiebeln und die Essiggurken in Scheiben schneiden.
2. Heringsfilets, Zwiebelscheiben und Essiggurken schichtweise in einen Steintopf oder ein Glasgefäß geben. Den Essig mit dem Wasser, Pfefferkörnern und Lorbeerblatt aufkochen lassen und nach

> **TIP** *Die Heringshappen kann man auch mit den wesentlich billigeren Salzheringen zubereiten. Salzheringe müssen allerdings vor der Zubereitung gewässert werden.*

dem Erkalten über die Heringe gießen. 2 Tage stehen lassen.
3. Die Sahne mit 2 Eßlöffeln der Marinade, Senf und Dill verrühren. Die Heringe auf einem Sieb abtropfen lassen und mit der Sahnesauce überziehen.
Beilage: Pellkartoffeln
Getränkeempfehlung: Bier und klarer Schnaps

KABELJAU-
KOTELETTS
MIT KAPERN

FÜR 4 PERSONEN ■
Zubereitungszeit:
20 Minuten
Pro Portion: 290 kcal
31 g E, 14 g F, 10 g K

4 Kabeljaukoteletts (à 200–250 g)
Saft von 1 Zitrone
Meersalz
schwarzer Pfeffer aus der Mühle
Mehl
2 EL Öl
4 EL Butter
2 Scheiben Toastbrot
2 EL Kapern
2 EL feingehackte Petersilie

1. Die Fischscheiben waschen, mit Küchenpapier trockentupfen, mit dem Saft von ½ Zitrone beträufeln, salzen, pfeffern und leicht in Mehl wenden.
2. Das Öl mit 1 Eßlöffel Butter in einer Pfanne erhitzen und den Fisch darin schnell von beiden Seiten knusprig braun braten. In der Zwischenzeit das Toastbrot in kleine Würfel schneiden.
3. Die restliche Butter in einer zweiten Pfanne erhitzen und die Brotwürfel darin goldgelb braten. Die Kapern und die Petersilie hinzufügen und den restlichen Zitronensaft darüberträufeln. Kurz durchrösten.
4. Die Fischscheiben auf einer heißen Platte anrichten und mit der Kapernbutter übergießen.
Kapernbutter schmeckt besonders gut zu Scheiben von Schwert- und Thunfisch.
Beilage: Kartoffelpüree und Zuckerschoten
Getränkeempfehlung: leichter, trockener Weißwein

FISCHKOTELETTS AUF GEMÜSEBETT

FÜR 4 PERSONEN ■ ■
Zubereitungszeit: 1 Stunde
Pro Portion: 480 kcal
43 g E, 32 g F, 6 g K

FISCHSUD
500 g Fischabfälle (Köpfe,
Schwänze, Gräten)
1 Zwiebel
1 kleine Petersilienwurzel
1 große Möhre
1 Stange Staudensellerie
½ unbehandelte Zitrone
1 Lorbeerblatt
1 Zweig Thymian
1 kleines Stückchen getrocknete Pfefferschote
1 Msp. Safran
4–5 Pfefferkörner
½ l Wasser
¼ l Weißwein
Salz

AUSSERDEM
1 kleine Fenchelknolle
250 g Möhren
2 kleine Zucchini
4 Fischkoteletts vom
Seehecht oder Lachs
(à 250 g)
20 g eiskalte Butter
1 EL gehackte Petersilie

Wein, Wasser, Fischabfälle, Gemüse, Kräuter und Gewürze in
einem Topf erhitzen.

Gemischtes Gemüse und Fisch
zusammen im Fischsud garen.

1. Für den Fischsud die
Fischabfälle waschen und
in einen großen Topf ge-
ben. Zwiebel schälen, Ge-
müse putzen, kleinschnei-
den und mit den Kräutern
und Gewürzen hinzufü-
gen. Mit Wasser und Wein
aufgießen, salzen und zum
Kochen bringen. Bei
schwacher Hitze etwa 30
Minuten köcheln lassen.
2. In dieser Zeit den Fenchel putzen, halbieren und
in hauchdünne Scheiben
schneiden. Die Möhren
schälen, die Zucchini wa-
schen und beides erst der
Länge nach in dünne
Scheiben, dann in schma-
le Streifen schneiden. Die
Fischkoteletts waschen
und trockentupfen.
3. Den Fischsud durch
ein Sieb gießen, ¼ Liter
abmessen, zurück in den
Kochtopf schütten und et-
was einkochen lassen.
4. Zuerst die Fenchel-
scheiben in den Fischsud
geben und 4–5 Minuten
köcheln lassen, dann die
Möhren hinzufügen und in
weiterer 2–3 Minuten al
dente kochen. Zum Schluß
die Zucchini untermischen
und die Fischkoteletts auf
das Gemüse legen. Zuge-
deckt, bei schwacher Hit-
ze, in etwa 6 Minuten gar
dämpfen.
5. Den Fisch herausne-
ben und warmstellen. Falls
nötig, die Flüssigkeit noch
etwas einkochen lassen.
Dann die Butter in kleinen
Flöckchen und die Petersilie unter das Gemüse mi-
schen.
6. Das Gemüse auf eine
vorgewärmte Platte geben
und mit den Fischkoteletts
belegen. Anstelle von Fenchel paßt auch Stauden-
sellerie gut.
Beilage: Salzkartoffeln
Getränkeempfehlung:
trockener, blumiger Weiß-
wein, z. B. Weißburgunder
aus Baden

KABELJAUFILETS MIT ZWIEBEL-CREME

FÜR 4 PERSONEN ■ ■
Zubereitungszeit:
45 Minuten
Pro Portion: 290 kcal
34 g E, 12 g F, 8 g K

500 g Gemüsezwiebeln
4 EL Traubenkernöl
4 EL Weißwein
1 TL mildes Currypulver
1 Msp. Cayennepfeffer
Salz
weißer Pfeffer aus der
Mühle
4 Kabeljaufilets (à 200 g)
2 EL Crème fraîche
Saft von ½ Zitrone

1. Die Zwiebeln schälen
und grob hacken. 2 Eßlöf-
fel Öl in einer beschichteten Pfanne erhitzen und
die Zwiebelwürfel darin
anschwitzen. Mit Wein ab-
löschen und mit Curry,
Cayennepfeffer, Salz und
Pfeffer würzen. Zugedeckt
10–15 Minuten bei schwa-
cher Hitze köcheln lassen.
2. In der Zwischenzeit
die Fischfilets waschen,
trockentupfen und mit
Salz und Pfeffer würzen.
3. In einer zweiten beschichteten Pfanne das
restliche Öl erhitzen und
die Fischfilets darin bei
starker Hitze von beiden
Seiten etwa 3–4 Minuten
anbraten.
4. In der Bratzeit der Fische die Crème fraîche unter die Zwiebeln mischen
und mit Zitronensaft ab-
schmecken. Ohne Abdek-
kung bei starker Hitze sämig kochen lassen. Ab und
zu umrühren.
5. Die Fischfilets auf einer vorgewärmten Platte
anrichten, mit der Zwiebel-
creme bestreichen und mit
Petersilie bestreut servieren.
Beilage: Röstkartoffeln
oder körnig gekochter
Basmatireis, grüner Salat
Getränkeempfehlung:
trockener, würziger Weiß-
wein, z. B. Müller-Thurgau
aus der Pfalz

SCHELLFISCH IN TOMATENSAUCE

FÜR 4 PERSONEN ■ ■
Zubereitungszeit:
30 Minuten
Pro Portion: 270 kcal
36 g E, 12 g F, 4 g K

4 vollreife Fleischtomaten
2 Knoblauchzehen
1 kleine Zwiebel
2 EL Olivenöl
1 Zweig Thymian
1 Zweig Rosmarin
1 frisches Lorbeerblatt
⅛ l Fischfond (aus dem Glas)
Salz
schwarzer Pfeffer aus der
Mühle
4 Schellfischfilets (à 200 g)
1 EL Öl
20 g Butter
½ Bund Basilikum

1. Die Tomaten blanchieren, häuten und ohne
Stengelansätze und Ker-
ne in Stücke schneiden.
Knoblauch und Zwiebel
schälen und fein hacken.
2. Für die Sauce das Öl in
einer Kasserolle erhitzen
und die Knoblauch- und
Zwiebelwürfel darin an-
schwitzen. Tomaten und
Kräuter hinzufügen, mit
Fischfond aufgießen und
mit Salz und Pfeffer wür-
zen. Bei schwacher Hitze
20 Minuten köcheln las-
sen.
3. Währenddessen den
Schellfisch waschen, trok-
kentupfen und mit Salz
und Pfeffer würzen.
4. Öl und Butter in einer
beschichteten Pfanne er-
hitzen und die Fischfilets
darin bei starker Hitze von
beiden Seiten je 3–4 Mi-
nuten anbraten.
5. Das Basilikum wa-
schen, trockentupfen, fein
hacken und unter die To-
matensauce mischen. Die
Fischscheiben auf einer
vorgewärmten Platte an-
richten und mit der Sauce
begießen.
Beilage: Spaghetti und Römischer Salat
Getränkeempfehlung:
trockener, neutraler Weißwein, z. B. Verdicchio

SEEZUNGENFILETS GEFÜLLT MIT SCAMPI UND DILL

FÜR 4 PERSONEN ■■
Zubereitungszeit:
50 Minuten
Pro Portion: 470 kcal
37 g E, 31 g F, 4 g K

8 Seezungenfilets
Salz
Pfeffer aus der Mühle
1 TL Zitronensaft

FÜLLUNG
150 g Scampi (ca. 4 Stück)
1 Seezungenfilet
½ Eiweiß
2 EL gehackte Schalotten
½ TL gehackter Dill
125 g Sahne

SAUCE
1 EL Butter
2 EL fein gehackte Schalotten
0,1 l Weißwein (z. B. Chablis)
2 EL Wodka
100 g Sahne
40 g Butter
Salz
weißer Pfeffer aus der Mühle
4 Dillzweige

Am besten in der Küchenmaschine die Füllung pürieren.

1. Die Seezungenfilets von beiden Seiten mit Salz und Pfeffer bestreuen und mit dem Zitronensaft beträufeln.
2. Für die Füllung die rohen Scampi schälen. Dazu die Schale auf der Bauchseite mit einem scharfen Messer seitlich aufschlitzen. Das Scampifleisch sorgfältig aus der Schale lösen und den deutlich sichtbaren, braunen Darm am Kopfende herausziehen. Die herausgelösten Scampis halbieren und beiseite stellen.
3. Das Seezungenfilet, das leicht geschlagene Eiweiß, die Schalotten, den Dill und die Sahne in die Küchenmaschine geben und fein pürieren.
4. Die gesäuerten Seezungenfilets mit der glatten Seite nach oben auf einer großen Platte ausbrei-

ten. Die Hälfte jedes Filets mit der Fischmasse bestreichen, den halbierten Scampis belegen und das Filet zusammenklappen. Die gefüllten Filets in eine gebutterte Auflaufform legen.
5. Für die Sauce die Schalotten in der Butter glasig dünsten, mit dem Weißwein ablöschen und stark aufkochen. Diesen Sud gleichmäßig über die Fischfilets verteilen. Die Form mit einem bebutterten Pergamentpapier abdecken und im Backofen bei 160°C etwa 10 Minuten ziehen lassen. Sobald die Fischfilets knapp gar sind, den Ofen abstellen.
6. Den Sud aus der Form in einen Topf gießen und bis auf 2–3 Eßlöffel einkochen. Den Wodka dazugeben und den Sud nochmals reduzieren. Die Sahne hinzufügen und das Ganze weiterkochen, bis die Sauce leicht sämig wird. Die Butter in Flocken mit einem Schneebesen darunterziehen und mit Salz und Pfeffer abschmecken.
7. Die Sauce über die Fischfilets geben und mit den Dillzweigen garnieren.
Beilage: Kartoffelpüree
Getränkeempfehlung: Chardonnay, weißer Bordeaux

BARSCHFILETS MIT WERMUTSAUCE UND TOMATEN

FÜR 4 PERSONEN ■■
Zubereitungszeit:
43–47 Minuten
Pro Portion: 600 kcal
39 g E, 30 g F, 16 g K

1 TL trockener, weißer Wermut
1 TL Zitronensaft
12 Barschfilets (ohne Haut)
Salz
Pfeffer aus der Mühle
100 g Baguette
30 g frische Butter
8 Cherrytomaten
1 EL Olivenöl
Schnittlauch

SAUCE
2 gehackte Schalotten
0,2 l trockener, weißer Wermut
2 EL Sahne
60 g frische, kalte Butter
1 TL Zitronensaft
Salz
Pfeffer aus der Mühle

Für dieses Gericht sollten gleich die Filetstücke gekauft werden.

Barschfilets mit flüssiger Butter bestreichen, danach das Paniermehl gut andrücken.

1. Den Wermut mit dem Zitronensaft mischen. Die Filets mit Salz und Pfeffer bestreuen, mit der Mischung beträufeln und 10 Minuten kühl ruhen lassen.
2. Für die Sauce die Schalotten mit dem Wermut aufkochen, etwas erkalten lassen und dann passieren.
3. Baguette ohne Rinde zu Paniermehl mahlen.
4. Die Fischfilets mit Küchenpapier abtupfen und mit der zerlassenen Butter auf der Innenseite bestreichen. Die bestrichene Seite panieren, dabei das Brot-Paniermehl gut andrücken.
5. Eine große, mit Butter bestrichene Gratinplatte mit dem Wermut ausgießen. Die Fischfilets mit der panierten Seite nach oben hineinlegen und mit der restlichen, flüssigen Butter beträufeln. Die Form auf ein Backofengitter stellen und unter den Grill des Backofens oder des Grillgeräts schieben. Die

Fischfilets rasch überbakken, bis sie an der Oberfläche goldbraun sind. Je nach Größe sollten die Fische mit Alufolie bedeckt werden, damit sie nicht schwarz werden.
6. Die Tomaten vierteln, in Öl rasch anbraten, salzen und pfeffern. Bis zum Servieren warm halten.
7. Die knapp gegarten Fische vorsichtig aus der Form nehmen und warm stellen. Den Fischfond durch ein Sieb in einen kleinen Topf gießen. Um ein Drittel einkochen, dann die Sahne zugeben, wieder aufkochen und die kalte Butter in Flocken nach und nach mit einem Schneebesen unter die Sauce rühren. Mit Salz, Pfeffer und Zitronensaft abschmecken.
8. Die Fischfilets auf warmen Tellern anrichten, mit Sauce umgießen und mit den Tomaten und Schnittlauchstengeln garnieren.
Beilage: Reis, Kartoffeln
Getränkeempfehlung: Weißer Burgunder

DORADE MIT FRISCHEM LORBEER IN FOLIE

FÜR 4 PERSONEN ■ ■
Zubereitungszeit: 1 Stunde
Pro Portion: 280 kcal
33 g E, 16 g F, 1 g K

1 küchenfertige Dorade
(Brasse, ca. 1,5 kg)
Salz
Saft von 1 Zitrone
2 EL Olivenöl
1 unbehandelte Orange
8–10 frische Lorbeerblätter
1 EL rote Pfefferkörner

1. Die Dorade waschen, trockentupfen, innen und außen mit Salz einreiben und mit Zitronensaft beträufeln.
2. Den Backofen auf 200°C vorheizen.
3. Ein ausreichend großes Stück Alufolie mit einem Eßlöffel Öl bestrei-

Dorade auf eine eingeölte Alufolie legen. Den Fisch salzen und mit Zitronensaft beträufeln.

Die Alufolie fest um die Fische wickeln.

Orangen mit der Schale in dünne Scheiben schneiden.

TIP *Dorade royal ist die feinste aus der Brassenfamilie, erkennbar an den großen Augen und an dem goldfarbenen Seitenstreifen. Alle Fische dieser Familie haben viele Schuppen.*

chen und den Fisch darauflegen.
4. Die Orange waschen und in dünne Scheiben schneiden. Vier Lorbeerblätter und einige Orangenscheiben in die Bauchhöhle des Fisches legen, mit den restlichen den Fisch bedecken. Den Pfeffer im Mörser zerstoßen. Die Dorade damit bestreuen und mit dem restlichen Öl beträufeln.
5. Die Folie sorgfältig verschließen und das Paket auf ein Backblech legen. Auf der mittleren Schiene in 30–40 Minuten garen.

6. Den Fisch mit einem Fischheber auf eine vorgewärmte Servierplatte legen. Dann den Fisch auf der Platte servieren.
Für dieses Rezept sollten Sie unbedingt frische Lorbeerblätter verwenden, getrocknete Lorbeerblätter sind zu aromaintensiv und würden den Fischgeschmack völlig überdekken.
Beilage: Schmortomaten, Langkornreis mit wildem Reis gemischt
Getränkeempfehlung: kräftiger, trockener Weißwein, z. B. Rheinhessen Silvaner

GEDÄMPFTE FORELLE MIT BASILIKUM-TOMATEN-SAUCE

FÜR 2 PERSONEN ■ ■
Zubereitungszeit:
30 Minuten
Pro Portion: 390 kcal
37 g E, 15 g F, 6 g K

¼ l trockener Weißwein
2 Schalotten
1 Zweig Thymian
4 Pfefferkörner
Salz
2 küchenfertige Forellen
(à 250 g)
Salz
2 Zweige Basilikum
2 Zitronenscheiben

SAUCE
1 große Fleischtomate
10 große Basilikumblätter
Salz
weißer Pfeffer aus der Mühle
½ TL Aceto Balsamico
2 EL Olivenöl, extra vergine

1. Den Wein in einen länglichen Fischtopf gießen. Die Schalotten schälen, in Scheiben schneiden und mit Thymian, Pfefferkörnern und Salz zum Wein geben. Bei starker Hitze zum Kochen bringen und etwa um die Hälfte einkochen lassen.
2. In dieser Zeit die Forellen waschen, trockentupfen und innen und außen salzen. In die Bauchhöhle je einen Basilikumzweig und eine Zitronenscheibe legen und die Fische in den Weinsud legen. Die Fische zugedeckt bei schwacher Hitze in etwa 15 Minuten gar dämpfen.
3. Für die Sauce die Fleischtomate blanchieren, häuten und ohne Stengelansätze und Kerne in kleine Würfel schneiden. Die Basilikumblätter hakken und mit den Tomatenwürfeln vermischen. Mit Salz, Pfeffer und Essig würzen. Das Olivenöl und einen Eßlöffel Fischsud unterrühren.

Die vorbereitete Forelle in den eingekochten Weinsud legen und garen.

Frische Basilikumblätter haben ein intensives Aroma.

Ein frischer Thymianzweig kann zusätzlich in den Fischtopf gelegt werden.

4. Die Sauce zu den Forellen reichen.
Sie sollten für die Sauce unbedingt eine vollreife Tomate und frisches Basilikum verwenden.
Man kann die auf diese Weise zubereiteten Forellen auch abgekühlt mit der Sauce servieren – an heißen Sommertagen ein Genuß!
Beilage: Weißbrot
Getränkeempfehlung: der gleiche Wein, der für den Sud verwendet wurde, vorzugsweise säurebetonter, trockener Riesling von der Mosel

GANZE SCHOLLE MIT HASELNUSS-BUTTER

FÜR 4 PERSONEN ■
Zubereitungszeit:
25 Minuten
Pro Portion: 595 kcal
36 g E, 41 g F, 19 g K

4 küchenfertige Schollen
(à 400 g)
Zitronensaft
Salz
weißer Pfeffer aus der
Mühle
10 EL Mehl
8 EL Butterschmalz
80 g Butter
4 EL gemahlene Haselnüsse
2 Zitronen

Die Scholle waschen und mit Küchenpapier trockentupfen.

Den Fisch mit Zitronensaft beträufeln und mit Salz und Pfeffer würzen.

1. Die Schollen waschen, trockentupfen, mit Zitronensaft beträufeln, salzen und pfeffern.
2. Das Mehl auf eine Platte schütten und die Schollen darin wenden, so

TIP *Sie können anstelle der geschmolzenen Haselnußbutter auch kalte Knoblauch- oder Kräuterbutter zu den Schollen reichen.*

Die feuchte Scholle in Mehl wenden.

Das Butter-Haselnußgemisch in einer Pfanne hellbraun rösten.

daß sie von einer dünnen Mehlschicht umgeben sind. Das überschüssige Mehl abschütteln.
3. Butterschmalz in einer großen Pfanne erhitzen und die Schollen darin auf jeder Seite in 6–7 Minuten goldgelb braten. Fertige Schollen zugedeckt warmstellen.
4. Inzwischen die Butter mit den Haselnüssen schmelzen und hellbraun werden lassen.
5. Die gebratenen Schollen mit je einer Zitronenhälfte sofort anrichten und die Haselnußbutter dazu reichen.
Beilage: Kartoffelsalat mit Gurken und viel Petersilie
Getränkeempfehlung: Pils

GOLDBARSCH IN LIMETTENSAUCE

FÜR 4 PERSONEN ■ ■
Zubereitungszeit:
25 Minuten
Pro Portion: 320 kcal
38 g E, 14 g F, 10 g K

800 g Goldbarschfilet
4 Limetten
Salz
weißer Pfeffer aus der
Mühle
frischgeriebene Muskatnuß
1 EL Butter
2 Schalotten, fein gehackt
5 EL Crème fraîche
1 TL Worcestersauce
1 Prise Zucker
4 EL Butterschmalz
5 EL Mehl
1 Handvoll Kerbel

1. Den Fisch waschen, trockentupfen, in 4 Portionen teilen und auf eine Platte legen.
2. Die Limetten auspressen. Den Saft einer Fruchthälfte über den Fisch träufeln, die Filets salzen, pfeffern und mit Muskat würzen.
3. Für die Sauce die Butter in einer kleinen Pfanne erhitzen und die Schalottenwürfel darin weich dünsten. Mit dem Limettensaft aufgießen und die Crème fraîche unterrühren. Aufkochen und 10 Minuten bei milder Hitze köcheln lassen. Mit Salz, Pfeffer, Muskat, Worcestersauce und Zucker abschmecken.
4. Das Butterschmalz in einer großen Pfanne erhitzen. Das Mehl auf einen Teller schütten. Die Fischfilets nacheinander darin wenden und das überschüssige Mehl abschütteln.
5. Die Goldbarschfilets in dem heißen Butterschmalz beidseitig in 6–8 Minuten goldbraun ausbacken.
6. Den Kerbel abbrausen, von den Stielen befreien und kurz vor dem Servieren in die Limettensauce streuen.
7. Die Goldbarschfilets

Goldbarschfilets mit Limettensaft beträufeln und würzen.

Schalotten dünsten, mit Limettensaft aufgießen und Crème fraîche unterrühren.

Die Filets in Mehl wenden und anschließend in heißem Butterschmalz ausbacken.

auf vorgewärmte Teller legen und die Sauce daneben verteilen.
Wenn Sie keine Limetten bekommen, können Sie auch Saft von Zitronen oder rosa Grapefruits verwenden.
Beilage: Wildreis und gedünsteter Mangold
Getränkeempfehlung:
trockener Sherry (Fino oder Manzanilla)

RENKE VOM ROST MIT JOGHURT-KRÄUTER-SAUCE

FÜR 4 PERSONEN ■

Zubereitungszeit:	
30 Minuten	
Marinierzeit: 1 Stunde	
Pro Portion: 315 kcal	
40 g E, 16 g F, 4 g K	

4 küchenfertige Renken (à 250 g)
2 Knoblauchzehen
1 Bund gemischte Kräuter (z. B. Petersilie, Basilikum, Estragon, Dill)
Saft von 1 Zitrone
2 EL Traubenkernöl
Salz
schwarzer Pfeffer aus der Mühle
Öl zum Bestreichen

SAUCE

1 Ei, hartgekocht
1 TL feiner Kräutersenf
300 g Joghurt (3,5%)
1 EL gehackte Schalotten
3 EL gehackte, gemischte Kräuter (z. B. Petersilie, Basilikum, Dill, Schnittlauch)
Salz
weißer Pfeffer aus der Mühle
1 EL Zitronensaft

Renken innen und außen mit der Kräutersauce bestreichen und 1 Stunde marinieren.

Kräuter lassen sich bequem im Mixer zerkleinern.

1. Die Fische waschen und trockentupfen.
2. Für die Marinade die Knoblauchzehen schälen und in eine kleine Schüssel pressen. Die Kräuter waschen, trockentupfen und

TIP *Auch Forellen oder Makrelen, wenn's fetter sein darf, schmecken auf diese Weise zubereitet köstlich.*

fein hacken, mit Zitronensaft und Öl zum Knoblauch geben, alles vermischen. Mit Salz und Pfeffer würzen. Die Renken innen und außen mit der Marinade bestreichen, zugedeckt 1 Stunde marinieren.

3. Währenddessen das Ei schälen, halbieren und das Eigelb mit einer Gabel fein zerdrücken. Unter Rühren den Senf und den Joghurt hinzufügen. Das Eiweiß fein hacken und mit den Schalottenwürfeln und den feingehackten Kräutern vermischen. Mit Salz, Pfeffer und Zitronensaft herzhaft abschmekken. Die Sauce kaltstellen.
4. Den Grill vorheizen.
5. Alufolie mit Öl bepinseln und den Grillrost damit belegen. Die Fische nebeneinander darauf anordnen. Die Renken auf der mittleren Schiene von einer Seite etwa 6–8 Minuten grillen, dann wenden, mit der restlichen Marinade bestreichen und in 5–6 Minuten fertiggrillen.
6. Die Fische auf eine vorgewärmte Platte legen und die Joghurtsauce dazu reichen.
Beilage: Röstkartoffeln und Gurkensalat
Getränkeempfehlung: trockener, körperreicher Weißwein, z. B. Pinot Bianco aus Südtirol

HEILBUTT, MIT SALBEI GEBRATEN

FÜR 4 PERSONEN ■

Zubereitungszeit:	
15 Minuten	
Marinierzeit: 1 Stunde	
Pro Portion: 265 kcal	
37 g E, 12 g F, 0 g K	

4 Heilbuttkoteletts (à 200 g)
3 EL Olivenöl
1–2 Knoblauchzehen
2 EL Zitronensaft
Salz
schwarzer Pfeffer aus der Mühle
8 frische Salbeiblätter
2 EL Noilly Prat (trockener französischer Wermut)

1. Die Fischkoteletts waschen und trockentupfen.
2. Für die Marinade den Knoblauch schälen und fein hacken. Mit zwei Eßlöffeln Olivenöl, Zitronensaft, Salz und Pfeffer verrühren und den Fisch damit bestreichen. Die Heilbuttscheiben, mit den Salbeiblättern dazwischen, übereinanderlegen und mit Sichtfolie umhüllt etwa 1 Stunde marinieren.

TIP *Nach diesem Rezept können Sie auch Fischfilet zubereiten.*

3. Das restliche Öl in einer beschichteten Pfanne erhitzen und die Fischscheiben darin von beiden Seiten jeweils 2 Minuten anbraten. Die Salbeiblätter hinzufügen und kurz mitbraten.
4. Die Heilbuttscheiben herausnehmen und den Bratfond mit dem Wermut ablöschen. Kurz aufkochen lassen und mit den Salbeiblättern über dem Fisch verteilen.
Beilage: gemischter Salat aus Wildkräutern
Getränkeempfehlung: trockener, neutraler Weißwein, z. B. Muscadet

SCHOLLEN-RÖLLCHEN AUF KOHLRABI-JULIENNE

FÜR 4 PERSONEN ■ ■

Zubereitungszeit:	
40 Minuten	
Pro Portion: 230 kcal	
37 g E, 7 g F, 3 g K	

8 Schollenfilets (à 70 g)
Salz
weißer Pfeffer aus der Mühle
Saft von 1 Zitrone
2 EL gehackte Petersilie
2 mittelgroße, junge Kohlrabi
20 g Butter
1 EL gehackte Zwiebeln
4 EL trockener Weißwein
1 EL Crème fraîche
1 EL Petersilie zum Bestreuen

1. Die Schollenfilets waschen, trockentupfen, mit Salz und Pfeffer würzen und mit Zitronensaft beträufeln. Die Filets auf einer Seite mit Petersilie bestreuen und aufrollen. Mit einem Holzspieß zusammenstecken.
2. Die Kohlrabi schälen und erst in dünne Scheiben, dann in schmale Streifen schneiden. Die inneren zarten Blätter auch in feine Streifen schneiden.
3. Die Butter in einer Kasserolle erhitzen und erst die Zwiebelwürfel, dann die Kohlrabistifte darin anschwitzen. Mit Wein aufgießen und zugedeckt etwa 5 Minuten dünsten.
4. Die Crème fraîche unter das Gemüse mischen, die Fischröllchen darauf verteilen und mit dem Kohlrabigrün bestreuen. Zugedeckt bei schwacher Hitze in 5–7 Minuten garen.
5. Die Röllchen auf dem Gemüse mit der Petersilie bestreut servieren.
Beilage: Kartoffelschnee
Getränkeempfehlung: kräftiger, trockener Riesling aus der Pfalz

SEEZUNGEN-RÖLLCHEN MIT KRABBENFÜLLUNG

FÜR 4 PERSONEN ■■
Zubereitungszeit:
30 Minuten
Pro Portion: 355 kcal
32 g E, 22 g F, 5 g K

600 g Seezungenfilets
Zitronensaft
Salz
weißer Pfeffer aus der Mühle
100 g Krabben
1 EL Semmelbrösel
1 EL Crème fraîche
½ Bund Schnittlauch, fein geschnitten
1 EL Butter
1 Schalotte, fein gehackt
1 Döschen gemahlener Safran
4 EL weißer Portwein
200 g Sahne

Krabben mit Crème fraîche und Semmelbrösel pürieren.

Das Krabbenpüree auf die Seezungenfilets streichen. Von der Schmalseite her die Filetstreifen aufrollen.

Gehackte Schalotten in Butter weichdünsten. Mit Safranpulver bestäuben.

Die gebräunten Schalotten mit Portwein ablöschen.

1. Die Seezungenfilets waschen, trockentupfen, mit Zitronensaft beträufeln, salzen und pfeffern.
2. Die Krabben mit den Semmelbröseln und der Crème fraîche im Mixer pürieren. Den Schnittlauch untermischen und die Farce mit Salz, Pfeffer und Zitronensaft abschmecken.
3. Die Seezungenfilets ausbreiten, mit der Krabbenfüllung bestreichen und zusammenrollen.
4. Die Butter in einer Kasserolle erhitzen. Die Schalottenwürfel darin weich dünsten. Den Safran darüberstäuben und kurz anschwitzen. Den Portwein zufügen, aufkochen, und die Sahne dazugießen. 2 Minuten kochen.
5. Die Fischröllchen nebeneinander in die Sauce stellen. Zugedeckt bei schwacher Hitze in 6–8 Minuten gar ziehen lassen. Die Seezunge läßt sich auch durch Schollenfilets ersetzen.
Beilage: Wildreismischung und Prinzessböhnchen
Getränkeempfehlung: Champagner oder spanischer Schaumwein, z. B. Cavas Conde de Caralt

ROTZUNGENFILETS IN SCHNITTLAUCH-SAHNE

FÜR 4 PERSONEN ■
Zubereitungszeit:
20 Minuten
Pro Portion: 350 kcal
25 g E, 22 g F, 4 g K

2 EL Butter
1 mittelgroße Zwiebel, gehackt
0,2 l trockener Weißwein
200 g Sahne
Salz
weißer Pfeffer aus der Mühle
2 Bund Schnittlauch
8 Rotzungenfilets (à 70 g)
Zitronensaft

1. Die Butter in einer breiten Pfanne mit hohem Rand schmelzen. Die Zwiebelwürfel darin bei schwacher Hitze weich dünsten.
2. Mit dem Weißwein aufgießen und um ein Drittel einkochen lassen. Die Sahne zufügen und um knapp die Hälfte einkochen lassen, bis die Sauce eine cremige Konsistenz hat.
3. In dieser Zeit den Schnittlauch waschen, trockentupfen und in feine Ringe schneiden. Zum Schluß in die Sauce rühren und mit Salz und Pfeffer würzen.
4. Die Rotzungenfilets waschen, trockentupfen, mit Zitronensaft beträufeln, leicht salzen und pfeffern. In die Schnittlauchsauce legen und zugedeckt bei schwacher Hitze in 4–5 Minuten gar ziehen lassen.
Bereiten Sie nach diesem Rezept auch mal Seezungen- oder Schollenfilets zu.
Beilage: Salzkartoffeln und Gurkensalat mit Joghurtsauce
Getränkeempfehlung: trockener Weißwein, z. B. Entre-Deux-Mer

SEETEUFEL-MEDAILLONS MIT SHIITAKEPILZEN

FÜR 4 PERSONEN ■
Zubereitungszeit:
30 Minuten
Pro Portion: 220 kcal
32 g E, 7 g F, 2 g K

2 EL Sojaöl
1 kleine Zwiebel, fein gehackt
400 g Shiitakepilze
5 cl trockener Sherry (Fino)
6 EL Sojasauce
1 Kästchen Kresse
8 Seeteufelmedaillons (Lotte, à 80 g)
Zitronensaft
Salz
weißer Pfeffer aus der Mühle
1 TL feingehackte Ingwerwurzel

1. Das Sojaöl in einer breiten Pfanne erhitzen. Die Zwiebelwürfel darin glasig dünsten.
2. Inzwischen die Shiitakepilze putzen, in einem Sieb kurz abbrausen und samt Stielen in sehr feine Streifen schneiden. In die Pfanne geben und bei starker Hitze 5 Minuten dünsten. Den Sherry und die Sojasauce aufgießen und 10 Minuten bei mittlerer Hitze weitergaren.
3. Die Kresse unter fließendem Wasser abbrausen und zwei Drittel der Blättchen über den Shiitakepilzen abschneiden und untermischen.
4. Die Seeteufelmedaillons waschen, trockentupfen, mit Zitronensaft beträufeln, salzen und pfeffern. Mit dem Ingwer würzen und zu den Pilzen geben. Zugedeckt in 6–8 Minuten bei schwacher Hitze gar ziehen lassen.
5. Vor dem Servieren mit den restlichen Kresseblättchen bestreuen.
Beilage: in Butter geschwenkter Langkornreis
Getränkeempfehlung: leicht blumiger Weißwein, z. B. Verduzzo aus dem Friaul

AUSTERN IN CHAMPAGNER-SAUCE

FÜR 4 PERSONEN ■ ■ ■
Zubereitungszeit:
40 Minuten
Pro Portion: 180 kcal
9 g E, 11 g F, 2 g K

20 Austern
0,2 l trockener Champagner (oder Sekt)
2–3 EL Geflügelbrühe
3 EL Sahne
30 g Butter
Salz
Pfeffer aus der Mühle
1 TL Zitronensaft
2 EL steifgeschlagene Sahne
1 EL fein gehackter Kerbel

1. Die Austern unter heißem fließendem Wasser gründlich waschen und mit einem Austernmesser öffnen. Dazu die Austern mit der gewölbten Seite nach unten in die Hand legen. Das Messer in die

TIP *Der Champagner kann auch durch einen trockenen Wermut oder Sherry ersetzt werden.*

kleine Öffnung des Gelenks stechen und mit einer Drehbewegung die obere Schale ablösen.
2. Das Austernfleisch aus der Schale nehmen, die salzige Flüssigkeit auffangen und durch ein feines Sieb in eine Schüssel gießen. Das Austernfleisch kurz unter kaltem Wasser abspülen.
3. Champagner, die Geflügelbrühe und das Austernwasser in einem Topf aufkochen.
4. Austern hinzufügen, den Topf von der Herdplatte wegziehen, die Austern 20 Sekunden ziehen lassen, mit einem Schaumlöffel aus dem Sud nehmen und warm stellen.

Austern haben eine sehr schrumpelige Oberfläche – hier kann sich Schmutz verbergen.

Mit einem Austernmesser in die Gelenköffnung stechen und die Schalen aufbrechen.

Das gesammelte Austernwasser durch ein Haarsieb filtern.

5. Den Sud bis auf ein Drittel einkochen. Die Sahne dazugeben, weiter einkochen, dann die Butter flockenweise unterrühren bis die Sauce leicht sämig ist. Mit Salz, Pfeffer und Zitronensaft abschmecken. Die Schlagsahne unter die Sauce ziehen.
6. Die Austern in Schälchen verteilen, die Sauce darüber anrichten, mit Kerbel bestreut als Vorspeise servieren.
Beilage: Blattspinat oder Lauchstreifen, evtl. Reis
Getränkeempfehlung: Champagner oder Sekt

JAKOBS-MUSCHELN MIT PETERSILIEN-BUTTER

FÜR 4 PERSONEN ■ ■
Zubereitungszeit:
35 Minuten
Pro Portion: 205 kcal
9 g E, 19 g F, 0 g K

12 Jakobsmuscheln
Salz
Pfeffer aus der Mühle
2 EL Butterschmalz
1 kleine gehackte Schalotte
1 geschälte, sehr fein gehackte Knoblauchzehe
60 g Butter
1 TL Zitronensaft
2 EL gehackte Petersilie

1. Die Muscheln öffnen: Dazu jede Muschel mit einem Handtuch in die Hand nehmen, mit der flachen Schalenhälfte nach oben. Mit einem spitzen, aber kräftigen Messer zwischen die Schalen fahren und den Muskel an der flachen Innenseite durchtrennen. Die flache Schale abheben, dabei die untere Schale festhalten. Mit dem Messer am Rand des Fleisches entlangfahren und die Muschel vorsichtig herauslösen. Den grauen Bartrand abschneiden. Nach dem Waschen das Muschelfleisch auf Küchenpapier trocknen.
2. Das Muschelfleisch salzen, pfeffern und rundherum im heißen Butterschmalz braten.
3. Aus der Pfanne nehmen und auf vorgewärmte Teller anrichten. Das Muschelfleisch kann auch wieder in die Schalen gefüllt und dann auf Tellern serviert werden.
4. Die Schalotte, den feingehackten Knoblauch und die frische Butter erwärmen. Sobald die Butter schäumt, den Zitronensaft und die Petersilie zugeben. Über die Muscheln verteilen.
Beilage: Baguette
Getränkeempfehlung: Weißer Burgunder

AUSGEBACKENE SCAMPI
Scampi fritti

FÜR 4 PERSONEN ■
Zubereitungszeit:
20 Minuten
Pro Portion: 275 kcal
28 g E, 15 g F, 7 g K

1 kg frische oder tiefgekühlte Langustinenschwänze (Scampi)
Olivenöl zum Ausbacken
2 Eier
Meersalz
schwarzer Pfeffer aus der Mühle
Mehl
Zitronenspalten

1. Tiefgekühlte Scampischwänze auftauen lassen. Die Scampischwänze aus der Schale lösen. Reichlich Öl erhitzen. Die Eier mit Salz und Pfeffer verquirlen.
2. Die Scampischwänze zuerst in Mehl, dann in den Eiern wenden. In dem heißen Öl von allen Seiten in einigen Minuten goldbraun backen. Sofort ganz heiß servieren und Zitronenspalten dazu reichen.
Beilage: frisches Weißbrot, gemischter Salat aus kleinen grünen Bohnen, reifen Tomaten und süßen Zwie-

TIP *Man kann die Scampischwänze noch zusätzlich in Semmelbröseln wenden oder anstelle von Ei und Semmelbröseln in einem Eierkuchenteig ausbacken. Dabei geht aber leicht der süßliche, feine Eigengeschmack der rosigen Meeresfrüchte verloren.*

belscheiben, mit Basilikum gewürzt. Auch eine frisch angerührte Remouladensauce ist beliebt.
Getränkeempfehlung: Rosé

MUSCHELRAGOUT

FÜR 4 PERSONEN ■ ■ ■
Zubereitungszeit:
30 Minuten
Pro Portion: 390 kcal
11 g E, 26 g F, 7 g K

2 kg Miesmuscheln
2 EL Öl
1 große Zwiebel, gehackt
4 Knoblauchzehen
⅜ l trockener Weißwein
200 g Crème fraîche
1 EL Curry
Salz
schwarzer Pfeffer aus der
Mühle
Zitronensaft
5 Stangen Staudensellerie
150 g Möhren

1. Die Miesmuscheln unter fließend kaltem Wasser gut abbürsten. Schon geöffnete aussortieren und wegwerfen.
2. Das Öl in einem großen Topf erhitzen und die Zwiebelwürfel darin glasig dünsten. Den Knoblauch schälen und dazupressen.
3. Die Miesmuscheln zufügen, mit dem Weißwein begießen und im geschlossenen Topf bei starker Hitze 8 Minuten garen.
4. Die Muscheln aus der Schale nehmen, noch geschlossene Exemplare wegwerfen. Die ausgelösten Muscheln beiseite stellen.
5. Den Garsud durch ein Sieb in einen kleineren Topf gießen. Die Crème fraîche und den Curry unterrühren und 3 Minuten köcheln lassen. Mit Salz, Pfeffer und Zitronensaft kräftig abschmecken.
6. Die Selleriestangen putzen, waschen und in schmale Scheiben schneiden, in die Sauce mischen.
7. Die Möhren schälen, waschen und in die Sauce raspeln. Alles zusammen 5 Minuten kräftig kochen. Die Muscheln unterheben und erwärmen. Mit Zitronensaft abschmecken.
Beilage: Langkornreis und Spinatsalat
Getränkeempfehlung:
trockener Weißwein

JAKOBSMUSCHELN IN KERBEL-MASCARPONE

FÜR 4 PERSONEN ■
Zubereitungszeit:
25 Minuten
Pro Portion: 190 kcal
11 g E, 13 g F, 2 g K

2 EL Butter
2 Schalotten, fein gehackt
80 g Kerbel
Salz
weißer Pfeffer aus der
Mühle
⅛ l trockener Weißwein
100 g Mascarpone
500 g Jakobsmuscheln
Zitronensaft

1. Die Butter in einer Kasserolle erhitzen und die Schalottenwürfel darin weich dünsten.
2. Den Kerbel abbrausen, von den Stielen befreien und, bis auf einige Blättchen zum Garnieren, zu den Schalotten geben und zusammenfallen lassen. Mit Salz und Pfeffer leicht würzen und mit dem Weißwein aufgießen. Das Ganze einmal aufkochen lassen.
3. Mascarpone unterrühren und erhitzen. Alles im Mixer oder mit dem Pürierstab fein zerkleinern und mit Zitronensaft abrunden.
4. Die Jakobsmuscheln unter fließend kaltem Wasser kurz abspülen. Falls vorhanden, die roten Teile (man nennt sie Corail) abtrennen. Die Jakobsmuscheln in der Kerbelsauce, je nach Größe, in 3–5 Minuten gar ziehen lassen. Die Corails kurz vor Garzeitende zufügen. Die restlichen Kerbelblättchen darüberstreuen.
Auch frischen Sauerampfer, den es im Frühling auf den Märkten gibt, können Sie anstelle des Kerbels verwenden.
Beilage: wilder Reis und Salat aus Zuckerschoten
Getränkeempfehlung: trockener Rieslingsekt oder Champagner

Kerbel und Schalotten mit Weißwein aufgießen und aufkochen lassen.

Mascarpone unter die Masse rühren und alles fein pürieren.

Die orangenen Teile, Corails genannt, von den Jacobsmuscheln abtrennen.

Vor dem Servieren Kerbelblätter über das Gericht streuen.

SCAMPI IN PETER-SILIEN-KNOB-LAUCHBUTTER

FÜR 4 PERSONEN ■
Zubereitungszeit:
20 Minuten
Pro Portion: 170 kcal
19 g E, 11 g F, 0 g K

4–6 Knoblauchzehen
2 EL Butter
2 EL Olivenöl
1 kleine getrocknete Chilischote
500 g frische oder aufgetaute Scampi
Salz
schwarzer Pfeffer aus der
Mühle
Saft von ½ Zitrone
2 Bund glatte Petersilie

1. Die Knoblauchzehen schälen und in ganz feine Scheiben schneiden.
2. Die Butter und das Olivenöl in einer breiten Pfanne erhitzen. Die Knoblauchscheiben und die Chilischote zufügen und den Knoblauch bei ganz schwacher Hitze goldgelb werden lassen.
3. Inzwischen die Scampi kalt abbrausen und aus der Schale lösen. In die Pfanne geben und 6 Minuten braten, dabei immer wieder umrühren. Mit Salz, Pfeffer und Zitronensaft würzen.
4. Die Petersilie abbrausen, trockentupfen, abzupfen und nicht ganz fein hacken. Zum Schluß unter die Scampi mischen.
Beilage: Weißbrot
Getränkeempfehlung:
trockener Weißwein, z. B. Chardonnay aus dem Trentino

FLEISCH

Abbildung rechts: Rinderrouladen (Rezept Seite 200.)

Abbildung unten: Ungarisches Gulasch (Rezept Seite 203).

Abbildung rechts: Geschmorte Kalbshaxe (Rezept Seite 201).

Abbildung links: Lammkeule
arabische Art
(Rezept Seite 205).

Abbildung unten: Schweineschnitzel in Parmesanhülle
(Rezept Seite 204).

Abbildung links: Geschnetzeltes vom Kalb mit Austernpilzen
(Rezept Seite 201).

FLEISCH RICHTIG BEARBEITEN UND GAREN

Wie zart Fleisch nach dem Garen wird, hängt nicht nur von dessen Qualität, sondern vor allem auch von der richtigen Garmethode ab. Darüberhinaus wird Fleisch noch zarter, wenn es vor dem Garen mariniert, gesteakt oder geklopft wird.
Die Koteletts, Medaillons, Steaks, Schnitzel und Rouladen werden überwiegend geklopft.
Fleisch besteht aus Fasern, die in Bündeln zusammengefaßt und von Bindegewebe umgeben sind. Durch das Klopfen des Fleisches mit einem Fleischklopfer werden die Fleischfasern verkürzt und die Bindegewebsstränge reißen ein, so daß das Fleisch beim Braten saftig bleibt. Wird das Fleisch nicht geklopft, würde sich das Bindegewebe beim Braten zusammenziehen und der Fleischsaft austreten. Das Fleisch würde trocken und zäh. Durch Klopfen werden die Fleischstücke gleich dick und garen gleichmäßig.
Starke Fett- und Sehnenränder sollten vor dem Zubereiten immer mit einem scharfen Messer eingeschnitten werden. Das gilt vor allem für Steaks, Koteletts und Schnitzel. Ansonsten verformt sich das Fleisch beim Braten oder Grillen.

Steaken des Fleisches wird gelegentlich in Küchen und Geschäften angewendet. Die Steaks oder Schnitzel werden ·durch den Steaker, eine Maschine mit zwei Messerwalzen, die das Bindegewebe zerreißen, gelassen. Beim Essen entsteht dadurch der Eindruck, das Fleisch sei zart.
Tatsächlich tritt nach dem Steaken aber viel Saft aus, wobei die Garzeit sich et- wa um die Hälfte verringert. Gesteaktes Fleisch muß wie Hackfleisch, am Tage der Herstellung verkauft werden.

Marinieren und Beizen bedeutet, daß das Fleisch in Essig-, Wein-, Öl-, Butter- oder Sauermilchmarinaden eingelegt wird. Die enthaltenen Gerb- oder Milchsäurebakterien lockern das Bindegewebe, wodurch das Fleisch mürbe und zart wird. Zudem verkürzt sich die Garzeit. Darüberhinaus wird die Haltbarkeit des Fleisches um 4 bis 5 Tage verlängert. Gefrorenes Fleisch sollte nicht gebeizt oder mariniert werden, da die Zellstruktur durch das Einfrieren beschädigt wird und das Fleisch an Saft verlieren würde.
Beizen und Marinaden können zur Saucenzubereitung verwendet werden.

Zartmacher oder Tenderizer wirken durch das eiweißzersetzende Enzym Papain, das aus Papayafrüchten und Ananas gewonnen wird. Schon seit hunderten von Jahren werden diese Früchte von den Ureinwohnern der Herkunftsländer von Papayafrüchten und Ananas als Fleischzartmacher benutzt. Heute sind auch verschiedene chemisch hergestellte Zartmacher auf dem Markt.
Zartmacher können nicht die natürliche Fleischreifung ersetzen.

Bardieren schützt zartes Fleisch vor harten, krustigen Außenschichten.
Zum Bardieren benötigt man frischen, grünen Rückenspeck. Dieser wird zunächst in dünne Streifen geschnitten, dann wird der Rückenspeck mit Einschnitten versehen und um das Fleisch gelegt. Die Speckstreifen werden mit einem Küchenfaden locker umbunden und nach dem Braten wieder entfernt.

Spicken dient dem gleichen Zweck wie Bardieren. Allerdings wird der Speck in 4–5 cm lange, dünne Streifen geschnitten. Die Speckstreifen werden mit einer Nadel unter die Fleischoberfläche gezogen, so daß sie an beiden Enden noch etwa 3 mm herausschauen. Bei dieser Methode werden immer Fleischzellen verletzt. Aus diesem Grund sollte man Fleisch lieber bardieren als spicken.

Ausbacken in Backteig bietet sich für in Scheiben oder Stücke geschnittene, rohe oder gekochte Innereien an. Auch in Scheiben geschnittenes Fleisch eignet sich für diese Garmethode.
Die auszubackenden Innereien oder Fleischstücke werden gewürzt, durch den Backteig gezogen und dann schwimmend in Fett bei etwa 170°C ausgebakken. Zum Ausbacken kann man Bier- und Weinteige verwenden.

Panieren eignet sich für dünne Fleischscheiben und Innereien, aber auch für gegarte, mit Sauce gebundene Fleischstücke.
Zum Panieren wird das Fleisch gesalzen und gepfeffert, in Mehl gewendet, durch gequirltes Ei gezogen, fest in Semmelbröseln gewälzt und sofort gebraten.
Semmelbrösel, oder geriebenes Weißbrot, kann man auch mit geriebenem Käse, gehobelten Mandeln oder Nüssen, mit Kräutern oder geraspelten Kokosnüssen vermischen.

Braten von Fleisch im Ofen ist nur für bindegewebsarme Teile empfehlenswert: Roastbeef, Filet, Kalbs-, Lamm- und Schweinekarree, Teile der Kalbs-, Lamm- und Schweinekeule oder Schulter. Bei dieser Garmethode wird das Fleisch bei relativ hohen Temperaturen (220–250°) in heißem Fett angebraten und bei verringerter Temperatur (150–200°) fertig gebraten. Zum Braten wird das Bratgeschirr im vorgeheizten Bratofen auf dem Herd erhitzt. Dann das Fett in den Bräter geben und das gesalzene und gepfefferte Fleisch hineinlegen, nach 1–2 Minuten wenden, damit sich die Poren schließen. Unter öfterem Wenden wird das Fleisch rundherum angebraten.
Sobald das Fleisch kräftig angebraten ist, bei niedriger Hitze weitergaren. Auf keinen Fall darf Fleischsaft austreten, da sonst aus dem Braten ein Schmoren wird. Während des Bratvorganges empfiehlt es sich, das Bratgut mehrmals mit heißem Bratfett zu übergießen.
Den Garpunkt von Fleisch erkennt man am sichersten an seiner Kerntemperatur, die mit Hilfe eines Bratthermometers ermittelt wird. Dunkles Fleisch wie Rind oder Lamm sollte eine Kerntemperatur von 55–65° haben. Kalb- und Schweinefleisch sollte dagegen, wenn es rosa gebraten ist, eine Kerntemperatur von etwa 70–78° erreichen. Nach dem Braten sollte man das Fleisch auf ein Gitter legen und etwa 15 Minuten ruhen lassen. Nur so verliert es beim Anschneiden keinen wertvollen Saft.
Braten mit Heiß- oder Umluft. Ein Gebläse wälzt die heiße Luft im Inneren des Brat- oder Backofens. Die Bratzeit verringert sich dadurch, die Brattemperatur kann gedrosselt werden und der Braten wird gleichmäßiger braun.
Braten am Drehspieß zählt zu den schonendsten Bratmethoden. Nicht nur Fleischspieße, sondern auch ganze Tiere, Rücken oder Keulen können so gebraten werden. Auch Filet und Roastbeef können in speziellen Bratkörben am Drehspieß gebraten werden.

DIE DREI GARSTUFEN DES ROASTBEEFS

Das Roastbeef ist kein kompaktes Fleischstück und kann deshalb schlecht nach feststehenden Zeitangaben gebraten werden. Denn die Bratzeit hängt nicht allein nur vom Gewicht, sondern auch von der Dicke des Fleischstücks ab. Eine Faustregel besagt, daß 1 kg Roastbeef eine Bratzeit von etwa 18–20 Minuten hat.

1. Ein blutig (saignant/rare) gebratenes Roastbeef.

2. Ein rosa (à point/medium) gebratenes Roastbeef.

3. Ein gut durchgebratenes (bien cuit/well done) gebratenes Roastbeef.

Kurzbraten bietet sich für Koteletts, Medaillons, Steaks, Schnitzel und Geschnetzeltes an. Das Fleisch oder die Innereien werden portioniert, mit Pfeffer und Salz gewürzt und sofort im heißen Fett rundherum gebraten.

Allgemein sollte man beim Braten von Fleisch darauf achten, daß es mehrmals gewendet wird, damit die von der Hitze abgewandte Seite nicht zu stark abkühlt und das Fleisch nicht ungleichmäßig gart.

Außerdem wird Fleisch von guter Qualität niemals zäh, wenn es vor dem Braten gewürzt wird. Nur Fleisch von minderer Qualität oder Fleisch, das beim Braten falsch behandelt wurde oder nicht genügend gereift ist, kann ein zähes, unbefriedigendes Ergebnis liefern.

Grillen ist eine schonende, besonders fettarme und aromafreundliche Garmethode. Zum Grillen eignet sich überwiegend bindegewebsarmes Fleisch. Es entstehen nur geringe Garverluste, da Fleisch bei sehr hohen Temperaturen (300°–350°) gart und sich so die Poren schnell schließen.

Das Grillgut muß grundsätzlich auf einen heißen, vorgeheizten Grill gelegt werden. Relativ dünne Fleischscheiben wie zum Beispiel Schnitzel sollten nur einmal gewendet werden, damit sie nicht trocken werden. Dickere Steaks oder Koteletts sollten dagegen zweimal gewendet werden, damit ein gitterförmiges Grillmuster entsteht.

Das Grillgut wird kurz vor der Verarbeitung gesalzen und gewürzt, durch Öl gezogen und sofort gegrillt. Feingehackte Kräuter und Knoblauch können dem Öl zur Verfeinerung zugefügt werden.

Allgemein sollten beim Braten und Grillen das Fleisch oder die Innereien nicht mit einer Fleischgabel angestochen, sondern lieber mit einer Grillzange gewendet werden.

Dünsten wird überwiegend für die Zubereitung von Schonkost genutzt. Als Dünsten wird das Garen mit wenig Fett und Flüssigkeit bezeichnet, wobei das Gargut, meist Kalbfleisch, blaß bleibt.

Zum Dünsten erwärmt man das Fett (Butter oder Margarine) im Gargeschirr, gibt das gewürzte Fleisch hinzu und wendet es. Sobald es die Fleischfarbe verloren hat, sollte der Topf oder die Pfanne geschlossen und eventuell ein wenig Flüssigkeit hinzugegeben werden.

Gedünstet wird bei niedrigen Temperaturen um etwa 100° im geschlossenen Gefäß.

Schmoren besteht aus dem Anbraten, wobei die typischen Farb- und Aromastoffe gebildet werden, und dem Fertiggaren im geschlossenen Geschirr unter Zugabe von Flüssigkeit. Daher auch die Bezeichnung: »kombiniertes Garverfahren«.

Sehr bindegewebsreiches Fleisch aus der Keule oder Schulter ist zum Schmoren geeignet. Dafür verwendet man ein ganzes Stück oder aber auch portioniertes Fleisch wie Ragout oder Haxenscheiben. Das Fleisch kann vor dem Garen mehrere Tage in ei-

Geschmorte Kalbsnuß.

ner Marinade oder Beize eingelegt werden. Vor der Verarbeitung sollte es immer gut abgetropft sein. Das Fleisch wird gewürzt, in heißem Fett rundherum braun angebraten, dann fügt man Röstgemüse (grobe Möhren- und Zwiebelwürfel) sowie Tomatenmark hinzu. Das Ganze wird mit der Marinade oder Wasser gelöscht und zugedeckt geschmort. Auch beim Schmoren sollte das Fleisch mehrmals gewendet werden.

Blanchieren ist das Überbrühen oder Überwellen in kochendem Wasser und anschließendes Abschrecken mit kaltem Wasser. Nur einige Innereien werden blanchiert.

Kochen ist das Garen bei Temperaturen um 100° in Wasser oder Brühe. Das schonendere Ziehen zwischen 85–95° ist dem Kochen vorzuziehen.

Zum Kochen eignet sich ein bindegewebsreiches Fleisch wie Haxe, Brust-, Keulen- oder Schulterfleisch, aber auch Kalbskopf oder Innereien wie Zunge und Herz.

Eine altbekannte Regel besagt, daß man für eine gute Brühe das Fleisch kalt, für ein gutes Fleisch dagegen das Fleisch warm ansetzen soll.

Untersuchungen von Lebensmittelchemikern haben demgegenüber ergeben, daß die Inhaltsstoffe der Brühe gleich sind, ob das Fleisch nun kalt oder warm angesetzt wurde. Setzt man das zu kochende Fleisch mit kaltem Wasser an, können sich allerdings die fleischeigenen Enzyme besser entwickeln.

Fleisch wird grundsätzlich ohne Deckel gekocht. Generell gilt: Gewürze und Gemüse sollte man erst 30–35 Minuten vor Ende der Garzeit zufügen, so kann man das Gemüse noch für andere Zwecke verwenden.

Außerdem sollte Fleisch niemals zu lange kochen, denn so vermeidet man, daß es trocken und faserig wird.

RINDERSCHMOR-BRATEN EINLEGEN UND ZUBEREITEN

1. Ein Stück Rindfleisch aus der Blume (1 kg) in eine Schüssel legen. Eine große Zwiebel und eine mittelgroße Möhre schälen, grob würfeln und zum Fleisch geben.

2. Rotwein (0,4 l) über das Fleisch gießen, fünf zerdrückte Pfefferkörner, ½ Lorbeerblatt, eine zerquetschte Knoblauchzehe und einen Thymianzweig zufügen. Zugedeckt im Kühlschrank mindestens 24 Stunden marinieren lassen.

3. Das Rindfleisch und die Gemüsewürfel aus der Marinade nehmen und gut abtropfen.

4. Das marinierte Rindfleisch mit Salz und Pfeffer einreiben, in heißem Fett in einem Bräter rundherum hellbraun anbraten.

5. Die Gemüsewürfel zugeben und mitrösten, bis sie goldbraun werden.

6. Das Tomatenmark (1 gehäufter Eßlöffel) und Zucker (½ Eßlöffel) zufügen und mitschwitzen, 4- bis 5mal mit einem Teil der Marinade ablöschen und unter ständigem Abspachteln wieder reduzieren lassen, bis das Fleisch und die Gemüse glasiert sind.

7. Mit der restlichen Marinade und Wasser soweit auffüllen, daß das Fleisch bis mindestens zu ⅔ in der Flüssigkeit liegt.

8. Den Schmorbraten zugedeckt im Backofen oder auf dem Herd in 90–120 Minuten gar schmoren.

9. Das Fleisch aus der Sauce nehmen und auf ein Küchenbrett legen. Die Sauce auf die benötigte Menge einkochen, abschmecken und passieren.

10. Den Schmorbraten auf einem Küchenbrett in etwa 1 cm dicke Scheiben schneiden. Den Schmorbraten anrichten und mit der Sauce bedecken.

1.

2.

3.

4.

5.

6.

7.

8.

9.

10.

RINDERBRUST KOCHEN

1. Von der Rinderbrust die zu dicken Fettränder abschneiden und von der Innenseite die Knochenhäute entfernen.

2. Das Fleisch waschen oder zusammen mit eventuell vorhandenen Rinderknochen blanchieren. Dann die Rinderbrust in kaltem Wasser abschrecken.

3. Samt der Knochen in einen Topf geben und mit kaltem Wasser bedecken.

4. Das Wasser mit der Rinderbrust zum Kochen bringen, sorgfältig abschäumen und die Brust garziehen lassen.

5. Etwa 35 Minuten vor Beendigung der im Rezept angegebenen Kochzeit ein Gemüsebündel und verschiedene Kräuter hinzufügen.

6. Die Rinderbrust auf ein Tranchierbrett legen, mit der Gabel festhalten und quer zur Faser in etwa 1½ cm dicke Scheiben schneiden.

RINDERFILET IN BLÄTTERTEIG EINSCHLAGEN UND BACKEN

1. Das Mittelstück eines Rinderfilets pfeffern und salzen. Dann das Filet in der Pfanne von allen Seiten gut anbraten.

2. Das Anbraten gibt dem Filet Farbe, Geschmack, und es verhindert das Zusammenziehen während des Backens. Das Filet auf einem Abtropfgitter auskühlen lassen.

3. Ein Stück Blätterteig in der Größe des Rinderfilets dünn ausrollen.

4. Auf den vorderen Teil des Blätterteiges, etwa 3 cm vom Teigrand entfernt, einen Streifen feiner Kalbfleischfarce in der Länge und Breite des Filets aufstreichen.

5. Das angebratene Filet auf den Farcestreifen setzen und das Filet gleichmäßig dick mit der restlichen Farce einstreichen. Die Teigränder mit Eigelb bepinseln.

6. Das Filet in den Blätterteig so einschlagen, daß der Verschluß nach unten kommt. Die überstehenden Teigränder mit einem Messer abschneiden.

7. Die Enden des Teiges zusammendrücken und unter das Filet schlagen. Die aufeinanderkommenden Teigschichten fest aneinanderdrücken.

8. Das Filet auf ein mit Wasser benetztes Backblech setzen, dann das eingeschlagene Filet mit Eigelb bepinseln und die Seiten mit einer Tischgabel mehrmals einstechen.

9. Das Filet mit Teigresten garnieren und im vorgeheizten Ofen bei 220°C etwa 35 Minuten backen.

10. Von dem Rinderfilet die beiden Endstücke abschneiden, damit Dampf entweichen und der Fleischsaft austreten kann. 15 Minuten ruhen lassen, dann in Scheiben schneiden.

1.
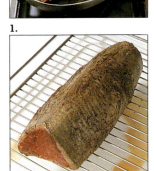
2.

3.

4.

5.

6.

7.

8.

9.
10.

RINDERROULADEN

FÜR 4 PERSONEN ■
Zubereitungszeit:
1 Stunde 30 Minuten
Pro Portion: 455 kcal
36 g E, 30 g F, 5 g K

4 Scheiben Rinderroulade
aus der Oberschale
(je 150–180 g)
schwarzer Pfeffer aus der
Mühle
scharfer Senf zum
Bestreichen
4 dünne Scheiben durch-
wachsener Speck
2 Zwiebeln
2 kleine Gewürzgurken
einige Rosmarinnadeln
1 EL Öl
1 EL Butter
1 Bund Suppengrün
2 Tomaten
10 g eingeweichte,
getrocknete Pilze
½ Lorbeerblatt
einige schwarze Pfeffer-
körner
¼ l Fleischbrühe
(aus Extrakt)
gut ⅛ l Rotwein
4 EL Crème fraîche
Salz

Die Rouladen würzen, belegen,
danach von der Schmalseite
her aufrollen.

Die Fleischenden vorsichtig mit
einem Holzstäbchen fest-
stecken.

1. Die Rinderrouladen mit
der flachen Seite eines Kü-
chenmessers oder mit den
Händen leicht klopfen, mit
Pfeffer bestreuen und mit
Senf bestreichen. Jede
Roulade mit einer Speck-
scheibe belegen.
2. Die Zwiebeln schälen
und in Streifen schneiden,
die Gewürzgurken der
Länge nach vierteln, den
Rosmarin fein hacken oder
zerreiben. Die Rouladen
mit der Hälfte der Zwiebelstreifen und mit je 2 Gurkenstreifen belegen, mit
dem Rosmarin bestreuen
und aufrollen. Mit einem
Baumwollfaden umwik-
keln oder mit einer Rou-
ladennadel feststecken. Öl
und Butter in einem
Schmortopf erhitzen und
die Rouladen bei starker
Hitze darin anbraten.
3. Das Suppengrün in
Streifen schneiden, die Tomaten überbrühen, häuten
und in Stücke schneiden.
Die restlichen Zwiebelstreifen und das Suppengrün zu
den Rouladen geben und
bei leichter Hitze ebenfalls
mit anrösten. Die einge-
weichten Pilze sowie die
Tomatenstücke und die
Gewürze zugeben und mit
der Fleischbrühe und dem
Rotwein aufgießen. Die
Rouladen gut zugedeckt
bei leichter Hitze 1½ Stunden schmoren.
4. Die Rouladen aus dem
Topf nehmen, die Sauce
durch ein Sieb streichen
oder im Mixer pürieren und
mit der Crème fraîche
noch etwas einkochen las-
sen. Mit Salz und Pfeffer
abschmecken. Die Roula-
den noch einmal in der
Sauce erhitzen.
Beilage: Bratkartoffeln,
Rosenkohl oder Sauerkraut
Getränkeempfehlung:
Spätburgunder aus der
Ortenau; mit Sauerkraut
besser badischer Grau-
burgunder

PFEFFERSTEAKS

FÜR 4 PERSONEN ■
Zubereitungszeit:
15–20 Minuten
Pro Portion: 360 kcal
39 g E, 18 g F, 2 g K

4 Scheiben Filetsteak oder
Lendensteak (à 200–250 g)
2 EL grobgeschroteter
schwarzer Pfeffer
1 EL Öl
1 TL Butter
Salz
2 cl Cognac oder Weinbrand
2 Schalotten
⅛ l Fleischbrühe
(aus Extrakt)
⅛ l Weißwein
4 EL Crème fraîche
Kresse zum Garnieren

1. Die Steaks trockentupfen und auf beiden Seiten in die zerstoßenen
Pfefferkörner drücken. Mit
den Handballen nachdrük-
ken, damit der Pfeffer haften bleibt.
2. Öl und Butter in einer
Pfanne erhitzen und die
Steaks darin von beiden
Seiten in 3–4 Minuten
knusprig braun braten,
dann salzen. Mit dem er-
wärmten Cognac aufgie-
ßen, anzünden und die
Steaks in dem brennenden
Cognac wenden. Aus der
Pfanne nehmen und warm-
stellen.
3. In der Bratzeit der
Steaks die Schalotten
schälen, klein würfeln, mit
der Fleischbrühe und dem
Wein in einem kleinen Topf
auf ein Drittel einkochen
lassen. Den Fleischbrat-
satz in der Pfanne damit
ablöschen, die Crème fraîche hinzugießen und bei
starker Hitze unter Rühren
weiter einkochen, bis eine
cremige, dickliche Sauce
entstanden ist. Die Steaks
mit der Sahnesauce um-
gießen. Mit Kressesträuß-
chen garnieren.
Beilage: Pommes frites
oder knuspriges Stangen-
brot und gemischter Salat
Getränkeempfehlung: junger Cabernet aus Nordita-
lien oder ein einfacher Bordeaux

Den zerstoßenen Pfeffer mit
den Händen fest auf die Steaks
drücken.

Die gebratenen Pfeffersteaks
mit angewärmtem Cognac
flambieren.

Den Fleischbratensatz mit der
Schalotten-Wein-Brühe ab-
löschen.

Crème fraîche zugeben und die
Sauce unter kräftigem Rühren
einkochen, bis sie dicklich wird.

KALBFLEISCH SCHNEIDEN

1. Für das Geschnetzelte schneidet man Kalbfleisch aus der Keule (kleine Nuß) zuerst in etwa 2 cm breite, quadratische Streifen, dann in dünne Scheiben.

2. Für Kalbsragout, -blankette oder -gulasch schneidet man Fleisch erst in etwa 4 cm dicke Scheiben, dann in ebenso breite Streifen und anschließend in etwa 50 g schwere Würfel.

GESCHNETZELTES VOM KALB MIT AUSTERNPILZEN

FÜR 4 PERSONEN ■
Zubereitungszeit:
30 Minuten
Pro Portion: 465 kcal
35 g E, 30 g F, 4 g K

600 g Kalbfleisch aus der Keule
3 EL Öl
1 mittelgroße Zwiebel, fein gehackt
400 g Austernpilze
¼ l trockener Weißwein
200 g Sahne
Salz
weißer Pfeffer aus der Mühle
1 TL Worcestersauce
1 TL getrockneter Thymian
1 Bund glatte Petersilie

1. Das Kalbfleisch waschen, trockentupfen und in fingerdicke Streifen schneiden. Das Öl in einer breiten Pfanne erhitzen und die Fleischstreifen darin portionsweise kräftig anbraten. Herausnehmen und zugedeckt beiseite stellen.
2. Die Zwiebelwürfel im verbliebenen Bratfett glasig dünsten.
3. Die Austernpilze kurz abbrausen, putzen und in schmale Streifen schneiden. Zu der Zwiebel in die Pfanne geben und bei mittlerer Hitze dünsten, bis fast alle Flüssigkeit verdampft ist. Mit dem Weißwein aufgießen und knapp um die Hälfte einkochen lassen. Die Sahne unterrühren, aufkochen und mit Salz, Pfeffer, Worcestersauce und Thymian würzen.
4. Die Fleischstreifen mitsamt dem ausgetretenen Fleischsaft zufügen und erwärmen.
5. Die Petersilie abbrausen, trockentupfen, fein hacken und einstreuen.
Beilage: Kartoffelpüree und Salat
Getränkeempfehlung: trockener Weißwein, z. B. Riesling aus dem Elsaß

GESCHMORTE KALBSHAXE

FÜR 4 PERSONEN ■
Zubereitungszeit:
1 Stunde 45 Minuten
Pro Portion: 475 kcal
83 g E, 11 g F, 5 g K

1 große Kalbshaxe (ca. 1,5 kg)
Salz
weißer Pfeffer aus der Mühle
2 EL Butter
250 g magerer Schweinebauch mit Schwarte
2 Möhren
1 große Zwiebel
2 Nelken
1 Stück Schale von 1 unbehandelten Zitrone
½ Lorbeerblatt
gut ⅛ l Weißwein
¼ l Fleischbrühe (aus Extrakt)
2 Tomaten

1. Die Kalbshaxe waschen, trockentupfen und mit Salz und Pfeffer einreiben. Die Butter in einem Schmortopf erhitzen. Dann Kalbshaxe und Schweinebauch darin von allen Seiten hellbraun braten.
2. Den Backofen auf 200°C vorheizen.
3. Die Möhren und die Zwiebel schälen, die Möhren in Scheiben, die Zwiebel in Streifen schneiden. Zu dem Fleisch geben und 5 Minuten mit anrösten. Die Gewürze hinzufügen, und mit dem Wein und der Fleischbrühe aufgießen. Die Tomaten überbrühen, häuten und in Stückchen schneiden, dabei das harte gelbe Mark zurücklassen. Zu dem Fleisch geben und mit Salz und Pfeffer würzen.
4. Den Schmortopf mit dem Deckel fest verschließen und auf die untere Schiene in den Backofen schieben. Das Fleisch in 1½ Stunden gar schmoren lassen. Die letzten 15 Minuten den Topf öffnen und die Haxe unter Begießen mit der Sauce glasieren.
5. Haxe und Schweine-

Die Kalbshaxe zusammen mit dem Schweinebauch in der Butter hellbraun anbraten.

Geschnittene Möhren und Zwiebel zufügen und mit dem Fleisch einige Minuten braten.

Die Soße zusammen mit dem Gemüse durch ein Haarsieb streichen.

bauch aus der Sauce nehmen und warmstellen. Den Schweinebauch eventuell noch kurz im heißen Backofen bräunen. Die Sauce mit dem Gemüse durch ein Sieb streichen und gut entfetten. Haxe und Schweinebauch (ohne Schwarte) in Scheiben schneiden und zusammen auf einer Platte anrichten. Die Sauce dazu reichen.
Beilage: Kartoffelklöße oder Semmelknödel, Erbsen- und Möhrengemüse
Getränkeempfehlung: junger, saftiger Weißwein

ZUNGE KOCHEN UND TRANCHIEREN

1. Die Zunge sorgfältig waschen oder blanchieren und kalt abschrecken.

2. In einen Topf geben, mit kaltem Wasser bedecken und langsam zum Kochen bringen.

3. Den Schaum von der Oberfläche sorgfältig entfernen, das Wasser leicht salzen (nur frische Zungen, Pökel- und geräucherte Zungen werden nicht gesalzen). Die Zunge bei Temperaturen unter dem Kochpunkt garen.

4. Etwa 35 Minuten vor Beendigung der im Rezept angegebenen Garzeit ein Bündel geputztes Gemüse (Möhre, Porree und Sellerie) zugeben.

5. Die Zunge ist gar, wenn sich die Zungenspitze mit der Fleischgabel leicht durchstechen oder mit den Fingerspitzen durchdrücken läßt.

6. Die Rinderzunge wird quer in knapp 1 cm dicke Scheiben geschnitten. Eine Portion Zunge sollte aus Scheiben der Zungenspitze und der dicken Seite bestehen.

Zungen werden längs in etwa 1 cm dicke Scheiben geschnitten. Soll die Zunge aufbewahrt werden, wird sie im Fond kalt gestellt. Zunge, die kalt für Buffets verwendet wird, sollte im Fond liegend leicht gepreßt werden. So verschwinden unschöne Hohlräume.

2.

3.

4.

5.

1.

6.

HACKMASSE ZUBEREITEN

1. 1 kleine Zwiebel schälen, dann halbieren und in Scheiben schneiden. In wenig Öl farblos dünsten und zum Auskühlen beiseite stellen.

2. 1 Brötchen oder 50 g Weißbrot in kaltem Wasser einweichen.

3. Je 250 g durchwachsenes Schweinefleisch (Hals) und Rindfleisch (Hals oder Bug) in Streifen schneiden und kalt stellen.

4. Das eingeweichte Brötchen oder Weißbrot ausdrücken und zusammen mit den Zwiebeln zum Fleisch geben. Salzen und pfeffern.

5. Das Fleisch durch die 3 mm große Lochscheibe des Fleischwolfs drehen. Zum Schluß zusammengedrehtes Pergamentpapier hinterher lassen.

6. 1 Ei und 1 Eßlöffel gehackte Petersilie zur Hackmasse geben und sorgfältig unterarbeiten. Die Hackmasse gut verkneten.

7. Aus der Hackmasse mit geölten Händen Hacksteaks formen.

3.

4.

5.

6.

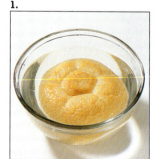

1.

2.

7.

SCHWEINEBRATEN MIT SCHWARTE KNUSPRIG BRATEN

1. Den Schweinebraten mit der Schwarte nach unten in einen großen Topf legen, etwas Wasser angießen und die Schwarte des Bratens kurz ankochen, um ein Schrumpfen zu vermeiden.

2. Die Schwarte der Unterschale (ca. 1,0–1,2 kg) mit einem scharfen Messer gitterartig einschneiden, damit beim Braten das Fett besser austreten kann. Das Fleisch mit Salz und Pfeffer einreiben.

3. Den Boden eines Bräters ca. ½ cm hoch mit Wasser bedecken, den Schweinebraten mit der Schwarte nach unten und einige Knochen hineinlegen.

4. Etwas Kümmel über das Fleisch streuen, mit einem Deckel zudecken und im Ofen (bei 200° ca. 25–35 Minuten) dünsten, bis genügend Fett ausgetreten ist.

5. Den Deckel entfernen, den Schweinebraten wenden, so daß die Schwarte oben ist, das restliche Wasser verdunsten lassen und in 40–45 Minuten fertigbraten.

6. Die Schwarte kann ab und zu mit Bier bepinselt und mit Bratfett beschöpft werden.

7. Etwa 35 Minuten vor Ende der Bratzeit je eine geschälte, grobgewürfelte Zwiebel und Möhre zufügen und Farbe nehmen lassen.

8. Den fertigen Schweinebraten auf ein Gitter setzen, das Bratfett abgießen und mit etwas Wasser oder Jus auffüllen und die Sauce zubereiten.

9. Den Schweinejus mit etwas kalt angerührter Speisestärke binden, passieren und abschmecken.

10. Den Schweinebraten in Scheiben schneiden und zusammen mit der Sauce anrichten.

1.

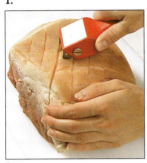

2.

3.

4.

5.

6.

7.

8.

9.

10.

UNGARISCHES GULASCH
Lecsó pôrkölt

FÜR 4 PERSONEN	■ ■
Zubereitungszeit:	
1 Stunde 30 Minuten	
Pro Portion: 600 kcal	
23 g E, 54 g F, 6 g K	

500 g durchwachsenes Schweinefleisch (Schulter oder Nacken)
2 mittelgroße Zwiebeln
100 g Schweineschmalz
1 TL Paprika edelsüß
500 g gelbe oder grüne Paprikaschoten
300 g reife Tomaten
Salz

1. Das Schweinefleisch kurz waschen, trockentupfen und wie die geschälten Zwiebeln in Würfel schneiden. Das Schmalz in einem Schmortopf zerlassen und die Zwiebelwürfel unter Rühren darin glasig braten. Das Paprikapulver darüberstreuen und sofort die Fleischwürfel hinzufügen. Bei milder Hitze 1 Stunde schmoren lassen. Wenn alle Flüssigkeit verdunstet ist, etwa eine halbe Tasse Wasser dazugeben.

2. Die Paprikaschoten vierteln, entkernen, waschen und in Streifen schneiden. Die Tomaten überbrühen, häuten, vierteln und das harte gelbe Mark entfernen. Paprika- und Tomatenstücke zu dem Fleisch geben und alles zugedeckt bei leichter Hitze weitere 20 Minuten schmoren lassen. Das Gulasch mit Salz abschmekken und anrichten.

Beilage: Spätzle oder Salzkartoffeln

Getränkeempfehlung: kräftiger roter Landwein

SCHWEINEFILET MIT KRÄUTERSAUCE

FÜR 4 PERSONEN ■
Zubereitungszeit:
30 Minuten
Pro Portion: 500 kcal
42 g E, 36 g F, 2 g K

750 g Schweinefilet
3 EL Öl
Salz
schwarzer Pfeffer aus der
Mühle
frischgeriebene Muskatnuß
1 Bund gemischte Kräuter
0,2 l Fleischbrühe
(aus Extrakt)
200 g Kräuterfrischkäse
2 Knoblauchzehen
Zitronensaft

Die frischgehackten Kräuter
verleihen der Sauce ihren Pfiff.

Das Schweinefilet rundherum
in heißem Öl kräftig anbraten.

Den Frischkäse in der Fleischbrühe langsam schmelzen lassen.

Zum Schluß Kräuter und Gewürze unter die Käsesauce ziehen.

1. Das Schweinefilet waschen, trockentupfen und von Häutchen und Fett befreien. Das Öl in einer großen Pfanne erhitzen und das Fleisch darin rundum kräftig braten. Salzen, pfeffern, mit Muskat würzen und zugedeckt bei mittlerer Hitze 15 Minuten garen.
2. Inzwischen die Kräuter abbrausen, trockentupfen, von den Stengeln zupfen und fein hacken.
3. Das Fleisch herausnehmen und zugedeckt beiseite stellen. Das Bratfett wegkippen. Den Bratensaft mit der Fleischbrühe loskochen.
4. Den Kräuterfrischkäse unterrühren, bis er sich aufgelöst hat. Den Knoblauch schälen und dazupressen. Die Sauce 3 Minuten köcheln. Mit Salz, Pfeffer und Zitronensaft würzen und die Kräuter unterheben.
5. Das Filet mit dem ausgetretenen Fleischsaft wieder zufügen und 3 Minuten ziehen lassen.
6. Das Filet in ½ cm dicke Scheiben schneiden und fächerartig auf Tellern anrichten. Mit der Kräutersauce übergießen.
Beilage: Spätzle
Getränkeempfehlung:
leichter Weißwein

SCHWEINE-SCHNITZEL IN PARMESANHÜLLE

FÜR 4 PERSONEN ■ ■
Zubereitungszeit:
25 Minuten
Pro Portion: 485 kcal
46 g E, 31 g F, 6 g K

4 EL Semmelbrösel
4 EL Parmesan, frisch
gerieben
1 Ei
4 dünne Schweineschnitzel
(à 180 g)
Salz
schwarzer Pfeffer aus der
Mühle
3 EL Öl
2 Knoblauchzehen
1 Zitrone

Die Schweineschnitzel in der
Panade wenden.

Knoblauchzehen vierteln und in
dem Öl goldbraun braten.

Die panierten Schweineschnitzel in dem Knoblauchöl insge-
samt 6 Minuten backen.

1. Die Semmelbrösel mit dem Parmesankäse in einer Schale mischen. Das Ei in einem Suppenteller gut verquirlen.
2. Die Schweineschnitzel mit der flachen Seite des Fleischklopfers flachklopfen, trockentupfen, dann einmal quer durchschneiden.
3. Das Fleisch salzen, pfeffern und durch das verquirlte Ei ziehen. Anschließend in der Paniermischung mehrmals wenden und die Panade gut andrücken.
4. Das Öl in einer großen Pfanne mit hohem Rand erhitzen. Den Knoblauch schälen, vierteln und darin goldbraun braten, dann herausnehmen und wegwerfen. Die Schnitzel in dem Knoblauchöl auf jeder Seite etwa 3 Minuten bei mittlerer Hitze goldbraun braten.
5. Die Zitrone achteln und mit den Schnitzeln auf einer Platte oder auf Tellern anrichten.
Die Käseschnitzel schmecken auch kalt sehr gut.
Beilage: Kartoffel-Gurken-Salat oder gedünsteter Mangold mit Kartoffelschnee
Getränkeempfehlung:
trockener Rosé aus dem Rhônetal

LAMMRÜCKEN BRATEN UND TRANCHIEREN

1. Den Lammrücken von innen und außen mit Salz und Pfeffer einreiben.
2. Einen passenden Bräter im vorgeheizten Backofen erhitzen. Das Bratfett hineingeben und erhitzen. Den Lammrücken mit der Fleischseite nach unten in den Bräter legen und bei 250°C in 15–18 Minuten rosa braten.
3. Nach 10–12 Minuten der Bratzeit den Rücken auf die Knochenseite legen. Unter öfterem Beschöpfen mit dem heißen Bratfett fertig braten.
4. Zum Ruhen etwa 15 Minuten auf ein Abtropfgitter setzen.
5. Das Fleisch längs des Rückgratknochens lösen, mit einem flachen, waagerechten Schnitt von den Rippen schneiden.
6. Die Rückenfilets auf einem Brett schräg in gleich dicke Scheiben schneiden.
7. Die Scheiben wieder auf das Knochengerüst setzen.

3.

4.

5.

1.

6.

2.

7.

LAMMKEULE ARABISCHE ART

FÜR 6 PERSONEN ■
Zubereitungszeit:
2–3 Stunden
Pro Portion: 555 kcal
35 g E, 36 g F, 23 g K
1 Lammkeule (ca. 1,5 kg)
3–4 Knoblauchzehen
Salz
schwarzer Pfeffer aus der Mühle
3 EL Olivenöl
750 g Kartoffeln
2 große Zwiebeln
500 g Tomaten
1 TL Oregano
1–2 Auberginen

1. Die Lammkeule kurz waschen und trockentupfen. Den Knoblauch in Stifte schneiden. Mit einem spitzen Messer kleine Einstiche in das Fleisch machen und die Knoblauchstifte hineinstecken. Die Lammkeule reichlich mit Salz und Pfeffer einreiben. Das Öl in einem großen, länglichen Bratentopf erhitzen und die Lammkeule darin von beiden Seiten anbraten.
2. Den Backofen auf 220°C vorheizen.
3. Die Kartoffeln schälen und in dicke Scheiben schneiden. Die geschälten Zwiebeln und Tomaten ebenfalls in Scheiben schneiden. Mit Salz und Pfeffer mischen. Das Gemüse um die Lammkeule legen und mit dem Oregano bestreuen.
4. Den Braten in den Backofen schieben, die Hitze auf 180°C zurückstellen und die Lammkeule in etwa 2 Stunden gar braten. Gelegentlich mit dem austretenden Bratensaft begießen und die Keule einmal umdrehen. Die fette Seite soll dann oben sein.
5. Die Auberginen waschen, in Scheiben schneiden, mit Salz bestreuen und mindestens 30 Minuten in einem Sieb stehen lassen. Dann trockentupfen und nach 45 Mi-

Kartoffeln, Tomaten, Zwiebeln, Auberginen und Knoblauch sind die wichtigsten Zutaten.

Das Fleisch mit einem Messer anritzen und Knoblauchstifte hineinstecken.

Die Auberginenscheiben erst nach 45 Minuten Bratzeit dem anderen Gemüse zufügen.

nuten Bratzeit zu dem Fleisch geben.
6. Das Gemüse einmal während der Bratzeit wenden, damit alles gleichmäßig in dem Bratensaft gart. Überschüssiges Fett abschöpfen. Wenn das Gemüse sehr trocken wird, kann man es gelegentlich mit etwas Wasser befeuchten. Die Lammkeule tranchieren, in Scheiben schneiden und mit dem Gemüse umlegt anrichten.
Beilage: Reis
Getränkeempfehlung: kräftiger Rotwein, z. B. Rioja

RINDERFILETS MIT STEINPILZEN UND ROTWEINSAUCE

FÜR 4 PERSONEN ■■
Zubereitungszeit:
40 Minuten
Pro Portion: 355 kcal
36 g E, 18 g F, 2 g K

3 Schalotten oder 1 Zwiebel
2 EL Butterschmalz
20 g getrocknete Steinpilze
¼ l roter Bordeaux-Wein
3 EL stark eingekochter
Rinderfond aus dem Glas
oder klare Bratensauce
4 Rinderfilets (à 150 g)
Salz
Pfeffer aus der Mühle
30 g Butter
1 TL gehackte Petersilie

1. Die Schalotten fein hacken, in 1 Eßlöffel Butterschmalz unter ständigem Wenden 5 Minuten dünsten und beiseite stellen.
2. Die Steinpilze in Wasser einweichen.
3. Die Hälfte der Schalotten mit 0,2 l Rotwein in ein Töpfchen geben. Stark

> ## TIP
> *Frische Steinpilze nicht in der Sauce kochen, sondern zum Schluß in Scheiben geschnitten ganz kurz in Butter braten.*

einkochen, bis ungefähr nur noch die Hälfte der Flüssigkeit übrigbleibt.
4. Die Rotweinreduktion mit dem restlichen Wein, dem Rinderfond oder der klaren Bratensauce und den abgetropften Steinpilzen aufkochen und bis auf die Hälfte reduzieren.
5. Die Filets trockentupfen und im restlichen Fett »saignant« (blutig) oder »à point« (medium) braten. Mit Salz und Pfeffer würzen und auf einer vorgewärmten Platte anrichten.

Die Hälfte der gedünsteten Schalotten mit dem Rotwein stark einkochen.

Den Rotwein mit der Bratensauce und den eingeweichten Pilzen stark reduzieren.

Die Butter mit einem Schneebesen kräftig unter die Rotweinsauce schlagen.

Die restlichen Schalotten darauf verteilen.
6. Die Sauce vom Herd nehmen, einen Augenblick abkühlen lassen und die Butter in Flocken mit dem Schneebesen darunterziehen. Kräftig schlagen, bis sie leicht sämig wird. Mit Salz und Pfeffer abschmecken, das Fleisch mit der Sauce umgießen und mit der Petersilie bestreuen.
Beilage: Gemüse, Zitronenkartoffeln
Getränkeempfehlung: guter Bordeaux

RINDERFILET IN SHERRYESSIG

FÜR 4 PERSONEN ■■
Zubereitungszeit:
50 Minuten
Pro Portion: 265 kcal
29 g E, 16 g F, 3 g K

600 g Rinderfilet
1 EL Butterschmalz
2 EL Sherryessig
2 Kiwis
⅛ l Kalbsfond aus dem Glas oder klare Bratensauce
1 Knoblauchzehe
1 EL Tomatenmark
1 Prise Zucker
1 Prise Cayennepfeffer
Salz
Pfeffer aus der Mühle
30 g kalte Butter

1. Das Fleisch trockentupfen und im Butterschmalz rundherum gut anbraten. Mit dem Sherryessig ablöschen und 10 Minuten halb zugedeckt weiterbraten. Das Filet aus der Pfanne nehmen und warm stellen.
2. Die Kiwis schälen. Eine Kiwi würfeln, die zweite Kiwi in Scheiben schneiden. Die Kiwiwürfel mit dem Kalbsfond im Mixer pürieren.
3. Die Knoblauchzehe gut durchpressen und im Bratenfond kurz anziehen lassen. Die Kiwimischung, das Tomatenmark, den Zucker und eine Prise Cayennepfeffer zufügen. Mit Salz und Pfeffer abschmecken und die Pfanne vom Herd ziehen.
4. Die Butter in Stücke schneiden, mit dem Schneebesen unter die Sauce rühren und auf vorgewärmte Teller verteilen.
5. Das Filet in Scheiben schneiden, auf der Sauce anrichten und mit den Kiwischeiben garnieren.
Beilage: Reis und Blattspinat
Getränkeempfehlung: roter oder weißer Landwein

LENDENSCHNITTEN MIT SARDELLENCREME

FÜR 4 PERSONEN ■■
Zubereitungszeit:
15–20 Minuten
Pro Portion: 390 kcal
31 g E, 26 g F, 1 g K

4 Lendenschnitten (à 150 g)
1 EL Butterschmalz

SAUCE
⅛ l Portwein
3 Sardellenfilets
4 EL Sahne
1 Knoblauchzehe
50 g Butter
Salz
Pfeffer aus der Mühle
1 EL Basilikumstreifen

GARNITUR
4 Sardellenfilets
4 schwarze Oliven

1. Das Fleisch trockentupfen und in Butterschmalz blutig oder medium 2–3 Minuten braten und warm stellen.
2. Den Bratenfond mit Portwein aufkochen und zur Hälfte einkochen.
3. Die Sardellenfilets gut abtropfen und mit Küchenkrepp abtupfen. Fein hacken und mit einer Gabel zerdrücken oder fein pürieren.
4. Sardellenpüree, Sahne und den durchgepreßten Knoblauch zum Portwein geben. Das Ganze stark einkochen, bis die Sauce leicht sämig ist.
5. Butter in Stücke schneiden und bei reduzierter Hitze mit einer Gabel unter die Sauce rühren. Mit Salz, Pfeffer und Basilikum abschmecken. Die Sardellen enthalten bereits Salz!
6. Die Lendenschnitten auf vorgewärmte Teller anrichten, mit der Sauce umgießen und mit je einer Sardelle und einer Olive garnieren.
Beilage: Zucchini
Getränkeempfehlung: Chianti classico

SCHMORBRATEN FRANZÖSISCHE ART
Bœuf à la mode

FÜR 6 PERSONEN ■ ■
Zubereitungszeit:
5 Stunden 30 Minuten
Marinierzeit: über Nacht
Pro Portion: 540 kcal
43 g E, 28 g F, 13 g K

**1 kg gut abgehangener
Schmorbraten**
100 g fetter Speck
2 cl Cognac
**schwarzer Pfeffer aus der
Mühle**
etwas Ingwerpulver
etwas Muskatnuß
Salz
½ l trockener Weißwein
1 Kräutersträußchen
(1 kleines Lorbeerblatt,
1 Zweig Thymian,
3 Stengel Petersilie)
1 Kalbsfuß
1 Stück Schweineschwarte
50 g Butter oder Schmalz
1 große Möhre
**1 mit 3 Nelken gespickte
Zwiebel**
¼ l Fleischbrühe
(aus Extrakt)

AUSSERDEM
500 g Möhren
16 kleine Zwiebeln
etwas Butter

1. Das Fleisch kurz waschen und trockentupfen. Den Speck in Streifen schneiden, mit 2 Eßlöffeln Cognac benetzen und in einer Mischung aus Pfeffer, Ingwer und Muskat wenden. 30 Minuten durchziehen lassen.
2. Das Fleisch mit den Speckstreifen in der Laufrichtung der Fleischmuskeln spicken, also der Länge nach. Mit Salz und Pfeffer einreiben. In eine kleine Schüssel geben und mit dem restlichen Cognac und dem Wein übergießen. Das Kräutersträußchen hinzufügen. Über Nacht stehen lassen.
3. Den Kalbsfuß mit der Schwarte in kaltem Wasser aufkochen und wieder abkühlen lassen.

4. Das Fett in einem schweren Schmortopf erhitzen und das gut abgetrocknete Fleisch darin von allen Seiten bräunen. Den Kalbsfuß, die Schwarte, die geschälte Möhre und gespickte Zwiebel hinzufügen und ebenfalls etwas anrösten. Mit der Marinade und der Fleischbrühe aufgießen. Den Topf sorgfältig schließen. Eventuell zusätzlich mit einer Alufolie bedecken.
5. Den Braten entweder 4 Stunden auf dem Herd sanft kochen oder im vorgeheizten Backofen bei 200°C auf der mittleren Schiene schmoren lassen.
5. Die Möhren in dicke Scheiben schneiden. Die Zwiebeln schälen und in etwas zerlassener Butter hellgelb ausschwitzen.
6. Das Fleisch aus dem Topf nehmen. Den Kalbsfuß ablösen und ebenso wie die Schwarte in Würfel schneiden. Die Sauce durch ein Sieb streichen (das mitgekochte Gemüse ergibt dadurch die Bindung für die Sauce). Ist die Sauce zu dick geworden, noch ein Glas Wein hinzufügen. Mit Salz abschmecken. Fleisch, Möhrenscheiben, Zwiebeln, geschnittenen Kalbsfuß und Schwarte sowie die Sauce wieder in den Topf geben. Gut zugedeckt eine weitere Stunde sanft schmoren lassen.
7. Das Fleisch etwas ruhen lassen, dann in Scheiben schneiden. Die Sauce entfetten und noch einmal abschmecken. Die Fleischscheiben auf eine vorgewärmte Platte geben und mit der Sauce übergießen und mit den Gemüsen und den Schwartenwürfeln garnieren.
Beilage: Dampfkartoffeln
Getränkeempfehlung: trockener Weißwein, wie er für die Zubereitung verwendet wurde

ENGLISCHES ROASTBEEF MIT YORKSHIRE PUDDING

FÜR 6–8 PERSONEN ■ ■
Zubereitungszeit:
ca. 2 Stunden
Pro Portion bei 6 Personen:
480 kcal
40 g E, 29 g F, 16 g K

**1–1,5 kg Roastbeef mit
Knochen**
4 EL Butter
**schwarzer Pfeffer aus der
Mühle**
**knapp ⅛ l Fleischbrühe
(aus Extrakt) oder Wein**
Salz

YORKSHIRE PUDDING
2 Eier
120 g Weizenmehl
½ TL Salz
¼ l Milch
2 EL Fett zum Backen

1. Den Backofen auf 220°C vorheizen.
2. Das Roastbeef kurz waschen und trockentupfen. Die Butter zerlassen und das Fleisch damit einpinseln. Kräftig mit Pfeffer bestreuen. Das Fleisch in die Saftpfanne des Backofens legen und auf die mittlere Schiene in den heißen Ofen schieben. 15 Minuten braten lassen, dann die Hitze auf 190°C herunterdrehen, das Fleisch salzen und die Fleischbrühe oder den Wein in die Pfanne gießen.
3. Für die Bratzeit rechnet man 18 Minuten pro 500 g Fleisch, wenn das Fleisch noch blutigrot (rare) sein soll, 22–25 Minuten für einen rosa Fleischkern (medium) und 30 Minuten für ganz durchgebratenes Fleisch (well done).
4. Inzwischen für den Yorkshire Pudding die Eier mit dem Schneebesen gründlich verquirlen. Mehl und Salz in eine Schüssel sieben und in die Mitte eine Vertiefung drücken. Die verschlagenen Eier und ⅛ l Milch nach und nach unter

Vor dem Backen das Roastbeef mit zerlassener Butter bepinseln und mit Pfeffer bestreuen.

Rühren hinzufügen. Dann nach und nach die restliche Milch hinzufügen und alles zu einem glatten, dünnen Teig verrühren. Den Teig gut durchschlagen, zudecken und an einem kühlen Ort 1 Stunde stehen lassen.
5. Etwa ½ Stunde vor Ende der Bratzeit des Roastbeefs eine längliche Auflaufform (die Engländer haben rechteckige Bratenpfannen dafür) mit dem Fett einpinseln und die Form im Ofen erhitzen. (Man kann den Yorkshire Pudding auch in kleinen Portionsförmchen backen.) Den Teig noch einmal durchschlagen und in die Form gießen. Über das Fleisch auf einem Rost in den Ofen schieben und in etwa 25 Minuten aufgehen lassen und knusprig braun backen.
6. Das Fleisch aus dem Ofen nehmen und vor dem Aufschneiden 15 Minuten auf einer vorgewärmten Platte stehen lassen. Den Bratensaft noch mit etwas Flüssigkeit zu einer klaren Sauce abkochen. Den Yorkshire Pudding mit einem scharfen Messer in Portionsstücke schneiden oder aus den Förmchen lösen und zu dem Roastbeef reichen.
Beilage: junge Erbsen
Getränkeempfehlung: nicht zu junger Rotwein aus Bordeaux

GEWÜRZTER HACKBRATEN

FÜR 4–6 PERSONEN ■
Zubereitungszeit:
1 Stunde
Pro Portion bei 4 Personen:
670 kcal
38 g E, 45 g F, 29 g K

100 g Schinkenspeck
400 g Rinderhackfleisch
2 EL frischgeriebener
Schweizer Käse
¼ TL Zimt
Salz
schwarzer Pfeffer aus der
Mühle
2 Eier
3 EL Semmelbrösel, in Milch
eingeweicht
Saft von 1 Zitrone

AUSSERDEM
6 EL Pflanzenöl oder halb
Öl/halb Butter
4 EL Semmelbrösel
1 Zwiebel
1 Möhre
1 Stange Staudensellerie
4 Tomaten
6 EL Sahne

1. Den Schinkenspeck in der Küchenmaschine sehr fein hacken. Mit Hackfleisch und Käse, den Gewürzen, Eiern, in Milch eingeweichten Semmelbröseln und den Zitronensaft zu einem glatten Teig vermischen. Den Teig zu einem länglichen Fleischlaib formen.
2. Den Backofen auf 200 °C vorheizen.
3. Das Öl in einem runden Schmortopf auf dem Herd erhitzen. Den Hackbraten in den Semmelbröseln wenden und in dem heißen Öl von beiden Seiten anbraten.
4. Geschälte Zwiebel und Möhre in Würfel schneiden, den Staudensellerie in Scheiben. Alles zu dem Fleisch geben und etwas anrösten. Die Tomaten überbrühen, häuten und in Stücke schneiden, dabei das harte gelbe Mark zurücklassen. In den Topf geben, pfeffern und salzen. Den Hackbraten auf der

Schinkenspeck mit der Hand oder in der Küchenmaschine fein hacken.

Das kleingeschnittene Gemüse zusammen mit dem Hackbraten anrösten.

mittleren Schiene im Backofen in etwa 30 Minuten gar braten. Dann aus dem Schmortopf nehmen und warmstellen..
5. Den Bratensaft mit 4 Eßlöffeln Wasser ablösen. Die Sahne angießen und die Sauce kurz durchkochen lassen. Nach Ge-

TIP *Hackbraten läßt sich gut im Römertopf zubereiten. Der Topf muß vorher gewässert und der Backofen darf nicht vorgeheizt werden.*

schmack durch ein Sieb streichen oder die Sauce mit den Gemüsen zu dem Hackbraten servieren.
Beilage: Petersilienkartoffeln und verschiedene junge Gemüse
Getränkeempfehlung: frisches Bier, Apfelwein oder trockener weißer Landwein

RHEINISCHER SAUERBRATEN

FÜR 4 PERSONEN ■ ■
Zubereitungszeit:
4 Stunden
Marinierzeit: 2–3 Tage
Pro Portion: 685 kcal
54 g E, 32 g F, 34 g K

1 kg Rinderbraten
(Schwanzstück, Blume
oder Bug)
80 g fetter Speck, in Streifen
geschnitten
weißer Pfeffer aus
der Mühle
Salz
1 EL Öl
1 EL Butter
2 Zwiebeln
2 Möhren
1 Petersilienwurzel
1 Stück Kalbsfuß oder
Schweineschwarte
1–2 Saucenprinten oder
50 g Lebkuchen oder
50 g Pumpernickel
100 g kernlose Rosinen
30 g in Streifen geschnittene
Mandeln
1 EL Apfelkraut oder
Johannisbeergelee

MARINADE
¼ l Rotwein
¼ l Rotweinessig
½ Lorbeerblatt
3 Nelken
12 grobzerstoßene weiße
Pfefferkörner
4 zerquetschte
Wacholderbeeren
1 Stück Ingwerwurzel
1 Stück Schale von
1 unbehandelten Zitrone

1. Das Fleisch kurz waschen und trockentupfen.
2. Für die Marinade Rotwein und Essig mit allen Gewürzen aufkochen und erkalten lassen. Das Fleisch in eine Schüssel geben, die wenig größer als der Braten ist, und mit der Marinade übergießen. Das Fleisch soll von der Flüssigkeit fast bedeckt sein. Zugedeckt 2–3 Tage kühlstellen.
3. Das Fleisch herausnehmen und mit Küchenpapier trockentupfen. Mit den in Pfeffer gewendeten

Speckstreifen spicken und salzen (oder das Fleisch mit Pfeffer und Salz würzen und den Speck in Würfel geschnitten zum Anbraten mit verwenden).
4. Öl und Butter in einem Schmortopf erhitzen und das Fleisch darin von allen Seiten anbraten. Zwiebeln, Möhren und Petersilienwurzel putzen, in Streifen schneiden und kurz mit andünsten. Mit der durchgesiebten Marinade über-

TIP *Sauerbraten gibt es bereits mariniert in vielen Metzgereien zu kaufen, aber vollendet gelingt er mit der hausgemachten Marinade.*

gießen, den Kalbsfuß oder die Schwarte in den Topf geben und Lebkuchen oder Pumpernickel in die Marinade bröckeln. Den Topf mit einem Deckel fest verschließen und das Fleisch bei leichter Hitze auf dem Herd oder auf der unteren Schiene im Backofen bei 180 °C in 3 Stunden weich schmoren lassen.
5. Das Fleisch herausnehmen und warmstellen. Kalbsfuß oder Schwarte herausfischen. Die Sauce, wenn nötig, mit etwas Rotwein verlängern.
Rosinen und Mandeln an die Sauce geben und mit dem Apfelkraut oder dem Johannisbeergelee abschmecken.
6. Das Fleisch in Scheiben schneiden und mit etwas Sauce übergießen. Den Rest der Sauce getrennt servieren.
Beilage: Kartoffelpuffer, Kartoffelklöße, Nudeln, Spätzle oder Kartoffeln, Apfelkompott oder Backobst, Preiselbeeren
Getränkeempfehlung: fruchtig-blumiger Rotwein, z. B. Württemberger Spätburgunder oder Beaujolais

FILETGESCHNETZELTES MIT PILZEN
Bœuf Stroganoff

FÜR 4 PERSONEN ■
Zubereitungszeit:
30 Minuten
Pro Portion: 355 kcal
26 g E, 26 g F, 3 g K

500 g Rinderfilet
3 EL Öl
2 kleine Zwiebeln
150 g Champignons
1 EL Butter
5 cl Weißwein
1 Essiggurke
125 g Crème fraîche
1 TL scharfer Senf
Salz
schwarzer Pfeffer aus der Mühle

1. Das Rinderfilet gut abtrocknen und in kurze, dikke Streifen schneiden. Das Öl in einer Pfanne erhitzen und das Fleisch darin schnell durchbraten, es soll innen noch rosa sein. Aus der Pfanne nehmen und warmstellen.
2. Die geschälten Zwiebeln in feine Würfel schneiden. Die Champignons unter fließendem Wasser gründlich waschen, die Stielenden abschneiden und die gut abgetropften Pilze in dünne Scheibchen schneiden.
3. Die Butter zu dem Bratfett in die Pfanne geben und erhitzen. Die Zwiebeln darin glasig braten und die Champignons hinzufügen. Kurz durchrösten und mit dem Weißwein aufgießen.
4. Die Gurke in feine Streifen schneiden, Crème fraîche und Senf miteinander verrühren, alles zu den Pilzen geben und die Sauce einkochen lassen. Das Fleisch zu den Pilzen geben und noch einmal aufkochen lassen. Mit Salz und Pfeffer pikant abschmecken.
Beilage: kleine Bratkartoffeln oder Rösti
Getränkeempfehlung: Müller-Thurgau aus der Pfalz oder trockener Tokay

WIENER TAFELSPITZ

FÜR 4–6 PERSONEN ■
Zubereitungszeit:
2–3 Stunden
Pro Portion bei 4 Personen:
350 kcal
44 g E, 18 g F, 4 g K

1 kg Rindfleisch aus der Hinterkeule, z. B. Hüftstück
500 g Suppenknochen
Salz
1 Stange Porree
1 Möhre
½ Sellerieknolle
1 Zwiebel
6 weiße Pfefferkörner

1. Das Fleisch und die Knochen kurz waschen.
2. Die Suppenknochen mit 2 l Wasser und Salz zum Kochen bringen. Vom Porree das untere Ende und die grünen Blätter abschneiden und ihn wie die geschälte Möhre und die Sellerieknolle in Scheiben schneiden. Die Zwiebel schälen.
3. Fleisch, Gemüse und Pfefferkörner in das Wasser geben und die Suppe aufkochen lassen. Den Topf mit einem Deckel verschließen und die Hitze reduzieren.
4. In der ersten Stunde den sich bildenden Schaum regelmäßig abschöpfen. Das Fleisch in 2–3 Stunden mehr ziehen als kochen lassen, bis es gar ist. Auf eine vorgewärmte Platte legen und in fingerbreite Scheiben schneiden. Mit etwas Kochbrühe begießen.
Beilage: Meerrettich, Brat- oder Salzkartoffeln, Spinat oder Porree
Getränkeempfehlung: Bier oder Grüner Veltliner

FRANZÖSISCHES FLEISCHBROT

FÜR 6 PERSONEN ■
Zubereitungszeit: 1 Stunde
Pro Portion: 255 kcal
18 g E, 13 g F, 14 g K

150 g Schinkenspeck
1 Zwiebel
2 gekochte Kartoffeln
250 g Beefsteakhack
50 g geschälte Mandeln
2 eingeweichte, gut ausgedrückte Brötchen (ohne Rinde)
2 Eier, getrennt
1 Prise frischgeriebene Muskatnuß
1 TL Currypulver
Salz
1 EL Butter
2 cl Cognac
Butter für die Form und zum Bestreichen

1. Eine Kastenform ausbuttern. Den Backofen auf 250°C vorheizen.
2. Speck, Zwiebel und Kartoffeln im Mixer grob hacken und mit den übri-

Die Fleischmasse für das Brot im Mixer gründlich vermischen.

gen Zutaten vermischen und verkneten.
3. Die Eiweiße steif schlagen und unter den Teig ziehen. Den Teig in die Kastenform füllen. Etwas Butter zerlassen und das Fleischbrot damit bepinseln. Auf der mittleren Schiene in etwa 30 Minuten gar backen. Warm oder kalt servieren.
Beilage: gemischter Salat und Senffrüchte
Getränkeempfehlung: kräftiger Rotwein, z. B. Cahors oder Bergerac

INDISCHES RINDFLEISCHCURRY

FÜR 4 PERSONEN ■
Zubereitungszeit:
1 Stunde 15 Minuten
Marinierzeit: über Nacht
Pro Portion: 370 kcal
26 g E, 29 g F, 1 g K

500 g Rindfleisch (Keule)
2 TL Salz
2 TL Korianderpulver
½ TL Kurkuma (Gelbwurz)
½ TL Cuminpulver (Kreuzkümmel)
1 TL Chilipulver
½ TL schwarzer Pfeffer aus der Mühle
1 EL gehackte Ingwerwurzel
ca. 1 EL Milch
8 EL Öl
1 große Zwiebel
1–3 Knoblauchzehen
¼ l Wasser
Zimt und Nelkenpulver
frischer Koriander (gehackt)

1. Das Fleisch trockentupfen und in Würfel schneiden.
2. Alle Gewürze mit 4 Eßlöffeln Öl vermischen und mit der Milch zu einer Paste verrühren. Die Fleischwürfel mit der Currypaste vermischen und eine Nacht durchziehen lassen.
3. Die geschälte Zwiebel und Knoblauchzehe in feine Scheiben schneiden.
4. Das restliche Öl in einem Topf oder einer hochwandigen Pfanne erhitzen, Zwiebel und Knoblauch darin goldbraun anbraten. Das marinierte Fleisch hinzufügen und einige Minuten weiterbraten. Mit dem Wasser aufgießen.
5. Das Curry zugedeckt bei leichter Hitze 45 Minuten kochen lassen. Etwas mehr Flüssigkeit hinzufügen, wenn die Sauce zu dick zu werden scheint. Mit einer Prise Zimt und Nelken abschmecken.
6. Vor dem Servieren mit Koriander bestreuen.
Beilage: körnig gekochter Reis und Salat mit Joghurtdressing
Getränkeempfehlung: kühles Bier

RINDERHACK-STEAKS MIT PAPRIKASAUCE

FÜR 4 PERSONEN ∎
Zubereitungszeit:
40 Minuten
Pro Portion: 385 kcal
33 g E, 24 g F, 8 g K

100 g magerer roher
Schinken
400 g Hackfleisch vom Rind
1 Zwiebel
1–2 Knoblauchzehen
1 Ei
1 EL Magerquark
Salz
schwarzer Pfeffer aus der
Mühle
1 TL Paprika, edelsüß
Cayennepfeffer

PAPRIKASAUCE
1 Gemüsezwiebel
je 1 gelbe und rote Paprikaschote
2 Fleischtomaten
2 EL Öl
⅛ l Fleischbrühe
(aus Extrakt)
Salz
schwarzer Pfeffer aus der
Mühle
Paprika, edelsüß
Cayennepfeffer
1 EL gehackte Petersilie
zum Bestreuen

Schinken im Mixer hacken, mit den übrigen Zutaten mischen und zu Fleischteig verarbeiten.

Das Gemüse im Bratfett andünsten, würzen und in der Fleischbrühe schmoren.

1. Den Räucherschinken fein hacken und mit dem Hackfleisch in einer Schüssel vermischen. Zwiebel und Knoblauch schälen, fein hacken und mit dem Ei und dem Quark unter die Hackfleischmischung geben. Zu einem glatten Fleischteig verarbeiten und mit Salz, Pfeffer, Paprika und Cayennepfeffer würzig abschmecken. Aus der Fleischmasse vier gleich große Steaks formen.
2. Gemüsezwiebel schälen, Paprikaschoten waschen, halbieren und entkernen. Das Gemüse in ½ cm große Würfel schneiden. Die Tomaten blanchieren, häuten und ohne Stengelansätze und Kerne in Stücke teilen.
3. Das Öl in einer be-schichteten Pfanne erhitzen und die Hacksteaks darin von jeder Seite 3–4 Minuten braten. Herausnehmen und warmstellen.
4. Die Zwiebel- und Paprikawürfel in das Bratfett geben und darin unter Rühren anschwitzen. Tomaten und Fleischbrühe dazugeben, mit Salz, Pfeffer, Paprika und Cayennepfeffer würzen, gründlich vermischen und zugedeckt 15 Minuten schmoren lassen.
5. Die Steaks in die Sauce legen und darin etwa 3 Minuten erhitzen. Mit gehackter Petersilie bestreut servieren.
Beilage: Salzkartoffeln oder grüne Nudeln

KRÄUTERHACK-BRATEN

FÜR 4 PERSONEN ∎
Zubereitungszeit:
1 Stunde 10 Minuten
Pro Portion: 415 kcal
37 g E, 27 g F, 6 g K

100 g magerer roher
Schinken
500 g Hackfleisch vom Rind
1 Scheibe Toastbrot
1 Ei
1 Zwiebel
1 große Möhre
½ Bund gehackte Petersilie
1 TL gehackte Majoran-
blätter
2 gehackte Salbeiblätter
1 TL gehackte Thymian-
blätter
abgeriebene Schale von
1 unbehandelten Zitrone
1 TL Kräutersenf
Salz
schwarzer Pfeffer aus der
Mühle
20 g Butter
⅛ l Fleischbrühe
(aus Extrakt)
2 Fleischtomaten
1 EL gehackte Petersilie

Schinken und Hackfleisch mischen. Die Zwiebel fein hacken, die Möhre raspeln.

Aus den Zutaten einen Fleischlaib formen und in die gut gefettete Kasserolle legen.

1. Den Schinken im Cutter fein pürieren und mit dem Hackfleisch vermischen. Das Toastbrot in Wasser einweichen, ausdrücken und mit dem Ei zur Fleischmischung geben.
2. Den Backofen auf 200 °C vorheizen.
3. Die Zwiebel schälen und fein hacken, die Möhre schälen und auf der feinen Seite der Rohkostreibe raspeln. Mit den Kräutern und der Zitronenschale zum Fleisch geben und alles zu einem Fleischteig verarbeiten. Mit Senf, Salz und Pfeffer würzig abschmecken und zu einem länglichen Laib formen.
4. Eine ovale Kasserolle mit der Hälfte der Butter ausfetten, den Fleischlaib hineinsetzen und mit der restlichen Butter in kleinen Flöckchen belegen. Auf der mittleren Schiene in etwa 30–40 Minuten gar braten. Dabei nach 15 Minuten mit der Fleischbrühe aufgießen.
5. Die Tomaten blanchieren, häuten und ohne Stengelansätze und Kerne in Würfel oder Viertel schneiden.
6. Den Hackbraten auf eine Fleischplatte heben. Die Tomaten in den Bratenfond geben und auf der Kochstelle kurz durchkochen lassen. Die Petersilie untermischen.
7. Den Braten in Scheiben schneiden und auf einer vorgewärmten Platte anrichten. Die Sauce getrennt reichen.
Der Kräuterhackbraten schmeckt auch kalt vorzüglich.
Beilage: Kartoffelpüree und Rosenkohl oder gemischter Salat

KALBSHAXE MAILÄNDER ART
Ossobuco alla milanese

FÜR 4 PERSONEN ■
Zubereitungszeit:
1 Stunde 30 Minuten
Pro Portion: 415 kcal
44 g E, 20 g F, 8 g K

1 große oder 2 kleine Kalbshaxen (ca. 1,5 kg)
80 g Butter
1 Zwiebel
Mehl zum Wenden
1 Möhre
1 Stange Staudensellerie
3 Tomaten
Salz
schwarzer Pfeffer aus der Mühle
einige Rosmarinblätter
gut ⅛ l Weißwein
evtl. etwas Wasser oder Fleischbrühe
1 EL gehackte Petersilie
1 feingewiegte Knoblauchzehe
2 gehackte Sardellen
feingewiegte Schale von 1 unbehandelten Zitrone

Kalbshaxenscheiben und Gemüse sind Grundlage dieses Schmorgerichts.

Zuerst das Fleisch anbraten, dann die Gemüse und Flüssigkeit hinzufügen.

1. Die Kalbshaxe gleich beim Einkauf in 4–6 etwa 4 cm dicke Scheiben sägen lassen. 50 g Butter in einem großen Schmortopf zerlassen und die feingeschnittene Zwiebel darin glasig rösten. Das Fleisch kurz waschen, trockentupfen, leicht in Mehl wenden und in dem Fett hellbraun anbraten.
2. Möhre und Sellerie putzen und in Streifen schneiden, die Tomaten überbrühen und häuten. Alles zum Fleisch geben, salzen und pfeffern, Rosmarin hinzufügen, mit dem Wein aufgießen und zugedeckt 1 Stunde schmoren lassen. Wenn nötig, etwas Wasser oder Fleischbrühe hinzugießen.
3. Etwa 5 Minuten vor dem Servieren Petersilie, Knoblauch, Sardellen und Zitronenschale vermischen und auf dem Fleisch verteilen. Dann mit dem Gemüse auf eine vorgewärmte Platte legen.
4. Den Bratensaft mit etwas Wasser gut loskochen und die restliche Butter in Flöckchen unterschlagen. Die Sauce über das Fleisch gießen.
Beilage: Risotto und geschmorte Pilze
Getränkeempfehlung: fruchtiger italienischer Weißwein, z. B. Pinot grigio aus dem Friaul

> **TIP** *Man kann 30 g in Streifen geschnittenen Parmaschinken mit den Gemüsestreifen schmoren, dann genügt die Hälfte der Buttermenge.*

KALBSSCHNITZEL MIT SCHINKEN UND SALBEI
Saltimbocca alla romana

FÜR 4 PERSONEN ■
Zubereitungszeit:
20 Minuten
Pro Portion: 355 kcal
35 g E, 23 g F, 0 g K

8 dünne Kalbsschnitzel (à 60 g)
Salz
8 frische Salbeiblätter
8 hauchdünne Scheiben Parmaschinken oder geräucherter Schinken
weißer Pfeffer aus der Mühle
40 g Butter zum Braten

AUSSERDEM
4 EL Weiß- oder Marsalawein
30 g Butter

1. Die Kalbsschnitzel trockentupfen, leicht klopfen und mit wenig Salz bestreuen. Auf jedes Schnitzel eine Schinkenscheibe und 1 Salbeiblatt legen. Schinken und Salbei mit einem Zahnstocher aus Holz befestigen.
2. Die Butter erhitzen und die Schnitzel darin von beiden Seiten bei starker Hitze in etwa 6–8 Minuten gar braten. Das Fleisch aus der Pfanne nehmen und auf eine vorgewärmte Platte legen.
3. Den Bratensaft mit dem Wein aufkochen lassen, die Butter hinzufügen, kurz durchkochen und über das Fleisch gießen.
Beilage: Blattspinat und kleine Bratkartoffeln
Getränkeempfehlung: spritziger Weißwein, z. B. Frascati

KALBSKOTELETTS BOLOGNESER ART
Costolette alla bolognese

FÜR 4 PERSONEN ■
Zubereitungszeit:
45 Minuten
Pro Portion: 600 kcal
50 g E, 40 g F, 11 g K

4 Kalbskoteletts (à 150 g)
Saft von 2 Zitronen
Salz
schwarzer Pfeffer aus der Mühle
1 EL frischgeriebener Parmesankäse
1 Ei
100 g Butter
6 EL Semmelbrösel
4 dünne Scheiben roher Schinken
4 dünne Scheiben fester Käse (z. B. Emmentaler)
4 EL Tomatensauce (Fertigprodukt)

1. Koteletts trockentupfen und mit einem Fleischklopfer flach schlagen.
2. Aus Zitronensaft, Salz, Pfeffer und Parmesan eine Marinade herstellen und die Koteletts darin 30 Minuten marinieren. Dann gut abtropfen lassen.
3. Das Ei mit einer Gabel gründlich verschlagen. Die Butter in einer Pfanne erhitzen. Die Koteletts zuerst in Ei und dann in Semmelbröseln wenden und sofort in der Butter von beiden Seiten goldbraun backen. Jedes Kotelett mit einer Scheibe Schinken und einer Scheibe Käse belegen. Einen fest schließenden Deckel auf die Pfanne geben und das Fleisch bei leichter Hitze so lange braten, bis der Käse geschmolzen und über das Fleisch geflossen ist. Man kann die Koteletts auch im Backofen bei 200 °C überbacken, bis der Käse geschmolzen ist. Auf jedes Kotelett 1 Eßlöffel Tomatensauce geben.
Beilage: grüne Erbsen
Getränkeempfehlung: kräftiger Rotwein, z. B. Valpolicella oder Barbera

BUDAPESTER KALBSGULASCH

BUDAPESTER KALBSGULASCH

FÜR 4 PERSONEN ■
Zubereitungszeit: 1 Stunde
Pro Portion: 235 kcal
27 g E, 11 g F, 6 g K

2 kleine rote Paprikaschoten
250 g Zwiebeln
50 g magerer roher Schinken
2 EL Öl
400 g Kalbsgulasch
Salz
schwarzer Pfeffer aus der Mühle
1 EL Paprika, edelsüß
1 TL gerebelter Majoran
½ l Fleischbrühe (aus Extrakt)
2 EL saure Sahne
1 EL gehackte Petersilie

1. Die Paprika halbieren, entkernen, die Zwiebeln schälen. Beide Gemüse und den Schinken in kleine Würfel schneiden.
2. Das Öl in einem Schmortopf erhitzen und darin Zwiebel-, Paprika- und Schinkenwürfel einige Minuten bei mittlerer Hitze anschwitzen.
3. Das Fleisch dazugeben, mit Salz, Pfeffer, Paprika und Majoran würzen, gründlich vermischen und anbraten. Mit Brühe aufgießen und zugedeckt bei

TIP *Kocht man eine in kleine Würfel geschnittene Kartoffel mit, wird das Gulasch noch sämiger.*

schwacher Hitze etwa 30 Minuten köcheln lassen.
4. Zum Schluß die saure Sahne untermischen, kurz durchkochen lassen und das Gulasch mit Petersilie bestreuen.
Beilage: Salzkartoffeln oder Nudeln und grüner Salat

KALBSBRATEN MIT ROSMARIN

FÜR 4 PERSONEN ■
Zubereitungszeit: 2 Stunden
Pro Portion: 235 kcal
30 g E, 9 g F, 5 g K

500 g Kalbsnuß
Salz
schwarzer Pfeffer aus der Mühle
2 Knoblauchzehen
2 Zweige frischer Rosmarin
50 g dünngeschnittener Parmaschinken
1 Zwiebel
2 Stangen Staudensellerie
4 Fleischtomaten
1 EL Olivenöl
⅛ l trockener Weißwein (z. B. Soave)
2 EL gehackte Petersilie

1. Das Kalbfleisch waschen, trockentupfen und mit Salz, Pfeffer und den durchgepreßten Knoblauchzehen einreiben. Eine Seite mit den Rosmarinzweigen belegen und leicht überlappend mit den Schinkenscheiben bedecken. Den Braten mit einem Baumwollfaden umwickeln.
2. Die Zwiebel schälen, den Staudensellerie waschen und beides in kleine Würfel schneiden. Die Tomaten blanchieren, häuten und ohne Stengelansätze und Kerne in Stücke teilen.
3. Den Backofen auf 200°C vorheizen.
4. Das Öl in einem Bräter erhitzen und das Fleisch darin von allen Seiten anbraten. Zwiebel- und Selleriewürfel hinzufügen und anschwitzen. Die Tomatenstücke dazugeben, mit Wein aufgießen und einmal aufkochen lassen.
5. Den Topf gut verschließen und den Braten auf der mittleren Schiene im Backofen in etwa 1 Stunde gar schmoren, dabei das Fleisch zwischendurch mit der Tomatensauce begießen. 15 Minuten vor Ende der Garzeit den Deckel abnehmen und

Das Kalbfleisch mit Salz, Pfeffer und Knoblauch einreiben.

Eine Seite des Kalbfleischs mit Rosmarinzweigen belegen.

Das Fleisch mit Schinkenscheiben bedecken und mit einem Baumwollfaden umwickeln.

den Braten offen fertiggaren.
6. Das Fleisch herausnehmen und mit Alufolie umhüllt einige Minuten ruhen lassen. Die Sauce auf der Kochstelle kurz durchkochen lassen, die Petersilie untermischen.
7. Den Kalbsbraten in Scheiben schneiden und auf einer vorgewärmten Platte anrichten. Die Sauce getrennt reichen.
Beilage: Penne oder Kartoffelgnocchi und Römischer Salat

KALBSFILET MIT KARAMELISIERTEN ZWIEBELN

FÜR 2 PERSONEN ■
Zubereitungszeit: 30 Minuten
Pro Portion: 295 kcal
32 g E, 7 g F, 13 g K

6 mittelgroße Zwiebeln
1 EL Öl
1 TL Zucker
300 g Kalbsfilet
Salz
weißer Pfeffer aus der Mühle
⅛ l Rosé (z. B. badischer Weißherbst)

1. Die Zwiebeln schälen und vierteln. Das Öl in einer großen beschichteten Pfanne erhitzen, die Zwiebelviertel hinzufügen und bei mittlerer Hitze kurz anbraten.
2. Unter Rühren die Zwiebeln mit Zucker bestreuen und leicht karamelisieren lassen.
3. Das Kalbsfilet waschen, trockentupfen und mit Salz und Pfeffer einreiben.
4. Die Zwiebeln an den Pfannenrand schieben und das Fleisch in dem Bratfett rundherum anbraten.
5. Mit dem Wein aufgießen und zugedeckt bei schwacher Hitze in etwa 6–8 Minuten gar dünsten, dabei gelegentlich umrühren.
Beilage: knuspriges Weißbrot

GESCHMORTES KALBSHERZ

FÜR 4 PERSONEN ■
Zubereitungszeit:
30 Minuten
Pro Portion: 450 kcal
29 g E, 28 g F, 4 g K

2 Kalbsherzen (à 400 g)
Salz
weißer Pfeffer aus der
Mühle
1 EL Öl
1 EL Butter

SAUCE
2–3 Schalotten
150 g frische Champignons
1 Bund Suppengrün
40 g Butter
⅛ l trockener Weißwein
4 EL Crème fraîche

1. Die Kalbsherzen waschen, trockentupfen, halbieren, von Haut, Sehnen und Knorpeln befreien, salzen und pfeffern.
2. Öl und Butter in einer Pfanne erhitzen und die Herzhälften darin scharf anbraten. Zudecken und bei schwacher Hitze 10 Minuten schmoren lassen.
3. Für die Sauce die Schalotten schälen und fein wiegen, die geputzten Champignons in Scheiben und das Suppengrün in feine Streifen schneiden.
4. Die Butter in einem kleinen Topf erhitzen und das Gemüse darin 10 Minuten andünsten. Mit dem Weißwein ablöschen, etwas einkochen lassen, die Crème fraîche unterziehen und die Sauce noch einmal kurz durchkochen.
5. Die Kalbsherzhälften in dünne Scheiben schneiden (sie sollen innen noch zartrosa sein) und auf einer vorgewärmten Platte anrichten. Mit der Sauce übergießen.
Anstelle von Kalbsherzen kann man auch 800 g Schweineherzen für dieses Rezept verwenden.
Beilage: Spätzle oder Nudeln und Salat
Getränkeempfehlung: badischer Weißburgunder

KALBSLEBER BERLINER ART

FÜR 4 PERSONEN ■
Zubereitungszeit:
30 Minuten
Pro Portion: 385 kcal
27 g E, 23 g F, 19 g K

4 Scheiben Kalbsleber
(à 125 g)
2 große Zwiebeln
2 säuerliche Äpfel
1 EL Mehl
Salz
schwarzer Pfeffer aus der
Mühle
1 EL Öl
3 EL Butter
4 dünne Scheiben durchwachsener Speck

1. Die Leber, falls nötig, von Haut und Sehnen befreien.
2. Die Zwiebeln und die Äpfel schälen. Das Kerngehäuse der Äpfel mit einem Apfelausstecher entfernen und Äpfel und Zwiebeln in Scheiben schneiden. Das Mehl mit Salz und Pfeffer vermischen.
3. Das Öl und 1 Eßlöffel Butter in einer Pfanne erhitzen, die Speckscheiben darin knusprig braten und aus dem Fett nehmen. Die Leberscheiben in dem gewürzten Mehl wenden und in dem heißen Fett von beiden Seiten in 5 Minuten braun braten.
4. In einer zweiten Pfanne die restliche Butter erhitzen und zuerst die Apfelscheiben darin weich dünsten, diese aus der Pfanne nehmen und warmstellen, dann in dem gleichen Fett die Zwiebelringe glasig braten.
5. Die gebratenen Leberscheiben mit Pfeffer würzen und auf einer vorgewärmten Platte anrichten. Mit den Apfelscheiben und den Zwiebelringen bedecken und die knusprigen Speckscheiben darübergeben.
Beilage: Kartoffelpüree
Getränkeempfehlung: Apfelwein (Cidre) oder kühles Bier

Aus den geschälten Äpfeln mit einem Apfelausstecher die Kerngehäuse entfernen, danach in ca. 1 cm dicke Scheiben schneiden.

Die Leber in dem heißen Fett von beiden Seiten braun braten.

In einer zweiten Pfanne die Apfelscheiben in Butter weich dünsten.

KALBSMEDAILLONS IN KRÄUTERSENF-SAUCE

FÜR 4 PERSONEN ■
Zubereitungszeit:
20 Minuten
Pro Portion: 480 kcal
43 g E, 31 g F, 3 g K

3 EL Butterschmalz
8 Kalbsmedaillons (à 100 g)
Salz
weißer Pfeffer aus der
Mühle
⅛ l trockener Weißwein
3 EL Kräutersenf
200 g Sahne
Zitronensaft

1. Das Butterschmalz in einer großen Pfanne erhitzen. Die Kalbsmedaillons trockentupfen und auf jeder Seite 2 Minuten braten, salzen und pfeffern. Aus der Pfanne nehmen und zugedeckt beiseite stellen.
2. Das Bratfett wegkippen und den Bratensatz mit dem Weißwein loskochen.
3. Den Senf und die Sahne dazugeben und gut verrühren. Die Sauce bei starker Hitze um ein Drittel einkochen lassen, bis sie eine cremige Konsistenz hat. Mit Salz, Pfeffer und Zitronensaft abschmecken.
4. Die Kalbsmedaillons mit dem ausgetretenen Fleischsaft in die Sauce geben und erwärmen. Auf vorgewärmten Tellern anrichten.
Das Kalbfleisch können Sie durch andere Fleischsorten, aber auch durch Hühnerbrüstchen ersetzen. Anstelle des Kräutersenfs schmeckt auch Rotisseur- oder Dijonsenf sehr gut.
Beilage: schmale Bandnudeln und grüner Spargel oder Prinzeßbohnen
Getränkeempfehlung: trockener Weißwein, z. B. Silvaner aus Franken

KALBSROULADEN MIT BRATFÜLLUNG

FÜR 4 PERSONEN ■
Zubereitungszeit:
1 Stunde 10 Minuten
Pro Portion: 310 kcal
44 g E, 8 g F, 9 g K

100 g frische, enthülste
Erbsen
Salz
150 g Kalbsbrät
50 g Magerquark
2 EL gehackte Kräuter (z. B.
Petersilie, Basilikum,
Kerbel, Estragon)
abgeriebene Schale von
½ unbehandelten Zitrone
frischgeriebene Muskatnuß
weißer Pfeffer aus der
Mühle
4 dünne, lange Kalbs-
schnitzel (à 150 g)
1 Bund Suppengrün
1 EL Öl
10 g Butter
⅛ l trockener Weißwein
(z. B. Riesling)
⅛ l Kalbsfond (aus dem
Glas)

1. Die Erbsen in kochen-
dem Salzwasser blanchie-
ren, in eisgekühltes Was-
ser tauchen und auf einem
Sieb abtropfen lassen.
2. Das Brät mit dem
Quark in einer Schüssel
verrühren, die Kräuter und
die Erbsen untermischen
und mit Zitronenschale,

Die gefüllten Kalbsschnitzel von
der Längsseite her aufrollen,
mit einer Rouladennadel zusammenstecken oder mit einem Faden zusammenbinden.

Die Rouladen mit dem kleingeschnittenen Suppengrün in einer Kasserolle anbraten, Wein
und Kalbsfond angießen und
gar schmoren.

menstecken oder mit ei-
nem Baumwollfaden fest-
binden.
4. Das Suppengrün wa-
schen und kleinschneiden.
5. Öl und Butter in einer
Kasserolle erhitzen und
die Rouladen darin bei
starker Hitze von allen Seiten anbraten. Das Sup-
pengrün hinzufügen und
mitbraten. Mit Wein und
Kalbsfond aufgießen und
zugedeckt bei mittlerer
Hitze in etwa 30 Minuten
gar schmoren.
6. Die Rouladen heraus-
nehmen und warmstellen.
Die Sauce durch ein Sieb
streichen, bei starker Hitze
noch etwas einkochen las-
sen und die Kalbsrouladen
damit überziehen.
Beilage: grüne Bandnudeln und Möhren

KALBSROULADEN RÖMISCHE ART

FÜR 4 PERSONEN ■
Zubereitungszeit:
20 Minuten
Pro Portion: 290 kcal
32 g E, 16 g F, 2 g K

8 dünne Kalbsschnitzel
(à ca. 70 g)
Salz
schwarzer Pfeffer aus der
Mühle
6–8 frische Salbeiblätter
50 g Parmaschinken
2 EL Öl
4 EL Marsala
4 EL Kalbsfond (aus dem
Glas)
20 g kalte Butter

1. Die Kalbschnitzel trok-
kentupfen, vorsichtig klopfen und mit Salz und Pfeffer
würzen.
2. Die gewaschenen Sal-
beiblätter und den Schin-
ken fein hacken und auf
den Schnitzeln verteilen.
Die Fleischscheiben von
der Länge her aufrollen
und die Enden mit einem
Holzspießchen feststek-
ken.
3. Das Öl in einer be-
schichteten Pfanne erhit-
zen und die Fleischröll-
chen darin bei starker Hitze rundherum anbraten.
Das Bratfett vorsichtig abgießen und mit Marsala
und Kalbsfond aufgießen.
Die Pfanne mit einem Dek-
kel verschließen und die
Rouladen in 2–3 Minuten
garen lassen.
4. Die Fleischröllchen herausnehmen und zugedeckt
warmstellen. Den Braten-
fond bei starker Hitze etwas einkochen lassen.
5. Die kalte Butter in kleinen Flöckchen unter den
Fond schlagen. Die Roula-
den mit der sirupartigen
Sauce überziehen.
Beilage: Weißbrot und junge Erbsen.

KALBSKOTELETTS MIT FRÜHLINGS-ZWIEBELN

FÜR 2 PERSONEN ■
Zubereitungszeit:
25 Minuten
Pro Portion: 270 kcal
33 g E, 10 g F, 3 g K

2 Kalbskoteletts (à 200 g)
1 Knoblauchzehe
½ TL abgezupfte Thymian-
blätter
Salz
weißer Pfeffer aus der
Mühle
1 Bund kleine Frühlings-
zwiebeln
1 EL Öl
1 EL Aceto Balsamico
0,1 l Weißwein

1. Die Kalbskoteletts trok-
kentupfen, mit der zer-
quetschten oder durchge-
preßten Knoblauchzehe,
den Thymianblättern und
mit Salz und Pfeffer einreiben.
2. Die Frühlingszwiebeln
putzen, waschen und das
Grün um ein Drittel kürzen.
3. Das Öl in einer be-
schichteten Pfanne erhit-
zen und die Koteletts darin
bei mittlerer Hitze von jeder Seite 2 Minuten anbraten. Das Fleisch heraus-
nehmen und die Frühlings-
zwiebeln in dem Bratfett
kurz anbraten. Mit Essig

TIP *Nimmt man
anstelle von Kalbs-
brät herzhaftes Brat-
wurstbrät, wird die
Füllung würziger,
aber auch kalorienrei-
cher.*

Muskat, Salz und Pfeffer
würzen.
3. Die Kalbsschnitzel
trockentupfen, vorsichtig
breitklopfen, mit Salz und
Pfeffer einreiben und mit
der Brätmischung bestrei-
chen. Von der Längsseite
her aufrollen, mit einer
Rouladennadel zusam-

TIP *Köstlich
schmecken die Früh-
lingszwiebeln auch
zu Lammkoteletts.*

und Wein aufgießen, die
Koteletts zurück in die
Pfanne geben und zuge-
deckt in etwa 8–10 Minu-
ten gar dünsten.
4. Das Fleisch auf vorge-
wärmte Teller legen und
die Zwiebeln darauf an-
richten. Den Bratenfond,
falls nötig, noch etwas einkochen lassen, dann über
die Zwiebeln träufeln.
Beilage: Weißbrot

SCHWEINEBRATEN MIT EXOTISCHEN FRÜCHTEN

FÜR 6 PERSONEN ■ ■
Zubereitungszeit:
2 Stunden 20 Minuten
Pro Portion: 745 kcal
41 g E, 37 g F, 43 g K

3 EL Senf
3 EL Honig
1,2–1,5 kg Schweinebraten
(aus dem Nacken)
Salz
weißer Pfeffer aus
der Mühle
Muskatnuß
Koriander
1 halbiertes Schweins-
füßchen
2 EL Butterschmalz
6 EL herber Sherry
0,2 l Fleischbrühe

SAUCE
¼ l herber Sherry
2 EL Stärkemehl
¼ l Ananassaft
2 EL Sojasauce
Salz
Pfeffer aus der Mühle
Cayennepfeffer

GARNITUR
2 Kiwis
2 Mangos
1 Papaya
1 kleine Ananas
6 Feigen
1 EL Kochbutter

1. Den Senf und den Honig gut vermischen. Das Fleischstück mit Salz, Pfeffer, etwas Muskatnuß und einer Prise Koriander einreiben. Dann mit der Honig-Senf-Mischung bestreichen.
2. Den Braten waschen, trockentupfen und samt dem Schweinsfüßchen in einen mit Butterschmalz ausgestrichenen Bräter legen. Im vorgeheizten Backofen bei 240°C von allen Seiten anbraten. Mit 6 Eßlöffeln Sherry ablöschen und nach und nach die heiße Fleischbrühe zufügen. Die Temperatur auf 200°C herunterschalten und das Fleisch nach 2 Stunden aus dem Ofen

Das Fleisch gut würzen, danach mit der Honig-Senf-Sauce bestreichen.

Den Braten zusammen mit den Schweinsfüßchen in einem Bräter anbraten.

nehmen. In Alufolie einwickeln und warmstellen.
3. Den Bratenfond mit dem herben Sherry aufkochen. Das Stärkemehl mit dem Ananassaft verrühren, zur Sauce geben und diese unter Rühren so lange kochen, bis sie leicht gebunden und schön sämig ist. Mit Salz, Pfeffer, Cayennepfeffer und Sojasauce würzen.
4. Die Früchte schälen, wenn nötig entkernen, in dünne Scheiben schneiden und sehr rasch in der geschmolzenen Butter erwärmen.
5. Den Braten am Stück servieren und mit den Früchten garnieren. Die Sauce separat reichen.
Beilage: Kleine Crêpes
Getränkeempfehlung:
Roséwein

RÄUCHER-SCHINKEN IM KÜMMELTEIG

FÜR 6–10 PERSONEN ■
Zubereitungszeit:
3 Stunden 30 Minuten
Pro Portion: 920 kcal
61 g E, 11 g F, 143 g K

1 Zwiebel, gespickt mit
1 Lorbeerblatt und 2 Nelken
1 geräucherter Schinken
2 EL Weißwein
6 EL milder Senf
1 Prise gemahlener Kümmel
½ TL gemahlener Koriander
1 Wirsing
3 kg Schwarzbrotteig
1 EL Kümmel
2 EL feingehackte Zwiebeln
1 Eiweiß

SAUCE
200 g saure Sahne
1 EL feingehackte Zwiebel
3 EL pikanter Senf
·2 EL grobkörniger Senf
(Meaux)
1 Prise Zucker
Salz
Pfeffer aus der Mühle

1. 5 Liter Wasser mit der gespickten Zwiebel aufkochen. Den Schinken darin 2 Stunden bei schwacher Hitze ziehen lassen. Aus dem Sud nehmen, abkühlen lassen und die Schwarte entfernen. Die Fettschicht kreuzweise einschneiden. Den Sud aufheben.
2. Weißwein, Senf, Kümmel- und Korianderpulver mischen und den Schinken damit bestreichen.
3. Die Wirsingblätter vom Strunk lösen und in ein wenig Schinkensud 5 Minuten vorkochen. Abtropfen lassen, die größten Blätter auf einem Holzbrett ausbreiten, die Rippen flachschneiden und den Schinken darin einwickeln.
4. Den Brotteig mit dem Kümmel und den Zwiebeln verkneten. 1 cm dick ausrollen und den Schinken darin einpacken. Die mit Wasser bestrichenen Teigränder gut zusammenpressen und die obere Sei-

Den warmen Schinken mit der Weißwein-Gewürz-Marinade dick bestreichen.

Die Wirsingblätter vorkochen, danach läßt sich der Strunk gut flachschneiden.

Den Schinken mit Wirsingblättern umwickeln, danach mit einem Teigmantel umhüllen.

te durch leichtes Einritzen oder mit Teigfiguren garnieren.
5. Auf ein eingefettetes Blech legen und bei 170°C 1 Stunde backen. Den Teig ab und zu mit verquirltem Eiweiß bestreichen. Sobald er goldbraun ist, mit Alufolie abdecken. Wenn nötig, die Temperatur auf 150–160°C senken.
6. Alle Saucenzutaten vermischen.
Beilage: Kartoffelsalat, verschiedene Salate
Getränkeempfehlung: Bier oder einfacher Rotwein

PIKANTE FRIKADELLEN

FÜR 4 PERSONEN ■
Zubereitungszeit:
30 Minuten
Pro Portion: 370 kcal
31 g E, 24 g F, 6 g K

250 g Hackfleisch vom Kalb
oder Rind
250 g Hackfleisch vom
Schwein
1 Zwiebel
3 EL Mehl oder Semmel-
brösel
Salz
schwarzer Pfeffer aus der
Mühle
0,1 l Milch oder Sprudel
1 Ei
2 EL Butter zum Braten

1. Das Fleisch beim Einkauf möglichst zweimal
durch die Fleischmaschi-
ne drehen lassen oder in
der Küchenmaschine fein
hacken. Die geschälte
Zwiebel ebenfalls in der
Küchenmaschine fein hak-
ken oder fein reiben.
Fleisch, Zwiebel und Mehl
oder Semmelbrösel sowie
Salz und Pfeffer gründlich
miteinander vermischen.
Nach und nach Milch oder
Sprudel und das Ei unter
den Fleischteig rühren; der
Teig soll leicht und locker
sein.
2. Die Butter in einer
Pfanne erhitzen. Mit zwei
in Wasser getauchten Löf-
feln oder angefeuchteten
Händen kleine Fleischbäll-
chen formen, nach Belie-
ben etwas flachdrücken
und in die heiße Butter geben. Langsam von allen
Seiten goldbraun braten.
Beilage: Kartoffeln und
Rotkohl oder Spinat
Getränkeempfehlung: Bier
oder junger, einfacher Rotwein

Milch so lange zu dem Fleisch-
teig gießen, bis eine lockere
Masse entsteht.

Mit zwei Löffeln Fleischbäll-
chen abstechen und in die
heiße Butter geben.

Die Frikadellen langsam von
allen Seiten braten, bis sie
knusprig braun sind.

LAUBFRÖSCHE
Spinatröllchen

FÜR 4 PERSONEN ■
Zubereitungszeit:
50 Minuten
Pro Portion: 290 kcal
14 g E, 22 g F, 8 g K

16 große Spinatblätter
1 Brötchen vom Vortag
1 Zwiebel
3 Stengel Petersilie
3 EL Butter
250 g Bratwurstfülle
1 Ei
frischgeriebene Muskatnuß
⅛ l Fleischbrühe
(aus Extrakt)

1. Die Spinatblätter nacheinander in kochendem
Wasser einige Sekunden
blanchieren, mit einem
Schaumlöffel herausneh-
men und auf einem Brett
ausbreiten. Das Brötchen
in Wasser einweichen. Die
geschälte Zwiebel und die
Petersilie fein hacken und
in 1 Eßlöffel Butter andünsten.
2. Die Bratwurstfülle mit
dem gut ausgedrückten
Brötchen vermischen, das
Ei und die Zwiebelwürfel
hinzufügen. Die Zutaten
gut miteinander verkneten
und mit etwas Muskat ab-
schmecken. Jeweils 2 Spi-
natblätter übereinanderlegen und je 1 Eßlöffel Fülle
darauf geben. Die Blätter
mit der Füllung so aufrollen, daß das Blattende unten liegt.
3. Die restliche Butter erhitzen und die Röllchen
darin rundherum anbraten.
Mit der Fleischbrühe auf-
gießen und zugedeckt in
etwa 20–30 Minuten bei
leichter Hitze garen las-
sen. Man kann die Sauce
mit 2 Eßlöffeln Crème
fraîche abrunden.
Laubfrösche, eine schwä-
bische Spezialität, kann
man auch als Vorspeise
mit knusprigem Weißbrot
reichen. Anstelle von Spinat eignet sich auch zarter
Mangold.
Beilage: Kartoffelpüree
Getränkeempfehlung: junger, herzhafter Trollinger

SCHWEINE-KOTELETTS MIT PAPRIKASAUCE

FÜR 4 PERSONEN ■
Zubereitungszeit:
15 Minuten
Pro Portion: 515 kcal
26 g E, 41 g F, 10 g K

4 Schweinekoteletts (à 150 g)
Salz
Mehl zum Wenden
1 EL Butter
1 EL Öl
1 große Zwiebel
2 Knoblauchzehen
2 TL Paprikapulver edel-
scharf
2 EL Tomatenmark
200 g Crème fraîche

1. Die Koteletts trockentupfen, mit Salz einreiben
und leicht in Mehl wenden.
Butter und Öl in einer Pfanne erhitzen und die Kote-
letts darin in 10 Minuten
von beiden Seiten gold-
braun braten. Herausneh-
men und warmstellen.
2. Die Zwiebel schälen
und in Streifen schneiden,
die Knoblauchzehen eben-
falls schälen und fein hak-

TIP *Wer die
Schweinekoteletts
besonders scharf
mag, kann noch eine
kleine rote Pfeffer-
schote mitbraten, die
vor dem Anrichten
wieder herausge-
fischt wird.*

ken. In dem heißen Fett in
der Pfanne anrösten, mit
dem Paprika bestreuen
und das Tomatenmark
hinzufügen. Die Crème
fraîche in die Pfanne ge-
ben und aufkochen lassen.
Die Koteletts in die Sauce
geben und noch 2 Minuten
darin kochen lassen.
Beilage: Bandnudeln und
Gurkensalat
Getränkeempfehlung: Bier
oder roter Landwein

SÜSS-SAURES SCHWEINEFILET

FÜR 4 PERSONEN ■

Zubereitungszeit:
40 Minuten
Pro Portion: 395 kcal
20 g E, 24 g F, 14 g K

400 g Schweinefilet
1 TL Stärkemehl
2 EL Sojasauce
1 EL Sherryessig
6 EL Reiswein oder trok-
kener Sherry (Fino)
1 TL Tomatenmark
1 TL frischgeraspelter
Meerrettich
Cayennepfeffer
½ Ananas
1 kleine Stange Porree
je 1 kleine rote und gelbe
Paprikaschote
1 frische Pfefferschote
3 EL Erdnußöl
Salz
schwarzer Pfeffer aus der
Mühle

1. Das Filet waschen,
trockentupfen, von anhaf-
tenden Haut-, Fett- und
Sehnenteilen befreien und
in Scheiben schneiden.
2. Stärkemehl mit Sojasauce, Essig, Reiswein
oder Sherry, Tomaten-

> **TIP** *Ursprünglich
> wird das Schweine-
> fleisch in einen Aus-
> backteig getaucht, im
> Fett ausgebacken
> und dann unter eine
> fruchtige Gemüse-
> sauce gemischt. Dies
> ist eine kalorienredu-
> zierte Abwandlung,
> die aber nicht minder
> gut schmeckt.*

mark und Meerrettich in einer Schüssel verrühren.
Mit Cayennepfeffer wür-
zen und die Fleischschei-
ben darin 15 Minuten marinieren.
3. In der Zwischenzeit
die Ananas schälen und
das harte Mittelstück ent-

Das Fleisch, Ananasstücke und
die restliche Marinade unter die
Gemüsesauce mischen und
durchkochen lassen.

fernen. Die Porreestange
putzen, halbieren und
gründlich waschen. Papri-
kaschoten und Pfeffer-
schote waschen, halbie-
ren und die Samenstränge
entfernen. Den Porree in
Scheiben, Ananas und Pa-
prika in 1½ cm große Wür-
fel schneiden, die Pfefferschote fein hacken.
4. 2 Eßlöffel Öl in einem
Wok oder einer hochwan-
digen Pfanne erhitzen.
Nach und nach Porree,
Paprika und Pfefferschote
unter Rühren bei mittlerer
Hitze in 5–6 Minuten an-
braten.
5. Das restliche Öl in einer beschichteten Pfanne
erhitzen und darin die marinierten, trockengetupf-
ten Fleischscheiben bei
starker Hitze kurz anbra-
ten.
6. Das Fleisch, die Ananasstücke und die restli-
che Marinade unter die
Gemüsesauce mischen
und alles bei starker Hitze
etwa 2–3 Minuten durch-
kochen lassen.
6. Das süßsaure Ragout
mit Salz und Pfeffer ab-
schmecken und am be-
sten im Wok servieren.
Beilage: körnig gekochter
Reis

SCHWEINEFILET MIT CHINAKOHL IM WOK

FÜR 2 PERSONEN ■

Zubereitungszeit:
30 Minuten
Pro Portion: 325 kcal
24 g E, 25 g F, 1 g K

1 kleiner Chinakohl (200 g)
250 g Schweinefilet
2 EL Sesamöl
1 TL frischgeraspelte
Ingwerwurzel
1 TL mildes Currypulver
Salz
weißer Pfeffer aus der
Mühle
2 EL Sojasauce
1 TL feingehackte Cilantro-
blätter (Koriandergrün)

1. Vom Chinakohl die äußeren welken Blätter ent-
fernen, den Kohl halbieren
und den harten Strunk herausschneiden. Das Gemü-
se in feine Streifen schneiden.
2. Das Schweinefilet waschen, trockentupfen, von
anhaftenden Haut- und
Sehnenteilen befreien und
in dünne Scheiben schnei-
den.
3. Das Öl in einem Wok
oder einer hochwandigen
Pfanne erhitzen. Nach und
nach darin erst die Kohl-
streifen, dann die Fleischscheiben unter ständigem
Rühren anbraten.
4. Mit Ingwer, Curry,
Salz, Pfeffer und Sojasauce würzen und mit Cilan-
troblättern bestreut sofort
servieren.
Sie können anstelle von
Chinakohl auch jungen
Weißkohl verwenden.
Beilage: körnig gekochter
Reis

GEGRILLTER FLEISCH-GEMÜSE-SPIESS

FÜR 4 PERSONEN ■

Zubereitungszeit:
40 Minuten
Marinierzeit: 2 Stunden
Pro Portion: 285 kcal
21 g E, 17 g F, 5 g K

400 g Schweinefilet
2 kleine Zucchini
je 1 rote und gelbe Paprikaschote
2 mittelgroße Zwiebeln

MARINADE
2 EL Öl
2 EL Sojasauce
4 cl trockener Sherry (Fino)
1 EL Tomatenmark
etwas frischgeraspelte
Ingwerwurzel
½ TL Chinagewürzmischung
schwarzer Pfeffer aus der
Mühle

1. Das Schweinefilet waschen und trockentupfen,
die Zucchini waschen.
Beides in 1 cm dicke
Scheiben schneiden. Pa-
prikaschoten waschen,
halbieren, entkernen und
in etwa 3 cm große Stücke
schneiden. Die Zwiebeln

> **TIP** *Wird auf ei-
> nem Holzofengrill ge-
> grillt, den Rost vorher
> mit Alufolie belegen.*

schälen und vierteln. Das
Fleisch abwechselnd mit
dem Gemüse auf vier
Spieße stecken.
2. Aus den angegebenen
Zutaten eine Marinade
rühren. Die Spieße damit
bestreichen und etwa 2
Stunden zugedeckt mari-
nieren.
3. Auf den Rost eines
Elektro- oder Holzofen-
grills legen und rundum in
5–7 Minuten goldbraun
grillen. Während des Grillens immer wieder mit der
Marinade bestreichen.
Beilage: Folienkartoffeln

LAMMKARREE MIT GRÜNER KRUSTE

FÜR 4 PERSONEN ■ ■
Zubereitungszeit:
50 Minuten
Pro Portion: 995 kcal
37 g E, 88 g F, 6 g K

2 EL Butterschmalz
1,2 kg Lammkarree mit Knochen
Salz
Pfeffer aus der Mühle
2 ganze Knoblauchknollen
1 Möhre
1 Tomate
¼ l Marsala
5 EL gehackte Petersilie
2 EL gemischte Kräuter (Basilikum, Salbei, Thymian, Majoran, Bohnenkraut, evtl. getrocknet)
2 EL Butter

Halbierte Knoblauchknollen und Tomate mit dem Lammkarree dünsten.

Das Knoblauchfleisch mit einem kleinen Löffel aus den Schalen herausholen.

1. Das Butterschmalz in eine Bratkasserolle geben und im Ofen erhitzen. Das gewaschene und trockengetupfte Lammkarree hin-

> **TIP** *Beim Kauf des Fleisches den »Kamm« entfernen lassen, damit es später leicht tranchiert werden kann.*
> *Ganz besonders festlich wirkt dieses Gericht, wenn man einen ganzen Lammrücken dafür verwendet (für 8 Personen ca. 2½ kg).*

einlegen, von allen Seiten goldbraun braten und mit Salz und Pfeffer würzen. Die Knoblauchknollen halbieren und mit der Schnittfläche nach unten hinzufügen. Die Möhre schälen und mit der ungeschälten Tomate bei vollständig zugedeckter Bratkasserolle kurz mitdünsten.
2. Die Kasserolle halb zudecken. Das Fleisch 10 Minuten bei 200°C weiter-
braten. Den Marsala nach und nach hinzufügen.
3. Den Ofen abstellen und das Karree noch 5 Minuten darin ruhen lassen.
4. Inzwischen die Knoblauchknollen herausnehmen. Das weiche Knoblauchfleisch mit einem Teelöffel herauskratzen. Mit der Petersilie und den Kräutern mischen und in der Butter in einer Bratpfanne kurz anziehen lassen.
5. Das Karree auf einer vorgewärmten Platte anrichten und mit der Kräutermischung überziehen. Am Tisch in Kotelettstücke schneiden.
Beilage: Lyoner Kartoffeln (gebraten mit Zwiebeln) und Broccoli
Getränkeempfehlung: Côtes-du-Rhône, z. B. Gigondas

LAMMKEULE MIT ROSMARINNADELN

FÜR 3–4 PERSONEN ■ ■
Zubereitungszeit:
1 Stunde 15 Minuten
Pro Portion bei 4 Personen:
790 kcal
46 g E, 61 g F, 5 g K

1,2 kg frische Lammkeule
2–3 EL Rosmarinnadeln
Salz
schwarzer Pfeffer aus der Mühle
2 EL Butterschmalz
2 Möhren
1 Zweig Selleriekraut
2 Knoblauchzehen
2 Tomaten
1 Lorbeerblatt
¼ l Weißwein
50 g Butter

Lammkeule in kurzen Abständen mit Rosmarinnadeln spicken.

Das Fleisch tranchieren, danach in ca. 1 cm dicke Scheiben schneiden.

1. Vom Metzger die Fettschicht von der Keule entfernen und den Knochen kürzen lassen, damit die Keule in den Bratentopf paßt. Den abgesägten Knochen mitnehmen!
2. Zu Hause die Keule waschen, trockentupfen und in Abständen von etwa 2–3 cm mit einer Spicknadel einstechen. In jede kleine Öffnung eine Rosmarinnadel stecken, die ganze Keule mit Salz und Pfeffer bestreuen.
3. Butterschmalz in einer Bratkasserolle erhitzen, Keule und Knochen hineinlegen, mit der Butter begießen und im Ofen bei 180°C anbraten.
4. Möhren putzen und der Länge nach halbieren. Tomaten halbieren und mit dem Selleriekraut, den ungeschälten Knoblauchzehen und dem Lorbeerblatt zur Keule fügen.
5. Das Fleisch mit einer Pergament- oder Alufolie abdecken und 45–50 Minuten braten. Nach und nach den Wein zufügen.
6. Nach Ende der Bratzeit den Ofen ausschalten, öffnen und die Keule noch 8 Minuten ruhen lassen.
7. Den Jus in einen kleinen Topf abgießen. Den Bratensatz mit 3–4 Eßlöf-
feln Wasser aus der Bratkasserolle lösen, stark aufkochen und zum Jus geben. Die in Flocken geschnittene Butter mit dem Schneebesen darunterziehen. Das Ganze kurz erwärmen, ohne kochen zu lassen, abschmecken und in eine vorgewärmte Saucière füllen.
8. Die Möhren nach Belieben mitservieren. Lorbeerblatt und Knoblauchzehen entfernen.
9. Das Fleisch erst am Tisch tranchieren: Die obere und untere Nuß vom Knochen lösen, quer auf das Tranchierbrett legen und schräg in Scheiben schneiden. Das Fleisch sollte noch rosa sein.
Beilage: Kartoffelgratin (ohne Käse)
Getränkeempfehlung: Bordeaux, z. B. St. Emilion

LAMMRAGOUT MIT MANDELN UND MINZE

FÜR 4 PERSONEN ■
Zubereitungszeit:
30 Minuten
Pro Portion: 840 kcal
39 g E, 73 g F, 7 g K

750 g Lammfleisch aus der
Keule oder dem Rücken
3 EL Butterschmalz
1 große Zwiebel, fein
gehackt
Saft und Schale von 1 unbehandelten Zitrone
150 g feingemahlene
Mandeln
200 g Sahne
0,25 l Lammfond (aus dem
Glas)
Salz
weißer Pfeffer aus der
Mühle
1 Prise Kreuzkümmel
1 TL Ingwerwurzel, fein
gehackt
1 Bund frische Minze

1. Das Fleisch waschen,
trockentupfen und erst in
Scheiben, dann in schma-
le Streifen schneiden. Das
Butterschmalz in einem
breiten Topf erhitzen und
die Fleischstreifen darin
portionsweise anbraten.
Herausnehmen und zuge-
deckt beiseite stellen.
2. Die Zwiebelwürfel im
verbliebenen Bratfett glasig dünsten. Zitronensaft
und -schale zufügen und
kurz aufkochen. Die ge-
mahlenen Mandeln unter-
rühren und kurz mitdün-
sten. Mit der Sahne und
dem Lammfond aufgie-
ßen. Aufkochen.
3. Die Fleischstreifen
wieder zufügen und alles
mit Salz, Pfeffer, Kümmel
und Ingwer würzen. Bei
schwacher Hitze 15 Minu-
ten köcheln lassen.
4. Inzwischen die Minze
abbrausen, trockentup-
fen, die Blättchen abzup-
fen und unter das Lamm-
ragout mischen.
Beilage: Curryreis mit Rosinen und Blattsalat
Getränkeempfehlung:
kräftiger Rotwein

LAMMKOTELETTS AUF GURKEN-GEMÜSE

FÜR 4 PERSONEN ■
Zubereitungszeit:
25 Minuten
Pro Portion: 745 kcal
23 g E, 71 g F, 3 g K

1 große Salatgurke
2 EL Butter
2 Knoblauchzehen
Salz
weißer Pfeffer aus der
Mühle
6 EL Crème fraîche
1 Bund Dill
3 EL Olivenöl
8 Lammkoteletts (à 80 g)
2 TL Rosmarin, fein gehackt

1. Die Salatgurke schälen, längs halbieren und
die Kerne mit einem Löffel
herausschaben. Die Gur-
kenhälften in sehr schmale
Scheiben schneiden.
2. Die Butter in einem
Topf erhitzen und die Gurkenscheiben darin 5 Minu-
ten dünsten. Den Knob-
lauch schälen und dazu-
drücken. Das Gemüse sal-
zen, pfeffern und die Crème fraîche untermischen.
Weitere 5 Minuten dün-
sten.
3. Inzwischen den Dill
abbrausen, trockentup-
fen, abzupfen, fein hacken
und einstreuen.
4. Das Olivenöl in einer
großen Pfanne erhitzen
und die Lammkoteletts
darin auf jeder Seite 2–3
Minuten braten. Nach dem
Wenden salzen, pfeffern
und mit den Rosmarinna-
deln bestreuen.
5. Das Gurkengemüse
mit den Lammkoteletts auf
Tellern anrichten.
Beilage: kleine, im ganzen
gebratene Kartöffelchen
oder Sesamfladen
Getränkeempfehlung: Retsina oder anderer griechischer Weißwein, z. B. De-
mestica

Die geschälten Gurkenhälften in
schmale Scheiben schneiden.

Das gedünstete Gurkengemüse
mit Pfeffer, Salz, Knoblauch
und Crème fraîche abschmekken.

Fein gehackten Dill unter das
Gemüse mischen.

Lammkoteletts in Olivenöl an-
braten, danach mit Salz, Pfeffer
und Rosmarinnadeln würzen.

LAMMGESCHNET-ZELTES MIT PAPRIKASTREIFEN

FÜR 4 PERSONEN ■
Zubereitungszeit:
25 Minuten
Pro Portion: 530 kcal
28 g E, 44 g F, 4 g K

600 g Lammfleisch aus der
Keule oder dem Rücken
3 EL Olivenöl
1 große Zwiebel, fein
gehackt
3 Knoblauchzehen
1 Glas rote, abgezogene
Paprikaschoten (200 g
Abtropfgewicht)
Salz
schwarzer Pfeffer aus der
Mühle
1 Msp. Cayennepfeffer
1 TL Paprika, edelsüß
3 EL Tomatenmark
4 EL Crème fraîche
Saft von ½ Zitrone
1 Bund glatte Petersilie

1. Das Fleisch waschen,
trockentupfen und erst in
Scheiben, dann in finger-
breite Streifen schneiden.
2. Das Olivenöl in einem
breiten Topf oder einer
Pfanne mit hohem Rand
erhitzen. Die Fleischstreifen darin portionsweise
kurz, aber kräftig anbraten.
3. Die Zwiebelwürfel unter das Fleisch mischen.
Knoblauchzehen schälen
und dazupressen.
4. Die Paprikaschoten
abtropfen lassen, in
schmale Streifen schnei-
den und untermischen. Al-
les mit Salz, Pfeffer,
Cayennepfeffer und Papri-
ka würzen. Das Tomaten-
mark, die Crème fraîche
und den Zitronensaft un-
terrühren und alles 10 Minuten köcheln.
5. Die Petersilie abbrausen und trockentupfen.
Die Blättchen direkt über
dem Topf abzupfen und
vor dem Servieren unter-
heben.
Beilage: Kartoffelplätzchen oder Spätzle
Getränkeempfehlung:
kräftiger Rotwein, z. B.
Rioja oder Barbaresco

WILD

Abbildung rechts: Rehpfeffer mit Pilzen (Rezept Seite 242).

Abbildung rechts: Rehrücken Baden-Baden (Rezept Seite 238).

Abbildung unten: Wildge-schnetzeltes mit Weintrauben (Rezept Seite 242).

Abbildung links: Rehkeule
(Rezept Seite 240).

Abbildung links: Kaninchen mit
Senfsauce (Rezept Seite 241).

Abbildung unten: Hirschpfeffer
mit Aceto Balsamico und Walnüssen (Rezept Seite 243).

WILD VORBEREITEN UND GAREN

Die günstigsten Garverfahren für Wild sind Braten und Schmoren. Besonders zart ist Wildfleisch, wenn es medium, also rosa, gebraten wird.
Medaillons und Steaks werden in der Pfanne auf dem Herd, größere Stücke wie Rücken und Keulen im Bräter im vorgeheizten Backofen gebraten.
Beim Schmoren wird nach dem Anbraten des Fleischstücks Flüssigkeit darübergegossen. Vor dem Braten und Schmoren sollte das Fleisch mit Pfeffer und auch mit Salz gewürzt werden. Die Zellen des Fleisches schließen sich sofort nach Hitzeeinwirkung und das Fleisch kann weder Gewürze noch Salz aufnehmen.

WILD BRATEN

Medaillons oder Steaks pfeffern und salzen. Das Fett in der Pfanne erhitzen, das Fleisch hineinlegen und sofort wenden. Unter mehrmaligem Wenden fertigbraten.
Rücken und Keulen mit Pfeffer und Salz einreiben. Das Fett im Bräter erhitzen, den Rücken oder die Keule auf eine der Fleischseiten legen und wenden, damit das Fleischstück ganz mit Fett überzogen ist. Unter Wenden und Begießen fertigbraten. Den Rücken erst im letzten Drittel der Bratzeit auf die Knochenseite setzen. Das fertig gebratene Fleisch zum Ruhen auf ein Abtropfgitter setzen. Wird das Fleisch nämlich gleich nach dem Braten aufgeschnitten, läuft zuviel Fleischsaft heraus.

WILD SCHMOREN

Vor dem Schmoren das Fleisch pfeffern und salzen, dann im heißen Fett rundherum anbraten. Dabei schließen sich die Zellen und das Brataroma entwickelt sich. Röstgemüse (zwei Drittel grobgehackte Zwiebeln und ein Drittel Karottenwürfel) hinzugeben und mitrösten. Mehrmals mit wenig Flüssigkeit ablöschen und reduzieren. Dieser Vorgang wird auch als glasieren bezeichnet. Falls im Rezept Tomatenmark angegeben ist sollte dies vorher hinzugefügt werden. Sobald das Fleisch mit einer glänzenden, braunen Schicht überzogen ist, kann es mit Flüssigkeit aufgefüllt werden. Das Schmorgericht dann aufkochen, abschäumen und ein Gemüse-Kräuter Bündel, wie im jeweiligen Rezept beschrieben, hinzufügen.
Große Fleischstücke werden im Ofen unter mehrmaligem Wenden halbzugedeckt geschmort. Wildragout und -pfeffer können unter gelegentlichem Umrühren auf dem Herd gegart werden.
Zum Schluß das fertige Fleisch ausstechen, das heißt die fertigen Fleischstücke mit einer Fleischgabel aus dem Bräter nehmen und warm halten. Die Sauce abschmecken und über das Fleisch passieren. Ganze Fleischstücke müssen vor dem Servieren portioniert werden.
Wertvolle Fleischstücke wie zum Beispiel der Rücken sollten nicht geschmort werden, ihr Geschmackswert entfaltet sich erst beim Braten.
Das Kochen von Wildfleisch hat nur regionale Bedeutung und wird in der internationalen Küche äußerst selten angewandt. Zum Kochen eignet sich das Fleisch vom Hals, Blatt oder Bauch.

WILD BEIZEN

Beizen oder Marinaden wirken nicht nur geschmacklich auf das Fleisch ein, es wird durch Marinieren zarter. Beizen tragen auch zur natürlichen Konservierung des Fleisches bei, denn Säuren hemmen das Bakterienwachstum.
Tiefgekühltes Fleisch ist nicht zum Beizen geeignet. Durch den Gefrierprozeß werden die Zellwände zerstört und Zellsaft tritt aus den Zellen heraus. Das Fleisch wird dadurch zäh. Junges Wild, das rosa gebraten wird, sollte nicht gebeizt werden.
Es gibt Essig-, Wein- und Butter- oder Sauermilchbeizen. Kräuter und Gewürze verleihen der Beize ihren pikanten Geschmack.
Die folgenden Beizen-Rezepte reichen etwa für ein Kilogramm Wildfleisch. Das Fleisch sollte immer von der Beize bedeckt sein, täglich gewendet werden und zwischen 3 bis 6 Tagen darin liegen.
Ganze Pfefferkörner und Wacholderbeeren sollten vorher zerdrückt und Knoblauch zerquetscht werden. Soll das Fleisch möglichst schnell durchziehen, die Beize (keine Milchbeizen) aufkochen und heiß über das Fleisch gießen.
Das gebeizte Fleisch vor der weiteren Verarbeitung gut abtropfen lassen. Das in Milch eingelegte Fleisch muß zusätzlich noch abgewaschen werden, da das Eiweiß in der anhaftenden Milch beim Anbraten verbrennen würde.
Selbstverständlich können die Beizen zur Herstellung der Saucen mit verwendet werden.
Weißweinbeizen eignen sich für Wildarten mit hellerem Fleisch und für Wildgeflügel. Rotwein- und Milchbeizen eignen sich für Hirsch, Reh, Wildschwein und Hase.

WEISSWEINBEIZE

0,6 l Weißwein
2 Knoblauchzehen
1 Majoranzweig
6 Wacholderbeeren
6 Pfefferkörner
1 kleines Stück Zitronenschale
½ Lorbeerblatt

BUTTER- ODER SAUERMILCHBEIZE

0,6 l Butter- oder Sauermilch
2 EL Essig
4 Wacholderbeeren
6 Pfefferkörner
1 kleiner Thymian- oder Majoranzweig

ESSIGBEIZE

0,3 l Weißwein- oder Rotweinessig
0,3 l Wasser oder Wein
1 Karotte
1 Zwiebel
10 Wacholderbeeren
5 Pfefferkörner
1 Knoblauchzehe
1 Thymianzweig
1 kleines Lorbeerblatt
3 Gewürznelken

ROTWEINBEIZE

0,6 l Rotwein
1 Karotte
1 Zwiebel
8 Wacholderbeeren
1 kleiner Rosmarinzweig
1 kleines Stück Orangenschale
5 Pfefferkörner
2 Knoblauchzehen
1 kleines Lorbeerblatt
2 Gewürznelken

EINEN REHRÜCKEN BARDIEREN

1. Die Speckscheiben so in Streifen schneiden, daß sie der Länge und der Breite des Rehrückens entsprechen. Die Streifen in Abständen von 3–4 cm einschneiden.

2. Den Rücken mit den Speckstreifen belegen und mit Garn locker umwickeln.

3. Einen Spieß oder starken Draht durch den Rückenmarkkanal schieben. Das verhindert das Biegen des Rückens.

EINEN WILDRÜCKEN ZUM BRATEN VORBEREITEN

1. Den Wildrücken auf die Fleischseite legen und die Filets auslösen.
2. Vom Rücken die starken Sehnenbänder am Hals entfernen.
3. Zuerst die locker auf dem Rücken sitzenden Häute herunterschneiden. Dann vom Sattel zum Hals hin die fest auf dem Fleisch sitzenden Sehnen in Strei-

1

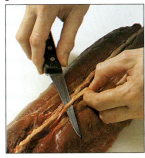

2

3

fen sauber entfernen, ohne dabei das Fleisch zu verletzen.
4. Die Sehnen entlang des Rückgratknochens sorgfältig wegschneiden.
5. Die im Sattelbereich vorhandenen Häute und Fettablagerungen entfernen.
6. Mit einer Schere den überstehenden Rückgratknochen abtrennen. Im Halsbereich das Fleisch entlang des Rückgrates einschneiden, damit beim Braten die Hitze besser in das Fleisch dringt.

4

5

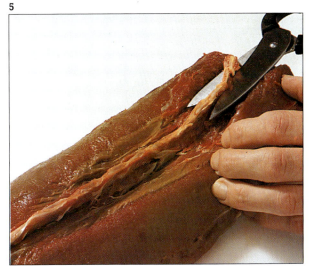

6

EINEN REHRÜCKEN SPICKEN

1. Den Spickspeck in 4–5 cm lange und 5 mm breite Streifen schneiden. Die Speckstreifen in Eiswasser legen.

2. Mit der Spicknadel die Speckstreifen so flach durch die Oberfläche des Rückens ziehen, daß der Speck oben und unten etwa 3 mm herausschaut.

REHRÜCKEN BADEN-BADEN

FÜR 6 PERSONEN ■■
Zubereitungszeit:
1 Stunde 30 Minuten
Pro Portion: 555 kcal
32 g E, 43 g F, 3 g K

1 Rehrücken mit Halsfleisch
und Rippenknochen
(ca. 2 kg)
2 EL Öl
1 kleine Zwiebel
1 Möhre
Schale ½ unbehandelten
Zitrone
8 Pfefferkörner
je 1 Zweig Thymian
und Rosmarin
¼ l Rotwein
Salz
schwarzer Pfeffer
aus der Mühle
6 Wacholderbeeren
3 EL Olivenöl
1 EL Butter
200 g Crème fraîche
1 Msp. scharfer Senf

1. Den Rehrücken mit einem spitzen Messer enthäuten. Die Haut mit dem Halsfleisch und den kleingehackten Knochen in dem erhitzten Öl scharf anbraten.

2. Die geschälte Zwiebel und die geputzte Möhre in kleine Würfel schneiden und mit den Gewürzen und Kräutern zu dem Fleisch geben. Mit dem Rotwein aufgießen und auf die Hälfte einkochen lassen. Die Wildbrühe durch ein Spitzsieb geben.

3. Den Backofen auf 200°C vorheizen.

4. Den Rehrücken mit Salz, Pfeffer und den zerdrückten Wacholderbeeren einreiben. Olivenöl und Butter in einer Kasserolle auf dem Herd erhitzen und den Rehrücken darin mit der Fleischseite nach unten anbraten.

5. Den Topf fest mit einem Deckel verschließen und auf die mittlere Schiene in den Backofen stellen. Das Fleisch in 40 Minuten gar braten. Bereits nach 5 Minuten wenden. Häufig mit dem Bratfett begießen. Den Rehrücken in eine Alufolie wickeln und im geöffneten Backofen warmhalten.

6. Den Bratensatz entfetten und mit der Wildbrühe aufgießen. Etwas einkochen lassen. Die Crème fraîche an die Sauce geben und nochmals einkochen lassen. Mit Senf, Salz und Pfeffer abschmecken.

7. Das Rehfleisch vorsichtig vom Knochen lö-

TIP *Der Rehrücken wird mit den Kompottbirnen umkränzt serviert – die Birnengarnitur ist typisch für die Zubereitungsart Baden-Baden. Rehrücken ist das ganze Jahr im Handel erhältlich. Wenn Sie gefrorenes Rehfleisch kaufen, sollten Sie es höchstens 12 Monate in der Gefriertruhe lagern. Lassen Sie den Rehrücken langsam im Kühlschrank auftauen, bevor er zubereitet wird.*

sen und in dicke schräge Scheiben schneiden. Zum Servieren das Fleisch wieder auf dem Knochengerüst anrichten. Die Sauce getrennt reichen.

Beilage: Hälften von Kompottbirnen mit Preiselbeeren gefüllt und Maispüfferchen oder Kartoffelkroketten

Getränkeempfehlung: badischer Rotwein

EINEN GEBRATENEN REHRÜCKEN TRANCHIEREN

1. An den Rippen entlang das Fleisch waagrecht so einschneiden, daß ein schmaler Fleischrand stehen bleibt, der das geschnittene Rückenfilet auf den Knochen hält.

2. Am Rückgrat entlang zwischen Fleisch und Knochen einschneiden und das Filet bis zu den Knochen lösen. Das Rückenfilet vom Knochengerüst herunternehmen.

3. Das rosa gebratene Rückenfilet, am Sattel beginnend, schräg in etwa 1 cm dicke Scheiben schneiden.

4. Die geschnittenen Rückenfilets wieder auf das Knochengerüst setzen. Die Scheiben der beiden Filets sollten im spitzen Winkel aufeinander zulaufen.

1

3

2

4

EINE REHKEULE SPICKEN

1. Die Speckstreifen mit einer Spicknadel etwa ½ cm unter der Fleischoberfläche in gleichen Abständen in Faserrichtung so einziehen, daß die Speckenden noch 3–4 mm aus dem Fleisch herausschauen.

2. Die gespickte Rehkeule locker mit Garn umwickeln, damit sie beim Braten die Form behält.

3. Beim Binden der Keule die Schnur nicht zu fest anziehen.

EINE REHKEULE ZERLEGEN

1. Die Bindegewebsnaht zwischen Oberschale und Frikandeau bis zum Röhrenknochen durchtrennen. Die Oberschale auslösen.
2. Den Röhrenknochen sorgfältig freilegen und auslösen.
3. Die große und die kleine Nuß durch flache Schnitte vom Frikandeau trennen. Die beiden Nüsse auseinanderschneiden.

1

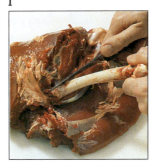
2

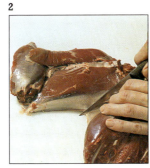
3

4. Von der Oberschale die Häute und den aufliegenden Fleischdeckel sorgfältig entfernen.
5. Vom Rehfrikandeau Bindegewebe und Sehnen abschneiden.
6. Die einzelnen sauber parierten Fleischstücke der Rehkeule sind:
a Hachse
b Frikandeau (Unterschale)
c Oberschale
d Große Nuß
e Kleine Nuß

4

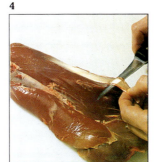
5

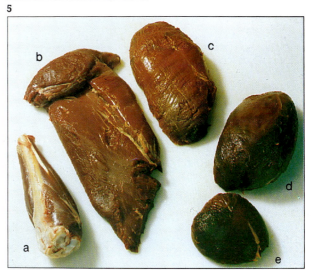
6

EINE REHKEULE BARDIEREN

1. Jede Keulenseite mit 3 Speckstreifen in 1–2 cm Abstand belegen.

2. Die Speckstreifen durch lockeres Umschlingen mit Garn an der Keule fixieren.

EINE REHKEULE ZUM BRATEN VORBEREITEN

1. Die Häute und Sehnen in schmalen Streifen von der Keule entfernen.
2. Den Schlußknochen (Beckenknochen) sauber vom Fleisch lösen. Im Kugelgelenk vom Röhrenknochen trennen und entfernen.
3. Zwischen Unterschale (Frikandeau) und Hachse das Fleisch in den Bindegewebsnähten durchtrennen. Die starke Sehne der Hachse durchschneiden.
4. Die Hachse im Kniegelenk von der Keule abtrennen.
5. Das Röhrenknochengelenk freilegen und den Knochen durch Abschaben aus dem Keulenfleisch ziehen. Dabei darf die Keule und das Fleisch nicht verletzt werden.

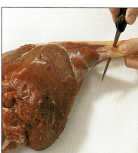

1

3

2

4

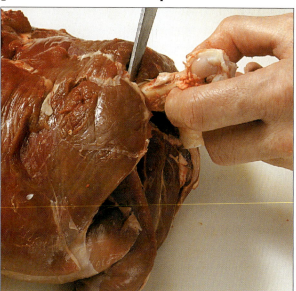

5

REHKEULE

FÜR 6–8 PERSONEN ■ ■
Zubereitungszeit: 2 Stunden
Pro Portion bei 6 Personen:
712 kcal
40 g E, 55 g F, 2 g K

1 Rehkeule (1,8–2 kg)
1 EL Öl
Salz
schwarzer Pfeffer
4 Wacholderbeeren
1 Msp. gemahlener Ingwer
einige zerdrückte
Korianderkörner
6 Scheiben durchwachsener
Speck
50 g Butter
1 mittelgroße Zwiebel
1 Möhre
1 Stückchen Sellerie
1 Petersilienwurzel
1 Zweig Thymian
1 Lorbeerblatt
einige Pfefferkörner
¼ l Rotwein
200 g Crème fraîche

1. Von der Keule gleich beim Einkauf den unteren Knochen auslösen lassen und mitnehmen. Die Keule enthäuten, waschen und trockentupfen.
2. Knochen und Häute in Öl anbraten und mit Salz und ¼ l Wasser bedeckt 30 Minuten kochen. Brühe durch ein Sieb gießen.
3. Salz, Pfeffer, zerdrückte Wacholderbeeren, Ingwer und Koriander vermengen und das Rehfleisch mit dieser Mischung einreiben. Mit den Speckscheiben umhüllen und mit einem Baumwollfaden umwickeln.
4. Den Backofen auf 220 °C vorheizen.
5. Die Butter in einem Schmortopf auf dem Herd erhitzen und die Rehkeule darin von allen Seiten anbraten. Die Gemüse in Würfel schneiden und mit den restlichen Gewürzen in den Schmortopf geben.
6. Den Topf auf die mittlere Schiene in den Backofen stellen und die Rehkeule in etwa einer Stunde und 30 Minuten gar braten. Während des Bratens hin und wieder mit dem Bratfett, etwas Rotwein und der Wildbrühe begießen. Die Rehkeule aus dem

TIP *Anstelle von Crème fraîche kann man die Sauce auch mit Butterflöckchen binden – dazu wird der durch ein Sieb gestrichene Bratensaft von der Kochstelle genommen und die Butter in kleinen Stückchen unter Schlagen mit einem Schneebesen mit der Sauce verbunden.*

Topf nehmen und in Alufolie gehüllt warmstellen.
7. Den Bratensatz entfetten und mit dem restlichen Wein aufgießen. Aufkochen lassen und den Fond durch ein Sieb in einen kleinen Topf streichen. Die Sahne hinzufügen und die Sauce 10 Minuten einkochen lassen. Mit Salz und Pfeffer abschmecken.
8. Die Speckscheiben von der Rehkeule entfernen. Das Fleisch in Scheiben schneiden und auf einer vorgewärmten Platte anrichten. Die Sauce getrennt dazu reichen.
Beilage: Spätzle, Rosenkohl und Rotweinbirnen
Getränkeempfehlung: trockener, fruchtiger Rotwein aus Piemont, vorzugsweise Barolo Riserva

EIN KANINCHEN BARDIEREN

In vielen Rezepten wird empfohlen, das Kaninchen mit Speckstreifen zu umwickeln, damit es schön saftig bleibt.

1. Das Kaninchen mit einer Paste oder Marinade einpinseln.

2. Sorgfältig mit Speckstreifen umhüllen.

3. Die Speckstreifen vom gebratenen Kaninchen entfernen.

KANINCHEN MIT SENFSAUCE

FÜR 4 PERSONEN ■
Zubereitungszeit:
1 Stunde 30 Minuten
Pro Portion:
585 kcal
35 g E, 37 g F, 4 g K

1 junges Kaninchen
(1,2–1,5 kg)
Salz
weißer Pfeffer
aus der Mühle
8 EL scharfer Senf
einige Estragonblätter
6 Scheiben durchwachsener
geräucherter Speck
1 EL Butter
200 g Crème fraîche
1 Msp. Cayennepfeffer
4 EL Weißwein

1. Den Backofen auf 220°C vorheizen.
2. Das gewaschene Kaninchen mit Küchenpapier trockentupfen und von innen mit Salz und Pfeffer einreiben. Außen dick mit 4 Eßlöffeln Senf bestreichen und einige Estragonblätter darüberstreuen. Anschließend das Kaninchen mit den Speckscheiben umhüllen und diese mit einem Baumwollfaden befestigen.

TIP *Man kann das Kaninchen auch vor der Zubereitung in Rücken, Vorderläufe und Hinterläufe zerlegen, dann wird der Rücken erst nach der Hälfte der Garzeit hinzugefügt.*

3. Das Kaninchen in einen mit Butter ausgestrichenen Schmortopf geben und zugedeckt auf die untere Schiene in den Backofen stellen. In einer Stunde garen. Die letzten 5 Minuten die Speckscheiben entfernen und das Kaninchen im offenen Topf bräunen lassen. Aus dem Topf nehmen und warmstellen.
4. Die Crème fraîche mit dem restlichen Senf und dem Cayennepfeffer verrühren. Den Bratensatz mit dem Wein aufgießen und aufkochen lassen. Die Senfsahne hinzufügen und einkochen lassen, bis sie dickflüssig ist.
5. Vorderläufe und Keulen des Kaninchens auslösen und den Rücken tranchieren. Auf einer vorgewärmten Platte anrichten. Die Sauce getrennt reichen.
Beilage: frische grüne Bandnudeln und Rosenkohl
Getränkeempfehlung: junger Rotwein, vorzugsweise Chianti

KANINCHEN- KEULEN AUF PROVENÇALISCHE ART

FÜR 2 PERSONEN ■
Zubereitungszeit:
45 Minuten
Pro Portion:
500 kcal
48 g E, 21 g F, 9 g K

2 hintere Kaninchenschlegel
(je ca. 250 g)
Salz
schwarzer Pfeffer
aus der Mühle
1 EL Olivenöl
1 Knoblauchzehe, gehackt
1 Zweig Thymian
1 Zweig Rosmarin
0,2 l trockener Weißwein
2 Fleischtomaten
6 entkernte, schwarze
Oliven
2 Sardellen, gehackt

1. Die Kaninchenschlegel mit Salz und Pfeffer einreiben.
2. Den Backofen auf 200°C vorheizen.
3. Das Olivenöl in einem Schmortopf mit feuerfesten Griffen auf dem Herd erhitzen und die Keulen von beiden Seiten darin anbraten. Die gehackte Knoblauchzehe, Thymian

Die Keulen im Schmortopf von beiden Seiten anbraten

Mit Tomaten, Oliven und Sardellen fertigbraten

und Rosmarin dazugeben und mit dem Weißwein ablöschen. Zugedeckt auf die mittlere Schiene des Backofens stellen und 15–20 Minuten schmoren lassen.
4. Die Tomaten blanchieren, häuten, die Stengelansätze entfernen und das Fruchtfleisch ohne die Kerne in Stücke schneiden. Oliven halbieren. Sardellen, Tomaten und Oliven zum Kaninchen geben und gründlich vermischen. Ohne Abdeckung in 10 Minuten fertigbraten, dabei gelegentlich mit der Sauce begießen.
5. Das Fleisch herausnehmen und kurz ruhen lassen. Die Sauce bei Bedarf noch auf der Kochplatte bei starker Hitze etwas einkochen lassen. Das Fleisch in kleinen Scheiben von den Keulen schneiden, auf einer vorgewärmten Platte anrichten und mit der Sauce umgießen.
Beilage: Baguette

REHPFEFFER MIT PILZEN

FÜR 4 PERSONEN ■ ■ ■
Zubereitungszeit:
45 Minuten
Marinierzeit: 5–6 Tage
Pro Portion:
575 kcal
48 g E, 24 g F, 14 g K

750 g Rehfleisch
ohne Knochen
(Schlegel oder Keule)

MARINADE
½ l Rotwein
0,1 l roter Weinessig
2 EL Cognac oder
Weinbrand
6 Wacholderbeeren
6 schwarze Pfefferkörner
1 mittelgroße Möhre
1 Zweig Selleriekraut
1 Zweig Thymian
1 mittelgroße Zwiebel
150 g Pfifferlinge
oder andere Pilze
150 g frische Perlzwiebeln
50 g geräucherter
durchwachsener Speck
2 EL Butterschmalz
1 Stück Speckschwarte
(vom geräucherten Speck)
1 EL Zucker
0,1 l Wildfond
2 Scheiben entrindetes
Weißbrot
2 EL Butter
Salz
Pfeffer
0,1 l Reh- oder Rinderblut
2 EL Sahne
1 TL gehackter Thymian

1. Das Fleisch in 2½ cm große Würfel schneiden und in eine Schüssel legen.
2. Für die Marinade alle Zutaten mischen und über das Fleisch gießen. Zugedeckt 5–6 Tage im Kühlschrank marinieren lassen. Jeden Tag 2mal wenden. Die Pilze putzen, die Perlzwiebeln schälen und den Speck in feine Streifen schneiden.
3. Die Rehwürfel aus der Marinade nehmen und mit Küchenpapier abtupfen. Das Butterschmalz in einer Bratkasserolle erhitzen. Das Fleisch und die Speckschwarte hineinge-ben und rasch anbraten. Die Marinade passieren. ¼ l davon zum Fleisch geben. 1 Stunde bei schwacher Hitze köcheln lassen.
4. Den Zucker in einem Bratpfännchen erhitzen, bis er braun wird. Mit der restlichen Marinade aus der Kasserolle ablöschen.

TIP *Bevor man Wacholderbeeren und Pfefferkörner zur Marinade gibt, sollte man sie leicht zerdrücken. Am besten mit der Klinge eines großen Messers.*

Zu den Fleischwürfeln geben und aufkochen. Die Fleischwürfel mit Hilfe einer Gabel aus der Kasserolle nehmen und zugedeckt, am besten im Ofen warmstellen.
5. Die Sauce mit dem Wildfond mischen und bei starker Hitze auf die Hälfte einkochen.
6. Inzwischen das Brot in kleine Würfel schneiden und in 1 Eßlöffel Butter hellgelb rösten. Die restliche Butter in einer Bratpfanne erhitzen. Die Perlzwiebeln und die Pilze hineingeben und bei mittlerer Hitze anbraten. Die Speckstreifen zufügen.
7. Das Reh- oder Rinderblut mit der Sahne gut mischen. Zur Sauce geben. Nicht mehr kochen lassen, sondern bei schwacher Hitze rühren, bis die Sauce gebunden ist. Sollte sie zu dick werden, ein wenig Brühe angießen. Mit Salz, Pfeffer und Thymian abschmecken. Die Fleischwürfel mit der heißen Sauce mischen, anrichten und mit den Perlzwiebeln, den Pilzen, den Speckstreifen und den Brotwürfeln garnieren.
Beilage: Spätzle
Getränkeempfehlung: Rotwein (z. B. Gamay oder Pinot noir)

WILD- GESCHNETZELTES MIT WEINTRAUBEN

FÜR 4 PERSONEN ■ ■
Zubereitungszeit:
25 Minuten
Pro Portion:
395 kcal
32 g E, 21 g F, 11 g K

250 g weiße, rote oder
gemischte Weintrauben
100 g Schalotten
600 g Wildfleisch
(Reh, Wildhase, Hirsch)
ohne Knochen
2 EL Butterschmalz
Salz
schwarzer Pfeffer
aus der Mühle
1 EL Marc, Cognac oder
Weinbrand
2 EL trockener Weißwein
125 g Sahne
1 TL Butter
1 TL gehackter Majoran

1. Die Weintrauben abstreifen, waschen und sorgfältig schälen, dann halbieren und entkernen. Die Schalotten schälen und hacken. Das Fleisch in kleine Scheiben schneiden.
2. Einen Eßlöffel Butterschmalz in einer großen Bratpfanne erhitzen. Das Fleisch hineingeben und rasch anbraten. Aus der Pfanne nehmen und warmstellen. Leicht salzen und pfeffern. Den Bratfond mit Marc, Cognac oder Weinbrand loskochen und abgießen.
3. Die restliche Butter in die saubere Pfanne geben, die Schalotten zufügen und unter mehrmaligem Wenden braten, ohne daß sie Farbe annehmen. Den Weißwein zugeben und 1–2 Minuten einkochen lassen. Die Sahne zufügen und so lange reduzieren, bis die Sauce sämig wird. Das Fleisch beigeben und mit Salz und Pfeffer abschmecken. Nicht mehr kochen, nur bei schwacher Hitze warmhalten.
4. Die Butter erwärmen. Die Weintrauben zugeben und unter Wenden erhit-

Das Fleisch in feine Streifen schneiden

Die Weintrauben mit einem kleinen, scharfen Messer schälen

zen. Beeren mit Fleisch mischen und anrichten. Mit Majoran bestreuen.
Beilage: Gnocchi, Spätzle oder Polenta-Halbmonde
Getränkeempfehlung: Bordeaux (z. B. Médoc oder St.-Emilion) oder Châteauneuf-du-Pape

TIP *Weintrauben kann man besser schälen, wenn man sie kurz mit kochendem Wasser überbrüht.*
Das Fleisch sollte erst unmittelbar vor dem Braten geschnetzelt werden, damit es nicht zuviel Saft verliert. Man muß es auch mindestens ½ Stunde vor der Zubereitung aus dem Kühlschrank nehmen. Kleingeschnittenes Fleisch erst nach dem Anbraten salzen.

HIRSCHPFEFFER MIT ACETO BALSAMICO UND WALNÜSSEN

FÜR 4 PERSONEN ■
Zubereitungszeit: 1 Stunde
Pro Portion:
460 kcal
38 g E, 28 g F, 6 g K

800 g Hirschfleisch
aus der Schulter
1 Bund Frühlingszwiebeln
250 g Austernpilze
2 EL Öl
6 EL Aceto Balsamico
oder Rotweinessig
½ l Wildfond (Fertigprodukt)
150 g Crème fraîche
Salz
schwarzer Pfeffer
aus der Mühle
1 TL Korianderkörner,
zerdrückt
100 g Walnußhälften

1. Das Hirschfleisch in Würfel von 1,5 cm Kantenlänge schneiden. Die Frühlingszwiebeln putzen, waschen und in Ringe schneiden. Die Austernpilze putzen, waschen, trockentupfen und in Streifen schneiden.
2. Öl in einem Schmortopf erhitzen und die Fleischwürfel darin portionsweise kräftig anbraten. Wieder in den Topf geben und die Hälfte der Frühlingszwiebeln sowie die Austernpilze zufügen. Alles kurz andünsten. Mit dem Essig beträufeln, mit Wildfond aufgießen und die Crème fraîche unterrühren. Aufkochen.
3. Das Ragout mit Salz, Pfeffer und Korianderkörnern würzen und zugedeckt 40 Minuten schmoren.
4. Die restlichen Frühlingszwiebeln mit den Walnüssen untermischen und den Hirschpfeffer nochmals abschmecken.
Beilage: Bandnudeln und Gemüse
Getränkeempfehlung:
kräftiger Rotwein, z. B. Rioja, Barbera

WILDFARCE

Zubereitungszeit:
20 Minuten

200 g knochen- und
sehnenfreies Wildfleisch
Salz
schwarzer Pfeffer aus
der Mühle
2 Wacholderbeeren, fein
zerrieben
1 Eiweiß
200 g angefrorene Sahne

1. Das gutgekühlte Wildfleisch kleinschneiden. Mit Salz, Pfeffer und den Wacholderbeeren würzen. Im Cutter fein zerkleinern, zuerst das Eiweiß, dann löffelweise die gefrorene Sahne einarbeiten. Die Farce durch ein feines Holzrahmensieb streichen.
2. Die Farce kann für Füllungen, Klößchen und, in Förmchen gegart, als Vorspeise verwendet werden. Eine Geflügelfarce läßt sich auf gleiche Weise herstellen, allerdings ohne Wacholderbeeren. Wegen der guten Bindefähigkeit des Geflügelfleisches, kann der Anteil der Sahne um 20–25% erhöht werden.

Kräuter, Pfefferkörner und Wacholderbeeren sind unerläßliche Zutaten für eine Wildfarce oder einen Wildjus

WILDRAHMSAUCE

FÜR 4 PERSONEN
Zubereitungszeit:
20–25 Minuten
Pro Portion:
1 Schalotte, fein gehackt
1 TL Butter
6 Wacholderbeeren,
zerdrückt
2 cl Gin oder
Wacholderbranntwein
¼ l Wildjus
¼ l Sahne
2–3 EL saure Sahne
1 TL Johannisbeergelee
Salz
weißer Pfeffer aus
der Mühle
Zitronensaft

1. Die gehackte Schalotte in der heißen Butter goldgelb anschwitzen und die Wacholderbeeren zufügen. Mehrmals mit dem Gin ablöschen, mit Wildjus auffüllen und die Sauce dickfließend einkochen.
2. Die Sahne in einem kleinen Topf um die Hälfte reduzieren und zur Sauce passieren. Die Sauce kochen, bis sie sämig ist.
3. Die saure Sahne zufügen, die Sauce nicht mehr kochen lassen. Durch ein feines Sieb drücken. Mit dem Johannisbeergelee, Salz, Pfeffer und einigen Tropfen Zitronensaft abschmecken.
Die Sauce kann nach Belieben noch mit frischer Butter aufmontiert werden.

WILDFOND

Zubereitungszeit:
3 Stunden

Für 3 Liter:
1 kg Hasen- oder Rehköpfe
und Parüren
2 kg Haarwildknochen,
kleingehackt
50 g Schmalz
100 g Lauch
100 g Möhren
1 Zwiebel
1 Stück Knollensellerie
100 g Champignonschale
6 Wacholderbeeren
3 Nelken
1 Lorbeerblatt
Salz

1. Die zerkleinerten Köpfe, Parüren und Knochen im Schmalz in einer Fettpfanne im Backofen etwa 10 Minuten anrösten.
2. Inzwischen Lauch, Möhren und Sellerie waschen, putzen und in Würfel schneiden. Die Zwiebel schälen und ebenfalls in Würfel schneiden. Alles zu den angerösteten Fondbestandteilen geben und andünsten.
3. 3 Liter Wasser, die Champignonschalen, Gewürze und etwas (!) Salz hinzufügen.
4. Den Fond etwa 2½ Stunden bei schwacher Hitze kochen lassen.
5. Anschließend passieren. Zum Einfrieren den Fond reduzieren und entfetten. Portionsweise in kleine Behälter füllen und nicht länger als 3 Monate lagern.

GEFÜLLTE WILDROULADEN

FÜR 4 PERSONEN ■■
Zubereitungszeit: 1 Stunde
Pro Portion:
315 kcal
33 g E, 15 g F, 3 g K

200 g Knollensellerie
200 g Pfifferlinge
30 g Butter
2 EL gehackte Zwiebeln
2 EL gehackte Petersilie
Salz
schwarzer Pfeffer
aus der Mühle
4 Rehschnitzel, aus der
Keule geschnitten (je 150 g)
2 EL Öl
¼ l Wildfond (Fertigprodukt)
⅛ l trockener Rotwein
2 Wacholderbeeren
1 Lorbeerblatt
2 EL saure Sahne

1. Knollensellerie schälen und auf der feinen Seite der Rohkostreibe raspeln. Die Pfifferlinge putzen und in kleine Stücke teilen.
2. Die Butter in einer beschichteten Pfanne erhitzen und die Zwiebelwürfel darin glasig braten. Dann den geraspelten Sellerie und die Pilze dazugeben und bei starker Hitze einige Minuten anbraten. Die Petersilie untermischen, mit Salz und Pfeffer abschmecken und beiseite stellen.
3. Die Rehschnitzel vorsichtig etwas breitklopfen und mit Salz und Pfeffer würzen. Die Hälfte der Sellerie-Pilz-Füllung auf die Fleischscheiben verteilen, aufrollen und mit einem Küchenfaden zusammenbinden.
4. Das Öl in einem Schmortopf erhitzen und die Rouladen darin von allen Seiten bei starker Hitze scharf anbraten. Nun die restliche Füllung dazugeben und kurz mitbraten. Mit Wildfond und Wein aufgießen, die zerdrückten Wacholderbeeren und das Lorbeerblatt zugeben. Das Ganze zugedeckt bei mittlerer Hitze in etwa 20 bis 25 Minuten gar schmoren.
5. Die Rouladen herausnehmen und warmstellen, die Gewürze herausfischen. Die Sahne unter den Bratenfond rühren, gut durchkochen lassen und zu den Rouladen servieren.

Beilage: Apfelrotkohl und Spätzle

REHRÜCKEN MIT SCHMORÄPFELN IM RÖMERTOPF

FÜR 4 PERSONEN ■■
Zubereitungszeit:
1 Stunde 20 Minuten
Pro Portion:
300 kcal
22 g E, 11 g F, 20 g K

500 g Rehrücken
Salz
schwarzer Pfeffer
½ TL gemahlener Ingwer
4 zerdrückte
Wacholderbeeren
4 dünne Scheiben
Lachsschinken (40 g)
4 mittelgroße Äpfel
4 cl Calvados
20 g Butter
4 TL Preiselbeerkompott

1. Den Römertopf 10 Minuten in Wasser stellen.
2. Den Rehrücken vorsichtig enthäuten und mit Salz, Pfeffer, Ingwer und Wacholderbeeren einreiben. In den gewässerten Römertopf legen und mit den Schinkenscheiben belegen. Den Topf verschließen und auf mittlerer Schiene in den kalten Backofen stellen. Bei 220°C etwa 45 Minuten garen lassen.
3. Inzwischen die Äpfel waschen, mit einem Apfelausstecher die Kerngehäuse entfernen.
4. Den Römertopf öffnen und die Äpfel ganz oder in dicke Scheiben geschnitten um den Rehrücken anordnen. Mit Calvados begießen und mit der Butter in kleinen Flöckchen belegen. Zugedeckt weitere 15 Minuten schmoren lassen.
5. Den Rehrücken herausnehmen und mit Alufolie umhüllt 5 Minuten ruhen lassen. Die Äpfel auf eine vorgewärmte Platte geben und mit den Preiselbeeren füllen oder Apfelscheiben mit Preiselbeeren anrichten. Das Fleisch vom Knochengerüst lösen und in schräge Scheiben schneiden. Auf der Platte mit den Äpfeln anrichten und mit dem entstandenen Bratensaft begießen.

Beilage: Spätzle

REHMEDAILLONS MIT PREISELBEER-ORANGEN-SAUCE

FÜR 2 PERSONEN ■
Zubereitungszeit:
15 Minuten
Marinierzeit: 30 Minuten
Pro Portion:
245 kcal
32 g E, 9 g F, 4 g K

4 Rehmedaillons (je ca. 70 g)
Salz
schwarzer Pfeffer
aus der Mühle
abgeriebene Schale
1 unbehandelte Orange
0,2 l Rotwein
200 g frische Preiselbeeren
1 Stückchen Zimtstange
1 Nelke
einige Spritzer flüssiger
Süßstoff
1 EL Öl
10 g Butter
0,1 l Wildfond
(Fertigprodukt)

Den Rotwein zu den Preiselbeeren und Gewürzen gießen

1. Die Rehmedaillons salzen, pfeffern und mit der Hälfte der Orangenschale einreiben. Zugedeckt 30 Minuten stehenlassen.
2. Die Preiselbeeren mit Zimt, Nelke und der restlichen Orangenschale in einen kleinen Kochtopf geben. Mit Wein aufgießen und bei starker Hitze zum Kochen bringen. Die Kochplatte zurückschalten und die Preiselbeeren bei mittlerer Hitze zugedeckt 15 Minuten kochen lassen. Zum Schluß mit Süßstoff abschmecken.

> **TIP** *Anstelle der Preiselbeeren Cranberries verwenden, allerdings ist dann die Garzeit kürzer. – Cranberries sind verwandt mit Preiselbeeren und Moosbeeren und gehören zur Familie der Heidekrautgewächse. Beheimatet sind sie in Nordamerika.*

3. In dieser Zeit Öl und Butter in einer beschichteten Bratpfanne erhitzen und die Rehmedaillons von beiden Seiten jeweils 2–3 Minuten braten.
4. Die Medaillons herausnehmen und mit Alufolie umhüllt warmstellen. Den Bratensatz mit Wildfond ablöschen, aufkochen lassen und unter die Preiselbeer-Orangen-Sauce geben. Kurz durchkochen lassen und mit frisch gemahlenem Pfeffer würzen. Die Fleischscheiben auf der Fruchtsauce anrichten.

Beilage: pürierter Rosenkohl in Rosenkohlblättern angerichtet, Orangenfilets und Bandnudeln

REH-GESCHNETZELTES MIT SHIITAKE-PILZEN

FÜR 4 PERSONEN ■
Zubereitungszeit:
25 Minuten
Pro Portion:
1385 kcal
47 g E, 123 g F, 6 g K

4 Rehsteaks (zu je 200 g)
50 g durchwachsener Speck
1 EL Öl
2 Schalotten, fein gehackt
400 g Shiitake-Pilze
4 cl Portwein
250 g Crème double
Salz
schwarzer Pfeffer aus der Mühle
1 Prise Muskat, frisch gerieben
1 Frühlingszwiebel

1. Die Rehsteaks quer zur Faser in sehr schmale Streifen, den Speck in Würfel schneiden.
2. Das Öl in einer breiten Pfanne mit hohem Rand erhitzen und das Fleisch bei starker Hitze portionsweise kurz und kräftig darin anbraten. Herausnehmen und zugedeckt beiseite stellen. Die Speckwürfel im verbliebenen Bratfett anbraten, Schalotten zugeben und glasig dünsten.

> **TIP** *Auch Rinderfilet kann so zubereitet werden, außerdem schmeckt die Sauce auch ausgezeichnet zu Spaghetti.*

3. Inzwischen Pilze abbrausen, putzen und in sehr schmale Streifen schneiden. In die Pfanne geben und dünsten, bis fast alle Flüssigkeit verdampft ist, etwa 8 Minuten. Mit Portwein ablöschen und fast ganz einkochen lassen.

Ungeputzte Shiitake-Pilze

4. Die Crème double unterrühren und um ein Drittel einkochen.
5. Die Sauce mit Salz, Pfeffer und Muskat abschmecken und das Rehfleisch samt ausgetretenem Fleischsaft untermischen und erwärmen.
6. Die Frühlingszwiebel putzen, waschen und in sehr schmale Ringe schneiden. Die Hälfte davon untermischen.
7. Zum Anrichten das Rehgeschnetzelte mit Zwiebelringen bestreuen.
Beilage: Butterspätzle, Bandnudeln oder Kroketten (Fertigprodukt)
Getränkeempfehlung: leichter Rotwein, z. B. Lemberger oder Trollinger aus Württemberg

REHMEDAILLONS IN STEINPILZRAHM

FÜR 4 PERSONEN ■
Zubereitungszeit:
30 Minuten
Pro Portion:
580 kcal
42 g E, 39 g F, 5 g K

30 g getrocknete Steinpilze
3 EL Butterschmalz
12 Rehmedaillons (je ca. 60 g)
2 Schalotten, fein gehackt
⅛ l trockener Rotwein (z. B. Rioja, Barbera oder Chianti)
250 g Crème double
Salz
weißer Pfeffer aus der Mühle
1 Schuß Worcestersauce
1 Spritzer Zitronensaft
½ Kästchen Kresse

1. Die Steinpilze in ¼ l kochendem Wasser überbrühen und 10 Minuten ziehen lassen.
2. In einer großen Pfanne das Butterschmalz erhitzen und die Rehmedaillons auf jeder Seite 2 Minuten bei starker Hitze braten. Herausnehmen und zugedeckt warmstellen.
3. Die Schalotten im verbliebenen Bratfett glasig dünsten. Die Steinpilze aus dem Wasser nehmen, kleinschneiden und mit den Zwiebeln 5 Minuten dünsten. Den Rotwein zugießen und fast ganz einkochen lassen. Das Einweichwasser der Pilze mit der Crème double zufügen und um ein Drittel dicklich einkochen lassen.
4. Die Sauce mit Salz, Pfeffer, Worcestersauce und Zitronensaft abschmecken.
5. Die Rehmedaillons auf vier vorgewärmten Tellern mit dem Steinpilzrahm anrichten. Die Kresse abbrausen, die Blättchen abschneiden und auf die Sauce streuen.
Beilage: Spätzle, Knödel (Fertigprodukt), Kartoffelplätzchen (Fertigprodukt)
Getränkeempfehlung: Rotwein, vorzugsweise die Sorte, die zum Kochen verwendet wurde

> **TIP** *Anstelle der Steinpilze können auch Egerlinge verwendet werden, dann 250 g, blättrig geschnitten. Sie sind preiswerter, denn getrocknete Steinpilze sind ziemlich teuer. Wer aber des Geschmacks wegen nicht auf sie verzichten möchte, kann die Menge einfach halbieren.*

GEBRATENE REHSCHULTER

FÜR 4 PERSONEN ■■
Zubereitungszeit:
1 Stunde 45 Minuten
Pro Portion: ca. 380 kcal
58 g E, 13 g F, 4 g K

2 Rehschultern (je ca. 400 g)
Salz
schwarzer Pfeffer aus der Mühle
1 EL Öl
30 g Butter
1 Bund Suppengrün, klein geschnitten
2 Zweige Thymian
½ Bund Petersilie
2 cl Cognac
0,2 l Wildfond
250 g gemischte Waldpilze
1 große Zwiebel, gehackt
1 EL feingehackte Petersilie

1. Die Rehschultern mit Salz und Pfeffer einreiben.
2. Den Backofen auf 200 °C vorheizen.
3. Öl und 10 g Butter in einem Schmortopf erhitzen und das Fleisch darin bei starker Hitze von beiden Seiten anbraten. Suppengrün, Thymian und Petersilie dazugeben und mitbraten. Mit Cognac und Wildfond ablöschen.
4. Mit einem Deckel verschließen und im Ofen auf der mittleren Schiene 1 bis 1½ Stunden garen lassen, dabei hin und wieder mit dem Bratensaft begießen.
5. Die Waldpilze putzen, größere in kleinere Stücke schneiden. Die restliche Butter in einer Pfanne erhitzen und die Zwiebelwürfel darin glasig braten. Die Pilze dazugeben und bei mittlerer Hitze einige Minuten anbraten.
6. Die fertig gegarten Rehschultern herausnehmen und mit Alufolie umhüllt warm stellen. Die Pilze in den Bratenfond geben und auf dem Herd aufkochen. Dann die Petersilie untermischen.
7. Das Fleisch vom Knochen lösen, in Scheiben schneiden und auf den Pilzen anrichten.

WILDHASEN-RÜCKEN MIT BANANENSAUCE

FÜR 4 PERSONEN ■
Zubereitungszeit:
50 Minuten
Pro Portion:
560 kcal
54 g E, 24 g F, 17 g K

2 Wildhasenrücken mit
Knochen (ca. 1,2 kg)
1 TL gehackter Oregano
schwarzer Pfeffer
aus der Mühle
Salz
abgeriebene Muskatnuß
2 EL Butterschmalz
2 Bananen
1 EL Butter

SAUCE
1 Banane
125 g Sahne
0,2 l trockener Weißwein
Salz
weißer Pfeffer
aus der Mühle
1 Prise Cayennepfeffer

1. Den Backofen auf
240°C vorheizen.
2. Die kleinen Filets auf
der Unterseite des Rük-
kenknochens mit dem
Messer auslösen und vor-
sichtig abtrennen.
3. Den Oregano mit 4
Umdrehungen Pfeffer,
Salz und etwas Muskat gut
mischen. Das Fleisch da-
mit von allen Seiten einreiben.
4. Das Butterschmalz in
einen Bräter geben und im
Backofen schmelzen las-
sen. Den Wildhasenrücken
ohne die Filets mit dem
Knochen nach unten in
den Bräter legen, mit der
Butter begießen und den
Bräter auf die mittlere
Schiene des Backofens
stellen. 12–15 Minuten
braten. Mehrmals mit dem
Bratfond begießen. Die
kleinen Filets erst 5 Minuten vor Ende der Bratzeit
zugeben.
5. Für die Sauce die Banane schälen, in Scheiben
schneiden und mit der
Sahne im Mixer sehr fein
pürieren.

6. Die Hasenrücken und
die beiden Filets aus dem
Ofen nehmen und auf ei-
nem Abtropfgitter 5 Minu-
ten ruhen lassen. Den Saft
auffangen. Den Braten-
fond mit dem Weißwein
loskochen. In eine kleine
Pfanne gießen und den
Fleischsaft auf dem Herd
um die Hälfte einkochen
lassen. Die Bananensahne
zufügen. 2–3 Minuten wei-
terkochen, bis die Sauce
sämig ist. Mit Salz, Pfeffer
und Cayennepfeffer ab-
schmecken.
7. 2 Bananen schälen
und längs halbieren. In
Butter auf beiden Seiten
goldgelb braten. Warm-
halten.
8. Zum Servieren das
Fleisch mit einem Messer
vom Knochen lösen. Mit
einem Löffelrücken ganz
abstreifen. Das Fleisch
leicht schräg in 1 cm dicke
Scheiben schneiden. Die
kleinen Filets halbieren
und jeweils ½ Filet und ½
Banane pro Person dazu-
legen. Die Bananensauce
dazu servieren.
Beilage: kleine Maiscrêpes
oder Pistazienreis
Getränkeempfehlung:
Côtes-du-Rhône

TIP *Die Ruhezeit
des Fleisches nach
dem Braten bewirkt,
daß der Fleischsaft
beim Tranchieren
nicht ausläuft.
Die Bananenhälften
können vor dem Bra-
ten in Sesamsamen
gewälzt werden.
Man kann auch Reh-
oder Hirschmedail-
lons mit Bananen-
sauce servieren.
Die Hasenrücken
können im Feinkost-
geschäft auch ohne
Knochen gekauft
werden.*

WILDHASEN-TERRINE MIT KRÄUTERGELEE

FÜR 8 PERSONEN ■ ■
Zubereitungszeit:
50 Minuten
Kühlzeit: 2–3 Stunden
Pro Portion:
243 kcal
22 g E, 6 g F, 4 g K

1 Kalbsfuß
1 Stück frische
Speckschwarte
700 g Kalbsknochen
von der Brust
500 g kleingehackte Wild-
knochen und Wildabschnitte
1 Möhre
1 kleines Stück Knollen-
sellerie
½ Stange Porree
1 kleine Zwiebel, gewürfelt
1 Zweig Thymian
1 TL feingehackter Majoran
3 Wacholderbeeren
1 l aromatischer Weißwein,
z. B. Gewürztraminer,
Malvoisie oder Pouilly-
Fumé

FARCE
750 g Wildhasenfleisch am
Stück, ohne Knochen
1 EL Butterschmalz
100 g Schalotten, gehackt
2 EL Butter
1 Knoblauchzehe
2 EL gehackte Petersilie
1 EL gehackter Kerbel
1 TL gehackter Estragon
Salz
weißer Pfeffer
aus der Mühle

1. Die Kalbs- und Wildknochen auf ein großes
Kuchenblech legen und im
Ofen hellbraun anrösten.
Sie dürfen nicht schwarz
werden.
2. Den Kalbsfuß beim
Kauf längs halbieren las-
sen. Mit der Schwarte in
kochendes Wasser legen.
Zwei- bis dreimal aufwal-
len lassen, dann abgießen
und kalt abspülen.
3. Die Möhre und den
Sellerie schälen und in
sehr kleine Würfel, den geputzten Porree in kleine
Ringe schneiden. Zusam-
men mit der Zwiebel, dem

Kalbsfuß, der Schwarte,
den Kräutern, den gerö-
steten Knochen, den Wild-
abschnitten, den leicht
zerdrückten Wacholder-
beeren und dem Weißwein
in einen Schnellkochtopf
geben und 1 Stunde unter
Druck kochen.
4. Den Fond durch ein
Sieb abgießen und erkal-
ten lassen. Nach dem Er-
kalten die Fettschicht, die
sich auf der Oberfläche
gebildet hat, entfernen.
Der Fond sollte nach dem
Erkalten geliert sein.
5. Für die Farce das
Fleisch in Butterschmalz
rasch anziehen lassen,
aber nicht braten. 6 Eßlöffel des Gelees zufügen und
das Hasenfleisch zuge-
deckt in 20–30 Minuten
bei sehr schwacher Hitze
garen.
Das Fleisch abkühlen las-
sen und in gleichmäßige,
zirka 1½ cm große Würfel
schneiden.
6. Die Schalotten in der
Butter glasig braten, ohne
daß sie Farbe annehmen.
Den Knoblauch durch-
pressen und mit den Kräu-
tern zu den Schalotten geben; alles gut mischen. Mit
Salz und Pfeffer ab-
schmecken.
7. Das Fleisch lagenwei-
se mit der Schalottenmi-
schung in eine Terrine (1 l
Inhalt) einfüllen. Jede Lage
mit dem leicht erwärmten
Gelee sorgfältig begießen,
damit alle Hohlräume gut
ausgefüllt werden. Den
Deckel aufsetzen und die
Terrine im Kühlschrank
festwerden lassen.
Im Gefäß servieren und
senkrecht Scheiben her-
ausschneiden.
Beilagen: Baguette mit
Butter, Holunder- oder
Cassissauce
Getränkeempfehlung: am
besten der Wein, der für
das Gelee verwendet
wurde

HASENRÜCKEN MIT WALNUSS-KRUSTE IN PREISELBEER-MEERRETTICH-SAUCE

FÜR 4 PERSONEN ■■
Zubereitungszeit: 1 Stunde
Pro Portion:
945 kcal
47 g E, 70 g F, 6 g K

2 Hasenrücken (je 500 g)
1 Möhre
100 g Knollensellerie
1 kleine Stange Porree
5 EL Öl
2 EL Tomatenmark
¼ l kräftiger Rotwein
½ l Wasser
10 Wacholderbeeren
2 Lorbeerblätter
Salz
6 schwarze Pfefferkörner

KRUSTE
150 g Butter
150 g Walnüsse,
2 Wacholderbeeren
1 Gewürznelke
Semmelbrösel
Salz
schwarzer Pfeffer
aus der Mühle

AUSSERDEM
2 cl Gin
2 cl roter Portwein
2 EL Meerrettich
(aus dem Glas)
2 EL frische Preiselbeeren
(ersatzweise tiefgekühlte)
50 g gut gekühlte Butter

1. Die Hasenrücken häuten und die Filets vom Knochen lösen, dabei die kleinen Filets an der Unterseite nicht vergessen. Die Knochengerüste mit einem Küchenbeil in kleine Stücke hacken oder gleich alles beim Wildhändler vorbereiten lassen.
2. Die Gemüse waschen, putzen und in kleine Würfel schneiden. 3 EL Öl in einem halbhohen Schmortopf erhitzen und die Knochenstücke sowie die Parüren (Haut- und Sehnenteile) darin scharf anbraten. Gemüse hinzufügen und mit anrösten. Das Tomatenmark unterrühren, mit Rotwein und Wasser aufgießen und die Gewürze dazugeben. Alles einmal aufkochen lassen, dann bei mittlerer Hitze offen auf etwa ¼ l Flüssigkeit einkochen lassen.
3. Für die Kruste die Butter in einem hochwandigen Topf zerlaufen lassen. Die Walnüsse sowie die Gewürze in der Küchenmaschine fein mahlen und in die Butter geben. So viel Semmelbrösel dazugeben, bis alles Fett aufgesogen ist, die Masse aber dennoch eine streichbare Konsistenz hat. Mit Salz und Pfeffer würzen.
4. Den Wildfond durch ein mit einem Mulltuch ausgelegtes Sieb in eine Sauteuse oder einen hochwandigen Topf gießen. Gin, Portwein, Meerrettich sowie die Preiselbeeren dazugeben und bei starker Hitze erneut ein wenig einkochen lassen. Die Sauce vom Herd nehmen.
5. Unterdessen den Grill vorheizen. Die Hasenfilets mit Salz und Pfeffer würzen. Das restliche Öl in einer Pfanne erhitzen und die Filets von allen Seiten bei starker Hitze scharf anbraten.
6. Die Filets auf eine feuerfeste Platte legen, mit der Nußpaste bestreichen und unter dem Grill in wenigen Minuten gratinieren, bis die Kruste gebräunt ist. Zugedeckt noch 5 Minuten ruhen lassen.
7. Die kalte Butter in kleinen Flöckchen mit dem Schneebesen unter die heiße Sauce schlagen.
8. Die Hasenfilets in Scheiben schneiden und auf der Sauce anrichten.
Getränkeempfehlung:
kräftiger Rotwein, z. B. Barolo oder Barbaresco (Piemont)

REHSÜLZE MIT PFIFFERLINGEN

FÜR 6–8 PERSONEN ■■■
Zubereitungszeit:
1 Stunde 30 Minuten
Ruhezeit: 4 Stunden
Pro Portion bei 6 Personen:
305 kcal
43 g E, 11 g F, 2 g K

1 Rehrücken (ca. 1,5 kg)
Salz
weißer Pfeffer
aus der Mühle
3 EL Öl
500 g kleine Pfifferlinge
2 EL gehackter Kerbel
8 Blatt Gelatine
½ l Rinderbrühe
(selbstgemacht)

1. Den Backofen auf 200 °C vorheizen.
2. Den Rehrücken vorsichtig häuten und die beiden Filets vom Knochengerüst lösen. Die kleinen Filets an der Unterseite für ein anderes Gericht aufbewahren.
3. Die Filets mit Salz und Pfeffer würzen. Das Öl in einer Kasserolle mit feuerfesten Griffen erhitzen und das Rehfleisch von allen Seiten scharf anbraten. Im Backofen auf der mittleren Schiene noch etwa 5 Minuten weiterbraten. Die Filets herausnehmen, mit einem Tuch gut abwischen, damit jegliches Fett entfernt ist, und im Kühlschrank zugedeckt erkalten lassen.
4. Die Pfifferlinge gründlich putzen und nur, falls nötig, waschen. Einen großen Schmortopf ohne Fett auf dem Herd erhitzen und die Pilze darin trocken unter Rühren mit einem Kochlöffel anbraten. Mit Salz, Pfeffer und Kerbel würzen.
5. Die Gelatine in reichlich kaltem Wasser quellen lassen. Etwas Rinderbrühe erhitzen, die eingeweichte und gut ausgedrückte Gelatine hineingeben und unter Rühren auflösen. Vom Herd nehmen, mit der restlichen Brühe vermischen und abkühlen lassen, bis die Flüssigkeit zu gelieren beginnt.
6. Eine runde oder längliche Terrinenform von 1,5 l Inhalt mit einer 3–4 mm dicken Geleeschicht ausgießen und im Kühlschrank erstarren lassen. Darauf eine etwa 1 cm hohe Schicht Pfifferlinge geben, mit Gelee begießen und anziehen lassen. Darauf nun die gekühlten Filets anordnen, mit den restlichen Pilzen bedecken und erneut mit dem Gelee begießen.
7. Die Sülze im Kühlschrank mindestens 4–5 Stunden fest werden lassen. Dann auf eine Platte stürzen und mit einem Elektromesser in Scheiben schneiden.
Beilage: gemischter Blattsalat und Crème fraîche mit Kerbel
Getränkeempfehlung:
trockener Grauburgunder (Rulander), z. B. vom Kaiserstuhl oder von der Mittelhaardt

TIP *Aus dem Knochengerüst des Rehrückens kann man selbst einen Wildfond zubereiten. Überschüssige Mengen können eingefroren und für spätere Mahlzeiten verwendet werden. Übrigens gibt es Wildfond bereits fertig zubereitet im Handel zu kaufen. Statt der Rinderbrühe kann gleich der selbst zubereitete Fond verwendet werden.*

FRANZÖSISCHES HASENRAGOUT
Civet de lièvre

FÜR 6–8 PERSONEN ■ ■
Zubereitungszeit:
2 Stunden 30 Minuten
Marinierzeit: 12 Stunden
Pro Portion:
710 kcal / 2980 kJ
53 g E, 39 g F, 10 g K

1 Hase mit Leber
1 mittelgroße Zwiebel
3 Möhren
1 Flasche Rotwein (0,75 l)
4 Wacholderbeeren
6 Pfefferkörner
2 Nelken
1 Kräuterstäußchen
(1 Lorbeerblatt,
2 Zweige Thymian,
2 Knoblauchzehen)
200 g durchwachsener
Speck
24 kleine Zwiebeln, z. B.
Chippolini
250 g kleine Champignons
6 EL Öl
2 EL Butter
Salz
schwarzer Pfeffer
aus der Mühle
2 EL Mehl
½ l Fleischbrühe (aus
Extrakt)

1. Den Hasen waschen und in zweifingerbreite Portionsstücke zerlegen. Die geschälte Zwiebel und die Möhren in Streifen schneiden. Mit dem Rotwein und den Gewürzen zu einer Marinade vermischen und über die Hasenstücke geben. Über Nacht zugedeckt stehen lassen.
2. Den Speck in Würfel schneiden, die kleinen Zwiebeln abziehen und die Champignons putzen.
3. Öl und Butter in einem Schmortopf erhitzen und die Zwiebeln und die Speckwürfel darin 5 Minuten anbraten. Dann die Champignons hinzufügen und weitere 5 Minuten schmoren. Mit einem Schaumlöffel aus dem Topf nehmen.
4. Den Backofen auf 200°C vorheizen.
5. Die Hasenstücke in dem gewürzten Fett von allen Seiten kräftig anbraten. Salzen, pfeffern und leicht mit Mehl bestäuben. Unter ständigem Wenden der Hasenstücke das Mehl anrösten und dann nach und nach mit der Marinade aufgießen.
6. Die Fleischbrühe hinzufügen, den Topf mit einem Deckel verschließen und auf die mittlere Schiene in den Backofen stellen. Das Fleisch 1 Stunde schmoren lassen. Die Hasenstücke aus dem Topf nehmen und die Sauce durch ein Sieb passieren.
7. Die Sauce wieder in den Topf geben und die Hasenstücke, die Zwiebeln, die Champignons und die Speckwürfel hinzufügen. Zugedeckt bei kleiner Hitze im Backofen oder auf dem Herd weitere 45 Minuten schmoren lassen.
8. Die Hasenleber im Mixer pürieren und an die Sauce geben. Noch einmal 5 Minuten durchkochen lassen. Das Ragout in der Form anrichten.
Beilage: glasierte Kastanien und hausgemachte Nudeln
Getränkeempfehlung: Châteauneuf-du-Pape

> **TIP** Für dieses alte französische Rezept kann man auch ein Kaninchen verwenden. Dann sollten Sie statt des Rotweins einen trockenen Weißwein wählen, den Sie dann auch zum Essen reichen können.

KANINCHEN-RÜCKEN IN KRÄUTERSAHNE
Rable de lapin à la crème d'herbes

FÜR 4 PERSONEN ■ ■
Zubereitungszeit:
45 Minuten
Pro Portion:
580 kcal / 2420 kJ
53 g E, 36 g F, 1 g K

1 Kaninchenrücken
mit 2 Hinterkeulen
Salz
schwarzer Pfeffer
aus der Mühle
40 g Butter
1 Zweig Thymian
1 EL gehackte Schalotten
3 EL Weißwein
6 EL Sahne
1 Eigelb
2 TL streifiggeschnittene
Basilikumblätter

1. Das Fett vom Kaninchenrücken entfernen. Mit Salz und Pfeffer einreiben.
2. Einen länglichen Schmortopf mit der Butter ausfetten und den Kaninchenrücken mit den Keulen und den Thymianzweig hineinlegen. Mit einem Deckel verschließen und bei leichter Hitze 20 Minuten schmoren lassen.
3. Wenn die Butter zu bräunen anfängt, zwei Eßlöffel warmes Wasser hinzufügen und die Hitze etwas herunterschalten. Dann den Topf wieder zudecken. Wenn man mit einer Stricknadel in die Keule einsticht und der Saft klar herausläuft, ist das Kaninchen gar. In Alufolie wickeln und warmstellen.
4. Schalotten und Weißwein in einen Kochtopf geben und die Flüssigkeit einkochen lassen, bis auf einen Rest von 2 bis 3 Eßlöffeln Flüssigkeit. Die Sahne nach und nach angießen und alles bei schwacher Hitze köcheln lassen. Dann durch ein feines Sieb in einen kleinen Topf passieren, nochmals erhitzen und vom Herd nehmen. Mit einem

Garprobe: Mit einer Nadel in die Kaninchenkeule stechen; wenn klarer Saft austritt, ist das Fleisch gar und das Fleisch kann ausgelöst werden

Weißwein und Sahne einkochen, Topf vom Herd nehmen und die Sauce mit Eigelb legieren

Schneebesen das Eigelb unterziehen und die Sauce damit legieren. Mit Salz und Pfeffer abschmecken.
5. Den Kaninchenrücken auslösen und in Scheiben oder große Würfel schneiden. Das Fleisch und die Keulen in einer vorgewärmten Terrine anrichten. Unmittelbar vor dem Servieren die Basilikumstreifen unter die Sauce ziehen und über das Kaninchen geben.
Beilage: hausgemachte Nudeln, Salat
Getränkeempfehlung: voller, trockener Weißwein

HASENRÜCKEN
IN DER BRATFOLIE

HASENRÜCKEN IN DER BRATFOLIE

FÜR 2–3 PERSONEN	■
Zubereitungszeit:	
40 Minuten	
Pro Portion bei 2 Personen:	
555 kcal	
46 g E, 27 g F, 20 g K	

1 Hasenrücken (ca. 500 g)
Salz
schwarzer Pfeffer
aus der Mühle
4 zerdrückte
Wacholderbeeren
1 Bund Suppengrün
30 g dünngeschnittener,
magerer roher Schinken
4 EL trockener Rotwein
2 EL Preiselbeerkompott
20 g eiskalte Butter
1 Stück Bratfolie

1. Den Hasenrücken vorsichtig häuten und mit Salz, Pfeffer und den zerdrückten Wacholderbeeren einreiben. Das Suppengrün waschen und in kleine Stücke schneiden.
2. Den Backofen auf 220 °C vorheizen.
3. Den Hasenrücken mit den Schinkenscheiben belegen und in ein ausreichend großes Stück Bratfolie geben. Das Suppengrün dazugeben und die Folie an beiden Enden gut verschließen. Mit einer Gabel einige Löcher oben in die Folie stechen, damit der Dampf entweichen kann.
4. Im Backofen auf der unteren Schiene in 20 Minuten durchbraten. Den Bratbeutel aufschneiden, den Rücken herausnehmen und mit Alufolie umhüllt warmstellen, dabei vorher die Schinkenscheiben abnehmen und in kleine Streifen schneiden.
5. Den Bratensaft mit dem Gemüse durch ein Sieb streichen und mit dem Rotwein und den Preiselbeeren in eine Sauteuse oder in einen hochwandigen Topf geben. Auf der Kochplatte bei starker Hitze etwas einkochen lassen. Zum Schluß die kalte

Butter in kleinen Flöckchen mit einem Schneebesen unter die Sauce schlagen.
6. Die Filets mit einem scharfen Messer vorsichtig vom Knochengerüst lösen, dabei die kleinen Filets an der Unterseite nicht vergessen. Das Fleisch in schräge, 1½ cm breite Scheiben schneiden und auf einer vorgewärmten Platte anrichten. Mit Sauce begießen und mit dem Schinken bestreuen.
Beilage: leicht gedünstete Apfelscheiben, Preiselbeerkompott und Kartoffelplätzchen

Im Folienschlauch liegt der Hasenrücken vom Suppengrün umgeben

Den Bratensaft mit dem Gemüse durch ein Sieb gießen

Die ausgelösten Filets in schräge Scheiben schneiden

WILDSCHWEIN-KOTELETTS MIT WACHOLDER-BUTTER UND ÄPFELN

FÜR 4 PERSONEN	■ ■
Zubereitungszeit: 1 Stunde	
Pro Portion:	
660 kcal	
36 g E, 50 g F, 10 g K	

50 g Spickspeck oder
Frühstücksspeck
8 Wildschweinkoteletts vom
Frischling mit Knochen
(je 100 g)
Salz
schwarzer Pfeffer
aus der Mühle
2 Äpfel (feste, rote Sorte)
10 g Butter
1 EL Apfelbranntwein
1 EL Butterschmalz

WACHOLDERBUTTER
8 Wacholderbeeren
150 g Butter
3 Schalotten, fein gehackt
1 große Knoblauchzehe,
grob gehackt
Saft von 1 Zitrone
Salz
weißer Pfeffer
aus der Mühle
1 EL gehackte Petersilie
1 EL gehackter Kerbel

1. Den Speck in feine Stäbchen schneiden. Die Koteletts mit einer Spicknadel 3–4mal durchbohren. Mit den Speckstreifen spicken. Mit Salz und Pfeffer einreiben.
2. Die Äpfel ungeschält halbieren, das Kernhaus entfernen, die Hälften in kleine Würfel schneiden. Die Butter in einer kleinen Bratpfanne erwärmen, die Würfel hineingeben und unter Wenden leicht anbraten. Sie sollen nicht zerfallen. Mit dem Apfelbranntwein ablöschen und beiseite stellen.
3. Für die Wacholderbutter die Wacholderbeeren mit einem großen Messer oder einem sauberen Topfboden zerdrücken. Die Butter in eine Kasserolle geben und langsam schmelzen lassen. Die

Schalotten, den durchgepreßten Knoblauch und die Wacholderbeeren zufügen. Dabei ständig rühren. Die Butter darf keine Farbe annehmen. Nach ca. 5 Minuten die Butter durch ein Sieb in eine kleine Schüssel gießen. Die Schalotten und die Wa-

> **TIP** *Für dieses Rezept eignet sich nur das Fleisch von Frischlingen. Wildschwein muß durchgebraten sein. Das ist unerläßlich. Es darf aber zu Beginn nicht zu scharf angebraten werden, damit es nicht hart und trocken wird. Deshalb sollte man es bei anschließendem Garen auch leicht abdecken.*

cholderbeeren mit einem Löffelrücken gut ausdrücken. Die Butter mit Zitronensaft, Salz und Pfeffer abschmecken und die Petersilie sowie den Kerbel daruntermischen. Auf einem Rechaud warmhalten.
4. Das Butterschmalz in einer großen Bratpfanne erhitzen. Die Koteletts von beiden Seiten goldbraun anbraten. Halb zugedeckt bei schwacher Hitze in 10–15 Minuten garen. Nach der halben Garzeit einmal wenden. Die Pfanne vom Herd nehmen und das Fleisch 2–3 Minuten ruhen lassen.
5. Das Fleisch anrichten. Die Apfelwürfel in den Bratfond geben und rasch erwärmen. Neben dem Fleisch verteilen. Die Koteletts mit der Wacholderbutter begießen.
Beilage: Kartoffelpuffer, Rosenkohl
Getränkeempfehlung: Roter Veltliner oder Chianti Classico

HASENGULASCH MIT KURPFLAUMEN

FÜR 4 PERSONEN ■ ■
Zubereitungszeit: 1 Stunde
Marinierzeit: 30 Minuten
Pro Portion:
320 kcal
25 g E, 15 g F, 14 g K

8 Kurpflaumen
4 cl Portwein
400 g Hasengulasch
Salz
schwarzer Pfeffer
aus der Mühle
abgeriebene Schale
1 unbehandelten Orange
1 Msp. gemahlener Ingwer
1 Msp. gemahlener Zimt
3 zerdrückte
Wacholderbeeren
1 große Möhre
1 Stückchen Knollensellerie
2 Schalotten
100 g magere, rohe
Schinkenwürfel
1 EL Öl
10 g Butter
⅛ l Wildfond (Fertigprodukt)
1 TL gehackte Petersilie

1. Die Kurpflaumen halbieren, in eine Schüssel geben, mit dem Portwein begießen und etwa 30 Minuten darin einweichen. Das Gulasch salzen, mit den Gewürzen einreiben und ebenfalls 30 Minuten stehenlassen.

TIP Wer es nicht ganz so kalorienarm möchte, gibt mit den Kurpflaumen noch 1 EL Crème fraîche hinzu.
Die Garzeit hängt sehr von der Fleischqualität ab.

---

2. Möhre, Sellerie und Schalotten schälen und wie den Schinken in winzig kleine Würfel schneiden.
3. Öl und Butter in einem Schmortopf erhitzen und das Fleisch darin bei starker Hitze von allen Seiten anbraten. Das kleingeschnittene Gemüse sowie die Schinkenwürfel dazugeben und mit anbraten. Mit dem Wildfond aufgießen, umrühren und zugedeckt bei schwacher Hitze etwa 20–30 Minuten schmoren lassen.
4. Die Kurpflaumen mit der restlichen Einweichflüssigkeit zum Fleisch geben, vorsichtig vermischen und weitere 15 Minuten bei schwacher Hitze zugedeckt schmoren lassen. Mit Petersilie bestreut servieren.
Beilage: Salzkartoffeln und Salat, z. B. Lollo Rosso

KANINCHEN-RÜCKEN IN ORANGEN-SHERRY-SAUCE

FÜR 3 PERSONEN ■
Zubereitungszeit:
40 Minuten
Pro Portion:
280 kcal
30 g E, 10 g F, 9 g K

1 Kaninchenrücken
(ca. 700 g)
Salz
weißer Pfeffer
aus der Mühle
1 EL Öl
10 g Butter
Saft und Schale
1 unbehandelten Orange
4 cl Sherry medium
(Amontillado)
⅛ l Kalbsfond
(Fertigprodukt)
1 Zweig Thymian
1 Orange

1. Den Kaninchenrücken mit Salz und Pfeffer einreiben.
2. Den Backofen auf 200 °C vorheizen.
3. Öl und Butter in einem Schmortopf mit hitzebeständigen Griffen auf dem Herd erhitzen und den Rücken darin von beiden Seiten anbraten.
4. Orangensaft, -schale, Sherry, Kalbsfond sowie

Die Orange in Spalten schneiden, Saft dabei auffangen

Orangenfilets in dem Bratenfond aufkochen lassen

den Thymian dazugeben und den Topf auf die mittlere Schiene des Backofens stellen. Den Rücken in 15–20 Minuten gar braten, dabei gelegentlich mit dem Bratenfond begießen.
5. Die Orange so dick schälen, daß die weiße Haut völlig entfernt ist. Die Fruchtsegmente mit einem scharfen Messer herauslösen, den dabei entstehenden Saft auffangen.
6. Den Kaninchenrücken herausnehmen und mit Alufolie umhüllt warmstellen. Den Topf auf die Kochplatte stellen, den Thymian herausfischen und die Orangenfilets hineingeben. Bei starker Hitze kurz aufkochen lassen. Die Sauce soll eine sirupartige werden.
7. Die Filets vom Knochengerüst lösen, dabei die unteren kleinen Filets nicht vergessen. Das Fleisch in schräge Scheiben schneiden und mit der Fruchtsauce überziehen. Mit weißem Pfeffer bestreuen.
Beilage: grüne Bandnudeln und Salat

HIRSCHKALB-FILETS MIT PILZEN

FÜR 4 PERSONEN ■
Zubereitungszeit:
30 Minuten
Pro Portion:
336 kcal
33 g E, 21 g F, 4 g K

8 Scheiben Hirschkalbfilet
(à 3 cm dick)
Salz
schwarzer Pfeffer
aus der Mühle
Ingwerpulver
250 g frische Steinpilze oder
Pfifferlinge
1 kleine Zwiebel
2 EL Butter
4 EL Crème double
1 EL gehackte Petersilie
1 EL Öl

1. Die Hirschkalbfiletscheiben mit Salz, Pfeffer und etwas Ingwer einreiben.
2. Die Pilze gründlich waschen, putzen und in dicke Scheiben schneiden. Die geschälte Zwiebel in feine Würfel schneiden.
3. Die Hälfte der Butter in einer Pfanne erhitzen und die Zwiebelwürfel darin glasig braten. Die Pilze hinzufügen, kurz erhitzen und mit der Crème double aufgießen. Einige Minuten kochen lassen. Mit Salz, Pfeffer und Petersilie abschmecken.
4. Die restliche Butter und das Öl in einer Pfanne erhitzen und das Fleisch darin von jeder Seite 3 Minuten braten. Aus dem Bratfett nehmen und mit Folie bedeckt warmstellen.
5. Die Filets mit den Pilzen und mit Petersilie bestreuen. Mit der Sahnesauce servieren.
Beilage: Kartoffelplätzchen und Preiselbeeren
Getränkeempfehlung: Beaujolais

HIRSCH-MEDAILLONS MIT HONIG-ESSIG-SAUCE

FÜR 4 PERSONEN ■ ■
Zubereitungszeit:
30 Minuten
Pro Portion:
260 kcal
24 g E, 15 g F, 4 g K

1 EL Butterschmalz
8 Hirschmedaillons aus dem
Rücken (je ca. 70 g)
Salz
schwarzer Pfeffer
aus der Mühle
1 Zweig Zitronenmelisse
für die Garnitur

SAUCE
1 EL gehackte Schalotten
3 EL Honigessig oder
guter Weißweinessig
2 EL trockener Weißwein
6 schwarze Pfefferkörner
¼ l konzentrierter
Wildfond
1 EL Honig
40 g Butter
Salz
weißer Pfeffer
aus der Mühle
1 Prise Cayennepfeffer

1. Für die Sauce die
Schalotten mit dem Honig-
essig, dem Weißwein und
den leicht zerdrückten
Pfefferkörnern in eine kleine Pfanne geben und 10
Minuten kochen lassen.
2. Die Mischung durch
ein feines Sieb gießen, dabei die Schalotten gut ausdrücken. Die aufgefange-
ne Flüssigkeit wieder in
das Pfännchen zurückgie-
ßen und auf einen Eßlöffel
reduzieren. Den Wildfond
zufügen und um ein Drittel
einkochen lassen.
3. Das Butterschmalz in
einer Bratpfanne erhitzen.
Die Hirschmedaillons 3–4
Minuten auf beiden Seiten
braten. Die genaue Brat-
zeit richtet sich nach der
Dicke der Fleischstücke
und danach, ob man das
Fleisch rosa oder durch-
gebraten wünscht.
4. Das Fleisch aus der
Pfanne nehmen und auf ei-

nem Sieb etwas ruhen las-
sen. Den eventuell auslau-
fenden Saft auffangen.
5. Den Honig zur vorbereiteten Sauce geben und
aufkochen. Die Butter in
kleine Würfel schneiden.
Unter die Sauce rühren
und bei schwacher Hitze
weiterrühren, bis die Sauce

Die kalte, in Würfel geschnittene Butter in die Honigsauce
geben

wieder klar wird. Den aus-
gelaufenen Saft vom
Fleisch zugeben. Mit Salz,
Pfeffer und einer Prise
Cayennepfeffer ab-
schmecken. Sauce nach
Belieben mit dem Mixer-
stab schaumig rühren.
6. Die Sauce auf 4 vorgewärmten Tellern anrichten.
Die Fleischstücke dazule-
gen und nach Belieben mit
etwas Zitronenmelisse
garnieren.
Beilage: Kreolischer Reis
Getränkeempfehlung:
Spätburgunder oder Côtes-
du-Rhône

> **TIP** *Früher hat
> man Wildfleisch ab-
> hängen lassen, damit
> es den typischen
> »Haut-goût«, das
> heißt einen intensiven
> Wildgeschmack be-
> kam. Heute liebt man
> es eher frisch.*

REHRÜCKEN MIT BEERENSAUCE

FÜR 4 PERSONEN ■ ■
Zubereitungszeit:
50 Minuten
Pro Portion:
500 kcal
41 g E, 24 g F, 20 g K

1 kg Rehrücken mit Knochen
2 EL Butterschmalz
Salz
schwarzer Pfeffer
aus der Mühle
1 TL Paprikapulver, edelsüß

WILDSAUCE
0,1 l Wildfond
4 EL Rotwein
60 g Butter
Salz
schwarzer Pfeffer
aus der Mühle

BEERENSAUCE
100 g Preiselbeeren
100 g Himbeeren
100 g Johannisbeeren
100 g Brombeeren
3 EL Zucker
3 EL Rotwein
2 TL Stärkemehl
Salz
1 Prise Zimt
weißer Pfeffer
aus der Mühle
1 Prise Cayennepfeffer

1. Den Backofen auf
250 °C vorheizen.
2. Die Rehfilets auf der
Unterseite des Rückens
vorsichtig auslösen. Das
Butterschmalz in einer
Kasserolle erhitzen. Das
Fleisch mit Salz, Pfeffer
und Paprika würzen. Den
Rehrücken mit dem Kno-
chen nach unten in die
Bratkasserolle legen. Mit
dem heißen Butterschmalz
begießen. 12–15 Minuten
auf der mittleren Schiene
des Backofens braten. Ab
und zu mit dem Bratensaft
begießen. Die Rehfilets 7
Minuten später in die Kasserolle geben. Nach der
angegebenen Bratzeit ist
das Fleisch noch rosa. Wer
es sich durchgebraten
wünscht, muß es etwa
3–4 Minuten länger im
Ofen lassen.

3. Für die Wildsauce den
Wildfond mit dem Rotwein
einkochen, bis die Sauce
leicht sämig wird.
4. Für die Beerensauce
die verschiedenen Beeren
mit dem Zucker und dem
Rotwein rasch aufkochen.
Die Beeren auf ein Sieb
gießen und den aufgefan-
genen Saft wieder in den
Topf geben. Die Speise-
stärke mit 2 Eßlöffel Wasser gut verrühren. Zum
Saft geben und unter Rüh-
ren kochen, bis er sirupartig eingedickt ist. Mit den
Beeren mischen und mit
Salz, Zimt, Pfeffer und
Cayennepfeffer pikant ab-
schmecken. Zum Abküh-
len in eine Schüssel gie-
ßen.
5. Den Rehrücken, wenn
er fertig gebraten ist, noch
5–7 Minuten im abgestell-
ten Ofen bei halb geöffne-
ter Tür stehen lassen.
6. Die Butter in kleine
Würfel schneiden und un-
ter die Wildsauce arbeiten,
bis man keine weißen Spu-
ren mehr sieht. Die Sauce
kann dabei schwach ko-
chen. Mit Salz und Pfeffer
abschmecken.
7. Den Rehrücken am
Tisch zerlegen. Leicht
schräg in 1 cm dicke
Scheiben schneiden. Die
Rehfilets schräg in Stücke
schneiden und die beiden
Saucen separat servieren.
Beilage: Spätzle, Rotkohl
Getränkeempfehlung: Bordeaux, z. B. St-Emilion

> **TIP** *Die Beeren-
> sauce läßt sich be-
> reits am Vortag zube-
> reiten. Je nach Sai-
> son kann man dafür
> tiefgekühlte Beeren
> verwenden. Bei der
> Zubereitung daran
> denken, daß diese
> Beeren eventuell be-
> reits gesüßt sind.*

WILDSCHWEIN-RAGOUT

FÜR 4 PERSONEN ■
Zubereitungszeit:
1 Stunde 45 Minuten
Beizzeit: 24 Stunden
Pro Portion:
716 kcal
42 g E, 50 g F, 8 g K

750 g Wildschweinfleisch
(vom Hals und der Schulter)
¼ l Weißwein
¼ l Wasser
2 EL Weißweinessig
½ Lorbeerblatt
3 Wacholderbeeren
1 Zweig Thymian
schwarzer Pfeffer
aus der Mühle
1 geschälte, mit 1 Nelke
gespickte
kleine Zwiebel
70 g Butter
250 g Steinpilze
⅛ l Rotwein
200 g Crème fraîche

1. Das Wildschweinfleisch in Würfel schneiden. Wein, Wasser, Essig, Gewürze und die gespickte Zwiebel vermischen und die Fleischwürfel über Nacht in die Beize legen. Fleischwürfel aus der Beize nehmen und trockentupfen.

> **TIP** *Beim Einkauf von Wildschwein darauf achten, daß es sich dabei um das Fleisch eines jungen Wildschweines (Jungtier) handelt. Da Schwarzwild keine Schonzeit hat, ist es das ganze Jahr über erhältlich.*

2. In einem Schmortopf 50 g Butter erhitzen und das Fleisch darin anbraten. Mit Beize aufgießen und langsam in 1½–2 Stunden bei mäßiger Hitze weich kochen. Fleisch aus der Brühe nehmen.

3. Während der Garzeit die Steinpilze sorgfältig waschen, putzen – große Pilze halbieren – und in Scheiben schneiden. In einer Pfanne die restliche Butter erhitzen und die Pilze kurz darin schwenken.
4. Die Wildschweinbrühe mit Rotwein und Crème fraîche aufkochen und auf die Hälfte der Menge einkochen lassen. Das Fleisch und die Steinpilze hinzufügen und noch 2–3 Minuten kochen lassen. In einer vorgewärmten Terrine anrichten.
Beilage: Semmelknödel, Preiselbeeren und Rotkraut
Getränkeempfehlung: Beaujolais Village

HASENRÜCKEN MIT PFEFFERSAUCE

FÜR 4 PERSONEN ■
Zubereitungszeit: 1 Stunde
Marinierzeit: 2 Stunden
Pro Portion:
704 kcal
49 g E, 42 g F, 12 g K

2 Hasenrücken
½ l Rotwein
1 Möhre
1 mittelgroße Zwiebel
1 Bouquet garni
(½ Lorbeerblatt,
2 Zweige Thymian,
1 Stengel Petersilie)
einige zerstoßene
Pfefferkörner und
Wacholderbeeren
1 kleine Hasenkeule
oder Knochenabfälle
von einem Hasen
2 EL Butter
Salz
schwarzer Pfeffer
aus der Mühle
1 EL Öl
2 cl Gin
200 g Crème fraîche
20 g grüne Pfefferkörner
mit der Pfefferbrühe

1. Die Hasenrücken von allen anhaftenden Häutchen und Sehnen befreien und in eine Schüssel geben. Den Rotwein mit der geputzten, in Streifen geschnittenen Möhre und Zwiebel sowie den Gewürzen vermischen und über die Hasenrücken gießen. 2 Stunden marinieren lassen.
2. Die Hasenkeule vom Fleisch befreien. Die Knochen kleinhacken, das Fleisch kleinschneiden.

Den Hasenrücken in einer Rotwein-Beize etwa zwei Stunden marinieren

Während der Garzeit den Hasenrücken gelegentlich mit Bratensaft begießen

Den ausgelösten Hasenrücken und die Filets der Breite nach in längliche Scheiben schneiden

Kurz in 1 Eßlöffel Butter andünsten und mit einem halben Glas Wasser aufgießen. Salzen und 30 Minuten einkochen lassen.
3. Die Hasenrücken aus der Marinade nehmen, gut abtropfen lassen und mit Küchenpapier trockentupfen. Die Marinade zu den Knochen geben und die Flüssigkeit im offenen Topf auf die Hälfte des Umfangs einkochen.
4. Den Backofen auf 250 °C vorheizen.
5. Die Hasenrücken mit Salz und Pfeffer einreiben. Das Öl und die restliche Butter in einem flachen Schmortopf auf dem Herd erhitzen und die Hasenrücken darin von allen Seiten anbräunen. Auf die mittlere Schiene in den Backofen stellen und in 10–15 Minuten unter Begießen mit dem Bratensaft gar braten, das Innere der Hasenrücken muß rosa bleiben. Dabei darauf achten, daß das Bratenfett nicht zu dunkel wird. Die Hasenrücken aus dem Ofen nehmen und in Alufolie warmstellen.
6. Den Bratensatz mit dem Gin ablöschen. Mit der durch ein Sieb gestrichenen Wildbrühe aufgießen und stark einkochen lassen. Die Crème fraîche und 1 Teelöffel der Pfefferbrühe an die Sauce geben und erneut einkochen lassen, bis die Sauce dicklich ist. Die Pfefferkörner an die Sauce geben und noch einmal abschmecken.
7. Die beiden Teile der Hasenrücken und die beiden kleinen Filets im Inneren des Rückens ablösen und der Breite nach in längliche Scheiben schneiden. Man kann diese wieder auf den Knochen drapieren. Dann auf eine heiße Platte geben. Die Sauce getrennt reichen.
Beilage: ausgebackene Kartoffelbällchen und Schwarzwurzeln
Getränkeempfehlung: Valpolicella aus Verona

Abbildung rechts: Fasanenbrüstchen im Wirsingmantel
(Rezept Seite 273).

Abbildung unten: Truthahn mit
Leberfüllung (Rezept Seite 267).

Abbildung rechts: Täubchen
Fränkische Art
(Rezept Seite 270).

Abbildung links: Gefüllter Gänsebraten Schwarzwälder Art (Rezept Seite 268).

Abbildung unten: Gefüllte Putenschnitzel (Rezept Seite 267).

Abbildung links: Geschmortes Rebhuhn mit Oliven (Rezept Seite 272).

GEFLÜGEL GAREN

Geflügel wird entweder gebraten, gegrillt, gekocht oder poêliert (das entspricht etwa dem hellen Braten). Welche Garmethode sich für welches Geflügel am besten eignet, hängt vom Alter des Geflügels und der Zusammensetzung des Fleisches ab.

Braten: Junges, zartes Geflügel eignet sich eher zum Braten in der Pfanne oder im Ofen als älteres. Denn kennzeichnend für die Garmethode Braten ist ein Garen in trockener Hitze, so daß insbesondere das Fleisch älterer Tiere leicht austrocknet.

Ein Schutz vor dem Austrocknen bietet übrigens das Bardieren (s. Kochschule), das Umwickeln magerer Geflügelsorten mit Speck. Ideal zum Braten ohne Speckmantel sind Gans und Ente.

Grillen: Grillen ist die Garmethode, die den echten Geflügelgeschmack am besten hervorhebt. Besonders saftig bleibt das Fleisch, wenn es vor dem Grillen in einer würzigen Kräutermarinade mariniert und während des Grillvorganges immer wieder mit Marinade bepinselt wird.

Schmoren: Beim Schmoren gart das Fleisch langsam im eigenen Saft. Nach dem Anbraten wird das gewürzte Fleisch mit Flüssigkeit (z. B. Wein) übergossen und köchelnd sich selbst überlassen.

Kochen: Zum Kochen bietet sich das Suppenhuhn an. Bei diesem Garvorgang wird das Fleisch regelrecht ausgelaugt, so daß eine kräftige Brühe entstehen kann.

Dünsten von Geflügel bezeichnet das Garen des Fleisches in wenig Flüssigkeit nachdem es angebraten wurde. Im Vergleich zum Schmoren ist die Flüssigkeitsmenge, die über das Geflügel gegossen wird, erheblich geringer.

Fritieren von Geflügel ist besonders beliebt, da sich während des Fritiervorganges eine knusprige Haut bildet. Diese Garmethode ist im Vergleich zu allen anderen die fettreichste! Nach dem Fritieren Fett abtropfen lassen.

UMGANG MIT TIEFKÜHL-GEFLÜGEL

Geflügel, das nach dem Schlachten sofort schockgefrostet wird, muß bei einer Temperatur von mindestens −18°C gelagert werden und darf nicht bereift in der Tiefkühltruhe des Handels angeboten werden. Es muß frei von Gefrierbrand sein.

Sonderangebote (angetautes Geflügel), bei denen die Kühlkette unterbrochen wurde, muß sofort verbraucht werden.

Richtiger Umgang mit Geflügel hat trotz vieler Vorzüge auch eine unerwünschte Seite: es ist ein Salmonellenträger. Salmonellen sind Bakterien, die leichte bis schwere Lebensmittelvergiftungen verursachen können. Sie werden durch Hitze abgetötet. Ein gegartes Geflügel bedeutet also keine Gefahr für die Gesundheit. Gefrorenes Geflügel im Kühlschrank so auftauen, daß der abtropfende Fleischsaft nicht mit anderen Lebensmitteln in Berührung kommt. Geschirr und Hände mit heißem Wasser und Spülmittel reinigen.

Darauf achten, daß das Geflügel nicht mit Lebensmitteln in Berührung kommt, die nicht gekocht werden, wie z. B. Salate. Die Verpackung des Geflügels sofort wegwerfen.

Vom Geflügel selber geht weniger Gefahr aus, da es vor dem Verzehr gekocht oder gebraten wird. Hausgeflügel sollte nicht nur wegen der Salmonellen durchgebraten werden, es erreicht nur so seinen höchsten Geschmackswert.

GEFLÜGEL MIT DER NADEL BINDEN

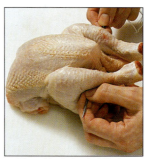

1. Eine Nadel mit Küchengarn genau in der Mitte zwischen den Gelenken des Unterschenkels durchstechen und durchziehen; dabei die Bauchdecke mitfassen.

2. Das Geflügel mit der Brustseite auf ein Brett legen. Die Nadel durch die Flügelstummel führen und darauf achten, daß die Halshaut am Rückgrat mitbefestigt wird.

3. Das Geflügel auf die Seite legen. Das Garn mit drei Knoten hintereinander versehen und die Schnur nur soweit anziehen, daß das Geflügel seine natürliche Form behält. Nun die Enden der Schnur miteinander verknoten.

GEFLÜGEL OHNE NADEL BINDEN

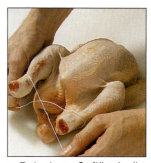

1. Bei dem Geflügel die Flügel einschlagen. Das Küchengarn unter dem Rücken auf der Höhe der Unterschenkel durchführen, übers Kreuz um die Gelenke schlingen.

2. Das Garn seitlich an den Unterschenkeln vorbei zu den Flügeln führen und straff ziehen.

3. Das Garn verknoten; beim Binden darauf achten, daß die natürliche Form des Geflügels nicht verändert wird.

GEFÜLLTE POULARDE BÜRGERLICHE ART

FÜR 4 PERSONEN ◾◾
Zubereitungszeit: 1 Stunde
30 Minuten
Pro Portion:
1250 kcal
71 g E, 93 g F, 23 g K

1 Poularde mit Innereien
(ca. 1,5 kg)
Salz
Pfeffer aus der Mühle

FÜLLUNG
1 mittelgroße Zwiebel
1 Schalotte
einige Stengel Petersilie
und Kerbel
1 EL Butter
400 g Bratwurstfülle (Brät)
1 Poulardenleber
1 Poulardenherz
1 Ei
3 EL Semmelbrösel
2 cl Weinbrand
Salz
schwarzer Pfeffer
aus der Mühle

ZUM ANBRATEN
1 Bund Suppengrün
1 EL Butter
2 EL Öl
⅛ l Weißwein
2 Scheiben
durchwachsener Speck
200 g Sahne

1. Die Poularde waschen, mit Küchenpapier sorgfältig trockentupfen und mit Salz und Pfeffer einreiben.
2. Für die Füllung die geschälte Zwiebel und Schalotte in kleine Würfel schneiden, Petersilie und Kerbel nicht zu fein hacken. In der zerlassenen Butter glasig braten, aber nicht bräunen.
3. Die Bratwurstfülle in eine Schüssel geben, die Leber und das Herz fein wiegen und mit dem Zwiebelgemisch vermengen. Ei, Semmelbrösel und Weinbrand mit dem Fleisch verkneten und mit Salz und vorsichtig mit Pfeffer abschmecken.
4. Die Poularde mit der

Die mit Kräutern und Gewürzen zubereitete Wurstbrätmasse in die Poularde füllen

Die Poularde auf dem Herd zusammen mit den Kräutern anbraten

Nach dem Anbraten die Poularde mit Speckstreifen belegen und im Backofen schmoren

Mit einem großen scharfen Messer läßt sich die Poularde vor dem Servieren problemlos halbieren und tranchieren

Farce füllen und die Öffnung mit einem Baumwollfaden zunähen.
5. Den Backofen auf 200 °C vorheizen.
6. Das Suppengrün in feine Streifen schneiden und in einem länglichen Schmortopf auf dem Herd in der zerlassenen Butter und dem Öl leicht anschmoren. Die Poularde hineingeben und von allen Seiten anbraten.
7. Die Hälfte des Weiß-

> ## TIP
> Man kann die Füllung noch mit grob gehackten Walnußkernen, Pistazien oder Oliven variieren. Mit dieser Füllung können Sie natürlich auch alle anderen Geflügelarten und Fleischsorten füllen, oder braten Sie die Füllung einmal pur.

weins hinzufügen und die Poularde mit den beiden Speckscheiben belegen. Zugedeckt auf die mittlere Schiene in den Backofen stellen.
8. Die Poularde in 45 Minuten unter gelegentlichem Begießen mit dem Bratensaft gar schmoren, dann 10 Minuten im offenen Topf bräunen lassen. Das Huhn herausnehmen und warmstellen.
9. Den Bratensaft mit dem restlichen Wein aufgießen, durchkochen und durch ein Sieb streichen. Mit der Sahne aufkochen und die Sauce etwas dicklich einkochen lassen. Das Huhn auf einer Platte anrichten. Die Sauce getrennt reichen.
Beilage: ein Kranz von Frühlingsgemüsen, der um die Poularde herum angerichtet wird
Getränkeempfehlung: spritziger Moselwein

GEBRATENES HUHN TRANCHIEREN

1. Von dem auf dem Rücken liegenden Huhn die Flügel mit dem Tranchiermesser abtrennen.

2. Die Keule mit der Gabel etwas wegdrücken, mit dem Tranchiermesser die Haut zwischen Keule und Brust durchtrennen. Die Keule vom Knochengerüst lösen. Dabei soll das Filet an der Keule und der Bekkenknochen (Schlußkno-

3. Die Keule so in zwei Stücke teilen, daß ein Viertel des Oberschenkelfleischs am Unterschenkel bleibt.
Zum Schluß das Brustfleisch in dünnen, möglichst gleichgroßen Scheiben vom Knochengerüst herunterschneiden.

EIN HÄHNCHEN SCHMOREN

1. Die Flügel in der Mitte der zwei Gelenke des Oberarmes abtrennen. Das Hähnchen am Rückgrat entlang mit einem scharfen Messer spalten. Den Rückgratknochen abtrennen.
2. Das Hähnchen mit der Fleischseite auf den Tisch legen, vorne am Brustbein einschlagen und den Brustbeinknochen herausziehen. Zwischen den Brüsten das Hähnchen längs in zwei Hälften teilen.
3. Die Hähnchenhälften mit der Knochenseite auf den Tisch legen. Die Hähnchenkeulen so von der Brust trennen, daß beide Teile mit Haut bedeckt bleiben.
4. Den Beckenknochen mit einem Ausbeinmesser sorgfältig von den Keulen entfernen.
5. Die Keulen so mit Garn umbinden, daß der Unterschenkel am Oberschenkel anliegt.

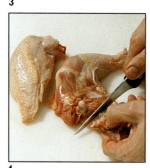

HUHN AUF BURGUNDER ART
Coq au vin

FÜR 4 PERSONEN ■ ■
Zubereitungszeit: 2 Stunden
Pro Portion:
845 kcal
54 g E, 44 g F, 8 g K

1 junger, fleischiger Hahn oder 1 junges fleischiges Huhn (1,2–1,5 kg)
150 g durchwachsener geräucherter Speck
16 Schalotten
Salz
weißer Pfeffer aus der Mühle
1 EL Mehl
1 Zweig Thymian
½ Lorbeerblatt
2 cl Marc de Bourgogne oder Cognac
1 Flasche roter Burgunder (0,75 l)

1. Hahn oder Huhn waschen, mit einem Küchentuch trockentupfen und mit einem scharfen Messer oder einer Küchenschere in 8 Teile zerlegen, dabei das Rückgrat entfernen.
2. Den Speck in Würfel schneiden, die Schalotten abziehen. Die Speckwürfel in einem Schmortopf oder einem feuerfesten Steinguttopf glasig braten und die Schalotten darin unter Rühren hellgelb rösten. Speckwürfel und Schalotten mit einer Schöpfkelle herausnehmen.
3. Die Geflügelteile mit Salz und Pfeffer einreiben, in dem Mehl wenden – überflüssiges Mehl abklopfen – und in dem Speckfett von allen Seiten goldgelb braten. Thymian und Lorbeerblatt hinzufügen und mit dem Marc oder Cognac übergießen. Die Speckwürfel und die Schalotten in den Topf geben. Den Wein über das Hähnchen gießen und alles zugedeckt bei leichter Hitze etwa eine Stunde auf dem Herd schmoren lassen.
4. Die Geflügelstücke

Speckwürfel glasig braten, die Schalotten dazugeben und hellgelb rösten.

Den Wein über die Hähnchenteile gießen.

herausnehmen und zugedeckt warmstellen. Die Sauce im offenen Topf etwas einkochen lassen, die Hähnchenteile wieder in die Sauce geben und noch einmal darin durchkochen. In einer vorgewärmten Terrine anrichten.
Beilage: Kartoffelplätzchen und Kopfsalat
Getränkeempfehlung: der gleiche Burgunder, der für die Zubereitung des Coq au vin verwendet wurde

TIP *Der echte »Coq au vin« wird mit einem mit Getreide lange gemästeten Hähnchen zubereitet. Leider sind sie schwer zu bekommen. Selbst in Frankreich werden sie immer rarer. Daher müßte dieses klassische Gericht heute fast »poulet au vin« heißen.*

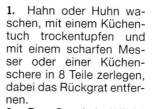

TRUTHAHN MIT LEBERFÜLLUNG

FÜR 6 PERSONEN ■ ■ ■

Zubereitungszeit:
2 Stunden 15 Minuten
Pro Portion:
900 kcal
66 g E, 57 g F, 13 g K

1 bratfertiger Truthahn
(ca. 2 kg)
Salz
weißer Pfeffer
aus der Mühle
1 Spickspeckscheibe
(20 × 25 cm)
1½ EL Butterschmalz

FÜLLUNG
300 g Truthahn-
oder Hühnerleber
1 große Zwiebel,
fein gehackt
1 EL Butter
Salz
Selleriesalz
weißer Pfeffer
aus der Mühle
120 g Weißbrot ohne Kruste
1½ EL Mandeln, geschält
und grob gehackt
2 Eier
100 g Sahne
1 EL frischer Majoran,
gehackt
abgeriebene Muskatnuß

SAUCE
1 EL feingehackte
Schalotten
1 TL Butter
0,1 l trockener Sherry
0,4 l Geflügelfond
1 TL Stärkemehl
Salz
weißer Pfeffer
aus der Mühle

1. Für die Füllung die Geflügelleber putzen und in Stücke schneiden. Die Zwiebeln in der heißen Butter goldgelb braten. Die Leberstücke würzen, zu den Zwiebeln geben und leicht anziehen lassen (sie sollen innen noch roh sein). Leber und Zwiebeln in eine Schüssel geben. Das Weißbrot in kleine Würfel schneiden und mit den Mandeln unter die Leberstücke mischen. Die

Eier mit der Sahne, dem Majoran und dem Muskat verrühren. Über die Zutaten gießen, gut vermischen und nochmals abschmecken.
2. Den Backofen auf 220°C vorheizen.
3. Den Truthahn mit Salz und Pfeffer würzen und die Füllung in den Bauchraum geben. Die Öffnung mit Küchengarn zunähen, den Truthahn binden, mit dem Spickspeck belegen und mit dem Faden leicht umwickeln.
4. Das Butterschmalz in der Fettpfanne des Backofens erhitzen, den Truthahn mit dem Rücken nach unten darauflegen. Die Fettpfanne in die untere Schiene des Backofens schieben. Unter mehrmaligem Wenden und Beschöpfen 70–80 Minuten braten. Vor dem Anrichten einige Minuten ruhen lassen.
5. Für die Sauce die Schalotten in der heißen Butter goldgelb dünsten. Mit ⅔ des Sherrys mehrmals ablöschen und mit dem Fond auffüllen. Bei schwacher Hitze ca. 10 Minuten kochen lassen. Die Stärke mit dem restlichen Sherry anrühren und die Sauce damit binden. Abschmecken und durch ein feines Sieb gießen.
6. Die Keulen und die Brüste vom Knochengerüst abtrennen, aufschneiden und zusammen mit der Füllung anrichten. Die Sauce separat servieren.
Beilage: Kartoffelkroketten, Rosenkohl
Getränkeempfehlung: trockener kalifornischer Weißwein

GEFÜLLTE PUTENSCHNITZEL

FÜR 2 PERSONEN ■ ■
Zubereitungszeit:
30 Minuten
Pro Portion:
405 kcal
43 g E, 21 g F, 1 g K

2 dickere Putenschnitzel
(je ca. 160 g)
Salz
weißer Pfeffer
aus der Mühle
2 EL Frischkäse
(50% Fett i. Tr.)
1 EL gehackte Kräuter
(z. B. Petersilie,
Schnittlauch, Basilikum)
30 g Lachsschinken,
in Würfel geschnitten
Mehl zum Wenden
20 g Butter
4 EL Weißwein

1. In die Putenschnitzel jeweils eine Tasche schneiden und innen und außen mit Salz und Pfeffer würzen.
2. Den Frischkäse mit den Kräutern und dem Schinken verrühren und die beiden Schnitzel damit füllen. Die Öffnungen mit Holzspießchen zustecken. Die gefüllten Schnitzel in Mehl wenden und überschüssiges Mehl gut abklopfen.
3. Die Butter in einer beschichteten Pfanne erhitzen und die Putenschnitzel darin bei mittlerer Hitze von jeder Seite etwa 3–4 Minuten braten.
4. Den Bratensatz mit dem Wein ablöschen und kurz durchkochen lassen. Die Schnitzel auf Teller legen und mit der Sauce begießen.
Anstelle von Putenfleisch können Sie auch Kalbfleisch verwenden.
Beilage: Salzkartoffeln und Tomatensalat

In die Putenschnitzel eine Tasche schneiden.

Die Frischkäse-Kräuter-Mischung in die Taschen füllen.

Die gefüllten Schnitzel mit Holzspießchen verschließen, damit die Füllung beim Braten nicht heraustritt.

EINE GANS FÜLLEN

1. Von der bratfertigen Gans die Flügel abtrennen. Die Gans innen mit Salz und frisch gemahlenem Pfeffer einreiben.
2. Mit einem Löffel die vorbereitete Füllung in den Bauchhöhle füllen.
3. Die Bauchöffnung über Kreuz mit Nadel und Küchengarn zunähen.
4. Die Nadel mit dem doppeltgenommenen Garn durch die Mitte der Unterschenkel ziehen, dann die Flügel und Halshaut so durchstechen, daß die Haut am Rückgrat fixiert wird. An der Seite das Garn verknoten.
5. Die Gans außen mit Salz und Pfeffer einreiben.
6. Die Gans in eine Bratpfanne legen und, wie im Rezept angegeben, braten.

1

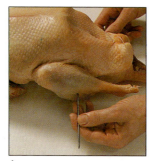

2

3

4

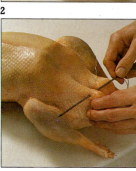

5

6

GEFÜLLTER GÄNSEBRATEN SCHWARZWÄLDER ART

FÜR 6–8 PERSONEN ■ ■ ■
Zubereitungszeit: 3 Stunden und 30 Minuten
Pro Portion bei 6 Personen: 1234 kcal
49 g E, 73 g F, 92 g K

1 junge Mastgans mit Innereien (ca. 3,5 kg)
½ Bund Suppengrün
Salz
1 kg Kastanien
1 Gänseherz
1 Gänseleber
200 g Bratwurstfülle (Brät)
2 Scheiben Toastbrot, in Milch eingeweicht
1 Zwiebel
1 Schalotte
1 Knoblauchzehe (kann entfallen)
2 cl Kirschwasser
1 EL gehackte Petersilie
schwarzer Pfeffer aus der Mühle
Bier zum Bestreichen der Gans
1 TL Zucker
Majoran

1. Eine tiefgekühlte Gans am Vorabend aus der Packung nehmen.
2. Die ausgenommene Gans (Herz und Leber beiseite legen) von innen und außen waschen und mit einem Küchentuch abtrocknen.
3. Aus dem restlichen Gänseklein, kleingeschnittenem Suppengrün und Salz eine Brühe kochen.
4. Die Kastanien seitlich einkerben und im Backofen auf der mittleren Schiene etwa 20 Minuten bei 200°C backen, sie sollen nicht zu weich sein. Schälen und salzen. Den Backofen anlassen.
5. Gänseherz, in Stücke geschnittene Gänseleber, Bratwurstfülle und das gut ausgedrückte Toastbrot in einer Küchenmaschine pürieren. Die geschälte, in kleine Würfel geschnittene Zwiebel, Schalotte und Knoblauchzehe sowie die Hälfte des Kirschwassers und einige der in Würfel geschnittenen Kastanien hinzufügen. Herzhaft mit Petersilie, Salz und Pfeffer würzen. In die Gans füllen und mit einem Baumwollfaden zunähen.
6. Die Gans mit der Brustseite nach unten in eine Bratenpfanne oder auf den Grillrost der Bratenpfanne legen. ⅛ l kochendes Wasser hinzugießen und die Gans auf die untere Schiene in den Backofen stellen. Bei 200°C eine gute Stunde braten, dann wenden, die Keulen am unteren Ende mit einer Gabel einstechen, damit das Fett herausbraten kann, und das bisher herausgetretene Fett abschöpfen. Nach einer weiteren Bratzeit von etwa 1½ Stunden (Bratzeit pro kg Gans 25 Minuten) die Gans mit etwas Bier einpinseln, damit die Haut schön knusprig wird. Dann herausnehmen und warmstellen.
7. In der Bratzeit der Gans 3 Eßlöffel Gänseschmalz erhitzen, die Kastanien hineinschütten, den Zucker darüberstreuen und unter Wenden braten, bis die Kastanien glasiert sind.
8. Den Bratensaft entfetten, mit dem restlichen Kirschwasser und einer Tasse Gänsebrühe aufgießen, mit Majoran würzen und einkochen lassen.
9. Die Füllung vorsichtig aus der Gans holen und in Scheiben schneiden.
10. Die tranchierte Gans auf einer großen Platte anrichten. Füllung, glasierte Kastanien und die Sauce getrennt reichen.
Beilage: Rosenkohl oder Weinsauerkraut und Kartoffelplätzchen
Getränkeempfehlung: Badischer Spätburgunder

JUNGE ENTE MIT ORANGEN
Caneton à l'orange

FÜR 4 PERSONEN ■ ■	
Zubereitungszeit:	
1 Stunde 15 Minuten	
Marinierzeit der Entenleber:	
1–2 Stunden	
Pro Portion:	
880 kcal / 3680 kJ	
59 g E, 53 g F, 21 g K	

1 junge Ente mit Innereien	
(1,5 kg)	
Salz	
weißer Pfeffer	
aus der Mühle	
1 EL Orangenmarmelade	
4 Orangen (davon 2	
unbehandelte)	
¼ l Geflügelbrühe	
(aus Extrakt)	
1 EL Zucker	
2 EL Weinessig	
2 TL Kartoffelmehl	

AUSSERDEM	
1 Entenleber	
(keine foie gras)	
⅛ l Portwein	

1. Die Entenleber mit dem Portwein bedeckt 1–2 Stunden stehenlassen.
2. Den Backofen auf 200 °C vorheizen.
3. Die gewaschene und mit einem Küchentuch trockengetupfte Ente von innen mit Salz und Pfeffer einreiben. Die Orangenmarmelade in das Innere der Ente geben und die Öffnung mit einem Baumwollfaden zunähen.
4. Die Ente mit der Brust nach unten auf den Bratenrost legen. In die Grillpfanne ¼ l Wasser gießen. Die Ente auf die untere Schiene in den Backofen schieben und in 50–60 Minuten knusprig braun braten, dabei nach 20 Minuten wenden. Das erste heraustretende Fett abschöpfen.
5. In der Bratzeit der Ente die beiden unbehandelten Orangen ganz dünn schälen – es darf keine weiße Haut mehr anhaften – und die Schale in lange, dünne

Streifen schneiden. Mit wenig Wasser bedeckt 5 Minuten kochen lassen und auf ein Sieb geben.
6. Die Entenleber aus dem Portwein nehmen, mit einer Gabel leicht zerdrücken und fein hacken. In etwas abgeschöpftem Entenfett in einem kleinen Topf anbraten.
7. Den Bratensaft der Ente völlig entfetten, mit der Geflügelbrühe aufgießen, etwas einkochen lassen und zu der Leber geben. Den Zucker zerschmelzen und hellbraun karamelisieren lassen. Mit

> **TIP** Man kann die Orangenspalten, die als Garnitur verwendet werden, in etwas Entenfett anbraten.

dem Essig aufgießen und zusammen mit den Orangenstreifen und dem Portwein zu der Sauce geben. Die geschälten Orangen auspressen, den Saft mit dem Kartoffelmehl verrühren und die Sauce damit binden. Etwas einkochen lassen. Die hartgewordene Leber wieder entfernen.
8. Die restlichen beiden Orangen dick schälen und die Orangenspalten so herausschneiden, daß die Haut zurückbleibt.
9. Die tranchierte Ente auf eine vorgewärmte Platte geben, mit etwas Sauce überziehen und mit den Orangenspalten umkränzen. Den Rest der Sauce getrennt reichen.
Beilage: kleine, in Butter geschwenkte Kartoffeln oder Kartoffelkroketten
Getränkeempfehlung: reifer, roter Burgunder

EINE GEBRATENE ENTE TRANCHIEREN

1. Die Keule mit dem Tranchiermesser lösen.

2. Den Unterschenkel vom Oberschenkel trennen.

3. Die Brüste vom Knochengerüst herunterschneiden.

4. Die Brust schräg in 4 Scheiben schneiden.

STECKRÜBEN-EINTOPF MIT ENTENBRUST

FÜR 4 PERSONEN ■ ■	
Zubereitungszeit: 1 Stunde	
Pro Portion:	
420 kcal	
22 g E, 26 g F, 20 g K	

1 Steckrübe (ca. 1 kg)	
1 Gemüsezwiebel	
5 EL Öl	
1½ l Geflügelbrühe	
(selbstgemacht)	
4 ausgelöste	
Entenbrüste	
Salz	
weißer Pfeffer	
aus der Mühle	
½ Bund Majoran	
1 Bund Petersilie	
2 kleine Stangen Porree	

1. Die Steckrübe waschen und schälen, die Zwiebel schälen, halbieren und beides in kleine Würfel schneiden.
2. In einem Kochtopf 3 Eßlöffel erhitzen und die Gemüsezwiebel sowie die Steckrüben darin bei mittlerer Hitze leicht anbraten. Mit der Brühe aufgießen und aufkochen lassen.
3. Die Entenbrüste mit Salz und Pfeffer würzen. Das Öl in einer Pfanne erhitzen und die Brüste darin bei starker Hitze von beiden Seiten jeweils 2 Minuten anbraten, zu den Steckrüben geben und etwa 10 Minuten bei mittlerer Hitze köcheln lassen.
4. Majoran und Petersilie fein hacken. Gewaschenen Lauch in feine Streifen schneiden. Die Entenbrüste aus der Suppe heben und warm stellen. Kräuter und Lauch zu den Steckrüben geben und 3–4 Minuten mitköcheln lassen.
5. Das Entenfleisch in Scheiben schneiden. Die Suppe auf vorgewärmte tiefe Teller verteilen und mit dem Fleisch belegen.
Getränkeempfehlung: kräftiger Grauburgunder, z. B. eine trockene Spätlese vom Kaiserstuhl (Baden)

ENTENBRUST MIT PORTWEINSAUCE

FÜR 4 PERSONEN ■
Zubereitungszeit:
30 Minuten
Marinierzeit: 1 Stunde
Pro Portion:
490 kcal
23 g E, 29 g F, 23 g K

2 Entenbrüste (je ca. 320 g)
3 EL Korinthen,
ungeschwefelt
7 EL Portwein
Salz
weißer Pfeffer
aus der Mühle
½ Mokkalöffel Zimt
1 Msp. Cayennepfeffer
4 EL schwarzes oder rotes
Johannisbeergelee
100 g Sahne
rote Johannisbeeren zum
Garnieren

Die Fettschicht der Entenbrüste mit einem scharfen Messer gitterartig einschneiden.

Die Entenbrüste mit der Fettschicht nach unten in der heißen Pfanne braten und dann wenden.

1. Die gewaschenen, gut abgetropften Korinthen in 3 Eßlöffel Portwein einlegen. 1 Stunde marinieren.
2. Die Fettschicht der Entenbrüste mit einem scharfen Messer gitterartig einschneiden (nicht so tief schneiden, daß das Fleisch verletzt wird!).
3. Eine Bratpfanne auf dem Herd stark erhitzen. Die Entenbrüste mit der Fettschicht nach unten hineinlegen. Die Temperatur etwas reduzieren und die Fleischstücke 4 Minuten braten. Wenden und auf der zweiten Seite 6 Minuten braten.
4. Die Brüste herausnehmen und auf einen Teller legen. Die Fettschicht nach Belieben entfernen. Das Fleisch mit Salz und Pfeffer bestreuen und zugedeckt warmstellen.
5. Das Fett aus der Bratpfanne abgießen und den Bratensatz mit dem restlichen Portwein loskochen. Die Korinthen samt Portwein in die Pfanne geben und kurz dünsten. Mit Zimt und Cayennepfeffer würzen. Das Gelee dazugeben und in der Sauce schmelzen. Die Sahne hineingießen, verrühren und die Sauce etwas einkochen lassen. Mit Salz abschmecken. Den inzwischen ausgetretenen Fleischsaft ebenfalls zur Sauce geben.
6. Die Entenbrust mit einem scharfen Messer leicht schräg in ca. 5 mm dicke Scheiben schneiden. Einen Saucenspiegel auf vorgewärmte Teller gießen und die Fleischstücke darauf anrichten. Die restliche Sauce separat servieren.
Beilagen: Maisküchlein, Spinat
Getränkeempfehlung: Beaujolais

TIP *Johannisbeergelee läßt sich auch durch Preiselbeergelee ersetzen. Statt Zimt kann man für die Sauce auch eine Prise Muskat verwenden.*

TÄUBCHEN FRÄNKISCHE ART

FÜR 4 PERSONEN ■
Zubereitungszeit: 1 Stunde
Pro Portion:
689 kcal
45 g E, 47 g F, 21 g K

4 frische junge Tauben
(mit Innereien)
Salz
weißer Pfeffer
aus der Mühle
1 kleiner Zweig Rosmarin
100 g Butter zum Anbraten
und zum Verfeinern
der Sauce

FÜLLUNG
150 g entrindetes Weißbrot
⅛ l Milch
50 g Butter
3 Eier
4 EL gehackte Petersilie
Thymian
Majoran
Salz
schwarzer Pfeffer
aus der Mühle
frischgeriebene Muskatnuß

Die aus Leber und Nieren zubereitete Füllung vorsichtig zwischen Haut und Brustfleisch streichen

Die Tauben auf dem Herd anbraten und dann erst im Ofen garen

1. Für die Füllung das entrindete Weißbrot in Würfel schneiden. Milch erhitzen und über die Brotwürfel gießen.
2. Die Täubchen ausnehmen, Leber, Nieren und Herzen beiseite legen. Die Tauben von Kopf und Füßen befreien und waschen. Die Haut über der Brust vorsichtig mit den Fingern vom Hals her lösen und die Täubchen von innen und außen kräftig mit Salz, Pfeffer, aber nur mit und einigen Rosmarinnadeln bestreuen.
3. Leber und Nieren fein hacken. Das eingeweichte Weißbrot gut ausdrücken. Die Butter zerlassen und mit dem Weißbrot, den Eiern, den Innereien und den Gewürzen gründlich vermischen.
4. Den Backofen auf 200 °C vorheizen.
5. Die Weißbrotfüllung vorsichtig zwischen Haut und Brustfleisch der Täubchen streichen. Die Täubchenherzen mit einem Rest der Füllung umhüllen. Dann die Täubchenherzen in die Täubchen legen. Die Flügel verkreuzen.
6. 50 g Butter in einer Kasserolle auf dem Herd erhitzen und die Täubchen darin anbraten. Auf die mittlere Schiene in den Backofen stellen und gut zugedeckt 30 Minuten braten lassen. Zwischendurch mit etwas Wasser begießen.
7. Die Täubchen herausnehmen und warmstellen. Den Bratensatz mit wenig Wasser loskochen, 2 Minuten einkochen lassen und die restliche frische Butter in Flöckchen unterziehen. Die Sauce eventuell mit etwas Salz abschmecken. Die Täubchen jeweils auf einen Teller legen und mit der Sauce umgossen servieren.
Beilage: junge Frühlingsgemüse wie Spargel oder Erbsenschoten
Getränkeempfehlung: fränkischer Weißwein

WACHTELN AUSBEINEN UND FÜLLEN

1. Von den Wachteln die Ständer 4 mm unterhalb des Unterschenkelgelenkes und die Flügel oberhalb des unteren Oberarmgelenks abtrennen.
2. Die Wachteln vom Rükken her aufschneiden und Fleisch und Haut längs der Rippenknochen herunterschneiden.
3. Die Brüste und die Keulen vom Rumpf lösen und die Gelenkknochen am Flügel und am Beckenknochen durchtrennen.
4. Das Fleisch der Wachtel bis zum Brustbein vom Knochengerüst herunterschneiden.
5. Das Brustbein mit den Händen von den Brüsten abziehen. Die Keulen und Flügelknochen nicht entfernen. Die Wachtel salzen und pfeffern.
6. Eine vorbereitete Füllung auf die Wachtel geben.
7. Das Fleisch und die Haut so um die Füllung falten, daß die Wachtel ihre ursprüngliche Form wieder erhält.

3

4

5

1

6

2

7

GEFÜLLTE WACHTELN

FÜR 4 PERSONEN ■ ■
Zubereitungszeit:
50 Minuten
Pro Portion:
512 kcal
42 g E, 33 g F, 7 g K

4 Wachteln
Salz
weißer Pfeffer
aus der Mühle

FÜLLUNG
75 g Kalbfleisch
75 g fettes Schweinefleisch ohne Schwarte
3 EL Milch
2 EL Sahne
einige frische Blätter Basilikum
100 g Champignons oder Egerlinge
30 g Butter
1 Brötchen, in ⅛ l Milch eingeweicht
1 Ei
frischgemahlene Muskatnuß
weißer Pfeffer aus der Mühle
Salz
Butter zum Bestreichen

1. Die Wachteln waschen und trockentupfen. Von innen mit Salz und wenig Pfeffer einreiben.
2. Für die Füllung das

> # TIP
> *Anstelle von Alufolie kann man auch frische Weinblätter verwenden, die nicht nur für das Auge ein zusätzlicher Reiz sind.*

Kalbfleisch und das Schweinefleisch im Mixer oder in einer Küchenmaschine zu Püree verarbeiten. In eine Schüssel geben und mit der Milch und der Sahne gut vermischen.
3. Die Basilikumblätter waschen, trockenschwenken und mit einer Schere in feine Streifen schneiden.

Das gewürfelte Kalb- und Schweinefleisch in der Küchenmaschine fein pürieren

Die gefüllten Wachteln in eine gebutterte Alufolie einzeln einschlagen

4. Die frischen Pilze waschen, putzen und grob hacken. Kurz in Butter anrösten und das ausgedrückte Brötchen hinzufügen. Ebenfalls kurz durchbraten und leicht abgekühlt mit dem Ei, den Basilikumstreifen und Muskat zu dem Fleischteig geben. Alles gut miteinander vermischen und herzhaft mit Salz und Pfeffer abschmecken.
5. Den Backofen auf 250 °C vorheizen.
6. Die Wachteln mit der Farce füllen und mit einem Baumwollfaden zunähen. Mit Butter bestreichen und jede Wachtel in ein Stück mit Butter ausgestrichene Alufolie einschlagen. Auf der mittleren Schiene im Backofen in 25 Minuten garen.
7. Die Wachteln in der Alufolie servieren und erst bei Tisch aufreißen.
Beilage: Zuckererbsen und Kartoffeln
Getränkeempfehlung: fruchtiger Weißwein aus der Pfalz

EIN REBHUHN BARDIEREN

1. Die Rebhuhnbrust mit der Speckscheibe belegen.

2. Die Speckscheibe mit Garn locker am Rebhuhn fixieren.

3. Die beiden Enden des Garns miteinander verknoten, ohne daß die Schnur zu straff angezogen wird. Das Rebhuhn soll nach dem Bardieren und Binden noch seine natürliche Form haben.
60 g Butter in einer Kasserolle auf dem Herd erhitzen und die Rebhühner darin von allen Seiten anbraten. Auf die untere Schiene in den Backofen stellen und 25 Minuten braten. Hin und wieder mit dem Bratensaft begießen.

GESCHMORTES REBHUHN MIT OLIVEN

FÜR 4 PERSONEN ■ ■
Zubereitungszeit:
2 Stunden 40 Minuten
Pro Portion:
985 kcal
49 g E, 43 g F, 47 g K

100 g schwarze Oliven
100 g gepökelter durchwachsener Speck
4 küchenfertige Rebhühner
Salz
schwarzer Pfeffer aus der Mühle
2 Knoblauchzehen
3 Wacholderbeeren
10 schwarze Pfefferkörner
1 Zweig Thymian
4 Basilikumblätter
1 kleiner Zweig Rosmarin
1 Zweig Bergbohnenkraut
1 Salbeiblatt
2 EL Olivenöl
1 EL Marc (Traubentrester)

TEIG ZUM VERSCHLIESSEN
200–300 g Mehl
Wasser nach Bedarf

1. Die Oliven entsteinen und halbieren. Den Speck klein würfeln. Beides in einen kleinen Topf geben. Mit Wasser bedecken, zudecken und aufkochen. Auf ein Sieb abgießen und kalt abspülen.
2. Die Rebhühner halbieren. Mit Salz und Pfeffer einreiben. In einen Bräter (am besten aus Gußeisen) mit passendem Deckel legen. Die Knoblauchzehen schälen. Die Wacholderbeeren und die Pfefferkörner mit einem großen Messer auf einem sauberen Topfboden leicht zerdrücken und mit dem Knoblauch zu den Rebhühnern geben. Die Oliven und den Speck sowie die gewaschenen, trockengetupften Kräuter ebenfalls in den Bräter geben. Salzen, pfeffern und 3 Eßlöffel Wasser zufügen. Das Ganze mit dem Olivenöl begießen und mit dem Marc beträufeln.

Für den Teigrand Mehl auf eine Tischplatte sieben

Wasser und Mehl zu einem festen Teig kneten und zu einer Rolle formen

Die halbierten, gewürzten Rebhühner in einen Bräter legen. Kräuter darauf verteilen

Den Teig fest um den Deckelrand drücken, damit der Bräter hermetisch verschlossen wird

3. Den Backofen auf 100 °C vorheizen.
4. Das Mehl auf ein Teigbrett geben, eine Vertiefung machen und ca. ⅛ l Wasser hineingießen. Zu einem zähen Teig verarbeiten. Nach Bedarf etwas Wasser nachgießen. Der Teig soll so fest wie Brotteig sein. Aus dem Teig eine Rolle formen. Diese auf den Rand des Deckels aufsetzen und beim Zudecken des Bräters den Teig fest andrücken, um das Gefäß hermetisch abzuschließen.
5. Den Bräter auf die mittlere Schiene des Backofens setzen und die Rebhühner 2 Stunden schmoren lassen. Den Topf erst am Tisch öffnen.
Beilage: Kartoffelgratin
Getränkeempfehlung: Rosé oder Rotwein aus der Provence

TIP *Man kann Wachteln auf dieselbe Art zubereiten, muß aber die Schmorzeit in diesem Fall um 1 Stunde verkürzen.*
Ebenso eignen sich auch ältere Rebhühner.
Das Abbrühen (Blanchieren) der Oliven und des Specks nimmt diesen beiden Produkten den zu intensiven Geschmack. Deshalb muß man diesen Arbeitsgang unbedingt vornehmen.

FASANEN-BRÜSTCHEN IM WIRSINGMANTEL

FÜR 4 PERSONEN ■ ■ ■
Zubereitungszeit:
1 Stunde 10 Minuten
Pro Portion:
460 kcal
33 g E, 14 g F, 7 g K

1 junger, küchenfertiger
Fasan (ca. 900 g)
1 Bund Suppengrün
4 Wacholderbeeren
¼ l Wasser
¼ l Weißwein
Salz
5–6 Pfefferkörner
1 EL gehackte Petersilie
1 EL gehackte Schalotten
abgeriebene Schale ¼
unbehandelter Zitrone
1 EL frischgeriebene
Semmelbrösel
1 EL gehackte Pistazien
1 kleines Ei
weißer Pfeffer
aus der Mühle
1 Msp. gemahlener Ingwer
4 große Wirsingblätter
1 EL Öl
10 g Butter
2 cl Cognac

1. Den Fasan halbieren, die beiden Brüstchen herauslösen und die Haut abziehen. Die Keulen abschneiden und das Fleisch von Knochen und Sehnen lösen.

2. Für den Fasanenfond die ausgelösten Knochen mit dem Suppengrün und den Wacholderbeeren in einen Kochtopf geben. Mit Wasser und Wein begießen, salzen, die Pfefferkörner hinzufügen. 30 Minuten bei mittlerer Hitze kochen lassen.

3. Das ausgelöste Fasanenfleisch der Keulen in einem Cutter fein pürieren. Petersilie, Schalotten, Zitronenschale, Semmelbrösel und Pistazien dazugeben. Das Ei unterrühren und mit Salz, Pfeffer und Ingwer würzig abschmekken.

4. Die Wirsingblätter kurz in kochendem Salzwasser blanchieren, mit ei-

Von jeder Fasanenhälfte das Brüstchen herauslösen. Keule abschneiden, Fleisch von den Knochen lösen

Das ausgelöste Fasanenfleisch pürieren und mit den angegebenen Zutaten zu einer Farce verarbeiten

Blanchierte Wirsingblätter mit einer Fasanenbrust belegen und mit der Fasanenfarce bestreichen

Gefüllte Wirsingpäckchen in Butter und Öl von allen Seiten anbraten

nem Seihlöffel herausnehmen und auf ein Küchentuch zum Abtrocknen legen. Die Fasanenbrüstchen salzen und pfeffern. Jeweils 2 Wirsingblätter leicht übereinanderlappend ausbreiten, mit je einem Brüstchen belegen und diese mit der Fasanenfarce bestreichen. Mit den Blättern fest umhüllen und mit einem Baumwollfaden umwickeln.

5. Öl und Butter in einer

> **TIP** Den restlichen Wirsing zu Gemüse kochen und die Fasanenbrüstchen darauf anrichten.

beschichteten Bratpfanne erhitzen und die Fasanenpäckchen darin von allen Seiten anbraten. Mit dem Cognac ablöschen und mit 0,2 l Fasanenfond aufgießen. Zugedeckt bei mittlerer Hitze etwa 10–15 Minuten garen lassen.

6. Den Deckel abnehmen, die umhüllten Brüstchen herausnehmen und mit Alufolie abgedeckt noch 5 Minuten ruhen lassen. Währenddessen die Sauce bei starker Hitze etwas einkochen lassen, bei Bedarf noch etwas Fasanenfond nachgießen.

7. Jede Brust in schräge, etwa 1½ cm breite Scheiben schneiden, auf einer vorgewärmten Platte anrichten und mit der Sauce übergießen.
Beilage: Kartoffelpüree mit einem Eisportionierer als Kugel angerichtet und Wirsinggemüse

GEFLÜGELJUS
(etwa 2 l)

Zubereitungszeit:
5–6 Stunden

2 EL Öl
1,5 kg Geflügelknochen
500 g Kalbsknochen
2 mittelgroße Zwiebeln
2 kleine Möhren
2–3 EL Tomatenmark
1 TL Zucker
3,5 l Wasser
3 kleine Knoblauchzehen,
zerquetscht
15 Pfefferkörner,
zerdrückt

GEMÜSE-KRÄUTER-BÜNDEL
½ kleine Stange Porree
1 kleines Stück
Knollensellerie (50 g)
1 Zweig Thymian
4 Salbeiblätter
einige Rosmarinnadeln

1. Geflügel- und Kalbsknochen hacken und im heißen Öl goldbraun rösten. Die Zwiebeln und die Möhren würfeln und dazugeben. Das Gemüse mitrösten, bis es goldgelb ist, dann Tomatenmark und Zucker zufügen. Mitrösten, mit wenig Wasser ablöschen und einkochen lassen; diesen Vorgang mehrmals wiederholen, bis die Knochen glasiert sind.

2. Das Ganze mit kaltem Wasser auffüllen und zum Kochen bringen. 5–6 Stunden bei schwacher Hitze ziehen lassen, sorgfältig abschäumen.

3. Die Gemüse und Kräuter zu einem Bündel zusammenbinden und etwa eine Stunde vor dem Passieren mit dem Knoblauch und dem Pfeffer zugeben.

4. Die Sauce durch ein feines Tuch passieren und abkühlen lassen oder kochendheiß in hermetisch verschließbare Gläser abfüllen. Geflügeljus kann auf Vorrat gekocht und wie beschrieben im Kühlschrank 4 Wochen aufbewahrt werden.

HUHN IN SALZKRUSTE
Poularde au gros sel

FÜR 3–4 PERSONEN ■
Zubereitungszeit:
2 Stunden
Pro Portion bei 3 Personen:
1948 kcal
123 g E, 55 g F, 242 g K

1 Poularde (1,5–1,8 kg)
Salz
weißer Pfeffer
aus der Mühle
1 Zweig Rosmarin
1 Lorbeerblatt
4 Geflügellebern
1 kg Mehl
1 kg grobes Salz (Meersalz)
½ l Wasser

1. Die Poularde innen mit Salz und Pfeffer würzen. Rosmarin, Lorbeerblatt und die Geflügellebern in das Innere geben. Die Öffnung mit einem Baumwollfaden zunähen.
2. Den Backofen auf 160°C vorheizen.
3. Das Mehl und das grobe Salz in einer großen Schüssel mit ½ l Wasser zu einem gleichmäßigen Teig verkneten. Auf einem leicht bemehlten Tisch mit der Hand zu einer runden Platte ausdrücken.
4. Die Poularde mit dem Salzmehlteig umhüllen, dabei die Ränder fest zusammendrücken. Auf eine feuerfesten Platte legen und auf die untere Schiene in den Backofen stellen. In reichlich 1½ Stunden garen.
5. Die fertige Poularde auf ein Brett geben und 30 Minuten ruhen lassen. Die harte Kruste mit einem scharfen Messer oder einer Küchenschere durchschneiden.
Die Poularde tranchieren und auf einer vorgewärmten Platte anrichten. Die noch rosigen Geflügellebern dazulegen.
Beilage: Maispüfferchen und ein bunt gemischter Blattsalat
Getränkeempfehlung: fruchtiger Elsässer Tokay

HÜHNER-FRIKASSEE MIT FRÜHLINGS-KRÄUTERN

FÜR 3 PERSONEN ■ ■
Zubereitungszeit:
45 Minuten
Pro Portion:
755 kcal
54 g E, 64 g F, 20 g K

1 Poularde (1,5 kg)
½ Bund Brunnenkresse oder
1 Beet Gartenkresse
30 g Kerbel
1 Handvoll junger
Sauerampfer
200 g Spinat
1 Stengel Estragon
2 Schalotten
50 g Butter
250 g Sahne
Salz
weißer Pfeffer
aus der Mühle
1 Eigelb

1. Die gewaschene und gut abgetrocknete Poularde mit einem scharfen Messer oder einer Küchenschere in 8 Teile zerlegen, dabei das Rückgrat ausschneiden. Aus dem Hühnerklein und Wasser in ca. ½ Stunde eine Brühe von ¼ l Flüssigkeit kochen. Dann durch ein Sieb gießen und beiseite stellen.
2. Kresse, Kerbel und Estragon waschen, abtropfen lassen und die Blätter abzupfen. Die Sauerampferblätter und den Spinat ebenfalls gut waschen und abtropfen lassen. Die Stielrippen herauslösen, so daß nur die Blätter übrigbleiben. Diese Blätter aufrollen und in Streifen schneiden. Die Schalotten schälen und fein hacken.
3. Den Backofen auf 190°C vorheizen.
4. Einen breiten Schmortopf mit einem gut passenden Deckel mit 30 g Butter ausfetten. Die Schalotten hineinstreuen. Die Poulardenstücke mit Salz und Pfeffer würzen, nebeneinander in den Schmortopf

Die gewaschene Poularde mit einem scharfen Messer in 8 Teile zerlegen

In einem breiten Schmortopf werden die Geflügelteile im Backofen geschmort

Für die Kräutersauce Eigelb und 2 Eßlöffel Sahne gut miteinander verrühren

Die erhitzte Kräuter-Spinat-Sauce vom Herd nehmen und anschließend die Eiersahne darunterziehen und sorgfältig vermischen

legen und fest mit dem Deckel verschließen (eventuell noch zusätzlich mit einer Alufolie). Auf die untere Schiene in den Backofen stellen und etwa 25 Minuten schmoren lassen. Das Geflügel soll weiß bleiben, die Butter darf nicht bräunen. Die Poulardenteile sind gar, wenn beim Einstechen der Keulen mit einer Stricknadel der Saft klar herausläuft.
5. In der Zwischenzeit die restliche Butter in einem zweiten Topf zerlassen. Spinat und Sauerampfer hinzufügen und unter ständigem Rühren dünsten bis die Flüssigkeit verdampft ist. Die Kräuter unter den Spinat mischen und ebenfalls unter Rühren dünsten, bis das Gemüse zusammenfällt (2–3 Minuten). Von der Kochstelle nehmen.
6. Wenn das Geflügel gar ist, dieses aus dem Schmortopf nehmen und warmstellen. Den Schmorfond mit der Hühnerbrühe aufgießen und etwas einkochen lassen. Von der Sahne 2 Eßlöffel beiseite stellen. Die restliche Sahne in den Schmortopf zu der Hühnerbrühe geben und bei starker Hitze weitere 3 bis 4 Minuten einkochen lassen. Die 2 Eßlöffel Sahne und das Eigelb gründlich mit einer Gabel vermischen. Die Spinat-Kräuter zu der Sauce in den Schmortopf geben, zum Kochen bringen und von der Kochstelle nehmen. Die Eiersahne darunterziehen und sorgfältig vermischen. Mit Salz und Pfeffer abschmecken. Die Hühnerstücke auf einer Platte oder auf Tellern anrichten und mit der Kräutercreme übergießen.
Beilage: Basmati-Reis
Getränkeempfehlung: Rheingauer Riesling

HÄHNCHEN MIT ORANGEN UND KRESSE

FÜR 4 PERSONEN ■ ■
Zubereitungszeit:
55 Minuten
Pro Portion:
685 kcal
56 g E, 35 g F, 20 g K

2 Hähnchen (je ca. 700 g)
Salz
weißer Pfeffer
aus der Mühle
3 mittelgroße Zwiebeln
2 EL Butter
2 EL Öl
5 EL Orangenlikör
(Grand Marnier)
800 g Orangen (ca. 4 Stück)
2 TL Thymian,
frisch oder getrocknet
150 g Crème fraîche
2 Kästchen Kresse

1. Die Hähnchen von der Haut befreien und mit der Geflügelschere in vier Teile schneiden, rundum salzen und pfeffern. Die Zwiebeln schälen und in feine Ringe schneiden.
2. Die Butter und das Öl in einem Bräter erhitzen und die Hähnchenteile beidseitig bei starker Hitze darin anbraten, herausnehmen. Das Bratfett wegkippen und den Bratensatz mit dem Orangenlikör loskochen. Die Zwiebelringe auf dem Boden des Bräters verteilen, salzen und pfeffern. Die Hähnchenteile darauflegen.
3. Den Backofen auf 250°C vorheizen.
4. Zwei Orangen auspressen und den Saft in den Bräter gießen. Die Hähnchenteile mit Thymian bestreuen und im Backofen auf der mittleren Schiene zunächst 15 Minuten zugedeckt schmoren, dann ohne Abdeckung weitere 10 Minuten braten. Herausnehmen und warmstellen.
5. Inzwischen die restlichen Orangen mit einem scharfen Messer so schälen, daß die weiße Innenhaut mit entfernt wird. Die

Mit einem scharfen Messer Orangenfilets aus den Trennwänden herauslösen

Gleichzeitig mit der Orangenschale muß auch die weiße Innenhaut entfernt werden

Orangenschnitze sorgfältig aus dem Innenhäutchen schneiden und beiseite legen.
6. Zwiebelsauce und Crème fraîche im Mixer pürieren und wieder erwärmen. Die Orangenschnitze kurz darin erhitzen. Die Kresse abbrausen und über dem Topf die Blättchen mit einer Schere abschneiden. Die Soße nochmals abschmecken.
7. Die Hähnchen auf vorgewärmten Tellern verteilen, mit der Sauce überziehen und die Orangenfilets dekorativ danebenlegen.
Beilage: Kartoffelplätzchen oder Reis sowie grüner Spargel oder gedünsteter Bleichsellerie
Getränkeempfehlung: trockener Weißwein oder Rosé

GEBRATENE HÜHNERSCHENKEL

FÜR 4 PERSONEN ■
Zubereitungszeit:
40 Minuten
Pro Portion:
360 kcal
47 g E, 10 g F, 16 g K

3 Knoblauchzehen
3 EL Tomatenmark
4 EL Honig
1 EL Worcestersauce
1 TL Oregano
1 EL Olivenöl
Salz
schwarzer Pfeffer
aus der Mühle
4 große Hühnerschenkel
(je ca. 300 g)

1. Die Knoblauchzehen in eine kleine Schüssel pressen und mit Tomatenmark, Honig, Worcestersauce, Oregano und Olivenöl zu einer Paste verrühren. Kräftig salzen und pfeffern.
2. Den Backofen auf 200°C vorheizen.
3. Die Hühnerschenkel rundum salzen und pfeffern und auf ein mit Alufolie (glänzende Seite nach oben) ausgelegtes Backblech legen. Mit der Paste bestreichen.
4. Das Blech in den Backofen auf die mittlere Schiene schieben und 25–30 Minuten garen. Falls die Oberfläche zu dunkel wird, mit Alufolie abdecken.
Beilage: Kartoffelsalat, mit Gurken gemischt
Getränkeempfehlung: Bier

TIP *Dies ist ein praktisches Gericht für Parties, also für viele Personen; sie können die Hühnchenschenkel gleich aus der Hand essen.*

HÜHNERLEBERPFANNE MIT ÄPFELN UND ZWIEBELN

FÜR 4 PERSONEN ■
Zubereitungszeit:
30 Minuten
Pro Portion:
345 kcal
34 g E, 16 g F, 8 g K

600 g Hühnerleber
4 EL Butter
2 mittelgroße Zwiebeln
2 Äpfel (Boskop)
3 cl Calvados
1 Zweig oder
2 TL getrockneter Majoran
Salz
schwarzer Pfeffer
aus der Mühle

1. Hühnerleber von anhaftenden Häutchen und Fettstückchen befreien und in die natürlichen Hälften teilen.
2. Die Butter in einer großen Pfanne erhitzen und die Geflügelleber darin bei starker Hitze 3 Minuten unter Rühren anbraten. Herausnehmen und zugedeckt beiseite stellen.
3. Die Zwiebeln schälen, in ganz feine Ringe hobeln oder schneiden und im verbliebenen Bratfett dünsten.
4. Die Äpfel waschen, trockenreiben, vierteln, vom Kernhaus befreien und in sehr schmale Spalten schneiden. Mit den Zwiebelringen 5 Minuten dünsten. Calvados dazugießen, den Majoran zufügen, salzen und pfeffern.
5. Hühnerleber untermischen und zugedeckt bei milder Hitze 8 Minuten ziehen lassen.
Beilage: ofenwarmes Baguette
Getränkeempfehlung: Bier oder Apfelwein

ZITRONEN-HÄHNCHEN

FÜR 2 PERSONEN ■
Zubereitungszeit:
30 Minuten
Pro Portion:
350 kcal
41 g E, 16 g F, 5 g K

½ Hähnchen (ca. 500 g)
Salz
1 EL Öl
1 EL gehackte Schalotten
Saft 1 Zitrone
1 TL grobgehackte, rote
Pfefferkörner
2 EL gehackte Petersilie
⅛ l Hühnerbrühe
(aus Extrakt)

1. Die Hähnchenhälfte in zwei Teile schneiden und salzen.

TIP *Eine ideale Sommerspeise, die auch kalt vorzüglich schmeckt. – Eventuell zum Schluß noch einige Kapern dazugeben!*

2. Das Öl in einer beschichteten Pfanne erhitzen und die Hähnchenteile bei starker Hitze darin anbraten. Die gehackten Schalotten hinzufügen und kurz mitbraten. Zitronensaft darüberträufeln und mit Pfeffer und einem Eßlöffel Petersilie bestreuen. Die Brühe aufgießen und alles zugedeckt bei mittlerer Hitze 15 Minuten schmoren lassen.
3. Mit der restlichen Petersilie bestreut servieren.
Beilage: bunter Sommersalat

TEUFLISCHE HÜHNERBRUST

FÜR 2 PERSONEN ■
Zubereitungszeit:
20 Minuten
Pro Portion:
170 kcal
25 g E, 6 g F, 1 g K

2 kleine Hühnerbrüstchen
(je ca. 150 g)
Salz
schwarzer Pfeffer
aus der Mühle
1 EL Öl
1 mittelgroße, gehackte
Knoblauchzehe
1 Stückchen getrocknete
Pfefferschote
4 EL Tomatenstücke
aus der Packung
1 TL Paprikamark
1 Kerbelzweig zum
Garnieren

1. Die Hühnerbrüstchen salzen und pfeffern. Das Öl in einer beschichteten Pfanne erhitzen und die Brüstchen bei starker Hitze von beiden Seiten jeweils 2–3 Minuten anbraten.
2. Knoblauch, zerbröselte Pfefferschote sowie Tomatenstücke und Paprikamark dazugeben und einmal aufkochen lassen. Zugedeckt 3–4 Minuten bei mittlerer Hitze schmoren lassen.
3. Die Hühnerbrüstchen herausnehmen und warmhalten. Die Sauce bei starker Hitze noch ein wenig einkochen lassen, dann über das Hühnerfleisch verteilen. Mit Kerbel garnieren.
Dieses Gericht können Sie auch kalt servieren.
Beilage: knuspriges Baguette

POULARDE MIT GESCHMORTEN SCHALOTTEN

FÜR 4 PERSONEN ■ ■
Zubereitungszeit:
35 Minuten
Pro Portion:
330 kcal
39 g E, 16 g F, 3 g K

400 g mittelgroße Schalotten
1 Poularde (ca. 1 kg)
Salz
schwarzer Pfeffer
aus der Mühle
2 EL Sesamöl
1 TL Zucker
1 Stückchen getrocknete
Pfefferschote
1 EL gehackte Petersilie

1. Die Schalotten schälen, die Poularde waschen, trockentupfen und in 8 Teile schneiden. Mit Salz und Pfeffer würzen.
2. Das Öl in einer beschichteten Pfanne erhitzen und die Hähnchenteile darin bei starker Hitze von allen Seiten anbraten. Die Schalotten dazugeben, mit Zucker und der zerbröselten Pfefferschote bestreuen und unter Rühren anbraten.

TIP *Das Gericht gart ohne Zugabe von Flüssigkeit – wichtig dabei ist, daß die Hitze weder zu stark noch zu schwach ist.*

3. Die Pfanne mit einem Deckel gut verschließen und alles bei schwacher Hitze etwa 20 Minuten garen. Dabei zwischenzeitlich die Pfanne rütteln, damit die Zwiebeln an allen Seiten karamelisieren. Mit Petersilie bestreut servieren.
Beilage: italienisches Weißbrot und Salat

HÄHNCHEN-KEULEN MIT GRANATAPFEL-SAUCE

FÜR 4 PERSONEN ■
Zubereitungszeit:
30 Minuten
Pro Portion:
230 kcal
28 g E, 9 g F, 5 g K

4 fleischige Hähnchen-keulen (je ca. 180 g)
Salz
schwarzer Pfeffer
aus der Mühle
2 Granatäpfel
2 EL Öl
2 EL gehackte Schalotten
4 frische Salbeiblätter,
fein geschnitten
1 Msp. Cayennepfeffer
1 EL Zitronensaft

1. Die Hühnerkeulen mit Salz und Pfeffer einreiben. Die Granatäpfel quer halbieren und mit einer Zitruspresse wie eine Orange auspressen.
2. Das Öl in einer beschichteten Pfanne erhitzen und die Keulen darin von allen Seiten bei starker Hitze anbraten. Schalotten, Salbei und Cayennepfeffer dazugeben und kurz mitbraten. Mit Granatapfelsaft und Zitronensaft aufgießen und zugedeckt etwa 8–10 Minuten bei schwacher Hitze schmoren lassen, dabei die Keulen einmal wenden.
3. Den Deckel abnehmen, die Keulen herausnehmen und mit Alufolie umhüllt warmhalten. Die Sauce sirupartig einkochen lassen. Die Keulen mit der Sauce überziehen und servieren. Wer möchte, gibt am Schluß noch einige Granatapfelkerne in die Sauce.
Beilage: körniggekochter Basmati-Reis und Frisée-salat

HÜHNER-BRÜSTCHEN MIT MÖHRENSAUCE

FÜR 4 PERSONEN ■
Zubereitungszeit:
40 Minuten
Pro Portion:
220 kcal
21 g E, 11 g F, 5 g K

SAUCE
3 Möhren
⅛ l Geflügelbrühe
0,1 l Sahne
½ TL Maisstärke
2 EL trockener, weißer
Wermut
Salz
weißer Pfeffer
aus der Mühle
4 Hühnerbrüstchen (je 120 g)
Salz
weißer Pfeffer
aus der Mühle
1 EL Butterschmalz

1. Für die Sauce die Möhren schälen und raffeln. Mit der Geflügelbrühe zum Kochen bringen; um die Hälfte einkochen. Die Möhren in ein Sieb geben und gut ausdrücken. Den Möhrensud mit der Sahne kräftig durchkochen. Die Maisstärke mit dem Wermut anrühren und die Sauce damit binden. Mit Salz und Pfeffer würzen.
2. Die Hühnerbrüstchen salzen und pfeffern und im heißen Butterschmalz auf beiden Seiten 5 Minuten braten.
3. Die gebratenen Hühnerbrüstchen zusammen mit der Sauce anrichten.
Beilage: Zucchinigratin
Getränkeempfehlung:
Chardonnay oder halbtrockener Riesling

HÜHNCHEN MIT INGWER, SCHWARZEN PILZEN UND ZUCKERSCHOTEN

FÜR 4 PERSONEN ■
Zubereitungszeit:
35 Minuten
Pro Portion:
325 kcal
28 g E, 7 g F, 32 g K

10 g chinesische Schwarze
Pilze (Mu-Err)
250 g Brustfleisch vom
Hühnchen
oder Truthahn ohne Haut
und Knochen
200 g Zuckerschoten
1 Stück frische
Ingwerwurzel
2 Knoblauchzehen,
grob gehackt
2 EL Erdnußöl
Salz
1 TL Maisstärke
0,15 l Hühnerbrühe
2 EL Sherry
1 Messerspitze Sambal
Oelek
1 EL Sojasauce

MARINADE
2 TL Maisstärke
1 EL Sherry
½ TL Sesamöl
1 Eiweiß

1. Die Pilze waschen und in Wasser legen. Das Fleisch in feine Scheiben schneiden.
2. Für die Marinade die Maisstärke, den Sherry, das Sesamöl und das Eiweiß verrühren. Das in Streifen geschnittene Hühnchenfleisch darin wenden und durchziehen lassen.
3. Die Zuckerschoten abfädeln, große schräg halbieren. Den Ingwer schälen und fein raffeln oder würfeln. Den Knoblauch durchpressen.
4. 1 Eßlöffel Erdnußöl in einer großen Bratpfanne erhitzen. ¼ Teelöffel Salz und die Schoten hineingeben. Unter ständigem Rühren anziehen lassen. Den Ingwer und den Knoblauch zufügen. Weiterrüh-

Bevor die chinesischen Pilze in Scheibchen geschnitten werden, müssen sie einige Minuten im Wasser quellen

Die Fleischstreifen mit einer Marinade aus Maisstärke, Sherry und Sesamöl übergießen

In einer großen Bratpfanne die Zuckerschoten mit Ingwerwurzel und Knoblauchzehen in Erdnußöl knapp gar dünsten

Das marinierte Hühnchenfleisch ebenfalls in die Pfanne geben und leicht anbraten, bis es weiß ist

ren, bis die Schoten knapp gar sind. Das Gemüse aus der Pfanne nehmen und warmstellen.
5. Das restliche Öl zugeben. Das Hühnchenfleisch aus der Marinade nehmen, abtropfen lassen und ebenfalls unter Rühren garen, bis es weiß und ganz leicht angebraten ist. Herausnehmen und ebenfalls warmstellen.
6. Die Maisstärke mit der Hühnerbrühe und dem Sherry anrühren. In die Pfanne geben, die abgetropften Pilze zufügen und unter Rühren kochen, bis die Sauce gebunden und wieder klar ist. Mit Sambal Oelek und Sojasauce abschmecken. Wenn nötig, etwas nachsalzen. Die Zuckerschoten und das Fleisch in die Sauce geben. In Porzellanschälchen servieren.
Beilage: trockener Reis
Getränkeempfehlung: Roséwein oder trockener Gewürztraminer

TIP *Statt Poulet- oder Truthahnfleisch kann für dieses Gericht auch Schweinefleisch verwendet werden.*
Ganz besonders gut gelingt die Zubereitung in einem Wok. Die bereits gegarten Zutaten müssen dann nicht herausgenommen, sondern nur an den Rand geschoben werden.

PERLHUHN NORMANNISCHE ART
Pintade à la normande

FÜR 4 PERSONEN ■ ■
Zubereitungszeit: 1 Stunde
Pro Portion:
840 kcal / 3520 kJ
20 g E, 51 g F, 38 g K

1 großes Perlhuhn
Salz
weißer Pfeffer
aus der Mühle
4 breite, dünne Scheiben
frischer Speck
2 EL Butter
1 EL Öl
40 g Walnüsse, grob gehackt
⅛ l Cidre oder Apfelwein
2 cl Calvados
200 g Crème fraîche
50 g Korinthen
2 säuerliche Äpfel

1. Das Perlhuhn waschen und mit Küchenpapier trockentupfen. Mit Salz und Pfeffer einreiben. Mit den Speckscheiben belegen und mit einem Baumwollfaden umwickeln.
2. Den Backofen auf 200 °C vorheizen.
3. In einem Schmortopf auf dem Herd 1 Eßlöffel Butter und das Öl erhitzen. Das Perlhuhn darin von allen Seiten anbraten. Die Nüsse hinzufügen und ebenfalls kurz anrösten.
4. Cidre, Calvados und Crème fraîche darunterrühren und aufkochen lassen. Dann den Topf mit einer Alufolie fest verschließen und auf die untere Schiene in den Backofen stellen. Das Huhn in 45 Minuten weich dünsten.
5. Die Korinthen in etwas lauwarmem Wasser einweichen. Die Äpfel schälen, entkernen, achteln und in der restlichen Butter leicht andünsten.
6. Das Perlhuhn aus dem Topf nehmen, die Speckscheiben ablösen und das Huhn auf einer Platte noch kurz im Ofen bräunen.
7. Die Korinthen an den Bratfond geben und etwas einkochen lassen. Mit Salz und Pfeffer abschmecken.
8. Das Perlhuhn tranchieren und auf einer vorgewärmten Platte anrichten. Mit der Sauce übergießen und mit den Apfelstückchen garnieren.
Beilage: Kartoffelkroketten
Getränkeempfehlung: Cidre (Apfelwein) oder ein Muscadet

Perlhuhn in Speckscheiben einhüllen und mit Küchengarn verschnüren

Apfelspalten in Butter andünsten; sie sollen nur leicht Farbe bekommen

TIP *Das Fleisch von Perlhühnern ist aromatischer als das der Haushühner. Besonders pikant schmeckt ein Perlhuhn, wenn Sie es nur rosa braten.*

PROVENZALISCHES HÄHNCHEN MIT ZITRONEN
Poulet au citron

FÜR 4 PERSONEN ■ ■
Zubereitungszeit: 1 Stunde
Marinierzeit: 4 Stunden
Pro Portion:
800 kcal / 3360 kJ
70 g E, 48 g F, 6 g K

2 junge Hähnchen (je 900 g)
oder 1 Poularde (1,5–1,8 kg)
Salz
schwarzer Pfeffer
aus der Mühle
je eine Msp. Rosmarin
und Thymian
250 g junge, weiße Zwiebeln
2 unbehandelte reife
Zitronen
5 EL Olivenöl
1 Knoblauchzehe
⅛ l Weißwein
⅛ l Hühnerbrühe (aus
Extrakt)
50 g schwarze, entkernte
Oliven
60 g Butter

1. Die gewaschenen und mit Küchenpapier trockengetupften Hähnchen halbieren. Mit Salz, Pfeffer, Rosmarin und Thymian würzen.
2. Die Zwiebeln schälen und in feine Ringe schneiden. In einen Schmortopf geben und die Geflügelstücke darauf verteilen.
3. Die Zitronen in sehr feine Scheiben schneiden. Auf die Hühnerteile legen und mit dem Olivenöl begießen. Zugedeckt unter gelegentlichem Wenden 4 Stunden bei Zimmertemperatur marinieren lassen.
4. Die Zitronenscheiben entfernen und aufheben. Die Hähnchenhälften und Zwiebelringe aus dem Topf nehmen.
5. Den Backofen auf 220 °C vorheizen.
6. Das Marinieröl, möglichst in einem feuerfesten Steinguttopf erhitzen, die Zwiebelringe und die Knoblauchzehe auf dem Herd darin glasig schmoren. Die Geflügelteile hinzufügen und bei leichter Hitze anbraten. Die Zitronenscheiben erneut auf das Geflügel legen.
7. Den Topf mit einem Deckel verschließen, auf die mittlere Schiene in den Backofen stellen und das Fleisch 30 Minuten braten. Dabei hin und wieder mit dem Bratensaft begießen. Nach 20 Minuten Bratzeit

TIP *Noch würziger schmeckt das Fleisch, wenn Sie anstelle von getrockneten Kräutern frischen Rosmarin und Thymian verwenden. Bei den Zwiebeln sollten Sie eine milde Sorte wählen. Gut geeignet sind Gemüsezwiebeln, die einen eher süßlichen Geschmack entwickeln.*

3 Eßlöffel Weißwein hinzufügen und das Geflügel im offenen Schmortopf bräunen lassen.
8. Die Hähnchenhälften aus dem Topf nehmen und warmstellen. Den Bratensaft mit dem restlichen Wein und der Hühnerbrühe aufgießen, aufkochen und auf die Hälfte einkochen lassen. Die Oliven hinzufügen. Von der Kochstelle nehmen, die Butter in Flöckchen unter die Sauce rühren und mit Salz und frischgemahlenem Pfeffer abschmecken.
9. Das Hähnchen mit den Zitronenscheiben bedeckt im Steinguttopf oder auf einer vorgewärmten Platte anrichten. Die Sauce getrennt reichen.
Beilage: Kartoffelplätzchen oder Reis
Getränkeempfehlung: trockener Weißwein aus der Provence

BABYPUTER ITALIENISCHE ART
Tacchinella ripiena alle castanie

FÜR 4 PERSONEN ■ ■ ■
Zubereitungszeit:
2 Stunden 30 Minuten
Pro Portion:
650 kcal / 2740 kJ
57 g E, 42 g F, 14 g K

1 Babyputer (ca. 1,5 kg)
Salz
schwarzer Pfeffer
aus der Mühle
150 g Butter
1 Zweig Rosmarin
getrocknete Salbeiblätter
1 Möhre
1 Stange Staudensellerie
1 Zwiebel
⅛ l Wein

FÜLLUNG
200 g Putenfleisch
200 g Schweinefleisch
50 g Sahne
½ Eiweiß
Salz
schwarzer Pfeffer
aus der Mühle
100 g durchwachsener
Speck
20 g schwarze Trüffel
30 g Rosinen
100 g glasierte Kastanien
(Konserve)
etwas Butter
30 g Walnüsse

GARNITUR
16 kleine Zwiebelchen
9 gekochte Kastanien
(Konserve)
60 g Butter
1 Prise Zucker
1 Glas Senffrüchte (100 g)

1. Für die Füllung das Puten- und Schweinefleisch in kleine Stücke schneiden und in die Küchenmaschine geben. Die Sahne und das Eiweiß hinzufügen. Salzen und pfeffern. Alles fein pürieren und die Farce in eine Schüssel füllen.
2. Den Speck und die Trüffel in kleine Würfel schneiden. Die Rosinen im Wasser einweichen, auf ein Sieb geben und gut abtropfen lassen.

3. In einer Kasserolle die Kastanien in etwas Butter erhitzen. Mit den Walnüssen, dem Speck, den Trüffeln und den Rosinen zu der Farce geben. Alles Gut miteinander vermischen und durchziehen lassen.
4. Den Puter entbeinen. Innen und außen waschen und mit einem Küchentuch trockentupfen. Innen und außen herzhaft salzen und pfeffern. Die Halsöffnung mit einem Baumwollfaden zunähen. Mit der Farce füllen und zunähen.
5. Den Backofen auf 170°C vorheizen.
6. In einem entsprechend großen Bratentopf 100 g Butter auf dem Herd erhitzen, den Rosmarinzweig und einige Salbeiblättchen hinzufügen. Nach kurzer Zeit den Puter hineingeben und von allen Seiten anbraten. Geputzte Möhre, Sellerie und Zwiebel kleinschneiden und hinzufügen. Kurz durchschmoren lassen und mit dem Wein ablöschen. Den Topf auf die untere Schiene in den Backofen stellen und den Puter 1½ Stunden braten lassen. Wenn nötig, etwas Wasser nachgießen.
7. In der Bratzeit des Puters die Garnitur zubereiten. Die kleinen Zwiebeln schälen, in der Butter langsam weich schmoren, zum Schluß die Kastanien hinzufügen und mit einer Prise Zucker glasieren.
8. Den Puter aus dem Topf nehmen und warmstellen.
9. Den Bratensaft durch ein Sieb in eine Kasserolle geben und mit der restlichen Butter legieren.
10. Den tranchierten Puter auf einer vorgewärmten Platte anrichten, mit den Zwiebelchen, Kastanien und Senffrüchten garnieren. Die Sauce getrennt dazu reichen.
Beilage: die Garnitur und Kartoffelpüree
Getränkeempfehlung: trockener Weißwein aus Piemont

GLASIERTE TRUTHAHNBRUST

FÜR 4 PERSONEN ■ ■
Zubereitungszeit: 1 Stunde
Pro Portion:
290 kcal
39 g E, 8 g F, 9 g K

600–800 g Truthahnbrust
Salz
weißer Pfeffer
aus der Mühle
2–3 EL Butterschmalz
1 Möhre
2 EL Honig
1 TL englisches Senfpulver,
fein gemahlen
1 Zwiebel, grob gewürfelt
0,1 l Sherry
ca. ½ l Geflügelbrühe oder
-fond

1. Den Backofen auf 220°C vorheizen.
2. Die Truthahnbrust mit Salz und Pfeffer würzen. Das Butterschmalz erhitzen, die Truthahnbrust hineingeben und unter häufigem Wenden auf der unteren Schiene des Backofens 35 Minuten braten. Anschließend 10 Minuten ruhen lassen.

Die Truthahnbrust während des Bratens häufig wenden

Die Truthahnbrust in Scheiben geschnitten servieren

3. Die Möhre putzen, schälen und grob würfeln. Den Honig mit dem Senfpulver vermischen.
4. 10 Minuten vor Ende der Bratzeit die Möhren- und die Zwiebelwürfel in den Bräter geben. Die Oberfläche der Truthahnbrust mit der Honig-Senfpulver-Mischung mehrmals bestreichen. Nicht mehr wenden.
5. Die fertige Truthahnbrust aus dem Ofen nehmen und warmstellen. Das Bratfett aus der Pfanne gießen und den Bratensatz mit dem Sherry loskochen. Mit der Brühe oder dem Fond auffüllen und die Sauce auf die Hälfte einkochen. Eventuell mit Salz und Pfeffer abschmecken und durch ein Sieb gießen. Die Truthahnbrust aufschneiden und anrichten. Die Sauce separat servieren.
Beilagen: Kartoffelkrapfen, Rosenkohl
Getränkeempfehlung: Chianti Classico, Merlot oder Rioja

TIP Am besten schmeckt frische Truthahnbrust, die in verschiedenen Größen gekauft werden kann (Feinkostgeschäft).
Die Truthahnbrust darf nicht zu heiß und nicht zu lange gebraten werden, sonst wird sie trocken. Nach dem Braten ist es wichtig, daß man das Fleisch noch etwas stehen läßt.

PUTENGESCHNETZELTES MIT ERBSEN IN SENFSAUCE

FÜR 4 PERSONEN ■
Zubereitungszeit:
30 Minuten
Pro Portion:
255 kcal
27 g E, 9 g F, 6 g K

400 g Putenbrustfleisch
Salz
weißer Pfeffer
aus der Mühle
2 EL Öl
2 EL gehackte Schalotten
200 g tiefgekühlte Erbsen
0,2 l trockener Weißwein
2 EL Crème fraîche
1 EL Estragonsenf
1 EL gehackte Petersilie

1. Das Putenfleisch in schmale Streifen schneiden und mit Salz und Pfeffer würzen.
2. Das Öl in einer beschichteten Pfanne erhit-

> **TIP** *Feinwürzigen Senf nicht mitkochen lassen, das verändert seinen Geschmack.*

zen und die Fleischstreifen darin bei starker Hitze anbraten. Die Schalottenwürfel und die Erbsen untermischen und auch anbraten. Mit dem Wein aufgießen und zugedeckt bei mittlerer Hitze etwa 5 Minuten schmoren lassen.
3. Die Crème fraîche unterrühren und bei starker Hitze ein wenig einkochen lassen. Die Pfanne von der Kochstelle nehmen und den Senf gleichmäßig unter das Geschnetzelte rühren. Mit Petersilie bestreut servieren.
Beilage: Nudeln und Kopfsalat

PUTENSCHNITZEL MIT MANGOSAUCE

FÜR 4 PERSONEN ■
Zubereitungszeit:
20 Minuten
Pro Portion:
245 kcal
30 g E, 6 g F, 6 g K

1 mittelgroße, vollreife
Mango (ca. 200 g)
4 Putenschnitzel (je 125 g)
Salz
schwarzer Pfeffer
aus der Mühle
2 EL Öl
etwas geraspelte
Ingwerwurzel
etwas abgeriebene, unbehandelte Zitronenschale
8 zerdrückte
Korianderkörner
0,2 l Weißwein
(Gewürztraminer)
2 Stengel Cilantro

1. Die Mango schälen, in Spalten vom Kern lösen und das Mangofruchtfleisch in kleine Würfel schneiden.
2. Die Putenschnitzel salzen und pfeffern. Das Öl in einer beschichteten Pfanne erhitzen und die Fleischscheiben von beiden Seiten kurz bei starker Hitze anbraten. Die Mangostückchen sowie die Gewürze dazugeben und alles kurz aufkochen lassen. Mit Wein aufgießen und zugedeckt 3–4 Minuten bei mittlerer Hitze schmoren lassen.
4. Das Fleisch aus der Sauce nehmen und mit Alufolie bedeckt warmstellen. Die Mangosauce bei starker Hitze noch ein wenig einkochen lassen, dann über die Schnitzel verteilen und mit den abgezupften Cilantroblättern bestreuen.
Beilage: Reis

Die Mango mit einem Küchenmesser oder einem Sparschäler dünn schälen

Das Fruchtfleisch mit einem spitzen Messer in Spalten vorsichtig vom Kern lösen

Die Fruchtspalten in kleine Würfel schneiden

> **TIP** *Cilantro sind die Blätter der Korianderpflanze – in südamerikanischen Ländern so bekannt wie bei uns Petersilie. Läßt sich leicht im Garten züchten. – Man kann statt dessen Petersilie nehmen, obwohl es geschmacklich nicht vergleichbar ist.*

PUTENLEBER IN PORTWEINSAUCE MIT SALBEI

FÜR 4 PERSONEN ■
Zubereitungszeit:
25 Minuten
Pro Portion:
395 kcal
40 g E, 16 g F, 4 g K

3 EL Olivenöl
2 Schalotten, fein gehackt
700 g Putenleber
150 g Egerlinge
oder Champignons
6–8 Salbeiblättchen,
frisch oder getrocknet
Salz
schwarzer Pfeffer
aus der Mühle
2 EL Tomatenmark
0,2 l Portwein

1. Das Olivenöl in einer großen Pfanne mit breitem Rand erhitzen. Die Schalotten darin glasig dünsten.
2. Die Putenleber in ½ cm breite Scheiben schneiden und zufügen. Kurz aber kräftig anbraten und herausnehmen.
3. Die Egerlinge oder die Champignons abbrausen, putzen und blättrig schneiden. Die Pilze im verbliebenen Fett fünf Minuten dünsten und mit der Hälfte der Salbeiblättchen bestreuen. Salzen und pfeffern.
4. Das Tomatenmark unterrühren und den Portwein zugießen, 3 Minuten köcheln lassen, dann die Putenleber unterheben und erwärmen. Mit Salz und Pfeffer abschmecken, mit den übrigen feingehackten Salbeiblättern bestreuen.
Beilage: schmale Bandnudeln und Blattspinat
Getränkeempfehlung: leichter Rosé aus der Provence

ENTENBRUST MIT HONIG-SCHALOTTEN IN BALSAMICO

FÜR 4 PERSONEN ■■
Zubereitungszeit:
30 Minuten
Pro Portion:
450 kcal
15 g E, 31 g F, 9 g K

4 ausgelöste
Entenbrüste
Salz
weißer Pfeffer
aus der Mühle
4 kleine Schalotten
1 EL geklärte Butter
oder Margarine
¼ l herber Rotwein
6 cl Portwein
10 cl Aceto Balsamico
(mind. 10 Jahre alt)
2 EL Honig
¼ l Rinderfond
(selbstgemacht)
2 EL Öl oder Entenschmalz
50 g Butter

Die gebratene Entenbrust in Scheiben schneiden

1. Die Entenbrüste mit Salz und Pfeffer würzen.
2. Den Backofen auf 200 °C vorheizen.
3. Die Schalotten schälen und gegebenenfalls halbieren. Die Butter oder Margarine in einem kleinen Topf erhitzen und die Schalotten darin weich und glasig braten. Den Honig, den herben Rotwein, Portwein und Aceto Balsamico dazugeben und alles bei starker Hitze um die Hälfte einkochen lassen. Den Fond angießen und erneut so lange kochen lassen, bis nur noch die Hälfte übrig ist.
4. In der Kochzeit der Sauce das Öl in einer Pfanne erhitzen und die Entenbrüste darin von beiden Seiten jeweils 2–3 Minuten scharf anbraten. Die Brüste auf eine feuerfeste Platte legen und auf der mittleren Schiene im Backofen in etwa 4–5 Minuten fertig braten. Zugedeckt noch 5 Minuten ruhen lassen.
5. Die kalte Butter unter Rühren in kleinen Flöckchen in die eingekochte Sauce geben. Nicht mehr kochen lassen.
6. Die Entenbrüste in schräge, nicht zu dicke Scheiben schneiden (austretenden Fleischsaft an die Sauce geben), auf vorgewärmten Tellern anrichten und mit den Honig-Schalotten und der Sauce umgießen.
Beilage: Rotkraut oder Wirsinggemüse
Getränkeempfehlung: ausgereifter Rotwein, am besten einen Burgunder

GEBRATENE ENTENBRÜSTE MIT MANDELN UND INGWER

FÜR 4 PERSONEN ■■
Zubereitungszeit:
30 Minuten
Pro Portion:
870 kcal
50 g E, 65 g F, 5 g K

4 ausgelöste
Entenbrüste
Salz
schwarzer Pfeffer
aus der Mühle
1 Bund Frühlingszwiebeln
50 g frische Ingwerwurzel
4 EL Sesamöl
¼ l Geflügelfond
(selbstgemacht)
4 cl Himbeeressig
1 cl Sojasauce
2 cl roter Portwein
6 cl trockener Rotwein
100 g geröstete Mandeln, gehackt

1. Den Backofen auf 200 °C vorheizen.
2. Die Entenbrüste mit Salz und Pfeffer würzen.
3. Die Frühlingszwiebeln gründlich waschen und in feine Ringe schneiden. Die Ingwerwurzel schälen und in kleine Würfel schneiden. 2 Eßlöffel Sesamöl in einer Pfanne erhitzen, Zwiebeln und Ingwer darin glasig braten. Mit Fond, Essig, Sojasauce, Portwein und Wein aufgießen und bei starker Hitze etwas einkochen lassen. Eventuell mit Salz und Pfeffer abschmecken.
4. Das restliche Sesamöl in einer zweiten Pfanne erhitzen und die Brüste darin bei starker Hitze von beiden Seiten jeweils 2–3 Minuten anbraten. Das Fleisch auf eine feuerfeste Platte legen, auf die mittlere Schiene in den Backofen stellen und in 5 Minuten fertig garen.

> **TIP** *Das Gericht muß sofort serviert werden, da sonst die knusprige Haut wieder weich wird.*

5. Die Haut der fertigen Brüstchen vorsichtig ablösen und das Fleisch zugedeckt ruhen lassen. Die Haut in feine Streifen schneiden, zurück in die Bratpfanne geben und bei starker Hitze knusprig braun braten.
6. Die gehäuteten Entenbrüste in feine Scheiben schneiden und zusammen mit der krossen Haut und der Mandel-Ingwer-Sauce anrichten.
Beilage: Naturreis mit Rosinen
Getränkeempfehlung: feinwürziger Traminer, z. B. aus Franken oder Baden

KNUSPRIGE ENTENBRUST MIT CALVADOSSAUCE

FÜR 4 PERSONEN ■
Zubereitungszeit:
40 Minuten
Pro Portion:
585 kcal
27 g E, 44 g F, 4 g K

2 ausgelöste Entenbrüste
(4 Hälften zu je ca. 180 g)
3 EL Olivenöl
6 EL Calvados
Salz
schwarzer Pfeffer
aus der Mühle
1 Prise gemahlener Kümmel
1 Schalotte, fein gehackt
1 kleiner Apfel
150 g Crème fraîche

1. Die Entenbrüste mit einer Mischung aus einem Eßlöffel Olivenöl und zwei Eßlöffeln Calvados einpinseln, dann mit Salz, Pfeffer und Kümmel würzen.
2. Das restliche Olivenöl in einer Pfanne erhitzen. Die Entenbrüste auf der Fleischseite 6 Minuten und auf der Hautseite 8 Minuten braten. Herausnehmen und warmstellen.
3. Das Bratfett wegkippen und den Bratensatz mit dem restlichen Calvados loskochen. Die Schalotte zufügen. Den Apfel schälen, vom Kernhaus befreien, in kleine Würfel schneiden und untermischen. Die Crème fraîche zufügen, alles 10 Minuten köcheln lassen, pürieren und abschmecken.
4. Die Entenbrüstchen quer zur Faser in Scheiben schneiden. Die Sauce als Spiegel auf vier vorgewärmte Teller gießen. Die Fleischscheiben fächerartig hineinlegen.
Beilage: Chinakohl in Butter mit Kartoffelnudeln oder Röstis (Tiefkühlprodukt)
Getränkeempfehlung: trockener Weißwein aus Franken oder Baden

JUNGE ENTE MIT PFIRSICHEN
Caneton aux pêches

FÜR 4 PERSONEN ■ ■
Zubereitungszeit:
1 Stunde 20 Minuten
Pro Portion:
995 kcal / 4160 kJ
57 g E, 60 g F, 39 g K

1 junge, fleischige Ente
mit Entenklein (1,5 kg)
Salz
weißer Pfeffer
aus der Mühle
1 TL Ingwerpulver
½ Bund Suppengrün
4 EL Butter
1½ kg reife Pfirsiche
(am aromatischsten sind
weiße Pfirsiche)
2 EL Zucker
2 cl Mirabellengeist oder
Kirschwasser
2 EL Weinessig
1 EL Stärkemehl

1. Das Entenklein (Hals, Flügelspitzen, Magen, Herz) gründlich waschen. Das Suppengrün waschen und in Streifen schneiden. Entenklein, Suppengrün und Salz in ½ l Wasser 1 Stunde kochen lassen. Dann durch ein Sieb gießen.
2. Den Backofen auf 220°C vorheizen.
3. Die Ente waschen und trockentupfen. Von innen mit Salz, Pfeffer und der Hälfte des Ingwerpulvers einreiben. In einem eisernen Schmortopf 1 Eßlöffel Butter zerlassen und die Ente darin von allen Seiten anbraten. Den Topf gut verschließen und auf die untere Schiene in den Backofen stellen. Die Ente 1 Stunde braten, die letzten 5 Minuten im offenen Topf bräunen lassen. Wenn man mit einer Stricknadel in den Schenkelansatz der Ente sticht, muß ein zartrosa Saft heraustreten. Die fertige Ente aus dem Topf nehmen und warmstellen.
4. In der Bratzeit der Ente die Pfirsiche halbieren, die Haut abziehen (bei reifen Früchten geht das leicht, sonst blanchieren), den Kern entfernen und die Pfirsichhälften in dicke Streifen schneiden.
5. 2 Eßlöffel Butter in einem Schmortopf zerlassen und die Pfirsichstreifen darin unter Wenden 10 Minuten schmoren lassen,

Garprobe: Mit einer Nadel in die Keule stechen; wenn klarer Fleischsaft austritt, ist die Ente gar

dabei mit dem restlichen Ingwer bestreuen. Den Zucker hinzufügen, der leicht karamelisieren soll. Mit dem Alkohol übergießen und flambieren.
6. Den Bratensaft der Ente entfetten und mit der Entenbrühe aufgießen. Etwas einkochen lassen. Den Weinessig mit 2 Eßlöffeln Wasser und dem Stärkemehl vermischen und die Sauce damit binden. Ein Drittel der Pfirsichstreifen hinzufügen.
7. Die Ente tranchieren und auf einer vorgewärmten Platte anrichten. Mit den Pfirsichen umkränzen und einen Teil der Sauce darüber verteilen. Die restliche Sauce getrennt reichen.
Beilage: körnig gekochter Reis oder Kartoffelbällchen
Getränkeempfehlung: Gewürztraminer aus dem Elsaß

ENTENBRÜSTE MIT MANGO
Magrets de canard au mango

FÜR 4 PERSONEN ■
Zubereitungszeit:
30 Minuten
Pro Portion:
770 kcal / 3220 kJ
45 g E, 50 g F, 18 g K

4 ausgelöste Entenbrüste
Salz
weißer Pfeffer
aus der Mühle
4 EL Butter
2 reife Mangos
2 EL Puderzucker
2 cl Apricot-Brandy
⅛ l Fleischbrühe
(aus Extrakt)
⅛ l Rotwein
1 unbehandelte Orange

1. Die Entenbrüste waschen und mit Küchenpapier trockentupfen. Mit Salz und Pfeffer einreiben.
2. Die Hälfte der Butter in einer Pfanne erhitzen und die Entenbrüste darin mit der Haut nach unten anbraten. 10 Minuten schmoren lassen, dabei noch zweimal wenden. Aus der Pfanne nehmen und warmstellen.
3. In der Bratzeit der Entenbrüste die Mangos schälen. Das Fruchtfleisch von dem flachen, länglichen Kern ablösen und die Früchte in Scheiben schneiden.

Mangohälften in gleich dicke Scheiben schneiden

4. In einer zweiten Pfanne die restliche Butter erhitzen und den Puderzucker hinzufügen. Wenn er zu bräunen beginnt, die Mangoscheiben in die Pfanne geben und unter Wenden erwärmen. Mit dem Apricot-Brandy übergießen und flambieren.

> **TIP** Man kann dieses Rezept auch mit einer geräucherten Gänsebrust aus der Gascogne zubereiten. Sie reicht für 2 Personen und braucht nur ganz kurz im sehr heißen Backofen erhitzt zu werden.

5. Das Bratfett aus der ersten Pfanne abgießen und den Bratensatz mit Fleischbrühe und Rotwein aufgießen. Von der Orange ein Stück Schale in sehr feine Streifen schneiden, an die Sauce geben und bei starker Hitze einkochen lassen. Einen Teil der Mangoscheiben hinzufügen und mit Salz und Pfeffer abschmecken.
6. Die Entenbrüste in dünne, schräge Scheiben schneiden und auf einer vorgewärmten Platte anrichten. Mit der Sauce überziehen und mit den restlichen Mangoscheiben garnieren.
Beilage: Kartoffelkroketten und junge Erbsen
Getränkeempfehlung: Der Wein muß der exotischen Aromafülle dieses Rezeptes standhalten. Körperreiche, holzbetonte Weißweine, wie weiße Burgunder, italienische oder kalifornische Chardonnays oder gar ein Juraçon sind daher geeignete Begleiter.

WILDENTE MIT ZITRONEN
Canards sauvages au citron

FÜR 4 PERSONEN ■ ■

Zubereitungszeit:	
1 Stunde 30 Minuten	
Pro Portion:	
1420 kcal/5940 kJ	
95 g E, 97 g F, 7 g K	

2 Wildenten mit Entenklein
(Magen, Flügel, Hals)
1 Möhre
1 Stückchen Porree
2 Stangen Staudensellerie
1 EL Öl
½ Lorbeerblatt
2 Salbeiblätter
3 Wacholderbeeren
2 Zweige Thymian
Salz
schwarzer Pfeffer
aus der Mühle
1 unbehandelte Zitrone
2 EL Butter
1 EL flüssiger Honig
Schale und Saft von
½ unbehandelten Zitrone
⅛ l Weißwein
4 EL Crème fraîche

1. Das Entenklein gründlich waschen und abtrocknen. Das Gemüse waschen, putzen und kleinschneiden. Das Öl in einem Topf erhitzen, Gemüse und Entenklein darin anbraten. Die Kräuter und Gewürze zugeben, mit ¼ l Wasser aufgießen und 1 Stunde kochen lassen. Dann die Brühe durch ein Sieb gießen.
2. Den Backofen auf 240 °C vorheizen.

3. Die gewaschenen und trockengetupften Enten von innen und außen mit Salz und Pfeffer einreiben. Die Zitrone in Scheiben schneiden und mit einigen Butterflöckchen in das Innere der Enten geben.
4. Die restliche Butter in einem Schmortopf zerlassen und die Enten auf dem Herd von allen Seiten anbraten. Die Brust jeweils mit Honig bestreichen. Die Enten auf der unteren Schiene im Backofen in 20 bis 25 Minuten braun braten. Die Enten sollen innen noch zartrosa sein. Aus dem Topf nehmen und warmstellen.
5. Den Bratensatz mit

> **TIP** *Wenn die Leber in den Enten ist, sollten Sie diese zerdrücken und für die Zubereitung der Sauce verwenden.*

der Entenbrühe ablöschen. Die in feine Streifen geschnittene Zitronenschale und den Wein hinzufügen. Die Sauce auf die Hälfte des Umfangs einkochen. Zitronensaft und Crème fraîche darunterrühren und mit Salz und Pfeffer abschmecken.
6. Die Enten im Ganzen oder halbiert und mit Zitronenscheiben umlegt anrichten. Die Sauce getrennt reichen.
Beilage: Strohkartoffeln und Zuckererbsen
Getränkeempfehlung: trockener, voller Weißwein, vorzugsweise Orvieto Classico

Zitronenscheiben und Butterflöckchen vor dem Braten in das Innere der Ente geben

FASAN UMBRISCHE ART
Fagiano alla crema tartufato

FÜR 4 PERSONEN ■ ■

Zubereitungszeit:	
1 Stunde 15 Minuten	
Pro Portion:	
945 kcal/3960 kJ	
46 g E, 54 g F, 2 g K	

1 Fasan mit Leber
Salz
2 schwarze Trüffel (frisch oder aus der Dose)
100 g durchwachsener geräucherter Speck
100 g fetter frischer Speck in Scheiben
3 EL Olivenöl
1 Zweig Rosmarin
einige Salbeiblätter
1 Knoblauchzehe
4 cl Cognac
⅛ l Weißwein (Orvieto Classico)
125 g Sahne

1. Den Fasan sorgfältig waschen, trockentupfen und innen mit Salz einreiben.
2. Eine Trüffel putzen und zusammen mit dem geräucherten Speck durch den Fleischwolf drehen und die Masse in das Innere des Fasans füllen. Den Fasan mit den Speckscheiben umhüllen und mit einem Baumwollfaden umwickeln.
3. Den Backofen auf 200 °C vorheizen.
4. Das Olivenöl in einem Schmortopf auf dem Herd erhitzen.

Rosmarin, Salbei und die geschälte Knoblauchzehe hinzufügen. Nach kurzer Zeit den Fasan in den Topf geben und von allen Seiten anbraten. Mit Cognac übergießen. Wenn dieser verdampft ist, die Hälfte des Weißweins hinzufügen.
5. Den Topf mit einem Deckel verschließen und auf die untere Schiene in den Backofen stellen. Den Fasan etwa 1 Stunde braten. Hin und wieder mit dem Bratenfett begießen. Den Fasan aus dem Topf nehmen, die Speckscheiben entfernen und den Fasan warmstellen.
6. Die Fasanleber fein hacken. Rosmarin, Salbeiblätter und Knoblauchzehe aus dem Bratfett nehmen und die Leber darin anbraten.
7. Die zweite Trüffel in hauchdünne Scheibchen schneiden und mit der Sahne und dem restlichen Wein zu der Fasanenleber geben. Etwas einkochen lassen.
8. Den Fasan tranchieren und auf einer vorgewärmten Platte anrichten. Mit etwas Sahne beträufeln und den Trüffelscheibchen garnieren. Die restliche Sauce separat dazu reichen.
Beilage: Kartoffelpüree und ein junges Wirsinggemüse
Getränkeempfehlung: Orvieto Classico, mit dem auch der Fasan zubereitet wird

Geräucherten Speck und Trüffel für die Farce durch die grobe Scheibe des Fleischwolfes drehen

Den gefüllten Fasan vor dem Braten ganz mit Speckscheiben umhüllen

GEBRATENE WACHTELN MIT ACETO BALSAMICO

FÜR 2 PERSONEN　■

Zubereitungszeit:	
30 Minuten	
Pro Portion:	
620 kcal	
49 g E, 20 g F, 1 g K	

4 küchenfertige Wachteln
Salz
schwarzer Pfeffer
aus der Mühle
4 Lorbeerblätter
4 Stengel Petersilie
4 kleine Schalotten
1 EL Öl
10 g Butter
1–2 EL sehr guter
Aceto Balsamico
4 EL Kalbsfond
(Fertigprodukt)

1. Die Wachteln salzen und pfeffern. In jede Wachtel 1 Lorbeerblatt, 1 Petersilienstengel sowie eine geschälte Schalotte stecken.
2. Den Backofen auf 220 °C vorheizen.
3. Öl und Butter in einem Schmortopf mit feuerfesten Griffen auf dem Herd erhitzen und die Wachteln darin bei starker Hitze rundherum anbraten. Mit Essig und Brühe aufgießen. Den Topf zugedeckt auf die mittlere Schiene

TIP *Je älter der Aceto Balsamico, um so besser die Qualität.*

des Backofens stellen und 15 Minuten braten lassen, dabei gelegentlich mit dem Bratenfond begießen.
4. Den Topf öffnen und die Wachteln noch einige Minuten bräunen lassen. Dann auf einer vorgewärmten Platte anrichten und mit dem sirupartigen Bratensaft überziehen.
Beilage: Weißbrot oder Polenta und Feldsalat

GEFÜLLTE WACHTELN AUF WIRSINGSTREIFEN

FÜR 4 PERSONEN　■ ■

Zubereitungszeit:	
30 Minuten	
Pro Portion:	
775 kcal	
40 g E, 40 g F, 24 g K	

1 Brötchen vom Vortag
3 EL Butter
1 mittelgroße Zwiebel,
fein gehackt
2 Scheiben Vollkornbrot
1 Bund Petersilie,
fein gehackt
2 Eigelb
2 EL Crème fraîche
1 TL Pastetengewürz
(beau monde)
Salz
schwarzer Pfeffer
aus der Mühle
1 Prise Cayennepfeffer
1 TL abgeriebene,
unbehandelte Zitronen-
schale
4 Wachteln
2 EL Butterschmalz
1 kleiner Wirsing (ca. 600 g)
0,2 l Sahne
1 Prise Muskat,
frisch gemahlen

1. Das Brötchen in Wasser 10 Minuten einweichen.
2. In einer Pfanne einen Eßlöffel Butter erhitzen. Die Zwiebel darin weich dünsten, aber nicht bräunen. Das Vollkornbrot kleinhacken, unter die Zwiebel mischen und kurz mitdünsten. Auskühlen lassen.
3. Das eingeweichte Brötchen gut ausdrücken und in eine Schüssel füllen. Petersilie, Eigelb, Crème fraîche und die Zwiebel-Vollkornbrot-Mischung dazugeben. Alles gründlich vermischen und mit Pastetengewürz, Salz, Pfeffer, Cayennepfeffer und Zitronenschale würzen.
4. Die Wachteln innen und außen salzen und pfeffern, mit der Masse füllen und den Bauch zunähen. In einem Bräter Butterschmalz erhitzen und die Wachteln rundum dar-

in anbraten. Dann mit der Brust nach oben zugedeckt in 20 Minuten bei geringer Hitze gar ziehen lassen.
5. Inzwischen den Wirsing putzen, vierteln, vom Strunk befreien und in feine Streifen schneiden. Waschen und in kochendem Salzwasser 10 Minuten garen. Eiskalt abschrecken, gut abtropfen lassen und in der restlichen Butter schwenken. Die Sahne zugießen und mit Salz, Pfeffer und Muskat würzen. Den Wirsing köcheln lassen, bis die Wachteln fertig sind.
6. Die Wachteln auf dem Sahnewirsing anrichten.
Beilage: kleine, im ganzen gebratene Kartöffelchen oder Minisemmelknödel
Getränkeempfehlung: leichter Rotwein, z. B. Beaujolais oder Chianti

PERLHUHN MIT FRÜHLINGS-ZWIEBELN

FÜR 4 PERSONEN　■

Zubereitungszeit:	
50 Minuten	
Pro Portion:	
585 kcal	
44 g E, 20 g F, 3 g K	

2 Perlhühner
(je ca. 750 g)
Salz
schwarzer Pfeffer
aus der Mühle
½ TL Paprika, edelsüß
4 EL Sojaöl
2 Bund Frühlingszwiebeln

1. Die Perlhühner mit der Geflügelschere in zwei Hälften schneiden und rundum mit Salz, Pfeffer und Paprika einreiben.
2. Den Backofen auf 220 °C vorheizen.
3. Das Sojaöl in einem Bräter auf dem Herd erhitzen. Die Perlhuhnhälften darin rundum kräftig anbraten, dann mit der Schnittfläche nach unten nebeneinanderlegen. Den

Die Frühlingszwiebeln werden erst in den letzten 10 Minuten der Garzeit zu den Perlhühnern gelegt

Bräter in den Backofen auf die mittlere Schiene stellen und das Geflügel zunächst 10 Minuten zugedeckt, dann 10 Minuten offen braten.
4. Inzwischen die Frühlingszwiebeln putzen, waschen und neben die Perlhühner in den Bräter legen, mit etwas Bratfett beträufeln und alles zusammen bei 200 Grad weitere 10 Minuten garen.
5. Die Frühlingszwiebeln auf vier vorgewärmte Teller legen und je eine Perlhuhnhälfte danebensetzen.
Beilage: Kartoffelgratin oder Kartoffelpüree
Getränkeempfehlung: leichter Rosé aus der Provence

TIP *Wer keinen Bräter oder eine Reine in der passenden Größe hat, kann die Perlhühner auch in einer Pfanne anbraten und anschließend in die Fettpfanne des Backofens legen.*

PASTA, REIS UND KORN

**Abbildung oben: Polenta
(Rezept Seite 304).**

**Abbildung oben: Vollkorn-
nudeln mit Gorgonzolasauce
(Rezept Seite 299).**

**Abbildung rechts:
Schwäbische Maultaschen
(Rezept Seite 300).**

Abbildung oben: Eierspätzle (Rezept Seite 299).

Abbildung links: Ravioli mit Ricottafüllung (Rezept Seite 300).

Abbildung links: Weizenrisotto mit buntem Gemüse (Rezept Seite 305).

NUDELN SELBER-MACHEN
(Grundrezept
für Nudelteig)

1. Mehl (400 g) auf einen Tisch sieben und ringförmig aufhäufen. Die 4 Eier, 1 Eßlöffel Olivenöl und Salz in die Mitte geben.

2. Mehl mit den anderen Zutaten mischen und solange kneten, bis der Teig glatt ist.

3. Den Teig zur Kugel formen, in Folie einschlagen und 1 Stunde ruhen lassen.

4. Mit der Maschine oder dem Nudelholz ausrollen und schneiden.

5. Nudeln in kochendem Salzwasser mit 1–2 Eßlöffeln Öl 40–60 Sekunden (getrocknete 6–8 Minuten) kochen.

6. Die gekochten Nudeln abgießen und kalt abschrecken.

7. Die fertigen Nudeln mit wenig Wasser und 1 Eßlöffel Butter erhitzen, mit Salz und Muskatnuß würzen.

NUDELN RICHTIG KOCHEN

Nudeln müssen immer in reichlich Wasser gekocht werden. Man rechnet für 100 g getrocknete Nudeln 1 Liter Wasser und 10 g (1 Eßlöffel) Salz. Die jeweilige Kochzeit der Nudeln hängt von ihrer Qualität und der Herstellungsweise ab. Selbst zubereitete, frische Nudeln haben nur eine Kochdauer von 40–60 Sekunden. Getrocknete Nudeln oder fertig gekaufte Teigwaren haben dagegen eine Garzeit von 8–16 Minuten. Es empfiehlt sich, immer die auf der Verpackung angegebene Kochzeit einzuhalten. Gekochte Nudeln müssen immer al dente sein, also bißfest. Beim Durchbeißen muß in der Mitte noch ein weißer Punkt vorhanden sein. Vollkornnudeln haben eine kürzere Garzeit als Nudeln aus weißem Mehl, so bleiben Vitamine erhalten und Mineralstoffe werden nicht in zu großer Menge ausgeschwemmt.

Je nachdem, ob Nudeln als Vor-, Hauptspeise oder als Beilage geplant sind, muß man unterschiedliche Mengen pro Person kochen.

Für eine Portion rechnet man:

20–30 g als Suppeneinlage

60–100 g als Vorspeise oder Beilage

150–200 g als Hauptgericht

Vollkornnudeln werden in reichlich Wasser in 8–10 Minuten gekocht.

VOLLKORNNUDELN MIT GORGONZOLA-SAUCE

FÜR 4 PERSONEN ■ ■
Zubereitungszeit:
20 Minuten
Ruhezeit: 2 Stunden
Pro Portion:
810 kcal
22 g E, 50 g F, 58 g K

NUDELTEIG
300 g Weizenvollkornmehl
Salz
2–3 Eier
1 EL Öl
Mehl zum Ausrollen

SAUCE
2 kleine Schalotten
0,3 l Kalbsfond
300 g Sahne
2 cl Sherryessig
4 cl Sherry
150 g Gorgonzola
2 EL geschlagene Sahne

AUSSERDEM
Salz
1 EL Öl

Den Vollkornnudelteig ausrollen und die gewünschte Nudelform ausschneiden.

Mit einem Pürierstab wird der Gorgonzola in der Sauce zerkleinert.

1. Für den Teig das Mehl in eine Schüssel sieben, nach Geschmack mit Salz mischen und in die Mitte eine Mulde drücken. Erst 2 Eier und das Öl hineingeben, mit einer Gabel Eier und Mehl verquirlen, dann mit den Händen oder dem Knethaken des Elektroquirls verkneten. Falls der Teig zu fest ist, noch ein Ei hinzufügen. Den Teig so lange kneten, bis er glatt und glänzend ist. Zugedeckt mindestens 2 Stunden ruhen lassen.
2. Den Teig auf einem bemehlten Brett mit einem Nudelholz oder mit Hilfe einer Nudelmaschine dünn ausrollen. Bei Verwendung einer Nudelmaschine muß die Walze schrittweise enger gestellt werden. Die Teigplatten dann entweder mit einem scharfen Messer und mit Hilfe eines großen Lineals in schmale Streifen schneiden oder mit einer Nudelmaschine zu Spaghetti formen.

3. Die Nudeln mit etwas Mehl bestäuben, locker vermischen und etwas antrocknen lassen.
4. Für die Sauce die Schalotten schälen und in feine Ringe schneiden. Mit Kalbsfond, Sahne, Sherryessig und Sherry in eine Sauteuse oder einen hochwandigen Topf geben und bei starker Hitze um ein Drittel einkochen lassen.
5. Den Gorgonzola in kleine Stücke schneiden und mit der reduzierten Sauce fein pürieren. Die Sauce durch ein feines Sieb streichen und noch einmal kurz aufkochen lassen. Zum Schluß die steifgeschlagene Sahne unterziehen.
6. Reichlich Wasser mit Salz und Öl in einem großen Kochtopf zum Kochen bringen und die Nudeln darin in wenigen Minuten al dente kochen.
7. Die Nudeln auf einen Durchschlag schütten, gut abtropfen lassen und mit der Sauce vermischen.

EIERSPÄTZLE

FÜR 6 PERSONEN ■ ■
Zubereitungszeit:
45 Minuten
Pro Portion:
400 kcal
17 g E, 13 g F, 49 g K

400 g Weizenmehl
8 große Eier
(Gewichtsklasse 1)
2 TL Salz
¼ l kaltes Wasser
Salzwasser zum Kochen
2 EL Butter

1. Das Mehl in eine Schüssel geben. In die Mitte eine Vertiefung drücken. 2 Eier und das Salz hineingeben. Die Eier mit einem Teil des Mehles ver-

> **TIP** *Echte schwäbische Spätzle werden vom Brett geschabt. Doch nicht jeder beherrscht diese Fertigkeit. Deshalb muß man noch lange nicht auf hausgemachte Spätzle verzichten, denn mit Spätzlepressen und -reiben, die mittlerweile überall erhältlich sind, gelingen diese Teigwaren.*

mischen. Nacheinander die restlichen Eier und das Wasser unter ständigem Rühren an den Teig geben. Es muß eine zähflüssige Masse werden. 10 Minuten ruhenlassen.
2. Reichlich Salzwasser zum Kochen bringen. Das Brett zum Spätzleschaben kurz in das kochende Wasser tauchen. Den Teig portionsweise auf das Brett streichen und mit einem angefeuchteten Messer schmale Teigstreifen in das kochende Wasser schaben. Die Spätzle sind gar, wenn sie wieder an die Oberfläche kommen.

Der Spätzleteig muß zähflüssig sein.

Mit einem angefeuchteten Messer schmale Teigstreifen vom Brett in das kochende Wasser schaben.

3. Mit einem Schaumlöffel herausnehmen und kurz mit kaltem Wasser abschrecken. In eine Schüssel mit lauwarmem Wasser geben, bis alle Spätzle fertig gekocht sind.
4. Die Butter in einer Pfanne zerlassen und die Spätzle kurz darin schwenken.
Beilage zu Braten mit Saucen, Ragouts und Wildgerichten mit Sahnesaucen.

RAVIOLI MIT RICOTTA-FÜLLUNG
Ravioli con ricotta e spinaci

FÜR 4 PERSONEN ■ ■
Zubereitungszeit:
1 Stunde
Pro Portion:
885 kcal
33 g E, 51 g F, 75 g K

TEIG
400 g Weizenmehl
2 Eier
10 EL Wasser

FÜLLUNG
300 g Spinat
30 g Butter
300 g frischer Ricotta
2 Eigelb
Salz
frischgeriebene Muskatnuß
40 g Parmesan
frisch gerieben

AUSSERDEM
100 g Butter
einige Salbeiblätter
40 g Parmesan,
frisch gerieben

Die eine Hälfte des Teigs mit Spinat-Ricottakügelchen belegen und mit der anderen Teighälfte abdecken.

Mit einem Teigrädchen Rechtecke ausradeln.

1. Für den Teig das Mehl auf ein Holzbrett geben und in die Mitte eine Vertiefung drücken. Die Eier und das Wasser hineingeben und die Zutaten mit den Händen schnell zu einem glatten Teig verarbeiten. In ein feuchtes Tuch hüllen und 20 Minuten ruhenlassen.
2. Inzwischen für die Füllung den Spinat waschen, tropfnaß in einen Topf geben und aufkochen, bis er zusammenfällt. Den Spinat fein hacken. Die Butter in einer Pfanne zerlassen und den Spinat darin andünsten. Erkalten lassen.
3. Ricotta und Eigelbe mit dem Spinat verrühren und herzhaft mit Salz und Muskat abschmecken. Parmesan hinzufügen.
4. Den Teig mit einer Nudelmaschine oder mit einem Nudelholz dünn ausrollen. Auf die Hälfte des Teiges in 4 cm Abstand nußgroße Kügelchen von der Füllung setzen.
5. Die andere Teighälfte darüberlegen und mit einem Teigrädchen kleine Vierecke ausrädeln. Die Ränder nochmals fest andrücken.
6. In einem Topf reichlich Salzwasser zum Kochen bringen und die Ravioli darin portionsweise in 5–7 Minuten al dente garen. Mit einem Schaumlöffel herausnehmen und auf 4 vorgewärmten Tellern anrichten.
7. Die Butter in einer Pfanne erhitzen und die Salbeiblätter darin anbraten. Über die Ravioli verteilen und mit dem Parmesan bestreuen.
Getränkeempfehlung: leicht moussierender italienischer Rotwein, z. B. Lambrusco (Emilia-Romagna)

SCHWÄBISCHE MAULTASCHEN

FÜR 4 PERSONEN ■ ■
Zubereitungszeit:
45 Minuten
Ruhezeit:
2 Stunden 30 Minuten
Pro Portion:
660 kcal
30 g E, 37 g F, 44 g K

TEIG
300 g Weizenmehl
½ EL Salz
1 EL Öl
3 Eier
Mehl zum Ausrollen

FÜLLUNG
½ Brötchen
200 g Hackfleisch
100 g Bratwurstfülle (Brät)
50 g durchwachsener geräucherter Speck
1 kleine Zwiebel
1 EL Butter
200 g frischer Spinat
1 EL gehackte Petersilie
1 Ei
Salz
schwarzer Pfeffer aus der Mühle

AUSSERDEM
1½ l Fleischbrühe (selbstgemacht oder aus Extrakt)
1 Bund Schnittlauch

In die Mitte jedes Teigkreises einen Teelöffel Füllung setzen.

Nach 10–15 Minuten Garzeit die Maultaschen mit einem Schaumlöffel aus der Brühe heben.

1. Für den Teig das Mehl in eine Schüssel geben und mit dem Salz vermischen. Nach und nach das Öl und die Eier hinzufügen und rühren, bis ein glatter Teig entsteht. Zugedeckt 2 Stunden ruhenlassen.
2. Für die Füllung das Brötchen in kaltem Wasser einweichen. Das Hackfleisch und die Bratwurstfülle miteinander vermischen. Den Speck und die geschälte Zwiebel in kleine Würfel schneiden.
3. Die Butter in der Pfanne erhitzen und die Speck- und Zwiebelwürfel darin anbraten.
4. Den Spinat waschen, kurz in kochendem Wasser blanchieren und grob hacken. Das eingeweichte Brötchen ausdrücken.
5. Sämtliche Zutaten für die Füllung gründlich miteinander vermischen und mit Salz und Pfeffer abschmecken.
6. Den Teig auf einem bemehlten Brett möglichst dünn ausrollen und mit einem Glas Kreise im Durchmesser von 6 cm ausstechen. In die Mitte der Kreise je einen Löffel Füllung geben und sie halbmondförmig zu Teigtaschen zusammenfalten. Die Ränder mit zwei Fingern oder einer Gabel fest zusammendrücken. Die Maultaschen mit einem Tuch bedeckt 30 Minuten ruhen lassen.
7. Die Fleischbrühe zum Kochen bringen und die Maultaschen darin 10–15 Minuten ziehen lassen. Den Schnittlauch mit einer Schere in Röllchen schneiden. Die Maultaschen in der Brühe servieren und mit Schnittlauch bestreuen.
Getränkeempfehlung: Württemberger Trollinger

ÜBERBACKENE NUDELROLLEN MIT FLEISCH-SPINAT-FÜLLUNG

Cannelloni alla piemontese

FÜR 4 PERSONEN ■ ■
Zubereitungszeit:
1 Stunde 30 Minuten
Ruhezeit: 20 Minuten
Pro Portion:
900 kcal
56 g E, 37 g F, 86 g K

400 g Weizenmehl
4 Eier
oder 12 fertiggekaufte
Cannelloni
1 EL Öl
Salz

FÜLLUNG
300 g Bratenreste
100 g gekochter Schinken
100 g gekochter Spinat,
fein gehackt
2 Eier
50 g Parmesan,
frisch gerieben
Salz
schwarzer Pfeffer
aus der Mühle

BÉCHAMELSAUCE
40 g Butter
40 g Mehl
½ l Milch
Salz
frischgeriebene Muskatnuß

AUSSERDEM
Butter für die Form
und für Flöckchen
50 g frischgeriebener
Parmesan zum Bestreuen

1. Für den Teig das Mehl auf ein Backbrett geben, in die Mitte eine Vertiefung drücken und die Eier hineinschlagen. Schnell mit den Händen zu einem glatten Teig verkneten. In ein feuchtes Tuch hüllen und 20 Minuten ruhenlassen.
2. Für die Füllung das gebratene Fleisch und den Schinken in der Küchenmaschine fein hacken. Dann in einer Schüssel mit dem gut abgetropften Spinat vermischen. Die leicht verschlagenen Eier und den Parmesan hinzufügen.

Mit Salz und Pfeffer abschmecken und alles zu einer festen Paste verarbeiten.
3. Den Nudelteig in 2–3 Teile schneiden und mit Hilfe einer Pastamaschine oder mit einem Nudelholz 2 mm dick ausrollen. Mit einem Messer Quadrate von 10 cm Durchmesser ausschneiden.
4. In einem Topf reichlich Salzwasser mit 1 Eßlöffel Öl zum Kochen bringen und die Teigplatten darin portionsweise in 4–6 Minuten al dente kochen. Mit einem Schaumlöffel vorsichtig herausheben. Zum Abkühlen in eine Schüssel mit kaltem Wasser geben. Fertig gekaufte Cannelloni werden ungekocht gefüllt.
5. Für die Béchamelsauce die Butter zerlassen, das Mehl hinzufügen und hellgelb rösten. Unter ständigem Rühren mit einem Schneebesen die Milch nach und nach hinzugießen. Bei leichter Hitze unter Weiterrühren etwas einkochen lassen, dann mit Salz und Muskat abschmecken.
6. Den Backofen auf 225 °C vorheizen. Eine feuerfeste, flache Auflaufform mit Butter ausstreichen.
7. Die gut abgetropften Cannelloni auf eine Tischplatte legen, an einem Ende dick mit der Füllung bestreichen und aufrollen. Bei fertig gekauften Cannelloni die Rollen mit einem Teelöffel oder mit einem Spritzbeutel füllen.
8. Die Cannelloni mit der Schnittfläche nach unten nebeneinander in die Form legen.
9. Die Béchamelsauce über die Cannelloni gießen, reichlich Butterflöckchen darauf verteilen, mit Parmesan bestreuen.
10. Die Cannelloni im Backofen auf der mittleren Schiene in 15–20 Minuten goldgelb überbacken. In der Form servieren.
Getränkeempfehlung:
leichter Rotwein, vorzugsweise Dolcetto (Piemont)

Ausrollen des Teiges mit einer Nudelmaschine.

Quadrate von etwa 10 cm Durchmesser aus dem Teig schneiden.

Die gekochten Teigplatten dick mit der Füllung bestreichen und aufrollen.

ROGGENNUDELN

FÜR 4 PERSONEN ■
Zubereitungszeit:
30 Minuten
Ruhezeit: 50 Minuten
Pro Portion:
500 kcal
13 g E, 12 g F, 82 g K

500 g fein gemahlenes
Roggenmehl
½ TL Salz
3 Eier
⅛ l Wasser
Mehl zum Ausrollen
Salzwasser zum Kochen
2 EL Butter

1. Das Roggenmehl in eine Schüssel oder auf ein Backbrett sieben und das Salz darüberstreuen. In die Mitte eine Vertiefung drücken und die Eier und das Wasser hineingeben. Mit einer Gabel nach und nach die Eier mit dem Mehl verrühren.
2. Den Teig mit den Händen etwa 10 Minuten kräftig durchkneten, bis er sich vom Schüsselboden oder vom Holzbrett löst. Den Nudelteig mit einem Tuch bedecken und 20 Minuten ruhenlassen.
3. Den Teig in 3 Portionen teilen. Das Backbrett und das Nudelholz leicht mit Mehl einstäuben. Ein Teigstück von der Mitte her sorgfältig ausrollen, bis es ein ganz dünnes Blatt ist. Mit den beiden übrigen Teigteilen ebenso verfahren.
4. Die Teigblätter etwa 30 Minuten trocknen lassen. Dann aufrollen und mit einem scharfen Messer in 6–8 cm breite Streifen schneiden.
5. Die Nudeln auseinanderrollen und in kochendem Salzwasser in wenigen Minuten al dente kochen. Auf ein Sieb schütten und kurz mit kaltem Wasser abschrecken.
6. Die Nudeln in eine Schüssel geben und mit der in Flöckchen zerteilten Butter vermischen.
Beilage zu saucenreichem Fleisch.

GNOCCHI ALLA ROMANA

1. In einem passenden Topf 0,6 l Milch mit 25 g Butter zum Kochen bringen. Mit Salz, weißem Pfeffer und geriebener Muskatnuß würzen.

2. Wenn die Butter zerlaufen ist und die Milch kocht, 100 g Weizengrieß einrieseln lassen und glattrühren.

3. Unter ständigem Rühren mit einem Holzlöffel (oder Eisenspachtel) die Grießmasse 6–8 Minuten kochen, bis der Weizengrieß ausgequollen ist.

4. Die ausgequollene, feste Grießmasse vom Herd nehmen, nacheinander 2 Eigelbe und 1 Ei gut unterarbeiten.

5. Den Topf mit der Grießmasse wieder auf den Herd zurücksetzen und unter Rühren kräftig durchkochen, bis die Eier gebunden haben.

6. Die Gnocchimasse auf ein mit Wasser befeuchtetes Blech gießen, mit einer Palette etwa 2 cm hoch aus- und glattstreichen.

7. Die Oberfläche mit 2 Eßlöffeln flüssiger Butter bestreichen und 3 Eßlöffel Parmesan darüberstreuen. Erkalten lassen.

8. Mit einem runden Ausstecher von 6 cm Durchmesser Halbmonde ausstechen und diese in ein feuerfestes Geschirr setzen.

9. Die Gnocchi im vorgeheizten Ofen bei 250°C goldgelb überbacken.

Diese Gnocchi werden in Italien als Vorspeise ohne Beilage serviert. Sie können aber genausogut auch zu einem Fleischragout oder einer Tomatensauce gereicht werden.

GNOCCHI ALLA PIEMONTESE

FÜR 4 PERSONEN
Zubereitungszeit:
50 Minuten

1 kg mehligkochende
Kartoffeln
1 EL Butter
1 TL Salz
Muskatnuß
1 Ei
300 g Weizenmehl

AUSSERDEM
50 g Butter
einige Salbeiblätter
oder Rosmarinnadeln
50 g frischgeriebener
Parmesan

1. Die Kartoffeln waschen und in ca. 30 Minuten gar kochen.
2. Die Kartoffeln schälen, durch die Kartoffelpresse drücken und mit Butter und Salz mischen. Die Masse noch einmal auf den heißen Herd geben und etwas trocknen lassen. In eine Schüssel geben und mit Muskat, Ei und Mehl verkneten.
3. Aus der Kartoffelmasse mit bemehlten Händen fingerdicke Röllchen formen. Diese in 2 cm dicke Stücke schneiden. Jedes Stück mit einer Gabel oder dem Zeigefinger leicht platt drücken. Man kann die Gnocchi auch wie Nokkerln mit 2 Teelöffeln vom Teig abstechen.
4. Reichlich Salzwasser in einem hohen Topf zum Kochen bringen. Die Gnocchi einlegen und in dem nur leicht siedenden Wasser in 6–8 Minuten garen. Sobald sie an der Oberfläche schwimmen, mit einem Schaumlöffel herausnehmen, abtropfen lassen und in eine vorgewärmte Schüssel füllen.
5. Die Butter in einem Topf schmelzen lassen. Die Salbeiblätter oder Rosmarinnadeln darin schwenken. Sofort über die Gnocchi gießen und mit Parmesan bestreuen.

REIS KOCHEN

Zum Kochen von 100 g Reis rechnet man 1 Liter Wasser und etwa 10 g Salz. Geschälter Reis benötigt eine Kochzeit von 16–18 Minuten, ungeschälter etwa 40–45 Minuten. Reis wird al dente (bißfest) gekocht. Den Reis nach dem Kochen sofort kalt abspülen und in einem Durchschlag abtropfen lassen.

Gekochter Reis, der nicht verbraucht wurde, kann eingefroren oder als gebratener Reis zu einer anderen Mahlzeit serviert werden.

Für eine Portion rechnet man soviel rohen Reis:
10–15 g als Suppeneinlage
40–50 g als Beilage
80–100 g als Hauptgericht

GETREIDE GAREN

Gekochtes Getreide kann zu verschiedenen Gerichten weiterverarbeitet werden oder, wie Reis, als Beilage dienen.

Einige Getreidesorten sollte man vor dem Garen einweichen, andere nicht. Am besten sollte Getreide mehrere Stunden vor dem Garen in der doppelten Wassermenge ausquellen. Hier die Garzeiten für gequollenes bzw. nichtgequollenes Getreide:

Hirse: 15–20 Minuten, nicht gequollen
Buchweizen: 20–30 Minuten, nicht gequollen
Roggen: 1½ Stunden, gequollen
Weizen, Dinkel, Hafer, Gerste: 1 Stunde, gequollen
Grünkern: 40 Minuten, gequollen

RISOTTO ZUBEREITEN

1. 2 Eßlöffel feingehackte Zwiebeln in 30 g erhitzter Butter oder 2 Eßlöffeln erhitztem Olivenöl farblos dünsten.
2. 400 g Risottoreis Avorio oder Vialone hinzufügen und etwa 2 Minuten mitschwitzen lassen. Mit ¼ l Weißwein ablöschen und diesen verdampfen lassen.

1

2

Einige Getreidearten müssen vor der Verarbeitung mehrere Stunden in Wasser eingeweicht werden.

3. Nach und nach unter öfterem Umrühren mit einem Holzlöffel etwa 1 l gewürzte heiße Brühe zufügen. Das Risotto in 15–18 Minuten al dente (bißfest) kochen.
4. Das Risotto mit Salz, Pfeffer und Muskatnuß abschmecken. Zum Schluß 40 g Butterflocken und 50 g frisch geriebenen Parmesankäse mit einer Fleischgabel gründlich unter das Risotto ziehen.

3

4

RISOTTO MIT GEMÜSE

Risotto kann mit verschiedenen Gemüsen in phantasievolle Risotti verwandelt werden. Ein Risotto mit grünem Spargel ist zum Beispiel eine raffinierte Variante:

In 2 cm geschnittener grüner Spargel (500 g Spargel bei 200 g Avorio) wird etwa 5 Minuten in Butter, eventuell zusammen mit Schinken, angedünstet und anschließend unter den fast gar gekochten Reis gemischt.

Das Risotto mit dem Spargel fertig garen und als Hauptgericht servieren.

WILDEN REIS KOCHEN

1. Den wilden Reis (120 g) waschen und 2 Stunden in warmem Wasser einweichen. Abgießen und gut abtropfen lassen.
2. 100 g Würfel von Zwiebeln, Karotten und Sellerie in 30 g Butter farblos dünsten. Den Reis zufügen und mitschwitzen, bis er glänzt.
3. Mit ½ l kochender Geflügelbrühe auffüllen, mit Salz, Pfeffer und Muskatnuß würzen. Am Herd aufkochen, im vorgeheizten Ofen bei 190 °C in 40 Minuten garziehen lassen.
4. Zwei Zweige Petersilie und 250 g Champignons waschen, hacken und 30 g Butter mit einer Fleischgabel unter den kochendheißen Reis ziehen.

PILAWREIS ZUBEREITEN

1. 2 Eßlöffel feingehackte Zwiebeln in 1 Eßlöffel Butter glasig dünsten, 300 g gewaschenen Patnareis hinzufügen, ebenfalls glasig dünsten.
2. Mit einem knappen halben Liter Brühe auffüllen, mit Salz, weißem Pfeffer und geriebener Muskatnuß würzen.
3. Eine Zwiebel mit einem kleinen Stück Lorbeerblatt und 2 Gewürznelken spikken, zum Reis geben und aufkochen.
4. Den Reis mit einem Deckel verschließen und im vorgeheizten Ofen bei 220 °C in 16–18 Minuten garziehen lassen.
5. Einen Eßlöffel Butter in kleinen Flöckchen mit einer Fleischgabel locker unter den Pilawreis mischen.

POLENTA ZUBEREITEN

1. In einem Topf 1 l Wasser oder Brühe zum Kochen bringen. Mit Salz abschmecken.

2. In die kochende Flüssigkeit 320 g mittelfeinen Maisgrieß schütten und glattrühren.

3. Unter ständigem Rühren mit einem Holzlöffel (oder Eisenspachtel) die Polenta 40–45 Minuten kochen, bis der Maisgrieß ausgequollen ist.

4. Unter den ausgequollenen Maisgrieß 40 g Butter und 50 g frisch geriebenen Parmesankäse gründlich rühren.

5. Ein Blech mit Wasser befeuchten. Die Polenta daraufgießen und mit einer Palette oder einem breiten Messer etwa 2 cm hoch ausstreichen. Die Polenta auskühlen lassen.

6. Die Polenta mit einem Messer in Rechtecke von ca. 5×7 cm schneiden oder mit einem Ausstecher von 6 cm Durchmesser Plätzchen ausstechen. Anschließend die Polenta in heißer Butter auf beiden Seiten goldgelb braten.

HIRSOTTO MIT GEFLÜGELLEBER UND BASILIKUM

FÜR 4 PERSONEN ■ ■
Zubereitungszeit:
45 Minuten
Pro Portion:
370 kcal
21 g E, 14 g F, 32 g K

HIRSOTTO
1 EL Butter
1 große Zwiebel, feingehackt
200 g Hirse
⅛ l Weißwein
½ l Gemüsebrühe
Salz
weißer Pfeffer aus der Mühle

250 g Geflügelleber
1 EL Butterschmalz
20 g Butter
1 große Zwiebel, fein gehackt
8 Basilikumblätter
Salz
weißer Pfeffer aus der Mühle

1. Für das Hirsotto die Butter erhitzen und die Zwiebel bei mittlerer Hitze darin glasig werden lassen. Die Hirse zugeben und unter Rühren so lange mitbraten, bis alle Körner von der Butter überzogen sind. Den Weißwein und knapp die Hälfte der Gemüsebrühe dazugießen und aufkochen. Im dichtverschlossenen Topf bei

> ## TIP
> *Hirse schmeckt sehr würzig und gart von allen Getreidesorten am schnellsten. Wichtig ist aber, daß der Topf gut schließt, damit die Hirse quellen kann.*
> *Man kann Gemüsestreifen unter den Hirsotto mischen (ca. 8 Minuten vor Ende der Kochzeit).*

Für das Hirsotto die Hirse in Butter leicht anbraten.

Die gesäuberten und vom Fett befreiten Hühnerlebern in Scheiben schneiden.

schwacher Hitze in 35 Minuten garen. Ab und zu noch etwas Gemüsebrühe nachgießen.

2. Die Geflügelleber putzen, also alle Unreinheiten und das Fett entfernen, und in Scheiben schneiden. Das Butterschmalz erhitzen. Die Leber hineingeben und rasch braten, bis sie nicht mehr rot ist. Aus der Pfanne nehmen und warmstellen.

3. Die Butter in die Pfanne geben, erhitzen und die Zwiebel darin 2–3 Minuten bei schwacher Hitze braten. Die Basilikumblätter in feine Streifen schneiden, zugeben und alles gut vermengen. Vom Herd nehmen und mit der Leber mischen. Mit Salz und Pfeffer abschmecken.

4. Den Hirsotto, wenn nötig, nachwürzen, anrichten, eine Vertiefung in die Mitte drücken und die Leber hineingeben.

Beilage: halbierte, in Butter geschmorte kleine Tomaten

Getränkeempfehlung: weißer Landwein

WEIZENRISOTTO MIT BUNTEM GEMÜSE

FÜR 4 PERSONEN ■ ■
Zubereitungszeit:
40 Minuten
Pro Portion:
295 kcal
9 g E, 16 g F, 27 g K

6 EL Olivenöl
150 g Weizenkörner
2 Schalotten, gehackt
1 Knoblauchzehe, gehackt
¾ l Brühe (Rind, Geflügel
oder Gemüse,
selbstgemacht)
2 kleine Kohlrabi
1 rote Paprikaschote
½ Staudensellerie
1 Zucchini
Salz
weißer Pfeffer
aus der Mühle
1 Handvoll Kerbel
1 Bund Petersilie

1. Zwei Eßlöffel Olivenöl in einem Kochtopf erhitzen, die Weizenkörner und die Schalotten- und Knoblauchwürfel bei mittlerer Hitze darin anschwitzen. Mit der Brühe aufgießen und den Weizen in 45 Minuten bei schwacher Hitze kochen.
2. Währenddessen die Kohlrabi schälen, Paprika halbieren und die Stengelansätze sowie die Samenkerne entfernen. Vom Staudensellerie die einzelnen Stengel ablösen und gemeinsam mit der Zucchini waschen. Dann die Gemüsesorten in kleine Würfel schneiden, in dem restlichen Öl in einer Pfanne anschwitzen und bei mittlerer Hitze etwa 5 Minuten garen lassen, salzen und pfeffern.
3. Die Kräuter fein hacken und gemeinsam mit den Gemüsewürfeln unter die gegarten Weizenkörner mischen, noch einmal abschmecken.

MAROKKANISCHER COUSCOUS MIT FLEISCH

FÜR 6 PERSONEN ■ ■
Zubereitungszeit:
2 Stunden 30 Minuten
Einweichzeit: ca. 8 Stunden
Pro Portion:
1085 kcal
35 g E, 72 g F, 71 g K

50 g Kichererbsen
2 mittelgroße Zwiebeln
2 Pastinaken
2 große Möhren
1 kg Lammfleisch vom
Nacken oder 500 g Lamm-,
250 g Rindfleisch und
½ Hühnchen
2 EL Olivenöl
Salz
schwarzer Pfeffer
aus der Mühle
¼ TL gemahlener
Ingwer
¼ TL Safranpulver
500 g Couscous
(Weizengrieß)
2 Tomaten
3 Zucchini
50–100 g Rosinen
100 g frische oder tief-
gekühlte dicke Bohnen
4 EL feingehackte Petersilie
Cayennepfeffer
1 TL Paprikapulver
2 EL Butter

1. Die Kichererbsen ca. 8 Stunden oder über Nacht einweichen.
2. Zwiebeln, Pastinaken und Möhren schälen. Die Zwiebeln würfeln, Pastinaken vierteln und Möhren in Scheiben schneiden.
3. Fleisch, Zwiebeln, Kichererbsen, Möhren und Pastinaken in den unteren Teil eines Couscousier (Spezialtopf) geben. Mit Wasser bedecken und Öl, Salz und Pfeffer, Ingwer und Safran dazugeben. Alles etwa 1 Stunde bei mäßiger Hitze leicht kochen lassen.
4. Den Couscous mit etwas kaltem Wasser anfeuchten und mit den Fingern gut vermischen, damit keine Klümpchen entstehen.
5. Wenn das Fleisch fast

Die Kichererbsen über Nacht einweichen. Das Fleisch mit den Möhren, den Pastinaken und den Zwiebeln kochen.

Das Couscous in ein Metallsieb füllen und dies auf den Fleischtopf setzen.

Nach etwa 30 Minuten ist der Couscous über der Brühe aufgequollen.

gar ist, den Couscous in das zum Couscousier gehörende Sieb geben und für etwa 30 Minuten auf den Fleischtopf setzen. Dabei die Körner mit den Fingern auflockern, damit sie gut aufquellen.
6. Den Couscous in eine große Schüssel geben, großzügig mit kaltem Wasser besprenkeln und mit einem Holzlöffel durchrühren, um die Körner zu trennen und ihnen Luft zuzuführen. Nach Wunsch etwas salzen.

7. Die Tomaten blanchieren, enthäuten und vierteln, Zucchini in Scheiben schneiden. Tomaten, Zucchini, Rosinen und die dicken Bohnen sowie die Petersilie in den kochenden Fleischtopf geben.
8. Das Sieb mit dem Couscous für eine weitere halbe Stunde auf den Topf setzen.
9. Eine Tasse Fleischbrühe aus dem Topf nehmen und mit etwas Cayennepfeffer und dem Paprika verrühren, so daß sie scharf und feurig ist.
10. Den Couscous auf eine große, möglichst irdene Platte geben. Die Butter darauf verteilen und in den Couscous schmelzen lassen. Das Fleisch in große Würfel schneiden und zusammen mit dem Gemüse auf dem Couscous anrichten. Die Brühe darübergießen. Die scharfe, pfeffrige Sauce getrennt in einer kleinen Schüssel reichen.
Getränkeempfehlung: Tee aus frischer Minze oder algerischer Rotwein

TIP *Wer keinen Couscousier hat, legt in den Siebeinsatz eines Dampftopfes ein Mulltuch, bevor der Couscous hineingegeben wird.*

NUDELN MIT AUBERGINEN

FÜR 4 PERSONEN ■ ■
Zubereitungszeit:
1 Stunde 45 Minuten
Pro Portion:
760 kcal
22 g E, 38 g F, 78 g K

4 Tomaten
4 kleine oder 2 große
Auberginen
2 EL Olivenöl
2 Schalotten, fein gehackt
2 Knoblauchzehen
Salz
schwarzer Pfeffer
aus der Mühle
4 EL grobgehacktes
Basilikum
200 g Sahne
400 g hausgemachte Nudeln
50 g Parmesan,
frisch gerieben
40 g Butter

Die Auberginenhälften mit der Schnittfläche auf das Backblech legen.

Nach einer Stunde Backzeit ist das Auberginenfleisch so weich, daß es ausgekratzt werden kann.

1. Die Tomaten mit einem Tomatenmesser so schälen, daß ein langes Band entsteht. Dieses für die Dekoration aufheben.
2. Ein Backblech mit Aluminiumfolie auskleiden. Die Auberginen der Länge nach halbieren. Die Folie mit wenig Öl bestreichen und die Auberginenhälften

mit der Schnittfläche nach unten daraufleben. Das Backblech auf die mittlere Schiene setzen und die Auberginen bei 150°C 1 Stunde schmoren lassen. Das Auberginenfleisch (es sollte ganz weich werden) mit einem

kleinen Löffel aus der Schale kratzen.
3. Die Nudeln in reichlich kochendem Salzwasser »al dente« kochen.
4. Die Tomaten entkernen, auspressen, würfeln und mit den Schalotten im restlichen Öl dünsten. Mit dem geschälten, durchgepreßten Knoblauch und dem Auberginenfleisch im Mixer pürieren. Mit Salz und Pfeffer abschmecken. 2 Eßlöffel Basilikum, die Sahne und den Käse zufügen.
5. Die Nudeln abgießen und mit der Butter und der Auberginensauce mischen. In eine vorgewärmte Schüssel geben und das restliche gehackte Basilikum darüberstreuen. Die Tomatenschale zu Rosen zusammenrollen und als eßbare Dekoration in die Mitte setzen.
Getränkeempfehlung: italienischer, nicht zu schwerer Rotwein, z. B. Valpolicella, Oltrepo Pavese, Colline pisane.

TIP *Wenn man wenig Zeit hat, kann man die Auberginen schälen, würfeln, in Olivenöl anbraten und zusammen mit den anderen Zutaten unter die Nudeln mischen. In diesem Fall nur 100 g Sahne verwenden.*

NUDELN MIT RÄUCHERLACHS UND RAHMSAUCE

FÜR 4 PERSONEN ■
Zubereitungszeit:
40 Minuten
Pro Portion:
755 kcal
32 g E, 34 g F, 70 g K

200 g zarter Porree
(grüne Teile)
200 g Räucherlachs
in dünnen Scheiben
1½ l Fleischbrühe
400 g Eiernudeln
1 EL Butter
4 EL trockener Weißwein
50 g gehackte Schalotten
250 g Sahne
Salz
weißer Pfeffer
aus der Mühle
30 g Parmesan,
frisch gerieben

Eiernudeln gibt es in den verschiedensten Farben.

1. Den gewaschenen Porree in 5 cm lange Stücke, den Lachs in Streifen schneiden. Anstelle von Porree kann man auch je nach Saison feingeschnittenen Sauerampfer verwenden.
2. Die Fleischbrühe erhitzen. Die Nudeln hineingeben, gut umrühren und

bei mittlerer Hitze »al dente« garen.
3. ½ Eßlöffel Butter in einem Pfännchen erhitzen, den Porree darin anziehen lassen. Mit 1–2 Eßlöffel Weißwein begießen und in 2–3 Minuten knackig garen. Er bietet hier eine aromatische Variante an, indem der Weißwein durch einen trockenen Wermut ersetzt wird. In diesem Fall sollte man den Parmesankäse zum Schluß weglassen.
4. Die restliche Butter erhitzen, die Schalotten hineingeben und in 2–3 Minuten glasig dünsten. Den restlichen Wein angießen und bei starker Hitze die Flüssigkeit zur Hälfte einkochen lassen. Durch ein Sieb in einen Topf mit weitem Boden (Sauteuse) passieren. Die Sahne zugießen und einkochen lassen, bis die Sauce sämig wird. Den Topf vom Herd nehmen, die Sauce mit Salz und Pfeffer abschmecken und den Käse daruntermischen.
5. Die Nudeln abgießen und abtropfen lassen; zur Sauce geben und die Lachsstreifen und den Porree untermischen.
Beilage: Blattsalate
Getränkeempfehlung: Pinot grigio (Friaul), Vernaccia (San Gimignano) oder Verdicchio

TIP *Besonders gut wird dieses Gericht, wenn die Nudeln hausgemacht sind.*
In diesem Fall sollte man sie nur in Salzwasser kochen.
Die Kochzeit der Nudeln kann nicht genau angegeben werden. Frische, hausgemachte Nudeln brauchen höchstens 2 Minuten. Getrocknete können je nach Marke stark variieren. Am besten probiert man sie aus. Sie sollten noch »Biß« haben.

GABELSPAGHETTI MIT ZUCCHINI

FÜR 4 PERSONEN ■
Zubereitungszeit:
30 Minuten
Pro Portion:
775 kcal
21 g E, 43 g F, 69 g K

400 g Gabelspaghetti
Salz
2 EL Butter
1 große Zwiebel, gehackt
150 g durchwachsener
Speck in Scheiben
200 g Zucchini
4 Eier
schwarzer Pfeffer
aus der Mühle
1 Bund Schnittlauch,
kleingeschnitten

1. Die Gabelspaghetti in reichlich Salzwasser in 5–7 Minuten al dente kochen und in ein Sieb zum Abtropfen schütten.
2. In der Zwischenzeit die Butter in einer großen Pfanne mit hohem Rand erhitzen und die Zwiebelwürfel darin glasig dünsten. Den Speck ohne Schwarte in schmale Streifen schneiden und in der Zwiebelpfanne ausbraten.
3. Die Zucchini waschen, vom Stengelansatz befreien, gleich über der Pfanne auf der Küchenreibe grob raspeln und 8 Minuten unter Rühren dünsten. Mit Salz und Pfeffer würzen.
4. Die Eier in eine Schüssel schlagen und mit dem Schneebesen verquirlen.
5. Die Gabelspaghetti unter die Zucchiniraspeln mischen. Die Eier über die Mischung gießen und bei mittlerer Hitze in 8–10 Minuten stocken lassen, öfters umrühren und den Schnittlauch dabei einstreuen.
Beilage: Feldsalat mit Radieschen
Getränkeempfehlung: Bier oder herber Apfelcidre

PENNE MIT ERBSEN-SAHNE-SAUCE

FÜR 4 PERSONEN ■
Zubereitungszeit:
25 Minuten
Pro Portion:
905 kcal
35 g E, 40 g F, 94 g K

2 EL Butter
1 Zwiebel, gehackt
300 g tiefgekühlte Erbsen
300 g Sahne
250 g gekochter Schinken
Salz
schwarzer Pfeffer
aus der Mühle
1 Prise frischgeriebene
Muskatnuß
1–2 TL Zitronensaft
500 g Penne
1 Bund frische Minze

1. Die Penne in reichlich Salzwasser in 10–12 Minuten al dente kochen.
2. In der Zwischenzeit die Butter in einem mittelgroßen Topf erhitzen. Die Zwiebelwürfel darin glasig dünsten. Die Erbsen und die Sahne zufügen und 8–10 Minuten köcheln lassen.
3. Den Schinken in schmale Streifen schneiden, kurz vor Ende der Garzeit in die Sauce mischen. Mit Salz, Pfeffer, Muskat und Zitronensaft kräftig abschmecken. Die Minze abbrausen, die Blättchen von den Stengeln zupfen und in die Sauce streuen.
4. Die Nudeln abgießen und in einer großen Schüssel mit der Sauce mischen.
Beilage: frischgeriebener Parmesankäse, Fenchelsalat mit schwarzen Oliven.
Getränkeempfehlung: leichter, roter Tischwein

SPAGHETTI MIT SPINATSAUCE

FÜR 4 PERSONEN ■
Zubereitungszeit:
25 Minuten
Pro Portion:
680 kcal
29 g E, 20 g F, 99 g K

2 EL Olivenöl
1 Zwiebel, gehackt
300 g tiefgekühlter,
gehackter Spinat
¼ l Fleischbrühe
(aus Extrakt)
500 g Spaghetti
Salz
schwarzer Pfeffer
aus der Mühle
frisch geriebene Muskatnuß
1 TL Oregano,
frisch oder getrocknet
200 g griechischer
Schafskäse
2 EL Pinienkerne

1. Das Olivenöl in einem mittelgroßen Topf erhitzen und die Zwiebelwürfel darin glasig dünsten. Den Spinat dazugeben, mit der Fleischbrühe aufgießen und 15 Minuten köcheln lassen, dabei ab und zu umrühren.
2. Die Spaghetti in reichlich Salzwasser in 8–10 Minuten al dente kochen und abgießen.
3. Den Spinat mit Salz, Pfeffer, Muskat und Oregano würzen.
4. Den Schafskäse zerbröckeln oder grob zerschneiden. Unter den Spinat mischen und 5 Minuten weiterköcheln. Die Pinienkerne einstreuen und nochmals abschmecken.
5. Die Spaghetti auf 4 Teller verteilen, die Sauce als Klacks in die Mitte geben.
Beilage: Tomatensalat mit Vinaigrette
Getränkeempfehlung: leichter, roter Tischwein

RIGATONI MIT PETERSILIEN-NUSS-SAUCE

FÜR 4 PERSONEN ■
Zubereitungszeit:
20 Minuten
Pro Portion:
860 kcal
27 g E, 42 g F, 88 g K

2 EL Butter
1 Zwiebel, gehackt
100 g Walnüsse, gehackt
500 g Rigatoni
Salz
200 g Doppelrahm-
Frischkäse
0,2 l Sahne
schwarzer Pfeffer
aus der Mühle
1 TL Thymian,
frisch oder getrocknet
1–2 TL Zitronensaft
2 Bund glatte Petersilie,
fein gehackt

1. Die Butter in einem mittelgroßen Topf erhitzen und die Zwiebelwürfel darin glasig dünsten. Die gehackten Walnüsse zufügen.
2. Die Rigatoni in kochendem Salzwasser in 10–12 Minuten al dente kochen. Abgießen und in eine große Schüssel füllen.
3. In der Zwischenzeit den Doppelrahm-Frischkäse und die Sahne unter die Zwiebel-Nuß-Mischung rühren, aufkochen und bei schwacher Hitze köcheln, bis die Nudeln fertig sind. Mit Salz, Pfeffer, Thymian und Zitronensaft abschmecken.
4. Die Petersilie in die Sauce rühren, nochmals abschmecken. Sauce getrennt reichen oder über die Nudeln gießen, gut mischen und gleich servieren.
Beilage: Tomatensalat mit Zwiebeln
Getränkeempfehlung: leichter, roter Tischwein, z. B. Chianti oder Beaujolais

FUSILLI MIT THUNFISCH UND KAPERN

FÜR 2 PERSONEN ■
Zubereitungszeit:
20 Minuten
Pro Portion:
555 kcal
27 g E, 17 g F, 67 g K

200 g Fusilli
(Spiralennudeln)
Salz
1 EL Öl
1 Schalotte, gehackt
1 Knoblauchzehe, gehackt
2 Sardellen, gewässert
1 Dose Thunfisch naturell
(180 g Fischeinwaage)
50 g Kapern
schwarzer Pfeffer
aus der Mühle
1–2 EL Kochwasser
der Nudeln
1 EL gehackte Petersilie

1. Die Fusilli in 2 Liter kochendem Salzwasser in ca. 15 Minuten al dente kochen.
2. In der Zwischenzeit das Öl in einer beschichteten, hochwandigen Pfanne erhitzen und die Schalotten- und Knoblauchwürfel darin glasig braten.
3. Die Sardellen und zwei Drittel des Thunfisches im Mixer fein pürieren und in die Pfanne geben. Unter Rühren kurz erhitzen, dann

Den gehackten Knoblauch zusammen mit den Schalotten in einer hochwandigen Pfanne glasig braten.

Zwei Drittel des Thunfischs und die Sardellen vor dem Erhitzen fein pürieren.

Die Kapern und das letzte Thunfischdrittel zu dem heißen Fischpüree geben.

Die gegarten Fusilli mit der Thunfischsauce mischen.

> **TIP** *Die Güte der Kapern hängt von der Größe ab – je kleiner, um so besser.*

die Kapern und den restlichen, zerpflückten Thunfisch dazugeben.
4. Die Nudeln auf einem Durchschlag abtropfen lassen, dabei etwas Kochwasser aufbewahren, und am besten mit zwei Holzgabeln unter die Thunfischsauce mischen. Eventuell etwas Kochwasser hinzufügen. Mit Petersilie bestreut servieren.

SPAGHETTI MIT ZUCCHINI UND TOMATEN

FÜR 4 PERSONEN ■
Zubereitungszeit:
30 Minuten
Pro Portion:
290 kcal
11 g E, 7 g F, 44 g K

4 kleine Zucchini
4 vollreife Fleischtomaten
1 gehackte Knoblauchzehe
1 EL gehackte Zwiebeln
1 Stückchen getrocknete
Pfefferschote
2 EL Olivenöl
Salz
schwarzer Pfeffer
aus der Mühle
200 g Spaghetti
6–8 feingeschnittene
Basilikumblätter

1. Von den Zucchini die Enden abschneiden, das Gemüse waschen und erst in längliche Scheiben, dann quer in schmale Streifen schneiden. Die Tomaten blanchieren, die Haut abziehen und das Fruchtfleisch ohne Stengelansätze und Kerne in Würfel schneiden.
2. In einer beschichteten, hochwandigen Pfanne die Knoblauch- und Zwiebelwürfel sowie die zerbröselte Pfefferschote in dem Olivenöl bei mittlerer Hitze glasig braten. Dann die Zucchinistreifen dazugeben, salzen und pfeffern und unter Rühren so lange braten lassen, bis sie leicht geröstet sind.
3. In der Zwischenzeit in einem großen Kochtopf 2 Liter Salzwasser zum Kochen bringen und die Spaghetti darin in etwa 8–10 Minuten al dente kochen.
4. Die Tomatenwürfel zu den Zucchini geben und kurz mit anschmoren. Zum Schluß die abgetropften Nudeln in die Pfanne geben und gründlich mit dem Gemüse vermischen. Noch einmal mit Salz und Pfeffer abschmecken und mit Basilikum bestreut servieren.

VOLLKORNNUDELN MIT BLATTSPINAT UND SESAM

FÜR 2 PERSONEN ■
Zubereitungszeit:
25 Minuten
Pro Portion:
295 kcal
13 g E, 12 g F, 34 g K

300 g frischer, junger Spinat
Salz
100 g Vollkorn-Bandnudeln
1 EL Olivenöl
1 Knoblauchzehe, gehackt
schwarzer Pfeffer
aus der Mühle
20 g Sesamkörner

1. Den Spinat gründlich putzen, waschen und auf einem Sieb gut abtropfen lassen. In wenig kochendem Salzwasser kurz blanchieren, dann auf ein Sieb zum Abtropfen geben.
2. 1 Liter Salzwasser in einem Kochtopf zum Kochen bringen und die Voll-

> **TIP** *Wenn es schnell gehen soll, ½ Packung (150 g) tiefgekühlten Blattspinat verwenden.*

kornnudeln darin nach Packungsanweisung al dente kochen. Auf einen Durchschlag schütten und gut abtropfen lassen.
3. In der Zwischenzeit das Olivenöl in einer beschichteten, hochwandigen Pfanne erhitzen und die Knoblauchzehe darin glasig braten. Den Spinat dazugeben, pfeffern und kurz anbraten.
4. In einer zweiten Pfanne die Sesamkörner ohne Fett goldbraun rösten.
5. Die Vollkornnudeln zum Spinat geben und beides in der Pfanne locker vermischen. Auf zwei Teller verteilen und mit den gerösteten Sesamkörnern bestreuen.

NUDELN MIT SPARGEL UND LACHS

FÜR 4 PERSONEN ■

Zubereitungszeit:	
45–50 Minuten	
Pro Portion:	
560 kcal	
24 g E, 29 g F, 45 g K	

15 g Butter
1 Stück Würfelzucker
500 g grüner Spargel
200 g Sahne
Salz
weißer Pfeffer
aus der Mühle
250 g hausgemachte Nudeln
250 g frischer Lachs,
entgrätet
1 kleiner Bund Kerbel

1. In 1 Liter kochendes Salzwasser 10 g Butter und den Würfelzucker geben. Den Spargel zusammenbinden und mit den Spitzen nach oben in 20–30 Minuten nicht zu weich kochen.
2. Die Spargelspitzen (ca. 8 cm) abschneiden und im Spargelwasser warm halten. 4 Spargelstangen kleinschneiden und mit 2 Eßlöffel Spargelsud im Mixer pürieren. Die Mischung mit der Sahne in eine weite Pfanne geben und einkochen, bis eine leicht sämige Sauce entsteht. Mit Salz und Pfeffer abschmecken.
3. Die Nudeln in reichlich kochendem Wasser »al dente« kochen.
4. Das Lachsfleisch in kleine Stücke schneiden. Einen Siebaufsatz mit der restlichen Butter bestreichen. Die Fischstückchen drauflegen, einen passenden Topf 3 cm hoch mit Wasser füllen und den Einsatz daraufstellen. Den Lachs in 1–2 Minuten über dem Dampf garen.
5. Nudeln mit Lachs und der Sauce mischen. Mit den Spargelspitzen garnieren. Kerbel waschen, mit der Schere kleinschneiden und über das Gericht streuen.

Die Spargelspitzen in etwa 8 cm Länge vom gekochten Spargel abschneiden und im Spargelwasser warm halten.

4 Spargelstangen kleinschneiden und mit etwas Spargelsud pürieren.

Den Siebeinsatz eines Topfes mit Butter bestreichen.

Das in Würfel geschnittene Lachsfleisch in den Siebeinsatz geben und über Dampf garen.

NUDELN MIT MEERESFRÜCHTEN

FÜR 4 PERSONEN ■ ■ ■

Zubereitungszeit:	
50 Minuten	
Pro Portion:	
565 kcal	
12 g E, 22 g F, 47 g K	

250 g Zuckerschoten,
Erbsen oder sehr feine
grüne Bohnen
250 g hausgemachte Nudeln
2 EL feingehackte
Schalotten
2 EL feingehackter Porree
1 halbes Glas Weißwein
250 g Meeresfrüchte
(z. B. Jakobsmuscheln,
Langustinos, Scampi
Garnelen oder Vongole)
5 cl Weißweinessig
80 g Butter
2–3 EL Sahne
Salz
½ TL grobgemahlener
weißer Pfeffer

1. Die Zuckerschoten, Erbsen oder Bohnen putzen und in 1 Liter kochendem Salzwasser in 5–10 Minuten garen. Abgießen und kalt abspülen. Die Nudeln in reichlich kochendem Wasser »al dente« kochen.

> **TIP** *Man gibt sehr kalte Butterstücke unter die Sauce, damit sie sich ganz langsam mit der Flüssigkeit verbinden. Sollte die Butter von der Flüssigkeit nicht gut aufgenommen werden, etwas Sahne zufügen.*

2. Die Schalotten mit Porree und Weißwein 10 Minuten kochen. Meeresfrüchte von Schalen oder Krusten befreien und, je nach Größe, 3–5 Minuten im Weinsud ziehen lassen und darin warm halten.

Die Zutaten für dieses Gericht sind vom Feinsten: Jakobsmuscheln, Langostinos, Scampi und Garnelen.

Im Gegensatz zu Zuckerschoten müssen grüne Bohnen abgefädelt werden.

3. Die Nudeln mit den kleingeschnittenen Meeresfrüchten (einige davon ganz als Garnitur zurückbehalten) mischen.
4. Den Sud durch ein Sieb in eine weite Pfanne gießen. Den Essig zufügen und auf die Hälfte einkochen lassen. Die Butter in kleine Stücke schneiden und mit dem Schneebesen unter die schwachkochende Sauce rühren. Die Sahne zufügen und mit Salz und Pfeffer abschmecken.
5. Die Nudeln abgießen und mit den Meeresfrüchten und dem Gemüse mischen. Die Sauce darüber verteilen.

Getränkeempfehlung:
Chardonnay (aus Italien oder Kalifornien), weißer Burgunder oder Johannisberger aus dem Wallis.

TORTELLINI MIT TOMATEN-BASILIKUM-SAUCE

FÜR 4 PERSONEN ■
Zubereitungszeit:
25 Minuten
Pro Portion:
540 kcal
20 g E, 9 g F, 92 g K

2 EL Olivenöl
1 Zwiebel, gehackt
4 Stangen Staudensellerie
2 Möhren
500 g passierte Tomaten
(Fertigprodukt)
2 Knoblauchzehen
Salz
schwarzer Pfeffer
aus der Mühle
1 Lorbeerblatt
je 1 TL Oregano
und Thymian,
frisch oder getrocknet
500 g Tortellini
1 Bund Basilikum

1. Das Olivenöl in einer Kasserolle erhitzen. Die Zwiebelwürfel zufügen und glasig dünsten.
2. Den Staudensellerie abbrausen, falls nötig, ab-

> **TIP** *Wenn von der Sauce etwas übrigbleibt, können Sie mit Zusatz von Essig und Öl eine Salatsauce daraus machen. Sie können auch mit den Zwiebeln 250 g Schweinemett braten, dann wird die Sauce noch herzhafter und üppiger.*

fädeln und in dünne Scheiben schneiden. In die Kasserolle geben. Die Möhren schälen und über dem Topf grob raspeln. Alles 5 Minuten dünsten.
3. Die Tomaten zufügen. Den Knoblauch schälen und dazudrücken. Die Sauce salzen, pfeffern, Lorbeerblatt, Oregano und

Möhren auf der Rohkostscheibe grob raspeln.

Die glasigen Fäden an den Außenseiten der Selleriestangen mit Hilfe eines Messers abziehen.

Thymian zufügen und 10 Minuten köcheln.
4. In der Zwischenzeit die Tortellini 10–15 Minuten, nach Packungsanleitung, kochen.
5. Die Sauce nochmals abschmecken, das Lorbeerblatt herausfischen und wegwerfen. Das Basilikum abbrausen, von den Stengeln zupfen und kurz vor dem Servieren in die Sauce streuen. Die Sauce getrennt von den Tortellini reichen.
Beilage: frischgeriebener Parmesankäse und Salat aus grünen Bohnen.
Getränkeempfehlung: leichter Rotwein oder Rosé

SCHLEIFCHEN-NUDELN MIT BOHNENSAUCE

FÜR 4 PERSONEN ■
Zubereitungszeit:
20 Minuten
Pro Portion:
585 kcal
28 g E, 8 g F, 96 g K

1 EL Olivenöl
1 Zwiebel, gehackt
3 Knoblauchzehen
1 kleine Dose rote Bohnen
(225 g Abtropfgewicht)
4 EL Mascarpone
(italienischer Frischkäse)
400 g Schleifchennudeln
Salz
schwarzer Pfeffer
aus der Mühle
1 Prise Cayennepfeffer
1 TL abgeriebene Schale von
1 unbehandelten Zitrone
Saft von ½ Zitrone
1 Kästchen Kresse

1. Das Olivenöl in einer Kasserolle erhitzen. Die Zwiebelwürfel darin glasig dünsten. Den Knoblauch schälen und dazudrücken.
2. Die Bohnen in einem Sieb abtropfen lassen. Anschließend mit Mascarpone im Mixer pürieren. Das Püree in die Kasserolle geben und 10 Minuten köcheln.
3. In der Zwischenzeit die Schleifchennudeln in reichlich Salzwasser in 10–12 Minuten al dente kochen und abgießen.
4. Die Bohnensauce mit Salz, Pfeffer, Cayennepfeffer, Zitronenschale und -saft kräftig abschmecken. Die Kresse abbrausen und die Blättchen kurz vor dem Servieren über der Sauce mit einer Küchenschere abschneiden. Die Schleifchennudeln getrennt von der Sauce servieren.
Beilage: frischgeriebener Parmesankäse, Salat aus Zuckerschoten mit Vinaigrette
Getränkeempfehlung: trockener Rotwein, z. B. Côtes-du-Rhone oder Corbières

BANDNUDELN MIT TOMATEN-RUCOLA-SAUCE

FÜR 4 PERSONEN ■
Zubereitungszeit:
25 Minuten
Pro Portion:
610 kcal
26 g E, 15 g F, 89 g K

2 EL Olivenöl
1 Zwiebel, gehackt
1 kleine Dose Tomaten
(210 g Abtropfgewicht)
500 g Bandnudeln
Salz
schwarzer Pfeffer
aus der Mühle
2 Bund Rucola (Rauke)
1 Kugel Mozzarella (150 g)

1. Das Olivenöl in einem mittelgroßen Topf erhitzen und die Zwiebelwürfel darin glasig dünsten. Die Tomaten samt Saft zufügen, im Topf grob zerschneiden und 10 Minuten köcheln lassen.
2. Die Nudeln in reichlich kochendem Salzwasser in 8–10 Minuten al dente kochen.
3. Die Rucola abbrau-

> **TIP** *Rucola ist nicht immer einfach zu bekommen, Sie können sie durch glatte Petersilie ersetzen.*

sen, kleine Blättchen ganz lassen, größere grob zerschneiden. Mozzarella erst in Scheiben, dann in kleine Würfel schneiden.
4. Die Tomatensauce mit Salz und Pfeffer abschmecken. Rucola und Mozzarellawürfel unterheben.
5. Die Nudeln abgießen, auf 4 Teller verteilen und die Sauce als Klacks in die Mitte setzen.
Beilage: Salat
Getränkeempfehlung: leichter Rotwein, z. B. Chianti

CHINAPFANNE MIT GLASNUDELN

FÜR 4 PERSONEN ■■
Zubereitungszeit:
40 Minuten
Pro Portion:
280 kcal
20 g E, 7 g F, 30 g K

150 g Glasnudeln
10 g Mu-Err-Pilze
1 Stange Porree
2 Möhren
1 Knoblauchzehe
200 g Putenbrustfleisch
1 TL Speisestärke
2 EL Sesamöl
1 TL frischgehackte
Ingwerwurzel
1 Stückchen getrocknete
Pfefferschote
3 EL Sojasauce
2 EL trockener Sherry (Fino)
⅛ l Hühnerfond
(aus dem Glas)
Salz
schwarzer Pfeffer
aus der Mühle
1 EL gehackte Petersilie

1. Die Glasnudeln und die Pilze jeweils in eine Schüssel geben und mit kochendem Wasser überbrühen. 30 Minuten quellen lassen.
2. Porree und Möhren putzen, waschen und in dünne Scheibchen schneiden. Knoblauchzehen schälen, fein hacken. Das Fleisch in schmale Streifen schneiden und mit der Speisestärke bepudern.
3. Das Öl in einem Wok oder einer hochwandigen Pfanne erhitzen. Zuerst das Gemüse unter Rühren anbraten, dann das Fleisch hinzufügen und mitbraten. Nun die gut abgetropften Glasnudeln und Pilze sowie den Ingwer und die zerbröselte Pfefferschote dazugeben, gründlich verrühren und mit Sojasauce, Sherry und Hühnerfond aufgießen. Alles bei starker Hitze gut durchkochen lassen, bis die Sauce leicht sämig ist. Mit Salz und Pfeffer abschmecken und mit der Petersilie bestreuen.

SPAGHETTI MIT PESTO
Spaghetti con pesto

FÜR 4 PERSONEN ■
Zubereitungszeit:
45 Minuten
Pro Portion:
770 kcal
20 g E, 41 g F, 75 g K

2 Kartoffeln
50 g sehr zarte grüne
Bohnen
40 g Salz für 4 l Wasser
400 g Spaghetti

PESTO
1 Handvoll Pinienkerne
1 Handvoll Basilikumblätter
4 Knoblauchzehen
10 g grobes Meersalz
30 g Parmesan
30 g Pecorino
8 EL Olivenöl

1. Für den Pesto die Pinienkerne in einer trockenen Pfanne hellgelb rösten. Abkühlen lassen und grob hacken.
2. Die Basilikumblätter waschen, trockentupfen und mit einer Schere in breite Streifen schneiden. Die Knoblauchzehen abziehen und in feine Würfel hacken.

> **TIP** *Zum Einfrieren: Für die Pesto nur 2 Knoblauchzehen, 30 g Käse und 4 EL Öl verwenden. Die übrigen Zutaten nach dem Auftauen hinzufügen.*

3. Pinienkerne und die Knoblauchwürfel in einem Mörser fein zerstoßen. Dann die Basilikumblätter und das Salz hinzufügen und weiter stampfen.
4. Den Käse in Stückchen zerbröckeln, in den Mörser geben und mit dem Stößel ganz zerstoßen. Nach und nach das Olivenöl hinzufügen, es soll eine cremige Masse ent-

Die Pinienkerne können statt auf dem Backblech auch in der Pfanne geröstet werden.

Pinienkerne, Knoblauch, Salz, Basilikumblätter und Käse in einem Mörser fein zerstoßen.

stehen. Den Pesto durchziehen lassen.
5. Inzwischen die Kartoffeln schälen und in kleine Würfel schneiden, die Bohnen waschen und in Stückchen brechen. In einem großen Topf 4 l Wasser mit dem Salz zum Kochen bringen und die Kartoffelwürfel und Bohnenstückchen 5 Minuten darin kochen lassen. Dann die Spaghetti hinzufügen und in 8–11 Minuten al dente kochen. Auf ein Sieb schütten und abtropfen lassen, dabei etwas Kochwasser auffangen und beiseite stellen.
6. Den Pesto mit einigen Löffeln Kochwasser geschmeidig machen. Die Nudeln mit dem Gemüse in eine vorgewärmte Schüssel geben und gründlich mit dem Pesto vermischen.
Getränkeempfehlung:
trockener, kräftiger italienischer Rotwein, vorzugsweise Rossere di Dolceacqua (Ligurien) oder Barbera

FERNÖSTLICHE NUDELPFANNE

FÜR 4 PERSONEN ■■
Zubereitungszeit:
40 Minuten
Pro Portion:
375 kcal
22 g E, 17 g F, 29 g K

½ Kopf junger Weißkohl
(500 g)
3 EL Öl
150 g Bandnudeln
Salz
250 g Rinderhackfleisch
2–3 EL Sojasauce
1 TL Dayong
(China-Gewürz)
schwarzer Pfeffer
aus der Mühle
einige Zweige Cilantro
(Koriandergrün) oder
Petersilie

1. Vom Weißkohl den harten Strunk entfernen und den Kohl auf dem Gurkenhobel in sehr feine Streifen hobeln.
2. 2 Eßlöffel Öl in einem Wok oder einer hochwandigen Pfanne erhitzen und eine Handvoll Kohl darin bei mittlerer Hitze unter ständigem Rühren glasig braten. Er darf auf keinen Fall Farbe annehmen. Unter weiterem Rühren immer wieder etwas Kohl hinzufügen, bis alles verbraucht ist.
3. 1½ Liter Salzwasser zum Kochen bringen und die Bandnudeln darin in 5–8 Minuten al dente kochen.
4. Nachdem das Gemüse gar, aber noch knackig ist, in einer beschichteten Pfanne das restliche Öl erhitzen und das Rinderhackfleisch darin unter Rühren kurz anbraten.
5. Die Nudeln auf einem Durchschlag gut abtropfen lassen, dann mit dem angerösteten Hackfleisch unter den Kohl mischen. Mit Sojasauce, Dayong, Salz und Pfeffer würzig abschmecken. Dann das Gericht mit den abgezupften Cilantroblättern bestreut sofort servieren.

NUDELN MIT RINDFLEISCH UND GEMÜSE

FÜR 4 PERSONEN ■ ■
Zubereitungszeit:
40 Minuten
Pro Portion:
545 kcal
30 g E, 13 g F, 70 g K

10 g chinesische Pilze
(Mu-Err)
Salz
250 g Rindfleisch
(z. B. Hüfte)
300 g gemischtes Gemüse
(z. B. Karotten, Staudensellerie, Porree, Broccoli)
100 g Sojabohnenkeimlinge
2 EL Erdnußöl
1 EL sehr fein gehackte
Ingwerwurzel
2 Koblauchzehen
400 g chinesische Nudeln

SAUCE
¼ l Hühnerbrühe
1 TL Stärkemehl
2 EL Sake (Reiswein) oder
trockener Sherry
2 EL Sojasauce
1 Messerspitze Sambal
Oelek

Das Rindfleisch wird in dünne Streifen geschnitten.

Das gesamte Gemüse wird ebenfalls in feine Streifen geschnitten, bzw. der Broccoli in kleine Röschen zerteilt.

1. Die Pilze in eine kleine Schüssel geben und mit Wasser bedecken. 4 Liter Wasser mit 1 Teelöffel Salz zum Kochen bringen. Die Nudeln darin »al dente« kochen.
2. Das Fleisch in feine,

TIP *Nicht mehr als 10 g Pilze einweichen. Sie quellen sehr stark auf und sind sehr ergiebig.*

kleine Scheiben schneiden. Das Gemüse putzen und in Streifen schneiden. Die Sojabohnenkeimlinge in einem Sieb mit kochendem Wasser überbrühen.
3. 1 Eßlöffel Öl in einer großen Pfanne oder in einem Wok erhitzen. Das Fleisch hineingeben und rasch unter ständigem Wenden anbraten. Herausnehmen und beiseite stellen.
4. Das restliche Öl in die Pfanne geben. Das Gemüse, die abgetropften Sojabohnenkeimlinge, die Pilze, die Ingwerwurzel und den durchgepreßten Knoblauch mit 2 Prisen Salz unter Rühren knapp garen. Das Gemüse soll knackig bleiben. Aus der Pfanne nehmen und zum Fleisch geben.
5. Für die Sauce alle Zutaten gut verrühren. In die Pfanne oder in den Wok geben und unter Rühren zu einer leicht gebundenen Sauce kochen. Nach Bedarf nachwürzen. Das Gemüse und das Fleisch mit der heißen Sauce mischen. Nur kurz erwärmen, nicht mehr kochen lassen.
6. Die Nudeln abgießen, anrichten und das Fleisch mit der Sauce darauf verteilen.
Getränkeempfehlung:
Bier, Roséwein oder Tee

SPAGHETTI MIT KALBFLEISCH UND PILZEN

FÜR 4 PERSONEN ■ ■
Zubereitungszeit:
40 Minuten
Pro Portion:
855 kcal
41 g E, 37 g F, 81 g K

400 g Tomaten
200 g kleine Champignons
Salz
400 – 500 g Spaghetti
400 g geschnetzeltes
Kalbfleisch
1½ EL Olivenöl
1 mittelgroße Zwiebel,
gehackt
1 Knoblauchzehe
schwarzer Pfeffer
aus der Mühle
½ TL gehacker Oregano
250 g Sahne
40 g Parmesan,
frisch gerieben
2 EL gehackte Petersilie

Die Haut von Tomaten läßt sich leicht abziehen, wenn die Früchte vorher mit heißem Wasser übergossen wurden.

Champignons schneidet man am schnellsten und einfachsten mit Hilfe eines Eierschneiders in Scheiben.

1. Die Tomaten mit kochendem Wasser überbrühen, die Haut abziehen und die Tomaten in Würfel schneiden. Dabei die Kerne entfernen. Die Champignons putzen, waschen, in Scheiben schneiden und sofort mit den Tomaten mischen.
2. 2 Liter Wasser mit Salz aufkochen und die Spaghetti hineingeben. Mit einem Holzlöffel ganz ein

TIP *Oft wird dem Kochwasser von Teigwaren etwas Öl zugefügt, damit sie nicht zusammenkleben. Wenn sie »al dente« gekocht werden, ist dies unnötig. Nudeln muß man »al dente« kochen, das heißt, sie sollen noch Biß haben. Die Garzeiten von Teigwaren sind sehr unterschiedlich.*

tauchen und darauf achten, daß sie nicht zusammenkleben. Etwa 10 Minuten kochen.
3. Das Fleisch im erhitzten Olivenöl unter Wenden 3 – 4 Minuten anbraten. Aus der Pfanne nehmen. Die Zwiebeln, die Tomaten, die Champignons und den geschälten durchgepreßten Knoblauch zugeben. 5 Minuten dünsten. Mit Salz, Pfeffer und dem Oregano würzen. Die Sahne zugeben und 3 Minuten einkochen lassen. Das Fleisch wieder zugeben und langsam erwärmen, aber nicht mehr kochen.
4. Die Spaghetti abgießen, mit Pfeffer bestreuen und sofort mit dem Käse mischen. Die Sauce darüber verteilen und mit der Petersilie bestreuen.
Getränkeempfehlung:
Merlot oder Chianti

VOLLKORNNUDELN MIT WILDKRÄUTERN

FÜR 4 PERSONEN ■
Zubereitungszeit:
20 Minuten
Pro Portion:
255 kcal
11 g E, 9 g F, 33 g K

200 g Vollkornspaghetti
Salz
100 g gemischte Wildkräuter
(z. B. junger Löwenzahn,
Vogelmiere, Sauerampfer,
Rucola und
Gänseblümchen)
20 g Butter
1 Schalotte, gehackt
1 Knoblauchzehe, gehackt
Salz
schwarzer Pfeffer
aus der Mühle
2 EL geriebener Parmesan
30 g geröstete
Sonnenblumenkerne

1. Die Vollkornnudeln in 2 Liter kochendem Salzwasser nach Anweisung auf der Packung al dente kochen.
2. In dieser Zeit die Wildkräuter waschen, verlesen, gegebenenfalls harte Stiele und Blätter entfernen. Kräuter grob hacken. Wichtig ist die Verwendung frischer Kräuter, denn sie sind ausschlaggebend für den Wohlgeschmack dieses Gerichts.
3. Die Butter in einer großen, beschichteten Pfanne erhitzen und die Schalotten- und Knoblauchwürfel darin glasig braten. Die Wildkräuter hinzufügen, salzen und pfeffern und kurz durchschwenken.
4. Die Nudeln auf einen Durchschlag schütten, gut abtropfen lassen und dann sofort in die Pfanne zu den Kräutern geben. Mit Parmesan bestreuen und alles mit Hilfe von zwei Kochlöffeln locker miteinander vermischen. Die Vollkornnudeln auf vorgewärmte Teller verteilen und mit den gerösteten Sonnenblumenkernen bestreut servieren.

Sonnenblumenkerne vorsichtig in einer Pfanne rösten.

Die Vollkornspaghetti in 2 Litern kochendem Wasser al dente kochen.

Knoblauch- und Schalottenwürfel in der heißen Butter glasig dünsten.

Die gekochten Spaghetti in die Pfanne geben und mit den Wildkräutern locker vermischen.

SPAGHETTI MIT MEERESFRÜCHTEN

FÜR 4 PERSONEN ■ ■
Zubereitungszeit:
45 Minuten
Pro Portion:
480 kcal
45 g E, 16 g F, 34 g K

1 kg gemischte Muscheln
(Venusmuscheln,
Miesmuscheln)
200 g frische Garnelen
einige kleine Tintenfische
4 EL Olivenöl
200 g Spaghetti
Salz
1 Knoblauchzehe, gehackt
Saft von ½ Zitrone
1–2 EL gehackte Petersilie
schwarzer Pfeffer
aus der Mühle

1. Die Muscheln gründlich bürsten, waschen und alle geöffneten Muscheln wegwerfen. Die Garnelen aus der Schale lösen und die gesäuberten Tintenfische in feine Ringe schneiden.
2. 2 Eßlöffel Olivenöl in einem großen Schmortopf erhitzen und die tropfnassen Muscheln hineingeben. Zugedeckt ca. 5–8 Minuten unter Schütteln des Topfes garen lassen, dann das Muschelfleisch aus den Schalen lösen.
3. Die Spaghetti in 2 Liter kochendem Salzwasser in ca. 10 Minuten al dente kochen.
4. In dieser Zeit das restliche Öl in einer großen, hochwandigen Pfanne erhitzen und die gehackte Knoblauchzehe darin anbraten. Die Meeresfrüchte dazugeben und bei mittlerer Hitze 4–5 Minuten köcheln lassen. Mit Zitronensaft beträufeln und mit der Petersilie bestreuen.
5. Die Spaghetti auf einem Durchschlag gut abtropfen lassen und in die Pfanne zu den Meeresfrüchten geben. Gründlich vermischen und mit Pfeffer würzen.

SPAGHETTI MIT PILZEN

FÜR 2 PERSONEN ■
Zubereitungszeit:
20 Minuten
Pro Portion:
320 kcal
11 g E, 10 g F, 36 g K

100 g Spaghetti
Salz
250 g Champignons
20 g Butter oder Margarine
1 große Schalotte, gehackt
⅛ l trockener Weißwein
schwarzer Pfeffer
aus der Mühle
½ Bund Petersilie
1 TL frischgeraspelter
Meerrettich
(oder aus dem Glas)

1. Die Spaghetti in 1 Liter Salzwasser in ca. 10 Minuten al dente kochen.
2. In der Zwischenzeit die Champignons putzen, nur wenn nötig, waschen und in dünne Scheibchen schneiden.

> **TIP** *Meerrettich aus dem Glas sollten Sie am besten mit Petersilie unter die Spaghetti mischen.*

3. Das Fett in einer beschichteten Pfanne erhitzen und die Schalottenwürfel darin glasig braten. Die Pilze dazugeben und unter Rühren bei mittlerer Hitze anbraten. Mit Wein aufgießen, salzen und pfeffern und zugedeckt 2–3 Minuten dünsten. Dann den Deckel abnehmen und bei starker Hitze etwas einkochen lassen.
4. Spaghetti auf einen Durchschlag schütten und abgetropft zu den Pilzen geben. Mit feingehackter Petersilie bestreuen und alles miteinander mischen. Das Nudelgericht auf zwei vorgewärmte Teller verteilen und mit Meerrettich bestreut servieren.

ALLGÄUER KÄSSPATZEN

FÜR 4 PERSONEN ■	
Zubereitungszeit:	
45 Minuten	
Pro Portion:	
990 kcal	
42 g E, 46 g F, 94 g K	

500 g Weizenmehl	
5 Eier	
1 TL Salz	
⅛ l Wasser	
Salzwasser zum Kochen	
schwarzer Pfeffer	
aus der Mühle	
4 kleine Zwiebeln	
80 g Butter	
300 g Allgäuer Emmentaler	

1. Das Mehl in eine Schüssel geben und in die Mitte eine Vertiefung drücken. Eier, Salz und Wasser hineingeben und den Teig mit einem Holzlöffel so lange schlagen, bis er sich vom Schüsselboden löst.
2. In einem Topf reichlich Salzwasser zum Kochen bringen. Den Teig portionsweise mit einem Spatzenhobel in das kochende Wasser hobeln. Wenn die Spatzen an die Oberfläche kommen, sind sie gar. Mit einem Schaumlöffel herausnehmen und in eine vorgewärmte Schüssel geben. Warmstellen.
3. Den Käse reiben, die geschälten Zwiebeln in Ringe schneiden. Die Butter in einer Pfanne erhitzen und die Zwiebelringe darin anbraten.
4. Die Spatzen mit dem geriebenen Käse vermischen und mit Pfeffer abschmecken. Mit den Zwiebelringen bedeckt auftragen.

HECHTMAULTASCHEN

FÜR 4 PERSONEN ■ ■	
Zubereitungszeit:	
1 Stunde 30 Minuten	
Ruhezeit: 30 Minuten	
Pro Portion:	
1060 kcal	
41 g E, 74 g F, 44 g K	

TEIG

200 g Weizenmehl	
1 TL Salz	
7 Eigelb	
Mehl zum Ausrollen	
1 Eigelb zum Bestreichen	

FÜLLUNG

200 g Blattspinat	
400 g frisches Hechtfleisch	
200 g Sahne	
200 g Crème fraîche	
4 Eiweiß	
10 g Sardellenpaste	
Salz	
schwarzer Pfeffer	
aus der Mühle	

GEMÜSESUD

1 Möhre	
1 Stange Porree	
1 Stück Sellerie	
100 g Crème fraîche	
5 cl Weißwein	
¼ l Fischfond (aus dem Glas)	
Salz	
schwarzer Pfeffer	
aus der Mühle	
1 Knoblauchzehe	
1 Zweig Thymian	
1 Lorbeerblatt	
Saft von ½ Zitrone	
100 g Butter	
1 EL gehackte Petersilie	

1. Für den Teig das Mehl in eine Schüssel geben und mit dem Salz vermischen. Die Eigelbe nacheinander zu dem Mehl geben und die Zutaten zu einem festen Teig verkneten. Zugedeckt 30 Minuten ruhen lassen.
2. Für die Füllung den Spinat waschen und tropfnaß für Sekunden in kochendem Wasser blanchieren. Die Hälfte des Spinats, das Hechtfleisch und die übrigen Zutaten für die Füllung in einem Mixer zu einer glatten Farce verarbeiten und 30 Minu-

ten in den Kühlschrank stellen.
3. Den Teig für die Maultaschen auf einem bemehlten Brett zu einem 16 cm breiten Streifen ausrollen. Mit dem verquirlten Eigelb bestreichen und die restlichen, glattgestrichenen Spinatblätter darauf verteilen.
4. Die Hechtfarce in einen Spritzbeutel füllen und einen breiten Streifen auf die obere Hälfte der Teigplatte spritzen. Die untere Hälfte darüberschlagen, so daß eine große Teigtasche entsteht. Mit einem Teigrädchen in Vierecke teilen und die Ränder noch einmal fest andrücken. Mit einem Tuch bedeckt 30 Minuten ruhen lassen.
5. Für den Sud die Gemüse waschen, putzen und in feine Streifen schneiden. Crème fraîche, Wein und Fischfond mit den Gemüsestreifen in einem Topf zum Kochen bringen. Mit Salz, Pfeffer und den Gewürzen abschmecken. 10 Minuten kochen lassen.
6. Die Maultaschen in den Gemüsesud geben und 10 Minuten köcheln lassen. Mit einem Schaumlöffel herausnehmen und auf 4 vorgewärmte Suppenteller legen.
7. Den Gemüsesud zur Hälfte einkochen lassen. Unter Rühren mit einem Schneebesen die Butter in kleinen Flöckchen hinzufügen. Sauce über die Maultaschen gießen und mit der Petersilie bestreuen.
Getränkeempfehlung: badischer Grauburgunder

Spinat, Hechtfleisch und die übrigen Zutaten für die Füllung pürieren.

Die Spinatblätter auf dem ausgewellten Teig verteilen.

Mit einem Spritzbeutel einen breiten Streifen Hechtfleischfüllung auf den Spinat spritzen.

Von der großen Teigtasche mit einem Teigrädchen kleine Stücke abtrennen.

MAULTASCHEN MIT GORGONZOLA-FÜLLUNG

FÜR 4 PERSONEN ■ ■ ■
Zubereitungszeit:
40 Minuten
Ruhezeit:
2 Stunden
Pro Portion:
975 kcal
31 g E, 63 g F, 62 g K

NUDELTEIG
400 g feines Weizenvoll-
kornmehl, frisch gemahlen
Salz
4 Eier
50 g flüssige Butter
Mehl zum Ausrollen

FÜLLUNG
150 g Gorgonzola
2 Eier
50 g feingemahlene
Walnüsse
3–4 EL Sahne
Salz
weißer Pfeffer
aus der Mühle

AUSSERDEM
1 Eigelb zum Bestreichen
Salz
1 EL Öl
100 g geklärte Butter
oder Margarine

1. Das Mehl auf ein Brett sieben, mit Salz bestreuen und in die Mitte eine Mulde drücken. Die Eier sowie die flüssige Butter hineingeben und alles mit einer Gabel vermischen. Dann mit den Händen zu einem glatten Teig verkneten und zugedeckt 2 Stunden ruhen lassen.
2. Für die Füllung den Gorgonzola durch ein Sieb streichen. Unter Rühren erst die Eier, dann die Nüsse hinzufügen und so viel Sahne angießen, daß die Masse geschmeidig ist.
3. Den Nudelteig auf einem bemehlten Backbrett mit einem Nudelholz etwa 1,5 mm dick ausrollen. Die Teigplatte in Rechtecke von 5×12 cm teilen und jeweils in die Mitte mit einem Teelöffel etwas von der

In der Küchenmaschine das Getreide zu Mehl mahlen und mit den übrigen Zutaten zu einem glatten Teig verkneten.

Die Käsefüllung gleichmäßig auf die Rechtecke verteilen.

Füllung geben. Das Eigelb mit etwas Wasser verquirlen und die Teigränder damit bestreichen. Jedes Teigrechteck der Länge nach zusammenklappen und die Ränder mit den Fingerspitzen gut festdrücken.
4. Reichlich Wasser mit Salz und Öl in einem großen Kochtopf zum Kochen bringen und die Maultaschen darin in wenigen Minuten garziehen lassen. Sobald die Maultaschen an der Oberfläche schwimmen, mit einem Schaumlöffel herausheben und gut abtropfen lassen.
5. Die Butter oder Margarine in einer beschichteten Pfanne schmelzen. Die Maultaschen kurz darin schwenken, zum Servieren die Maultaschen auf 4 Teller verteilen, die restliche Butter darüber gießen.
Beilage: Gorgonzolasauce oder Nußbutter
Getränkeempfehlung:
Weißburgunder Kabinett vom Kaiserstuhl/Baden

WILDKRÄUTER-RAVIOLI IN KRÄUTERBUTTER

FÜR 4 PERSONEN ■ ■ ■
Zubereitungszeit:
30 Minuten
Ruhezeit: 2 Stunden
Pro Portion:
860 kcal
15 g E, 68 g F, 41 g K

NUDELTEIG
250 g feines Weizenvoll-
kornmehl, frisch gemahlen
1 Prise Meersalz
2 Eier
1 Eigelb
Mehl zum Ausrollen

FÜLLUNG
200 g gemischte Wildkräuter,
z. B. Sauerampfer, Löwenzahn, Brennessel, Vogelmiere, Giersch, wilde
Möhre, Pastinak
2 gehackte Knoblauchzehen
200 g Crème fraîche
Salz
weißer Pfeffer
aus der Mühle

AUSSERDEM
1 Eigelb zum Bestreichen
Salz
1 EL Öl
200 g Butter
weißer Pfeffer
aus der Mühle

1. Aus den angegebenen Zutaten einen Nudelteig nach dem Rezept »Gefüllte Ravioli mit CashewnußSauce« (Seite 370) zubereiten. Zugedeckt 2 Stunden ruhen lassen.
2. Für die Füllung die Kräuter verlesen. Mit dem Wiegemesser oder einem breiten Messer fein hakken, die Hälfte der Kräuter mit dem durchgepreßten Knoblauch und der Crème fraîche verrühren und mit Salz und Pfeffer würzen. Die andere Hälfte der Kräuter beiseite stellen.
3. Den Nudelteig auf einem bemehlten Brett ca. 1,5 mm dick ausrollen und in gleichmäßige Quadrate schneiden. Auf jedes Quadrat ein kleines Häufchen von der Füllung geben. Die

Teigränder mit verquirltem Eigelb bestreichen, die Quadrate zusammenklappen und die Ränder gut festdrücken.
4. Reichlich Wasser mit Salz und Öl in einem großen Kochtopf zum Kochen bringen und die mit Wildkräutern gefüllten Ravioli darin in wenigen Minuten gar ziehen lassen. Sobald die Ravioli nach wenigen Minuten an der Oberfläche schwimmen, mit einem Schaumlöffel herausnehmen und auf eine vorgewärmte Platte geben.
5. Die Butter in einer Pfanne schmelzen und die zurückbehaltenen Kräuter dazugeben. Mit Salz und Pfeffer würzen und über die Ravioli gießen.
Getränkeempfehlung: würziger Rosé oder Weißherbst, aber auch ein Trollinger aus Württemberg oder auch ein leichter Rotwein aus Tirol oder der Lombardei

TIP *Wildkräuter sollten Sie nur in straßenfernen Gebieten sammeln. Natürlich können Sie das eine oder andere Wildkraut auch durch ein kultiviertes ersetzen.*

TOMATENRISOTTO MIT SCHWARZEN OLIVEN

FÜR 2 PERSONEN	■
Zubereitungszeit:	
35 Minuten	
Pro Portion:	
320 kcal	
6 g E, 11 g F, 48 g K	

2 Fleischtomaten
1 EL Olivenöl
1 kleine Zwiebel, gehackt
1 Knoblauchzehe, gehackt
100 g Avorioreis
(Risottoreis)
Salz
1 TL Tomatenmark
¼ l Wasser
1 Zweig Basilikum
10 schwarze Oliven

Die Tomaten nach dem Blanchieren mit einem scharfen Messer häuten.

1. Die Tomaten blanchieren, häuten und das Fruchtfleisch ohne Stengelansätze und Kerne in Würfel schneiden.
2. Das Öl in einem hohen Kochtopf erhitzen und

Die gewürfelten Tomatenstückchen dem angebratenen Reis zufügen.

TIP *Risotto muß sofort nach Beendigung der Garzeit verzehrt werden. Er darf auf keinen Fall zu lange stehen, da er sonst zu fest wird und nicht mehr gut schmeckt. Wer möchte, mischt frischgeriebenen Parmesan unter das fertige Reisgericht. Echtes Risotto wird mit Rundkornreis zubereitet. Wer Risotto mit »Biß« bevorzugt, kann Langkornreis verwenden.*

Zwiebel- und Knoblauchwürfel darin glasig braten. Unter Rühren erst den Reis, dann die Tomatenstücke hinzufügen. Die angedünsteten Zwiebeln, Knoblauch, Reis und Tomaten mit Salz würzen.

Das Wasser langsam in den Tomatenreis gießen.

Anschließend das Tomatenmark untermischen und nach und nach unter ständigem Weiterrühren das Wasser dazugießen. In etwa 20 Minuten garen lassen, dabei muß der Risottoreis ständig brodelnd kochen.
3. Die Basilikumblättchen von dem Zweiglein zupfen, kurz abspülen, trockenschwenken und in feine Streifen schneiden. Die schwarzen Oliven entkernen und in kleine Stücke schneiden und unter das Risotto mischen. Sofort servieren.

SÜSS-SAURER REISTOPF

FÜR 4 PERSONEN	■ ■
Zubereitungszeit:	
35 Minuten	
Pro Portion:	
300 kcal	
5 g E, 10 g F, 44 g K	

200 g Parboiled Reis
Salz
½ kleine Ananas
8 sehr kleine Schalotten
2 EL Erdnußöl
2 EL mildes Currypulver
2 cl trockener Sherry (Fino)
2 EL Kokosraspel
4 feingeschnittene
Minzeblätter

1. Den Parboiled Reis in ½ Liter kochendem Salzwasser in etwa 30 Minuten bei schwacher Hitze zugedeckt ausquellen lassen.
2. In dieser Zeit die frische kleine Ananas dick schälen. Dabei das harte Mittelstück entfernen und

TIP *Der gelbliche, schonend geschälte Parboiled Reis enthält im Vergleich zum Weißreis mehr B-Vitamine und etwas mehr Mineralstoffe. Diese Reissorte ist durchaus eine Alternative zu Naturreis, allerdings mit einem erheblich niedrigerem Anteil an Ballaststoffen.*

das Fruchtfleisch in kleine Stücke schneiden. Die Schalotten schälen, größere halbieren.
3. Das Erdnußöl in einer beschichteten Pfanne erhitzen und die Schalotten darin anbraten. Mit Curry bestreuen und mit Sherry begießen.
4. Zugedeckt bei schwacher Hitze etwa 10 Minuten schmoren lassen, dabei gelegentlich die Pfan-

Die angebratenen Schalotten mit Curry bestreuen und danach mit Sherry begießen.

Nach 10 Minuten die Ananasstückchen zufügen und kurz mitbraten.

ne rütteln. Die Ananasstückchen dazugeben und kurz mitbraten.
5. Die Kokosraspel in einer trockenen Pfanne unter Rühren rösten.
6. Den gegarten Reis in die Schalotten-Ananas-Pfanne geben, gründlich vermischen und bei Bedarf nachwürzen.
Mit Minzeblättern und Kokosraspeln bestreut servieren.

GEBRATENER REIS MIT RINDFLEISCH
Beef fried rice

FÜR 4 PERSONEN ■
Zubereitungszeit:
45 Minuten
Ruhezeit: 4 Stunden
Pro Portion:
465 kcal
19 g E, 18 g F, 50 g K

250 g Langkornreis
Salz
5 EL Maisöl oder Erdnußöl
**250 g Rindfleisch
(Rumpsteak)**
½ TL Zucker
2 EL Sojasauce
**schwarzer Pfeffer
aus der Mühle**
2 EL trockener Sherry
1 TL Kartoffelstärke
4 Knoblauchzehen
**1 Stück Ingwerwurzel
(5–6 cm)**
4 Frühlingszwiebeln
1 Ei
**3 Salatblätter von Chinakohl
oder Eisbergsalat**

1. Den gewaschenen Reis in ½ l Salzwasser mit 1 Eßlöffel Öl in 12–15 Minuten körnig weich kochen. Den ausgequollenen Reis auf eine Platte geben und mit zwei Gabeln auflockern. 4 Stunden trocknen lassen.
2. Das Fleisch fein wiegen oder durch den Fleischwolf drehen und in eine Schüssel geben.
3. Mit ½ Teelöffel Salz, Zucker, Sojasauce, Pfeffer, 1 Eßlöffel Sherry, 4 Eßlöffeln Wasser, der Kartoffelstärke bestreuen und gründlich vermischen. Alles mit einem kleinen Schneebesen verrühren, bis das Fleisch ganz leicht und locker ist. 15 Minuten stehenlassen. Zum Schluß noch 1 Eßlöffel Öl hinzufügen.
4. Die Knoblauchzehen und die Ingwerwurzel schälen und fein hacken. Die Frühlingszwiebeln in Ringe schneiden (die grünen und weißen Teile getrennt).
5. Das restliche Öl in ei-

Das Fleisch unter ständigem Rühren im Wok anbraten.

nem Wok erhitzen und zuerst den Knoblauch und dann den Ingwer und die weißen Zwiebelringe darin anbraten. Eine kurze Zeit unter Rühren braten lassen. Dann das Fleisch hinzufügen und mit der Wokspachtel unter ständigem Rühren anbraten, das Fleisch soll nicht klumpen. Den restlichen Sherry in den Wok geben.
6. Das Ei leicht verschlagen und zu dem Fleisch gießen, den Reis hinzugeben und unter Rühren alles miteinander vermischen.
7. Die Salatblätter in sehr feine Streifen schneiden und die Hälfte mit den grünen Zwiebelringen unter das Reisgericht mischen. Das Gericht mit den restlichen Salatstreifen bestreut anrichten.
Getränkeempfehlung: Bier oder chinesischer Tee

TIP *Der Wok ist das Kochgeschirr Nummer 1 in China: bei starker Hitze und unter ständigem Rühren werden feingeschnittene Zutaten (Gemüse, Fleisch oder Fisch) in kurzer Zeit knackig und schonend gegart.*

INDISCHER GEMÜSEREIS
Sabik-ki-chaval

FÜR 4 PERSONEN ■
Zubereitungszeit:
1 Stunde
Pro Portion:
315 kcal
7 g E, 6 g F, 57 g K

250 g Basmati-Reis
3 mittelgroße, feste Tomaten
**1 Stückchen (6 cm)
Ingwerwurzel**
6 schwarze Pfefferkörner
**¼ l Wasser oder
ungesalzene Gemüsebrühe**
1 große Zwiebel
1 Knoblauchzehe
**2 EL Butterschmalz
oder Pflanzenöl**
1 Stück (5 cm) Stangenzimt
6 Gewürznelken
**2 große, schwarze oder
4 große, grüne Kardamom-
kapseln, leicht zerdrückt**
1 Lorbeerblatt
½ TL Kurkuma (Gelbwurz)
1 TL Salz
**600 g gemischtes, frisches
Gemüse (z. B. grüne Bohnen,
Erbsen, Möhren,
Blumenkohlröschen)**
**Zitronenscheiben zum
Garnieren**

1. Den Reis gründlich waschen, 20 Minuten einweichen und abtropfen lassen.
2. Die Tomaten in Viertel schneiden. Die Ingwerwurzel schälen und fein reiben. Tomatenviertel, Pfefferkörner, Wasser oder Brühe und Ingwer in einer kleinen Kasserolle zum Kochen bringen. Die Hitze verringern, den Topf zudecken und die Mischung 10–12 Minuten kochen lassen. Dann durch ein Sieb passieren und genügend Wasser hinzufügen, um ½ l Tomatenbrühe zu erhalten. Beiseite stellen.
3. Die Zwiebel und die Knoblauchzehe schälen und in Würfel schneiden.
4. Das Fett bei mäßiger Hitze in einem Kochtopf erhitzen, Zwiebel-, Knoblauchwürfel, Zimtstange,

Nelken, Kardamom und Lorbeerblatt darin einige Sekunden anbraten. Den Reis hinzufügen und etwa 2 Minuten unter ständigem Rühren leicht anrösten.
5. Tomatenbrühe, Kurkuma und Salz dazugeben und alles zum Kochen bringen. Dann sofort die Hitze verringern, den Topf mit einem Deckel gut verschließen und den Reis 20–25 Minuten leicht kochen lassen, bis er gar und locker und alle Flüssigkeit aufgenommen ist.
6. In der Zwischenzeit das Gemüse putzen. Die Bohnen in Stücke schneiden, die Erbsen auspalen und die Möhren in dünne Juliennestreifen schneiden. Mit den Blumenkohlröschen in leicht gesalzenem Wasser kurz kochen, es soll noch einen Biß haben. Auf einem Sieb abtropfen lassen.
7. Den Reis vom Herd nehmen und das Gemüse über den Reis streuen. Sofort wieder bedecken und den Gemüsereis 5 Minuten stehen lassen, damit die zarten Körner sich festigen können. Den Deckel entfernen, den Reis sanft auflockern und das Gemüse daruntermischen. In eine heiße Schüssel füllen und mit ein paar Zitronenscheiben garnieren.
Beilagen: gebratene Bananen und Gurkensalat in einer Joghurtmarinade
Getränkeempfehlung: Mineralwasser oder indischer Tee

TIP *Basmati-Reis muß vor dem Kochen gründlich gewaschen werden, damit er von allen anhängenden Stärketeilchen befreit wird, und soll dann 20–30 Minuten mit Wasser bedeckt stehen, ehe er zum Kochen verwendet wird.*

RISOTTO MIT SCAMPI

Risotto alla certosina

FÜR 4 PERSONEN ■ ■
Zubereitungszeit:
1½ Stunden
Pro Portion:
965 kcal
36 g E, 31 g F, 125 g K

500 g Scampi oder andere
kleine Schalentiere
2 kleine Zwiebeln
1 Knoblauchzehe
1 Möhre
1 Stange Staudensellerie
3 EL Olivenöl
1¼ l Wasser
Salz
100 g Butter
400 g italienischer
Rundkornreis
⅛ l Weißwein
100 g Champignons
2 Tomaten
300 g ausgelöste,
junge Erbsen
Butter zum Abrunden
(nach Belieben)

Möhren, Sellerie, Zwiebel und
Knoblauch zusammen mit den
ungeschälten Scampi anrösten.

Die Scampischalen im Mörser
ganz fein zerstoßen und an die
Brühe geben.

1. Die Scampi waschen.
Die geschälten Zwiebeln in
Würfel schneiden, die ab-
gezogene Knoblauchzehe
fein hacken. Die geputzte
Möhre in Streifen und den
Sellerie in Scheibchen
schneiden.
2. Das Öl in einem Topf
erhitzen und die Hälfte der
Zwiebelwürfel, den Knob-
lauch, die Möhrenstreifen
und Selleriescheibchen
darin 5 Minuten anbraten.
Die Scampi hinzufügen.
Kurz durchrösten. Mit dem
kochenden Wasser auf-
gießen und salzen. 10 Mi-
nuten kochen lassen, dann
durch ein Sieb geben und
die Flüssigkeit auffangen.
3. Die Scampi schälen
und das Scampifleisch
beiseite legen. Die Scha-
len in einem Mörser ganz
fein zerstampfen und an
die Scampibrühe geben.
4. Die restlichen Zwiebelwürfel in 50 g Butter anbraten und den trockenen
Reis hinzufügen. Unter
Rühren glasig braten.
Nach und nach mit der
durchgesiebten Scampi-

brühe und dem Wein auf-
gießen. Der Reis soll ständig brodelnd kochen.
5. Die geputzten Champignons in Scheiben
schneiden, die Tomaten
blanchieren, enthäuten
und in Stückchen schnei-
den.
6. Die restliche Butter in
einem Topf zerlassen und
die Erbsen, Champignons
und Tomatenstückchen
darin 10 Minuten schmo-
ren lassen. Salzen. Das
Scampifleisch hinzufügen
und weitere 3 Minuten
schmoren lassen. Mit dem
fertigen Reis vermischen
und nach Geschmack mit
etwas Butter abrunden.
Getränkeempfehlung: feiner, trockener Weißwein,
am besten ein Verdicchio
(Marken)

POLENTA MIT WIRSING

FÜR 4 PERSONEN ■
Zubereitungszeit:
50 Minuten
Pro Portion:
590 kcal
26 g E, 27 g F, 55 g K

2 EL Olivenöl
1½ l Fleischbrühe
250 g grober Maisgrieß
Salz
weißer Pfeffer
aus der Mühle
200 g geschnetzeltes
Schweinefleisch
50 g durchwachsener
geräucherter Speck
1 große Zwiebel, gehackt
2 EL Fleischbrühe
2 EL gehackte Kräuter
(Petersilie, Majoran, Kerbel)
1 mittelgroßer Wirsing
(500 g)
3 EL Greyerzer,
frisch gerieben

1. Eine flache Gratinform
mit wenig Olivenöl bestreichen.

Polenta wird aus grobem oder
feinem Maisgrieß hergestellt.

Von jedem einzelnen Wirsing-
blatt wird der Strunk herausge-
schnitten.

> **TIP** *Dieses Ge-
> richt schmeckt auch
> gut mit Truthahn-
> fleisch oder gemisch-
> tem Hackfleisch.
> Man kann die Wir-
> singblätter durch Chi-
> nakohl ersetzen. In
> diesem Fall die Blät-
> ter nur ganz kurz ins
> Salzwasser geben.
> Etwas reichhaltiger
> wird die Polenta,
> wenn man das Gratin
> statt mit Käse mit ei-
> ner Käsesauce über-
> zieht (Béchamelsau-
> ce mit Käse ge-
> mischt).*

2. Die Fleischbrühe aufkochen und den Maisgrieß
unter Rühren hineingeben.
40 Minuten unter gele-
gentlichem Rühren bei
schwacher Hitze kochen.

Mit Salz und Pfeffer wür-
zen.
3. Das restliche Olivenöl
erhitzen und Fleisch, den
Speck und die Zwiebel
hineingeben und anbra-
ten. Mit 2 Eßlöffel Fleischbrühe ablöschen und mit
Salz, Pfeffer und den Kräutern würzen. Das Fleisch
unter die noch warme Po-
lenta mischen.
4. Die Wirsingblätter vom
Strunk lösen. Die Rippen
herausschneiden und die
Blätter einige Minuten in
kochendem Salzwasser
blanchieren. Herausneh-
men und gut abtropfen.
5. Die Gratinform mit den
Blättern auskleiden. Die
Hälfte der Polenta hineingeben und glattstreichen.
Mit einer Schicht Wirsingblätter abdecken und die
restliche Polenta darüber
verteilen. Mit dem Käse
bestreuen.
6. Die Form unter den
Grill schieben und über-
backen, bis der Käse
schmilzt.
Beilage: Tomatensalat
Getränkeempfehlung: Valpolicella oder Merlot

REIS MIT MEERES-FRÜCHTEN

FÜR 4 PERSONEN ■ ■
Zubereitungszeit:
30 Minuten
Marinierzeit: 30 Minuten
Pro Portion:
810 kcal
22 g E, 33 g F, 99 g K

½ Salatgurke
100 g Staudensellerie
100 g frische Champignons
200 g gekochter
Natur-Rundkornreis
Salz
weißer Pfeffer
aus der Mühle
1 TL gemahlene Kurkuma
2 cl Sojasauce
4 cl Reiswein
oder Sherry Fino
5 cl Sherryessig
5 cl Reisessig
5 cl Sesamöl
15 cl Traubenkernöl

AUSSERDEM
4 Langostinos
4 kleine Tintenfische (Sepia)
2 EL Olivenöl
8 frische Austern, ausgelöst

1. Gurke und Stauden-sellerie waschen, Champignons putzen und alles würfeln. Mit dem Reis in einer Schüssel vermischen.
2. Für das Dressing Salz, Pfeffer und Kurkuma mit Sojasauce, Reiswein und den Essigsorten so lange verrühren, bis sich das Salz gelöst hat. Dann unter Rühren die Öle dazugie-ßen. Das Dressing über die Salatzutaten gießen, vermischen und den Salat eine halbe Stunde ziehen lassen.
3. Die Langostinos schä-len, die Tintenfische waschen und trockentupfen. Olivenöl erhitzen und die Meeresfrüchte von beiden Seiten je eine Minute anbraten. Die Austern eine halbe Minute in heißem Salzwasser pochieren und mit den übrigen Meeres-früchten unter den Reis-salat mischen.
Getränkeempfehlung: z. B. ein frischer Sancerre

REISPLÄTZCHEN

FÜR 4 PERSONEN ■
Zubereitungszeit:
1 Stunde
Pro Portion:
500 kcal
13 g E, 28 g F, 46 g K

200 g Natur-Rundkornreis
Salz
2 Schalotten, gehackt
50 g frischgeriebener
Parmesan
2 Eier
50 g Semmelbrösel
1 Bund Schnittlauch,
fein geschnitten
weißer Pfeffer
aus der Mühle
100 g geklärte Butter
oder Margarine

1. Den Reis mit ½ l Was-ser in einem Schnellkoch-topf zum Kochen bringen und gut verschlossen bei schwacher Hitze in etwa 15 Minuten ausquellen las-sen.
2. Den gegarten Reis in eine Schüssel geben und abkühlen lassen. Dann mit Schalottenwürfeln und Parmesan vermischen, nach und nach die Eier un-terrühren und so viel Sem-melbrösel hinzufügen, daß die Masse formbar ist. Mit Schnittlauch, Salz und Pfeffer abschmecken.
3. Aus der Masse Plätz-chen mit einem Durch-messer von etwa 5 cm for-men. Das Fett in einer be-schichteten Pfanne erhit-zen und die Plätzchen dar-in bei mittlerer Hitze von jeder Seite in 1–2 Minuten goldbraun braten.
Beilage zu Fischgerichten, Geflügel oder Gemüsera-gouts oder mit einer leich-ten Sauce als Hauptge-richt.

GRÜNKERN-KLÖSSE

FÜR 6 PERSONEN ■
Zubereitungszeit:
30 Minuten
Ruhezeit: 30 Minuten
Pro Portion:
270 kcal
10 g E, 11 g F, 29 g K

¾ l Brühe (Rind, Geflügel
oder Gemüse,
selbstgemacht)
50 g Butter
100 g feines Grünkernmehl,
frisch gemahlen
100 g feines Weizenvoll-
kornmehl, frisch gemahlen
50 g Grünkernschrot,
frisch gemahlen
1 TL gehackte
Korianderkörner
4 Eier
Salz
weißer Pfeffer
aus der Mühle

1. Die Brühe mit der But-ter in einer Kasserolle zum Kochen bringen. Die Meh-le, den Schrot und die ge-hackten Korianderkörner einrühren und so lange bei mittlerer Hitze weiterrüh-ren, bis sich die Masse als glatter Kloß vom Topfbo-den löst.
2. Die Kasserolle vom Herd nehmen und nach und nach die Eier unter den Teig rühren, bis er ganz glatt ist. Den Teig mit Salz und Pfeffer würzen und 30 Minuten ruhen las-sen.
3. Reichlich Salzwasser in einem großen Kochtopf zum Kochen bringen. Aus der Grünkernmasse kleine Klöße formen und im ko-chenden Salzwasser bei schwacher Hitze in 10 Mi-nuten gar ziehen lassen.
Beilage zu Pilzgerichten mit Sauce oder zu Früh-lingsgemüse in einer Ker-belsauce.

HAFERFLOCKEN-SCHNITTEN

FÜR 4 PERSONEN ■ ■
Zubereitungszeit:
1 Stunde 15 Minuten
Pro Portion:
585 kcal
17 g E, 32 g F, 52 g K

1 Schalotte
1 mittelgroße Möhre
100 g Knollensellerie
100 g geklärte Butter
oder Margarine
250 g Hafergrütze
¾ l Brühe (Rind, Geflügel
oder Gemüse)
Salz
1 TL feingehackte
Thymianblätter
weißer Pfeffer
aus der Mühle
frischgeriebene Muskatnuß
2 Eier
Fett für die Form
50 g kernige Haferflocken

1. Die Schalotten schä-len, Möhre und Sellerie putzen, waschen und wür-feln. 50 g Fett erhitzen und die Gemüsewürfel darin anschwitzen. Die Hafer-grütze einstreuen, kurz an-schwitzen und mit der Brü-he aufgießen. Salzen und etwa 10 Minuten bei schwacher Hitze quellen lassen, in eine Schüssel geben und etwas ausküh-len lassen.
2. Den Backofen auf 200 °C vorheizen.
3. Gewürze und Eier un-ter den Hafer-Gemüse-Brei mischen. Die Masse in eine gefettete Springform von 24 cm Durchmesser füllen und auf der mittleren Schiene im Backofen 30 Minuten backen.
4. Die restliche geklärte Butter oder Margarine in einer Pfanne erhitzen, die Haferflocken darin an-schwitzen und gleichmä-ßig über dem Kuchen ver-teilen. Weitere 10 Minuten knusprig backen. Den Ku-chen vor dem Anschnei-den etwas ruhen lassen, dann in Stücke schneiden. Beilage zu Fleisch- oder Gemüsegerichten.

HIRSOTTO MIT WALDPILZEN

FÜR 2 PERSONEN ■
Zubereitungszeit:
40 Minuten
Pro Portion:
280 kcal
9 g E, 11 g F, 36 g K

250 g gemischte Waldpilze
(Steinpilze, Pfifferlinge,
Maronen)
1 Zwiebel
1 Möhre
1 kleine Petersilienwurzel
20 g Butter oder Margarine
100 g Hirsekörner
Salz
schwarzer Pfeffer
aus der Mühle
etwas abgeriebene, unbe-
handelte Orangenschale
¼ l Hühnerfond
(aus dem Glas)
1 EL gehackte Petersilie

1. Die Pilze putzen, nur bei Bedarf waschen und in nicht zu feine Scheiben schneiden. Die Zwiebel schälen, Möhre und Peter-silienwurzel schrappen,

> **TIP** *Wer nicht so sehr auf Kalorien achtet, mischt noch etwas Butter oder Crème fraîche unter das Hirsotto.*

waschen und alles in win-zig kleine Würfel schnei-den.
2. Das Fett in einem Schmortopf erhitzen und das Gemüse darin anbra-ten. Die Pilze dazugeben und bei starker Hitze unter Rühren anbraten. Die Hir-sekörner darüberstreuen, mit Salz, Pfeffer und Oran-genschale würzen und mit der Brühe aufgießen. Ein-mal aufkochen lassen, dann bei schwacher Hitze zugedeckt in etwa 25 Mi-nuten ausquellen lassen, dabei gelegentlich umrüh-ren. Zum Schluß die Peter-silie untermischen.

SPROSSEN-RISOTTO

FÜR 2 PERSONEN ■
Zubereitungszeit:
35 Minuten
Pro Portion:
275 kcal
11 g E, 6 g F, 42 g K

2 Frühlingszwiebeln
100 g Champignons
1 EL Öl
100 g Naturrundkornreis
1 TL mildes Currypulver
Salz
1 EL Sojasauce
¼ l Gemüsebrühe
(aus Extrakt)
200 g Bambussprossen
aus der Dose
1 Handvoll gekeimte
Sojasprossen
einige Zweige Cilantro
(Koriandergrün) oder
Petersilie

1. Die Frühlingszwiebeln waschen, putzen und mit einem Teil des Grüns in fei-ne Scheiben schneiden. Die Champignons putzen, nur bei Bedarf waschen

> **TIP** *Man kann zum Schluß, wenn es die Figur erlaubt, noch etwas Crème fraîche unter dieses vollwertige Risotto mischen.*

und feinblättrig schneiden. Normalerweise reicht es, Champignons mit einem Küchenkrepp abzureiben.
2. Das Öl in einem Koch-topf erhitzen und die Zwie-beln darin glasig braten. Die Pilze dazugeben und mitbraten, dann den Reis. Mit Curry bestreuen, sal-zen, Sojasauce untermi-schen und mit der Gemü-sebrühe nach und nach aufgießen, dabei ständig rühren. Zugedeckt kochen lassen.
3. Die Bambussprossen aus der Dose klein schnei-den. Nachdem das Gemü-

Den rohen Reis den getrockne-ten Pilzen zufügen.

Die Sojasauce noch vor der Gemüsebrühe in das Risotto gießen.

Bambussprossen und Soja-keime erst nach 15 Minuten Kochzeit hinzufügen.

se etwa 15 Minuten ge-kocht hat, die kleinge-schnittenen Bambus-sprossen und die Soja-keimlinge hinzufügen. In weiteren 5 Minuten fertig-garen. Den Risotto auf zwei tiefe Teller verteilen und mit den abgezupf-ten Cilantroblättern be-streuen.

BUNTER BUCHWEIZEN-RISOTTO

FÜR 2 PERSONEN ■
Zubereitungszeit:
40 Minuten
Pro Portion:
330 kcal
15 g E, 12 g F, 39 g K

1 kleine Stange Porree
100 g Pfifferlinge
200 g Blumenkohl
20 g Butter oder Margarine
1 kleine Zwiebel, gehackt
1 Knoblauchzehe, gehackt
80 g Buchweizenkörner
100 g tiefgekühlte Erbsen
1 Stückchen getrocknete
Pfefferschote
1 Msp. gemahlener Safran
Salz
schwarzer Pfeffer
aus der Mühle
¼ l Gemüsebrühe
(aus Extrakt)
1 EL frischgehackte Kräuter
(Petersilie, Schnittlauch,
Kerbel, Basilikum)
2 EL frischgeriebener
Parmesan

1. Vom Porree das grüne Ende so weit kürzen, daß nur noch ein kleiner Ansatz erhalten bleibt. Die Stange halbieren und gründlich waschen, dann in feine Scheiben schneiden. Die Pfifferlinge putzen, nur bei Bedarf waschen und halbieren. Den Blumen-kohl waschen und in winzi-ge Röschen teilen.
2. Das Fett erhitzen und die Zwiebel- und Knob-lauchwürfel darin glasig braten. Porree, Pilze und Blumenkohl hinzufügen und unter Rühren anbra-ten.
3. Die Buchweizenkör-ner und die Erbsen dar-überstreuen, mit der zer-bröselten Pfefferschote, Safran, Salz und Pfeffer würzen und mit der Gemü-sebrühe aufgießen. Einmal aufkochen lassen, dann zugedeckt bei schwacher Hitze in etwa 15 Minuten ausquellen lassen. Zum Schluß die Kräuter und den Käse untermischen.

PIZZA UND QUICHE

Abbildung oben:
Hackfleischtorte
(Rezept Seite 352).

Abbildung oben:
Quiche Lorraine
(Rezept Seite 339).

Abbildung rechts:
Quiche mit
Räucherfisch
(Rezept Seite 339).

Abbildung oben:
Sellerie-Orangen-
Quiche
(Rezept Seite 358).

Abbildung links:
Pizza mit
Meeresfrüchten
(Rezept Seite 338).

Abbildung links:
Basilikumtarte
(Rezept Seite 356).

PIZZATEIG HERSTELLEN
(Grundrezept für Pizzateig)

1. Mehl (500 g für 4 Fladen à 30 cm Durchmesser) in eine Schüssel sieben und in die Mitte eine Mulde drücken. Die mit 3 Eßlöffeln Wasser und einer Prise Zucker aufgelöste Hefe in die Mulde geben, mit etwas Mehl vermischen und 20 Minuten gehen lassen.

2. Das restliche lauwarme Wasser (0,2 l), 10 g Salz und 3 Eßlöffel Olivenöl hinzufügen und zu einem glatten Teig verarbeiten.

3. Den Pizzateig in vier gleich große Stücke teilen und zu Kugeln formen. Die Teigkugeln in eine Schüssel legen, mit einem Tuch zudecken und etwa 30 Minuten bei Raumtemperatur gehen lassen.

4. Die aufgegangenen Teigkugeln etwas zusammendrücken und zu 4 dünnen Fladen von je 30 cm Durchmesser ausrollen. Der Teig soll geschmeidig und nicht klebrig sein.

5. Zwei Backbleche mit Öl bestreichen und die Pizzafladen darauf legen. Mit einer Gabel mehrmals einstechen und die Teigränder etwas hochziehen. Man kann auch Quicheformen mit entsprechendem Durchmesser wählen.

6. Den Pizzateig mit beliebigen Zutaten belegen.

PIZZA MARGHERITA

FÜR 4 PERSONEN ■

PIZZATEIG
500 g Weizenmehl
1 TL Salz
20 g frische Hefe
knapp ¼ l lauwarmes Wasser
Öl zum Einfetten des Backbleches

BELAG
500 g sehr reife Tomaten oder 1 kleine Dose Tomaten (400 g)
8 Sardellenfilets, gewässert
300 g Mozzarella
8 Basilikumblätter
Salz
schwarzer Pfeffer aus der Mühle
etwas zerriebener Oregano
8 EL Olivenöl
4 EL frischgeriebener Parmesan

1. Den Pizzateig nach dem Grundrezept herstellen.
2. Für den Belag die Tomaten blanchieren, enthäuten und ohne die Blütenansätze in Stückchen schneiden. Dosentomaten gut abtropfen lassen und zerdrücken. Die Sardellen fein hacken.
3. Die vier Teigkreise auf das Backblech geben, mit den Tomaten bedecken und mit den Sardellen belegen. Die Mozzarella in Scheiben schneiden und darüber verteilen. Mit den streifig geschnittenen Basilikumblättern, Salz, Pfeffer und etwas Oregano würzen. Jede Pizza mit 2 Eßlöffeln Olivenöl beträufeln und mit dem Parmesan bestreuen.
4. Auf die mittlere Schiene in den vorgeheizten Backofen geben und bei 250 °C 10 Minuten backen.

PIZZA MIT MEERESFRÜCHTEN

PIZZATEIG
500 g Weizenmehl
2 TL Salz
20 g frische Hefe
knapp ¼ l lauwarmes Wasser
Öl zum Einfetten des Bleches

BELAG
1 Zwiebel
1 Knoblauchzehe
10 EL Olivenöl
2 große, reife Tomaten
Salz
schwarzer Pfeffer aus der Mühle
400 g gekochte, gemischte Meeresfrüchte (Muscheln, Garnelen, Tintenfischringe)
1 EL gehackte Petersilie
etwas zerriebener Oregano

1. Den Pizzateig nach dem Grundrezept herstellen.
2. Für den Belag die geschälte Zwiebel in feine Würfel schneiden und mit der abgezogenen Knoblauchzehe in 2 Eßlöffeln Öl glasig braten. Die Tomaten blanchieren, häuten und in Stücke schneiden. Zu den Zwiebelwürfeln geben und 10 Minuten dünsten lassen. Mit Salz und Pfeffer würzen. Die Meeresfrüchte hinzugeben, erhitzen, aber nicht kochen lassen.
3. Die 4 Teigkreise auf das Backblech geben und auf der mittleren Schiene im vorgeheizten Backofen bei 250 °C 10 Minuten vorbacken.
4. Aus dem Ofen nehmen und die Meeresfrüchte mit der Sauce auf den Pizzen verteilen. Mit Petersilie und Oregano bestreuen. Jede Pizza mit 2 Eßlöffeln Öl beträufeln und auf der mittleren Schiene im Backofen 1 Minute fertigbacken. Sofort auftragen.

QUICHETEIG HERSTELLEN
(Grundrezept für Quiche)

1. Weizenmehl (300 g) in eine tiefe Schüssel sieben und in die Mitte mit einem Eßlöffel eine Vertiefung drücken.
Die 2 Eier, 1 Messerspitze Salz und 150 g kleingeschnittene harte Butter aus dem Kühlschrank hineingeben.

2. Das Mehl mit den im Rezept angegebenen übrigen Zutaten zu einem glatten Teig zusammenarbeiten.

2a. Oder die Zutaten in der Küchenmaschine zum Teig verkneten.

3. Den Teig zu einer Kugel formen, in Folie einwickeln und im Kühlschrank etwa 1 Stunde ruhen lassen.
Eine flache Quicheform von 26 cm Durchmesser oder 10 Tarteletteförmchen von 10 cm Durchmesser mit einem Backpinsel ausbuttern. Den Rand nicht vergessen.

4. Den Teig entsprechend der Größe der Quicheform dünn ausrollen. Anstelle einer speziellen Quicheform kann man auch eine Springform verwenden. Die Form mit dem Teig auslegen. Mit einer Gabel mehrmals einstechen.

5. Wenn im Rezept angegeben, den Teig mit Hülsenfrüchten beschweren und bei 200 °C im vorgeheizten Ofen blind backen.

QUICHE LORRAINE

FÜR 4–6 PERSONEN ■

TEIG
300 g Weizenmehl
½ TL Salz
150 g Butter
2 Eier
Fett für die Form
Mehl zum Ausrollen

BELAG
250 g durchwachsener geräucherter Speck
1 EL Butter
250 g Sahne
3 Eier
Salz
schwarzer Pfeffer aus der Mühle
frischgeriebene Muskatnuß

1. Den Teig nach dem Grundrezept herstellen.
2. Für den Belag den Speck in feine Streifen schneiden. Die Butter in einer Pfanne erhitzen und die Speckstreifen darin glasig braten. Abkühlen lassen.
3. Eine Quicheform von 24 cm Durchmesser einfetten.
4. Den Teig auf einem bemehlten Brett etwas größer als die Form ausrollen und Boden und Rand der Quicheform damit auslegen. Den Speck auf dem Tortenboden verteilen.
5. Die Sahne mit den Eiern verquirlen und mit Salz, Pfeffer und Muskat abschmecken. Über den Speck gießen.
6. Die Quiche auf der mittleren Schiene im vorgeheizten Backofen bei 225 °C in 30–40 Minuten goldbraun backen. Auf einem Kuchengitter 10 Minuten abkühlen lassen. Noch warm servieren.

QUICHE MIT RÄUCHERFISCH

FÜR 4–6 PERSONEN ■

TEIG
300 g Weizenmehl
150 g Butter
2 Eier
Salz
Fett für die Form
Mehl zum Ausrollen

FÜLLUNG
2 TL Butter
1 EL gehackte Schalotte oder Zwiebel
250 g frische Forellen- oder Felchenfilets
250 g geräucherte Forellenfilets
½ TL Dillspitzen
Salz
weißer Pfeffer aus der Mühle
4 Eier
350 g Sahne

1. Den Teig nach dem Grundrezept herstellen.
2. 1 Teelöffel Butter erhitzen und die Schalotten oder Zwiebeln darin glasig werden lassen. Die frischen Fischfilets zugeben und von beiden Seiten 1 Minute braten. Abkühlen lassen.
3. Die frischen und geräucherten Fischfilets zerpflücken und abwechselnd auf den Teigboden legen. Den Dill und die Schalotten oder Zwiebeln aus der Pfanne darübergeben. Mit Salz und Pfeffer bestreuen.
4. Die Eier und die Sahne verquirlen. Mit Salz und Pfeffer abschmecken und über die Fischfilets gießen. Die Quiche auf der mittleren Schiene des vorgeheizten Backofens bei 240 °C 35 Minuten backen. Sofort heiß, eventuell noch in der Form servieren.

PIZZA MIT KRABBEN

FÜR 4 PERSONEN ■ ■
Zubereitungszeit:
30 Minuten
Aufgehzeit: 45 Minuten
Pro Portion:
290 kcal
6 g E, 12 g F, 38 g K

TEIG
200 g Weizenmehl
1 Prise Salz
10 g frische Hefe
ca. ⅛ l lauwarmes Wasser
1 TL Olivenöl

BELAG
2 EL Olivenöl
1 EL Oregano
1 Packung Tomatenstücke
mit Kräutern
300 g Krabben,
frisch ausgelöst
1 Knoblauchzehe, gehackt
1 EL feingeschnittenes
Basilikum
Salz
schwarzer Pfeffer aus
der Mühle
Fett für das Backblech

1. Mehl und Salz in eine Schüssel geben, in die Mitte eine Mulde drücken und die Hefe hineinbröckeln. Mit etwas Wasser verrühren und mit einem Tuch bedeckt an einem warmen Ort 15 Minuten gehen lassen. Dann das Öl sowie das restliche Wasser dazugießen und zu einem glatten Teig verarbeiten. Den Teig so lange schlagen, bis er sich vom Schüsselboden löst. Zugedeckt an einem warmen Ort 30 Minuten gehen lassen.
2. Den Backofen auf 250 °C vorheizen.
3. Aus dem Pizzateig 4 kleine Kugeln formen und diese jeweils zu runden Platten (von 15 cm Durchmesser) ausrollen. Den Rand mit den Fingern etwas dicker formen. Die Teigfladen auf ein gefettetes Backblech legen, mit Olivenöl beträufeln und mit etwas Oregano bestreuen. 12–15 Minuten auf der

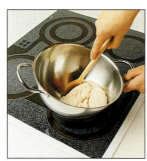

Den Teig solange kneten, bis er sich vom Schüsselboden löst.

Mit den Fingern die Teigränder etwas in die Höhe ziehen.

Nach 15 Minuten Backzeit den Krabbenbelag auf den Pizzen verteilen.

mittleren Schiene des Backofens vorbacken.
4. Tomatenstücke und Krabben vermischen, mit dem restlichen Oregano, Knoblauch und Basilikum abschmecken, bei Bedarf mit Salz und Pfeffer nachwürzen. Gleichmäßig auf die Pizze verteilen und diese in 4–5 Minuten auf der oberen Schiene fertigbakken. Sofort servieren.

PAPRIKAPIZZA

FÜR 4 PERSONEN ■ ■
Zubereitungszeit:
1 Stunde
Aufgehzeit: 45 Minuten
Pro Portion:
380 kcal
14 g E, 17 g F, 41 g K

TEIG
200 g Weizenmehl
1 Prise Salz
10 g frische Hefe
ca. ⅛ l lauwarmes Wasser

BELAG
3 rote Paprikaschoten
1 große Zwiebel
1 Knoblauchzehe
2 EL Olivenöl
1 Zweig Thymian
Salz
schwarzer Pfeffer
aus der Mühle
1 TL Aceto Balsamico
1 Kugel Mozzarella (150 g)
Fett für das Backblech

1. Mehl und Salz in eine Schüssel geben, in die Mitte eine Mulde drücken und die Hefe hineinbröckeln. Mit etwas Wasser verrühren und mit einem Tuch bedeckt 15 Minuten an einem warmen Ort gehen lassen. Dann das restliche Wasser hinzugießen und zu einem glatten Teig verarbeiten. Den Teig so lange schlagen, bis er sich vom Schüsselboden löst. Zugedeckt an einem warmen Ort 30 Minuten gehen lassen.
2. In der Zwischenzeit für den Belag die Paprikaschoten waschen, halbieren, Stengelansätze und Samen entfernen und die Hälften in feine Streifen schneiden. Die Zwiebel schälen und auf dem Gurkenhobel in feine Scheiben hobeln. Die Knoblauchzehe schälen und fein hacken.
3. Das Öl in einer beschichteten Pfanne erhitzen, Zwiebelscheiben und Knoblauch darin glasig braten. Paprikastreifen und Thymian hinzufügen und unter Rühren anbraten. Salzen und pfeffern

Paprikaschoten zählen zum Sommergemüse.

und zugedeckt bei schwacher Hitze etwa 25–30 Minuten köcheln lassen. Von der Kochstelle nehmen, den Thymian herausfischen und mit Essig und bei Bedarf mit Salz und Pfeffer abschmecken.
4. Den Backofen auf 220 °C vorheizen.
5. Den Pizzateig zu einer runden Platte von 26 cm Durchmesser ausrollen und den Rand mit den Fingern dicker formen. Auf ein gefettetes Backblech legen und mit der Paprikamasse bestreichen. Mozzarella in sehr kleine Würfel schneiden und die Pizza damit bestreuen.
6. Auf der mittleren Schiene in ca. 20 Minuten gar backen. Nach Belieben mit gehackten Kräutern bestreut servieren.

> **TIP** *Die Paprikapizza kann als Mahlzeit für 4 Personen mit einem Salat gereicht werden, aber auch in kleine Portionen geteilt als Vorspeise oder Appetithappen für 8–10 Personen. Im Unterschied zu vielen anderen Pizze schmeckt diese auch kalt.*

VOLLKORNPIZZA MIT THUNFISCH, ZWIEBELN UND KAPERN

FÜR 4 PERSONEN ■ ■
Zubereitungszeit:
30 Minuten
Aufgehzeit: 1 Stunde
Pro Portion:
400 kcal
17 g E, 19 g F, 37 α K

TEIG
150 g Weizenvollkornmehl
Type 1050
50 g Weizenschrot
1 Prise Salz
10 g frische Hefe
ca. 0,2 l lauwarmes Wasser
1 TL Öl

BELAG
1 große Gemüsezwiebel
200 g Tomatenstücke
aus der Packung
1 Knoblauchzehe, gehackt
Salz
schwarzer Pfeffer
aus der Mühle
1 Dose Thunfisch naturell
(180 g Fischeinwaage)
30 g Kapern

AUSSERDEM
2 EL Olivenöl
Fett für das Backblech

1. Weizenmehl, -schrot und Salz in einer Schüssel vermischen, in die Mitte eine Mulde drücken und die Hefe hineinbröckeln. Mit

TIP *Selbstverständlich schmeckt dieser Vollkornpizzateig auch mit jedem anderen beliebigen Belag.*

etwas Wasser verrühren und mit einem Tuch bedeckt 15 Minuten an einem warmen Ort aufgehen lassen. Dann das Öl sowie das restliche Wasser dazugießen und zu einem glatten Teig verarbeiten. Teig so lange schlagen, bis er sich vom Schüsselbo-

Die Gemüsezwiebeln mit dem Gurkenhobel in hauchdünne Scheibchen schneiden.

Die Teigfladen zuerst mit der Tomatensauce bestreichen, dann die Zwiebelringe, Kapern und Thunfisch darauf verteilen.

den löst. Zugedeckt 45 Minuten an einem warmen Ort gehen lassen.
2. Den Backofen auf 220°C vorheizen.
3. Die Zwiebel schälen und auf dem Gurkenhobel in sehr feine Scheiben hobeln. Die Tomatenstücke mit Knoblauch, Salz und Pfeffer würzig abschmekken.
4. Den aufgegangenen Hefeteig zu vier kleinen Kugeln formen und diese jeweils zu runden Platten (Durchmesser 15 cm) ausrollen. Den Rand mit den Fingern etwas dicker formen. Die Teigfladen auf ein gefettetes Backblech legen und mit den Tomatenstücken belegen. Dann die in hauchdünne Ringe geschnittene Zwiebel darauf verteilen. Mit dem in Stückchen zerpflückten Thunfisch und den Kapern belegen und mit dem Öl beträufeln. In etwa 20 Minuten auf mittlerer Schiene gar backen und sofort servieren.

PIZZA MIT SARDINEN

FÜR 4 PERSONEN ■ ■
Zubereitungszeit:
1 Stunde 10 Minuten
Pro Portion:
780 kcal
28 g E, 39 g F, 73 g K

500 g Pizzateig
etwas Olivenöl für die
Bleche
300 g Sardinen
Salz
schwarzer Pfeffer
aus der Mühle
1 TL gehackter Oregano
1 kleines Stück roter
Peperoni
2 EL Olivenöl
2 Zwiebeln
150 g Mozzarella
50 g schwarze Oliven

1. Den Teig halbieren, zu Kugeln formen, etwas plattdrücken und mit der Teigrolle zu zwei runden Fladen von ca. 25 cm Durchmesser ausrollen. Auf 2 mit Olivenöl bestrichene Bleche legen. Dabei darauf achten, daß der Rand etwas dicker ist.
2. Den Backofen auf 250–300°C vorheizen.
3. Die Sardinen vor dem Ausnehmen mit der stumpfen Seite eines Messers oder mit einem Spezialinstrument schuppen. Die Köpfe abschneiden, die Sardinen aufschlitzen und ausnehmen. Die Gräten herausziehen. Die Sardinen sternförmig auf die Pizze anordnen. Mit wenig Salz, Pfeffer und Oregano bestreuen.
4. Die Tomaten heiß überbrühen, häuten, entkernen und kleinschneiden. Mit dem Peperoni in 1 Eßlöffel Olivenöl leicht anziehen lassen und zwischen den Sardinen verteilen. Die Zwiebeln schälen und in Ringe schneiden, darauf geben.
5. Den Mozzarella in dünne Scheiben schneiden und die Pizze damit belegen. Mit Pfeffer und Salz bestreuen. Die Oliven

Vor dem Ausnehmen werden die Sardinen mit einem scharfen Messer geschuppt.

Das Ausnehmen der Sardinen erfolgt in 3 Schritten: Köpfe entfernen, Sardinen aufschlitzen und ausnehmen.

Die Sardinen sternförmig auf der Pizza anordnen und mit Gewürzen bestreuen.

entkernen, kleinschneiden und darüberstreuen. Das Ganze mit dem restlichen Olivenöl beträufeln.
Die Bleche nacheinander auf der mittleren Schiene des Ofens 10 Minuten bei 300°C backen; dann auf 240°C zurückschalten und in 15 Minuten fertigbakken.
Getränkeempfehlung: italienischer Rotwein

PIZZA MIT OLIVEN UND SARDINEN

FÜR 4 PERSONEN ■
Zubereitungszeit:
35 Minuten
Pro Portion:
420 kcal
17 g E, 21 g F, 37 g K

Fett für das Blech
300 g Hefeteig
(gekühlter Frischteig)
250 g passierte Tomaten
(Fertigprodukt)
Salz
schwarzer Pfeffer
aus der Mühle
2 Knoblauchzehen
150 g entsteinte, grüne
Oliven
2 Dosen entgrätete
Ölsardinen
2 TL Oregano
4 EL Emmentaler,
frisch gerieben

1. Ein Backblech einfetten. Den Teig darauf ausrollen und einen Rand bilden.
2. Die Tomaten 8 Minuten kochen, salzen und pfeffern. Den Knoblauch

> **TIP** *Für Parties können Sie ca. 20 Minipizze aus der gleichen Teigmenge herstellen.*

schälen und dazudrücken.
3. Den Backofen auf 200°C vorheizen.
4. Die Oliven in Scheiben schneiden und die Sardinen in einem Sieb abtropfen lassen.
5. Den Teigboden mit den Tomaten gleichmäßig bestreichen. Die Sardinen in Stückchen teilen, auf die Tomaten legen, die Oliven darüberstreuen. Mit Salz, Pfeffer und Oregano würzen und den Emmentaler darüberstreuen. Auf der unteren Schiene 20–25 Minuten backen.
Getränkeempfehlung: roter italienischer Landwein

Den Hefeteig direkt auf dem Backblech ausrollen.

Den Knoblauch in das gekochte Tomatenpüree pressen.

Die Sardinen auf das Tomatenpüree legen, anschließend die Olivenscheiben darüberstreuen.

Vor dem Backen mit einem Eßlöffel den geriebenen Emmentaler über der Pizza verteilen.

HACKFLEISCH-PIZZA MIT GORGONZOLA

FÜR 4 PERSONEN ■
Zubereitungszeit:
35 Minuten
Pro Portion:
760 kcal
34 g E, 47 g F, 42 g K

2 EL Olivenöl
1 Zwiebel, gehackt
2 Knoblauchzehen
400 g Hackfleisch
5 EL Tomatenmark
je 1 TL Thymian
und Oregano,
frisch oder getrocknet
Fett für das Blech
300 g Hefeteig
(gekühlter Frischteig)
200 g Sahnegorgonzola

1. Das Olivenöl in einer Pfanne erhitzen und die Zwiebelwürfel darin glasig dünsten. Die Knoblauchzehen schälen und dazudrücken. Das Hackfleisch zufügen und krümelig braten. Das Tomatenmark hineinrühren und mit Salz, Pfeffer und Kräutern würzen.
2. Den Backofen auf 200°C vorheizen.
3. Ein Backblech einfetten und den Hefeteig darauf ausrollen, dabei einen Rand hochziehen. Das Hackfleisch auf dem Teig gleichmäßig verteilen und den Gorgonzola als Flocken daraufsetzen.
4. Die Pizza auf die unterste Schiene des Backofens schieben und 20 Minuten backen.
Sie können den Teig auch in Portionen teilen und belegen. Dann hat jeder seine eigene, kleine Pizza.
Getränkeempfehlung: leichter Rotwein aus Italien oder Frankreich

KRÄUTERPIZZA MIT MOZZARELLA

FÜR 4 PERSONEN ■
Zubereitungszeit:
35 Minuten
Pro Portion:
935 kcal
36 g E, 45 g F, 96 g K

FÜR DEN TEIG
250 g Magerquark
Salz
5 EL Olivenöl
2 Eier
500 g Mehl
Fett für das Blech

FÜR DEN BELAG
je 2 Bund Schnittlauch,
Petersilie, Basilikum
200 g Crème fraîche
1 Ei
schwarzer Pfeffer
aus der Mühle
2 Kugeln Mozzarella
(je 150 g)

1. Für den Teig den Magerquark mit einer großen Prise Salz, dem Olivenöl und den Eiern in einer Schüssel zu einer geschmeidigen Masse verarbeiten. Das Mehl zufügen und unterarbeiten, bis sich alle Zutaten zu einem elastischen Teig verbunden haben.
2. Den Backofen auf 220°C vorheizen.
3. Ein Backblech einfetten und den Teig darauf ausrollen, Ränder hochziehen und den Boden mehrmals mit einer Gabel einstechen.
4. Die Kräuter fein hacken und mit der Crème fraîche und dem Ei mischen. Mit Salz und Pfeffer würzen und auf dem Teig verteilen. Mozzarella in 1 cm dicke Scheiben, dann in Würfel schneiden und drüberstreuen.
5. Die Pizza auf der untersten Schiene 15 Minuten backen. Gleich frisch servieren.
Getränkeempfehlung: leichter Rotwein, z. B. Chianti

ITALIENISCHE PIZZATASCHEN
Calzone

FÜR 4 PERSONEN ■■
Zubereitungszeit:
45 Minuten
Aufgehzeit:
2 Stunden 15 Minuten
Pro Portion:
1275 kcal
53 g E, 71 g F, 93 g K

TEIG
500 g Weizenmehl
1 TL Salz
30 g frische Hefe
¼ l lauwarmes Wasser
60 g Schmalz

FÜLLUNG
200 g Ricotta
2 Eier
2 EL gehackte Petersilie
100 g Parmesan,
frisch gerieben
4 leicht geräucherte
Schweinsbratwürste
200 g Mozzarella
schwarzer Pfeffer
aus der Mühle
Öl zum Ausbacken

1. Für den Teig das Mehl in einer Schüssel mit dem Salz vermischen. In die Mitte eine Vertiefung drükken. Die Hefe hineinbröckeln und mit der Hälfte des Wassers und etwas Mehl mit einem Löffel zu einem Vorteig verrühren. Zugedeckt an einem warmen Ort etwa 15 Minuten aufgehen lassen.
2. Mit dem restlichen Wasser und dem ausgelassenen Schmalz zu einem glatten Teig vermischen und so lange schlagen, bis er sich vom Schüsselboden löst. Zugedeckt 1 weitere Stunde an einem warmen Ort aufgehen lassen.
3. Aus dem gut aufgegangenen Teig 4 Kugeln formen. Jede Kugel mit dem Nudelholz kreisrund ausrollen und mit den Fingern einen Rand formen. Mit einem Tuch bedeckt noch einmal 1 Stunde gehen lassen.
4. Für die Füllung die Ri-

Den Teig halbmondförmig mit der Käsefüllung bestreichen und der Wurst belegen.

Die nicht belegte Teigseite über die Füllung klappen und den Rand gut festdrücken.

cotta mit den Eiern verrühren. Petersilie und Parmesan hinzufügen. Die Schweinsbratwürste enthäuten und in kleine Würfel, die Mozzarella in kleine Streifen schneiden. Beides mit der Ricottacreme vermischen und herzhaft mit Pfeffer würzen.
5. Die Füllung gleichmäßig auf die Calzone verteilen und jeden Teigkreis halbmondartig zusammenfalten, die Ränder fest andrücken.
6. Reichlich Öl in einer tiefen Pfanne erhitzen und die Calzone nacheinander darin schwimmend goldgelb ausbacken. Mit einem Schaumlöffel herausheben und auf Küchenpapier abtropfen lassen. Man kann die Calzone auch im vorgeheizten Backofen auf der mittleren Schiene in ca. 20 Minuten gar backen.
Getränkeempfehlung: roter italienischer Landwein

PIZZA MIT THUNFISCH UND SPINAT
Pizza con tonno e spinaci

FÜR 8 PERSONEN ■
Zubereitungszeit:
1 Stunde
Aufgehzeit:
2 Stunden 15 Minuten
Pro Portion:
825 kcal
32 g E, 33 g F, 95 g K

PIZZATEIG
1 kg Weizenmehl
2 TL Salz
40 g frische Hefe
knapp ½ l lauwarmes
Wasser
Öl zum Einfetten
des Backblechs

BELAG
1 kg Spinat
Salz
2 Zwiebeln
10 EL Olivenöl
schwarzer Pfeffer
aus der Mühle
2 Dosen Thunfisch (je 100 g)
2 Bund Petersilie
12 frische Basilikumblätter
200 g Parmesan,
frisch gerieben
100 g Pinienkerne, gehackt

1. Für den Teig das Mehl in einer Schüssel mit dem Salz vermischen. In die Mitte eine Vertiefung drükken. Die Hefe hineinbröckeln und mit der Hälfte des Wassers und etwas Mehl zu einem Vorteig verrühren. Zugedeckt an einem warmen Ort 15 Minuten aufgehen lassen.
2. Mit dem restlichen Wasser zu einem glatten Teig verarbeiten und so lange schlagen, bis er sich vom Schüsselboden löst. Zugedeckt 1 Stunde an einem warmen Ort aufgehen lassen.
3. Den aufgegangenen Teig zu einem rechteckigen Laib formen und auf das Backblech legen. Flachdrücken, so daß der Teig das ganze Blech bedeckt und ein Rand entsteht. Mit einem Tuch be-

Den Teig, mit einem Tuch abgedeckt, eine Stunde lang auf dem Blech gehen lassen. Anschließend den Pizzateig belegen.

deckt nochmals 1 Stunde gehen lassen.
4. Den Backofen auf 250 °C vorheizen. Das Backblech mit Öl einfetten.
5. Für den Belag den Spinat waschen und tropfnaß mit etwas Salz kurz aufkochen. Gut abtropfen lassen und fein wiegen. Die geschälten Zwiebeln in Würfel schneiden und in 4 Eßlöffeln Öl glasig braten. Den Spinat hinzufügen. Mit Salz und Pfeffer abschmecken.
6. Die Zwiebel-Spinat-Mischung auf der Teigplatte verteilen. Mit dem zerkleinerten Thunfisch belegen. Mit feingehackter Petersilie, streifig geschnittenen Basilikumblättern, Salz und Pfeffer würzen. Mit Parmesan und Pinienkernen bestreuen und mit dem restlichen Öl beträufeln.
7. Die Pizza auf die mittlere Schiene in den Backofen geben und 20 Minuten backen. In Stücke geschnitten servieren.
Getränkeempfehlung: trockener italienischer Rosé, z. B. Castel del Monte (Apulien)

BUNTE GEMÜSE-TARTE

FÜR 6–8 PERSONEN ■ ■ ■
Zubereitungszeit:
1 Stunde 10 Minuten
Ruhezeit: 1 Stunde
Pro Portion bei 6 Personen:
800 kcal
14 g E, 67 g F, 29 g K

TEIG
200 g feines Weizenvoll-
kornmehl, frisch gemahlen
1 Ei
150 g gut gekühlte Butter
Salz
weißer Pfeffer
aus der Mühle
Mehl zum Ausrollen
Fett für die Form

BELAG
je eine rote, gelbe und grüne
Paprikaschote
3 kleine Zucchini
100 g frische Erbsen
(mit Schoten)
150 g durchwachsener
Frühstücksspeck
2 Schalotten, gehackt
2 EL Öl
250 g Kirschtomaten
250 g Sahne
4 Eier
2 EL gehackte Petersilie
Salz
weißer Pfeffer
aus der Mühle

1. Für den Teig das Mehl in eine Schüssel sieben, in die Mitte eine Mulde drük-ken und das Ei hineinge-ben. Den Rand mit Butter-flöckchen belegen und mit Salz und Pfeffer bestreu-en. Zu einem glatten Teig verkneten. Mit Folie um-hüllt 1 Stunde kühlstellen.
2. Für den Belag die Pa-prikaschoten waschen, halbieren und die Stengel-ansätze sowie die Samen-kerne entfernen. Die Papri-kahälften in kleine Würfel schneiden. Die Zucchini waschen, die Enden ent-fernen und das Gemüse in feine Scheiben schneiden. Die Erbsen aus den Scho-ten lösen und kurz in ko-chendem Wasser blan-chieren.
3. Den Speck in kleine

Das Weizenvollkornmehl mit dem Ei und eiskalten Butter-stückchen zu einem Teig ver-kneten.

Den festen Teigkloß etwa 1 Stunde im Kühlschrank ruhen lassen.

Den Teig zu einer runden Platte ausrollen und die Quicheform damit auskleiden.

Das Gemüse auf die Quiche ver-teilen.

Würfel schneiden, kurz blanchieren und gut abge-tropft mit den Schalotten-würfeln im erhitzten Öl bei mittlerer Hitze anschwit-zen. Auf ein Sieb geben und abtropfen lassen.
4. Den Backofen auf 200°C vorheizen.
5. Den Mürbeteig auf ei-nem bemehlten Brett zu ei-ner runden Platte von 30 cm Durchmesser aus-rollen. Boden und Rand ei-ner gefetteten Tarteform mit 26 cm Durchmesser

> **TIP** Am besten schmeckt die Tarte lauwarm. Sie ist ideal, wenn Sie Gäste ha-ben, da sich Teig und Belag gut vorbereiten lassen.

damit auskleiden. Den Bo-den mehrmals mit einer Gabel einstechen. Den äu-ßeren Rand mit zwei Rei-hen Zucchinischeiben be-legen. Paprika und Erbsen mit den Speckwürfeln ver-mischen und in die Mitte geben. Die gewaschenen Kirschtomaten dazwi-schen verteilen.
6. Die Sahne mit den Ei-ern gründlich verquirlen und mit Petersilie, Salz und Pfeffer abschmecken. Die Sahnemischung über dem Gemüse verteilen und die Tarte auf der mittleren Schiene des Backofens et-wa 35 Minuten backen.
Getränkeempfehlung:
Spätburgunder Weiß-herbst mit einer frischen Säure, z.B. aus dem Rheingau

KÄSE-NUSS-TARTE

FÜR 6–8 PERSONEN ■ ■
Zubereitungszeit: 1 Stunde
Ruhezeit: 1 Stunde
Pro Portion bei 6 Personen:
825 kcal
29 g E, 63 g F, 30 g K

TEIG
200 g Weizenvollkornmehl
1 Ei
150 g gut gekühlte Butter
Salz
weißer Pfeffer
Mehl zum Ausrollen
Fett für die Form

BELAG
100 g Pistazien
100 g Pinienkerne
500 g Mascarpone
300 g Magerquark
125 g Crème fraîche
4 Eier
Salz
weißer Pfeffer
frischgeriebene Muskatnuß

1. Mehl in eine Schüssel sieben, in die Mitte eine Mulde drücken und das Ei hineingeben. Den Rand mit Butterflöckchen bele-gen und mit Salz und Pfef-fer bestreuen. Rasch zu einem glatten Teig ver-kneten. Mit Folie umhüllt 1 Stunde kühlstellen.
2. Für den Belag die Nüsse in einer Pfanne rö-sten, dann fein hacken.
3. Mascarpone, Quark, Crème fraîche und Eier verrühren. Mit Salz, Pfeffer und Muskat würzen und die Nüsse untermischen.
4. Den Backofen auf 200°C vorheizen.
5. Den Teig auf einem bemehlten Brett zu einer runden Platte von 30 cm Durchmesser ausrollen. Boden und Rand einer ge-fetteten Tarteform von 26 cm Durchmesser damit auskleiden. Den Boden mehrmals mit einer Gabel einstechen. Den Belag auf dem Teig verteilen und die Tarte auf der mittleren Schiene des Backofens 35–40 Minuten backen.
Getränkeempfehlung:
trockener Silvaner aus Franken

QUICHES MIT KRESSE UND QUARK

FÜR 8–10 KÜCHLEIN ■ ■
Zubereitungszeit:
1 Stunde
Ruhezeit für den Teig:
1 Stunde
Pro Portion bei 9 Portionen:
410 kcal
14 g E, 26 g F, 26 gK

TEIG
300 g Weizenmehl
2 Eier
2 Prisen Salz
150 g Butter

FÜLLUNG
200 g Gartenkresse
4 Eigelb
300 g Sahnequark
4 Eiweiß
Salz
½ TL Dillspitzen
weißer Pfeffer
aus der Mühle

Butter für die Förmchen
30 g Butter

1. Für den Teig das Mehl in eine Schüssel sieben und eine Vertiefung hineindrücken. Die Eier, das Salz und die kleingeschnittene Butter hineingeben. Die Zutaten zu einem glatten Teig verarbeiten. Zu einer Kugel formen und mindestens 1 Stunde im Kühlschrank ruhen lassen.
2. Den Backofen auf 200° vorheizen.
3. Für die Füllung die Kresse waschen, gut abtropfen lassen und grob hacken. Das Eigelb mit dem Sahnequark sämig rühren. Das Eiweiß mit wenig Salz steifschlagen. Die Eiercreme mit dem Dill mischen. Den Eischnee und die Kresse Löffel für Löffel darunterziehen. Mit Pfeffer und eventuell etwas Salz abschmecken.
4. Förmchen von 10 cm Durchmesser mit Butter bestreichen. Den Teig 3 mm dick ausrollen. Die Förmchen damit auslegen. Mit einer Gabel die Teigböden mehrmals einste-

Die gewaschene Kresse mit einem Wiegemesser grob hacken.

Unter die Ei-Quarkcreme werden die Kräuter gemischt.

Die vorgebackenen Quichetörtchen werden mit der Kräutercreme gefüllt.

chen. Die Förmchen mit passend zugeschnittenem Backpapier auslegen und mit weißen Bohnen oder Erbsen füllen. 15 Minuten blindbacken.
5. Bohnen und Papier entfernen. Die Füllung auf die Förmchen verteilen. Butter in Flocken schneiden und auf die Quiches setzen. In 10–15 Minuten bei 220 °C fertigbacken. Warm oder lauwarm servieren.
Beilage: Tomaten- oder Paprikasalat
Getränkeempfehlung: Apfelwein

AUSTERNPILZ-QUICHE MIT KÄSE

FÜR 4 PERSONEN ■
Zubereitungszeit:
35 Minuten
Pro Portion:
685 kcal
15 g E, 49 g F, 43 g K

2 EL Olivenöl
1 Zwiebel, gehackt
250 g Mürbeteig
(gekühlter Frischteig)
Mehl zum Ausrollen
Fett für die Form
750 g Austernpilze
Salz
schwarzer Pfeffer
aus der Mühle
1 TL Kräuter der Provence
150 g Crème fraîche
100 g Appenzeller Käse,
frisch gerieben
1 Bund glatte Petersilie,
fein gehackt

1. Das Olivenöl in einer breiten Pfanne erhitzen. Die Zwiebelwürfel darin glasig dünsten.
2. Den Backofen auf 220 °C vorheizen.
3. Den Mürbeteig auf einer bemehlten Fläche ausrollen. Eine Springform von 26 cm Durchmesser einfetten, mit dem Teig auslegen, einen Rand von ca. 4 cm hochdrücken und den Teigboden mehrmals einstechen. Auf der mittleren Schiene 10 Minuten backen.
4. Inzwischen die Austernpilze abbrausen und in schmale Streifen schneiden. In die Pfanne zu den Zwiebeln geben und dünsten, bis fast alle Flüssigkeit verdampft ist. Mit Salz, Pfeffer und Kräutern kräftig würzen. Etwas abkühlen lassen.
5. Die Crème fraîche mit dem geriebenen Käse unter die Austernpilze heben. Die Pilzmischung auf dem Mürbeteig gleichmäßig verteilen und weitere 15 Minuten backen. Die Petersilie auf die fertiggebackene Quiche streuen.
Beilage: knackiger Blattsalat aus mehreren Sorten

SPINATQUICHE

FÜR 4 PERSONEN ■
Zubereitungszeit:
35 Minuten
Pro Portion:
545 kcal
10 g E, 40 g F, 32 g K

2 EL Butter
1 Zwiebel, gehackt
300 g tiefgekühlter
Blattspinat
Salz
schwarzer Pfeffer
aus der Mühle
frischgeriebene Muskatnuß
250 g Mürbeteig
(gekühlter Frischteig)
Mehl zum Ausrollen
Fett für die Form
150 g Kräuter-Crème fraîche
2 Eier

1. Die Butter in einem Topf erhitzen und die Zwiebelwürfel darin glasig dünsten. Den Spinat zufügen, auftauen lassen, zwischendurch immer wieder umrühren. Mit Salz, Pfeffer und Muskat würzen.
2. Den Backofen auf 200 °C vorheizen.
3. Den Mürbeteig auf einer bemehlten Arbeitsfläche ausrollen. Eine Springform von 26 cm Durchmesser einfetten und mit dem Teig auslegen. Einen Rand von ca. 4 cm hochdrücken und den Boden mehrmals mit einer Gabel einstechen. Auf der mittleren Schiene 10 Minuten vorbacken.
4. Den Spinat ausdrücken und mit der Kräuter-Crème fraîche und den Eiern mischen. Auf dem Teigboden verteilen. Die Spinatquiche in weiterer 15 Minuten fertigbacken.
Beilage: Tomatensalat mit frischem Basilikum
Getränkeempfehlung: Bier oder trockener Weißwein

351

BLUMENKOHL-TORTE

FÜR 6 PERSONEN ∎
Zubereitungszeit:
1 Stunde 10 Minuten
Pro Portion:
665 kcal
11 g E, 58 g F, 19 g K

300 g tiefgekühlter
Blätterteig
1 großer Blumenkohl
150 g Champignons
150 g durchwachsener
geräucherter Speck
2 EL Butter
2 EL gehackte Petersilie
Salz
schwarzer Pfeffer
aus der Mühle
Mehl zum Ausrollen
4 Eier
250 g Sahne

1. Den Blätterteig 20 Minuten auftauen lassen.
2. Den Blumenkohl in kleine Röschen zerteilen. Champignons in Scheiben schneiden, Speck würfeln.
3. Die Blumenkohlröschen in 1 Eßlöffel Butter andünsten, mit einer halben Tasse Wasser aufgießen und fast weich dünsten. Die Champignons und den Schinken in der restlichen Butter andünsten. Blumenkohl und Pilze mit Petersilie, Salz und Pfeffer würzen und abkühlen lassen.
4. Backofen auf 225°C vorheizen. Eine Springform von 26 cm Durchmesser kalt ausspülen.
5. Den Teig auf einer bemehlten Fläche ausrollen, die Form damit auslegen und 15 Minuten backen.
6. Form aus dem Ofen nehmen und den Boden mit dem Gemüse belegen. Die Eier mit der Sahne gründlich vermischen, leicht würzen und über das Gemüse gießen.
7. Die Torte auf der mittleren Schiene des Backofens in 30 bis 40 Minuten goldgelb backen.
Getränkeempfehlung: trockener Weißwein, z. B. Silvaner oder Riesling

HACKFLEISCH-TORTE

FÜR 6–8 PERSONEN ∎
Zubereitungszeit:
1 Stunde 30 Minuten
Pro Portion bei 6 Personen:
585 kcal
27 g E, 41 g F, 22 g K

300 g tiefgekühlter
Blätterteig
1 Zwiebel
2 EL Butter
50 g gekochter Schinken
100 g Schweinehack
150 g Tatar
2 Tomaten
1 TL Tomatenmark
Salz
schwarzer Pfeffer
aus der Mühle
etwas frischgeriebene
Muskatnuß
2 gehäufte EL Mehl
3 Eier
¼ l Milch
200 g Emmentaler,
frisch gerieben

1. Den Blätterteig in 20 Minuten auftauen lassen.
2. Inzwischen die geschälte Zwiebel in feine Würfel schneiden. Die Butter in einer großen Pfanne erhitzen und die Zwiebelwürfel darin glasig braten. Den Schinken fein würfeln und mit dem Hackfleisch und Tatar gut vermischen. In die Pfanne geben und unter Rühren kurz anbraten.
3. Die Tomaten blanchieren, häuten und in kleine Stückchen schneiden. Mit dem Tomatenmark in die Pfanne geben. Kurz weiterbraten – das Fleisch soll noch rosa sein. Mit Salz, Pfeffer und Muskat würzen. Vom Herd nehmen und erkalten lassen.
4. Den Backofen auf 225°C vorheizen. Eine Springform von 24 cm Durchmesser kalt ausspülen.
5. Den Blätterteig ausrollen und Boden und Rand der Springform damit auslegen. Die Fleischfüllung auf dem Tortenboden verteilen.

Hackfleisch, Tatar und Schinken den glasig gebratenen Zwiebeln zufügen und kurz weiter erhitzen.

Die Tomaten unter die Fleischmasse mischen.

Den Käse mit der Sauce vermischen und über der Hackfleischfüllung verteilen.

6. Das Mehl in eine Schüssel geben und gründlich mit den Eiern verrühren. Nach und nach unter Rühren die Milch hinzufügen und alles gut vermischen. Den Käse daruntergeben, herzhaft mit Salz und Pfeffer abschmecken und die Käsesauce gleichmäßig über die Fleischfüllung verteilen. Die Torte auf die mittlere Schiene in den Backofen schieben und in 30–40 Minuten goldbraun backen.
Beilage: Feldsalat
Getränkeempfehlung: Bier

KRESSE KÜCHLEIN

FÜR 4 PERSONEN ∎
Zubereitungszeit:
35 Minuten
Pro Portion:
335 kcal
11 g E, 21 g F, 23 g K

200 g Sonntags-Brötchen
(gekühlter Frischteig)
Fett für das Blech
200 g Doppelrahm-
Frischkäse mit Kräutern
1 kleine Zwiebel
schwarzer Pfeffer
aus der Mühle
2 Kästchen Kresse

1. Die vier Teigstücke aus der Packung nehmen und auf ein eingefettetes Backblech legen. Mit dem Handballen etwas auseinanderdrücken, so daß in der Mitte eine Vertiefung entsteht.
2. Den Backofen auf 200°C vorheizen.
3. Den Doppelrahm-Frischkäse in kleine Würfel schneiden und auf die Teigstücke geben. Die

TIP *Statt Kresse kann man selbstverständlich auch andere frische Kräuter verwenden. Genauso kann der Frischkäse durch Schafskäse ersetzt werden. Die Küchlein eignen sich besonders gut zum ausgiebigen Sonntagsbrunch.*

Zwiebel schälen, in Ringe schneiden und darauf verteilen, mit Pfeffer würzen.
4. Die Küchlein auf der mittleren Schiene ca. 25 Minuten backen.
5. Die Kresse abbrausen, abschneiden und die Küchlein dick damit bestreuen und servieren.

KASTENKUCHEN MIT GEMÜSE

FÜR 8 PERSONEN ■ ■
Zubereitungszeit:
1 Stunde 15 Minuten
Pro Portion:
455 kcal
11 g E, 30 g F, 31 g K

150 g grüne Bohnen
½ Fenchelknolle
1 rote Paprikaschote
1 Bund junge Möhren
Salz
1 unbehandelte Orange
1 unbehandelte Zitrone
200 g weiche Butter
6 Eier
2 TL Selleriesalz
250 g Weizenmehl
20 g frische Hefe

AUSSERDEM
Butter zum Einfetten
2 EL Mehl zum Ausstreuen
und Bestäuben
40 g geschälte Mandeln

1. Die Bohnen, wenn nötig, abfädeln, die Fenchelknolle putzen. Beides waschen und in kleine Stücke schneiden. Die Paprikaschote von Stiel, Trennwänden und Samen befreien, waschen, abtrocknen und in kleine Würfel schneiden.
2. Das Gemüse in kochendem Salzwasser 3 Minuten blanchieren, kalt abschrecken und auf einem Sieb abtropfen lassen. Die Möhren putzen, waschen und in kleine Würfel schneiden. Ebenfalls in kochendem Salzwasser 6 Minuten blanchieren, abschrecken und abtropfen lassen.
3. Das Gemüse auf zwei mit Küchenpapier ausgelegten Platten trocknen lassen.
4. Inzwischen die Schalen der Orange und der Zitrone hauchdünn abschälen und in feine Streifen schneiden. 10 Sekunden in kochendem Wasser blanchieren und auf Küchenpapier trocknen lassen.
5. Die Butter mit den Ei-

ern und dem Selleriesalz in einer großen Schüssel gründlich verrühren. Das Mehl, die zerbröckelte Hefe, die Orangen- und Zitronenschalenstreifen hinzufügen und alles zu einem weichen Teig verrühren.
6. Eine große Kastenform (30 cm lang) mit Butter einfetten und einem Eßlöffel Mehl ausstreuen. Den Backofen auf 200°C vorheizen.
7. Das Gemüse gründlich mit dem restlichen Eßlöffel Mehl vermischen und auf den Teig geben. Locker, aber sorgfältig darunterheben. In die Kastenform füllen und die Mandeln darüber verteilen.
8. Den Kuchen auf der unteren Schiene im Backofen 25 Minuten backen lassen, dann die Hitze auf 150°C herunterschalten und den Kuchen mit Alufolie bedecken. Weitere 25 Minuten backen. Den Kuchen auf einem Kuchengitter abkühlen lassen, aus der Form lösen und auf einer Platte servieren.
Beilage: Meerrettichsahne oder Crème fraîche, mit Kräutern vermischt
Getränkeempfehlung: trockener, vollmundiger Pfälzer Riesling

TIP *Ein Gemüsekuchen für den Sommer, der kalt schmeckt und ohne Probleme, zum Beispiel für ein Picknick, transportiert werden kann. Das Gemüse ist fest mit dem Teig verbunden.*

Die Möhren würfeln und dem anderen, kleingehackten Gemüse zufügen.

Das Gemüse locker unter den Teig heben.

Den Kuchen vor dem Backen mit abgezogenen Mandeln verzieren.

ZWIEBELKUCHEN

FÜR 8–12 PERSONEN ■ ■
Zubereitungszeit:
1 Stunde
Aufgehzeit:
1 Stunde 20 Minuten
Pro Portion bei 8 Personen:
570 kcal
13 g E, 31 g F, 55 g K

TEIG
500 g Mehl
1 TL Salz
20 g frische Hefe
¼ l lauwarme Milch
60 g Butter
Fett für das Backblech

BELAG
1 kg Zwiebeln
150 g durchwachs. Speck
3 Eier
250 g saure Sahne
Salz, schwarzer Pfeffer
1 TL Kümmel

1. Mehl mit Salz in einer Schüssel vermischen, in die Mitte eine Vertiefung drücken, Hefe hineinbröckeln und mit ⅛ l Milch verrühren. Zugedeckt 20 Minuten gehen lassen.
2. Die Butter in der restlichen Milch schmelzen, zum Teig geben und glatt verkneten. So lange schlagen, bis er sich vom Schüsselboden löst. Zugedeckt an einem warmen Ort 1 Stunde gehen lassen.
3. Zwiebeln in Ringe schneiden, Speck würfeln und glasig braten. Die Zwiebelringe hinzufügen und glasig dünsten.
4. In einer Schüssel Eier, saure Sahne mit Salz, Pfeffer und Kümmel verquirlen. Die Eiersahne mit den abgekühlten Zwiebelringen vermischen.
5. Den Backofen auf 200°C vorheizen.
6. Den Teig ausrollen und auf ein gefettetes Backblech legen. Das Speck-Zwiebel-Gemisch auf dem Teig verteilen. Den Zwiebelkuchen auf der mittleren Schiene des Backofens in 30–40 Minuten backen.
Getränkeempfehlung: am besten Federweißer

BASILIKUMTARTE

FÜR 6–8 PERSONEN ■■
Zubereitungszeit:
1 Stunde
Ruhezeit: 1 Stunde
Pro Portion bei 6 Personen:
590 kcal
21 g E, 37 g F, 38 g K

TEIG
200 g feines Weizenvoll-
kornmehl, frisch gemahlen
1 Ei
150 g gut gekühlte Butter
Salz
weißer Pfeffer
aus der Mühle
Mehl zum Ausrollen
Fett für die Form

BELAG
200 g frische
Basilikumblätter
100 g Sahne
2 Knoblauchzehen
300 g frischer Ricotta
(ersatzweise Schichtkäse)
6 Eier
Salz
weißer Pfeffer
aus der Mühle

1. Für den Teig das Mehl in eine Schüssel sieben, in die Mitte eine Mulde drücken und das Ei hineingeben. Den Rand mit Butterflöckchen belegen und mit Salz und Pfeffer bestreuen. Alles rasch mit den Händen zu einem glatten Teig verkneten. Mit Folie umhüllt 1 Stunde kühlstellen.
2. Für den Belag die verlesenen Basilikumblätter mit der Sahne fein pürieren. Durch ein Sieb streichen, die geschälten Knoblauchzehen durch eine Presse drücken und beides mit der Ricotta vermischen. Nach und nach die Eier unter Rühren hinzufügen und die Masse mit Salz und Pfeffer herzhaft abschmecken.
3. Den Backofen auf 220 °C vorheizen.
4. Den Mürbeteig auf einem bemehlten Brett zu einer runden Platte von 30 cm Durchmesser ausrollen. Den Boden mehrmals mit einer Gabel ein-

Mehl, Ei und Butter zu einem festen Teig kneten.

Den gekühlten Teig ausrollen und in eine Tarteform legen.

Die Basilikumblätter mit der Sahne fein pürieren.

stechen. Boden und Rand einer gefetteten Tarteform von 26 cm Durchmesser damit auskleiden. Die Basilikummasse gleichmäßig darauf verteilen und die Tarte auf der mittleren Schiene des Backofens in 35–40 Minuten goldbraun backen.
Getränkeempfehlung:
trockener italienischer Weißwein, z. B. Pinot Grigio aus dem Trentino

BUNTER GEMÜSEKUCHEN

FÜR 8–12 PERSONEN ■■
Zubereitungszeit:
1 Stunde 30 Minuten
Aufgehzeit:
1 Stunde 30 Minuten
Pro Portion bei 8 Personen:
665 kcal
16 g E, 41 g F, 54 g K

TEIG
500 g Weizenmehl
½ TL Salz
20 g frische Hefe
¼ l lauwarme Milch
80 g Butter

BELAG
300 g tiefgekühlter Spinat
(aufgetaut)
250 g Möhren
8 EL Butter
250 g Blumenkohl
1 kleine Zwiebel
250 g Champignons
1 gekochte Rote Bete
1 Stange Porree
Salz
weißer Pfeffer
aus der Mühle
etwas frischgeriebene
Muskatnuß
250 g Sahne
¼ l Milch
4 Eier

AUSSERDEM
Fett für das Blech
Mehl zum Ausrollen
50 g flüssige Butter
zum Bestreichen

1. Für den Teig das Mehl in einer Schüssel mit dem Salz vermischen. In die Mitte eine Vertiefung drücken. Die Hefe hineinbröckeln und mit der Hälfte der Milch zu einem Vorteig verrühren. Zugedeckt an einem warmen Ort 15 Minuten aufgehen lassen.
2. Mit der restlichen Milch und der zerlassenen Butter zu einem glatten Teig verarbeiten und so lange schlagen, bis er sich vom Schüsselboden löst. Zugedeckt 1 Stunde an einem warmen Ort aufgehen lassen.
3. Für den Belag den aufgetauten Spinat grob hak-

ken. Die Möhren schaben (oder dünn schälen, wenn sie älter sind), waschen und in dünne Scheiben schneiden.
4. In einer Kasserolle 2 Eßlöffel Butter erhitzen und die tropfnassen Möhren darin anbraten. Zugedeckt fast gar dünsten. Den Blumenkohl waschen, in kleine Röschen zerteilen und in Salzwasser knapp gar kochen. Die geschälte Zwiebel in kleine Würfel schneiden und in 2 Eßlöffeln Butter glasig braten. Den Spinat hinzufügen und durchschmoren. Die Champignons putzen, in Scheiben schneiden und ebenfalls in 2 Eßlöffeln Butter kurz anbraten. Die Rote Bete erst in Scheiben, dann in Streifen schneiden. Den Porree in dünne Ringe schneiden, dann in der restlichen Butter anbraten und zugedeckt fast gar werden lassen. Die Gemüse jeweils mit Salz, Pfeffer und Muskat würzen.
5. Den Backofen auf 200 °C vorheizen.
6. Den Hefeteig auf einem bemehlten Brett ausrollen und das eingefettete Backblech damit auslegen. Einen Rand bilden, damit keine Flüssigkeit herauslaufen kann, und 10 Minuten gehen lassen.
7. Den Teig mit der flüssigen Butter bestreichen und mit den verschiedenen Gemüsen streifenweise oder diagonal belegen.
8. Die Sahne mit der Milch vermischen, die Eier hinzufügen und verquirlen, bis ein feiner Schaum entsteht. Die Eiersahne mit Salz, Pfeffer und Muskat würzen und gleichmäßig über das Gemüse verteilen. Dabei darauf achten, daß keine Gemüsestücke aus dem Guß hervorragen.
9. Den Gemüsekuchen auf die mittlere Schiene in den Backofen geben und in etwa 40 Minuten gar backen. Der Kuchen schmeckt am besten lauwarm.

SELLERIE-ORANGEN-QUICHE

FÜR 8 KÜCHLEIN ■■
Zubereitungszeit:
1 Stunde 40 Minuten
Pro Portion:
480 kcal
7 g E, 36 g F, 29 g K

TEIG
240 g Weizenmehl
½ TL Salz
240 g Butter
120 g Magerquark

FÜLLUNG
1 große Sellerieknolle
(ca. 750 g)
2 EL Zitronensaft
Salz
20 g Butter
125 g Sahne
6 EL Orangensaft
1 EL abgeriebene Orangen-schale
weißer Pfeffer
aus der Mühle

Butter für die Förmchen
1 Orange für die Garnitur

1. Für den Teig das Mehl mit dem Salz mischen. Die Butter in Flocken schneiden. Mit dem Mehl zwischen den Fingern zerreiben. Den Quark zugeben und die Zutaten rasch zu einem gleichmäßigen Teig verarbeiten, am besten mit einem großen Messer verhacken und dann zusammenfügen. (Der Teig sollte nicht geknetet werden, sonst wird er hart.)
2. Für die Füllung den Sellerie schälen, in kleine Stücke schneiden und mit dem Zitronensaft in schwach gesalzenem Wasser weichkochen (ca. 20 Minuten). Den Sellerie abgießen und im Mixer pürieren.
3. Den Backofen auf 200° vorheizen.
4. Das Püree mit der Butter in einen Topf geben und unter ständigem Rühren 5 Minuten kochen, bis die Masse trocken ist.
5. Die Sahne, den Orangensaft und die Orangenschale zum Püree mi-

schen. Nochmals einige Minuten eindicken lassen. Mit Salz und Pfeffer abschmecken.
6. Förmchen von 12 cm Durchmesser mit Butter bestreichen. Den Teig 3 mm dick ausrollen und in die Förmchen legen. Passend zugeschnittene Backfolie darauflegen und die Förmchen mit weißen Bohnen oder Erbsen füllen. Die Küchlein 15 Minuten auf der mittleren Schiene des Backofens vorbacken.
7. Das Püree einfüllen und die Quiches in 10–15 Minuten möglichst bei Oberhitze fertigbacken.
8. Inzwischen die Orange schälen und auch die weißen Häutchen entfernen. Danach entlang den Trennhäuten geschälte Schnitze herauslösen. Die Quiches mit den Orangenfilets garnieren.
Beilage: Feldsalat
Getränkeempfehlung: hellroter Landwein oder Cidre

TIP *Man kann auch eine große Quiche backen. In diesem Fall darauf achten, daß das Blech beim Blindbacken Unterhitze bekommt. Bohnen oder Erbsen, die man zum Blindbacken verwendet, kann man nach dem Auskühlen in eine Dose oder in ein Schraubdeckelglas geben und bei nächster Gelegenheit wieder verwenden. Noch aromatischer wird die Quiche, wenn man 1 Eßlöffel bittere Orangenkonfitüre zur Füllung gibt. Man muß dann die Masse pikant würzen, damit sie nicht zu süßlich wird.*

KRAPFEN MIT CHICORÉE, SARDELLEN, ROSINEN UND OLIVEN

FÜR 12 KRAPFEN ■■
Zubereitungszeit:
1 Stunde 15 Minuten
Ruhezeit für den Teig:
1–2 Stunden
Pro Stück:
215 kcal
6 g E, 15 g F, 15 g K

TEIG
100 g Butter
220 g Weizenmehl
2 Prisen Salz
120 g saure Sahne

FÜLLUNG
3 Chicoréestauden
2 EL Olivenöl
1 Knoblauchzehe
1 kleine Dose
Sardellenfilets
1 EL Rosinen
oder Sultaninen
6 schwarze Oliven
1 EL Kapern
1 Eigelb
Salz
weißer Pfeffer
aus der Mühle

AUSSERDEM
1 Eiweiß
1 Eigelb
Butter für das Blech

1. Für den Teig die Butter in kleine Stücke schneiden. Mit dem Mehl in eine Schüssel geben und zwischen den Fingern zu feinen Bröseln zerreiben. Eine Vertiefung hineindrücken, das Salz und die saure Sahne hineingeben, mit einem Löffel vermischen und anschließend mit den Händen zu einem geschmeidigen Teig verarbeiten. Zu einer Kugel formen, in ein Tuch wickeln und 1–2 Stunden im Kühlschrank ruhen lassen.
2. Für die Füllung die Chicoréestauden putzen und ganz in kochendes Salzwasser geben. Nach 2–3 Minuten abgießen und gut abtropfen lassen. In

Scheiben schneiden und im Olivenöl garen, aber nicht weich werden lassen.
3. Die geschälte Knoblauchzehe durchpressen und die Sardellenfilets hacken. Die Rosinen oder Sultaninen zum Waschen in kaltes Wasser legen, danach gut abtropfen lassen. Den Chicorée, den Knoblauch, die Sardellen und die Rosinen oder Sultaninen mischen. Die Oliven entsteinen und klein-

TIP *Dieser feine Teig eignet sich auch für süße Krapfen, z. B. mit einer Füllung aus geraffelten Äpfeln, Rosinen, Nüssen und Zimt.*

schneiden. Mit den Kapern unter die Mischung geben. Mit dem Eigelb gut mischen und mit Salz und Pfeffer abschmecken.
4. Den Backofen auf 200° vorheizen.
5. Den Teig 3 mm dick ausrollen. Mit Hilfe eines kleinen Tellers oder Glases 24 Kreise von ca. 12 cm Durchmesser ausstechen. Auf die Hälfte der Kreise etwas Füllung geben.
6. Die Ränder mit verquirltem Eiweiß bestreichen. Die Kreise mit einem zweiten Teigkreis abdecken. Am Rand gut andrücken und mit einer Gabel eine Verzierung anbringen. Das Eigelb verrühren und die Krapfen damit bestreichen. Mehrmals mit einer Gabel einstechen.
7. Die Krapfen auf ein gebuttertes Blech legen und auf der mittleren Schiene des Backofens 35–40 Minuten backen.
Warm servieren.
Beilage: Eine große Schüssel gemischter Salat mit Vinaigrette und frischen Kräutern.
Getränkeempfehlung: weißer Land- oder Roséwein

KURLÄNDER SPECKKUCHEN

FÜR 8–10 PERSONEN ■
Zubereitungszeit:
1 Stunde
Aufgehzeit:
1 Stunde 20 Minuten
Pro Portion bei 8 Personen:
590 kcal
10 g E, 38 g F, 49 g K

TEIG
500 g Weizenmehl
½ TL Salz
25 g frische Hefe
¼ l lauwarme Milch
150 g Butter
1 Ei

FÜLLUNG
150 g durchwachsener
geräucherter Speck
1 Zwiebel
1 EL Butter
1 EL Semmelbrösel
1 EL gehackte Petersilie
schwarzer Pfeffer
aus der Mühle

AUSSERDEM
Butter für das Blech
Mehl zum Ausrollen
1 Eigelb zum Bestreichen

1. Für den Teig das Mehl in einer Schüssel mit dem Salz vermischen. In die Mitte eine Vertiefung drükken. Die Hefe hineinbröckeln und mit der Hälfte der Milch und etwas Mehl zu einem Vorteig verrühren. Zugedeckt an einem warmen Ort 20 Minuten aufgehen lassen.
2. Mit dem restlichen Mehl, der Milch, der Butter und dem Ei zu einem glatten Teig verarbeiten und so lange schlagen, bis er sich vom Schüsselboden löst. Zugedeckt an einem warmen Ort 1 Stunde gehen lassen.
3. Für die Füllung den Speck in der Küchenmaschine zerkleinern oder in feine Würfel schneiden. Die Zwiebel in Würfel schneiden und in der Butter glasig braten. Speck, Zwiebel, Semmelbrösel, Petersilie und Pfeffer miteinander vermischen.

Für die Füllung den Speck in der Küchenmaschine zerkleinern.

Auf jedes Plätzchen einen Klacks Füllung geben. Danach die Plätzchen halbmondförmig zusammenklappen.

4. Den Backofen auf 200°C vorheizen. Das Backblech einfetten.
5. Den aufgegangenen Hefeteig auf einem bemehlten Brett 1 cm dick ausrollen und Plätzchen von 10 cm Durchmesser ausstechen. In die Mitte jedes Plätzchens 1 Eßlöffel Füllung geben, die Plätzchen zusammenklappen und an den Rändern gut festdrücken. Eventuell mit übriggebliebenen Teigresten verzieren. Auf das Backblech setzen und mit dem verquirlten Eigelb bestreichen.
6. Das Backblech auf die mittlere Schiene des Backofens schieben und die Speckkuchen in 20–25 Minuten goldbraun backen. Die Speckkuchen aus dem Ofen nehmen und auf einer Platte anrichten.
Beilage: gemischter Salat
Getränkeempfehlung: Bier oder Wodka

KÄSETORTE MIT KÜMMEL

FÜR 6–8 PERSONEN ■
Zubereitungszeit:
1 Stunde
Pro Portion bei 6 Personen:
555 kcal
16 g E, 37 g F, 36 g K

TEIG
250 g Weizenmehl
½ TL Salz
125 g gekühlte Butter
4 EL eisgekühltes Wasser

FÜLLUNG
2 EL Butter
2 EL Mehl
⅛ l warme Milch
1 Scheibe roher Schinken
(100 g)
80 g frischgeriebener
Gruyère
4 EL frischgeriebener
Parmesan
Cayennepfeffer
schwarzer Pfeffer
aus der Mühle
2 Eier, getrennt
1 EL Kümmel

AUSSERDEM
Butter für die Form
Mehl zum Ausrollen
1 kg trockene Bohnen
Milch zum Bestreichen

1. Eine Springform von 24 cm Durchmesser mit Butter einfetten. Den Backofen auf 200°C vorheizen.
2. Für den Teig das Mehl in eine Schüssel geben und mit dem Salz vermischen. Die Butter in Flöckchen und das Wasser hinzufügen. Mit den Händen schnell zu einem glatten Teig verkneten – die Butter soll vollständig mit dem Mehl vermischt sein. Auf einem leicht bemehlten Brett ausrollen und Boden und Rand der Springform damit auslegen. Den Teigboden mehrmals mit einer Gabel einstechen. Die getrockneten Bohnen einfüllen, damit der Teig seine Form behält. Auf die mittlere Schiene in den Backofen geben und 20 Minuten blindbacken.

Parmesankäse sollte am besten nur frisch gerieben verwendet werden.

3. Für die Füllung die Butter in einer Kasserolle erhitzen und das Mehl darin anschwitzen. Die Milch unter Rühren mit einem Schneebesen angießen und die Sauce unter weiterem Rühren dick einkochen. Den Schinken fein würfeln und mit dem geriebenen Käse an die Sauce geben. Mit Cayennepfeffer und schwarzem Pfeffer abschmecken und die Sauce vom Herd nehmen. Die Eigelbe unter die Sauce rühren. Die Eiweiße steif schlagen und unter die Sauce heben.
4. Die Bohnen aus der Tortenform entfernen. Die Käsemasse einfüllen, mit Kümmel bestreuen und den Teigrand mit Milch bestreichen. Die Käsetorte auf die mittlere Schiene in den Backofen geben und in etwa 20 Minuten goldgelb backen.
Getränkeempfehlung: Bier und Aquavit

AUFLÄUFE, GRATINS, SOUFFLÉS

**Abbildung oben:
Spinatgratin mit
Möhren
(Rezept Seite 366).**

**Abbildung oben:
Seezungengratin
(Rezept Seite 382).**

**Abbildung rechts:
Gemüsesoufflé
(Rezept Seite 365).**

Abbildung oben:
Kartoffelgratin
(Rezept Seite 364).

Abbildung oben:
Wirsing-Mais-Auflauf
(Rezept Seite 372).

Abbildung links:
Spätzle-Lauch-Auflauf
(Rezept Seite 376).

GRATINS

Auch Gratins können sehr unterschiedlich zubereitet werden. Häufig werden sie auch als Auflauf angeboten. Sie können mit Saucen oder einer Quark-Eier-Masse bedeckt, mit Käse oder geriebenem Weißbrot bestreut überbacken werden.

AUBERGINEN-TOMATEN-GRATIN ZUBEREITEN

Eine warme Vorspeise, Beilage oder vegetarischer Hauptgang.
Für 4 Personen benötigt man:
1 große Aubergine, 4 mittelgroße Tomaten, ⅛ l Gemüsebrühe, 2 Scheiben frisches, feingeriebenes Weißbrot ohne Rinde, 2 Eßlöffel geriebenen Käse, 1 durchgepreßte Knoblauchzehe, 2 Eßlöffel gehackte Kräuter, 2 Eßlöffel Butter für die Form und für Butterflöckchen.
1. Die Aubergine und die Tomaten waschen. Von den Tomaten die Stielansätze herausschneiden. Die Aubergine und die Tomaten in ca. 4 mm dicke Scheiben schneiden.
2. Eine feuerfeste Gratinform mit Butter ausstreichen. Die Auberginen- und die Tomatenscheiben abwechselnd ziegelartig in die Form schichten.
3. Mit Salz und Pfeffer bestreuen und die Brühe zugießen.
4. Das Weißbrot mit dem Käse, dem Knoblauch und den Kräutern mischen und über den Gratin streuen. Mit Butterflocken belegen.
5. Zuerst den Gratin auf dem Herd aufkochen, dann im vorgeheizten Backofen bei 180 °C in 30 Minuten garen und überbacken.

1.

2.

3.

4.

5.

KARTOFFELGRATIN
Gratin dauphinois

FÜR 4 PERSONEN ■
Zubereitungszeit:
1 Stunde
Pro Portion: 430 kcal
10 g E, 28 g F, 34 g K

1 kg mehligkochende Kartoffeln
250 g Sahne
1 Knoblauchzehe
60 g Butter
Salz
grobgemahlener Pfeffer aus der Mühle
frischgeriebene Muskatnuß
50 g frischgeriebener Gruyère

1. Die Kartoffeln schälen, waschen und in sehr dünne Scheiben schneiden (am besten mit der Küchenmaschine). Die Kartoffelscheiben ein paar Minuten in kaltes Wasser legen, auf einem Sieb abtropfen lassen und mit Küchenpapier abtrocknen.
2. Die Sahne in einem Topf aufkochen lassen. Eine flache Auflaufform mit der halbierten Knoblauchzehe ausreiben und mit einem Drittel der Butter einfetten.
3. Den Backofen auf 200 °C vorheizen.
4. Ein Drittel der Kartoffelscheiben in die Form

> **TIP** *Wenn Sie den Gratin zu einem besonders zarten Fleischgericht servieren, ist es besser, den Käse wegzulassen, damit er das zarte Aroma des Fleisches nicht übertönt.*

schichten und herzhaft mit Salz, Pfeffer und Muskatnuß würzen. Die Hälfte des Käses darüber verteilen. Eine zweite Kartoffelschicht darübergeben, ebenso würzen und den

Kartoffeln in der Küchenmaschine in dünne Scheiben schneiden.

Abwechselnd eine Lage Kartoffeln, Gewürze und Käse in eine Auflaufform schichten. Mit gewürzter Sahne übergießen.

restlichen Käse darüberstreuen.
5. Mit den restlichen Kartoffeln eine dritte Schicht in die Form legen, dabei darauf achten, daß besonders schöne Kartoffelscheiben den Abschluß bilden. Mit Salz und Pfeffer würzen und die Sahne darübergießen.
6. Die restliche Butter in Flöckchen darauf verteilen. Die Kartoffeln im Backofen auf der unteren Schiene 45 Minuten goldbraun backen. Eine Garprobe machen, ob die Kartoffeln durch sind, ansonsten noch etwas weiterbacken.
Beilage zu gegrilltem und gebratenem Lamm- und Hammelfleisch oder anderen Fleischgerichten, mit Gemüse oder einem bunt gemischten Salat als Hauptgericht.

SOUFFLÉS

Da sich das Volumen eines Soufflés durch das steif-geschlagene Eiweiß im Backofen ausdehnt, darf die Form nur zu zwei Dritteln gefüllt und muß auf die untere Schiene des Ofens gestellt werden. Während des Garens darf die Back-ofentür keinesfalls geöff-net werden, sonst fällt das Soufflé sofort zusammen! Das fertige Soufflé vor-sichtig auf den Tisch stel-len und sofort servieren.

KÄSESOUFFLÉ ZUBEREITEN

Für 4–6 Personen:
60 g Butter, 60 g Mehl, ½ l Milch, Salz, Pfeffer, etwas Muskatnuß, 150 g Gruy-ère, 6 Eier, Butter und Mehl für die Form.

1. Die Böden kleiner Souf-fléförmchen oder einer größeren Form ausfetten und mit Mehl oder Sem-melbröseln bestreuen.
2. Die Butter zerlassen, das Mehl zufügen und an-rösten. Unter ständigem Rühren die Milch zufügen, 1 Minute durchkochen las-sen und würzen.
3. Den Käse unterrühren und den Topf vom Herd ziehen. Den Backofen auf 180 °C vorheizen.
4. Die Eier trennen. Die Ei-gelbe nacheinander mit der zubereiteten Sauce verrühren. Die Eiweiße steif schlagen und vor-sichtig unter die Soufflé-masse heben.
5. Nun die Soufflémasse löffelweise in die Form ge-ben. Mit einem Messer zwischen dem Teig und der Form entlangfahren, damit das Soufflé gut auf-geht.
6. Auf die untere Schiene des Backofens schieben. Bei 180 °C zuerst 15 Minu-ten backen, dann die Tem-peratur auf 200 °C erhöhen und weitere 30 Minuten backen. Das aufgegange-ne Soufflé sofort servieren.

1.

2.

3.

4.

5.

6.

Soufflé

GEMÜSESOUFFLÉS

FÜR 4 PERSONEN ■ ■
Zubereitungszeit:
40 Minuten
Pro Portion: 200 kcal
8 g E, 16 g F, 6 g K

250 g gegartes Gemüse,
z. B. Möhren, Sellerie,
Erbsen oder Fenchel
100 g Crème fraîche
3 Eier, getrennt
Salz
weißer Pfeffer aus der
Mühle
Butter und Semmelbrösel für
die Förmchen

1. Den Backofen auf 200 °C vorheizen. Einen großen, flachen Topf, zwei-fingerbreit mit Wasser ge-füllt, auf die mittlere Schie-ne des Backofens stellen.
2. Das gegarte Gemüse mit der Crème fraîche und den Eigelben pürieren, durch ein Sieb streichen und mit Salz und Pfeffer

> **TIP** *Dieses Re-zept gilt als Grund-rezept und läßt sich je nach Jahreszeit mit anderen Gemüsesor-ten und -kombinatio-nen variieren. Mit den passenden Kräutern können Sie die Ge-müsemasse noch verfeinern.*

würzen. Die Eiweiße zu steifem Schnee schlagen und locker unter die Ge-müsemasse ziehen.
3. Vier Souffléförmchen von ¼ l Inhalt mit Butter ausfetten und mit Sem-melbröseln ausstreuen. Die Gemüsemasse einfül-len, die Förmchen dürfen nur dreiviertel gefüllt sein. Im Wasserbad im Back-ofen in etwa 25 Minuten stocken lassen.
Beilage zu Fisch, Fleisch oder Geflügel oder als Vor-speise mit einer Kräuter-sauce.

SPINATGRATIN MIT MÖHREN

FÜR 4 PERSONEN ■
Zubereitungszeit:
40 Minuten
Pro Portion: 335 kcal
8 g E, 26 g F, 16 g K

700 g Spinat
2 EL Butter
4 Knoblauchzehen
Salz
Pfeffer aus der Mühle
6 Möhren
4 Schalotten
½ TL Zucker
¼ l Fleischbrühe
200 g Sahne
3 EL frisch geriebenes Weißbrot
20 g Butterflocken
Butter für die Form

1. Den Spinat waschen, putzen und grob hacken. In 1 Eßlöffel Butter dünsten. Die Knoblauchzehen dazupressen. Wenn der Spinat zusammengefallen ist, mit Salz und Pfeffer würzen.
2. Möhren schälen und in 3 mm dicke Scheiben schneiden. Mit den gehackten Schalotten in 1 Eßlöffel Butter 2–3 Minuten dünsten. Mit wenig Salz, Pfeffer und Zucker abschmecken und die Fleischbrühe dazugießen.
3. Nochmals einige Minuten kochen. Das Gemüse soll nur knapp gar sein. Den Backofen auf 250 °C vorheizen.
4. Eine ofenfeste Form mit wenig Butter ausstreichen und den Spinat hineinlegen. Die Möhrenscheiben abwechselnd dachziegelartig um den Spinat herumlegen.
5. Die Sahne und das geriebene Brot darüber verteilen und die Oberfläche mit Butterflocken belegen.
6. Im Backofen auf der mittleren Schiene in ca. 10 Minuten gratinieren. Dann den Gratin in der Form servieren.
Beilage: Bratkartoffeln
Getränkeempfehlung: Spätburgunder

MANGOLDSTIEL-GRATIN MIT GRÜNER SAUCE

FÜR 4 PERSONEN ■ ■
Zubereitungszeit: 1 Stunde
Pro Portion: 285 kcal
7 g E, 25 g F, 9 g K

1 kg Mangold
1 EL Zitronensaft
2 feingehackte Schalotten
2 ungeschälte Knoblauchzehen
125 g Sahne
Salz
Pfeffer aus der Mühle
2 reife Tomaten
1 EL Butterschmalz
2 EL frischgeriebener Greyerzer Käse
Butter für die Form

1. Von dem Mangold die Stiele abschneiden und die Blätter beiseite stellen. Die Stiele kleinschneiden und in Zitronenwasser gut waschen.
2. Das Salzwasser aufkochen, die Mangoldstiele dazugeben und 15 Minu-

Die Mangoldstiele sorgfältig aus den Blättern herausschneiden.

Einige schöne Mangoldblätter waschen und in der Küchenmaschine hacken.

TIP *Der Gratin läßt sich in ein sättigendes Hauptgericht abwandeln, indem man kleingewürfelte Wurst oder kurzgebratenes Hackfleisch unter das Gemüse mischt. Der Gratin läßt sich gut vorbereiten und kann erst unmittelbar bevor z. B. Gäste kommen in den Ofen geschoben werden.*

ten kochen lassen. Von der Kochstelle nehmen und im Sud beiseite stellen.
3. ⅛ l Kochsud in eine Pfanne geben. Die Schalotten und die ungeschälten Knoblauchzehen zufügen. Auf die Hälfte einkochen lassen. Den Sud durch ein Sieb passieren,

die Sahne zugießen und unter ständigem Rühren nochmals einkochen, bis die Sauce eine dickliche Konsistenz hat. Mit Salz und Pfeffer abschmecken.
4. Einige schöne Mangoldblätter waschen, hacken (ca. 1 Tasse voll) und zur Sauce geben.
5. Eine ofenfeste Form ausbuttern und die Mangoldstiele hineingeben. Die Sauce darüber verteilen. Den Backofen auf 220 °C vorheizen.
6. Die Tomaten kurz mit kochendem Wasser überbrühen, häuten und klein würfeln. Gut auspressen und im Butterschmalz ganz kurz dünsten.
7. Die Tomatenwürfel über die Mangoldstiele verteilen, mit Käse bestreuen, die Form in den Ofen schieben und auf der mittleren Schiene in 10–15 Minuten überbacken.
Beilage: Kartoffelpuffer
Getränkeempfehlung: hellroter Landwein

CHAMPIGNON-GRATIN MIT SCHINKEN

FÜR 4 PERSONEN ■ ■
Zubereitungszeit:
45 Minuten
Pro Portion: 240 kcal
17 g E, 17 g F, 4 g K

800 g frische Champignons
100 g Schalotten
100 g Schinken
2 EL Butter
Salz
Pfeffer aus der Mühle
200 g Sahnequark
2 Eigelb
Muskatnuß
2 EL feingeschnittener Schnittlauch

1. Die Champignons putzen, waschen und in Scheiben schneiden.
2. Die Schalotten schälen und klein hacken. Den Schinken grob würfeln.
3. Die Butter in einer Pfanne zerlassen. Die gehackten Schalotten in der Butter glasig dünsten. Die Champignons und den Schinken zugeben und nur kurz andünsten. Dann mit Salz und Pfeffer würzen.
4. Den entstandenen Saft in ein Pfännchen gießen. Den Saft auf 3 Eßlöffel einkochen lassen.
5. Den Quark und die verquirlten Eigelbe mischen und mit Salz, Pfeffer und Muskatnuß pikant abschmecken. Den Backofen auf 250 °C vorheizen.
6. Mit der eingekochten Pilzflüssigkeit und der übrigen Flüssigkeit aus der Pfanne mit den Champignons verrühren.
7. Die Pilze in eine gebutterte Auflaufform geben. Die Quarkmischung darüber verteilen und im Backofen auf der mittleren Schiene 5–7 Minuten überbacken.
8. Mit Schnittlauch bestreuen und in der Form auf den Tisch bringen.
Beilage: grüner Salat
Getränkeempfehlung: leichter, weißer oder rosé Landwein

GEFLÜGEL-SPINAT-GRATIN

FÜR 4 PERSONEN ■
Zubereitungszeit: 1 Stunde
Pro Portion: 275 kcal
42 g E, 11 g F, 2 g K

1 kg junger Blattspinat
1 Zwiebel
2 Knoblauchzehen
20 g Butter
Salz
schwarzer Pfeffer aus der Mühle
frischgeriebene Muskatnuß
4 kleine Hähnchenbrüstchen (à 150 g)
2 EL Crème fraîche
40 g geriebener Emmentaler

1. Den Spinat sorgfältig verlesen, gründlich waschen und auf einem Durchschlag abtropfen lassen.
2. Den Backofen auf 220°C vorheizen.
3. Zwiebel und Knoblauch schälen und in feine

Spinat verlesen und sorgfältig waschen. Dann die groben Stiele entfernen.

Hähnchenbrüste der Länge nach aufschneiden und mit Salz und Pfeffer würzen.

> **TIP** Den Spinatgratin können Sie auch mit Putenschnitzel oder Fischfilet zubereiten.

Würfel schneiden. Die Butter in einem Topf erhitzen und Zwiebel- und Knoblauchwürfel darin anschwitzen.
4. Den tropfnassen Spinat dazugeben und in wenigen Minuten zusammenfallen lassen. Mit Salz, Pfeffer und Muskat würzen.
5. Die Hähnchenbrüstchen der Länge nach durchschneiden und mit Salz und Pfeffer einreiben.
6. In eine längliche Auflaufform abwechselnd den gut ausgedrückten Spinat und die Hühnerbrüstchen leicht überlappend hineinschichten. Crème fraîche und Käse verrühren und gleichmäßig darüber verteilen.

Geflügelfleisch und Spinat abwechselnd in die Auflaufform legen.

7. Den Gratin auf der mittleren Schiene des Backofens etwa 20 Minuten backen.
Beilage: Kartoffelschnee

ROSENKOHLAUFLAUF MIT HASELNÜSSEN

FÜR 4 PERSONEN ■
Zubereitungszeit:
1 Stunde 10 Minuten
Pro Portion: 365 kcal
50 g E, 13 g F, 12 g K

1 kg Rosenkohl
Salz
500 g gehacktes Kalbfleisch
200 g Magerquark
1 EL gehackte Petersilie
Salz
weißer Pfeffer aus der Mühle
abgeriebene Schale von ½ unbehandelten Zitrone
frischgeriebene Muskatnuß
200 g saure Sahne
2 Eier
20 g gehackte Haselnüsse

1. Den Rosenkohl putzen und in Salzwasser etwa 8–10 Minuten vorkochen. Auf einem Durchschlag abtropfen lassen.
2. Das Kalbshack mit Quark und Petersilie verrühren und mit Salz, Pfeffer, Zitronenschale und Muskat würzig abschmekken.
3. Den Backofen auf 200°C vorheizen.
4. Saure Sahne und Eier gründlich verquirlen und mit Salz, Pfeffer und Muskat würzen.
5. Eine runde Auflaufform ausfetten und den Fleischteig gleichmäßig auf dem Boden verteilen. Die Rosenkohlröschen kreisförmig in den Fleischteig drücken. Mit der Sahnemischung begießen und mit den Haselnüssen bestreuen.
6. Den Auflauf auf der mittleren Schiene des Backofens in 30–35 Minuten gar backen.
Beilage: Röstkartoffeln

KOHLRABIAUFLAUF MIT QUARK

FÜR 4 PERSONEN ■
Zubereitungszeit:
50 Minuten
Pro Portion: 280 kcal
29 g E, 13 g F, 12 g K

4 mittelgroße junge Kohlrabi (à 200 g)
Salz
500 g Magerquark
50 g frischgeriebener Parmesan
1 EL gehackte Petersilie
2 Eigelb
Salz
weißer Pfeffer aus der Mühle
frischgeriebene Muskatnuß
2 Eiweiß
20 g Butter oder Margarine
2 EL Sonnenblumenkerne

1. Die Kohlrabi schälen, in hauchdünne Scheiben schneiden und in Salzwasser 2 Minuten blanchieren. Mit einem Schaumlöffel herausheben und abtropfen lassen.
2. Den Backofen auf 200°C vorheizen.
3. Quark mit 40 g Parmesan, Petersilie und Eigelben verrühren. Mit Salz, Pfeffer und Muskat würzen. Die Eiweiße steif schlagen und locker unter die Masse mischen.
4. Eine längliche Auflaufform mit der Hälfte des Fettes ausstreichen und den Boden mit den Kohlrabischeiben schuppenförmig auskleiden.
5. Darauf eine Schicht Quarkcreme verteilen und diese mit Kohlrabischeiben bedecken. So fortfahren, bis alle Zutaten verbraucht sind, mit einer Quarkschicht abschließen.
6. Die Oberfläche mit dem restlichen Parmesan und den Sonnenblumenkernen bestreuen und mit dem übrigen Fett in kleinen Flöckchen belegen.
7. Den Auflauf in 20–25 Minuten auf der mittleren Schiene des Backofens goldbraun backen.

GRATINIERTER CHICORÉE MIT ROQUEFORT

FÜR 4 PERSONEN ■
Zubereitungszeit:
25 Minuten
Pro Portion: 380 kcal
16 g E, 34 g F, 3 g K

600 g Chicorée
Salz
Saft von ½ Zitrone
250 g Roquefort
150 g Crème fraîche
schwarzer Pfeffer aus der Mühle
1 EL Butter
1 Bund glatte Petersilie

1. Chicorée waschen, längs halbieren und vorsichtig den Strunk herausschneiden, so daß die Hälften noch zusammenhalten.
2. Wasser in einem breiten Topf aufkochen, Salz und Zitronensaft zufügen und die Chicoréehälften darin 5 Minuten vorgaren. Herausnehmen und in einem Sieb sehr gut abtropfen lassen.
3. Den Backofen auf 200°C vorheizen.
4. Den Roquefort mit einer Gabel fein zerdrücken oder mit dem Stabmixer pürieren. Die Crème fraîche untermischen und mit Salz und Pfeffer würzen.
5. Eine Auflaufform einfetten, die vorgegarten Chicoréehälften hineinlegen und die Käsemischung gleichmäßig darauf verteilen. Auf der mittleren Schiene des Backofens 10 Minuten gratinieren.
6. Inzwischen die Petersilie abbrausen, trockentupfen und fein hacken. Vor dem Servieren auf den Gratin streuen.
Beilage: Naturreis, Kartoffelpüree oder Bratkartoffeln und gemischter Salat. Als Beilage reicht der Chicoréegratin für die doppelte Personenzahl.
Getränkeempfehlung: Bier oder leichter, trockener Weißwein aus dem Rheinland

TOMATENGRATIN

FÜR 4 PERSONEN ■
Zubereitungszeit:
30 Minuten
Pro Portion: 320 kcal
15 g E, 20 g F, 19 g K

800 g Fleischtomaten
Fett für die Form
100 g Semmelbrösel
3 Knoblauchzehen
150 g Appenzeller, frisch gerieben
3 EL Olivenöl
1 TL Oregano, frisch oder getrocknet
Salz
schwarzer Pfeffer aus der Mühle
1 Bund Basilikum

1. Die Tomaten blanchieren, häuten und in Scheiben schneiden, dabei den Stengelansatz entfernen.
2. Eine Auflaufform einfetten und den Boden schuppenartig mit den Tomatenscheiben auslegen.
3. Die Semmelbrösel in eine Schüssel geben. Den Knoblauch schälen und dazudrücken. Den geriebenen Käse und das Olivenöl untermischen. Mit Oregano, Salz und Pfeffer würzen.
4. Den Backofen auf 220°C vorheizen.
5. Die Tomaten salzen und pfeffern. Das Basilikum abbrausen, trockentupfen, abzupfen und bis auf einige Blättchen auf den Tomaten verteilen. Die Semmelbrösel-Mischung gleichmäßig auf die Tomaten geben.
6. Auf der mittleren Schiene des Backofens 20 Minuten gratinieren, bis der Käse schmilzt und die Oberfläche goldbraun ist. Mit dem restlichen Basilikum bestreut servieren.
Beilage: ofenfrisches Weißbrot, oder als Beilage zu einer saftigen Lammkeule
Getränkeempfehlung: kräftiger Rotwein

Tomatenscheiben dachziegelförmig in eine Auflaufform legen.

Semmelbrösel mit zerdrücktem Knoblauch, geriebenem Käse und dem Olivenöl mischen.

Die Semmelbröselmischung mit frischem Basilikum, Salz und Pfeffer abschmecken.

Basilikumblättchen auf die Tomatenscheiben legen, danach alles mit der Käse-Semmelbrösel-Mischung bedecken.

PAPRIKA-METT-AUFLAUF

FÜR 4 PERSONEN ■
Zubereitungszeit:
30 Minuten
Pro Portion: 800 kcal
44 g E, 63 g F, 15 g K

800 g rote und grüne Paprikaschoten
1 große Zwiebel
2 EL Öl
500 g Schweinemett
6 EL Semmelbrösel
4 EL Crème double
Salz
schwarzer Pfeffer aus der Mühle
2 TL Paprika, edelsüß
1 Prise Cayennepfeffer
250 g Raclettekäse

1. Die Paprikaschoten vom Kernhaus befreien, waschen und in schmale Streifen schneiden. Die Zwiebel schälen und in Ringe schneiden.
2. Das Öl in einer großen Pfanne erhitzen. Die Paprikascheiben und Zwiebelringe darin andünsten. Mit ⅛ l Wasser aufgießen und 8 Minuten schmoren lassen.
3. Mett mit den Semmelbröseln und der Crème double in einer Schüssel vermischen, mit Salz und Pfeffer würzen.
4. Den Backofen auf 225°C vorheizen.
5. Die Paprika-Zwiebel-Mischung mit Salz, Pfeffer, Paprikapulver und Cayennepfeffer würzen und in eine Auflaufform füllen.
6. Das Mett darauf verteilen.
7. Den Raclettekäse entrinden, in Würfel schneiden und darüberstreuen. Den Auflauf auf der mittleren Schiene des Backofens 20 Minuten überbacken. Auf Wunsch mit Petersilie bestreut servieren.
Beilage: Bratkartoffeln mit Schnittlauch und Blattsalat
Getränkeempfehlung: trockener Rotwein aus Ungarn

PORREEGRATIN MIT ÄPFELN UND SONNENBLUMENKERNEN

FÜR 4 PERSONEN ■
Zubereitungszeit:
1 Stunde 10 Minuten
Pro Portion: 780 kcal
34 g E, 62 g F, 21 g K

4 mittelgroße Stangen
Porree
2 säuerliche Äpfel, z. B.
Gravensteiner
4 EL Traubenkernöl
Salz
weißer Pfeffer aus der
Mühle
200 g Sonnenblumenkerne
200 g Magerquark
200 g Sahne
6 Eier
frischgeriebene Muskatnuß
Fett für die Form

1. Von den Porreestangen die Wurzeln und das harte grüne Ende entfernen. Die Stangen mitsamt dem grünen Teil in feine Ringe schneiden, waschen und auf einem Durchschlag abtropfen lassen. Die Äpfel schälen und auf der groben Seite der Rohkostreibe raspeln.
2. Den Backofen auf 200°C vorheizen.
3. Das Öl in einer Pfanne erhitzen und den Porree bei mittlerer Hitze darin anschwitzen, würzen und die Äpfel untermischen.
4. Die Sonnenblumenkerne in einer beschichteten Pfanne trocken rösten.
5. Quark, Sahne und Eier miteinander verrühren mit Salz, Pfeffer und Muskat würzig abschmecken.
6. Die Porree-Apfel-Mischung in eine große, gefettete Auflaufform füllen, mit den Sonnenblumenkernen bestreuen und mit der Quarkmasse begießen. Auf der mittleren Schiene im Backofen in 35–40 Minuten goldbraun backen.
Getränkeempfehlung: leichter, trockener Riesling, z. B. aus dem Rheingau oder von der Mosel

Porreescheiben in einer Pfanne anschwitzen, danach die Äpfel zufügen.

Die Sonnenblumenkerne ohne Öl in einer Pfanne unter Rühren rösten.

Mit einem Schneebesen Quark, Sahne und Eier gründlich verrühren.

WIRSING-MAIS-AUFLAUF

FÜR 4 PERSONEN ■ ■
Zubereitungszeit:
1 Stunde 15 Minuten
Pro Portion: 380 kcal
17 g E, 20 g F, 32 g K

¼ l Vollmilch
50 g Maisgrieß
Salz
weißer Pfeffer aus der
Mühle
½ mittelgroßer Wirsingkohl
(400 g geputzt gewogen)
1 Gemüsezwiebel
3 EL Traubenkernöl
200 g Maiskörner aus der
Dose
4 Eier, getrennt
200 g Joghurt
Fett und Semmelbrösel für
die Form

1. Die Milch zum Kochen bringen und unter Rühren den Maisgrieß einrieseln lassen. Mit Salz und Pfeffer würzen und bei schwacher Hitze in 30 Minuten ausquellen lassen, dabei immer wieder umrühren.
2. Den geputzten Wirsing und die geschälte Zwiebel in feine Streifen schneiden. Das Traubenkernöl in einer Pfanne erhitzen und die Gemüsestreifen darin bei mittlerer Hitze anschwitzen. Die abgetropften Maiskörner hinzufügen und mit Salz und Pfeffer würzen.
3. Den Backofen auf 200°C vorheizen.
4. Die Eigelbe und den Joghurt unter die Maisgrießmasse rühren und das Gemüse untermischen. Die Eiweiße mit einer Prise Salz zu steifem Schnee schlagen und lokker unterziehen.
5. Eine Auflaufform einfetten und mit Semmelbröseln ausstreuen. Die Auflaufmasse einfüllen und auf der mittleren Schiene 25–30 Minuten backen.
Beilage: Kräutersauce
Getränkeempfehlung: kräftiger, trockener Grauburgunder vom Kaiserstuhl/Baden

Maisgrieß unter ständigem Rühren in die heiße Milch einrieseln lassen.

Steifgeschlagenes Eiweiß unter die Gemüse und die Mais-Joghurt-Masse heben.

Eine Auflaufform gut ausfetten und mit Semmelbröseln ausstreuen.

Die Auflaufmasse ungefähr 30 Minuten im Backofen backen.

SHIITAKE-TOMATEN-GRATIN

FÜR 2 PERSONEN ■
Zubereitungszeit:
50 Minuten
Pro Portion: 165 kcal
7 g E, 12 g F, 8 g K

1 große Zwiebel
2 Knoblauchzehen
250 g Shiitakepilze
2 EL Olivenöl
Salz
schwarzer Pfeffer aus der Mühle
2 große Fleischtomaten
1 TL Öl für die Form
½ TL abgezupfte Thymianblättchen
1 EL gehackte Petersilie
1 EL Semmelbrösel
1 EL frischgeriebener Parmesan

1. Den Backofen auf 220°C vorheizen.
2. Zwiebel und Knoblauch schälen und fein hacken. Die Pilze putzen, nur wenn nötig, kurz waschen, und größere Pilze halbieren oder vierteln.
3. Das Öl in einer beschichteten Pfanne erhitzen und Zwiebel- und Knoblauchwürfel darin anschwitzen. Die Pilze dazugeben und kurz mitbraten. Mit Salz und Pfeffer würzen und von der Kochstelle nehmen.
4. Die Tomaten blanchieren, häuten und quer zum Stengelansatz in Scheiben schneiden.
5. Eine ovale Gratinform oder zwei Portionsformen mit Öl auspinseln. Abwechselnd Tomatenscheiben und Pilze dachziegelartig darin anordnen, dabei jeweils dazwischen Thymian und Petersilie streuen. Parmesan und Semmelbrösel vermischen und gleichmäßig darüberstreuen.
6. Den Gratin auf der oberen Schiene des Backofens etwa 15 Minuten überbacken.
Beilage: Ofenkartoffeln mit Sauerrahm, oder als Beilage zu Lammkoteletts

Zwiebeln und Knoblauch im Öl anschwitzen, Pilze zugeben.

Tomaten häuten und quer zum Stengelansatz in Scheiben schneiden.

Tomaten und Pilze mit den Kräutern dachziegelartig in eine Auflaufform schichten.

Die Semmelbrösel-Parmesan-Mischung auf das Gemüse streuen.

KARTOFFEL-AUFLAUF MIT KRABBEN

FÜR 4 PERSONEN ■
Zubereitungszeit:
50 Minuten
Pro Portion: 275 kcal
20 g E, 10 g F, 27 g K

600 g in der Schale gekochte Kartoffeln
150 g tiefgekühlte Erbsen
200 g ausgepulte Krabben
3 Eigelb
100 g saure Sahne
Salz
weißer Pfeffer aus der Mühle
1 EL gehackter Dill
3 Eiweiß
Fett für die Form

1. Den Backofen auf 200°C vorheizen.
2. Die Kartoffeln schälen und auf der groben Seite einer Rohkostreibe ras-

Gekochte Kartoffeln auf einer Rohkostreibe grob raspeln.

Die Erbsen, die Krabben und die Kartoffeln gut mit den Eigelben mischen.

> **TIP** *Anstelle der Krabben können Sie auch Schinkenwürfel unter die Kartoffelmasse mischen.*

peln. Erbsen und Krabben dazugeben und nach und nach unter Rühren die Eigelbe und die saure Sahne untermischen. Mit Salz, Pfeffer und Dill würzig abschmecken.
3. Die Eiweiße zu steifem Schnee schlagen und lokker unter die Kartoffelmasse heben. In eine gefettete Auflaufform von 18 cm Durchmesser füllen.
4. Den Auflauf auf der mittleren Schiene in 25 bis 30 Minuten goldbraun backen.
Beilage: Gurkensalat

Saure Sahne gleichmäßig unter die Gemüse-Krabben-Masse rühren.

Eiweiß steif schlagen und unter den Auflauf heben.

THUNFISCH-RIGATONI-GRATIN

FÜR 4 PERSONEN ■
Zubereitungszeit:
30 Minuten
Pro Portion: 825 kcal
48 g E, 29 g F, 91 g K

500 g Rigatoni (ital. Nudelsorte)
Salz
2 Dosen Thunfisch im eigenen Saft (à 150 g)
1 kleine Dose Tomaten (400 g)
schwarzer Pfeffer aus der Mühle
100 g entsteinte schwarze Oliven
1 TL Oregano, frisch oder getrocknet
Butter für die Form
2 Kugeln Mozzarella (à 150 g)

1. Die Rigatoni in kochendem Salzwasser al dente kochen, sie sollen noch einen kräftigen Biß haben. In einem Sieb gut abtropfen lassen.
2. In der Zwischenzeit den Thunfisch abtropfen lassen und mit einer Gabel zerpflücken.
3. Die Tomaten samt Saft mit dem Thunfisch mischen, dabei die Tomaten mit einer Gabel zerdrükken. Die Sauce mit Salz und Pfeffer würzen. Die Oliven und den Oregano unterrühren.
4. Den Backofen auf 220 °C vorheizen.
5. Eine Auflaufform einfetten. Die Nudeln einfüllen und die Sauce darauf verteilen.
6. Die Mozzarella in Scheiben schneiden und schuppenartig darauflegen. Mit Pfeffer bestreuen.
7. Den Auflauf auf der mittleren Schiene des Backofens 20 Minuten backen, bis der Käse fast geschmolzen ist.
Beilage: gemischter Salat mit Balsamico-Olivenöl-Dressing
Getränkeempfehlung: italienischer Rotwein, z. B. Barbera oder Teroldego

SPÄTZLE-LAUCH-AUFLAUF

FÜR 4 PERSONEN ■
Zubereitungszeit:
30 Minuten
Pro Portion: 725 kcal
38 g E, 26 g F, 85 g K

500 g Spätzle (Fertigprodukt)
Salz
2 Stangen Porree (Lauch, ca. 200 g)
schwarzer Pfeffer aus der Mühle
2 EL Butter
200 g gekochter Schinken in dickeren Scheiben
150 g Emmentaler, frisch gerieben

1. Die Spätzle in kochendem Salzwasser nach Packungsangabe garen. In einem Sieb abtropfen lassen.
2. Inzwischen die Porreestangen putzen, längs aufschlitzen, waschen und in feine Ringe schneiden.
3. In einer Pfanne 1 Eßlöffel Butter erhitzen und die Porreeringe darin 3 Minuten dünsten. Salzen und pfeffern.
4. Den Schinken vom Fettrand befreien und in schmale Streifen schneiden. Zu dem Porree geben und unterrühren.
5. Den Backofen auf 200 °C vorheizen.
6. Eine Auflaufform mit der restlichen Butter einfetten. Die Spätzle abwechselnd mit der Porree-Schinken-Mischung einfüllen und jede Schicht mit Käse bestreuen. Die oberste Schicht soll aus viel Käse bestehen.
7. Den Auflauf auf der mittleren Schiene des Backofens 15 Minuten überbacken.
Beilage: Feld- oder Kopfsalat mit Joghurtdressing
Getränkeempfehlung: Bier oder trockener Weißwein aus Franken

Porreeringe in zerlassener Butter dünsten.

Den gekochten Schinken in Streifen schneiden und unter den Porree rühren.

Gekochte Spätzle abwechselnd mit der Porree-Schinken-Mischung in eine Auflaufform schichten.

TAGLIATELLE-AUFLAUF MIT HÜHNERBRUST

FÜR 4 PERSONEN ■
Zubereitungszeit:
30 Minuten
Pro Portion: 835 kcal
67 g E, 22 g F, 92 g K

500 g schmale Bandnudeln (Tagliatelle)
Salz
4 Hühnerbrustfilets
2 EL Butter
schwarzer Pfeffer aus der Mühle
1 TL Kräuter der Provence
200 g tiefgekühlte Erbsen, aufgetaut
3 Eier
¼ l Milch
80 g Knoblauchschnittkäse, frisch gerieben

1. Die Nudeln in kochendem Salzwasser al dente kochen, sie sollen noch einen kräftigen Biß haben. In einem Sieb gut abtropfen lassen.
2. In der Zwischenzeit die Hühnerbrustfilets in schmale Streifen schneiden und in 1 Eßlöffel Butter kurz anbraten. Salzen, pfeffern und mit Kräutern der Provence bestreuen.
3. Den Backofen auf 200 °C vorheizen.
4. Eine Auflaufform mit der restlichen Butter einfetten. Die Nudeln mit den Erbsen und den Hühnerbruststreifen mischen und hineinfüllen.
5. Die Eier mit der Milch gut verquirlen, den Knoblauchkäse unterrühren und die Mischung auf dem Auflauf verteilen.
6. Auf der mittleren Schiene des Backofens in 20 Minuten fertiggaren und überbacken.
Beilage: gemischter Salat
Getränkeempfehlung: trockener Weißwein, z. B. Est! Est!! Est!!! oder weißer Rioja

REISAUFLAUF MIT AUSTERNPILZEN

FÜR 4 PERSONEN ■ ■
Zubereitungszeit: 1 Stunde
Pro Portion: 395 kcal
21 g E, 20 g F, 32 g K

150 g Langkornreis
Salz
1 Schalotte
1 EL Butter
150 g junge Austernpilze
2 EL Sonnenblumenkerne
50 g geräucherter Schinken
80 g Schweizer Emmentaler,
frisch gerieben
4 Eigelb
weißer Pfeffer aus der
Mühle
5 Eiweiß
1 EL grobgehackte Kräuter
(Petersilie oder Kerbel oder
Dill)
Butter und Mehl für die
Form

Die Austernpilze mit den fein-gehackten Schalotten weich schmoren.

Sonnenblumenkerne in einer Pfanne ohne Fettzugabe leicht bräunen.

Gerührte Eier mit Reis, Käse, Schinken, Pilzen und Sonnen-blumenkernen vermischen.

1. Eine Auflaufform mit Butter ausstreichen und mit Mehl bestäuben.
2. Den Reis in reichlich Salzwasser in 12–15 Minuten körnig weich kochen. Auf einen Durchschlag schütten und gut abtropfen lassen.
3. Die geschälte Schalotte fein hacken und in der Butter andünsten. Die Austernpilze putzen, falls nötig zerkleinern, zu den Schalottenwürfeln geben und weich schmoren.
4. Die Sonnenblumenkerne in einer kleinen Pfanne trocken rösten, bis sie eine etwas dunklere Farbe angenommen haben. Den Schinken sehr fein hacken.
5. Den Backofen auf 200°C vorheizen.
6. Reis, Pilze, Sonnenblumenkerne, Schinken und Käse in einer Schüssel vermischen. Die Eigelbe gründlich mit Salz und Pfeffer verrühren und zu dem Reis geben. Die Eiweiße zu festem Schnee schlagen und ein Viertel der Masse mit der Reismischung verrühren, den Rest vorsichtig unterheben.
7. Die Reismasse löffelweise in die Auflaufform geben. Den Rand zwischen Reis und Form mit dem Messer nachziehen, so daß er leicht von der Form gelöst wird.
8. Auf der mittleren Schiene im Backofen in etwa 30 Minuten goldgelb backen. Mit den Kräutern bestreuen und sofort auftragen. Anstelle von Austernpilzen kann man auch Pfifferlinge verwenden.
Beilage: Salat von gewürfelten Avocados und Tomaten

GRATINIERTER SPARGELREIS

FÜR 4 PERSONEN ■
Zubereitungszeit: 1 Stunde
Pro Portion: 760 kcal
28 g E, 45 g F, 64 g K

4 EL Butter
1 kleine Zwiebel
300 g Rundkornreis
1 l Fleischbrühe
150 g gekochter Schinken
500 g gekochte Spargelab-schnitte, frisch oder aus der
Dose
250 g Sahne
4 Eier
4 EL frischgeriebener
Parmesan
Salz
schwarzer Pfeffer aus der
Mühle
frischgeriebene Muskatnuß
Butter für die Form

1. Eine Auflaufform mit Butter ausstreichen.
2. Von der Butter 2 Eßlöffel in einem Topf zerlassen und die geschälte, in kleine Würfel geschnittene Zwiebel darin glasig braten. Den trockenen Reis hinzufügen und unter Rühren ebenfalls anrösten, bis er glasig ist. Nach und nach mit der kochenden Fleischbrühe aufgießen, der Reis soll ständig brodelnd kochen und zum Schluß alle Flüssigkeit aufgesogen haben.
3. Den Backofen auf 220°C vorheizen.
4. Den Schinken in Streifen schneiden und zusammen mit dem Spargel in 2 Eßlöffeln Butter durchschwenken.
5. Die Sahne mit den Eiern, dem Parmesan, Salz, Pfeffer und Muskat gründlich verquirlen.
6. Nach 20 Minuten Kochzeit den Risotto vom Herd nehmen und in die Auflaufform füllen. Mit der Schinken-Spargel-Mischung bedecken und die Sahnesauce darübergießen. Auf der mittleren Schiene im Backofen in 10–15 Minuten goldgelb gratinieren.

SEMMELAUFLAUF MIT PILZEN

FÜR 4–6 PERSONEN ■ ■
Zubereitungszeit: 1 Stunde
Pro Portion bei 4 Personen:
480 kcal
22 g E, 30 g F, 30 g K

5 Brötchen vom Vortag
⅜ l heiße Milch
500 g Waldpilze
1 Zwiebel
50 g durchwachsener
geräucherter Speck
2 EL Butter
1 EL gehackter Kerbel
Salz
schwarzer Pfeffer aus der
Mühle
3 Eier, getrennt
frischgeriebene Muskatnuß
100 g Emmentaler
Butterflöckchen und Butter
für die Form

1. Eine Auflaufform dick mit Butter einfetten.
2. Die Brötchen in dünne Scheiben schneiden, mit der Milch übergießen und stehen lassen. Die Pilze putzen, waschen und trocknen lassen. Zwiebel und Speck würfeln.
3. Von der Butter 1 Eßlöffel in einer Pfanne erhitzen, Zwiebel- und Speckwürfel darin glasig braten, die Pilze hinzufügen und etwa 10 Minuten durchschmoren. Mit dem Kerbel vermischen und würzen.
4. Brötchen gut ausdrükken, in der restlichen Butter anrösten und abkühlen lassen. Die Eigelbe mit der Einweichmilch, Salz und Muskat verquirlen und mit der Brotmasse vermischen.
5. Den Backofen auf 200°C vorheizen.
6. Käse grob reiben, Pilze und Käse mit der Semmelmasse vermischen. Eiweiße steif schlagen und unter den Teig ziehen. In die Auflaufform füllen, mit Butterflöckchen besetzen und auf der mittleren Schiene im Backofen in 30–40 Minuten goldbraun backen.
Beilage: Tomatensauce

ÜBERBACKENE AUBERGINEN MIT MOZZARELLA UND EIERN
Parmigiana di melanzane

FÜR 4 PERSONEN ■ ■
Zubereitungszeit:
1 Stunde 30 Minuten
Pro Portion: 665 kcal
37 g E, 47 g F, 21 g K

1,5 kg Auberginen
Salz
1 kg reife Tomaten
1 mittelgroße Zwiebel
4 EL Olivenöl
einige frische Basilikumblätter
schwarzer Pfeffer aus der Mühle
300 g Mozzarella
4 hartgekochte Eier
150 g Parmesan, frisch gerieben

AUSSERDEM
Mehl zum Wenden
reichlich Olivenöl zum Ausbacken und für die Form

Hartgekochte Eier und Mozzarellakäse in dicke Scheiben schneiden.

Auberginenscheiben nach dem Trocknen in Mehl wenden und in reichlich Öl ausbacken.

1. Eine längliche, feuerfeste Form mit Öl ausstreichen.
2. Die Auberginen waschen, der Länge nach in Scheiben schneiden und mit Salz bestreuen. Mit einem Teller bedecken, mit einem Gewicht beschweren und das Gemüse ½ Stunde ziehen lassen.
3. Die Tomaten blanchieren, häuten, entkernen und in Würfel schneiden. Die Zwiebel schälen und in Würfel schneiden. Das Öl in einem Topf erhitzen und die Zwiebel darin glasig braten. Die Tomaten sowie das geschnittene Basilikum hinzufügen. Im offenen Topf zu einer dicklichen Tomatensauce einkochen lassen und mit Salz und Pfeffer abschmecken. Mozzarella und hartgekochte Eier in Scheiben schneiden.
4. Den Backofen auf 180°C vorheizen.
5. Von den Auberginen das bittere Wasser abgießen, die Scheiben gut abtrocknen und in Mehl wenden. Reichlich Öl in einer tiefen Pfanne erhitzen und die Auberginenscheiben nacheinander darin ausbacken. Gut abtropfen lassen.
6. Eine Schicht Auberginenscheiben in die Form geben, dick mit geriebenem Parmesan bestreuen und mit Mozzarella- und Eischeiben bedecken. Einige Löffel Tomatensauce darübergeben und wieder eine Schicht Auberginen, Käse usw. daraufüllen, bis alle Zutaten verbraucht sind. Den Abschluß bildet Tomatensauce.
7. Auf der mittleren Schiene im Backofen in etwa 30 Minuten gar backen. Dieses klassische italienische Gericht schmeckt warm und kalt gleich vorzüglich. Als Vorspeise reicht die Menge für 6–8 Personen.
Beilage: knuspriges Stangenweißbrot
Getränkeempfehlung: Pinot grigio aus dem Trentino oder Chianti

ARTISCHOCKEN-PASTETE PROVENZALISCHE ART
Paté aux artichauts

FÜR 4 PERSONEN ■ ■
Zubereitungszeit:
1 Stunde 30 Minuten
Pro Portion: 630 kcal
18 g E, 40 g F, 48 g K

300 g TK-Blätterteig (1 Paket)
8 kleine lila Artischocken
1 mittelgroße Zwiebel
1 Möhre
2 Knoblauchzehen
250 g Champignons
5 EL Olivenöl
3 reife Tomaten
1 Zweig Thymian
2 EL Weißwein
Salz
schwarzer Pfeffer aus der Mühle
3 hartgekochte Eier

AUSSERDEM
Mehl zum Ausrollen
verquirltes Eigelb oder Milch zum Bestreichen
2 Eigelb
1 EL Zitronensaft
4 EL Weißwein

1. Den Blätterteig 20 Minuten auftauen lassen.
2. Die Artischocken gründlich waschen. Mit einem rostfreien Messer oder einer Schere die unschönen äußeren Blätter und die kleinen harten Blätter am Stielende abschneiden. Den Stiel kürzen. Die Artischocken vierteln und sofort in kaltes Wasser legen.
3. Die geschälte Zwiebel und geputzte Möhre in Streifen schneiden. Knoblauch abziehen, Champignons putzen, beides in Scheiben schneiden.
4. Das Olivenöl in einem emaillierten Topf oder einem Edelstahltopf erhitzen. Zwiebel- und Möhrenstreifen darin anbraten, Knoblauch und die Artischocken hinzufügen. Unter Umrühren anbraten, dann die Champignons zu dem Gemüse geben. Alles weitere 5 Minuten schmoren lassen.
5. Die Tomaten blanchieren, häuten und in Achtel schneiden, dabei Kerne und Stengelansätze entfernen. Zu dem Gemüse geben und den Thymian hinzufügen. Den Wein aufgießen und das Gemüse zugedeckt weitere 10 Minuten schmoren lassen. Mit Salz und Pfeffer abschmecken.
6. Den Backofen auf 200°C vorheizen.
7. Den Blätterteig auf einer bemehlten Fläche ausrollen. Einen 60 cm langen Streifen in Höhe der Auflaufform schneiden und den Rand der mit kaltem Wasser ausgespülten Form damit auslegen. Von dem restlichen Teig einen Teigdeckel in der Größe der Auflaufform ausschneiden, sowie einen fingerbreiten Streifen. In den Teigdeckel links und rechts ein pfenniggroßes Loch schneiden.
8. Die Hälfte des Artischockengemüses in die Form füllen und mit den in Scheiben geschnittenen Eiern bedecken. Das restliche Artischockengemüse darüberfüllen und den Teigdeckel auf die Form legen. Den Rand des Teiges mit dem ausgeschnittenen Streifen belegen, so daß die Pastete ganz verschlossen ist. Den Teig mit verquirltem Eigelb oder Milch bestreichen.
9. Die Pastete im Backofen auf der mittleren Schiene in 40 Minuten goldgelb backen. Dann etwas abkühlen lassen. Die Eigelbe mit dem Zitronensaft verrühren. Den Weißwein erwärmen und unter Rühren zufügen. Die Masse durch die Löcher im Teigdeckel in die Pastete gießen.
10. Die Pastete erst bei Tisch anschneiden.
Beilage: gemischter Blattsalat aus Feldsalat, Rucola, jungem Spinat und Löwenzahn
Getränkeempfehlung: leichter Rotwein aus der Provence

MUSCHELGRATIN

FÜR 4 PERSONEN ■ ■ ■
Zubereitungszeit: 1 Stunde
Pro Portion: 245 kcal
11 g E, 15 g F, 3 g K

2 kg Miesmuscheln
¼ l Weißwein
2 gehackte Schalotten
½ Lorbeerblatt
1 Knoblauchzehe
½ TL Pfefferkörner

SAUCE
2 Eigelb
125 g Sahne
Salz
1 EL trockener Wermut
(Noilly Prat oder Martini
dry)
1 Prise Safran
1 TL Dillspitzen
weißer Pfeffer aus der
Mühle
Butter für die Form

Muscheln gut abbürsten und
die Bärte entfernen. Geöffnete
Muscheln wegwerfen.

Die Muscheln im Sud servieren.
Muscheln, die sich nicht geöff-
net haben, darf man nicht essen.

1. Die Muscheln unter fließendem Wasser gut ab-bürsten und den »Bart« herauszupfen. Bereits ge-öffnete Muscheln wegwerfen. Mit Weißwein, Scha-lotten, Lorbeerblatt, der ganzen geschälten Knob-lauchzehe und Pfefferkör-nern in eine Pfanne geben. Aufkochen lassen, bis sich die Muscheln öffnen. Mu-scheln, die sich nicht ge-öffnet haben, wegwerfen. Die Muscheln etwas ab-kühlen lassen.
2. Eigelbe, Sahne und wenig Salz in ein Pfänn-chen geben. In ein Was-serbad stellen, erhitzen und so lange mit dem Schneebesen schlagen, bis eine sämige Sauce von der Konsistenz einer Sau-ce hollandaise entsteht.
3. Die Sauce in eine kalte Schüssel gießen und bis zum Gebrauch im Kühl-schrank aufbewahren.
4. Eine flache Auflauf-form oder kleine Portions-förmchen mit Butter aus-streichen. Die Muscheln aus der Schale nehmen und hineinlegen.
5. Den Sud der Muscheln durch ein Sieb passieren, in ein kleines Pfännchen geben und auf die Hälfte

einkochen lassen. Den Backofen auf 220°C vor-heizen.
6. 2 Eßlöffel vom Mu-schelsud mit Wermut, Sa-fran und der vorbereiteten Sauce mischen. Diese bei sehr schwacher Hitze im Wasserbad erwärmen. Mit Dill, weißem Pfeffer und wenig Salz nachwürzen.
7. Die Sauce über die Muscheln verteilen und im Backofen auf der mittleren Schiene ca. 5 Minuten überbacken. Die Sauce darf nicht braun werden, sondern soll nur kleine, hellbraune Flecken be-kommen. Dann in der Form servieren.
Beilage: Salzkartoffeln
Getränkeempfehlung:
Entre-Deux-Mers, Sancer-re, Johannisberg

SEEZUNGEN-GRATIN

FÜR 4 PERSONEN ■ ■
Zubereitungszeit:
40 Minuten
Pro Portion: 330 kcal
36 g E, 16 g F, 2 g K

1 große Zwiebel
2 EL gehackter Estragon
800 g Seezungenfilet
Salz
Pfeffer aus der Mühle
⅛ l Weißwein
3 EL Butter
1 EL trockener Wermut
1 Eigelb
6 EL Sahne
Butter für die Form

1. Eine feuerfeste Form mit wenig Butter ausstrei-chen. Einen Teil der fein-gehackten Zwiebel und des gehackten Estragons hineinstreuen. Den Back-ofen auf 180°C vorheizen.
2. Die Fischfilets mit Salz und Pfeffer würzen, in der

Feingehackte Zwiebeln und
gehackten Estragon in der ge-
butterten Form verteilen.

Die Fischfilets in der Mitte
zusammenklappen und hintereinander in die Form legen.

Die Fischfilets in der Form mit
den restlichen Zwiebelwürfeln
und dem Estragon bestreuen.

TIP *Beim Zusam-menklappen der See-zungenfilets die glän-zende Hautseite nach innen legen, damit sich die Filets beim Garen nicht zusam-menziehen. Beim Zu-bereiten der Sauce darauf achten, daß das Eigelb nicht zu heiß wird, sonst ge-rinnt es. Den Fisch zum Schluß nur kurz hell-braun überbacken.*

Mitte zusammenklappen und in die Form legen. Die restlichen Zwiebeln und Estragon darüberstreuen. Den Wein dazugießen und einige Butterflocken dar-auf verteilen.
3. Ca. 20 Minuten mit Alufolie zugedeckt im Backofen auf der mittleren Schiene garen.

4. Die entstandene Flüs-sigkeit in ein Pfännchen umgießen. Den Wermut zufügen und die ganze Flüssigkeit etwa auf zwei Drittel einkochen.
5. Das Eigelb mit der Sahne verquirlen und da-zugeben. Erhitzen, aber nicht kochen lassen und nachwürzen.
6. Die Sauce über den Fisch gießen und kurz bei 220°C im Backofen über-backen.
Beilage: Salzkartoffeln
Getränkeempfehlung:
trockener Weißwein

ORIENTALISCHER REISAUFLAUF

FÜR 4 PERSONEN ∎
Zubereitungszeit:
30 Minuten
Pro Portion: 630 kcal
41 g E, 23 g F, 66 g K

½ l **Hühnerbrühe (aus Extrakt)**
250 g **Kurzzeitreis**
500 g **Putenschnitzel**
2 EL **Butter**
120 g **mittelalter Gouda, frisch gerieben**
4 EL **Rosinen**
3 EL **Mandeln, grob gehackt**
Salz
2 EL **Curry**
1 Prise **Kreuzkümmel**
schwarzer Pfeffer aus der Mühle
1 kleine Dose **Tomaten (400 g)**

1. Die Brühe aufkochen und den Kurzzeitreis darin 5 Minuten garen.
2. Die Putenschnitzel in sehr schmale Streifen schneiden. 1 Eßlöffel Butter in einer Pfanne erhitzen und die Fleischstreifen darin portionsweise anbraten.
3. Den Kurzzeitreis mit dem Fleisch, der Hälfte des Käses, den Rosinen und den gehackten Mandeln mischen. Mit Salz, Curry, Kreuzkümmel und Pfeffer würzen.
4. Den Backofen auf 220°C vorheizen.
5. Die Tomaten in einem Sieb abtropfen lassen, grob zerkleinern und locker unter die Reismischung heben.
6. Eine Auflaufform mit der restlichen Butter einfetten. Die Reismasse hineinfüllen und mit dem restlichen Käse bestreuen.
7. Den Auflauf auf der mittleren Schiene des Backofens 15–20 Minuten überbacken, bis der Käse geschmolzen und goldbraun ist.
Beilage: Gurkensalat mit Joghurtsauce
Getränkeempfehlung: gut gekühlter Apfelmost

TORTELLINIGRATIN MIT GEMÜSE

FÜR 4 PERSONEN ∎
Zubereitungszeit:
30 Minuten
Pro Portion: 775 kcal
36 g E, 24 g F, 104 g K

500 g **Tortellini (Fertigprodukt)**
Salz
400 g **Zucchini**
3 EL **Butter**
2 **Knoblauchzehen**
3 **Eier**
⅛ l **Milch**
100 g **Parmesan, frisch gerieben**
schwarzer Pfeffer aus der Mühle
frischgeriebene Muskatnuß

1. Die Tortellini in kochendem Salzwasser nach Packungsanleitung garen. In ein Sieb schütten und gut abtropfen lassen.
2. Inzwischen die Zucchini waschen, vom Stengelansatz befreien und auf der Gemüsereibe mittelfein raspeln.
3. Den Backofen auf 220°C vorheizen.
4. In einer Pfanne 2 Eßlöffel Butter erhitzen und die Zucchiniraspel darin 5 Minuten bei starker Hitze dünsten. Den Knoblauch schälen, dazudrücken und das Gemüse salzen.
5. Eine Auflaufform mit der restlichen Butter einfetten. Die Zucchiniraspel auf dem Boden verteilen und die Tortellini daraufgeben.
6. Die Eier mit der Milch verquirlen, den Parmesan untermischen und mit Salz, Pfeffer und Muskat würzen. Diese Mischung gleichmäßig über den Gratin gießen.
7. Auf der mittleren Schiene des Backofens 15 Minuten gratinieren, bis die Oberfläche goldbraun geworden ist.
Beilage: gemischter Blattsalat
Getränkeempfehlung: leichter italienischer Rotwein

Zucchini waschen und in der Küchenmaschine fein raspeln.

Mit einer Knoblauchpresse die geschälten Knoblauchzehen zerdrücken und in das gedünstete Zucchinigemüse geben.

Gekochte Tortellini auf dem Gemüse verteilen.

Eier mit Milch und frischgeriebenem Parmesan verquirlen, danach mit Muskatnuß, Salz und Pfeffer würzen.

REISAUFLAUF MIT HÜHNERLEBER

FÜR 4 PERSONEN ∎
Zubereitungszeit:
25 Minuten
Pro Portion: 565 kcal
39 g E, 22 g F, 52 g K

½ l **Hühnerbrühe (aus Extrakt)**
250 g **Kurzzeitreis**
500 g **Hühnerleber**
4 EL **Butter**
1 Bund **Frühlingszwiebeln**
Salz
schwarzer Pfeffer aus der Mühle
1 TL **Oregano**
100 g **mittelalter Gouda, frisch gerieben**

1. Die Hühnerbrühe aufkochen, den Kurzzeitreis einstreuen und in 5 Minuten garen. Beiseite stellen.
2. Die Hühnerleber grob zerschneiden und in einer Pfanne in 1 Eßlöffel Butter kurz anbraten. Beiseite stellen.
3. Die Frühlingszwiebeln putzen, waschen, in feine Ringe schneiden und im verbliebenen Bratfett 3 Minuten dünsten.
4. Den Backofen auf 200°C vorheizen.
5. Den Reis mit der Hühnerleber und den Frühlingszwiebeln mischen und mit Salz und Pfeffer und Oregano kräftig würzen.
6. Eine Auflaufform einfetten und ein Drittel der Mischung einfüllen, mit etwas geriebenem Käse bestreuen. So weiterverfahren und als letzte Schicht Käse auf den Auflauf streuen und die restliche Butter in Flocken daraufsetzen.
7. Auf der mittleren Schiene des Backofens in 10 Minuten goldbraun überbacken.
Beilage: Tomatensalat mit Basilikum und Balsamicodressing oder gemischter Blattsalat
Getränkeempfehlung: trockener Rotwein, z.B. Chianti Classico oder Teroldego aus dem Trentino

PILZAUFLAUF

FÜR 4 PERSONEN ■ ■

Zubereitungszeit:	
1 Stunde 15 Minuten	
Pro Portion: 455 kcal	
13 g E, 26 g F, 37 g K	

400 g gemischte Pilze (z. B. Austernpilze, Pfifferlinge)
1 kg Kartoffeln
¼ l Milch
125 g Sahne
2 Eier
Salz
Pfeffer aus der Mühle
Muskatnuß
1 gehackte Zwiebel
2 EL Butter
1 EL gehackte Petersilie
1 EL gehackter Majoran
1 Knoblauchzehe
3 EL Weißwein
3 EL Gemüsebrühe
3 EL geriebener Greyerzer Käse oder Emmentaler
20 g Butterflocken
Butter für die Form

Die gekochten Kartoffeln sofort mit einem spitzen Messer schälen.

Die gekochten Kartoffeln zügig durch die Kartoffelpresse drücken.

Das Pilzragout gleichmäßig auf der gewürzten Kartoffelmasse verteilen.

1. Die Pilze säubern. Große Exemplare längs halbieren.
2. Die Kartoffeln in der Schale kochen. Etwas abkühlen lassen, dann schälen und sofort durch die Kartoffelpresse drücken. Die Eier in Eigelb und Eiweiß trennen. Die Kartoffeln mit der Milch, der Sahne und den Eigelben mischen. Die Eiweiße steif schlagen und unter die Masse ziehen. Mit Salz, Pfeffer und Muskatnuß abschmecken.
3. Die Zwiebel in der Butter dünsten. Die Pilze, die Hälfte der Kräuter und die durchgepreßte Knoblauchzehe zufügen. Bei starker Hitze 2–3 Minuten dünsten, bis die Pilze keine Flüssigkeit mehr abgeben.
4. Mit Weißwein ablöschen, etwas verdampfen lassen, die Brühe zufügen und weiterkochen, bis die Pilze knapp gar sind. Die restlichen Kräuter dazugeben, mit Salz und Pfeffer abschmecken.
5. Eine nicht zu hohe Auflaufform mit Butter ausstreichen. Mit der Hälfte der Kartoffelmasse belegen. Das Pilzragout darauf verteilen. Mit Kartoffelmasse zudecken.
6. Den Käse darüberstreuen und die Butterflocken darauf verteilen. 20 Minuten bei 220°C auf der mittleren Schiene im Backofen überbacken.
Beilage: Blattsalat
Getränkeempfehlung: helles Bier

GRATINIERTE AUBERGINEN-FÄCHER

FÜR 4 PERSONEN ■

Zubereitungszeit:	
1 Stunde 40 Minuten	
Pro Portion: 420 kcal	
17 g E, 31 g F, 18 g K	

4 mittelgroße Auberginen
Salz
4 Tomaten
Pfeffer aus der Mühle
2 EL gehackte Petersilie
2 TL gehacktes Basilikum
2 Knoblauchzehen
2 grüne Paprikaschoten
4 dünne Scheiben durchwachsener Speck
2 EL Olivenöl
5 Sardellenfilets
200 g Mascarpone (ital. Frischkäse)

1. Die Auberginen in Abständen von 5 mm so einschneiden, daß sie unten noch zusammenhängen. Mit Salz bestreuen und mit den Einschnitten nach unten in ein Salatsieb legen.
2. Nach 30 Minuten mit kaltem Wasser abspülen, gut abtropfen lassen und mit Küchenpapier etwas trockentupfen.
3. Die Tomaten in kochendes Wasser tauchen, häuten und in Scheiben schneiden. Mit Salz und Pfeffer, einem Eßlöffel Petersilie, Basilikum und dem durchgepreßten Knoblauch bestreuen. Die Paprikaschoten waschen, entkernen und in 2,5 cm große Würfel schneiden. Den Speck würfeln.
4. Eine Auflaufform mit einem Eßlöffel Olivenöl fetten. Die Auberginen fächerförmig hineinlegen.
5. Die Einschnitte in den Auberginen abwechselnd mit Tomatenscheiben, Speck und Paprikastücken füllen. Die Sardellenfilets hacken, darüber verteilen und mit Mascarpone bedecken. Das restliche Olivenöl darüber träufeln.
6. Die Auberginen mit Alufolie abdecken und ca. 50 Minuten bei 200°C im

Paprikaschoten entkernen, die Trennwände entfernen, dann in große Würfel schneiden.

Auberginen fächerförmig mit Einschnitten nach oben in eine gefettete Auflaufform legen.

Gemüsestückchen und Speck in die Auberginenschlitze stecken, mit Mascarpone bestreichen.

Backofen schmoren. Die Folie entfernen und den Auflauf noch 10 Minuten überbacken.
7. Die restliche Petersilie und viel Pfeffer darüber streuen und das Gericht in der Auflaufform auf den Tisch bringen.
Beilage: Risotto
Getränkeempfehlung: italienischer Rotwein

LAMMFLEISCH-PASTETE MIT KARTOFFELN
Shepherd's Pie

FÜR 4 PERSONEN ■
Zubereitungszeit: 1 Stunde
Pro Portion: 735 kcal
31 g E, 51 g F, 36 g K

1 kg mehligkochende Kartoffeln	
¼ l Milch	
50 g Butter	
1 Ei	
Salz	
3 Zwiebeln	
2 EL Butter	
500 g Lammfleisch, gehackt	
Worcestersauce	
100 g Crème fraîche	
Butter zum Einfetten und für Butterflöckchen	

1. Die Kartoffeln waschen, schälen und in Wasser in ca. 20 Minuten gar kochen. Die Kartoffeln abgießen, kurz ausdampfen lassen und durch die

Gekochte Kartoffeln durch eine Kartoffelpresse drücken, Ei, Milch und Butter zufügen.

Das Lammfleisch mit Crème fraîche und Worcestersauce abschmecken.

> **TIP** *Man kann unter das geschmorte Fleisch separat gegarte junge Erbsen geben, bevor es in die Form kommt.*

Kartoffelpresse drücken. Wieder in den Topf geben, leicht erhitzen, dabei unter ständigem Rühren mit einem Holzlöffel die heiße Milch und die Butter in kleinen Flöckchen hinzufügen, bis ein cremiges Püree entsteht. Das Ei unterrühren und mit Salz abschmecken.
2. Die Zwiebeln schälen und in feine Würfel schneiden. Die Butter in einer Pfanne erhitzen und die Zwiebeln darin glasig braten. Das Hackfleisch zu den Zwiebeln geben, kurz anbraten und mit Salz und Worcestersauce abschmecken. Die Crème fraîche hinzufügen und 5 Minuten einkochen lassen.

Mit einem Spritzbeutel das Püree gitterförmig auf die Lammfleischmasse spritzen.

3. Den Backofen auf 225 °C vorheizen.
4. Eine flache, große Auflaufform einfetten und die Fleischmasse hineinfüllen. Das Kartoffelpüree in einen Spritzbeutel füllen und gitterförmig daraufspritzen. Oder das Püree einfach auf das Fleisch streichen. Mit Butterflöckchen besetzen und im Backofen auf der mittleren Schiene in 30 Minuten goldbraun backen.
Beilage: junge Erbsen
Getränkeempfehlung: Bier oder leichter Rotwein

SIEBENBÜRGER GESCHICHTETES KRAUT

FÜR 4 PERSONEN ■ ■
Zubereitungszeit:
3 Stunden 30 Minuten
Pro Portion: 850 kcal
59 g E, 47 g F, 47 g K

1 kg Sauerkraut	
1 Speckschwarte	
1 Prise Zucker	
200 g Reis	
knapp ½ l Fleischbrühe (aus Extrakt)	
750 g Schweinefleisch	
1 Zwiebel	
50 g Schweineschmalz	
1 EL Paprikapulver, edelsüß	
Salz	
3 Paar Debracziner Würstchen	
250 g geräucherter Speck	
3 hartgekochte Eier	
250–500 g saure Sahne	
Schmalz für die Form	

1. Eine tiefe, feuerfeste Form, am besten einen irdenen Topf, mit Schmalz ausstreichen.
2. Das Sauerkraut mit der Speckschwarte und einer Prise Zucker gar kochen. Den Reis waschen, abtropfen und 8 Minuten in der Fleischbrühe kochen. Er soll nicht ganz weich sein.
3. Das Fleisch in Würfel schneiden, die Zwiebel schälen und kleinschneiden. Das Schmalz erhitzen und die Zwiebeln darin hellgelb rösten. Paprika darüberstreuen und mit einem Eßlöffel Wasser übergießen. Das Fleisch hinzufügen, salzen und zugedeckt in 1½ Stunden weich schmoren lassen. Dabei hin und wieder etwas Wasser nachgießen.
4. Die Würstchen in Scheiben und den Speck in Würfel schneiden. Zusammen in einer Pfanne durchrösten. Die hartgekochten Eier in Scheiben schneiden.
5. Zuerst eine Schicht gut abgetropftes Sauerkraut in den Topf oder die Form geben, mit einer

Das in Würfel geschnittene Fleisch zu den Zwiebeln geben und weich schmoren.

Die Würstchen in Scheiben und den Speck in kleine Würfel schneiden.

Wurst-Speck-Schicht bedecken und darüber wieder Sauerkraut geben. Ein wenig saure Sahne darübergießen. Dann folgen eine Schicht Reis, eine Lage Fleisch, Sauerkraut, Sahne, Eischeiben, Speck, etwas Salz, Sauerkraut, Sahne usw., bis alle Zutaten verbraucht sind. Die einzelnen Schichten sollen nicht sehr dick sein. Den Abschluß bildet eine Schicht Sauerkraut, die mit Sahne übergossen wird.
6. Das geschichtete Kraut in den kalten Backofen auf die mittlere Schiene schieben und bei 190 °C 1½–2 Stunden überbacken.
Getränkeempfehlung: frisches Pils

CHICORÉEGRATIN

FÜR 4 PERSONEN ■■
Zubereitungszeit:
1 Stunde
Pro Portion: 270 kcal
6 g E, 16 g F, 13 g K

8 Chicoréestauden
150 g Champignons
2 TL Zitronensaft
0,2 l Portwein
2 EL Butter
Salz
1 EL Mehl
120 g Sahne
weißer Pfeffer aus der Mühle
2 EL frisch geriebener Greyerzer Käse
Butter für die Form

1. Die Chicoréestauden gut waschen. Am unteren Ende ½ cm abschneiden, dann der Länge nach halbieren.
2. Die Champignons putzen, in Scheiben schneiden und sofort mit Zitronensaft beträufeln.

> **TIP** *Wer den bitteren Geschmack der Chicoréestauden nicht so gerne mag, kann beim Putzen des Gemüses am unteren Ende einen Keil herausschneiden. Dann wird das Gemüse milder.*

3. Die Champignons in einem Topf mit ⅛ l Portwein 5 Minuten garen.
4. Einen Eßlöffel Butter in einer nicht zu hohen Kasserolle erhitzen, die Chicoréestauden hineinlegen, mit Salz bestreuen und mit dem Portwein (Kochflüssigkeit der Champignons) begießen. Zugedeckt 20 Minuten dünsten lassen.
5. Das Mehl mit 1½ Eßlöffel Butter in einer kleinen Pfanne 2–3 Minuten dünsten, ohne daß es Farbe annimmt.

Chicoréestauden gründlich waschen und dann längs halbieren.

Das Gemüse in heiße Butter legen, salzen und mit dem Portwein begießen.

6. Den Kochsud der Chicoréestauden abgießen und zum Mehl in die Pfanne rühren. Den restlichen Portwein und die Sahne beifügen. 10 Minuten zu einer leichten weißen Sauce kochen. Mit Salz und Pfeffer würzen. Den Backofen auf 220 °C vorheizen.
7. Eine Gratinform mit Butter ausstreichen. Die sehr gut abgetropften Chicoréestauden hineinlegen. Die Champignons darübergeben und die Sauce darüber verteilen. Die Zutaten in der Form mit Käse bestreuen.
8. Den Gratin 10 Minuten auf der mittleren Schiene im Backofen überbacken, bis auf der Oberfläche des Gerichtes braune Flecken entstehen. In der Gratinform auf den Tisch bringen.
Beilage: frisches Brot
Getränkeempfehlung: Rosé

AUFLAUF VON CHINAKOHL UND GERÖSTETEN PISTAZIEN

FÜR 4 PERSONEN ■■
Zubereitungszeit: 1 Stunde
Pro Portion: 590 kcal
37 g E, 44 g F, 11 g K

750 g Chinakohl
3 EL Öl
Salz
weißer Pfeffer aus der Mühle
500 g Magerquark
125 g Sahne
3 Eier, getrennt
frischgeriebene Muskatnuß
100 g geröstete Pistazienkerne, gehackt
Fett für die Form
100–150 g geriebener Käse, z. B. Emmentaler

1. Den Chinakohl halbieren, den Strunk entfernen, das Gemüse waschen und die Hälften in feine Streifen schneiden. Das Öl in einer Pfanne erhitzen, die Gemüsestreifen kurz darin anschwitzen und mit Salz und Pfeffer würzen.
2. Den Backofen auf 200 °C vorheizen.
3. Quark, Sahne und Eigelbe gründlich miteinander verrühren und mit Salz, Pfeffer und Muskat würzen. Die Eiweiße mit einer Prise Salz zu steifem Schnee schlagen und locker unter die Quarkmasse heben.
4. Eine große Auflaufform oder eine hohe Soufléform gut ausfetten und die Hälfte der Quarkmasse einfüllen. Mit dem Chinakohl bedecken und mit den Pistazien bestreuen. Die zweite Quarkhälfte darauf verteilen und den Emmentaler darüberstreuen.
5. Auf der mittleren Schiene im Backofen in 25–30 Minuten goldbraun backen und sofort servieren, damit das Soufflé nicht zusammenfällt.
Getränkeempfehlung: leicht aromatischer Weißwein, z. B. Müller-Thurgau aus Franken

GRATIN VON BROCCOLI, SPINAT UND GRÜNKERN

FÜR 4 PERSONEN ■■■
Zubereitungszeit: 1 Stunde
Pro Portion: 735 kcal
32 g E, 50 g F, 37 g K

1 kg frischer junger Spinat
Salz
2 kleine Schalotten
40 g Margarine
200 g gekochter Grünkern
250 g Sahne
weißer Pfeffer aus der Mühle
frischgeriebene Muskatnuß
500 g Broccoli
¼ l selbstgemachte Gemüsebrühe
2 cl Sherry Fino
2 cl Sherryessig
3 verquirlte Eigelb
200 g Emmentaler, frisch gerieben

1. Den Spinat putzen, waschen und in kochendem Salzwasser 1 Minute blanchieren. In kaltem Wasser kurz abschrecken, dann gut ausdrücken.
2. Die Schalotten schälen und fein hacken. Das Fett in einem Topf erhitzen und die Schalotten darin anschwitzen. Den Spinat hinzufügen, kurz andünsten, dann den Grünkern und die Hälfte der Sahne dazugeben und würzen.
3. Den Broccoli putzen und in kleine Röschen zerteilen, in kochendem Salzwasser blanchieren.
4. Brühe, die restliche Sahne, Sherry und Essig in einer Sauteuse um ein Drittel einkochen lassen. Vom Herd nehmen und die Eigelbe untermischen.
5. Die Spinatmischung in eine feuerfeste Auflaufform füllen und den gut abgetropften Broccoli darauf verteilen. Mit Käse bestreuen und mit der Sahne-Eier-Sauce begießen.
6. Auf der oberen Schiene unter dem Grill einige Minuten gratinieren.
Getränkeempfehlung: Spätburgunder Weißherbst, z. B. aus Baden

HERZHAFTER SAUERKRAUT-AUFLAUF

FÜR 4 PERSONEN ■
Zubereitungszeit:
1 Stunde
Pro Portion: 400 kcal
25 g E, 27 g F, 11 g K

2 mittelgroße Möhren (200 g)
1 großer Apfel (z. B. Boskop)
500 g Sauerkraut
300 g mageres Kasseler
10 g Schweineschmalz
250 g saure Sahne
⅛ l Cidre (französischer
Apfelwein)
3 Eier
Salz
schwarzer Pfeffer aus der
Mühle
½ TL Kümmelsamen
1 TL gerebelter Majoran

1. Möhren und Apfel schälen und auf der groben Seite einer Rohkostreibe raspeln. Das Sauerkraut grob hacken und das Kasseler in kleine Würfel schneiden.
2. Den Backofen auf 200 °C vorheizen.
3. Eine Auflaufform mit Schmalz ausfetten und abwechselnd Sauerkraut,

TIP *Sie können den Auflauf vor dem Backen zusätzlich mit Sonnenblumenkernen bestreuen.*

Möhren, Kasseler und Äpfel in die Form schichten. Den Abschluß bildet Sauerkraut.
4. Saure Sahne und Cidre mit den Eiern gründlich verquirlen und mit Salz, Pfeffer, Kümmel und Majoran herzhaft würzen.
5. Die Sahnemischung über den Auflauf gießen und auf der mittleren Schiene des Backofens in etwa 40 Minuten gar backen.
Beilage: Kartoffelpüree oder Bauernbrot

ZUCCHINI-MOUSSAKA

FÜR 4 PERSONEN ■
Zubereitungszeit: 1 Stunde
Pro Portion: 205 kcal
22 g E, 10 g F, 6 g K

1 Zwiebel
2 Knoblauchzehen
1 EL Öl
300 g Tatar
1 Dose geschälte Tomaten
(ca. 380 g)
Salz
schwarzer Pfeffer aus der
Mühle
2 Zweige Thymian
4 kleine Zucchini (600 g)
2 EL Crème fraîche
30 g frischgeriebener
Parmesan
1 EL gehackte Petersilie
Fett für die Form

1. Zwiebel und Knoblauch schälen und in feine Würfel schneiden. Das Öl in einer Pfanne erhitzen und die Zwiebel- und Knoblauchwürfel darin bei mittlerer Hitze anschwitzen.
2. Das Tatar hinzufügen und kurz anbraten. Die kleingeschnittenen Tomaten samt der Flüssigkeit sowie die Thymianzweige dazugeben. Salzen und pfeffern und bei mittlerer Hitze etwa 15 Minuten köcheln lassen. Die Kräuterzweige entfernen.
3. Währenddessen die Zucchini waschen, von den Stengelansätzen befreien und in dünne Scheiben schneiden.
4. Den Backofen auf 220 °C vorheizen.
5. Crème fraîche und Parmesan verrühren. Dann die Petersilie daruntermischen.
6. Eine gefettete Auflaufform mit Zucchinischeiben schuppenförmig auslegen, darauf etwas von der Tomaten-Fleisch-Sauce geben und diese wieder mit Zucchinischeiben belegen. So fortfahren, bis alle Zutaten verbraucht sind. Den Abschluß bilden Zucchinischeiben.

Das Tatar zu den angebratenen Zwiebel- und Knoblauchwürfeln fügen und kurz mitbraten.

Zucchini von Stengel- und Blütenansätzen befreien und in Scheiben schneiden.

Den Auflauf mit der Sahne-Parmesan-Sauce bestreichen und goldgelb backen.

7. Die Oberfläche mit der Crème-fraîche-Mischung bestreichen und den Auflauf auf der mittleren Schiene des Backofens in 25–30 Minuten goldbraun backen.
Wer nicht so auf Kalorien achten muß, streut zwischen die einzelnen Schichten geriebenen Parmesan.
Beilage: Nudeln und grüner Salat

GRATINIERTE KÄSESCHNITTEN
Ramequins

FÜR 4 PERSONEN ■
Zubereitungszeit:
30 Minuten
Pro Portion: 620 kcal
40 g E, 39 g F, 27 g K

8 Scheiben Gruyère, 1 cm dick
8 Scheiben Weißbrot, 1 cm dick
2 Eier
½ l Milch
Salz
schwarzer Pfeffer aus der
Mühle
frischgeriebene Muskatnuß
Butter für die Form

1. Eine Auflaufform mit Butter ausstreichen. Den Backofen auf 200 °C vorheizen.
2. Die Käse- und Brotscheiben entrinden und abwechselnd dann dachziegelartig in die Auflaufform schichten. Der Käse soll etwas über die Brotscheiben hinausragen.
3. Eier, Milch und Gewürze mit einem Schneebesen

TIP *Kaufen Sie möglichst frischen Bäckertoast für das Gericht und keine abgepackte Dauerware.*

verschlagen und über Brot und Käse gießen. Auf der mittleren Schiene im Backofen in 20 Minuten goldgelb überbacken. In der Form servieren.
Beilage: Eisbergsalat, mit Walnüssen vermischt und mit Nußöl angemacht
Getränkeempfehlung: Fendant

MÖHREN-PORREE-GRATIN

FÜR 4 PERSONEN ■
Zubereitungszeit: 1 Stunde
Pro Portion: 210 kcal
7 g E, 16 g F, 10 g K

500 g große Möhren
2 dicke Stangen Porree
(400 g, geputzt gewogen)
10 g Butter oder Margarine
für die Form
100 g saure Sahne
100 g süße Sahne
40 g geriebener Käse (z. B.
Emmentaler oder mittelalter
Gouda)
Salz
weißer Pfeffer aus der
Mühle
frischgeriebene Muskatnuß

1. Den Backofen auf
200°C vorheizen.
2. Die Möhren schälen
und, am besten mit einem
Gurkenhobel, in dünne
Scheiben schneiden. Von
den Porreestangen die

Für einen Gratin eignen sich
Käsesorten wie Emmentaler oder
mittelalter Gouda besonders gut.

Möhren schälen und mit dem
Gurkenhobel in dünne Scheiben
schneiden.

TIP *Anstelle der
Möhren harmonieren
auch Kartoffelschei-
ben ausgezeichnet
mit dem Porree.*

Wurzeln und das grüne
Ende entfernen. Die Stan-
gen in dünne Scheiben
schneiden, in kaltem Was-
ser gründlich waschen und
auf einem Durchschlag
abtropfen lassen.
3. Eine runde Gratinform
einfetten und am äußeren
Rand schuppenförmig mit
Möhrenscheiben ausklei-
den. Dann folgt ein Ring
mit Porree, dann wieder
Möhren; so lange fortfah-
ren, bis alle Zutaten verbraucht sind.
4. Die beiden Sahnesor-
ten vermischen, den Käse
dazugeben und gründlich
verquirlen. Mit Salz, Pfeffer und Muskat herzhaft
würzen. Die Sahnemi-
schung gleichmäßig über
das Gemüse verteilen.

Möhren- und Porreescheiben
ringförmig in eine runde Auflaufform schichten.

5. Den Gratin auf der
mittleren Schiene des
Backofens in etwa 45 Mi-
nuten gar backen.
Beilage zu kurzgebrate-
nem Fleisch, oder mit Kartoffeln als Hauptgericht für
2 Personen.

CHICORÉEGRATIN MIT MOZZARELLA

FÜR 2 PERSONEN ■
Zubereitungszeit:
40 Minuten
Pro Portion: 205 kcal
14 g E, 13 g F, 7 g K

4 Chicorée (à 150 g)
Salz
2 Fleischtomaten
½ Bund Basilikum
100 g Mozzarella
10 g Butter für die Form
schwarzer Pfeffer aus der
Mühle

1. Die Chicorée putzen
und den bitteren Keil am
Ende mit einem spitzen
Messer kegelförmig her-
ausschneiden. Die Chico-
rée etwa 8 Minuten in ko-
chendem Salzwasser vor-
garen.
2. Den Backofen auf
220°C vorheizen.
3. Die Tomaten blanchie-
ren, häuten, entkernen und
ohne Stengelansätze in
kleine Wurtel schneiden.
Das Basilikum waschen,
trockentupfen und fein-
streifig schneiden. Die
Mozzarella in kleine Würfel
schneiden.
4. Die Chicorée mit ei-
nem Schaumlöffel heraus-
heben, gut abtropfen las-
sen und nebeneinander in
eine gefettete Form legen.
Mit Tomatenwürfeln, Basi-
likum und Käse bestreuen
und mit Pfeffer würzen.
5. Den Gratin auf der
oberen Schiene des Back-
ofens in 10–15 Minuten
goldbraun überbacken.
Das Gericht wird gehalt-
voller, wenn Sie die Chicorée noch zusätzlich in gekochten Schinken einhül-
len.
Beilage: Salzkartoffeln

GEFÜLLTE, GRATINIERTE PELLKARTOFFELN

FÜR 4 PERSONEN ■
Zubereitungszeit: 1 Stunde
Pro Portion: 200 kcal
7 g E, 6 g F, 27 g K

4 mittelgroße, mehlig-
kochende Kartoffeln
(à 200 g)
1 aromatische, vollreife
Birne
etwas Zitronensaft
80 g Roquefort (50% i. d. Tr.)
1 EL Birnengeist
Salz
schwarzer Pfeffer aus der
Mühle

1. Den Backofen auf
220°C vorheizen.
2. Die Kartoffeln mit einer
Bürste gründlich waschen
und mit Küchenpapier gut
abtrocknen. Auf den Grillrost legen und auf der mittleren Schiene in etwa 40
Minuten gar backen.
3. Die Birne schälen,
halbieren, entkernen und
in kleine Würfel schneiden.
Mit Zitronensaft beträu-
feln.
4. Die gebackenen, wei-
chen Kartoffeln in der Mitte kreuzweise einschnei-
den. Die Schale etwas ab-
ziehen und das Kartoffel-
fleisch mit einem Teelöffel
vorsichtig herauslösen,
dabei einen schmalen
Rand lassen.
5. Das ausgelöste Kar-
toffelfleisch mit einer Gabel zu Püree zerdrücken
oder mit dem Stabmixer
pürieren. Nach und nach
den Roquefort stückchen-
weise dazugeben. Zum
Schluß die Birnenwürfel
unter das Kartoffelpüree
mischen und mit Birnen-
geist, Salz und Pfeffer
herzhaft abschmecken.
6. Das Püree in die Kar-
toffeln füllen und sie nebeneinander auf eine feu-
erfeste Platte setzen.
7. Die Kartoffeln im
Backofen auf der oberen
Schiene 5–7 Minuten
überbacken.
Beilage: Preiselbeeren

KOHLPUDDING

FÜR 4 PERSONEN ■ ■
Zubereitungszeit:
1 Stunde 30 Minuten
Pro Portion: 320 kcal
22 g E, 20 g F, 13 g K

1 Weißkohl (ca. 1 kg)
Salz
1 EL Butter
1 TL Kümmel
200 g Lammfleisch
100 g Schinkenspeck
1 Brötchen vom Vortag
⅛ l Milch
1 Stück Ingwerwurzel oder
½ TL Ingwerpulver
2 Eier
abgeriebene Schale von
½ unbehandelten Zitrone
½ TL scharfer Senf
schwarzer Pfeffer aus der
Mühle
Butter für die Form

1. Eine Puddingform von
2 l Inhalt mit Deckel dick
mit Butter einfetten.
2. Den Strunk vom Kohl-
kopf abschneiden. Reich-
lich Salzwasser zum Ko-
chen bringen und den
Weißkohl darin so lange
kochen, bis die äußeren
Blätter weich sind. Einige
schöne Kohlblätter zum
Auslegen der Pudding-
form ablösen und auf Kü-
chenpapier zur Seite le-
gen. Die restlichen Kohl-
blätter fein wiegen.
3. Die Butter in einer
Pfanne erhitzen, zuerst
den Kümmel und dann den
geschnittenen Kohl darin
andünsten.
4. Lammfleisch und Schinkenspeck in große Würfel
schneiden und in der Kü-
chenmaschine fein hak-
ken. Das Brötchen in der
Milch einweichen, den Ingwer fein hacken.
5. Weißkohl mit Fleisch
und Schinkenspeck, dem
ausgedrückten Brötchen,
den Eiern und Gewürzen
vermischen. Herzhaft mit
Salz und Pfeffer ab-
schmecken.
6. Die Puddingform mit
den Kohlblättern auslegen
und die Fleischmasse ein-
füllen. Mit den restlichen
Weißkohlblättern bedek-

Kohlblätter vom harten Mittel-
strunk befreien, danach mit
einem Wiegemesser fein zerkleinern.

Die Fleisch-Kohl-Masse in eine
mit Kohlblättern ausgelegte
Puddingform füllen.

ken und die Form mit dem
Deckel verschließen.
7. Die Puddingform auf
einem umgedrehten klei-
nen Teller in einen Topf
in ein Wasserbad stellen
(Wasser bis zur halben Höhe der Puddingform). Den
Topf mit einem Deckel verschließen und mit einem
nassen Tuch bedecken,
damit der Pudding gleich-
mäßige Hitze bekommt.
8. Den Pudding 1 Stunde
kochen lassen. Aus dem
Wasserbad nehmen und
zehn Minuten stehen las-
sen. Auf einen vorgewärm-
ten Teller stürzen und mit
einem scharfen Messer in
Portionsstücke schnei-
den.
Anstelle von Weißkohl eignet sich auch gut ein Win-
terwirsing für das Rezept.
Junger Wirsing ist weniger
geeignet, da die Blätter
leicht reißen.
Beilage: Kapernsauce und
Kartoffelpüree

SPINATSOUFFLÉ

FÜR 4 PERSONEN ■
Zubereitungszeit: 1 Stunde
Pro Portion: 465 kcal
23 g E, 36 g F, 12 g K

200 g blanchierter Blatt-
spinat
90 g Butter
3 Schalotten
75 g gekochter Schinken
Salz
frischgeriebene Muskatnuß
40 g Mehl
¼ l Milch
4 Eigelb
80 g Parmesan, frisch
gerieben
5 Eiweiß
Butter für die Form

1. Eine Souffléform von
2 l Inhalt mit Butter ausstreichen.
2. Den Spinat gut ab-
tropfen lassen und in der
Küchenmaschine fein hak-
ken. Der Spinat soll fein,
aber nicht püriert sein.
3. Von der Butter 30 g in
einer Pfanne zerlassen.
Die Schalotten schälen, in
feine Würfel schneiden
und in der Butter glasig
braten. Den Schinken sehr
fein hacken und mit dem
Spinat zugeben. 5 Minuten
schmoren lassen, dann
abschmecken.
4. Die restliche Butter
zerlassen und das Mehl
hinzugeben. Hellgelb rö-
sten und die Milch unter
Rühren aufgießen. Aufko-
chen lassen, vom Herd
ziehen und unter Rühren
nacheinander die Eigelbe
unterrühren. Dann Spinat-
mischung und Käse mit
der Sauce vermischen.
5. Den Backofen auf
180°C vorheizen.
6. Die Eiweiße sehr steif
schlagen und vorsichtig
unter die Auflaufmasse
ziehen. Die Form bis zu
zwei Dritteln der Höhe mit
der Soufflémasse füllen.
7. Das Soufflé auf der
mittleren Schiene im
Backofen 15 Minuten bak-
ken, dann die Temperatur
auf 200°C erhöhen, weite-
re 30 Minuten backen las-
sen. Sofort auftragen.

BLUMENKOHL-SOUFFLÉ

FÜR 4 PERSONEN ■ ■
Zubereitungszeit: 1 Stunde
Pro Portion: 315 kcal
20 g E, 24 g F, 5 g K

1 Blumenkohl (ca. 500 g)
Salz
50 g Butter
weißer Pfeffer aus der
Mühle
frischgeriebene Muskatnuß
1 TL scharfes Currypulver
80 g Gruyère, frisch
gerieben
4 Eigelb
8 Eiweiß
Butter und Mehl für die
Form

1. Den gewaschenen Blumenkohl in Salzwasser in
15 Minuten gar kochen. Die
Röschen mit den Stielen
ablösen und auf Küchen-
papier abtrocknen lassen.
Im Mixer pürieren.
2. Das Püree in einen
Topf geben und erwär-
men, die Butter in Flöck-
chen hinzufügen. Aufko-
chen lassen und mit den
Gewürzen abschmecken.
Den Käse unter die Blu-
menkohlmasse rühren. Ab-
kühlen lassen.
3. Den Backofen auf
200°C vorheizen.
4. Die Eigelbe nacheinander mit dem Püree ver-
rühren. Die Eiweiße steif
schlagen und ⅕ der Ei-
weißmasse mit der Souf-
flémasse verrühren, den
Rest nur vorsichtig unterheben.
5. Vier kleine Förmchen
mit Butter ausstreichen
und mit Mehl bestäuben.
Den Teig löffelweise hin-
eingeben (nicht höher als
bis zu zwei Dritteln der Höhe). Mit einem Messer zwischen dem Teig und den
Formen entlangfahren, da-
mit das Soufflé gut auf-
geht.
6. Auf der mittleren
Schiene des Backofens in
ca. 18 Minuten gar bak-
ken. Sofort servieren.
Beilage: Senffrüchte und
Stangenweißbrot

KLEINE QUARK-SOUFFLÉS MIT SCHAFSKÄSE

FÜR 4 PERSONEN ■ ■
Zubereitungszeit:
40 Minuten
Pro Portion: 120 kcal
14 g E, 5 g F, 4 g K

250 g Magerquark
60 g Schafskäse
2 Eigelb
1 EL Semmelbrösel
1 Knoblauchzehe, fein gehackt
1 EL gehackte Petersilie
Salz
weißer Pfeffer aus der Mühle
2 Eiweiß
Fett für die Förmchen

1. Den Backofen auf 220°C vorheizen.
2. Den Quark in eine Schüssel geben. Den Schafskäse reiben oder mit einer Gabel fein zerdrücken und mit den Eigelben unter den Quark rühren. Semmelbrösel, Knoblauch und Petersilie hinzufügen und mit Salz und Pfeffer herzhaft abschmecken.
3. Die Masse in 4 gefettete Souffléförmchen (¼ l Inhalt) füllen, dabei mit ei-

TIP *Anstelle des Schafskäses können Sie Emmentaler oder einen Edelpilzkäse unter den Quark mischen.*

nem Messer einmal zwischen Teig und Förmchenrand entlangfahren. Die Förmchen auf der mittleren Schiene des Backofens 10 Minuten bei 180°C backen, dann die Temperatur auf 220°C schalten und die Soufflés in weiteren 10 Minuten gar backen. Sofort servieren.
Beilage: mit Tomatenwürfeln oder Blattspinat als Vorspeise reichen

HÜHNERSOUFFLÉ

FÜR 4 PERSONEN ■
Zubereitungszeit: 1 Stunde
Pro Portion: 335 kcal
24 g E, 23 g F, 8 g K

250 g gekochtes oder gebratenes Hühnerfleisch, enthäutet
50 g roher Schinken
40 g Butter
40 g Weizenmehl
¼ l Hühnerbrühe (aus Extrakt)
2 EL Sahne
4 Eier, getrennt
Salz
weißer Pfeffer aus der Mühle
einige Blättchen Estragon
1 TL abgeriebene Schale von 1 unbehandelten Zitrone
Butter für die Form

1. Eine Souffléform von 2 l Inhalt dick mit Butter ausstreichen. Den Backofen auf 200°C vorheizen.
2. Fleisch und Schinken in der Küchenmaschine pürieren.
3. Die Butter in einer Kasserolle zerlassen, das Mehl hinzufügen, hellgelb rösten und unter Rühren mit dem Schneebesen die Brühe aufgießen. 5 Minuten durchkochen lassen. Die Sahne hinzugeben, vom Herd nehmen und die Sauce nacheinander mit den Eigelben verrühren. Mit Salz und kräftig mit Pfeffer abschmecken.
4. Die Estragonblätter kleinschneiden. Estragon, Zitronenschale, Fleisch und Sauce verrühren. Die Eiweiße steifschlagen und zuletzt unter die Auflaufmasse ziehen.
5. In die Souffléform bis zu zwei Dritteln der Höhe füllen und im Backofen auf der mittleren Schiene in etwa 25 Minuten gar backen. Sofort servieren, damit das Soufflé nicht zusammenfällt. Pikant schmeckt das Soufflé auch, wenn Sie es mit Curry würzen. Dann entfällt der Estragon.
Beilage: Zuckerschoten, Blattsalat oder Mango Chutney

Rohen Schinken und Hühnerfleisch in der Küchenmaschine pürieren.

Die helle Sauce mit einem Schneebesen kräftig schlagen, die Eigelbe zufügen.

Steifgeschlagenes Eiweiß unter die Auflaufmasse heben.

HIRSESOUFFLÉS MIT GEMÜSE

FÜR 4 PERSONEN ■ ■
Zubereitungszeit:
50 Minuten
Pro Portion: 270 kcal
10 g E, 12 g F, 29 g K

je 50 g Möhre, Knollensellerie und Porree
Salz
150 g gekochte Hirse
50 g Crème fraîche
3 Eier, getrennt
weißer Pfeffer aus der Mühle
Öl und Semmelbrösel für die Förmchen

1. Das Gemüse putzen, waschen und alles in kleine Würfel schneiden. In kochendem Salzwasser blanchieren, kalt abschrecken und auf einem Durchschlag abtropfen lassen.
2. Den Backofen auf 200°C vorheizen. Einen großen, flachen Topf, zweifingerbreit mit Wasser gefüllt, auf die mittlere Schiene des Backofens stellen.
3. 100 g gekochte Hirse mit der Crème fraîche pürieren und durch ein Sieb streichen. Die ganzen Hirsekörner, das kleingeschnittene Gemüse sowie die Eigelbe untermischen. Mit Salz und Pfeffer würzen und zum Schluß die steifgeschlagenen Eiweiße unterziehen.
4. Die Masse in 4 gefettete und mit Semmelbröseln ausgestreute Souffléförmchen von ¼ l Inhalt füllen oder in eine Souffléform von 1½ l Inhalt (nur bis zu zwei Dritteln der Höhe) und im Wasserbad im Backofen in 15–20 Minuten garen. Sofort servieren.
Sie können die Soufflés als Vorspeise mit einer Kräuter- oder Sahnesauce servieren oder als Beilage zu Wildgerichten.

EIERSPEISEN

Abbildung rechts
Omelett mit Geflügelleber
(Rezept Seite 404).

Abbildung rechts:
Tortilla mit Frühlingsgemüse
(Rezept Seite 420).

Abbildung unten: Überbackene
Eierkuchen mit Käsefüllung
(Rezept Seite 405).

Abbildung links: Gefüllte Eier mit Kaviarrahm und Lachs (Rezept Seite 407).

Abbildung links: Bismarckeier (Rezept Seite 408).

Abbildung unten: Rührei mit Morcheln (Rezept Seite 403).

EIERSPEISEN

Das Ei ist das am vielfältigsten verwendbare Lebensmittel. Es ist im ganzen zum Kochen, Backen, Braten, Pochieren, Einlegen, das Eiweiß zum Schnee schlagen und das Eigelb zum Binden geeignet. Egal für welche Speisen man Eier verwendet, sie müssen frisch sein.

EIER KOCHEN

Die Kochzeit von Eiern hängt von ihrer Größe ab. So rechnet man für ein Durchschnittsei, soll es wachsweich sein, eine Kochzeit von etwa 5 Minuten. Sollen die Eier hartgekocht werden, muß man mit 10–12 Minuten rechnen.
Die Kochzeit berechnet man immer von dem Augenblick an, an dem das Wasser, nach dem Hineingeben der Eier, wieder zu kochen beginnt. Für gekochte Eier verwendet man nur Eier mit ganzer Schale, ohne Sprünge. Eier, die direkt aus dem Kühlschrank genommen werden, erst in warmes Wasser legen bevor sie ins kochende Wasser gegeben werden. Der Temperaturunterschied könnte sonst zum Platzen der Schale führen.

EIER TRENNEN

Für viele Eierspeisen ist wichtig, die Eier zunächst sauber zu trennen, um das Eiweiß zu schlagen.
Das Ei in der Mitte der Schale an der scharfen Kante einer Tasse anschlagen und vorsichtig in zwei Teile brechen.
Eigelb und Eiweiß so von einer Schalenhälfte in die andere gleiten lassen, daß das abtropfende Eiweiß in einer fettfreien Schüssel zur Verwendung aufgefangen wird.
Am Eigelb darf kein Eiweiß

mehr haften, und im Eiweiß darf kein Eigelb vorhanden sein.

EIER FRITIEREN

Fritierte Eier werden ohne Schale zubereitet. Man läßt sie in heißes Öl gleiten und fritiert sie bei ca. 180°C in 3–4 Minuten aus. So gelingen sie:
In einer Pfanne mit hohem Rand das Fett erhitzen und ein Ei hineingleiten lassen.
1. Sofort mit 2 Holzlöffeln das Eiweiß so um das Eigelb drücken, daß das Eigelb ganz vom Eiweiß umschlossen wird.
2. Das fritierte Ei mit einer Schaumkelle herausnehmen, auf Küchenkrepp legen und gut abtropfen.

1.

2.

3. Die anderen Eier nacheinander ausbacken. Mit Pfeffer und Salz würzen und servieren.

EIER POCHIEREN

Hier ist es besonders wichtig, daß die Eier frisch sind und erst kurz vor der Verarbeitung aus dem Kühlschrank genommen werden. Bei älteren Eiern würde das Eiweiß im Wasser auseinanderlaufen und sich nicht zusammenziehen.
Dem Wasser wird nur weißer Essig zugesetzt. Auf 1 Liter Wasser rechnet man 2–3 Eßlöffel Essig. Salz fügt man nicht hinzu, da es die gewünschte glatte Außenfläche beim Eiweiß beeinträchtigen würde.
1. Das Wasser mit dem Essig zum Sieden bringen. Die frischen, kalten Eier einzeln in Tassen aufschlagen.
2. Die Eier nach und nach in das siedende Essigwasser gleiten lassen, gleich mit 2 Eßlöffeln nachfassen und damit das Eiweiß über das Eigelb ziehen, so daß es vom Eiweiß umschlossen wird, und in 3–4 Minuten gar ziehen lassen. Auf keinen Fall kochen!
3. Die Eier mit einem Schaumlöffel herausnehmen und in leicht gesalzenes Wasser legen.
4. Das ausgefranste Eiweiß mit einem kleinen Küchenmesser abschneiden.
5. Für ein warmes Gericht kann man die pochierten Eier in warmem, leicht gesalzenem Wasser bei ca. 60°C noch einmal erwärmen. Danach auf einem Tuch oder Küchenkrepp abtropfen lassen.
Bei pochierten Eiern soll das Eigelb immer weich bleiben. Das kann man durch vorsichtigen Fingerdruck auf das Ei sehr gut feststellen: Im Bereich des Eigelbes gibt das Ei dem Druck leicht nach.

1.

2.

3.

4.

5.

RÜHREI ZUBEREITEN

Auf 2 Eier gibt man 3–4 Eßlöffel Sahne, wenig Salz, Pfeffer und zum Beispiel 2 Eßlöffel feingeschnittenen Schinken oder 1 Eßlöffel Schnittlauchröllchen. Zum Braten genügt ein Teelöffel Butter.

1. Die Eier aufschlagen, in eine Schüssel geben.

2. Sahne, Salz und Pfeffer zufügen und mit einem Schneebesen so lange durchschlagen bis Eiweiß, Eigelb und Sahne gut miteinander vermischt sind.

3. Schnittlauch oder andere Kräuter zufügen und durchrühren.

4. In einer schweren Pfanne, die möglichst nur für Eiergerichte benutzt wird, die Butter zerlassen.

5. Die Rühreier gleichmäßig in die Pfanne hineingießen.

6. Die am Pfannenboden stockende Masse mit einem Holzlöffel zusammenziehen.

7. Die Rühreier auf das Serviergeschirr geben, solange sie noch saftig, locker und weich sind. Sofort servieren.

1.

2.

3.

4.

5.

6.

7.

RÜHREI MIT MORCHELN

FÜR 4 PERSONEN ■
Zubereitungszeit:
15 Minuten
Einweichzeit: 1 Stunde
Pro Portion: 370 kcal
18 g E, 28 g F, 13 g K

100 g frische oder 20 g getrocknete Morcheln
1 Schalotte
3 EL Butter
50 g magerer Schinkenspeck
8 Eier
Salz
schwarzer Pfeffer aus der Mühle
frischgeriebene Muskatnuß
4 Blätterteigtartelettes oder
4 Weißbrotscheiben
1 EL gehackte Petersilie

1. Getrocknete Morcheln 1 Stunde mit kaltem Wasser bedeckt einweichen, frische Morcheln 5 Minuten in kaltes Wasser legen. Die Pilze einzeln unter flie-

> **TIP** *Morcheln müssen sehr gründlich gewaschen werden, weil sie, ob frisch oder getrocknet, immer leicht sandig sind.*

ßendem Wasser gründlich waschen. Auf Küchenpapier abtrocknen lassen. Große Morcheln halbieren oder vierteln.

2. Die geschälte Schalotte in feine Würfel schneiden. 2 Eßlöffel Butter in einer kunststoffbeschichteten Pfanne erhitzen und die Schalottenwürfel darin glasig braten.

3. Den Schinkenspeck ebenfalls in Würfel schneiden und zu den Schalotten in die Pfanne geben. Kurz anbraten lassen, anschließend die Morcheln hinzufügen und 5 Minuten schmoren lassen; es muß alle Flüssigkeit verdunstet sein.

Große Morcheln nach dem gründlichen Waschen halbieren oder vierteln.

Morcheln zu angebratenem Speck und Schalotten geben und 5 Minuten schmoren.

Butterflöckchen unter die Ei-Gemüse-Masse rühren.

4. Eier, Salz, Pfeffer und Muskatnuß mit einem Schneebesen schlagen, bis ein leichter Schaum entsteht. Die Eimasse über die Morcheln geben und unter ständigem Rühren zu einer cremigen Masse erstarren lassen. Während des Rührens die restliche Butter in kleinen Flöckchen unter das Rührei mischen.

5. Das Rührei in Blätterteigtartelettes oder auf getoasteten Weißbrotscheiben anrichten. Mit der Petersilie bestreuen.
Beilage: Kressesalat

OMELETT ZUBEREITEN

Omeletts werden grundsätzlich ohne Mehl und Milch zubereitet. Sie bestehen nur aus frischen Eiern. Für ein Omelett rechnet man 2–3 Eier, Salz und Pfeffer. Wie Rühreier können auch Omeletts variationsreich mit vielen Zutaten kombiniert werden.

Für Omeletts eignen sich spezielle Omelett- oder beschichtete Pfannen.

Die Füllungen können direkt in die Eimasse gegeben oder in das fertige Omelett eingerollt werden.

1. Die frischen Eier aufschlagen, in eine Schüssel geben, salzen und pfeffern.

2. Die Eier mit dem Schneebesen gut durchschlagen, ohne daß sie schaumig werden.

3. Butter zerlassen, die Eier in die Pfanne geben.

4. Mit der flachen Seite einer Gabel die flüssige Eimasse verrühren, dabei die heiße Pfanne ständig bewegen und rütteln, damit die Eimasse gleichmäßig stockt.

Beim Rühren der weichen Eimasse die festere Eischicht am Boden nicht mit der Gabel verletzen.

5. Jetzt die Pfanne am Stiel hochheben, so daß sie schräg steht und das Omelett nach vorne rutscht. Mit der Gabel vom Pfannenstiel her zusammenklappen. Die Pfanne mit einer Hand am Ende des Stieles frei in der Luft halten. Mit der anderen Hand kurz hinter dem Pfannenrand auf den Stiel klopfen. So gleitet das Omelett ganz zum vorderen Pfannenrand, wobei es sich zusammenrollt und schließt.

1.

2.

3.

4.

5.

OMELETT MIT GEFLÜGELLEBER

FÜR 4 PERSONEN ■ ■
Zubereitungszeit:
25 Minuten
Pro Portion: 390 kcal
21 g E, 31 g F, 2 g K

8 Eier
Salz
schwarzer Pfeffer aus der Mühle
4 Estragonblätter
6 Geflügellebern
6 EL Butter
2 Schalotten
0,1 l Rotwein
4 EL Crème fraîche

1. Eier, Salz und Pfeffer so lange mit einer Gabel verquirlen, bis die Eigelbe und Eiweiße vollständig miteinander vermischt sind. Die Estragonblätter mit einer Schere kleinschneiden und zu der Eimasse geben.

2. Die Geflügellebern von Fett und Sehnen befreien und jede Leber in 6 Stückchen schneiden.

3. Von der Butter 2 Eßlöffel in einer Pfanne erhitzen und die Leber darin von allen Seiten schnell anbraten, sie soll innen noch leicht rosa sein. Mit Salz und Pfeffer würzen. Aus der Pfanne nehmen und warmstellen.

4. Die geschälten Schalotten in feine Würfel schneiden. 2 Eßlöffel But-

> **TIP** *Die Omeletts eignen sich als Vorspeise für 4 Personen, für 2 Personen sind sie eine sättigende Hauptmahlzeit.*

ter in der Pfanne erhitzen und die Schalottenwürfel darin glasig braten. Den Rotwein hinzufügen und auf die Hälfte einkochen lassen. Die Crème fraîche zu den Schalotten geben und weiterkochen, bis die

Leberstückchen in zerlassener Butter von allen Seiten schnell anbraten.

Omeletts in einer beschichteten Pfanne nacheinander ausbacken.

Die Leber mit der Rotweinsauce mischen und auf den Omeletts verteilen.

Sauce eine cremige Konsistenz hat.

5. Die restliche Butter in einer zweiten kleinen Pfanne erhitzen und darin nacheinander 4 kleine Omeletts backen. Auf eine vorgewärmte Platte geben. Die Leberstückchen kurz in der Rotweinsauce erwärmen, auf die Mitte jedes Omeletts die Hälfte der Füllung geben und dieses darüber zusammenfalten. Die Omeletts auf vorgewärmten Tellern anrichten.

Beilage: Feldsalat

PFANNKUCHEN ZUBEREITEN

Als herzhafte fleischlose Mahlzeit mit Salat oder süß mit Kompott bietet sich diese klassische Eierspeise an.

Wer möchte, kann Kräuter, Pilze, Krustentiere, Schinken und Speck unter den Teig mischen und mit einbacken oder aber erst die gebackenen Eierpfannkuchen füllen. Es gibt verschiedene Möglichkeiten, den Teig zuzubereiten.

In manchen Rezepten wird der Teig mit ganzen Eiern, in anderen mit Eigelb und untergezogenem Eischnee zubereitet. Durch den Eischnee werden die Pfannkuchen besonders luftig und locker.

Für zwei Eierpfannkuchen mit jeweils einem Durchmesser von 24 cm rechnet man: 60 g Mehl, 0,15 l Milch, 2 Eier, je 1 Prise Salz und Zucker, 2 Teelöffel Butter zum Ausbacken.

1. Das Mehl in eine Schüssel geben. Die Milch unter ständigem Rühren mit dem Schneebesen zufügen und glattrühren.

2. Die Eier, das Salz und den Zucker zugeben, kräftig durchrühren.

3. Die Eierpfannkuchenmasse am besten noch durch ein feines Sieb passieren und ca. 30 Minuten ruhen lassen.

4. Etwas Butter in der Pfanne erhitzen und die Hälfte der Eierpfannkuchenmasse zugeben. Die Masse in der Pfanne stokken lassen, danach die Pfanne vom Herd nehmen, mit Schwung den Eierpfannkuchen wenden und fertigbacken.

5. Den zweiten Pfannkuchen genauso zubereiten, beliebig füllen und servieren.

Die Pfannkuchen können nach dem Wenden im Backofen bei ca. 200°C fertig gebacken werden, so gehen sie noch besser auf.

ÜBERBACKENE EIERKUCHEN MIT KÄSEFÜLLUNG

FÜR 4 PERSONEN ■
Zubereitungszeit: 1 Stunde
Pro Portion: 640 kcal
34 g E, 46 g F, 23 g K

EIERKUCHEN
60 g Weizenmehl
⅛ l Milch
Salz
4 Eier
30 g Butter
Butter zum Braten

SAUCE
30 g Butter
30 g Mehl
¼ l Milch
Salz
schwarzer Pfeffer aus der Mühle
frischgeriebene Muskatnuß

FÜLLUNG
100 g gekochter Schinken
100 g Mozzarella
150 g Ricotta (ital. Frischkäse)
50 g frischgeriebener Parmesan

AUSSERDEM
Butter für die Form
30 g frischgeriebener Parmesan zum Gratinieren
1 EL Butter

1. Für die Eierkuchen das Mehl in eine Schüssel geben und unter ständigem Rühren die Milch, das Salz und die Eier hinzufügen. Die Butter schmelzen und zum Schluß mit dem Teig verrühren.

2. In einer mittelgroßen Pfanne wenig Butter erhitzen, nacheinander hauchdünne Eierkuchen backen und diese abkühlen lassen.

3. Für die Sauce die Butter in einem Topf zerlassen, das Mehl hinzufügen und hellgelb anrösten. Unter Rühren mit einem Schneebesen nach und nach die Milch hinzufügen und 5 Minuten einkochen lassen. Die Béchamelsauce mit Salz, Pfeffer und Muskatnuß abschmecken.

Schinken- und Mozzarellawürfel mit dem geriebenen Parmesan unter die Sauce rühren.

Ungefähr 1–2 Eßlöffel Füllung auf jedem Eierkuchen verteilen, danach aufrollen.

4. Für die Füllung Schinken und Mozzarella in feine Würfel schneiden. Ricotta durch ein Sieb streichen und mit der Béchamelsauce vermischen. Schinken- und Mozzarellawürfel sowie den geriebenen Parmesan unter die Sauce geben. Mit Salz und Pfeffer abschmecken.

5. Den Backofen nur bei Oberhitze auf 220°C vorheizen.

6. Jeden Eierkuchen mit etwas Füllung bestreichen und aufrollen. Eine flache Auflaufform einfetten und die Eierkuchen hineingeben. Mit geriebenem Parmesan bestreuen und mit Butterflöckchen besetzen. Auf der oberen Schiene des Backofens gratinieren, bis der Käse geschmolzen ist.

Diese besonders zarten Eierkuchen lassen sich auch mit einer süßen Füllung als Nachtisch servieren.

Beilage: dicke Tomatensauce oder Tomatensalat

CRÊPES MIT RÜHREI, SENFSPROSSEN UND LACHS

FÜR 4 PERSONEN ■ ■
Zubereitungszeit:
50 Minuten
Pro Portion: 935 kcal
41 g E, 62 g F, 53 g K

TEIG
300 g feines Weizenmehl, frisch gemahlen
½ l Milch
4 Eier
Salz
weißer Pfeffer aus der Mühle

GARNITUR
3 EL Traubenkernöl
1 EL Sherryessig
Salz
weißer Pfeffer aus der Mühle
100 g Senfsprossen

FÜLLUNG
4 Eier
125 g Sahne
200 g geräucherter oder gebeizter Lachs
100 g Senfsprossen
1 Schalotte, gehackt
1 Bund Dill, gehackt
Salz
weißer Pfeffer aus der Mühle

AUSSERDEM
4 EL Öl
40 g Margarine

1. Aus Mehl, Milch und Eiern einen Crêpeteig zubereiten und mit Salz und Pfeffer würzen. Den Teig 30 Minuten ruhen lassen.
2. Für die Garnitur Öl, Essig, Salz und Pfeffer vermischen und die Senfsprossen darin marinieren.
3. Für die Füllung Eier und Sahne mit einer Gabel verquirlen. Den Lachs in kleine Würfel schneiden und mit den Senfsprossen, der gehackten Schalotte und dem Dill unter die Eiersahne mischen. Mit Salz und Pfeffer würzen.
4. In einer beschichteten Pfanne etwas Öl erhitzen, nacheinander 8 dünne

Mehl, Milch, Eier, Pfeffer und Salz zu einem Crêpeteig verrühren.

Nach 30 Minuten Ruhezeit hauchdünne Crêpes in wenig Öl ausbacken.

Lachsstückchen unter die mit Kräutern gewürzte Eiersahne mischen.

Pfannkuchen backen und diese warmstellen.
5. Die Margarine in einer zweiten Pfanne erhitzen und die Masse der Füllung darin bei mittlerer Hitze stocken lassen.
6. Die Crêpes mit dem Rührei belegen, und mit den marinierten Sprossen bestreut servieren.
Wenn Sie die Crêpes als Vorspeise servieren, reicht die Zutatenmenge für 8 Personen.
Getränkeempfehlung:
Pinot Grigio aus dem Friaul oder trockener Traminer

CRÊPES SUZETTE

FÜR 8 PERSONEN ■ ■
Zubereitungszeit:
45 Minuten
Ruhezeit: 2 Stunden
Pro Portion: 275 kcal
8 g E, 16 g F, 24 g K

TEIG
200 g Weizenmehl
1 Prise Salz
2 EL Zucker
3 Eier
2 Eigelb
½ l Milch
1 EL Curaçao oder Grand Marnier
2 EL flüssige Butter
Schale von 1 unbehandelten Mandarine oder ½ Orange
geklärte Butter zum Braten

SIRUP
8 Stück Würfelzucker
1 unbehandelte Orange oder
2 Mandarinen
150 g weiche Butter
120 g Zucker
2 cl Curaçao oder Grand Marnier

1. Für den Teig das Mehl in eine kleine, hochwandige Schüssel geben. Salz, Zucker und Eier hinzufügen und gut vermischen, oder alle Zutaten in den Mixer geben. Nach und nach die Milch sowie den Likör und die zerlassene Butter hinzufügen. Die Mandarinenschale (ohne die weiße Innenhaut) oder die Orangenschale mit einem scharfen Messer in ganz feine Streifchen schneiden, in kochendheißem Wasser blanchieren und unter den Crêpeteig mischen. Dann 2 Stunden an einem kühlen Ort stehen lassen.
2. Wenig Butter in einer Crêpepfanne oder in einer kunststoffbeschichteten Pfanne (15 cm Durchmesser) erhitzen. Mit einem Schöpflöffel in die Mitte der Pfanne etwas Teig gießen und durch Drehen der Pfanne schnell gleichmäßig auf dem Pfannenboden verteilen. Es muß ein hauchdünner Pfannkuchen entstehen. Goldgelb

backen, wenden und auch die zweite Seite gar backen. Die fertigen Crêpes auf einen Teller geben und mit einem zweiten Teller bedecken. Auf einen Topf mit kochendem Wasser stellen, damit die Crêpes nicht kalt werden. Weiterbacken, bis der ganze Teig verbraucht ist.
3. Für den Sirup die Zuckerstücke an der Schale der Orange oder Mandarinen reiben, bis sie von allen Seiten gelb und mit dem aromatischen Öl der Früchte durchzogen sind. Die Zuckerstücke in eine Schüssel geben und mit dem ausgepreßten Saft der Früchte übergießen. Die weiche Butter mit dem Zucker glattrühren und die zerdrückten Zuckerstücke mit dem Fruchtsaft und dem Likör hinzufügen.
4. Eine Kupferpfanne auf einen Réchaud stellen und

> **TIP** *Am feinsten im Geschmack sind Crêpes, die mit Mandarinenschale und Curaçao zubereitet werden.*

etwas Butter darin zerlassen. Ebenso eignet sich eine große Pfanne, die man bei ganz leichter Hitze auf den Herd stellt. Die Crêpes nacheinander mit je einem Löffelchen der Mandarinen- oder Orangenbutter besetzen, zuerst auf die Hälfte und dann auf ein Viertel zusammenfalten und nebeneinander in die Pfanne setzen. Wenige Minuten erhitzen und sehr heiß servieren.
Wollen Sie die Crêpes Suzette zusätzlich flambieren, erhitzt man in einem Töpfchen je nach verwendetem Likör ein Gläschen Curaçao oder Grand Marnier, zündet den Alkohol bei Tisch mit einem Streichholz an und gießt ihn über die Crêpes.

EIER FÜLLEN

1. Die hartgekochten Eier mit den Schalen gegen die Topfwand schlagen, so daß Sprünge entstehen. Dann die gesprungenen Eier wieder in das kalte Wasser zurücklegen.

2. Die Eier schälen, vorhandene Schalenreste gut von den Eiern abspülen. Geschälte Eier in leicht gesalzenem Wasser aufbewahren.

3. An den Längsseiten der Eier etwas Eiweiß an den Rundungen abschneiden, damit sie nach dem Halbieren besser stehen.

4. Die Eier mit einem schmalen Messer der Länge nach halbieren und die Eigelbe herausnehmen.

5. Die Eigelbe mit weicher Butter (3 Teile Eigelb und 1 Teil Butter) durch ein feines Sieb drücken.

6. Die durchgedrückten Eigelbe mit Salz, Senf oder Paprika würzen und zu einer geschmeidigen Creme verrühren.

7. Die Eigelbcreme in einen Spritzbeutel mit großer Sterntülle füllen und rosettenartig in die Eihälften spritzen.

3.

4.

1.

5.

2.

6.

7.

GEFÜLLTE EIER MIT KAVIARRAHM UND LACHS

FÜR 4 PERSONEN ■ ■
Zubereitungszeit:
25 Minuten
Marinierzeit: 1 Stunde
Pro Portion: 335 kcal
17 g E, 29 g F, 1 g K

4 Eier
½ Blatt Gelatine
8 Scheiben frischer Lachs
(à 20 g)
100 g Sahne
Salz
Pfeffer aus der Mühle
Zitronensaft
40 g Keta-Kaviar
einige Dillzweige

MARINADE
2 EL Limetten- oder
Zitronensaft
3–4 EL Olivenöl
1 TL gehackter Dill

1. Die Eier in ca. 12 Minuten hart kochen. In kaltem Wasser abschrecken, darin auskühlen lassen und schälen. Gelatine in kaltem Wasser einweichen.

2. Dann den Limetten- oder Zitronensaft mit dem Olivenöl verrühren. Die Lachsscheiben auf eine Platte legen, mit der Marinade bestreichen und mit dem Dill bestreuen. Mit Klarsichtfolie bedecken und 1 Stunde marinieren lassen.

3. Die Sahne steif schlagen und mit Salz, Pfeffer und Zitronensaft ab-

> **TIP** *Die Eigelbe können auch im Ei belassen und mit der Kaviarsahne bedeckt werden.*

schmecken. Die Gelatine aus dem Wasser nehmen und mit wenig Flüssigkeit im heißen Wasserbad auflösen. Die Gelatine zusammen mit dem Kaviar unter die Sahne mischen.

Hartgekochte Eier vor dem Schälen in kaltem Wasser auskühlen lassen.

Kaviar und Gelatine unter die steifgeschlagene Sahne mischen.

Die Eigelbhälften aus dem Eiweiß herauslösen, ohne sie zu zerstören.

4. Die Eier längs halbieren und aus jedem Ei jeweils das Eigelb vorsichtig herausnehmen.

5. Die Eihälften mit der Kaviarsahne bestreichen und mit dem Eigelb und Dillzweigen garnieren. Den Lachs salzen und pfeffern und zusammen mit den Eiern anrichten. Nach Belieben garnieren.

Beilage: Gemüsesalat

Getränkeempfehlung: Champagner oder Sekt

ÜBERBACKENE EIER MIT MEERRETTICH

FÜR 4 PERSONEN ■
Zubereitungszeit:
40 Minuten
Pro Portion: 270 kcal
18 g E, 18 g F, 8 g K

6 hartgekochte Eier
½ Stange Meerrettich
1 Brötchen vom Vortag
1 EL Butter
3 rohe Eier
6 EL Milch
Salz
Butter für die Form

1. Eine flache Auflaufform dick mit Butter einfetten. Den Backofen auf
200 °C vorheizen.
2. Die hartgekochten Eier halbieren und mit der
Schnittfläche nach unten
in die Auflaufform legen.
Den geschälten Meerret-
tich fein reiben und dar-
überstreuen.

Geröstete Brötchenwürfel mit
der flüssigen Milch-Ei-Masse
mischen.

3. Das Brötchen in Würfel schneiden und in der
Butter hellgelb rösten.
4. Die rohen Eier gut mit
der Milch und dem Salz
verquirlen und mit den
Semmelwürfeln vermi-
schen. Die Mischung über
die Eier in der Form gie-
ßen. Auf der mittleren
Schiene des Backofens in
20–25 Minuten fest wer-
den lassen. Anstelle des
Meerrettichs kann man frische Kräuter über die Eier
streuen.
Beilage: Chicoréesalat mit
Gartenkresse und Brot

BISMARCKEIER

FÜR 4 PERSONEN ■
Zubereitungszeit:
15 Minuten
Pro Portion: 165 kcal
14 g E, 12 g F, 0 g K

100 g gekochter Schinken
4 Eier
Salz
schwarzer Pfeffer aus der
Mühle
4 EL frischgeriebener
Parmesan
Butter zum Einfetten der
Förmchen
4 Salatblätter

1. Den gekochten Schinken in feine Streifen
schneiden. 4 feuerfeste
Förmchen mit Deckel oder
4 Tassen, die später mit
Alufolie abgedeckt wer-
den, einfetten.
2. In jedes Förmchen 1 Ei
schlagen und mit Salz und
Pfeffer würzen. Käse und
Schinken miteinander ver-
mischen und auf die Eier
streuen.
3. Die Förmchen oder die
Tassen zudecken bzw. mit
Alufolie fest verschließen.

> **TIP** *Für eine
> Hauptmahlzeit nimmt
> man das doppelte
> Rezept und kann
> Blattspinat und Kar-
> toffelpüree dazu rei-
> chen.*

In einem flachen Topf et-
was Wasser zum Kochen
bringen und die Förmchen
hineinstellen. Das oberste
Drittel der Förmchen soll
aus dem Wasser herausra-
gen. Die Bismarckeier in
10 Minuten stocken las-
sen.
4. Die Salatblätter auf 4
Tellern anrichten. Auf jedes
Salatblatt ein Ei stürzen.
Als Vorspeise vor einer
leichten Hauptmahlzeit
servieren.
Beilage: Toast mit Butter
und gemischter Blattsalat
mit Schnittlauch

In jedes Förmchen ein Ei
schlagen und mit Salz und
Pfeffer würzen.

Die Schinken-Parmesan-
Mischung auf den rohen Eiern
verteilen.

Förmchen mit Alufolie bedek-
ken und in einen Topf mit
heißem Wasser stellen.

RÜHREI MIT RÄUCHER-FISCH

FÜR 4 PERSONEN ■
Zubereitungszeit:
15 Minuten
Pro Portion: 565 kcal
40 g E, 45 g F, 1 g K

2 Bücklinge oder geräu-
cherte Makrelenfilets
60 g Butter
8 Eier
4 EL Wasser oder Milch
Salz
schwarzer Pfeffer aus der
Mühle
1 EL gehackter Dill

1. Den Räucherfisch sorgfältig enthäuten, entgräten
und in Stücke teilen.
2. Die Butter in einer
Pfanne erhitzen und den
Fisch kurz darin anbraten.
3. Eier, Wasser oder
Milch, Salz, Pfeffer und Dill
mit einem Schneebesen
verquirlen, bis ein leichter

Den Räucherfisch vor dem Anbraten sorgfältig enthäuten und
entgräten.

Schaum entsteht. Über
den Fisch gießen. Das
Rührei mit einer Gabel verrühren und auflockern. Die
Pfanne vom Herd nehmen,
sowie die Eimasse zu
stocken beginnt. Sofort
servieren.
Das Rührei kann auch auf
in Butter gerösteten Weißbrotscheiben angerichtet
werden.
Beilage: Pellkartoffeln und
Gurkensalat

VERLORENE EIER MIT FEINER SENFSAUCE

FÜR 4 PERSONEN ■
Zubereitungszeit:
20 Minuten
Pro Portion: 495 kcal
16 g E, 47 g F, 1 g K

8 Eier
Salz
1 EL Essig

SENFSAUCE
150 g Butter
2 EL Wasser
2 Eigelb
½ Zitrone
weißer Pfeffer aus der Mühle
1 EL scharfer Senf
einige Estragonblätter zum Garnieren

Die Eier mit einer Schöpfkelle in das heiße Essigwasser gleiten lassen.

Butterflöckchen bei leichter Hitze unter die Eigelbmasse rühren.

Eigelbe mit dem Schneebesen unter das Butter-Wasser-Gemisch rühren.

1. In einem Topf 1 l Wasser mit Salz und Essig zum Pochieren der Eier zum Kochen bringen. Ein Ei nach dem anderen in eine Schöpfkelle schlagen und vorsichtig so in das Wasser gleiten lassen, daß sich das Eiweiß wie eine Hülle um das Eigelb schließt. Nach drei Minuten mit einem Schaumlöffel herausnehmen und in einer Schüssel mit warmem Wasser warmstellen.
2. Für die Senfsauce 1 Eßlöffel Butter in einer Kasserolle zerlassen, das Wasser hinzufügen und mit einem Schneebesen

TIP *Senf soll nicht mitkochen, sondern immer erst am Ende der Kochzeit an die Sauce gegeben werden.*

gründlich vermischen. Vom Herd nehmen und die Eigelbe unter ständigem Rühren hinzugeben. Den Topf wieder auf den Herd stellen und nach und nach bei leichter Hitze die restliche Butter in Flöckchen

unterrühren, die Sauce darf nicht mehr kochen.
3. Den Saft der Zitrone hinzufügen und die Sauce mit etwas Salz und Pfeffer abschmecken. Dann vom Herd nehmen und mit einem Schneebesen den Senf unterrühren.
4. Jeweils 2 verlorene Eier auf einem Teller anrichten und mit Senfsauce begießen. Die Estragonblätter darüberstreuen.
Beilage: neue Kartoffeln
Getränkeempfehlung: frischer, fruchtiger Weißwein aus der Pfalz

KRÄUTERRÜHREI MIT KÄSE

FÜR 4 PERSONEN ■ ■
Zubereitungszeit:
15 Minuten
Pro Portion: 360 kcal
20 g E, 25 g F, 15 g K

8 Eier
Salz
schwarzer Pfeffer aus der Mühle
2 EL feingehackte Kräuter (Petersilie, Schnittlauch, Kerbel, einige Blättchen Estragon)
40 g frischgeriebener Hartkäse (z. B. mittelalter Gouda)
2 TL scharfer Senf
4 EL Butter
4 Scheiben getoastetes Bauernbrot

1. Eier, Salz und Pfeffer in einer Schüssel mit einem Schneebesen leicht schlagen, bis sich ein leichter Schaum gebildet hat. Die Kräuter mit Käse und Senf zu einer Paste vermischen.
2. In zwei kunststoffbeschichteten Pfannen je 1 Eßlöffel Butter erwärmen und die Eimasse in die beiden Pfannen geben. Mit einem Holzlöffel rühren, bis die Eimasse zu stocken beginnt. Nach und nach die restliche Butter hinzufügen.
3. Das Rührei weiterrühren, bis es eine cremige Konsistenz hat. Die Paste mit dem fertigen Rührei vermischen und dieses auf dem Bauernbrot anrichten. Nach Belieben mit Tomatenachteln garnieren.
Man kann das Rührei auch in einer großen Pfanne zubereiten, allerdings läßt es sich dann nicht so leicht zu der gewünschten cremigen Konsistenz verrühren.

ÜBERBACKENE SPIEGELEIER

FÜR 4 PERSONEN ■
Zubereitungszeit:
30 Minuten
Pro Portion: 175 kcal
15 g E, 13 g F, 1 g K

4 Eier
Salz
1 Bund Schnittlauch, fein geschnitten
3 gewässerte Sardellen
3 Eier, getrennt
1 TL Kapern
1 EL feingehackte Petersilie
schwarzer Pfeffer aus der Mühle
frischgeriebene Muskatnuß
Butter für die Form

1. Eine flache Auflaufform dick mit Butter einfetten. Den Backofen auf 200 °C vorheizen.
2. Die Eier nebeneinander in die Form schlagen, mit Salz und dem Schnittlauch bestreuen.

TIP *Appetitlich sieht diese Eierspeise auch aus, wenn sie portionsweise in kleinen, feuerfesten Eierpfännchen zubereitet wird. Zusätzlich kann man noch etwas feingewiegten Schinken unter die Eimasse geben.*

3. Die Sardellen hacken und mit den Eigelben, Kapern und Petersilie gründlich verrühren. Mit Salz, Pfeffer und Muskat abschmecken. Die Eiweiße steif schlagen, unter die Eigelbe ziehen und die Masse über die Eier in der Form gießen.
4. Auf der mittleren Schiene im Backofen etwa 15 Minuten goldgelb bakken.
Beilage: Roggenbrötchen und bunt gemischter Blattsalat

KÄSEOMELETT, MIT BLATTSPINAT GEFÜLLT

FÜR 2 PERSONEN ■ ■
Zubereitungszeit:
25 Minuten
Pro Portion: 325 kcal
22 g E, 25 g F, 3 g K

300 g junger Blattspinat
1 Knoblauchzehe
1 mittelgroße Zwiebel
10 g Butter
Salz
weißer Pfeffer aus der Mühle
frischgeriebene Muskatnuß
4 Eier
1 EL Wasser
2 EL frischgeriebener Parmesan
2 TL Öl

1. Die Spinatblätter sorgfältig verlesen, waschen und auf einem Durchschlag abtropfen lassen. Knoblauch und Zwiebel schälen und fein hacken.

> **TIP** *Anstelle des Spinats können Sie auch kleingehackte Mangoldblätter oder Sauerampfer als Füllung verwenden.*

2. Die Butter erhitzen und die Zwiebel- und Knoblauchwürfel darin anschwitzen. Spinat dazugeben, mit Salz, Pfeffer und Muskat würzen und zugedeckt bei mittlerer Hitze dünsten lassen.
3. Währenddessen Eier, Wasser, Käse, Salz und Pfeffer mit einer Gabel verquirlen.
4. In zwei beschichteten Pfannen je einen Teelöffel Öl erhitzen und die Eimasse hineingießen. Bei mittlerer Hitze stocken lassen.
5. Die Omeletts auf vorgewärmte Teller gleiten lassen, mit der Hälfte des Spinats belegen und zusammenklappen.
Beilage: Salzkartoffeln

SCHNECKEN-OMELETT

FÜR 2 PERSONEN ■
Zubereitungszeit:
20 Minuten
Pro Portion: 315 kcal
23 g E, 24 g F, 1 g K

12 Weinbergschnecken (aus der Dose)
2 Knoblauchzehen
1 Schalotte
4 Eier
1 EL Wasser
Salz
schwarzer Pfeffer aus der Mühle
2 EL Öl
1 EL gehackte Petersilie

1. Die Schnecken mit einem scharfen Messer grob hacken. Knoblauchzehen und Schalotte schälen und in kleine Würfel schneiden.
2. Eier, Wasser, Salz und Pfeffer mit einer Gabel gründlich verquirlen.
3. In zwei beschichteten Pfannen von 20 cm Durchmesser je einen Eßlöffel Öl erhitzen und jeweils die Hälfte des Knoblauchs, der Schalotte und der Schnecken darin anschwitzen.
4. Die Eimasse gleichmäßig darübergießen und bei mittlerer Hitze stocken lassen.
5. Die Omeletts zusammenklappen und auf vorgewärmte Teller gleiten lassen.
Sie können auch die Omeletts und die Schneckenfüllung getrennt zubereiten und die Omeletts anschließend füllen.
Beilage: knuspriges Weißbrot

Die Schnecken auf einem Brett mit einem scharfen Messer grob hacken.

Jeweils die Hälfte von Knoblauch, Schalotte und Schnecken in Öl anschwitzen.

Gewürzte Eimasse auf die Schnecken gießen und stocken lassen.

Das Omelett zusammenklappen und auf vorgewärmtem Teller servieren.

OMELETT AUF ITALIENISCHE ART

FÜR 2 PERSONEN ■
Zubereitungszeit:
20 Minuten
Pro Portion: 285 kcal
15 g E, 23 g F, 4 g K

2 Knoblauchzehen
2 mittelgroße Fleischtomaten
4 Eier
1 EL Wasser
Salz
schwarzer Pfeffer aus der Mühle
2 EL Olivenöl
6–8 gehackte Basilikumblätter

1. Die Knoblauchzehen schälen und fein hacken. Die Tomaten blanchieren, häuten und ohne Stengelansätze und Kerne in kleine Würfel schneiden.
2. Eier, Wasser, Salz und Pfeffer mit einer Gabel gründlich verquirlen.

> **TIP** *Die Eier lediglich mit einer Gabel, nicht mit einem Schneebesen verquirlen. Die Mischung darf nicht zu schaumig sein, da sonst das Omelett nicht die gewünschte cremige Konsistenz bekommt.*

3. In zwei beschichteten Pfannen von 20 cm Durchmesser je einen Eßlöffel Öl erhitzen. Jeweils die Hälfte des Knoblauchs und der Tomaten darin anschwitzen.
4. Das Basilikum darüberstreuen und die Eimasse auf die Pfannen verteilen. Bei mittlerer Hitze stocken lassen.
5. Die Omeletts zusammenklappen und auf vorgewärmte Teller gleiten lassen.
Beilage: getoastetes toskanisches Weißbrot

OMELETT MIT HUMMER
Omelette à l'homard

FÜR 2 PERSONEN ■
Zubereitungszeit:
30 Minuten
Pro Portion: 420 kcal
31 g E, 32 g F, 1 g K

4 Eier
2 EL Sahne
Salz
weißer Pfeffer aus der Mühle
1½ EL Butter
200 g Hummerfleisch, frisch oder aus der Dose
2 EL Sherry oder Madeira
2 EL Crème fraîche
4 Blätter Estragon
etwas Butter zum Glasieren
Kresse zum Garnieren

1. Eier, Sahne, Salz und Pfeffer mit einer Gabel gründlich verquirlen, bis Eigelb und Eiweiß völlig miteinander vermischt sind.
2. In einer Pfanne 1 Eßlöffel Butter zerlassen. Das Hummerfleisch in kleine Stücke zerpflücken (Hummerfleisch aus der Dose zuerst gut abtropfen lassen). Dann zusammen mit dem Wein in der Butter kurz erhitzen. Die Crème fraîche und die Estragonblätter hinzufügen und etwas einkochen lassen.
3. Die restliche Butter in einer zweiten Pfanne erhitzen, die Eimasse hineingießen und schnell unter gelegentlichem Schütteln der Pfanne ein goldgelbes, cremiges Omelett zubereiten. Auf eine vorgewärmte Platte gleiten lassen.
4. Die Hummerfüllung in die Mitte des Omeletts geben und dieses darüber zusammenfalten. Mit etwas frischer Butter glasieren und mit einem Sträußchen Kresse garnieren.
Als Vorspeise für 4 Personen oder als kleine Mahlzeit für 2 servieren.
Beilage: Eichblattsalat
Getränkempfehlung: leichter, trockener weißer Landwein

OMELETT MIT SAUERAMPFER
Omelette à l'oseille

FÜR 2 PERSONEN ■
Zubereitungszeit:
15 Minuten
Pro Portion: 305 kcal
16 g E, 26 g F, 2 g K

2 Handvoll junge Sauerampferblätter
2½ EL Butter
4 Eier
Salz
schwarzer Pfeffer aus der Mühle
Butter zum Glasieren

1. Den Sauerampfer (möglichst jungen, kleinblättrigen verwenden) gut waschen, abtropfen lassen und die Stiele entfernen. Die Blätter aufrollen und in feine Streifen schneiden.
2. In einer Pfanne 2 Eßlöffel Butter erhitzen und den Sauerampfer darin 3 Minuten schmoren lassen. Vom Herd nehmen und abkühlen lassen.
3. Eier, Salz und Pfeffer mit einer Gabel gründlich verschlagen, bis Eigelb und Eiweiß völlig miteinander vermischt sind. Den Sauerampfer mit der Eimasse vermischen.
4. Die restliche Butter in einer kunststoffbeschichteten Pfanne erhitzen und die Omelettmasse hineinschütten. Unter Schütteln der Pfanne schnell zu einem goldgelben, cremigen Omelett backen. Das Omelett auf eine vorgewärmte Platte gleiten lassen und mit etwas frischer Butter glasieren.
Als Vorspeise oder Imbiß reichen.
Beilage: 2 diagonal geschnittene Toastbrotscheiben, in Butter gebraten

OMELETT MIT ROQUEFORT
Omelette au Roquefort

FÜR 2 PERSONEN ■
Zubereitungszeit:
15 Minuten
Pro Portion: 315 kcal
21 g E, 25 g F, 1 g K

60 g Roquefort
1 EL Sahne
frischgeriebene Muskatnuß
4 Eier
schwarzer Pfeffer aus der Mühle
½ EL Butter

1. Den Roquefort auf einem Teller mit einer Gabel grob zerdrücken, mit der Sahne verrühren und mit Muskatnuß abschmecken.
2. Die Eier mit Salz und Pfeffer mit einer Gabel gründlich verschlagen, bis Eigelb und Eiweiß völlig miteinander vermischt sind. Die Butter in einer kunststoffbeschichteten Pfanne erhitzen und die Eimasse hineinschüt-

> **TIP** *Man sollte ein Omelett möglichst nicht mit weniger als 4 Eiern zubereiten, da es sonst beim Braten zu fest wird.*

ten. Unter Schütteln der Pfanne ein goldgelbes Omelett backen.
3. Die Käsemasse auf das Omelett geben und dieses auf eine vorgewärmte Platte gleiten lassen, dabei von beiden Seiten zusammenfalten.
Beilage: junge Erbsen, mit Minze gewürzt
Getränkempfehlung: roter französischer Landwein

OMELETT MIT MUSCHELN UND KRABBEN
Omelette aux fruits de mer

FÜR 2 PERSONEN ■
Zubereitungszeit:
25 Minuten
Pro Portion: 350 kcal
21 g E, 28 g F, 2 g K

1 Schalotte
2 EL Butter
50 g gekochte, ausgelöste Muscheln
50 g gekochte, ausgelöste Krabben
1 EL Weißwein
2 EL Crème fraîche
Salz
schwarzer Pfeffer aus der Mühle
1 EL gehackte Petersilie
4 Eier
etwas Butter zum Glasieren

1. Die Schalotte schälen und in feine Würfel schneiden, in 1 Eßlöffel Butter in einer Pfanne glasig dünsten. Muscheln und Krabben hinzufügen und nur etwa 1 Minute durchschwenken. Den Wein und die Crème fraîche hinzugießen und kurz aufkochen. Mit Salz, Pfeffer und der Petersilie abschmecken.
2. Die Eier mit Salz und Pfeffer mit einer Gabel gründlich verschlagen, bis Eigelb und Eiweiß völlig miteinander vermischt sind.
3. Die restliche Butter in einer kunststoffbeschichteten Pfanne erhitzen und die Omelettmasse hineinschütten. Schnell unter Schütteln der Pfanne zu einem goldgelben, cremigen Omelett backen. Die Meeresfrüchtemischung auf das noch weiche Omelett geben und auf eine vorgewärmte Platte gleiten lassen, dabei auf die Hälfte zusammenfalten. Mit etwas frischer Butter glasieren.
Beilage: Blattspinat
Getränkempfehlung: Pils oder trockener Weißwein

RÜHREI MIT AVOCADO, RUCOLA UND GERÖSTETEN PINIENKERNEN

FÜR 4 PERSONEN ■
Zubereitungszeit:
20 Minuten
Pro Portion: 515 kcal
17 g E, 46 g F, 9 g K

1 vollreife Avocado
200 g Rucola (Rauke)
1 Schalotte
6 Eier
50 g Sahne
100 g geröstete Pinienkerne
Salz
weißer Pfeffer aus der Mühle
40 g Butter oder Margarine zum Braten

1. Die Avocado schälen, halbieren und den Kern entfernen. Das Fruchtfleisch in kleine Würfel schneiden. Die Rucolablätter waschen, trockenschleudern, die Stiele entfernen und die Blätter in feine Streifen schneiden. Die Schalotte schälen und fein hacken.
2. Eier und Sahne mit einer Gabel gründlich verschlagen und die Avocadowürfel, die Rucolastreifen, die Schalottenwürfel und die Pinienkerne untermischen. Mit Salz und Pfeffer würzen.
3. Das Fett in einer beschichteten Pfanne erhitzen und die Eimischung darin unter vorsichtigem Rühren stocken lassen. Die Eimasse sollte gestockt, aber noch feucht und glänzend sein.
Das Rührei auf Teller verteilen und als Vorspeise oder als leichtes Abendessen reichen.
Beilage: zarter Blattsalat

RÜHREI MIT GEBEIZTEM LACHS, GURKE UND DILL

FÜR 4 PERSONEN ■
Zubereitungszeit:
20 Minuten
Pro Portion: 465 kcal
34 g E, 35 g F, 2 g K

400 g gebeizter Lachs
1 kleine Salatgurke
1 Bund Dill
6 Eier
5 cl Sahne
200 g Senfsprossen
Salz
weißer Pfeffer aus der Mühle
3 EL Traubenkernöl
Dill zum Garnieren

1. Den Lachs in kleine Würfel schneiden. Die Gurke waschen, halbieren, mit einem Löffel die Kerne herausschaben und die Hälften mit der Schale in kleine Würfel schneiden. Den Dill entstielen und fein hacken.
2. Eier und Sahne gründlich verquirlen, die vor-

TIP *Für diese Vorspeise eignet sich anstelle des gebeizten Lachses auch Räucherlachs oder ein anderer Räucherfisch.*

bereiteten Zutaten sowie die Senfsprossen untermischen und mit Salz und Pfeffer würzen.
3. Das Öl in einer Pfanne erhitzen, die Eimischung hineingießen und bei mittlerer Hitze unter Rühren stocken lassen. Anrichten und mit Dill garnieren.

Lachsscheiben mit einem scharfen Messer in kleine Stücke schneiden.

Kerne mit einem Kaffeelöffel aus den Gurkenhälften herausschaben.

Die Eiermischung bei mittlerer Hitze stocken lassen. Dabei mit einem Kochlöffel ständig rühren.

RÜHREI MIT TOMATEN, KNOBLAUCH UND BASILIKUM

FÜR 4 PERSONEN ■
Zubereitungszeit:
20 Minuten
Pro Portion: 250 kcal
12 g E, 21 g F, 3 g K

2 Fleischtomaten
2 Knoblauchzehen
1 Schalotte
2 Bund Basilikum
6 Eier
50 g Sahne
Salz
weißer Pfeffer aus der Mühle
3 EL Olivenöl

1. Die Tomaten blanchieren, häuten, halbieren, entkernen und ohne die Stengelansätze in kleine Würfel schneiden. Knoblauch und Schalotte schälen, den Knoblauch mit einem breiten Messer zer-

TIP *Sie können die fertigen Rühreier nach Belieben noch mit etwas frischgeriebenem Parmesan bestreuen.*

drücken, die Schalotte und das Basilikum fein hacken. Einige Tomatenwürfel und Basilikumblätter für die Garnitur aufbewahren.
2. Eier und Sahne mit einer Gabel gründlich verschlagen und die vorbereiteten Zutaten untermischen. Mit Salz und Pfeffer würzen.
3. Das Öl in einer beschichteten Pfanne erhitzen und die Eimasse bei mittlerer Hitze unter Rühren stocken lassen. Auf Teller verteilen und mit den zurückbehaltenen Tomatenwürfeln und Basilikumblättern garnieren.
Beilage: geröstetes Toastbrot

HACKFLEISCH-PFANNE MIT EIERN

FÜR 4 PERSONEN ■
Zubereitungszeit:
25 Minuten
Pro Portion: 280 kcal
39 g E, 13 g F, 3 g K

1 mittelgroße Zwiebel
1 EL Olivenöl
2 Knoblauchzehen
600 g gemischtes Hack-
fleisch
3 EL Tomatenmark
150 g griechischer Schafskäse
1 TL Oregano, frisch oder
getrocknet
Salz
schwarzer Pfeffer aus der
Mühle
1 Msp. Cayennepfeffer
4 Eier

Hackfleisch unter die Zwiebeln und den Knoblauch mischen und krümelig braten.

Schafskäse über der Pfanne zerbröckeln, mischen und mit den Gewürzen abschmecken.

In die glattgestrichene Oberfläche des Hackfleischs mit einem Löffel 4 Mulden drücken.

Je 1 Ei in die Mulden gleiten lassen und die Eier zugedeckt stocken lassen.

1. Die Zwiebel schälen und in kleine Würfel schneiden. Das Öl in einer großen Pfanne erhitzen und die Zwiebelwürfel darin glasig dünsten. Die Knoblauchzehen schälen und dazupressen.
2. Das Hackfleisch untermischen und unter Rühren krümelig braten.
3. Das Tomatenmark dazugeben. Den Schafskäse über der Pfanne zerbröckeln. Alles mischen und mit Oregano, Salz, Pfeffer und Cayennepfeffer würzen.
4. Die Oberfläche des Hackfleischs glattstreichen und mit einem Löffel 4 Mulden eindrücken. In jede Mulde 1 aufgeschlagenes Ei gleiten lassen.
5. Die Pfanne mit einem Deckel verschließen und die Eier bei milder Hitze in ca. 6 Minuten stocken lassen.
Für eine größere Personenzahl können Sie das Gericht in der Fettpfanne des Backofens zubereiten.
Beilage: Sesamfladenbrot und Gurkensalat mit Knoblauch
Getränkempfehlung: Retsina oder trockener griechischer Weißwein, z. B. Demestica

POCHIERTE EIER IN KRÄUTERSAUCE

FÜR 4 PERSONEN ■
Zubereitungszeit:
25 Minuten
Pro Portion: 250 kcal
21 g E, 17 g F, 3 g K

1 mittelgroße Zwiebel
1 EL Butter
2 Knoblauchzehen
¼ l Fleischbrühe (aus
Extrakt)
200 g Kräuterfrischkäse
1 Bund gemischte Kräuter
oder je 1 Bund glatte Petersilie, Basilikum, Dill und
Schnittlauch
⅛ l Weißweinessig
Salz
8 Eier
weißer Pfeffer aus der
Mühle
frischgeriebene Muskatnuß
2 EL Zitronensaft

1. Die Zwiebel schälen und in kleine Würfel schneiden. Die Butter in einem Topf schmelzen und die Zwiebelwürfel darin glasig dünsten.
2. Den Knoblauch schälen und dazudrücken.
3. Mit der Brühe aufgießen, aufkochen und den Frischkäse zufügen. Unter Rühren köcheln lassen, bis der Käse geschmolzen ist.
4. Die Kräuter abbrausen, trockentupfen und fein hacken.
5. Etwa 1,5 Liter Wasser mit Salz und dem Essig aufkochen. Die Eier einzeln in eine Tasse schlagen und nacheinander in das Essigwasser gleiten lassen. Bei sehr schwacher Hitze in etwa 5 Minuten gar ziehen lassen.
6. Die Käsesauce mit Salz, Pfeffer, Muskat und Zitronensaft abschmecken, die Kräuter unterrühren.
7. Die Eier mit einer Schaumkelle herausnehmen, auf Teller geben und mit der Sauce übergießen.
Beilage: junge Pellkartoffeln und Blattsalat
Getränkempfehlung: leichter Weißwein

GORGONZOLA-EIER IN TOMATEN-SAHNE

FÜR 4 PERSONEN ■
Zubereitungszeit:
30 Minuten
Pro Portion: 615 kcal
29 g E, 50 g F, 11 g K

8 Eier
2 EL Butter
2 EL Mehl
¼ l Milch
300 g passierte Tomaten
(Fertigprodukt)
2 Knoblauchzehen
200 g Sahne
Salz
schwarzer Pfeffer aus der
Mühle
1 TL Thymian, frisch oder
getrocknet
200 g Sahnegorgonzola
1 Bund Basilikum,
geschnitten

1. Die Eier in 10 Minuten hart kochen und eiskalt abschrecken.
2. Die Butter in einer Kasserolle schmelzen, das Mehl einstäuben und goldgelb anschwitzen. Mit der Milch und den Tomaten aufgießen und unter gelegentlichem Rühren 5 Minuten köcheln lassen.
3. Den Backofen auf 200 °C vorheizen.
4. Den Knoblauch schälen, in die Sauce pressen, die Sahne unterrühren und mit Salz, Pfeffer und Thymian würzen.
5. Die Eier schälen, längs halbieren und die Eigelbe herauslösen. Mit dem Sahnegorgonzola cremig rühren, mit Pfeffer abschmecken und die Eihälften damit füllen.
6. Die Tomatensahne in eine Auflaufform oder in Portionsformen gießen und die Eier hineinsetzen. Auf der mittleren Schiene des Backofens 15 Minuten überbacken.
7. Vor dem Servieren mit Basilikum bestreuen.
Beilage: Baguette
Getränkempfehlung: kräftiger Rotwein, z. B. Rioja oder Burgunder

TORTILLA MIT ARTISCHOCKEN
Tortilla de alcachotas

FÜR 4 PERSONEN ■
Zubereitungszeit:
50 Minuten
Pro Portion: 375 kcal
17 g E, 28 g F, 14 g K

4 kleine, festgeschlossene junge Artischocken
1 Zwiebel
2 Tomaten
6 EL Olivenöl
Salz
8 Eier

Die spitzen Blätter der Artischocken bis zur Hälfte abschneiden.

1. Die Artischocken von den welken Blättern befreien und die spitzen Blätter bis zur Hälfte abschneiden. Die Artischocken in dünne Scheiben schneiden, die geschälte Zwiebel in Würfel. Die Tomaten blanchieren, häuten, würfeln und entkernen.
2. In einer großen Pfanne 3 Eßlöffel Öl erhitzen und die Artischockenscheiben und Zwiebelwürfel darin unter ständigem Wenden anbraten. Die Tomatenwürfel sowie 2 Eßlöffel Wasser hinzugeben. Zudecken und bei leichter Hitze 10 Minuten schmoren. Zum Schluß den Dek-

TIP *Für die Zubereitung dieses Rezeptes eignen sich nur die kleinen, geschlossenen grünen oder lila Artischokken, die aus den Mittelmeerländern im Frühjahr auf den Markt kommen. Man kann es aber auch mit Artischockenböden aus der Dose zubereiten.*

kel abnehmen und noch etwas brutzeln lassen, das Gemüse soll ganz trocken sein. Salzen.

Das Gemüse schmoren, bis die Flüssigkeit verdampft ist, mit den Eiern mischen.

3. Die Eier mit etwas Salz in einer Schüssel mit einem Schneebesen verquirlen, bis Eigelb und Eiweiß völlig miteinander vermischt sind.
4. Das Gemüse mit einem Schaumlöffel aus der Pfanne nehmen und unter die Eier mischen.
5. In der Pfanne 2 Eßlöffel Öl erhitzen und die Gemüse-Ei-Masse hineingießen. Ständig umrühren, bis die Eier zu stocken beginnen. Dann die Tortilla unter gelegentlichem Schütteln der Pfanne bei leichter Hitze zugedeckt von der Unterseite goldgelb backen. Es soll keine flüssige Eimasse mehr vorhanden sein, wenn die Tortilla gewendet wird.
6. Auf einen Teller gleiten lassen und wenden. Den restlichen Löffel Olivenöl unter die gewendete Tortilla geben. Die zweite Seite ebenfalls goldgelb bakken.
Beilage: Tomatensalat
Getränkempfehlung: spanischer Vino tinto

TORTILLA MIT FRÜHLINGS-GEMÜSE
Tortilla primavera

FÜR 4 PERSONEN ■
Zubereitungszeit: 1 Stunde
Pro Portion: 305 kcal
19 g E, 22 g F, 10 g K

500 g dünner grüner Spargel
1 große, mehligkochende Kartoffel (150 g)
1 Möhre
2 EL Butter
2 EL Pflanzenöl
100 g zarte grüne TK-Erbsen
Salz
schwarzer Pfeffer aus der Mühle
8 Eier

Kartoffel- und Möhrenscheiben vorsichtig in dem Butter-Öl-Gemisch anbraten.

1. Den Spargel gut waschen und die grünen Kopfenden bis zum holzigen Ansatz in 1 cm dicke Scheiben schneiden. Die Kartoffel schälen, die Möhre putzen und beide in sehr feine Scheiben schneiden.
2. In einer großen, kunststoffbeschichteten Pfanne 1 Eßlöffel Butter und 1 Eßlöffel Öl erhitzen. Die Kartoffel- und Möhrenscheiben unter ständigem Wenden mit einem Holzlöffel 10 Minuten darin anbra-

TIP *Eine Tortilla schmeckt sowohl warm als auch kalt gleich gut. Anstelle der hier genannten Gemüse eignen sich auch andere Frühlingsgemüsesorten. Nur die Kartoffel sollte immer dabei sein.*

ten, ohne Farbe anzunehmen. Die restliche Butter, die Spargelstücke und die Erbsen hinzugeben. Weitere 10 Minuten unter Rühren durchbraten. Mit Salz und Pfeffer würzen. Das Gemüse soll noch einen festen Biß haben.

Die Eimasse über das Gemüse gießen und umrühren, bis die Masse zu stocken beginnt.

3. Die Eier mit etwas Salz in einer Schüssel mit dem Schneebesen gründlich verquirlen, so daß Eigelb und Eiweiß gut vermischt sind. Über das Gemüse gießen und die Eimasse ständig umrühren, bis sie zu stocken beginnt. Dann die Tortilla unter gelegentlichem Schütteln der Pfanne bei leichter Hitze zugedeckt von der Unterseite goldgelb backen. Es soll keine flüssige Eimasse mehr vorhanden sein, wenn die Tortilla gewendet wird. Auf einen großen Teller oder Deckel gleiten lassen und wenden.
4. Das restliche Öl in die Pfanne geben und die Tortilla von der zweiten Seite goldgelb backen. Dann in Stücke teilen und anrichten.
Beilage: Kopfsalat
Getränkempfehlung: fruchtiger Rosé aus Spanien oder Portugal

GRATINIERTE EIERKUCHEN MIT FLEISCHRAGOUT

FÜR 4 PERSONEN ■ ■
Zubereitungszeit: 1 Stunde
Pro Portion: 570 kcal
26 g E, 40 g F, 26 g K

EIERKUCHEN
8 EL Weizenmehl
½ TL Salz
4 Eier
½ l Milch oder Wasser
Butter zum Backen und zum
Bestreichen der Platte

FÜLLUNG
1 kleine Zwiebel
3 EL Öl
150 g Beefsteakhackfleisch
50 g Schweinehackfleisch
Paprikapulver
1 Stück Ingwerwurzel, fein
gehackt
20 g getrocknete Pilze,
eingeweicht
2 EL Tomatenmark
20 g Mehl
125 g Sahne
Salz
frischgeriebener Parmesan
zum Bestreuen

1. Für die Eierkuchen
Mehl und Salz in einer
Schüssel vermischen. Un-
ter ständigem Rühren Eier
und Milch hinzufügen.
2. In einer mittelgroßen
Pfanne wenig Butter er-
hitzen und nacheinander 8
Eierkuchen backen.
3. Für die Füllung die geschälte Zwiebel fein hak-
ken. Das Öl in einer Pfan-

> **TIP** *Für ein klei-*
> *nes Abendessen*
> *kann man auch die*
> *Hälfte der Eierkuchen*
> *mit Ragout und die*
> *andere mit Spargeln*
> *oder Erbsen füllen.*

ne erhitzen und die Zwie-
bel darin anbraten. Das
Fleisch mit den Gewürzen
sowie die Pilze hinzufügen
und von allen Seiten braun
braten. Das Tomatenmark

Sahne mit Mehl und Tomatenmark zu Fleisch und Pilzen
geben.

Das Fleischragout auf die Eierkuchen verteilen und diese aufrollen.

Die Omelettrollen auf eine gefettete Platte legen und mit geriebenem Parmesan bestreuen.

und die mit dem Mehl ver-
quirlte Sahne darüberge-
ben und 5 Minuten durch-
kochen lassen. Mit Salz
abschmecken.
4. Den Backofen nur bei
Oberhitze auf 220°C vor-
heizen. Eine feuerfeste
Form ausbuttern.
5. Das Fleischragout auf
die Eierkuchen verteilen
und diese aufrollen. Ne-
beneinander auf die Platte
legen, mit Käse bestreuen
und 10 Minuten auf der
oberen Schiene im Ofen
gratinieren.
Beilage: Selleriesalat

HIRSEPFANN-KUCHEN, GEFÜLLT MIT SPINAT UND KÄSE

FÜR 4 PERSONEN ■ ■
Zubereitungszeit:
45 Minuten
Pro Portion: 750 kcal
32 g E, 49 g F, 45 g K

TEIG
200 g feines Hirsemehl,
frisch gemahlen
0,3 l Milch
3 Eier
Salz
weißer Pfeffer aus der
Mühle
Margarine zum Braten

FÜLLUNG
1 kg junge Spinatblätter
Salz
80 g Pinienkerne
150 g Emmentaler
2 kleine Schalotten
40 g Margarine
weißer Pfeffer aus der
Mühle
frischgeriebene Muskatnuß
100 g Sahne

1. Für den Teig aus Hir-
semehl, Milch und Eiern einen glatten Eierkuchenteig
rühren und mit Salz und
Pfeffer würzen. 30 Minuten
quellen lassen.
2. Währenddessen für
die Füllung die Spinatblätter sorgfältig verlesen,
gründlich waschen und in
wenig kochendem Salz-
wasser etwa 2 Minuten
blanchieren. Auf einem
Durchschlag gut abtrop-
fen lassen.
3. Die Pinienkerne in ei-
ner beschichteten Pfanne
trocken rösten. Den Em-
mentaler in kleine Würfel
schneiden.
4. Die Schalotten schä-
len, in kleine Würfel
schneiden und in der Mar-
garine anschwitzen. Den
Spinat zugeben, kurz mit
andünsten und mit Salz,
Pfeffer und Muskat wür-
zen. Mit der Sahne ablö-
schen, Pinienkerne und
die Käsewürfel dazuge-
ben. Kurz aufkochen las-
sen und beiseite stellen.

Aus feingemahlener Hirse,
Milch und Eiern einen glatten
Teig rühren.

Spinatblätter nach dem
Waschen 2 Minuten in Salzwasser blanchieren.

Spinat vor dem Weiterverarbei-
ten in einem Sieb gut abtropfen
lassen.

5. In einer großen, be-
schichteten Pfanne die
Margarine erhitzen und
nacheinander 4 schöne,
dünne Hirsepfannkuchen
backen.
6. Die Spinatmasse
gleichmäßig auf die Eier-
kuchen verteilen, diese zusammenklappen und so-
fort servieren.
Beilage: Käse- oder Sahnesauce
Getränkeempfehlung:
trockener italienischer
Weißwein z. B. Sauvignon
aus dem Friaul

OMELETTKUCHEN
Gâteau d'omelettes en trois couleurs

FÜR 4–6 PERSONEN ■	
Zubereitungszeit:	
2 Stunden	
Pro Portion bei 4 Personen:	
500 kcal	
26 g E, 42 g F, 5 g K	

500 g Blattspinat	
400 g reife Tomaten	
9 Eier	
2 Knoblauchzehen	
6 EL Olivenöl	
einige Rosmarinnadeln	
Salz	
8 EL Sahne	
schwarzer Pfeffer aus der Mühle	
frischgeriebene Muskatnuß	
75 g Gruyère oder Emmentaler, frisch gerieben	

Die Kastenform mit der Eier-Käse-Masse in eine mit heißem Wasser gefüllte Reine setzen.

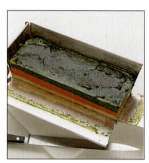

Falls die Kastenform nicht zu öffnen ist, den Kuchen auf eine Platte stürzen.

1. Den Spinat sorgfältig waschen und etwas abtropfen lassen. Die Tomaten blanchieren, häuten und in Würfel schneiden.
2. In drei Schüsseln jeweils drei Eier mit einer Gabel verrühren, bis Eigelb und Eiweiß gründlich miteinander vermischt sind. Knoblauch schälen.
3. In einer Pfanne 2 Eßlöffel Öl erhitzen und die Tomatenwürfel mit dem feingewiegten Rosmarin und etwas Salz darin schmoren, bis eine dickliche Sauce entsteht. Abkühlen lassen.
4. In einem Schmortopf 3 Eßlöffel Olivenöl erhitzen und die ganzen Knoblauchzehen, den tropfnassen Spinat und etwas Salz hinzufügen. Den Topf verschließen, alles kurz kochen lassen, bis die Spinatblätter zusammenfallen. Auf einem Teller auskühlen lassen. Den Knoblauch herausnehmen. Den Spinat grob hacken.
5. Die Tomatensauce mit 2 Eßlöffeln Sahne, Salz und Pfeffer in eine der Schüsseln mit den Eiern geben und vermischen. Zu der zweiten Schüssel den Spinat geben, alles mit 3 Eßlöffeln Sahne, Muskatnuß, Salz und Pfeffer ver-

rühren, in der dritten die Eier mit der restlichen Sahne, Käse, Salz und Pfeffer vermischen.
6. Den Backofen auf 190 °C vorheizen. Eine Kasten- oder Pastetenform von 30 cm Länge mit Öl einpinseln.
7. Zuerst die Eier-Käse-Masse hineingießen. In eine mit heißem Wasser gefüllte Bratpfanne setzen und im Backofen auf der mittleren Schiene 10 Minuten backen lassen.
8. Den Backofen auf 150 °C zurückschalten. Die Eier-Tomaten-Masse auf die erste Omelettschicht gießen und in 15 Minuten fest werden lassen. Dann die Eier-Spinat-Masse hinzufügen und im Backofen weitere 40–50 Minuten stocken lassen. Den Kuchen auf eine vorgewärmte Platte stürzen. In Scheiben geschnitten als Vorspeise servieren.
Beilage: Roggensemmeln und gemischter Blattsalat
Getränkeempfehlung: fruchtiger Rosé

GRATINIERTES FONTINA-OMELETT
Frittata con fonduta

FÜR 4 PERSONEN ■	
Zubereitungszeit: 1 Stunde	
Pro Portion: 770 kcal	
42 g E, 59 g F, 12 g K	

300 g Fontina (ital. Weichkäse)	
½ l Milch	
8 Eier	
Salz	
1 EL Stärkemehl	
750 g junge Brennesseln oder 500 g zarter Spinat	
50 g Butter	
50 g frischgeriebener Parmesan	
100 g Mandeln	
5 cl Sherry	

AUSSERDEM	
Butter zum Braten des Omeletts	
Butterflöckchen zum Überbacken	

Hier die Hauptzutaten: Eier, Spinat oder Brennesseln, Käsewürfel und Mandeln.

Das aufgerollte Omelett in einer gefetteten Backform 10 Minuten im Ofen überbacken.

1. Den Käse in kleine Würfel schneiden und in eine Schüssel geben. Mit ¼ l Milch übergießen und durchziehen lassen.
2. Eier und Salz mit einem Schneebesen gründlich verrühren, bis Eigelb und Eiweiß völlig miteinander verbunden sind. Die restliche Milch und das Stärkemehl unterrühren.
3. Etwas Butter in einer großen, kunststoffbeschichteten Pfanne erhitzen und aus dem Teig ein goldgelbes Omelett backen. Auf einem großen Teller abkühlen lassen.
4. Brennesseln kalt überbrausen, damit sie nicht brennen. Die Blätter abzupfen, waschen und leicht abtropfen lassen. Spinat nur waschen und etwas abtropfen lassen. Das Gemüse tropfnaß in einen Topf geben und bei mäßiger Hitze dämpfen, bis die Blätter zusammenfallen. Salzen und mit Butter und Parmesan vermischen.
5. Die Mandeln mit kochendem Wasser überbrühen, abziehen und

nicht zu fein hacken. Den Backofen auf 200 °C vorheizen.
6. Den Fontinakäse mit der Milch in einem kleinen Topf schmelzen lassen. Das Omelett mit der Hälfte der Käsecreme bestreichen und die Brennesseln oder den Spinat daraufgeben. Mit den Mandeln bestreuen, aufrollen und auf eine feuerfeste Platte legen. Mit Butterflöckchen belegen und auf der mittleren Schiene im Backofen 10 Minuten überbacken.
7. Die restliche Käsecreme mit dem Sherry vermischen und noch einmal erwärmen. Das Omelett in Portionsstücke zerteilen und mit der Käse-Sherry-Creme übergießen.
Beilage: Radicchiosalat
Getränkeempfehlung: roter Nebbiolo aus dem Aostatal oder Piemonteser Wein

SAUCEN

Abbildung oben: Champagnersauce (Rezept Seite 431).

Abbildung rechts: Beurre blanc (Rezept Seite 431).

Abbildung unten: Provenzalische Mayonnaise (Rezept Seite 434).

Abbildung links: Senfsauce moderne Art (Rezept Seite 432).

Abbildung unten: Tomatensauce (Rezept Seite 432).

Abbildung links:
Sauce béarnaise
(Rezept Seite 431).

427

SAUCEN

Gute Saucen sind ein Zeichen für eine anspruchsvolle Küche. Voraussetzung dafür sind sorgfältig zubereitete Grundsaucen, die eine Basis für viele Varianten bilden.

Neben der braunen Grundsauce gibt es die weiße Grundsauce, die aus Fleisch-, Kalbs- oder Geflügelfond zubereitet werden kann. Die Béchamelsauce ist eine Grundsauce, die anstelle mit Brühe mit Milch zubereitet wird. Die Sauce hollandaise ist eine aufgeschlagene Sauce, deren Grundzutaten Eigelbe, Butter und Gewürze sind.

Die kalte Grundsauce, die Mayonnaise, besteht aus Eigelben, Öl und Gewürzen.

BRAUNE GRUND-SAUCE (JUS ODER FOND)

Bei der Zubereitung von klarer, brauner Sauce beginnt die Qualität schon beim Vorbereiten der Zutaten. Die Knochen, ob vom Kalb, Rind, Lamm, Geflügel oder Wild, sollten in der Größe von Walnüssen kleingehackt werden. Dadurch vergrößert sich die Oberfläche, und die Knochen können besser angeröstet werden. Dabei entstehen nicht nur Farb-, sondern auch Geschmacksstoffe. Das Röstgemüse besteht nur aus Möhren und Zwiebeln im Verhältnis eins zu zwei. Das Tomatenmark und der Zucker sind keine Bedingung, tragen aber zur besseren Farbgebung bei und erhöhen den Glanz der Sauce. Beide Produkte müssen unbedingt mitgeröstet werden, damit das Tomatenmark die Säure verliert und der Zucker die Süße. Nicht zu lange rösten, da sie bitter werden.

Beim Auffüllen ist darauf zu achten, daß man nicht zuviel Flüssigkeit auffüllt. Auf 1 kg Knochen rechnet man ca. 1,2 l Flüssigkeit. Während des Kochprozesses muß die Sauce regelmäßig abgeschäumt und immer unter dem Siedepunkt gehalten werden. Der Schaum, der sich an der Oberfläche bildet, besteht aus Fett, das aus den Knochen austritt und aus Eiweiß, das Schmutzteilchen an sich bindet.

Die Gewürze und würzenden Zutaten sollten etwa 1 Stunde vor dem Passieren zugefügt werden.

Grundzubereitung

1. Die kleingehackten Knochen, Sehnen und Flechsen (vorzugsweise vom Kalb oder Rind) in sehr wenig Fett anbraten, bis sie goldbraun sind und glänzen.
2. Die grobgewürfelten Röstgemüse (bestehend aus ⅓ Möhren und ⅔ Zwiebeln) zugeben und mitrösten, bis sie hellbraun werden. Falls nötig das Fett von Knochen und Gemüsen abgießen.
3. Tomatenmark und wenig Zucker zugeben und einige Minuten mitrösten.
4. Mit wenig Flüssigkeit ablöschen und diese wieder verdunsten lassen.
Diesen Vorgang mindestens 2–3 Mal wiederholen: ablöschen und reduzieren. Das fördert die Farb- und Geschmacksgebung sowie den Glanz der Sauce. Das Ganze etwa 6 Stunden köcheln lassen.
5. Während dieser Zeit den Schaum und das Fett immer wieder mit einer Suppenkelle oder einem Schöpflöffel von der Oberfläche abschöpfen.
Nach 5 Stunden die Gewürze und würzenden Zutaten (zerdrückte Pfefferkörner, zerquetschte Knoblauchzehe, Thymianzweig, Petersilienstiele, wenig Porree und Sellerie) zufügen.

6. Den fertigen Jus durch ein Tuch passieren.
7. Zum Schluß das verbliebene Fett sorgfältig von der Oberfläche entfernen. Die Knochen können auch in einem Schnellkochtopf, mit wenig Flüssigkeit bedeckt in ca. 40–50 Minuten ausgekocht werden.

Den Jus kann man kochendheiß in Gläser abfüllen und luftdicht verschließen. Nach dem Abkühlen im Kühlschrank aufbewahren. Kalter Jus sollte stark gelieren.

Auch von Geflügel-, Lamm- und Wildknochen können auf die gleiche Weise klare, braune Grundsaucen (Jus) zubereitet werden. Jus kann pur verwendet werden oder dient als Grundsauce für andere Saucen.

Man sollte unbedingt darauf achten, daß immer ein dem Fleisch entsprechender Jus verwendet wird. Also: keinen Lammjus zum Geflügel servieren! Eine Ausnahme bildet hier der Kalbsjus, der fast geschmacksneutral ist und die Basis vieler Saucen bildet.

3.

4.

5.

1.

2.

6.

7.

WEISSE GRUND-SAUCE – (VELOUTÉ)

Bei dieser Grundsauce kommt es auf das richtige Verhältnis von Butter und Mehl an. Als Faustregel gilt: Immer die gleiche Eßlöffelmenge Butter und Mehl verwenden! Für ½ l Sauce rechnet man etwa je 2 Eßlöffel Butter und Mehl.

Grundzubereitung:
1. Die Butter zerlaufen lassen und so lang erhitzen, bis die Molke verdunstet ist. Ohne die Butter zu überhitzen oder daß sie Farbe annimmt.
2. Das Mehl zufügen und einige Minuten mitschwitzen. Dabei darf das Mehl keine Farbe annehmen.
3. Nun die Mehlschwitze (Roux) vom Herd nehmen und etwas abkühlen lassen. Mit der warmen Brühe auffüllen und mit einem Schneebesen glattrühren.
4. Die Sauce unter ständigem Rühren mit einem Metallspachtel etwa 20 Minuten leise köcheln lassen.
5. Die Sahne zufügen und nochmals kräftig durchkochen. Mit Salz, weißem Pfeffer und Zitronensaft abschmecken.
6. Eigelb mit Sahne verrühren. Etwas heiße Sauce unter die Eigelb-Sahne mischen.
7. Diese Mischung in die heiße Sauce gießen und unter kräftigem Rühren durchkochen.
8. Besonders fein wird die Sauce, wenn man sie mit einer kleinen Saucenkelle durch ein feines Spitzsieb drückt.
Zum Schutz vor einer Haut die Oberfläche der Sauce mit flüssiger Butter beträufeln oder Butterflöckchen darüber streuen und mit einer Gabel auf der Oberfläche der Sauce fein verteilen. Das verhindert eine starke Hautbildung auf der weißen Sauce.

Die weiße Grundsauce muß nicht unbedingt mit Eigelb legiert werden, es gibt ihr aber einen weicheren Geschmack. Eine Geflügel-Rahmsauce wird allerdings niemals mit Eigelb legiert.
Die weiße Grundsauce kann durch Wein, Champignons, Kräuter, verschiedene Gewürze (Curry, Senf) oder konzentriert eingekochte Fonds in Geschmack und Aussehen verändert werden.
Für die Zubereitung einer weißen Grundsauce eignen sich alle hellen Grundbrühen, ob von Fisch, Geflügel, Gemüse, Kalb, Lamm oder Rind. Die Brühe muß dem jeweiligen Verwendungszweck der Sauce angepaßt werden.

BÉCHAMELSAUCE

Eine helle Grundsauce, die anstelle von Brühe mit Milch zubereitet wird. Die Zubereitung der Béchamelsauce erfolgt analog zur hellen Grundsauce:
- 40 g Butter erwärmen. Feingehackte Zwiebelwürfel zugeben und farblos dünsten.
- 40 g Mehl darüberstreuen und farblos anschwitzen. Vom Herd nehmen.
- ½ l Milch aufkochen. Zur Mehlschwitze gießen und mit dem Schneebesen glattrühren.
- Bis zum Kochen die Sauce mit einem Metallspachtel ständig am Boden umrühren.
- Eine kleine, mit 2 Nelken und ½ Lorbeerblatt gespickte Zwiebel zufügen. Leicht salzen und unter ständigem Rühren etwa 20 Minuten kochen.
- Die Sauce mit Salz, Pfeffer und Muskatnuß würzen und durch ein feines Sieb passieren.
- Die Oberfläche der Béchamelsauce mit flüssiger Butter beträufeln oder mit Butterflocken belegen.

Ein Teil der Milch kann durch Brühen oder Fonds von Geflügel, Kalb, Fisch, Gemüse und Pilzen ersetzt werden. Es gibt eine ganze Reihe von Varianten der Béchamelsauce. Die bekanntesten sind wohl die Mornay- und die Meerrettichsauce. Für die Mornaysauce wird der Béchamelsauce die entsprechende Menge geriebenen Hartkäses zugesetzt. Wird sie zum Überbacken verwendet, empfiehlt es sich, die Sauce vorher mit Eigelb und Sahne zu legieren. Das gibt besseren Stand und sie haftet besser auf der Oberfläche des zu gratinierenden Gerichtes. Weitere Abwandlungen sind die Kardinal- und die weiße Zwiebelsauce.

4.

5.

1.

6.

2.

7.

3.

8.

SAUCE HOLLANDAISE ZUBEREITEN

Für ¼ l dieser klassischen aufgeschlagenen Sauce benötigt man:

175 g Butter
3 Eigelb
3 EL Wasser
10 Pfefferkörner
3 EL Essig
Saft von ½ Zitrone

1. Die Butter erwärmen, bis sich die Molke am Topfboden absetzt. Die Butter darf dabei nicht heiß werden. Den geklärten Butteranteil durch ein Haarsieb gießen.

2. Für die Reduktion die Pfefferkörner und Zwiebelwürfelchen mit Essig und Wasser auf etwa 3 EL einkochen.

3. Ein Wasserbad vorbereiten.

4. Die Eigelbe in eine Schüssel geben und die Reduktion durch ein Sieb passieren.

5. Nun die Eigelbe und die Reduktion im warmen Wasserbad mit einem Schneebesen aufschlagen.

6. So lange schlagen, bis der Eischaum cremig ist und den Schneebesen umhüllt.

7. Tropfenweise die geklärte, warme Butter unterrühren. Erst immer wieder Butter zugeben, wenn die vorhergehende untergerührt ist.

8. Die Sauce mit Zitronensaft, Pfeffer und Cayennepfeffer abschmecken.

9. Besonders fein wird die Sauce, wenn sie abschließend noch einmal durch ein Tuch passiert wird.

10. Die Hollandaise bis zum Servieren warmhalten und zu Fisch, Fleisch und Gemüse reichen.

1.

2.

3.

4.

5.

6.

7.

8.

9.

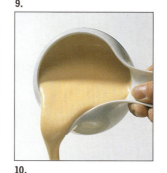

10.

DAS KANN ZUM GERINNEN DER SAUCE HOLLANDAISE FÜHREN

- Die Eigelbe wurden zu wenig aufgeschlagen. Sie dürfen nicht mehr roh sein oder nach rohen Eiern schmecken.
- Die Temperatur von Eigelb und Butter war unterschiedlich.
- Die Butter wurde zu schnell untergerührt oder in zu großen Mengen auf einmal zugegeben.
- Die Hollandaise ist zu dick oder enthält zu viel Fett.
- Die Sauce ist zu warm oder zu kalt geworden.

WAS HILFT, WENN DIE SAUCE HOLLANDAISE GERONNEN IST

- Die geronnene holländische Sauce nicht durchrühren, sondern etwas kaltes Wasser auf die Oberfläche geben.
- Mit einem Schneebesen, durch vorsichtig kreisende Bewegungen auf kleinstem Raum, die Sauce wieder zusammenrühren. Fängt die Sauce wieder an zu binden, werden die Kreise vergrößert, bis die ganze Sauce wieder glatt und gebunden ist.
- Sollte das nicht zum Erfolg führen, müssen je nach der Menge der Sauce nochmals 1–2 Eier neu aufgeschlagen werden.
- Anstelle der Butter dann die geronnene, warme Sauce hollandaise unterrühren.

VARIANTEN DER SAUCE HOLLANDAISE

Alle Saucen passen ausgezeichnet zu gegrilltem Fleisch, Fisch und Meeresfrüchten, einige auch zu gekochtem Fisch, Gemüse- und Eiergerichten.

Sauce Béarnaise

Sie unterscheidet sich von der hollandaise durch die Zugabe von Schalottenwürfeln, Estragon- und Kerbelstielen, zerdrückten Pfefferkörnern und Weißwein zur Reduktion.

Cedarsauce

Sie besteht aus Sauce hollandaise und eingekochtem, frischem Champignonfond.

Choronsauce

Zur Sauce hollandaise wird Tomatenmark, gehackter Estragon und Kerbel zugefügt.

Dijoner Sauce

Die hollandaise wird mit dem entsprechenden Senf vollendet.

Malteser Sauce

Eine Sauce Hollandaise wird mit abgeriebener Blutorangenschale und -saft vollendet.

Choronsauce

Sauce Béarnaise

CHAMPAGNER-SAUCE

FÜR 4 PERSONEN ■ ■
Zubereitungszeit:
25 Minuten
Pro Portion: 305 kcal
2 g E, 27 g F, 4 g K

¼ l Geflügel- oder Fischfond (frisch oder aus dem Glas)
1 feingehackte Schalotte
12 zerdrückte Pfefferkörner
¼ l Champagner oder Sekt
200 g Sahne
50 g kalte Butter

Einen Teil des Champagners zusammen mit Pfeffer und Salz und Schalotten an die reduzierte Brühe geben.

1. Den Geflügel- oder Fischfond auf die Hälfte einkochen.
2. Die feingehackten Schalotten, die Pfefferkörner und 0,2 l Champagner hinzufügen und bis auf 6 Eßlöffel Flüssigkeit einkochen. Die reduzierte Flüssigkeit durch ein Sieb in einen Topf streichen.
3. Nun die Sahne dazugießen und die Champagnersauce einkochen, bis sie sämig wird, und den restlichen Champagner dazugeben.
4. Die kalte Butter in kleine Stücke schneiden und zum Schluß mit einem Schneebesen unter die Sauce rühren. Das Ganze mit Salz und Pfeffer abschmecken.
5. Champagnersauce schmeckt vor allem zu Fisch.

BEURRE BLANC
Weiße Buttersauce

FÜR 6 PERSONEN ■ ■ ■
Zubereitungszeit:
15 Minuten
Pro Portion: 245 kcal
0,5 g E, 25 g F, 2 g K

50 g gehackte Schalotten
1 TL grobgeschroteter Pfeffer
evtl. 2 EL Mirepoix (feingewürfeltes Gemüse, in Butter geröstet)
⅛ l Weißweinessig
⅛ l Weißwein oder Fischfond (frisch oder aus dem Glas)
150 – 200 g kalte Butter
2 EL Sahne
Salz
weißer Pfeffer aus der Mühle

1. Die gehackten Schalotten, den Pfeffer und nach Belieben das Gemüse mit Essig und Weißwein oder Fischfond auf die Hälfte einkochen.
2. Die reduzierte Flüssigkeit durch ein Sieb in einen Topf mit breitem Boden gießen und bis auf ein Drittel einkochen.
3. Die kalte, feste Butter in kleine Stücke schneiden.
4. Die Reduktion aufkochen, die Sahne zugeben

> **TIP** *Diese Sauce sollte auf vorgewärmten Tellern serviert werden, sonst zersetzt sie sich schnell.*

und die kalten Butterstückchen nach und nach vorsichtig mit einem Schneebesen unterrühren, bis die Sauce sämig ist. Nicht mehr kochen, erst zum Schluß mit Salz und Pfeffer abschmecken.
5. Diese Sauce paßt gut zu Fisch, ganz klassisch zum Beispiel zu Hecht, Loup de mer, Saibling oder Turbot.

Schalotten und Pfeffer zu Essig und Weißwein geben und die Mischung einkochen.

Die gut gekühlte Butter in kleine Stückchen schneiden.

Nach dem Aufkochen der Reduktion die Sahne zugeben.

Die Butterstückchen nach und nach mit dem Schneebesen unterrühren.

TOMATENSAUCE

FÜR 4 PERSONEN ■ ■
Zubereitungszeit:
30 Minuten
Pro Portion: 140 kcal
2 g E, 10 g F, 7 g K

3 Fleischtomaten
1 Gemüsezwiebel
1 Bund Estragon
4 EL Olivenöl
1 Dose Tomaten (ca. 500 g)
1 cl Estragonessig
2 cl Noilly Prat (trockener
französischer Wermut)
Salz
weißer Pfeffer aus der
Mühle
1 Prise Zucker

Estragon ist ein intensiv schmeckendes Kraut, das Suppen und Saucen ein köstliches Aroma verleiht.

1. Die Fleischtomaten blanchieren, häuten, entkernen und ohne Stengelansätze in kleine Würfel schneiden, die Abschnitte aufbewahren.
2. Die Zwiebel schälen und hacken. Die Estragonblätter von den Stielen zupfen. Ein Drittel der Blätter fein hacken und beisei-

Die enthäuteten Fleischtomaten in Würfel schneiden. Kerne und Blütenansätze entfernen.

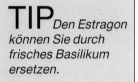

TIP *Den Estragon können Sie durch frisches Basilikum ersetzen.*

te stellen, die restlichen Blätter sowie die Stiele grob hacken.
3. Das Olivenöl in einer Kasserolle erhitzen und die Zwiebeln darin anschwitzen. Die Tomatenabschnitte, die kleingeschnittenen Dosentomaten mitsamt Saft, den grobgehackten Estragon, Essig, Wermut sowie die Gewürze hinzufügen und alles etwa 5 Minuten köcheln lassen.
4. Die Sauce durch ein Sieb passieren, die Tomatenwürfel und die feingehackten Estragonblätter dazugeben und, falls nötig, noch einmal nachwürzen.
Paßt zu Pastagerichten oder als würziger Dip zu rohem Gemüse.

Die Gemüsezwiebel schälen, hacken und in Olivenöl anschwitzen.

Frische Tomatenstückchen, Dosentomaten, Essig, Wermut und Gewürze 5 Minuten mit den Zwiebeln garen.

DILLSAUCE MODERNE ART

FÜR 4 PERSONEN ■
Zubereitungszeit:
20 Minuten
Pro Portion: 120 kcal
1 g E, 12 g F, 1 g K

⅛ l Fleisch- oder Fischbrühe
(aus dem Glas)
1 feingehackte Schalotte
125 g Sahne
1 EL Butter
2 EL gehackter Dill
1 TL Zitronensaft
Salz
weißer Pfeffer aus der
Mühle

1. Die Brühe in einer Kasserolle erhitzen, die Schalotte hineingeben und die Brühe bei starker Hitze auf die Hälfte einkochen lassen.
2. Die Hälfte der Sahne hinzufügen und erneut einkochen lassen. Vom Herd nehmen und die Butter in

Die steifgeschlagene Dillsahne mit dem Schneebesen vorsichtig unter die Sauce rühren.

Flöckchen unter ständigem Rühren mit der Sauce vermischen.
3. Die restliche Sahne steif schlagen, mit dem Dill vermischen und unter die Sauce ziehen. Mit Zitronensaft, Salz und Pfeffer abschmecken.
Zu gekochtem und gedämpftem Fisch oder zu Rind- und Hammelfleisch servieren.

SENFSAUCE MODERNE ART

FÜR 4 PERSONEN ■
Zubereitungszeit:
15 Minuten
Pro Portion: 325 kcal
2 g E, 35 g F, 1 g K

150 g Butter
2 EL Wasser
2 Eigelb
Saft von 1 Zitrone
Salz
weißer Pfeffer aus der
Mühle
1 EL scharfer Senf
einige Estragonblätter

1. Von der Butter 1 Eßlöffel in einer kleinen Kasserolle mit schwerem Boden zerlassen, das Wasser hinzugießen und mit dem Schneebesen gründlich vermischen. Vom Herd nehmen und die Eigelbe unter ständigem Schlagen hinzugeben.
2. Die Kasserolle wieder

Den Senf unter die Sauce rühren und die Estragonblätter zufügen.

auf den Herd stellen und nach und nach bei leichter Hitze die restliche Butter in Stückchen unter ständigem Weiterschlagen mit der Eimasse vermischen, die Sauce darf nicht aufkochen. Den Zitronensaft hinzufügen sowie etwas Salz und Pfeffer.
3. Die Sauce vom Herd nehmen, mit dem Senf verrühren und mit den kleingeschnittenen Estragonblättern würzen.
Paßt vorzüglich zu Fisch, Fleisch oder zu verlorenen Eiern.

KÄSE-NUSS-SAUCE

FÜR 4 PERSONEN ■
Zubereitungszeit:
25 Minuten
Pro Portion: 390 kcal
8 g E, 39 g F, 3 g K

250 g Sahne
200 g Sahnegorgonzola
4 gestrichene EL Hasel-
nüsse, gemahlen
Salz
schwarzer Pfeffer aus der
Mühle
1 Knoblauchzehe
Zitronensaft
1 Bund glatte Petersilie

1. Die Sahne in einer
Kasserolle erhitzen. Den
Sahnegorgonzola in Stük-
ken dazugeben und bei
mittlerer Hitze schmelzen
lassen, dabei ab und zu
umrühren. Die Sauce 3 Mi-
nuten köcheln lassen.
2. Sobald sich der Sahnegorgonzola ganz aufge-

**Die Gorgonzolastückchen in die
warme Sahne geben. Bei milder
Hitze den Käse schmelzen.**

löst hat, die Haselnüsse
untermischen.
3. Die Sauce mit Salz und
Pfeffer würzen. Den Knob-
lauch schälen und dazu-
drücken. Mit Zitronensaft
abschmecken.
4. Die Petersilie abbrausen, trockentupfen, von
den Stengeln zupfen, fein
hacken und zum Schluß
über die Sauce streuen.
Zu Nudeln oder gedünste-
tem Gemüse reichen. Sie
können in die Sauce, an-
stelle der Nüsse, 1 Eßlöffel
eingelegte grüne Pfeffer-
körner mischen.

PROVENZALISCHE MAYONNAISE
Rouille

FÜR 4 PERSONEN ■
Zubereitungszeit:
10 Minuten
Pro Portion: 320 kcal
1 g E, 31 g F, 8 g K

2 Knoblauchzehen
1 kleine rote Pfefferschote
4 EL Semmelbrösel, in 4 EL
Fischbrühe eingeweicht
oder 1 gekochte, kalte
Kartoffel
¼ TL Salz
1 Msp. Safranfäden, im
Mörser zerstoßen
8 EL Olivenöl

**Die kleine, rote Pfefferschote
läßt sich gut in einem Mörser
zerkleinern.**

1. Die Knoblauchzehen
schälen und die Pfeffer-
schote entkernen. Beides
im Mixer oder in der Kü-
chenmaschine pürieren.
Die eingeweichten Sem-
melbrösel oder die ge-
schälte, zerdrückte Kartoffel, Salz und Safran hinzufügen.
2. Bei laufendem Motor
das Olivenöl in einem dünnen Strahl hinzugießen.
Die fertige Mayonnaise
soll glatt und gebunden
sein.
Beilage zu Fischsuppen,
besonders zu Bouillabais-
se und zu provenzalischen
Fischsuppen. Schmeckt
auch köstlich, wenn man
sie auf geröstete Scheiben
von Baguette streicht.

KNOBLAUCH-MAYONNAISE
Aïoli

FÜR 4 PERSONEN ■
Zubereitungszeit:
10 Minuten
Pro Portion: 455 kcal
1 g E, 50 g F, 0 g K

4 Knoblauchzehen
1 Eigelb
¼ TL Salz
1 EL Zitronensaft
0,2 l Olivenöl extra vergine

1. Die Knoblauchzehen
schälen und im Mixer oder
in der Küchenmaschine
pürieren. Eigelb, Salz und
Zitronensaft hinzufügen
und alle Zutaten miteinander vermischen.
2. Bei laufendem Motor
das Olivenöl in dünnem
Strahl hinzugießen. Die
fertige Mayonnaise soll
dick und gebunden sein.
Beilage zu Fischsuppe,
Fischgerichten, beson-
ders Stockfisch, und zu
gekochtem Gemüse.

> **TIP** *Anstelle von
> Zitronensaft können
> Sie auch einen guten
> Weinessig für die
> Aïoli verwenden.*

SAUERAMPFER-SAUCE
Sauce à l'oseille

FÜR 4 PERSONEN ■
Zubereitungszeit:
30 Minuten
Pro Portion: 260 kcal
2 g E, 24 g F, 3 g K

80 g Sauerampfer
2 Schalotten
¼ l Fleisch- oder Fischbrühe
(aus Extrakt)
5 El Weißwein
4 EL trockener Wermut
150 g Crème fraîche
40 g Butter
Saft von ½ Zitrone
Salz
weißer Pfeffer aus der
Mühle

1. Den Sauerampfer verlesen, entstielen, gründ-
lich waschen, die harte
Haupttrippe entfernen und
große Blätter in breite
Streifen schneiden. Den
Sauerampfer gut abtrop-
fen lassen. Die Schalotten
schälen und in Würfel
schneiden.
2. Die Brühe in einen
breiten, flachen Topf ge-
ben und Wein, Wermut
und die Schalottenwürfel
hinzufügen. Bei starker
Hitze so lange einkochen
lassen, bis die Flüssigkeit
eine sirupartige Konsi-
stenz anzunehmen be-
ginnt.
3. Die Crème fraîche hinzugeben und das Ganze
erneut einkochen, bis die
Sauce dicklich ist. Den
Sauerampfer mit der Sah-
ne vermischen und ledig-
lich 30 Sekunden in der
Sauce durchkochen.
4. Die Sauce vom Herd
nehmen und die Butter in
Flöckchen hinzufügen, da-
bei vorsichtig ein- bis
zweimal umrühren. Die
Sauerampfersauce mit Zi-
tronensaft, Salz und Pfeffer abschmecken.
Die Sauerampfersauce
paßt gut als Begleitung zu
gekochtem und gedämpf-
tem Fisch, sie ist beson-
ders wohlschmeckend zu
Lachs.

ZWIEBELSAUCE AUF INDISCHE ART

FÜR 4 PERSONEN ■
Zubereitungszeit:
20 Minuten
Pro Portion: 90 kcal
1 g E, 6 g F, 8 g K

1 Gemüsezwiebel (ca. 200 g)
1 Knoblauchzehe
2 EL Sesamöl
1 mittelgroße Banane
1 TL mildes Currypulver
1 TL frischgeraspelte
Ingwerwurzel
Cayennepfeffer
etwas gemahlener Zimt
weißer Pfeffer aus der
Mühle
Salz
¼ l Hühnerbrühe (aus
Extrakt)
2 EL Magerjoghurt

1. Zwiebel und Knoblauch schälen und in feine Würfel schneiden.
2. Das Öl in einer beschichteten Pfanne erhitzen und die Zwiebel- und Knoblauchwürfel darin glasig dünsten.
3. Die Banane schälen, ebenfalls in Würfel schnei-

Kleingeschnittene Zwiebel und Knoblauch in Sesamöl glasig dünsten.

den und zu den Zwiebeln geben. Die Gewürze hinzufügen, salzen und mit der Brühe aufgießen.
4. Bei mittlerer Hitze in etwa 5 Minuten sämig kochen. Nach Belieben die Sauce im Mixer fein pürieren.
5. Den Joghurt unter die Sauce mischen.
Beigabe zu Reis, gebratenem Fleisch oder Fisch.

FLEISCHSAUCE MIT GRÜNEM PFEFFER

FÜR 4 PERSONEN ■
Zubereitungszeit:
25 Minuten
Pro Portion: 235 kcal
23 g E, 12 g F, 3 g K

1 Zwiebel
1 Knoblauchzehe
30 g magerer, geräucherter
Speck
1 EL Öl
400 g Tatar
Salz
1 EL Dijonsenf
2 EL eingelegte grüne Pfefferkörner
⅛ l trockener Weißwein
¼ l Rindfleischbrühe (aus
Extrakt)
2 EL Sahne
1 mittelgroße Fleischtomate

1. Zwiebel und Knoblauchzehe schälen und fein hacken. Den Speck in kleine Würfel schneiden.
2. Das Öl in einer beschichteten Pfanne erhitzen und Zwiebel-, Knoblauch- und Speckwürfel darin anschwitzen.
3. Das Tatar hinzufügen und kurz mitbraten. Salzen und Senf sowie die Pfefferkörner untermischen. Mit Wein und Brühe aufgießen und bei starker Hitze in wenigen Minuten etwas einkochen lassen.
4. Die Sahne dazugeben und erneut einige Minuten kochen lassen.
5. Die Tomate blanchieren, häuten und ohne Stengelansatz und Kerne in kleine Würfel schneiden. Die Tomatenwürfel unter die Sauce mischen und noch einmal durchkochen lassen. Auf Wunsch gehackte Petersilie darüberstreuen. Sie können die Sauce variieren, indem Sie anstelle der grünen Pfefferkörner Kapern verwenden.
Beigabe zu Nudeln oder Salzkartoffeln.

GRÜNE SAUCE AUF SCHLANKE ART

FÜR 4 PERSONEN ■
Zubereitungszeit:
15 Minuten
Pro Portion: 70 kcal
4 g E, 4 g F, 3 g K

2 Schalotten
1–2 Knoblauchzehen
1 große Essiggurke
1 hartgekochtes Ei
1 Bund gemischte Kräuter
(z. B. Petersilie, Schnittlauch, Kerbel, Basilikum,
Estragon, Sauerampfer)
1 TL Dijonsenf
1 EL Estragonessig
200 g Magerjoghurt
2 EL Crème fraîche
Salz
weißer Pfeffer aus der
Mühle

1. Schalotten und Knoblauch schälen und fein hacken. Essiggurke und das

> **TIP** Für die Sauce sollten Sie unbedingt frische Kräuter verwenden.

geschälte Ei in kleine Würfel schneiden. Alles in einer Schüssel vermischen.
2. Die Kräuter waschen, trockentupfen und fein hacken. Mit dem Senf und dem Essig in die Schüssel geben. Joghurt sowie Crème fraîche unterrühren und die Sauce mit Salz und Pfeffer würzig abschmekken. Zusätzlich können Sie noch kleine Würfel von einer eingelegten roten Paprikaschote oder kleingehackte Mixed pickles untermischen.
Beigabe zu gekochtem Rindfleisch oder zu Roastbeef.

SHIITAKEPILZSAUCE

FÜR 2 PERSONEN ■ ■
Zubereitungszeit:
30 Minuten
Pro Portion: 260 kcal
5 g E, 25 g F, 5 g K

1 Zwiebel
1 Möhre
30 g magerer, geräucherter
Speck
200 g Shiitakepilze
20 g Butter
Salz
schwarzer Pfeffer aus der
Mühle
0,1 l Rindfleischbrühe (aus
Extrakt)
0,1 l trockener Weißwein
1 EL Crème fraîche
1 EL gehackte Petersilie

1. Die Zwiebel schälen und hacken. Die Möhre schälen und wie den Speck in winzige Würfel schneiden. Die Shiitakepilze putzen, falls nötig, waschen und in kleine Stücke schneiden.
2. Die Butter in einer beschichteten Pfanne erhitzen und Zwiebel-, Möh-

Die Shiitakepilze putzen, falls nötig, waschen und in kleine Stücke schneiden.

ren- und Speckwürfel darin etwa 5 Minuten bei mittlerer Hitze glasig dünsten.
3. Pilze dazugeben und mitbraten. Salzen, pfeffern und mit Brühe und Wein aufgießen. Bei starker Hitze etwas einkochen lassen.
4. Die Crème fraîche untermischen und erneut so lange kochen, bis die Pilzsauce sämig ist. Mit Petersilie bestreut servieren.

DESSERTS

Abbildung oben: Bayrische
Creme (Rezept Seite 444).

Abbildung rechts:
Fruchtsalat mit Zitrusfrüchten
(Rezept Seite 440).

Abbildung unten: Orangen-
soufflé (Rezept Seite 447).

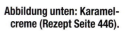

Abbildung Mitte: Himbeeren in Sherrygelee (Rezept Seite 443).

Abbildung links: Tiramisu (Rezept Seite 445).

Abbildung unten: Karamel-creme (Rezept Seite 446).

FRÜCHTE ROH, GEKOCHT UND IM TEIGMANTEL

Fruchtsalate sind sicherlich die besten Vertreter eines Fruchtdesserts. Hier kommt der reine Fruchtgeschmack, der nicht durch Zucker verändert werden sollte, voll zur Geltung. Kompotte oder im Teig ausgebackene Früchte erhalten durch die Zugabe von Gewürzen und den Garvorgang einen pikanten Geschmack. Sie können mit Likören, Brandys oder Obstbränden aromatisiert werden. Wichtig ist, daß die saftigen, säurehaltigen Früchte zuerst verwendet werden und zum Schluß die weniger saftigen und empfindlichen Früchte.

MANGOS SCHÄLEN

1. Eine reife Mango mit einem Sparschäler schälen.

2. Mit einem kleinen spitzen Messer (Officemesser) das Fleisch beidseitig vom Kern herunter und quer in Scheiben schneiden.

ZITRUSFRÜCHTE FILETIEREN

1. Eine Orange oder Grapefruit sauber mit einem langen, schmalen Messer (Tortenmesser) schälen.

2. Mit dem Messer die Filets aus den Segmenthäuten herausschneiden.

3. Den in den Häuten verbliebenen Saft mit der Hand über die Filets auspressen.

FRUCHTSALAT MIT ZITRUSFRÜCHTEN

FÜR 6 PERSONEN ■
Zubereitungszeit:
45 Minuten
Pro Portion: 215 kcal
2 g E, 2 g F, 45 g K

2 rosa Grapefruits
2 Orangen
6 EL Zucker
4 Kiwis
1 Honigmelone
5 EL Wasser
2 EL weißer Rum
frische Minzeblätter
1 EL grobgehackte Pinienkerne
Saft von 1 Orange

1. Die Zitrusfrüchte schälen, dabei auch die weiße Haut entfernen. Die Spalten von den inneren Häuten mit einem scharfen Messer herauslösen und mit 2 Eßlöffeln Zucker vermischt in eine Schüssel schichten.

2. Die Kiwis schälen und in Scheiben schneiden. Vorsichtig mit 1 Eßlöffel Zucker vermischen und zu den Zitrusfrüchten geben.

3. Die Melone halbieren, entkernen und mit einem Kugelausstecher Bällchen aus dem Fruchtfleisch herausstechen.

4. Den restlichen Zucker mit dem Wasser in einem kleinen Topf sirupartig einkochen. Erkalten lassen, den Rum hinzufügen und die Melonenkugeln damit übergießen. Durchziehen lassen.

5. Die marinierten Früchte mit einem Schaumlöffel herausnehmen, in eine Schüssel geben und mit Minzeblättern und Pistazienkernen vermischen. Den Fruchtsaft, der sich bei den Früchten gebildet hat, mit dem Orangensaft vermischen und über den Fruchtsalat geben. Noch einmal durchziehen lassen.

Anstelle der Honigmelone kann man auch eine reife Mango unter den Fruchtsalat mischen.

KOMPOTT AUS KERNOBST KOCHEN

1. Kernobst (Pflaumen) waschen, evtl. schälen, in Scheiben schneiden bzw. längs halbieren, Kerne entfernen.

2. ½ l Wasser mit 6 Gewürznelken, 1 Zimtstange, 2 Stückchen Zitronenschale und etwa 150 g Zucker aufkochen lassen.

3. Das Obst in den kochenden Sud geben, aufkochen und je nach Obstart etwa 3–10 Minuten (Birnen benötigen 10–20 Minuten) garziehen und danach am Fenster oder im Kühlschrank auskühlen lassen. Vor dem Servieren Nelken, Zimtstange und Zitronenschalen entfernen.

FRUCHTIG GEFÜLLTE WASSERMELONE

FÜR 8 PERSONEN ■ ■ □

Zubereitungszeit:
30 Minuten
Pro Portion: 105 kcal
1 g E, 1 g F, 23 g K

1 vollreife Mango
1 vollreife Papaya
1 kleine Ananas
1 Banane
200 g Erdbeeren
1 kleine Wassermelone
Süßstoff nach Geschmack

1. Mango, Papaya und Ananas schälen. Das Mangofruchtfleisch in Spalten vom Kern schneiden, die Papaya halbieren und von Kernen befreien. Ananas vierteln und den harten Strunk herausschneiden. Das Fruchtfleisch in kleine Würfel schneiden und in eine Schüssel geben. Die Banane schälen, in Schei-

Die geschälten Früchte vorsichtig in kleine Stücke schneiden.

Mit einem Messer zickzackförmig einen Deckel aus der Wassermelone schneiden.

TIP *Diese erfrischende Speise kommt aus Kolumbien und ist überaus beliebt. Salpicon, wie sie dort heißt, wird auch mit Vanilleeis serviert.*

Das Fruchtfleisch aus dem Melonenkörper herauslösen und die Kerne entfernen. Die Hälfte des Melonenfleisches zusammen mit den Erdbeeren pürieren.

ben schneiden und dazugeben. Die Erdbeeren kurz waschen und entstielen.
2. Von der Wassermelone zickzackförmig einen Deckel abschneiden und das rote Fruchtfleisch mit einem Löffel völlig herausholen. Entkernen und die Hälfte davon mit den Erdbeeren im Mixer pürieren. Das restliche Melonenfruchtfleisch in Würfel schneiden und unter die übrigen Früchte mischen.
3. Die Früchte mit dem Püree vermischen und zugedeckt kaltstellen. Vor dem Servieren in die Melone umfüllen.

FRÜCHTE IN TEIG AUSBACKEN

1. 100 g Weizenmehl in eine Schüssel sieben. Flüssigkeit (zum Beispiel 0,1 l Weißwein oder Bier), 3 Eigelb zugeben und mit dem Schneebesen glattrühren, so daß keine Klümpchen im Teig bleiben. Den Teig etwa 30 Minuten kalt stellen.
2. Kurz bevor der Teig verwendet wird, 3 Eiweiß mit je 1 Prise Zucker und Salz zu Schnee schlagen und sorgfältig unter den Teig ziehen.
3. Früchte (Apfelringe, halbierte, entkernte Aprikosen oder Pflaumen) durch den Teig ziehen.
4. Die Früchte in die aufgeheizte Friteuse geben und bei 180°C in 2–3 Minuten ausbacken.
5. Ausgebackene Früchte auf Küchenkrepp abtropfen lassen.
6. In Zucker, Puderzucker, Vanillezucker oder Zimtzucker wälzen. Anrichten und sofort servieren.

1.

4.

2.

5.

3.

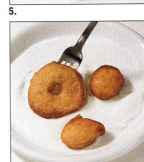

6.

GELEES

Aus Fruchtsäften, Wein oder aus beidem zusammen, aus Milchprodukten wie Buttermilch, Joghurt oder Kefir, auch aus Kokos- oder Mandelmilch können Gelees zubereitet werden. Ihnen allen ist gemeinsam, daß sie durch die Zugabe von Gelatine oder Agar-Agar eine feste Konsistenz erhalten. Für Gelees gilt das gleiche wie für Cremes: je geringer der Gelatineanteil, um so zarter sind sie im Geschmack und in der Konsistenz. Gelees müssen nicht unbedingt gestürzt werden. Man kann sie auch in Gläsern oder Schalen servieren. Eines sollte man bei gestürzten Gelees allerdings berücksichtigen: Ein Gelee, das in eine hohe Form gefüllt wird, benötigt mehr Gelatine als ein Gelee in einer flachen Form, denn ein hohes Gelee übt einen höheren Druck auf eine kleine Fläche aus als ein flaches. Es muß deshalb stabiler sein.

UMGANG MIT GELATINE

Die Qualität einer mit Gelatine gebundenen Creme hängt nicht nur von der Menge an Gelatine, sondern auch davon ab, auf welche Weise Gelatine in der Creme aufgelöst wird:
1. Gemahlene oder Blattgelatine immer einige Minuten in kaltem Wasser einweichen.
2. Blattgelatine ausdrükken und, wie gemahlene Gelatine, in heißer Flüssigkeit auflösen. Gelatine darf auf keinen Fall kochen!
3. Aufgelöste Gelatine nie in eiskalte Speisen geben.
4. Soll Gelatine einer kühleren Speise zugesetzt werden, zuerst die aufgelöste Gelatine mit einem kleinen Teil der Masse schnell und gründlich vermischen, dann in die übrige geben.

WEIN- ODER FRUCHTSAFT- GELEE

Man kann ein rotes und ein weißes Weingelee kochen und dann schichtweise mit Weintrauben in Gläser füllen. Das Gelee kann genausogut aus Fruchtsäften zubereitet werden, dann sollte aber die Zukkermenge um etwa die Hälfte verringert werden.
1. Für das Gelee 6 Blatt Gelatine in kaltem Wasser einweichen.
2. Inzwischen etwa ½ Liter Weißwein mit dem Saft 1 Zitrone und 80 g Zucker aufkochen.
3. Die Gelatine ausdrükken und in dem heißen Weißwein auflösen.
4. Das Gelee durch ein feines Multuch seihen.
5. Das Weißweingelee in Eiswasser vorsichtig mit einer Saucenkelle kalt rühren, damit sich nicht zu viele Luftblasen bilden.
6. Das Gelee in Gläser füllen und erstarren lassen.
7. Das Weißweingelee mit weißen Weintrauben verzieren und gegebenenfalls mit Rotweingelee auffüllen. Im Kühlschrank in 1–2 Stunden fest werden lassen.

1.

2.

3.

5.

4.

6.

7.

Nach mehreren Stunden im Kühlschrank ist das Gelee erstarrt und kann in den Gläsern serviert werden. Wer möchte, reicht geschlagene Sahne dazu.

KIWI IN SAUTERNESGELEE MIT INGWEREIS

FÜR 6–8 PERSONEN ■ ■ ■
Zubereitungszeit:
1 Stunde 15 Minuten
Kühl- und Gefrierzeit:
2–3 Stunden
Pro Portion bei 6 Personen:
600 kcal
11 g E, 43 g F, 27 g K

EIS
500 g Sahne
50 g Fruchtzucker
6 Eigelb
50 g frischgeriebene
Ingwerwurzel
4 cl Eierlikör

GELEE
1 unbehandelte Orange
1 unbehandelte Zitrone
½ l Sauternes (süßer weißer Bordeaux)
½ Zimtstange
6 Blatt weiße Gelatine
8 Kiwis
50 g geröstete Pistazien
50 g geröstete Pinienkerne
2 TL gehackte Minzeblätter

1. Für das Eis Sahne mit Zucker in einer Kasserolle aufkochen lassen. Bei schwacher Hitze nach und nach unter ständigem Schlagen mit einem Schneebesen die Eigelbe hinzufügen. So lange weiterschlagen, bis die Masse dickflüssig wird, dann Ingwer und Likör untermischen. Die Masse in eine flache Metallschale gießen und im Tiefkühlgerät 2–3 Stunden gefrieren lassen, dabei zwischendurch gelegentlich umrühren, oder das Eis in einer Eismaschine, sofern vorhanden, zubereiten.
2. Für das Gelee die Orange und die Zitrone hauchdünn schälen, die Schalen in kochendem Wasser lanchieren und anschließend fein hacken.
3. Den Wein in einen Topf gießen, Zitrusschalen und Zimtstange hinzufügen, einmal aufkochen lassen und bei schwacher Hitze 30 Minuten ziehen

Zitronenschale und Zimtstange im Wein ziehen lassen.

Kiwis und Nüsse mit dem Gelee begießen.

lassen. Währenddessen die Gelatine in reichlich kaltem Wasser einweichen.
4. Die Zimtstange aus dem Wein nehmen und die gut ausgedrückte Gelatine darin auflösen. Vom Herd nehmen und das Gelee abkühlen lassen.
5. Die Kiwis schälen und in Scheiben schneiden. Auf tiefe Teller verteilen, mit den gehackten Nüssen und Minze bestreuen und mit dem zu gelieren beginnenden Gelee begießen. Im Kühlschrank erstarren lassen.
6. Mit einem in heißes Wasser getauchten Eßlöffel Nocken vom Eis ausstechen und zu dem Gelee geben. Wer in der Eiszubereitung noch wenig Erfahrung hat, sollte die Masse für das Eis über einem Wasserbad aufschlagen.

HIMBEEREN IN SHERRYGELEE

FÜR 4 PERSONEN ■ ■
Zubereitungszeit:
20 Minuten
Kühlzeit: 2 Stunden
Pro Portion: 290 kcal
11 g E, 8 g F, 36 g K

500 g Himbeeren
2 EL Zitronensaft
⅛ l trockener Sherry (Jerez)
3 EL Zucker
6 Blatt Gelatine

CREME
300 g Sauermilch
2 EL Zucker
1 TL abgeriebene Zitronenschale
1 EL trockener Sherry (Jerez)

GARNITUR
100 g Himbeeren

1. 250 g Himbeeren kalt abspülen. Mit Zitronensaft, Sherry und Zucker mischen und 1 Stunde im Kühlschrank ziehen lassen.
2. Die Gelatine in kaltem Wasser einweichen.
3. Die eingelegten Himbeeren mit ½ Tasse Wasser unter ständigem Rühren aufkochen, durch ein feines Sieb drücken und den Saft dabei auffangen.
4. Die Gelatine gut ausdrücken, in dem heißen Himbeersaft lösen und abkühlen lassen.
5. In 4 Tassen oder Puddingförmchen die restlichen 250 g Himbeeren ¾ hoch füllen und das Gelee darübergießen. Die Gelees im Kühlschrank in etwa 2 Stunden erstarren lassen.
6. In der Zwischenzeit eine Creme aus Sauermilch, Zucker, Zitronenschale und Sherry rühren und ebenfalls kühlstellen.
7. Die Tassen oder Puddingförmchen mit den erstarrten Gelees kurz in heißes Wasser tauchen und auf Desserteller stürzen. Die Sauermilchcreme dazugießen und mit Himbeeren garnieren.

APRIKOSEN-SÜLZCHEN MIT KIWISAUCE

FÜR 4 PERSONEN ■ ■
Zubereitungszeit:
30 Minuten
Kühlzeit: 2–3 Stunden
Pro Portion: 55 kcal
3 g E, 0 g F, 8 g K

250 g vollreife Aprikosen
⅛ l Wasser
1 Stückchen unbehandelte Zitronenschale
5 Blatt weiße Gelatine
1 EL Aprikosengeist
Süßstoff nach Geschmack
2 Kiwis
4 Minzezweige

1. Aprikosen waschen, halbieren, entkernen und mit Wasser und Zitronenschale in einen Topf geben. Bei mittlerer Hitze so lange kochen lassen, bis die Aprikosen zu zerfallen beginnen.
2. Die Gelatine in reichlich kaltem Wasser einweichen.
3. Die gekochten Aprikosen durch ein Sieb streichen und mit Aprikosengeist und Süßstoff abschmecken. Die gut ausgedrückte Gelatine gründlich mit dem heißen Fruchtpüree vermischen, so daß sie sich darin auflöst. Die Masse auf 4 Mokkatassen oder kleine Förmchen verteilen. Einige Stunden im Kühlschrank erstarren lassen.
4. Die Kiwis schälen, im Mixer pürieren. Wer möchte, streicht das Püree durch ein Sieb. Je nach Geschmack mit Süßstoff süßen. Die Sauce als Spiegel auf Portionsteller gießen und das gestürzte Aprikosengelee in die Mitte setzen. Mit frischer Minze verzieren.
Die Sülzchen lassen sich leicht stürzen, wenn man die Förmchen vorher kurz in heißes Wasser taucht. Für dieses Dessert eignen sich am besten überreife Aprikosen, da diese am aromatischsten sind.

443

BAYRISCHE CREME

1. 5 Blatt Gelatine in kaltem Wasser einweichen.
2. 4 Eigelb mit 80 g Zucker so lange rühren, bis die Masse weiß und cremig ist.
3. 0,2 l Milch mit ½ aufgeschlitzten Vanilleschote und 1 Prise Salz zum Kochen bringen.
4. Die heiße Milch langsam unter die Ei-Zucker-Masse mischen.
5. Das Ganze zurück in den Topf gießen und unter ständigem Rühren mit einem Holzlöffel erhitzen, aber nicht kochen lassen. Die Gelatine gut ausdrükken und in der heißen Creme auflösen.
6. Die Creme durch ein Sieb passieren.
7. In Eiswasser kaltrühren. Inzwischen 200 g Sahne steif schlagen.
8. 4 Förmchen oder eine große Schale dünn mit Butter ausstreichen und mit Zucker ausstreuen.
9. Sobald die Creme kalt ist und zu stocken beginnt, die Schlagsahne nach und nach sorgfältig untermischen.
10. Die Creme in die Förmchen bzw. die Schale füllen. Mehrmals auf ein dikkes, feuchtes Tuch stoßen, damit die Luft entweicht. Im Kühlschrank erstarren lassen.

1.

2.

3.

4.

5.

6.

7.

8.

9.

10.

MOUSSE AU CHOCOLAT

FÜR 4 PERSONEN ■
Zubereitungszeit:
20 Minuten
Kühlzeit: über Nacht
Pro Portion: 500 kcal
9 g E, 35 g F, 37 g K

200 g Blockschokolade oder
bittere Schokolade
etwas abgeriebene Schale
von 1 unbehandelten Orange
oder 1 Msp. lösliches
Kaffeepulver
5 Eiweiß
1 Prise Salz
30 g Zucker
250 g Sahne

1. Die Mousse am Tag vorher zubereiten. Die Schokolade mit einem Messer in Stückchen zerteilen. In einer Schüssel mit der Orangenschale oder dem Kaffeepulver im heißen Wasserbad zum Schmelzen bringen.
2. Die Eiweiße mit einer Prise Salz steif schlagen und den Zucker hinzufü-

TIP *Man kann die Schokoladenmousse noch mit Sahne und kandierten Veilchen garnieren.*

gen. Erneut schlagen, bis sich steife Spitzen bilden lassen.
3. In einem zweiten Gefäß die Sahne ebenfalls sehr steif schlagen. Sahne und Eischnee vermischen. Die etwas abgekühlte, aber noch flüssige Schokolade daruntermischen. Die Mousse in 4 Portionsförmchen oder in eine große Glasschüssel geben und über Nacht in den Kühlschrank stellen.

MANDELCREME
Blanc-Manger

1. ¼ l Milch mit 50 g Zukker und 100 g geschälten feingeriebenen Mandeln aufkochen und einige Tropfen Mandelessenz zufügen. 60 Minuten zugedeckt ziehen lassen.

2. 3 Blatt Gelatine in kaltem Wasser einweichen. Die Mandelmilch durch ein feines Sieb passieren, dabei die Mandeln kräftig ausdrücken.

3. Die Blattgelatine ausdrücken und in etwa 3 Eßlöffeln erhitzter Mandelmilch auflösen. Mit 3 cl Kirschwasser unter die Mandelmilch mischen.

4. Die Mandelmilch in Eiswasser stellen und unter Rühren stocken lassen.

5. 125 g geschlagene Sahne unter die stockende Mandelmilch ziehen.

6. In 4 dünn ausgebutterte und ausgezuckerte Förmchen füllen und im Kühlschrank etwa 2 Stunden durchkühlen lassen.

7. Auf Teller stürzen, mit einer Fruchtsauce umgießen, mit Minzeblättern und mit farbigen Früchten garnieren.

1.

2.

3.

4.

5.

6.

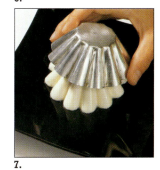
7.

TIRAMISU

FÜR 4 PERSONEN ■
Zubereitungszeit:
25 Minuten
Kühlzeit: 2 Stunden
Pro Portion: 230 kcal
8 g E, 12 g F, 16 g K

2 Eier
2 EL Zucker
2 EL Marsala
100 g Mascarpone
8 Löffelbiskuits
3 EL sehr starker Kaffee
3 EL Kirschwasser oder Rum
1 EL Kakaopulver

1. Zuerst die Eier sorgfältig trennen und die Eiweiße zu steifem Schnee schlagen und kaltstellen.

2. Die Eigelbe mit Zukker und Marsala in einer

TIP *Für ein einfaches Tiramisu wird der Mascarpone nur mit schaumig gerührtem Eigelb und Zukker vermischt, dann braucht man aber die doppelte Menge Mascarpone.*

Schüssel im heißen Wasserbad unter ständigem Schlagen mit dem Schneebesen zu einer dickschaumigen Creme schlagen. Unter Rühren etwas abkühlen lassen. Den Eischnee vorsichtig darunterziehen.

3. Mascarpone in eine Schüssel geben und mit der Marsalacreme vermischen.

4. Den Boden einer viereckigen Form mit den Löffelbiskuits auslegen. Diese zuerst mit dem Kaffee und dann mit Kirschwasser oder Rum beträufeln. Die Mascarponecreme gleichmäßig auf den getränkten Biskuits darauf verteilen. Mindestens 2 Stunden in den Kühlschrank stellen. Vor dem Auftragen mit Kakao bepudern.

Die Löffelbiskuits mit dem starken Kaffee und Kirschwasser oder Rum beträufeln.

Die Eier-Mascarpone-Creme auf die getränkten Löffelbiskuits streichen.

KARAMELCREME

Nur durch das Erhitzen einer Eimasse im Wasserbad wird die feste Konsistenz erreicht.

1. Zuerst den Zucker karamelisieren: Eine Kasserolle erhitzen und 80 g Zucker langsam einstreuen.
Der Zucker schmilzt und soll sich hellbraun färben.

2. Nun mit einem Holzlöffel im Karamel ständig rühren, 2–3 Eßlöffel Wasser auf einmal zugießen und so lange kochen, bis sich der Zucker aufgelöst hat.

3. Den Karamelzucker als dünnen Spiegel auf den Boden von kleinen Förmchen gießen.

4. Für die Creme 0,2 l Milch mit ¼ aufgeschlitzten Vanilleschote und 1 Prise Salz zum Kochen bringen.

5. 2 Eier und 2 Eigelb mit 50 g Zucker cremig rühren.

6. Die aufgekochte Milch langsam unter die Eimasse rühren.

7. Das Ganze durch ein feines Sieb passieren und in die Förmchen füllen.

8. Die Förmchen in ein Wasserbad setzen und im vorgeheizten Ofen bei etwa 150°C in 25–30 Minuten gar ziehen lassen.

9. Die Karamelcreme gut auskühlen lassen und mehrere Stunden kaltstellen. Erst dann ist es gewährleistet, daß sich der Karamel aufgelöst hat.

10. Mit einem schmalen, spitzen Messer die Karamelcreme vom Rand der Förmchen lösen und auf einen Teller stürzen.

2.

3.

4.

5.

1.

6.

7.

8.

9.

10.

Karamelcreme

AUFGESCHLAGENE HIMBEERCREME

1. 200 g frische (oder gefrorene) Himbeeren durch ein Sieb streichen.

2. Das Pürree mit 2 EL Zitronensaft, 3 cl Himbeergeist und 40 g Zucker verrühren und kaltstellen.

3. Die kalte Sahne in einem kalten Gefäß steif schlagen.

4. Langsam das eiskalte Himbeermark zugeben.

SOUFFLÉS

Diese warme Süßspeise bildet die Krönung eines exquisiten Menüs. Nachdem es im Ofen aufgegangen ist, muß es sofort serviert werden.

1. 40 g Butter mit 50 g gesiebtem Mehl mit der Hand zu einem Teig zusammenkneten.

2. ¼ l Milch mit 1 Prise Salz und einer längs aufgeschlitzten Vanilleschote aufkochen, die Vanilleschote entfernen.

3. Den Milchtopf vom Herd ziehen, die Mehlbutter in kleinen Flöckchen hineingeben und mit einem Schneebesen sorgfältig unter die Milch arbeiten. Unter ständigem Rühren aufkochen, bis die Masse gut gebunden und glatt ist.

4. 1 ungeschlagenes Eiweiß in mehreren Etappen unter die heiße Masse arbeiten. Kräftig durchrühren, bis die Masse glatt und geschmeidig ist.

5. Die Soufflémasse in eine Schüssel geben und mit einem Holzlöffel 4 Eigelb einzeln unterarbeiten. Immer erst das nächste Eigelb hinzufügen, wenn das vorhergehende vollkommen eingearbeitet ist.

6. 4 Eiweiß schlagen, bis sie weiß werden, dann langsam 60 g Zucker einrieseln lassen und weiterschlagen, bis der Schnee schön fest und geschmeidig ist.

7. Den Eischnee in kleinen Mengen unter die Auflaufmasse heben. Den weiteren Schnee erst zugeben, wenn der vorangegangene vollständig von der Masse aufgenommen ist.

8. Die Soufflémasse vorsichtig in eine ausgebutterte und ausgezuckerte Form füllen.

9. Im Wasserbad im vorgeheizten Ofen bei 200 °C in 20–25 Minuten garen, bis es schön aufgegangen ist.

1.

2.

3.

4.

5.

6.

7.

8.

9.

Soufflé

ORANGENSOUFFLÉ

FÜR 4 PERSONEN ■ ■ ■
Zubereitungszeit:
30 Minuten
Pro Portion: 215 kcal
8 g E, 8 g F, 28 g K

4 große Orangen
4 Eier, getrennt
4 EL Zucker
2 EL Orangenlikör
Butter für die Förmchen
Puderzucker zum Bestäuben

1. Die Orangen halbieren und den Saft auspressen. Den Orangensaft in einem Topf ohne Deckel auf etwa ⅛ Liter sirupartig einkochen. Abkühlen lassen.

2. Die Eigelbe mit dem Zucker in eine Schüssel geben und zu einer dicken, hellgelben Masse aufschlagen.

3. Den Backofen auf 220 °C vorheizen.

4. Die Eiweiße zu sehr steifem Schnee schlagen. Den Orangenlikör und den Orangensaft unter die Eigelbmasse mischen. Den Eischnee gleichmäßig unterheben.

5. Vier Portionsförmchen einfetten und so mit der Masse füllen, daß ein fingerbreiter Rand frei bleibt. Die Soufflés auf der mittleren Schiene in 10 Minuten garen, bis die Oberfläche goldbraun geworden ist.

6. Herausnehmen, mit Puderzucker bestäuben und sofort servieren, da Soufflés sehr schnell zusammenfallen.

Auf gleiche Weise können Sie Soufflés mit rosa Grapefruit oder Zitrone zubereiten.

TIP *Wenn Sie keine Portionsförmchen haben, können Sie auch eine große Soufflèform verwenden, dann verlängert sich die Garzeit um das Vierfache.*

EISKALTE DESSERTS

Eis, Sorbet und Halbgefrorenes haben eines gemeinsam: sie kommen aus der Tiefkühltruhe direkt auf den Tisch.

Verwirrung stiften oft die Begriffe Creme, Sorbét, Parfait und Halbgefrorenes. Milcheis und Cremeeis werden nach dem gleichen Grundrezept zubereitet, man läßt beim Milcheis lediglich die Sahne weg.

Fruchteis kann auf der Basis eines Sorbets hergestellt werden, es kann aber auch eine Creme die Grundlage bilden. Fruchteis kann mit Joghurt, Buttermilch und Kefir zubereitet werden. Sorbets werden aus Fruchtsäften, Weinen, Champagner und deren Nebenprodukten zubereitet. Hinzu kommt noch eine italienische Meringuemasse, die entweder aus warm aufgeschlagenem Eiweiß und Zucker besteht oder aus mit heißem Läuterzucker (Zuckersirup) aufgeschlagenem Eiweiß. Parfait ist dasselbe wie Halbgefrorenes. Im Unterschied zum Eis benötigt man dafür keine Eismaschine und bereitet die Masse nicht heiß zu. Für die Zubereitung von Eis lohnt sich die Anschaffung einer kleinen Eismaschine oder Sorbetiére nur, wenn man gerne Eis ißt oder oft verwöhnte Gäste bewirtet.

VANILLEEIS

Dieses Vanilleeis ist ein Grundrezept. Die Sahne kann durch Trinkmilch ersetzt werden, wodurch das Eis zwar kalorienärmer wird, gleichzeitig aber seine cremige Konsistenz verliert. Durch Zugabe von Schokolade, Rum, Nüssen, Mandeln, Cognac, Whisky oder Kaffee entstehen die verschiedensten Varianten.

1. 4 Eigelb und 100 g Zucker cremig, aber auf keinen Fall schaumig, rühren.
2. ¼ l Milch mit 125 g Sahne und ½ aufgeschlitzten Vanilleschote aufkochen.
3. Die Vanilleschote entfernen und die Milch-Sahne heiß unter die Ei-Zuckermasse rühren.
4. Die Eismasse wieder in den Topf gießen und unter ständigem Rühren mit einem Holzlöffel so lange erhitzen, bis sie bindet und der herausgezogene Holzlöffel gut bedeckt »bis zur Rose abzieht«. Auf keinen Fall kochen lassen.
5. Die Eismasse durch ein feines Sieb passieren und sofort zum Gefrieren in die Eismaschine geben. So lange frieren, bis die gewünschte Konsistenz erreicht ist.
6. Das Eis mit einem in warmes Wasser getauchten Eisportionierer zu Kugeln formen.

1.

2.

3.

4.

5.

6.

HALBGEFRORENES
Grundrezept

1. 3 Eigelb, 1 Ei und 80 g Zucker mit dem ausgekratzten Mark einer Vanilleschote und 1 Prise Salz im heißen Wasserbad warm aufschlagen. Dann herausnehmen und kalt schlagen.

2. 250 g Sahne steifschlagen und sorgfältig unter die Ei-Zuckermasse mischen.

3. Das Halbgefrorene in Förmchen füllen, in das Gefrierfach setzen und etwa 4−5 Stunden gefrieren lassen. Kurz vor dem Servieren das kalte Dessert auf Teller stürzen, mit Früchten und Gebäck garnieren.

ORANGEN-CAMPARI-SORBET

Sorbet kann aus den verschiedensten Früchten zubereitet werden.

Der Sekt, Champagner, Wein oder Tee kann auch nur mit Zucker anstelle von Läuterzucker aromatisch abgeschmeckt werden.

1. 0,1 l Wasser mit 60 g Zucker und 1 Teelöffel abgeriebener Orangenschale 3–4 Minuten kochen und auskühlen lassen.

2. Den Saft von 1 Limette, ca. 0,1 l Orangensaft, ⅛ l Weißwein und 7 cl Campari Bitter zum Zuckersirup geben und passieren.

3. 1 Eiweiß mit 25 g Zucker im heißen Wasserbad aufschlagen, bis es steif ist. Aus dem Wasserbad nehmen und weiterschlagen, bis es kalt ist. Das Eiweiß mit dem Schneebesen unter die Sorbetmasse mischen.

4. Die Sorbetmasse durch ein feines Sieb passieren und sofort zum Gefrieren in die Eismaschine geben. Solange gefrieren, bis die gewünschte Konsistenz erreicht ist.

5. Das gefrorene Sorbet in einen Spritzbeutel mit einer großen Sterntülle (Nr. 12) geben und in eisgekühlte Sektkelche spritzen, mit Minze garnieren und sofort servieren.

GRANATAPFEL-GRANITÉ

Granités lassen sich leicht in jedem Haushalt herstellen, da nur ein Gefrierfach und keine Eismaschine benötigt wird. Verschiedene Früchte oder Fruchtsäfte eignen sich zur Zubereitung von Granités. Es sollte der Saft von säuerlichen Früchten, Wein oder Champagner verwendet werden, der nur leicht gesüßt wird.

Beim Gefrieren des Granités bilden sich aufgrund des niedrigen Zuckergehalts kleine Kristalle, so daß das Granité wie gestoßenes Eis aussieht.

1. 60 g Zucker mit ⅛ l Burgunderwein und dem Saft ½ Zitrone aufkochen und erkalten lassen.

2. 2–3 Granatäpfel mit der Zitruspresse entsaften und 0,2 l Saft abmessen.

3. Den Granatapfelsaft mit dem Weinsud mischen, in ein flaches Gefäß gießen und in das Gefrierfach stellen.

4. Das Granité unter öfterem Rühren solange gefrieren lassen, bis es grobkörnig ist.

5. Das Granité mit einem Löffel in eisgekühlte Gläser anrichten und mit Zitronenmelisse, mit Minzezweigen oder den roten Kernen des Granatapfels garnieren.

1.

4.

1.

4.

2.

5.

2.

5.

3.

Orangen-Campari-Sorbet

3.

Granatapfel-Granité

449

GEMISCHTE BEEREN MIT ZIMTSABAYON

FÜR 4 PERSONEN ■ ■
Zubereitungszeit:
30 Minuten
Pro Portion: 275 kcal
5 g E, 7 g F, 37 g K

150 g Erdbeeren
150 g Brombeeren
150 g Himbeeren
150 g Johannisbeeren
100 g Zucker
4 cl Weinbrand
¼ l Weißwein
1 gestrichener TL
gemahlener Zimt
4 Eigelb

1. Die Beeren waschen, gut abtropfen lassen und von Blättchen und Rispen befreien. Die Erdbeeren, je nach Größe, halbieren oder vierteln.
2. Die Beeren in einen Topf geben und mit 2 Eßlöffeln Zucker bestreuen. Den Weinbrand, den Weißwein und den Zimt dazugeben und einmal aufwallen lassen. Die Beeren in ein Sieb schütten. Den Saft in einer Schüssel auffangen und etwas auskühlen lassen. Die Beeren in einer Schale kaltstellen.
3. Die vier Eigelbe mit dem restlichen Zucker in einer Metallschüssel mit dem Schneebesen schaumig schlagen. Die Schüssel in ein leicht siedendes Wasserbad stellen und weiterrühren, dabei den Weinsud langsam dazufließen lassen. Weiterschlagen, bis eine dickliche Sauce entstanden ist. Vorsicht, daß das Wasserbad nicht zu heiß wird, sonst gerinnt das Eigelb.
4. Die Beeren auf Dessertschalen verteilen und mit dem Zimtsabayon übergießen. Sofort servieren.
Sie können natürlich auch nur eine Beerensorte verwenden. Das Zimtsabayon schmeckt auch ausgezeichnet zu gedünsteten Birnen.

Erdbeeren, je nach Größe, in Stücke teilen.

Beeren, Zucker, Zimt und Weinbrand in einen Topf füllen, mit Wein begießen und kurz erhitzen.

Den Beerensaft in einer Schüssel auffangen und kaltstellen.

Eigelbe und Zucker schaumig schlagen, danach die Schüssel in ein heißes Wasserbad stellen und den Beerensud unterrühren.

ANANASKÜCHLEIN MIT RUMSAHNE

FÜR 4 PERSONEN ■
Zubereitungszeit:
30 Minuten
Pro Portion: 595 kcal
8 g E, 40 g F, 46 g K

8 Scheiben Ananas
aus der Dose
100 g Weizenmehl
1 Prise Salz
⅛ l Milch
1 Ei, getrennt
100 g Butterschmalz
250 g Sahne
4 cl weißer Rum

1. Die Ananasscheiben sehr gut abtropfen lassen.
2. Aus Mehl, Salz, Milch und Eigelb einen glatten Teig rühren. Das Eiweiß sehr steif schlagen und unter den Teig heben.
3. Das Butterschmalz in einer Pfanne mit hohem Rand erhitzen. Die Ananasscheiben nacheinander durch den Ausbackteig ziehen und in dem heißen Butterschmalz beidseitig goldbraun ausbakken.
4. Die Sahne nicht ganz steif schlagen und den Rum einrühren.
5. Die Ananasküchlein auf Dessertteller legen und die Rumsahne getrennt dazu reichen.
Anstelle der Ananas aus der Dose können Sie, wenn Sie mehr Zeit zur Verfügung haben, natürlich frische Ananas verwenden. Wenn Kinder mitessen, sollten Sie den Rum durch Grenadinesirup ersetzen.

FRISCHE FEIGEN MIT SHERRYSCHAUM

FÜR 4 PERSONEN ■ ■
Zubereitungszeit:
30 Minuten
Pro Portion: 260 kcal
3 g E, 3 g F, 28 g K

2 Eigelb
5 EL Zucker
Saft von ½ Zitrone
0,2 l Cream Sherry
8 frische Feigen
frische Minze
zum Garnieren

1. Die Eigelbe mit dem Zucker in einer Metallschüssel zu einer cremigen, hellgelben Masse aufschlagen.
2. Die Schüssel in ein leicht siedendes Wasserbad stellen. Weiterschlagen und dabei den Zitronensaft und den Sherry dazufließen lassen. Ständig weiterschlagen, bis ei-

Frische reife Feigen.

ne dickschaumige Sauce entstanden ist. Dabei darauf achten, daß das Wasserbad nicht zu heiß wird, da das Eigelb sonst gerinnt.
3. Die Feigen mit Küchenkrepp vorsichtig abreiben und mit einem scharfen Messer längs halbieren.
4. Den Sherryschaum als Spiegel auf 4 Teller gießen. Jeweils 4 Feigenhälften in die Mitte setzen. Mit Minzeblättchen garnieren und sofort servieren.
Die Sauce können Sie anstelle von Sherry auch mit Rotwein zubereiten.

TROPENSALAT

FÜR 4 PERSONEN ■

Zubereitungszeit:
20 Minuten
Kühlzeit: 1 Stunde
Pro Portion: 150 kcal
2 g E, 1 g F, 34 g K

2 Orangen
1 Grapefruit
1 vollreife Mango
½ mittelgroße Ananas
Saft von 1 Limette
2 EL Maracujalikör
Süßstoff nach Geschmack

1. Orangen und Grapefruit so abschälen, daß die weiße Haut völlig entfernt ist. Das Fruchtfleisch mit einem scharfen Messer aus den Trennhäuten herausfiletieren.
2. Die Mango schälen

TIP *Anstelle des Maracujalikörs können Sie den Salat auch mit dem Saft einer frischen Maracuja abschmecken.*

und das Fruchtfleisch in länglichen Spalten vom Kern lösen.
3. Die Ananas schälen, vierteln und das harte Mittelstück herausschneiden. Das Fruchtfleisch in Stücke schneiden.
4. Alle Früchte in einer Glasschüssel vermischen, mit Limettensaft und Maracujalikör begießen und nach Geschmack mit Süßstoff süßen. Etwa 1 Stunde gut gekühlt durchziehen lassen.

PASSIONS-FRUCHTSPEISE

FÜR 4 PERSONEN ■

Zubereitungszeit:
20 Minuten
Kühlzeit: 30 Minuten
Pro Portion: 55 kcal
4 g E, 0 g F, 8 g K

4 reife Passionsfrüchte
2 Blatt weiße Gelatine
2 Eiweiß
30 g Zucker
1 EL Zitronensaft
abgeriebene Schale von
½ unbehandelten Orange

1. Die Passionsfrüchte halbieren, die Fruchtpulpe mit einem Teelöffel herauslösen, im Mixer kurz pürieren und durch ein feines Sieb streichen.
2. Die Gelatine in kaltem Wasser einweichen und tropfnaß in einem Topf bei schwacher Hitze schmel-

TIP *Unter der Bezeichnung Passionsfrucht werden verschiedene Arten angeboten, vor allem die gelbliche Maracuja, die orangefarbene Grenadilla oder die braun-violette Passionsfrucht.*

zen lassen. Das Fruchtmark hinzufügen, vermischen und kaltstellen, bis die Flüssigkeit zu gelieren beginnt.
3. Die Eiweiße steif schlagen, dabei nach und nach Zucker und Zitronensaft dazugeben. Sobald die Eiweißmasse schnittfest ist, unter Weiterrühren das leicht gelierende Fruchtmark und die Orangenschale hinzufügen. Die Schaummasse auf 4 Gläser verteilen und etwa 30 Minuten kaltstellen. Wer möchte, mischt einige Fruchtkerne unter die Speise.

Die Fruchtpulpe mit einem Teelöffel herauslösen.

Die Gelatine bei schwacher Hitze schmelzen.

Die abgeriebene Orangenschale und das leicht gelierende Fruchtmark unter den mit Zucker und Zitronensaft gewürzten Eischnee rühren.

LIMETTENGELEE

FÜR 2 PERSONEN ■ ■

Zubereitungszeit:
20 Minuten
Kühlzeit: 1–2 Stunden
Pro Portion: 30 kcal
4 g E, 0 g F, 4 g K

2 Limetten
¼ l Wasser
4 Blatt weiße Gelatine
Süßstoff nach Geschmack

1. Die Limetten waschen und hauchdünn schälen. Die Schale einer halben Limette in sehr feine Streifchen schneiden und beiseite legen. Die restliche Schale mit dem Wasser in einen Topf geben und einige Minuten köcheln lassen. Dann durch ein Sieb in eine Schüssel gießen.
2. Die Gelatine in kaltem Wasser einweichen.
3. Die geschälten Limetten quer halbieren, den

TIP *Limetten sind in der Regel unbehandelt. Sie können für dieses Rezept aber auch unbehandelte Zitronen nehmen.*

Saft auspressen. Mit der gut ausgedrückten Gelatine und den Schalenstreifen unter das heiße Limettenwasser mischen. Mit Süßstoff abschmecken und die Flüssigkeit in eine Puddingform oder Glasschüssel gießen. Zugedeckt im Kühlschrank erstarren lassen.
4. Vor dem Servieren die Form oder Schüssel kurz in heißes Wasser tauchen und das Limettengelee stürzen. Entweder solo oder mit Beerenfrüchten umkränzt servieren.

MASCARPONE-SOUFFLÉ MIT WARMEN BIRNEN

FÜR 4 PERSONEN ■■
Zubereitungszeit: 1 Stunde
Pro Portion: 220 kcal
7 g E, 9 g F, 18 g K

SOUFFLÉ
20 g Magerquark
60 g Mascarpone
2 Eigelb
1 EL flüssiger Honig
Schale und Saft von
1 unbehandelten Zitrone
3 Eiweiß
20 g Fruchtzucker
Fett für die Förmchen

BIRNENKOMPOTT
⅛ l Weißwein
2 cl Birnengeist
ausgeschabtes Mark von
1 Vanilleschote
2 aromatische Birnen

1. Den Backofen auf 200 °C vorheizen und einen großen, flachen Topf, zweifingerbreit mit Wasser gefüllt, auf die mittlere Schiene stellen.
2. Den Quark durch ein Haarsieb streichen und mit Mascarpone verrühren. Eigelbe, Honig, Zitronenschale sowie den -saft hinzufügen und alles zu einer glatten Creme verarbeiten. Die Eiweiße zu steifem Schnee schlagen, dabei den Fruchtzucker einrieseln lassen. Den Eischnee gleichmäßig unter die Mascarponecreme ziehen.
3. Vier Timbaleförmchen einfetten und zu zwei Dritteln mit der Soufflémasse füllen. In 15–20 Minuten im Wasserbad im Backofen gar ziehen lassen.
4. Für das Kompott Weißwein, Birnengeist und Vanillemark aufkochen lassen. Die Birnen schälen, entkernen, in Achtel schneiden und im Sud kurz erwärmen.
5. Die Birnen fächerartig auf Tellern verteilen, mit etwas Birnensaft beträufeln und die Soufflés in die Mitte stürzen.

SAUERKIRSCH-GRÜTZE MIT PISTAZIEN

FÜR 4 PERSONEN ■
Zubereitungszeit:
30 Minuten
Kühlzeit: 1–2 Stunden
Pro Portion: 545 kcal
10 g E, 33 g F, 51 g K

½ l Kirschsaft
50 g Fruchtzucker
500 g Sauerkirschen
2 TL Pfeilwurzelmehl
100 g geröstete Pistazien
250 g Sahne
ausgeschabtes Mark von
1 Vanilleschote
1 TL Zitronensaft
2 EL Ahornsirup

1. Kirschsaft und Fruchtzucker aufkochen, 200 g entsteinte Kirschen hinzufügen und bei mittlerer Hitze in wenigen Minuten weich kochen.
2. Alles fein pürieren, durch ein Sieb streichen und zurück in den Topf geben. Nochmals aufkochen, die restlichen entsteinten Kirschen hinzufügen und mit der kalt ange-

> **TIP** *Falls Sie Pfeilwurzelmehl nicht vorrätig haben (es ist in Reformhäusern oder in Naturkostläden erhältlich), können Sie die Grütze mit Speisemehl binden.*

rührten Stärke andicken. Pistazien untermischen, einige für die Garnitur aufbewahren, die Grütze auf vier Glasschälchen verteilen und kühlstellen.
3. Die Sahne steif schlagen und nach und nach Vanillemark, Zitronensaft und Sirup hinzufügen. Die Sahne über die abgekühlte Kirschgrütze geben und mit den restlichen gehackten Pistazien bestreuen.

FRÜCHTE IN CHAMPAGNER-GELEE MIT JOGHURTSAUCE

FÜR 6–8 PERSONEN ■■
Zubereitungszeit:
20 Minuten
Kühlzeit: 1–2 Stunden
Pro Portion bei 6 Personen:
245 kcal
5 g E, 2 g F, 28 g K

GELEE
10 Blatt weiße Gelatine
50 g Fruchtzucker
4 cl Kirschwasser
1 Flasche Champagner oder trockener Sekt
600 g gemischte Früchte und Beeren je nach Saison
(außer Kiwi und Ananas)

JOGHURTSAUCE
250 g Vollmilchjoghurt
ausgeschabtes Mark von
1 Vanilleschote
20 g Ahornsirup

GARNITUR
einige frische Beeren
Zitronenmelisse

1. Die Gelatine in kaltem Wasser einweichen.
2. Den Fruchtzucker, das Kirschwasser und etwas Champagner in einem kleinen Topf erwärmen und die gut ausgedrückte Gelatine darin auflösen. Auf keinen Fall kochen lassen!
3. Die Früchte kleinschneiden. Bei Verwendung kleiner Beeren diese ganz lassen, nur große Erdbeeren halbieren oder vierteln. Die Früchte gleichmäßig auf 4 Glasschalen verteilen.
4. Den restlichen Champagner mit der aufgelösten Gelatine vermischen und die Früchte damit begießen. Das Gelee in 1–2 Stunden im Kühlschrank erstarren lassen.
5. Inzwischen für die Joghurtsauce alle Zutaten gründlich verschlagen. Die Sauce über dem Gelee verteilen und mit je einer Beere und einem Blättchen Zitronenmelisse garnieren.

APRIKOSEN-GRÜTZE MIT ZIMTSAHNE

FÜR 4 PERSONEN ■
Zubereitungszeit:
25 Minuten
Kühlzeit: 2–3 Stunden
Pro Portion: 510 kcal
6 g E, 20 g F, 64 g K

1 kg vollreife Aprikosen
Saft von 1 Zitrone
4 cl Aprikosenlikör
¼ l Weißwein
100 g Fruchtzucker
6 Blatt weiße Gelatine
250 g Sahne
1 TL gemahlener Zimt
30 g Fruchtzucker

1. Die Aprikosen halbieren, entkernen und die Hälfte davon mit Zitronensaft, Likör, Weißwein und Fruchtzucker in einen Topf geben und aufkochen.
2. Die restlichen Aprikosen vierteln. Die Gelatine in reichlich kaltem Wasser einweichen.
3. Die gekochten Früchte mitsamt der Flüssigkeit fein pürieren. Die eingeweichte, gut ausgedrückte

Die aufgekochten Früchte im Kochtopf fein pürieren.

Gelatine unter Rühren in dem heißen Aprikosenpüree auflösen und die Aprikosenviertel untermischen. Die Grütze auf vier tiefe Teller verteilen und kühlstellen.
4. Die Sahne steif schlagen, dabei nach und nach Zimt und Fruchtzucker hinzufügen. Die Grütze damit garnieren. Aprikosen können auch durch Pfirsiche ersetzt werden.

GESTÜRZTE HIMBEERCREME
Mousse aux framboises

FÜR 4 PERSONEN ■
Zubereitungszeit:
1 Stunde
Kühlzeit: mindestens 6
Stunden
Pro Portion: 470 kcal
7 g E, 21 g F, 64 g K

750 g schöne reife
Himbeeren
Saft von 1 Zitrone
200 g Zucker
6 EL Wasser
12 g gemahlene Gelatine
250 g Sahne
Zucker für die Form
etwas Sahne zum Garnieren
(nach Belieben)

1. Von den Himbeeren 20 schöne Früchte zum Garnieren heraussuchen. Den Rest, wenn nötig, entstielen, tiefgekühlte Früchte auftauen lassen. Dann

TIP *Man kann die Form zuerst noch mit etwas gesüßter Sahne, die mit Gelatine gebunden ist, ausgießen, bevor die Fruchtcreme hineinkommt, dann hat sie ein dekoratives weißes Köpfchen.*

grob zerkleinern und den Zitronensaft hinzufügen. Die Beeren mit einem Holzlöffel durch ein Sieb streichen, damit die Kerne zurückbleiben.
2. Den Zucker mit dem Wasser zu Sirup kochen, bis er große Blasen bildet. Mit dem Fruchtpüree vermischen. Die Gelatine in kaltem Wasser einweichen, in wenig warmem Wasser auflösen, zum Fruchtpüree geben und gut verrühren. Das Püree unter gelegentlichem Umrühren erkalten lassen und wenn es gera-

Pürierte Himbeeren mit einem Kochlöffel durch ein Haarsieb streichen.

Gelatine der warmen Himbeercreme zufügen.

de anfängt, zu gelieren, die steifgeschlagene Sahne darunterziehen. In eine kalt ausgespülte, mit Zucker ausgestreute Form füllen. Die Form zwischen den Händen schnell etwas drehen, damit sich die Creme gleichmäßig setzt. Mit einem geölten Bogen Alufolie bedecken und an die kälteste Stelle des Kühlschranks stellen. Mindestens 6 Stunden, am besten über Nacht, erstarren lassen.
3. Zum Stürzen die Form wenige Sekunden in kochendes Wasser tauchen und die Creme auf eine runde Platte stürzen. Nach Belieben mit Schlagsahne garnieren und mit den zurückbehaltenen Früchten garnieren.

ENGLISCHE VANILLECREME MIT HIMBEEREN
Trifle

FÜR 4 PERSONEN ■
Zubereitungszeit:
30 Minuten
Pro Portion: 235 kcal
7 g E, 12 g F, 14 g K

250 g frische oder 1 Paket
tiefgekühlte Himbeeren
12 Löffelbiskuits
3 EL Himbeerkonfitüre
3–4 EL Sherry
3 EL Cognac
126 Mandelstifte

VANILLECREME
¼ l Milch
¼ Vanilleschote
30 g Zucker
3 Eier
250 g Sahne

1. Frische Himbeeren verlesen, tiefgekühlte auftauen lassen.
2. Die Hälfte der Biskuits mit der Konfitüre bestreichen und in eine schöne Glasschale geben. Die andere Hälfte der Biskuits darübergeben und mit Sherry und Cognac begießen. Die Hälfte der Mandelstifte auf den Biskuit streuen.
3. Für die Vanillecreme die Milch mit der Vanilleschote erhitzen und den Zucker hinzufügen. Abkühlen lassen. Die Eier mit dem Schneebesen gründlich verquirlen und mit der Milch vermischen. Auf ein heißes Wasserbad setzen und unter Schlagen mit dem Schneebesen dicklich werden lassen. Abkühlen lassen. Die Sahne sehr steif schlagen.
4. Die Himbeeren auf den Biskuit geben (einige zum Garnieren beiseite legen). Die Creme darübergießen. Die Speise mit Hilfe eines Spritzbeutels mit breiter Tülle mit der Schlagsahne garnieren. Mit den restlichen Mandelstiften und Himbeeren garnieren. Kurz im Kühlschrank durchziehen lassen.

UNGARISCHER PALATSCHINKEN
Gundel palacsinta

FÜR 4 PERSONEN ■ ■
Zubereitungszeit: 1 Stunde
Ruhezeit: 1 Stunde
Pro Portion: 770 kcal
17 g E, 39 g F, 80 g K

TEIG
150 g Weizenmehl
2 Eier
1 Eigelb
reichlich ⅛ l Milch
⅛ l Wasser
1 TL Zucker
1 Prise Salz
Butter zum Braten

FÜLLUNG
180 g geriebene Nüsse
5 EL Milch
4 EL Rum
150 g Zucker
etwas abgeriebene Schale
von 1 unbehandelten Orange
30 g Rosinen

SCHOKOLADENSAUCE
100 g Blockschokolade
⅛ l Wasser
200 g Zucker
1 TL Butter
1 EL Sahne

1. Alle Teigzutaten verquirlen und 1 Stunde ruhen lassen.
2. Für die Füllung alle Zutaten vermischen.
3. Butter in einer beschichteten Pfanne zerlassen und nacheinander aus dem Teig 12 dünne Eierkuchen backen. Sofort nach dem Backen mit der Füllung bestreichen und aufrollen. In eine Pfanne mit etwas Butter geben und bei leichter Hitze braten.
4. Für die Sauce die Schokolade in einem Schüsselchen im Wasserbad zum Schmelzen bringen, Wasser und Zucker zu Sirup kochen, die weiche Schokolade hinzugeben und verrühren. Butter und Sahne unter die Schokoladensauce rühren.
5. Die Palatschinken auf einer vorgewärmten Platte anrichten und mit der Sauce übergießen.

KEFIR-BROMBEER-CREME

FÜR 4 PERSONEN ■

Zubereitungszeit:
25 Minuten
Marinier- und Kühlzeit:
2 Stunden
Pro Portion: 430 kcal
9 g E, 25 g F, 43 g K

500 g Brombeeren
100 g Fruchtzucker
6 Blatt weiße Gelatine
Saft von 1 Zitrone
400 g Kefir
250 g Sahne
2 EL gehackte Zitronen-
melissenblätter
4 Zweige Zitronenmelisse
zum Garnieren

1. Die Brombeeren mit Fruchtzucker bestreut eine Stunde marinieren lassen. Die Gelatine in reichlich kaltem Wasser einweichen.
2. Anschließend zwei Drittel der Beeren mit Zitronensaft und Kefir im Mixer pürieren, dann durch ein feines Sieb streichen. Die eingeweichte Gelatine tropfnaß in einen kleinen Topf geben und bei schwacher Hitze schmelzen lassen. Vorsichtig mit der Brombeer-Kefir-Masse vermischen und kühlstellen.
3. Die Sahne steif schlagen und mit zwei Dritteln der gehackten Melisse unter die zu gelieren beginnende Fruchtmasse heben. Die Creme auf 4 Glasschälchen verteilen und mit den zurückbehaltenen Brombeeren, der gehackten Melisse sowie je einem Melissenzweig garnieren. Anstelle von Brombeeren eignen sich auch Himbeeren für die Creme.

Die Brombeeren mit Fruchtzucker bestreuen und 1 Stunde ziehen lassen.

Die Beeren-Kefir-Sahne durch ein Haarsieb streichen.

Mit einem Schneebesen die gelöste Gelatine unter die Creme rühren.

Jede Portion mit ganzen Früchten und gehackter Melisse garnieren.

TOPFEN MIT BEEREN UND HIRSE

FÜR 6 PERSONEN ■

Zubereitungszeit:
15 Minuten
Pro Portion: 380 kcal
17 g E, 9 g F, 53 g K

400 g Magerquark (Topfen)
200 g Magerjoghurt
Saft von 1 Zitrone
ausgeschabtes Mark von
1 Vanilleschote
100 g Fruchtzucker
200 g gekochte Hirse
80 g geröstete Pistazien-
kerne
je 100 g vorbereitete Johannisbeeren, Himbeeren,
Heidelbeeren und Walderd-
beeren

1. Quark und Joghurt gut in einer Schüssel verrühren. Zitronensaft, Vanillemark und Fruchtzucker hinzufügen und die Masse

TIP *Obwohl Hirse von allen Getreidesorten die härteste ist, braucht sie nur eine kurze Garzeit von etwa 15 Minuten. Bei 200 g Hirse benötigt man 400 ml Wasser.*

mit dem Schneebesen cremig aufschlagen.
2. Hirse, Pistazien und Beeren vorsichtig unter die Quarkmasse mischen, auf vier Glasschalen verteilen und gut gekühlt servieren. Nach Belieben mit Minzezweigen garnieren.

RICOTTACREME MIT HOLUNDER-BEEREN

FÜR 4 PERSONEN ■ ■

Zubereitungszeit:
30 Minuten
Pro Portion: 395 kcal
13 g E, 26 g F, 26 g K

HOLUNDERKOMPOTT
⅛ l Holundersaft
20 g Fruchtzucker
2 cl Cassislikör
300 g frische Holunder-
beeren

KÄSECREME
200 g Ricotta (italienischer
Frischkäse)
Saft von 1 Zitrone
20 g Fruchtzucker
50 g gemahlene Walnüsse
100 g Sahne
50 g geröstete Walnußkerne

1. Für das Kompott Holundersaft, Fruchtzucker und Cassis in eine Sauteuse oder einen hochwandigen Topf geben und bei starker Hitze etwas einkochen lassen. Währenddessen die Beeren abzupfen, unter den Saft mischen, kurz erhitzen, dann kaltstellen.
2. Für die Käsecreme Ricotta durch ein Sieb streichen und mit Zitronensaft, Fruchtzucker und Nüssen gründlich verrühren. Die Sahne steif schlagen und zum Schluß unter die Käsecreme ziehen.
3. Die Ricottacreme in einen Spritzbeutel mit großer Lochtülle füllen und die Masse rosettenförmig auf einen Teller spritzen. Mit halbierten Walnüssen garnieren und das Beerenkompott dazugeben.

ROTE GRÜTZE

FÜR 4 PERSONEN ■
Zubereitungszeit:
30 Minuten
Kühlzeit: 2–3 Stunden
Pro Portion: 385 kcal
3 g E, 1 g F, 92 g K

375 g rote Johannisbeeren
250 g Himbeeren
¾ l Wasser
250 g Zucker
¼ Vanilleschote
250 g entsteinte Sauer-kirschen
60 g Stärkemehl

1. Die gewaschenen roten Johannisbeeren entstielen, die Himbeeren nur waschen. Mit ½ l Wasser bedeckt beide Beerensorten 5 Minuten kochen lassen.
2. Die Früchte mit dem Saft durch ein Sieb in einen Topf streichen. Das Fruchtmus (es soll ca. ¾ l sein) mit dem Zucker und

> **TIP** *Wenn Sie außerhalb der Beerensaison nicht auf Rote Grütze verzichten wollen, so gelingt sie auch aus tiefgekühlten Beeren. Stürzfähig wird die Grütze, wenn Sie die Stärkemenge auf ca. 80 g erhöhen.*

der aufgeschlitzten Vanilleschote zum Kochen bringen. Die Sauerkirschen hinzufügen.
3. Die Stärke mit dem restlichen Wasser glattrühren. Unter ständigem Rühren an die kochende Fruchtmasse geben. Einige Male aufwallen lassen. Die Grütze in kalt ausgespülte Förmchen füllen und mit etwas Zucker bestreuen, damit sich keine Haut bildet.
Beilage: Vanillesauce, kalte Milch oder eisgekühlte Sahne

SCHNEE-EIER AUF VANILLE-CREME

FÜR 4 PERSONEN ■
Zubereitungszeit:
1 Stunde
Pro Portion: 450 kcal
17 g E, 16 g F, 59 g K

6 ganz frische Eier, getrennt
200 g Zucker
¾ l Milch
1 Stück Vanilleschote
Salz

1. Die Eigelbe und 150 g Zucker mit dem Schneebesen zu einer dicken, schaumigen Creme rühren.
2. Die Milch mit der aufgeschlitzten Vanilleschote in einer dickwandigen Kasserolle zum Kochen bringen, dann gleich vom Herd nehmen. Unter Schlagen mit dem Schneebesen mit der Eigelbmasse vermischen. Die Eiermilch wieder auf den Herd stellen und bei leichter Hitze unter ständigem Schlagen dicklich werden lassen. Sie darf nicht zum Kochen kommen. Sofort vom Herd nehmen, in eine Schüssel mit Eiswürfeln setzen und unter häufigem Schlagen erkalten lassen. In eine große Glasschüssel gießen.
3. Die Eiweiße mit einer Prise Salz sehr steif schlagen. Den restlichen Zucker hinzufügen und noch einmal gründlich schlagen, damit der Eischnee wieder ganz fest wird.
4. Einen flachen Topf mit Wasser zum Kochen bringen. Mit zwei Eßlöffeln größere Klößchen vom Eischnee abstechen und in das Wasser setzen. 45 Sekunden leicht kochen lassen und vorsichtig wenden. Nach weiteren 30 Sekunden vorsichtig mit einem Schaumlöffel herausheben und gut abgetropft direkt auf die Vanillecreme in der Glasschale setzen. Man kann als Garnitur etwas Zucker karamelisieren und fadenförmig über die Klößchen ziehen.

Mit Hilfe zweier Eßlöffel Klößchen vom Eischnee abstechen.

Die Schnee-Eier in siedendes Wasser setzen.

Mit karamelisiertem Zucker läßt sich das Dessert hübsch verzieren.

SCHWARZWÄLDER KIRSCHBECHER

FÜR 4 PERSONEN ■
Zubereitungszeit:
20 Minuten
Pro Portion: 430 kcal
12 g E, 19 g F, 50 g K

200 g zerriebener Pumpernickel oder Vollkornbrot
5 EL Zucker
2 EL Butter
200 g Sauerkirschen aus dem Glas
150 g Quark
125–250 g Sahne
2 cl Kirschwasser

1. Die Brotbrösel mit 3 Eßlöffeln Zucker vermischen. Die Butter in einer Pfanne erhitzen und das Brot-Zucker-Gemisch darin unter Rühren knusprig braten. Ausgebreitet abkühlen lassen. Die Sauerkirschen in ein Sieb schütten den Saft auffangen.

> **TIP** *Zusätzlich können Sie den Schwarzwälder Kirschbecher mit einer Schicht Schokoladeneis anreichern. Noch besser schmeckt dieses Dessert mit frischen Sauerkirschen.*

2. Den Quark mit dem restlichen Zucker cremig rühren. Die Sahne steif schlagen und vorsichtig unter den Quark heben. Die abgetropften Sauerkirschen mit dem Kirschwasser marinieren.
3. In 4 hohe Kelchgläser je 1 Eßlöffel Kirschen (mit Flüssigkeit) geben, darüber eine Schicht Brösel, dann je eine Schicht Quark, Kirschen, Brösel und noch einmal Quark.
4. Mit den restlichen Brotbröseln bestreuen und eisgekühlt servieren.

ZITRONENCREME

FÜR 4 PERSONEN ■
Zubereitungszeit:
30 Minuten
Kühlzeit: 30 Minuten
Pro Portion: 335 kcal
10 g E, 16 g F, 30 g K

2 große unbehandelte
Zitronen
5 Blatt weiße Gelatine
4 Eier, getrennt
100 g Zucker
⅓ l Weißwein
125 g Sahne
einige Stiele frische Minze
zum Garnieren

Eigelbe, Zucker und abgeriebene Zitronenschale schaumig rühren.

1. Die Zitronen heiß abwaschen. Die Schale von einer Zitrone abreiben. Beide Zitronen auspressen. Die Gelatine in kaltem Wasser einweichen.
2. Die Eigelbe, den Zucker und die Zitronenschale in einer Porzellanschüssel sehr schaumig rühren. Den Wein erhitzen. Die ausgedrückte Gelatine darin auflösen und unter ständigem Rühren an die Eigelbmasse geben. Den Zitronensaft hinzufügen. Die Creme in den Kühlschrank stellen.
3. Die Eiweiße sowie die Sahne getrennt voneinander sehr steif schlagen.
4. Wenn die Creme zu gelieren beginnt, den Eischnee und die Sahne unterziehen. Die Zitronencreme in Portionsschalen füllen und vor dem Auftragen in den Kühlschrank stellen. Mit einem Stengel frischer Minze oder etwas Sahne garnieren.
Besonders fein schmeckt die Zitronencreme, wenn man sie über leicht gezukkerte Himbeeren oder Walderdbeeren gibt.

Eischnee und Sahne erst unter die Creme rühren, wenn diese zu gelieren beginnt.

Mit Zitronenscheiben und frischer Minze läßt sich die Creme hübsch garnieren.

WELFENSPEISE

FÜR 4 PERSONEN ■
Zubereitungszeit:
1 Stunde
Kühlzeit: 1 Stunde
Pro Portion: 380 kcal
11 g E, 11 g F, 38 g K

½ l Milch
5 gehäufte EL Zucker
½ Vanilleschote
1 Stück Schale von 1 unbehandelten Zitrone
1 Prise Salz
45 g Stärkemehl
4 Eier, getrennt
½ l Weißwein

1. Die Milch mit 1 gehäuften Eßlöffel Zucker, der aufgeschlitzten Vanilleschote, der Zitronenschale und dem Salz zum Kochen bringen. Die Stärke mit etwas kalter Milch anrühren, dann unter Rühren in die kochende Flüssigkeit gießen und bei leichter Hitze einige Male aufkochen lassen. Vom Herd nehmen, abkühlen lassen.
2. Die Eiweiße sehr steif schlagen und unter die noch heiße Creme ziehen.

TIP *Man kann die weiße und die gelbe Creme auch schichtweise in Gläser füllen.*

Sofort in eine Glasschüssel oder in 4 gläserne Portionsschalen füllen.
3. Eigelbe und restlichen Zucker in einer Porzellanschüssel zu einer dicklichen Creme verrühren und unter weiterem Rühren den Wein hinzugeben. Die Schüssel auf ein Wasserbad setzen und unter ständigem Schlagen zu einer dickflüssigen Creme werden lassen. Vom Herd nehmen und noch etwas weiterschlagen, bis sie leicht abgekühlt ist. Über die Eiweißcreme füllen und vor dem Auftragen noch 1 Stunde in den Kühlschrank geben.

Die Stärkemilch unter Rühren in die kochende Flüssigkeit gießen.

Den Wein mit der Eigelb-Zucker-Masse mischen und kräftig schlagen.

Weiße und gelbe Creme abwechselnd in Glasschalen füllen und kühl stellen.

ERDBEER-TÖRTCHEN

FÜR 6 PERSONEN	■ ■
Zubereitungszeit:	
55 Minuten	
Pro Portion: 585 kcal	
6 g E, 43 g F, 43 g K	

TEIG
200 g Weizenmehl
1 Prise Salz
2 TL Backpulver
90 g kalte Butter
3 EL Zucker
1 EL geschälte, geriebene Mandeln
200 g Sahne
2 TL Butter für das Blech
2 TL Butter zum Bestreichen
600 g Erdbeeren
Puderzucker zum Bestreuen
200 g Crème fraîche

1. Den Backofen auf 220°C aufheizen.
2. Das Mehl, das Salz und das Backpulver mi-

> **TIP** *Zu einem schnellen Dessert werden diese Törtchen, wenn man tiefgefrorenen Blätterteig verwendet. In diesem Fall die großen Teigplätzchen vor dem Backen dicht mit einer Gabel einstechen, damit sie nicht zu hoch aufgehen und gut belegt werden können.*

schen und in eine Schüssel sieben.
3. Die Butter in kleine Stücke schneiden, zufügen und zwischen den Fingern mit dem Mehl verreiben, bis die Mischung ganz gleichmäßig fein wird.
4. Den Zucker und die Mandeln unter den Teig mischen. Die Sahne zugeben und zu einem Teig verarbeiten. Zu einer Kugel formen und auf einem be-

Für Erdbeer-Törtchen sollten die Früchte besonders frisch und aromatisch sein.

mehlten Teigbrett 1 Minute lang kneten. Dabei am besten die Teigkugel flachdrücken, zusammenfalten, wieder flachdrücken usw.
5. Den Teig 2 cm dick ausrollen. Mit einem 8 cm großen Ring oder einem Glas 6 Kreise ausstechen und aus dem übrigen Teig 6 runde Teigplätzchen von 6 cm Durchmesser formen.
6. Die großen und die kleinen Teigplätzchen auf ein mit Butter bestrichenes Kuchenblech setzen. 2 Teelöffel Butter erwärmen und die Teigkreise damit bestreichen. 12–15 Minuten auf der mittleren Schiene des Ofens backen. Der Teig darf nicht zu dunkel werden.
7. 300 g Erdbeeren waschen, entstielen und kleinschneiden. Die restlichen Erdbeeren waschen, auf Küchenpapier trocknen und beiseite legen.
8. Die größeren Plätzchen auf Teller anrichten und mit den geschnittenen Erdbeeren belegen. Mit Puderzucker bestreuen und die kleineren Plätzchen daraufsetzen. Je eine große Erdbeere vierteln und daraufsetzen.
9. Die Törtchen mit den restlichen Erdbeeren garnieren. Mit Puderzucker bestreuen. Die Crème fraîche leicht schlagen und die Törtchen damit begießen.

ZWETSCHGEN-AUFLAUF

FÜR 4 PERSONEN	■ ■
Zubereitungszeit:	
1 Stunde 10 Minuten	
Pro Portion: 440 kcal	
14 g E, 13 g F, 66 g K	

150 g Weizenmehl
4 Eigelb
1 Prise Salz
ca. 0,35 l Milch
1 cl Armagnac
4 Eiweiß
75 g Zucker
500 g Zwetschgen
Butter für die Form
10 g Butterflocken

1. Das Mehl in eine große Schüssel sieben, eine Ver-

> **TIP** *Anstelle von Armagnac kann man auch Zwetschgenwasser verwenden. Der Auflauf läßt sich ebensogut mit Aprikosen zubereiten.*

tiefung hineindrücken und die Eigelbe und das Salz hineingeben.
2. Alles miteinander verrühren und so viel Milch hinzufügen, bis ein dickflüssiger Teig entsteht. Zum Schluß den Armagnac dazugeben.
3. Die Eiweiße mit dem Zucker sehr steif schlagen und unmittelbar vor dem Backen unter den Teig ziehen.
4. Den Backofen auf 180°C vorheizen.
5. Die Zwetschgen entsteinen, halbieren, locker unter den Teig mischen und die Masse in eine gut ausgebutterte Springform füllen.
6. Die Butterflocken auf der Oberfläche verteilen und den Auflauf im vorgeheizten Ofen bei 180°C 40–45 Minuten backen.
7. Am besten noch lauwarm mit Vanillesauce servieren.

FLAMBIERTES HIMBEEROMELETT

FÜR 4 PERSONEN	■ ■ ■
Zubereitungszeit:	
25 Minuten	
Pro Portion: 425 kcal	
12 g E, 20 g F, 49 g K	

6 Eier
2 EL Zucker
1 Prise Salz
2 EL Butter

FÜLLUNG
400 g Himbeeren
etwas Zucker
1 EL Butter
6 EL Himbeergeist

1. Die Eier, den Zucker und das Salz in eine Schüssel geben und schaumig schlagen.
2. Die Butter bei schwacher Hitze in einer Pfanne mit feuerfestem Stiel zergehen lassen, die Eimasse hinzufügen und etwa 2 Minuten backen.
3. Sobald das Omelett auf der unteren Seite goldbraun, auf der oberen aber noch weich und leicht flüssig ist, ganz kurz bei 200°C in den Backofen schieben und aufgehen lassen.
4. In der Zwischenzeit die Butter in der Flambierpfanne erhitzen. Den Zucker hinzufügen und goldbraun rösten. Himbeeren und Himbeergeist dazugeben und flambieren.
5. Das Omelett aus dem Ofen nehmen, mit den flambierten Himbeeren belegen, in der Mitte falten und heiß servieren.

GRATIN VON PFLAUMEN

FÜR 4 PERSONEN	■
Zubereitungszeit:	
25 Minuten	
Pro Portion: 400 kcal	
7 g E, 21 g F, 39 g K	

600 g reife Pflaumen
oder Zwetschgen
Butter für die Form
4 cl Zwetschgenschnaps
1 TL Zimt, gemahlen
3 Eier, getrennt
5 EL Zucker
1 EL Stärkemehl
150 g Crème fraîche

1. Die Pflaumen waschen, halbieren und entsteinen.
2. Eine feuerfeste Form einfetten und die Pflaumen dachziegelartig hineinlegen. Mit dem Zwetschgenschnaps beträufeln und mit dem Zimt bestreuen.
3. Den Backofen auf 250°C vorheizen.
4. Die Eigelbe mit dem

> **TIP** *Anstelle der Pflaumen können Sie Beeren, Äpfel, Birnen, Pfirsiche, Aprikosen oder Nektarinen verwenden. Unter die Gratiniermasse können Sie feingemahlene Haselnüsse oder Mandeln mischen.*

Zucker in eine Schüssel geben und zu einer hellgelben, cremigen Masse rühren. Das Stärkemehl untermischen.
5. Die Eiweiße zu sehr steifem Schnee schlagen. Zuerst die Crème fraîche, dann den Eischnee unter die Eigelbcreme mischen. Die Masse gleichmäßig über die Pflaumen verteilen.
6. Auf der mittleren Schiene in 15 Minuten goldgelb überbacken.

Die Pflaumen halbieren und entkernen.

Die Fruchthälften in eine feuerfeste Form schichten.

Eigelb und Zucker cremig rühren.

Die Gratiniermasse gleichmäßig über den Pflaumen verteilen.

GEFÜLLTE PFIRSICHE

FÜR 4 PERSONEN	■ ■
Zubereitungszeit:	
25 Minuten	
Pro Portion: 290 kcal	
5 g E, 10 g F, 41 g K	

4 große, reife Pfirsiche
50 g Amaretti
(Mandelbiskuits)
6 cl Amaretto (Mandellikör)
80 g Rohmarzipanmasse
2 Eigelb
Butter für die Form
⅛ l Wasser
8 cl Pfirsichlikör

1. Den Backofen auf 200°C vorheizen.
2. Die Pfirsiche kreuzweise einritzen und kurz in kochendes Wasser legen. Anschließend häuten, halbieren und den Kern entfernen.
3. Die Amaretti zerbröseln und mit dem Amaretto übergießen. Die Rohmarzipanmasse in Stückchen zerteilt zufügen, die Eigelbe dazugeben und alles zu einer cremigen Masse verrühren.
4. Eine feuerfeste Form einfetten. Die Pfirsichhälften mit der Schnittfläche nach oben hineinsetzen und die Füllung darauf verteilen.
5. Das Wasser mit dem Pfirsichlikör in die Form gießen. Die Pfirsiche auf der mittleren Schiene des Backofens 12–15 Minuten überbacken. Nach Belieben mit gehobelten Mandeln bestreuen.
Ebenso können Aprikosen und Nektarinen zubereitet werden. Den Pfirsichlikör können Sie durch Pfirsichsaft ersetzen.

CRÊPES MIT ERDBEERFÜLLUNG

FÜR 4 PERSONEN	■ ■
Zubereitungszeit:	
30 Minuten	
Pro Portion: 500 kcal	
17 g E, 23 g F, 57 g K	

FÜLLUNG
500 g Erdbeeren
250 g Sahnequark
5 EL Zucker

TEIG
125 g Weizenmehl
2 Eier
¼ l Milch
2 EL geschmolzene Butter
1 Prise Salz
Butterschmalz zum
Ausbacken
Puderzucker zum Bestäuben

1. Die Erdbeeren waschen und von den Blättchen befreien. Ein Drittel davon vierteln oder halbieren, je nach Größe. Die restlichen im Mixer pürieren und das Püree mit dem

> **TIP** *Anstelle der Erdbeeren können Sie auch frische oder tiefgekühlte Himbeeren verwenden.*

Sahnequark und dem Zucker sowie den ganzen Beeren mischen.
2. Das Mehl mit den Eiern und der Milch in einer Schüssel mit dem Schneebesen gut durchrühren. Die geschmolzene Butter und das Salz zufügen.
3. In einer mittelgroßen Pfanne Butterschmalz erhitzen und nacheinander bei mittlerer Hitze 4 Crêpes backen und warmstellen.
4. Zum Anrichten jeweils eine Crêpe auf einen Teller legen, ein Viertel der Erdbeermischung daraufsetzen und übereinanderschlagen oder schultütenartig zusammenrollen. Mit Puderzucker bestäuben und sofort servieren.

ERDBEEREN UND RHABARBER UNTER DER BAISERHAUBE

FÜR 2 PERSONEN ■ ■ ■

Zubereitungszeit:	
45 Minuten	
Pro Portion: 525 kcal	
13 g E, 27 g F, 51 g K	

4 Stangen Rhabarber
250 g Erdbeeren
60 g Fruchtzucker
2 cl Himbeergeist
Saft von 1 Zitrone
125 g Sahne
ausgeschabtes Mark von
1 Vanilleschote
2 Eigelb
3 Eiweiß
Puderzucker zum Bestäuben

1. Rhabarber, nur falls nötig, schälen, die Erdbeeren entstielen. Zwei Rhabarberstangen und 100 g Erdbeeren in kleine Stücke teilen, in einen kleinen Topf geben, mit 30 g Fruchtzucker, Himbeergeist und Zitronensaft vermischen und in wenigen Minuten weich kochen. Anschließend im Mixer pürieren und durch ein Sieb streichen.
2. Die restlichen Rhabarberstangen in 1 cm lange Stücke schneiden und in wenig kochendem Wasser blanchieren. Die restlichen Erdbeeren halbieren und mit den gut abgetropften Rhabarberstückchen auf zwei feuerfeste Teller verteilen.
3. Sahne und Vanillemark aufkochen lassen. Die Eigelbe in einer Metallschüssel aufschlagen, auf ein Wasserbad stellen und unter ständigem Schlagen mit einem Schneebesen die heiße Sahne dazugießen. So lange bei schwacher Hitze aufschlagen, bis die Sauce dickflüssig ist. Aus dem Wasserbad nehmen und beiseite stellen.
4. Den Grill vorheizen.
5. Die Eiweiße zu steifem Schnee schlagen, dabei den restlichen Fruchtzuk-

Einen Teil der Rhabarberstangen blanchieren.

Die Sahne zusammen mit dem Vanillemark aufkochen.

Den Eischnee dekorativ über die Früchte spritzen.

ker einrieseln lassen und so lange weiterschlagen, bis die Masse schnittfest und glänzend ist. Den Eischnee in einen Spritzbeutel mit großer Lochtülle füllen und bis zum Gebrauch in den Kühlschrank legen.
6. Die angerichteten Erdbeeren und Rhabarberstückchen mit der Fruchtsauce begießen, darüber die Vanillesauce verteilen und mit dem Eischnee spiralenartig bespritzen. Mit etwas Puderzucker bestäuben. Kurz unter dem Grill gratinieren, bis die Baisermasse goldgelb ist, und das Dessert sofort servieren.

FRISCHKÄSE-CREME MIT BLAUBEEREN

FÜR 4 PERSONEN ■

Zubereitungszeit:	
20 Minuten	
Pro Portion: 630 kcal	
13 g E, 40 g F, 53 g K	

400 g frische Blaubeeren
100 g Fruchtzucker
4 cl Grand Marnier
2 unbehandelte Zitronen
400 g Doppelrahmfrischkäse
2 cl Zitronensaft
100 g Sahne

1. Die Blaubeeren mit 50 g Fruchtzucker und mit Grand Marnier beträufeln. Zugedeckt marinieren lassen, bis die Käsecreme fertig ist.
2. Die Zitronen hauchdünn schälen. Die Schale in wenig kochendem Wasser blanchieren, dann ab-

> **TIP** *Anstelle von Blaubeeren kann man auch Brombeeren verwenden und der Doppelrahmfrischkäse kann durch den cremigen, italienischen Mascarpone ersetzt werden.*

gießen und die Zitronenschale ganz fein hacken.
3. Frischkäse mit Zitronensaft, -schale und dem restlichen Zucker gründlich verrühren. Die Sahne steif schlagen und locker unter die Creme ziehen.
4. Die Käsecreme auf 4 Portionsschalen verteilen und die marinierten Beeren dazugeben.

SCHOKOLADEN-INGWER-CREME MIT BIRNEN

FÜR 4 PERSONEN ■ ■

Zubereitungszeit:	
45 Minuten	
Kühlzeit: 1 Stunde	
Pro Portion: 500 kcal	
9 g E, 31 g F, 46 g K	

100 g Zartbitterkuvertüre
4 Blatt weiße Gelatine
4 Eigelb
50 g Fruchtzucker
4 cl Schokoladenlikör
50 g frischgeriebene Ingwerwurzel
2 Birnen, z. B. Williams Christ
2 Eiweiß
200 g Sahne
50 g Schokoladenstreusel oder -raspel

1. Die Kuvertüre in kleine Stücke schneiden, in eine Metallschüssel geben und über einem Topf mit leicht siedendem Wasser schmelzen lassen. Die Gelatine in reichlich kaltem Wasser einweichen.
2. Die geschmolzene Kuvertüre aus dem Wasserbad nehmen, kurz durchrühren und beiseite stellen. Eigelbe und Fruchtzucker in einer Metallschüssel über dem Wasserbad mit dem Schneebesen schaumig schlagen. Den Likör erwärmen, die eingeweichte, gut ausgedrückte Gelatine darin auflösen und dann unter die Schaummasse mischen. Herausnehmen und weiterschlagen, bis die Masse abgekühlt ist. Unter Rühren Kuvertüre, Likör und Ingwer hinzufügen.
3. Die Birnen schälen, halbieren, entkernen und in kleine Würfel schneiden. Unter die Creme mischen.
4. Eiweiße und Sahne getrennt steif schlagen und zum Schluß gleichmäßig unter die Creme ziehen. Die Masse auf 4 Glasschalen verteilen und etwa 1 Stunde kühlstellen. Mit Schokoladenstreuseln bestreut servieren.

SAVARINS MIT BROMBEEREN

FÜR 6–8 PERSONEN ■ ■ ■
Zubereitungszeit:
1 Stunde 25 Minuten
Pro Portion bei 8 Personen:
455 kcal
7 g E, 27 g F, 43 g K

TEIG
20 g frische Hefe
4 EL Zucker
0,15–0,2 l lauwarme Milch
250 g Weizenmehl
1 Prise Salz
2 Eier
80 g Butter
abgeriebene Schale von
1 unbehandelten Zitrone
Butter für die Förmchen
300 g Brombeeren
120 g Zucker
Saft von 1 Zitrone
5 EL Rum
200 g Sahne

1. Die Hefe mit 1 Teelöffel Zucker und 2 Eßlöffeln lauwarmer Milch verrühren. Wenig Mehl zugeben und in etwa 10 Minuten um das Doppelte gehen lassen.
2. Das restliche Mehl mit dem Salz mischen, in eine angewärmte Schüssel sieben und eine Vertiefung hineindrücken.
3. Den Vorteig, die verquirlten Eier, die restliche Milch, die lauwarme, geschmolzene Butter, den restlichen Zucker und die abgeriebene Zitronenschale hineingeben und zu einem glatten und glänzenden Teig verarbeiten.
4. Den Teig in einen Dressierbeutel geben und 6–8 gut gebutterte Ringförmchen zur Hälfte mit dem Teig füllen. Den Teig etwa 45 Minuten ruhen lassen.
5. Die Ringe bei 180°C ca. 20 Minuten backen. Wenn nötig, nach der halben Backzeit mit Alufolie abdecken.
6. Inzwischen die Brombeeren verlesen und mit 2 Eßlöffeln Zucker und dem Zitronensaft marinieren.
7. 100 g Zucker mit 0,1 l Wasser zu Sirup kochen

Mit einem Dressierbeutel den Teig in die Förmchen spritzen.

Den Teig 45 Minuten ruhen lassen.

Eine Form mit Sirup füllen und die ausgekühlten Ringe hineinlegen.

und den Rum zugeben. Den Sirup erkalten lassen.
8. Die Teigringe nach dem Backen auf ein Kuchengitter stürzen.
9. Den Rumsirup in ein flaches Gefäß gießen. Die warmen Ringe in den Sirup legen. Von Zeit zu Zeit mit einem Löffel etwas Sirup über die Oberfläche der Ringe gießen.
10. Jeweils einen getränkten Savarin auf einen Teller geben. Die Brombeeren in die Mitte füllen.
11. Die Sahne steif schlagen und die Savarins damit garnieren.

PFIRSICH-TÖRTCHEN

FÜR 8 TÖRTCHEN ■ ■
Zubereitungszeit:
45 Minuten
Pro Portion: 175 kcal
2 g E, 11 g F, 17 g K

250 g Blätterteig (tiefgefroren)
Butter für das Blech
4 Pfirsiche
1 EL Zitronensaft
1 EL Zucker
20 g Butter

1. Den aufgetauten Blätterteig so dünn wie möglich ausrollen und 8 Scheiben von ca. 12 cm Durchmesser ausstechen. Die Scheiben auf ein bebuttertes Blech legen und ganz dicht mit einer Gabel einstechen.
2. Den Backofen auf 200°C vorheizen.
3. Die Pfirsiche nun mit kochendheißem Wasser überbrühen, abschrecken und enthäuten, vierteln, entsteinen und in sehr feine Scheiben schneiden.
4. Die Pfirsichscheiben fächerförmig auf den Teigböden anordnen und mit dem Zitronensaft beträufeln.
5. Auf der mittleren Schiene im Backofen etwa 10 Minuten backen. Mit dem Zucker und den Butterflocken bestreuen und weitere 10–15 Minuten backen. Der Zucker darf karamelisieren. Lauwarm servieren.
Getränkeempfehlung:
Süßwein, zum Beispiel Muskateller

JAFFARINEN-FEUILLETÉS

FÜR 8 STÜCK ■ ■ ■
Zubereitungszeit:
1 Stunde
Pro Portion: 325 kcal
6 g E, 20 g F, 31 g K

1½ Blatt Gelatine
¼ l Milch
½ Vanilleschote
2 Eigelb
60 g Zucker
1 TL Maisstärke
200 g Sahne
2 EL Orangenlikör
300 g Blätterteig, tiefgefroren
3 Jaffarinen
1 EL Puderzucker

1. Die Gelatine in kaltem Wasser einweichen. Die Milch mit der Vanilleschote aufkochen.
2. Eigelbe, Zucker und Stärke in einem Topf schaumig schlagen und die heiße Milch dazurühren. Die Eiercreme auf den Herd stellen und unter ständigem Rühren bis kurz vor den Kochpunkt bringen. Sobald die Creme am Schneebesen haften bleibt, den Topf vom Herd ziehen. Die ausgedrückte Gelatine zugeben und mit der Creme verrühren.
3. Die Sahne schlagen und mit dem Orangenlikör unter die erkaltete Creme ziehen.
4. Den Blätterteig ausrollen und 16 runde Scheiben ausstechen. Diese auf ein mit kaltem Wasser gespültes Blech geben, ½ Stunde kalt stellen und danach 10–15 Minuten bei 220°C backen.
5. Jaffarinen schälen, dabei auch das weiße innere Häutchen entfernen, anschließend filetieren.
6. Die Creme in einen Dressierbeutel füllen und auf 8 Blätterteigplätzchen 2 Zentimeter dick spritzen.
7. Mit den Jaffarinenfilets belegen und mit den übrigen 8 Plätzchen bedecken. Die Deckel mit Puderzucker bestäuben.

ZIMTEIS MIT WEINBIRNEN UND KROKANT

FÜR 4 PERSONEN ■ ■ ■
Zubereitungszeit:
50 Minuten bis zu 1 Stunde
10 Minuten
Gefrierzeit: 4 Stunden
Pro Portion: 970 kcal
12 g E, 44 g F, 109 g K

ZIMTEIS
¼ l Milch
250 g Sahne
1 Vanilleschote
1 gestrichener EL Zimt
4 Eigelb
100 g Zucker

WEINBIRNEN
½ l Burgunderwein
80 g Zucker
1 Zimtstange
2 Gewürznelken
4 Birnen
Saft von ½ Zitrone
1 EL Cassislikör
6 EL Cassisgelee

KROKANT
100 g geschälte Mandeln
100 g Zucker
1 TL Butter

1. Für das Zimteis die Milch und die Sahne mit der aufgeschlitzten Vanilleschote aufkochen.
2. Inzwischen die Eigelbe mit Zucker und Zimt zu einer weißlichen Creme schlagen. Die noch warme Milch unter Rühren zu der Eicreme gießen. Die Milch-Ei-Creme wieder in den ausgewaschenen Topf zurückgeben und unter ständigem Rühren bis vor den Kochpunkt erhitzen. Die Creme erkalten lassen und die Vanilleschote entfernen. Die Eismasse ins Tiefkühlfach stellen und etwa 4 Stunden gefrieren lassen.
3. Für die Weinbirnen den Wein, den Zucker, die Zimtstange und die Gewürznelken aufkochen und 10 Minuten bei starker Hitze etwas einkochen lassen.
4. Inzwischen die Birnen schälen, dabei den Stiel nicht entfernen. Die ge-

schälten Birnen mit Zitronensaft einreiben und im vorbereiteten Sirup weichkochen, ohne daß sie zerfallen. Je nach Sorte dauert das 15–40 Minuten.
5. Die Birnen aus dem Wein nehmen. Den Sud bis zur Hälfte einkochen lassen und mit Cassislikör

TIP *Das Dessert läßt sich mit fertig gekauften Zutaten auch ganz schnell zubereiten: Das Zimteis kann durch gekauftes Nußeis ersetzt werden und den Krokant gibt's auch fertig. Selbstgemachter Krokant läßt sich übrigens in einer Blechdose aufbewahren.*

und Cassisgelee mischen. Das Ganze solange einkochen, bis ein dickflüssiger Sirup entsteht. Der Sirup soll an der Kelle in Tropfen hängenbleiben!
6. Für den Krokant die Mandeln grob hacken.
7. Den Zucker in einer trockenen Bratpfanne schmelzen, bis er hellbraun wird und schäumt. Die gehackten Mandeln zufügen, gut mischen und kurz karamelisieren.
8. Die Krokantmasse auf eine mit Butter bestrichene Alufolie gießen und erkalten lassen. Anschließend mit einem Nudelholz zu Bröseln zerkleinern.
9. Die Birnen in eine Schale stellen und mit dem Sirup überziehen.
10. Zum Anrichten je eine Scheibe oder Kugel Zimteis auf einen Teller legen. Eine Birne dazusetzen. Nochmals das Ganze mit Sirup begießen und mit Krokant bestreuen.

GEFÜLLTE EISSOUFFLÉS

FÜR 4 PERSONEN ■ ■ ■
Zubereitungszeit:
40 Minuten
Gefrierzeit: 3 Stunden
Pro Portion: 395 kcal
7 g E, 29 g F, 23 g K

3 Eigelb
60 g Zucker
1 EL Kirschwasser
2 Eiweiß
300 g Sahne
2 EL Kirschkonfitüre
(aus roten Kirschen oder
Sauerkirschen)
1 EL Cherry Brandy
Schokoladenpulver
zum Bestreuen

1. Die Eigelbe und den Zucker zu einer dicken Creme rühren und das Kirschwasser dazugeben.
2. Die Eiweiße mit 1 Eßlöffel Zucker und die Sahne steif schlagen, unter die Eicreme ziehen.
3. Um 4 kleine Soufflé- oder Gratinformen einen doppelt zusammengefalteten, leicht mit Eiweiß bestrichenen Pergamentpapierstreifen wickeln. Der Papierstreifen soll etwa 3 cm über dem Förmchenrand stehen.
4. Die Eismasse hoch in die Förmchen füllen und für eine halbe Stunde in das Tiefkühlfach stellen.
5. Die noch nicht ganz gefrorene Eismasse aus dem Kühlfach nehmen und mit einem Teelöffel in der Mitte etwas aushöhlen. Die Kirschkonfitüre und den Cherry Brandy hineinfüllen und mit der herausgenommenen Eismasse bedecken. Die Eissoufflés nochmals für 1–1½ Stunden ins Tiefkühlfach stellen.
6. Vor dem Servieren das Papier entfernen und die Soufflés mit Schokoladenpulver bestreuen.

EXOTISCHE FRÜCHTE MIT MANGOSORBET

FÜR 6–8 PERSONEN ■ ■ ■
Zubereitungszeit:
40 Minuten
Gefrierzeit: 3–4 Stunden
Pro Portion bei 8 Personen:
200 kcal
2 g E, 1 g F, 44 g K

SORBET
150 g Zucker
¼ l Wasser
4 Mangos
1 Eiweiß
⅛ l Weißwein
AUSSERDEM
1–2 Karambole
3 Kiwis
1 kleine Melone
3 frische Feigen
100 g Lychees
1 kleine Ananas
1 kleine Papaya
100 g Kumquats (Zwergorangen)

1. Für das Sorbet den Zucker mit Wasser aufkochen, bis der Zucker geschmolzen ist. Erkalten lassen.
2. Zwei Mangos schälen und vom Stein befreien. Das Mangofleisch zuerst würfeln, dann pürieren und anschließend durch ein Sieb streichen.
3. Das Eiweiß halbsteif schlagen. Mit dem Mangopüree, dem Weißwein und dem Zuckersirup gut vermischen und in einer Eismaschine oder Sorbetière gefrieren. Steht keine Eismaschine zur Verfügung, das Sorbet während des Gefrierprozesses mehrere Male gut durchrühren.
4. Vor dem Servieren die angegebenen Früchte in Scheiben, Fächer oder Schnitze schneiden. Kumquats nur halbieren und Lychees nur schälen und mit einer Klarsichtfolie abdecken.
5. Die exotischen Früchte dekorativ auf eine flache Platte anordnen. Vom Sorbet Kugeln abstechen und diese in die Mitte geben. Sofort servieren.